ZOSIME

TOME III

1re partie

COLLECTION DES UNIVERSITÉS DE FRANCE
publiée sous le patronage de l'ASSOCIATION GUILLAUME BUDÉ

ZOSIME

HISTOIRE NOUVELLE

TOME III
1re partie
(LIVRE V)

Texte établi et traduit
par
François PASCHOUD
Professeur à la Faculté des Lettres
de l'Université de Genève

Ouvrage publié avec le concours du C.N.R.S.

PARIS
SOCIÉTÉ D'ÉDITION « LES BELLES LETTRES »
95, BOULEVARD RASPAIL (VIe)

1986

PA
4500
.Z6
1971
T. 3/1

Conformément aux statuts de l'Association Guillaume Budé, ce volume a été soumis à l'approbation de la commission technique, qui a chargé M. A. Chastagnol d'en faire la révision et d'en surveiller la correction en collaboration avec M. Fr. Paschoud.

La loi du 11 mars 1957 n'autorisant, aux termes des alinéas 2 et 3 de l'article 41, d'une part, que les « copies ou reproductions strictement réservées à l'usage privé du copiste et non destinées à une utilisation collective » et, d'autre part, que les analyses et les courtes citations dans un but d'exemple et d'illustration, « toute représentation ou reproduction intégrale, ou partielle, faite sans le consentement de l'auteur ou de ses ayants-droit ou ayants-cause, est illicite » (alinéa 1er de l'Article 40).

Cette représentation ou reproduction par quelque procédé que ce soit, constituerait donc une contrefaçon sanctionnée par les articles 425 et suivants du Code Pénal.

© Société d'édition « LES BELLES LETTRES », Paris, 1986

ISBN : 2-251-00391-6
ISSN : 0184 7155

AVANT-PROPOS

Le présent volume III 1 contient le texte, la traduction française et les notes du livre 5 de l'*Histoire nouvelle* de Zosime, ainsi qu'un dossier de textes parallèles avec traduction française. Le volume III 2, dont la publication ne devrait pas trop tarder, contiendra — outre le texte, la traduction et les notes du livre 6, un dossier de textes parallèles et deux index — un exposé liminaire sur le progrès des études concernant Zosime qui mettra à jour la préface du volume I (1971). Je me permets donc de ne point du tout aborder ce type de questions ici.

Le débat autour du problème de la relation entre Zosime et ses sources reste animé. Il est obéré de diverses hypothèques, la plus grave étant qu'on allègue des textes, notamment des fragments de l'ouvrage historique d'Eunape, dont le sens n'est pas clairement établi. Pour pouvoir commenter valablement Zosime, il m'est désormais apparu indispensable de joindre en appendice le texte et la traduction des fragments d'Eunape, d'Olympiodore et de Jean d'Antioche, ainsi que des extraits de Sozomène et de Philostorge qui correspondent au livre 5 de Zosime. Je procéderai de même pour le livre 6 dans le volume III 2. Les fragments d'Eunape correspondant aux livres précédents seront ajoutés aux volumes déjà parus lors de nouveaux tirages.

Je ne dissimulerai pas que cette innovation m'a été en partie inspirée par la parution du volume II de *The Fragmentary Classicising Historians of the Later*

Roman Empire, de R. C. Blockley (Liverpool, 1983).
Cette publication est stimulante par ses qualités et
par ses défauts : les matériaux qu'elle met à disposition (notamment le texte grec et la traduction
anglaise des fragments d'Eunape et d'Olympiodore,
auxquels sont intégrés des extraits de divers auteurs,
en particulier Sozomène et Philostorge) appellent à la
confrontation avec le texte de Zosime et ont donc
leur place en appendice à une édition de l'*Histoire
nouvelle*. C'était aussi pour moi la manière la plus
simple et la plus complète de marquer mes accords
et mes désaccords avec Blockley. Il convient de saluer
l'utilité et le courage qu'il y a de publier une version
anglaise des fragments historiques d'Eunape, qui
n'avaient jamais jusqu'à aujourd'hui été traduits
entièrement et de manière aisément accessible en une
langue moderne [1]. Blockley propose pour ces textes
très difficiles des traductions souvent nouvelles et
ingénieuses ; un examen attentif de son travail me
suggère pourtant que son *ars* n'est pas au niveau de
son *ingenium* : l'ensemble donne l'impression d'avoir
été réalisé trop hâtivement. Le texte grec et l'apparat
ne sont pas toujours en cohérence parfaite avec la
traduction, et celle-ci suit parfois à tort l'interprétation proposée par la traduction latine jointe à l'édition de Müller (FHG IV) [2] ; plusieurs passages me
semblent rendus de manière incontestablement fausse
et, même quand il traduit juste, Blockley néglige à
l'occasion de justifier une traduction à première vue
insolite. Les notes, délibérément restreintes aux problèmes historiographiques, proposent souvent une
confrontation trop rapide avec les textes parallèles.

1. Sur les éditions et traductions des fragments historiques,
cf. mon étude *Eunapiana* (citée *infra* dans le commentaire,
n. 8), p. 239-244.
2. Cette traduction est due à Angelo Mai ; cf. *op.* et *loc.
cit.* à la n. précédente.

Enfin Blockley a pris le parti très malheureux d'abandonner la numérotation traditionnelle des fragments
qu'il publie — on ne retrouve celle-ci que dans un
appendice de consultation peu commode — et d'entre-
mêler les fragments spécifiques d'Eunape et d'Olympiodore avec des extraits d'auteurs qui ont utilisé ces
historiens comme sources. On aboutit ainsi à un amal-
game qui est censé donner une idée plus concrète
des ouvrages perdus d'Eunape et d'Olympiodore ;
cependant le lecteur qui cherche rapidement un passage donné doit trouver sa voie à travers un laby-
rinthe décourageant.

La présentation que j'ai retenue est plus traditionnelle et, si je ne me trompe, plus commode pour l'uti-
lisateur : j'ai séparé Sozomène, Philostorge et Jean
d'Antioche d'Eunape et d'Olympiodore. Pour ces
deux auteurs, j'ai conservé la numérotation des fragments canonique depuis plus d'un siècle, celle de
Müller ; elle n'est d'ailleurs pas si défectueuse. Pour
Eunape, la séquence des extraits de Constantin Por-
phyrogénète donne l'ordre correct des fragments [1],
et le doute n'est possible que pour les passages brefs
fournis par la *Suda*. Pour certains de ceux-ci, l'attribution à Eunape est hypothétique ; comme il n'y a
dans de nombreux cas guère de critères objectifs pour
trancher la question, la solution la plus simple et la
plus avantageuse m'a paru, sans trancher sur le fond,
de m'en tenir scrupuleusement à la collection établie
par Müller. La délimitation de certains fragments
n'est pas aisée ; je pense notamment au frg. 65, extrait
des *Vitae sophistarum* d'Eunape ; pour l'intelligence de
ces passages, j'ai cru bon de les maintenir dans un

----

1. Cf. M. Errington, *Malchos von Philadelpheia, Kaiser Zenon
und die zwei Theodoriche*, MH 40, 1983, p. 83-110, ici p. 83-84.
La comparaison des *Excerpta* avec les œuvres encore intégralement conservées montre que les erreurs dans la succession des
extraits sont extrêmement rares.

contexte un peu plus étendu ; cela n'implique évidemment pas que je prétende que l'ensemble du texte que je reproduis constitue au sens strict du terme un fragment de l'ouvrage historique d'Eunape. En ce qui concerne Olympiodore, le résumé de Photios fournit des séquences souvent fort différentes de celles de l'original [1], mais il serait évidemment absurde de bouleverser le résumé très dense que Photios a établi.

Pour les textes réunis dans l'appendice, je me suis servi des meilleures éditions disponibles, auxquelles je renvoie en tête de chaque fragment ou extrait (texte grec). L'apparat critique n'est repris que sous une forme très sélective pour les seuls passages vraiment douteux. Les traductions françaises proposées sont originales, sauf pour Olympiodore, pour lequel j'ai repris la traduction de R. Henry (édition de Photios dans la Collection des Universités de France), sans du reste m'interdire de la modifier ici et là. Au sein de cette collection de textes rédigés en un grec assez simple, Eunape tranche par son extrême difficulté [2] ; je me suis bien sûr inspiré de la traduction latine d'Angelo Mai et de la traduction anglaise de Blockley, mais celles-ci m'ont laissé destitué de tout secours en bien des passages délicats ; aussi ai-je pris la précaution de consulter trois collègues, dont on lira les noms ci-dessous ; j'espère ainsi pouvoir proposer une version d'Eunape relativement digne de confiance. Le commentaire des fragments et extraits a été intégré à celui des passages parallèles de Zosime ; en tête de chaque fragment ou extrait (traduction), je renvoie au(x) passage(s) et à la (aux) note(s) du texte et du commentaire correspondants de Zosime.

---

1. Cf. mon étude citée *infra* dans le commentaire, n. 53.
2. « Iam diu notum est difficilem esse Eunapii interpretationem tum propter styli nouitatem tum propter codicum corruptelam » écrit le cardinal Mai cité par Müller (FHG IV p. 47).

Ce volume comporte deux cartes géographiques :
l'une de la Grèce et de l'Asie Mineure occidentale,
où se déroulent dans leur majeure partie les événements narrés dans Zosime 5, 1-25 ; l'autre de la *pars
Occidentis* et de ses provinces où se concentrent les
faits rapportés par Zosime dans la dernière partie de
son œuvre, reflet d'Olympiodore [1].

*
* *

Ce volume, comme les deux précédents, n'a pu être
rédigé que grâce aux loisirs dont j'ai bénéficié pendant un congé scientifique qui m'a été accordé par
l'Université de Genève, cette fois durant le semestre
d'hiver 1983-1984. De plus, comme il y a sept ans,
j'ai eu le privilège de passer les deux « terms » de
l'année académique 1983-1984 à l'Institute for Advanced Study, à Princeton, New Jersey, États-Unis, où
j'ai disposé de conditions de travail exceptionnellement favorables. Mon séjour à l'étranger a été faci-
lité par une bourse offerte, par l'intermédiaire de
l'Institut de Princeton, par la Stiftung Volkswagen-
werk. Trois collègues m'ont rendu le précieux service
de revoir ma traduction des fragments d'Eunape et
m'ont donné des indications qui l'ont grandement
améliorée : mon collègue genevois Bertrand Bouvier,
spécialiste du grec byzantin et moderne, Glen W. Bo-
wersock, professeur à l'Institute for Advanced Study,
et Jean Irigoin, directeur de la collection grecque
publiée par les Belles Lettres ; je reste évidemment seul
responsable des imperfections qui subsistent. Marc
Waelkens, de l'Université de Gand, m'a donné des
précisions sur le site de Selgè, qu'il avait récemment

---

1. Cette seconde carte s'inspire du document correspondant
publié par D. Hoffmann (*op. cit. infra* dans le commentaire,
n. 5) en appendice à son vol. II.

visité. Claude-Alain Coutaz, du Bureau des bâtiments de l'Université de Genève, a dessiné la carte 2. André Chastagnol a été, comme pour les volumes précédents, un réviseur précis, diligent et d'une grande courtoisie. Mon ancien assistant Gérard Fry a relu avec abnégation ma dactylographie en contrôlant la majorité des citations antiques et modernes. Bertrand Bouvier, Philippe Mudry, Yves Rütsche et Claude Wehrli ont collaboré à la lecture des épreuves. J'adresse ici mes sentiments de profonde reconnaissance aux collègues et amis qui m'ont aidé et aux responsables des institutions qui m'ont donné le temps et les moyens d'écrire ce livre.

N.B. Comme dans les volumes précédents, les ouvrages et articles sont cités avec les indications bibliographiques complètes lors de leur première mention ; s'ils sont cités à nouveau plus loin, un chiffre entre crochets renvoie à la note donnant les indications complètes. Les périodiques sont cités selon les sigles employés dans l'*Année philologique*.

COMPENDIORVM CONSPECTVS

Libri manuscripti.

V :   Codex Vaticanus Graecus 156 saec. XI-XII.

V¹, V² : Codicis Vaticani manus prima, secunda.
Σ :   Apographa codicis Vaticani a Leunclauio Stephano
         Sylburgio usurpata (cf. vol. I, p. LXXXI sqq.).

Testimonia.

Excerpta : Excerpta Constantini Porphyrogeniti edd. de Boor,
         Roos, Büttner-Wobst, Boissevain.
Suda :   Suidae Lexicon ed. Adler.

Editores (cf. vol. I, p. LXXXI sqq.).

Leunc. : Leunclauius.
Sylb. : Sylburgius.
Reit. : Reitemeier.
Bekk. : Bekker.
Mend. : Mendelssohn.

Emendatores ceteri (cf. vol. I, p. LXXIV).

Herw. : van Herwerden.
Leid. : Leidig.
Rhein. : Rheinfelder.
Wäsch. : Wäschke.
De Heyne et Seybold-Heyler, cf. vol. I, p. LXXXV et LXXXVII.

LIVRE V

LIVRE V

SOMMAIRE

LA RÉGENCE DE RUFIN (JANVIER-NOVEMBRE 395). — 1. Abus de pouvoir des deux régents, et notamment de Rufin. 2. Rufin fait odieusement périr le comte d'Orient Lucien. 3. Rufin, à cause d'Eutrope, ne parvient pas à unir en mariage sa fille à Arcadius. 4. Stilicon unit en mariage sa fille à Honorius et s'apprête à intervenir en Orient. 5. Rufin, pour empêcher Stilicon de se rendre en Orient, permet à Alaric d'envahir la Grèce. 6. Athènes miraculeusement sauvée ; Alaric envahit le Péloponnèse. 7. Échec d'une expédition de Stilicon en Grèce ; sur son ordre, Rufin est assassiné par les hommes de Gaïnas.

LA RÉGENCE D'EUTROPE (NOVEMBRE 395-ÉTÉ 399). — 8. Eutrope parvient au pouvoir et cherche à se débarrasser de concurrents éventuels. 9. Intrigue d'Eutrope contre Timasius ; condamnation et exil de ce dernier. 10. Eutrope se débarrasse de Bargos et d'Abundantius. 11. Gildon, conseillé par Eutrope, se révolte contre Stilicon ; il est vaincu par Mascazel, lequel périt, victime de la jalousie de Stilicon. 12. Avidité égale des deux ennemis Eutrope et Stilicon. 13. Tribigild se révolte en Asie sur le conseil de Gaïnas. 14. Gaïnas et Léon sont chargés de la guerre contre Tribigild ; Gaïnas continue à comploter avec ce dernier. 15. Suite des opérations de Tribigild ; Valentin lui dresse une embuscade en Pamphylie. 16. Tribigild, vaincu, est acculé par les Pamphyliens entre deux fleuves. 17. Tribigild parvient à se dégager grâce à Gaïnas, qui complote pour provoquer la mort d'Eutrope.

ÉVÉNEMENTS EN ORIENT DE LA CHUTE D'EUTROPE À 404. — 18. Mise à mort d'Eutrope ; Gaïnas, avec Tribigild, ravage l'Asie, impose sa volonté à Arcadius, passe en Europe, s'ins-

talle à Constantinople, et complote pour s'emparer du pouvoir. 19. Gaïnas échoue dans son projet de s'emparer de Constantinople et se dispose à passer l'Hellespont. 20. Fravitta est
chargé de combattre Gaïnas, qui cherche à passer l'Hellespont ;
digression sur les navires. 21. Échec de Gaïnas, qui se retire
au-delà du Danube ; Fravitta montre ouvertement sa piété
envers les dieux. 22. Gaïnas est tué par le Hun Uldin ; Fravitta
remet de l'ordre dans la Thrace, pillée par des brigands. 23.
Retour des prisonniers des Goths ; démêlés de l'évêque Jean
avec l'impératrice ; il s'exile volontairement ; désordres causés
par les moines, qui sont tous massacrés ; retour d'exil de Jean.
24. Méfaits dus aux dénonciateurs et à l'avidité de l'impératrice ; nouveaux désordres provoqués par un second exil de
l'évêque Jean ; incendie de l'église de Constantinople et de
bâtiments voisins ; deux statues de dieux miraculeusement pré-
servées. 25. Révolte des Isauriens matée par Arbazacios, qui
échappe grâce à l'impératrice à un procès pour s'être excessivement enrichi.

Événements en Occident de l'invasion de Radagaise
à la mort de Stilicon (405-408). — 26. Intrigues de Stilicon
avec Alaric ; invasion de Radagaise, qui est vaincu par Stilicon. 27. Tandis que Stilicon intrigue pour s'emparer de l'Illyrie,
on apprend l'usurpation de Constantin. 28. Manœuvres de
Séréna, qui donne successivement ses deux filles à Honorius
sans avoir de petits-enfants. 29. Alaric se dirige de l'Épire vers
l'Italie et s'arrête à Émona ; histoire de l'origine de cette ville ;
Alaric se rend dans le Norique et réclame de l'argent aux
Romains ; Stilicon parvient non sans peine à convaincre le
Sénat d'acheter la paix ; liberté de parole de Lampadius.
30. Honorius songe à partir pour Ravenne malgré l'opposition
de Stilicon ; Justinien, n'étant pas parvenu à aider celui-ci,
prend ses distances envers lui. 31. Mort d'Arcadius ; nouveaux
projets d'Honorius et de Stilicon concernant l'Orient ; l'empereur
se rallie au plan de Stilicon, mais celui-ci hésite à agir par
défiance envers les troupes romaines de Ticinum. 32. Complot
d'Olympius contre Stilicon ; révolte des troupes romaines de
Ticinum, au cours de laquelle de nombreux fonctionnaires et
officiers périssent. 33. Ayant appris ce qui s'était passé, Stilicon
décide en fin de compte de ne pas intervenir. 34. Mise à mort
de Stilicon ; son éloge. 35. Châtiment des partisans de Stilicon ;
excès antibarbares.

Premier siège de Rome par Alaric (automne 408). —
36. Alaric désire la paix, mais Honorius repousse ses proposi-

tions et prend des mesures désastreuses en faisant confiance à Olympius. 37. Marche d'Alaric sur Rome ; mort d'Eucher et récompense de ses assassins. 38. Alaric assiège Rome ; mise à mort de Séréna ; impiétés commises par Séréna et Stilicon contre la religion traditionnelle. 39. Famine et peste dans Rome assiégée. 40. Ambassade des Romains auprès d'Alaric ; devant ses exigences exorbitantes, ils se souviennent de la protection accordée autrefois à Rome par les dieux. 41. Tentative avortée de restauration du culte païen ; la paix est conclue avec Alaric à des conditions très lourdes, que les richesses des temples contribuent en partie à satisfaire ; caractère sacrilège et fatal de cet expédient. 42. La paix conclue, Alaric lève le siège et le calme se rétablit autour de Rome ; Honorius et Théodose II consuls pour 409.

Événements en Italie durant l'année 409. — 43. Honorius accepte un accord avec l'usurpateur Constantin. 44. Olympius empêche que la paix conclue avec Alaric soit entérinée et continue à rechercher des complices de Stilicon. 45. Défaite des troupes de Dalmatie appelées au secours ; Héliocrate, chargé des confiscations à Rome, accomplit sa tâche avec trop de bienveillance et échappe de peu à la mort ; nouvelle ambassade du Sénat auprès d'Honorius ; Ataulf entre en Italie. 46 Chute d'Olympius ; changement de titulaires dans les hautes charges ; vertus et courage civique du païen Généridus, chargé de commandements en Dalmatie et dans les provinces voisines ; il obtient l'abrogation d'une loi écartant les païens des fonctions officielles. 47. Révolte militaire à Ravenne, qui provoque la chute de quelques responsables de la mort de Stilicon et des siens. 48. La sédition une fois calmée, le préfet du prétoire Jovius entame de nouvelles tractations avec Alaric ; Honorius accepte les conditions d'Alaric, mais rejette une suggestion de Jovius visant à amadouer Alaric. 49. Alaric, irrité, retourne assiéger Rome ; Jovius, inquiet des responsabilités qu'il a prises, fait jurer à Honorius de continuer la guerre jusqu'au bout. 50. Honorius s'allie dix mille Huns pour guerroyer contre Alaric ; mais celui-ci renonce à son entreprise et propose derechef la paix à des conditions beaucoup plus modérées. 51. Ses propositions sont repoussées ; casuistique sur les diverses sortes de serments.

LIVRE V

I. **1** Le pouvoir suprême ayant passé à Arcadius et à Honorius, ils paraissaient n'avoir d'autorité que nominalement, tandis que toutes les prérogatives du pouvoir appartenaient en Orient à Rufin et dépendaient en Occident de la volonté de Stilicon ; ils jugeaient de tous les procès selon leur bon plaisir, et celui-là se retirait vainqueur qui avait acheté le suffrage à prix d'argent ou qui, de quelque autre manière, par ses relations, s'était assuré la bienveillance du juge. **2** Toutes les richesses qui, selon la voix publique, passaient pour assurer le bonheur de leurs propriétaires aboutissaient entre leurs mains, car les uns les flattaient avec des cadeaux et échappaient par ce moyen à la délation, et les autres offraient spontanément leurs biens pour obtenir un poste important ou pour acheter quelque autre moyen de ruiner les villes. **3** Des bassesses de toute sorte abondaient dans les villes et de partout les richesses affluaient dans les maisons de Rufin et Stilicon tandis qu'en chaque endroit, la pauvreté se répandait dans les maisons de ceux qui étaient autrefois

ΒΙΒΛΙΟΝ ΠΕΜΠΤΟΝ

I. 1 Τῆς δὲ τῶν ὅλων ἀρχῆς εἰς ᾿Αρκάδιον καὶ ῾Ονώ-
ριον περιστάσης ἄχρι μὲν ὀνόματος ἐδόκουν ἔχειν τὸ
κράτος, ἡ δὲ πᾶσα τῆς ἀρχῆς δύναμις ἦν κατὰ μὲν τὴν
ἑῴαν παρὰ ῾Ρουφίνῳ, κατὰ δὲ τὴν ἑσπέραν ἐν τῇ Στελί-
5 χωνος γνώμῃ· δίκαι τε πᾶσαι παρ᾿ αὐτοῖς κατ᾿ ἐξουσίαν
ἐ|κρίνοντο, καὶ ἀπῄει κεκρατηκὼς ὁ χρημάτων τὴν ψῆφον
ὠνούμενος ἢ ἄλλως οἰκειότητι τὴν τοῦ δικάζοντος ἐπισπώ-
μενος εὔνοιαν. 2 Κτήματα δὲ ὅσα τοὺς κυρίους ἐν τοῖς
ἁπάντων ἐποίει στόμασιν εὐδαίμονας ὀνομάζεσθαι, μετῄει
10 πρὸς τούτους, τῶν μὲν δωρεαῖς θεραπευόντων καὶ τούτῳ τὸ
συκοφαντεῖσθαι διαφευγόντων, ἑτέρων δὲ τὰ οἰκεῖα προϊεμένων ὑπὲρ τοῦ τυχεῖν ἀρχῆς ἢ ἄλλον τινὰ πρίασθαι τῶν
πόλεων ὄλεθρον. 3 Παντὸς δὲ εἴδους πονηρίας ταῖς πόλεσιν ἐπιπολάζοντος, ὁ μὲν ἁπανταχόθεν πλοῦτος εἰς τὴν
15 ῾Ρουφίνου καὶ Στελίχωνος οἰκίαν εἰσέρρει, ἡ δὲ πενία κατὰ
πάντα τόπον ἐπενέμετο τὰς τῶν πάλαι πλουτούντων

Testimonia : 2 ἄχρι - p. 7, 5 ὠνειροπόλει in Suda p. 240
῾Ρουφῖνος IV p. 301, 15-31 Adler.

ΒΙΒΛΙΟΝ ΠΕΜΠΤΟΝ addidi ε΄ V¹ ἱστορία Δ η rubricator,
qui ε΄ in Δ corr. ; cf. vol. I p. xxii-xxiii et vol. II 2 ad p.
330, 11 ‖ 2-3 ἄχρι - δύναμις V : ἄχρι ὀνομάτων ἐχόντων τὸ
κράτος ἡ πᾶσα ἀρχὴ καὶ δύναμις Suda ‖ 4 ἐν τῇ V : ἐπὶ Suda ‖ 7
ἢ ἄλλως V : πολλῶν Suda ‖ 14 εἰς V : ἐς Suda ‖ 15 εἰσέρρει V :
ἐσ- Suda ‖ ἡ δὲ πενία Suda Bekk. Mend. : καὶ ἡ π. V.

riches ; les empereurs ne voyaient rien de ce qui se passait,
mais souscrivaient uniquement à tout ce qu'ordonnaient
Rufin et Stilicon. **4** Lorsque la richesse qu'ils avaient
accumulée fut devenue immense, Rufin se mit à rêver de
briguer l'Empire pour lui-même et songea à fiancer à
l'empereur la fille nubile qu'il avait, ce qui constituait
un prétexte pour se ménager une voie d'accès ; il répand
donc secrètement des bruits à ce sujet par l'intermédiaire
de quelques-uns des préposés à la domesticité du palais,
avec l'idée qu'absolument personne ne connaissait son
intention, alors que la rumeur avait jusqu'au peuple
répandu ce qu'il tramait. **5** Comme il était gonflé
d'arrogance et que sa vantardise augmentait chaque jour,
chacun devinait son plan à cet égard, et la haine générale
s'accroissait envers lui ; quant à lui, comme s'il voulait
cacher intentionnellement ses fautes plus légères par des
débordements plus graves, il risqua un autre coup d'audace, que voici [1].

II. **1** Florent, qui avait été préfet du prétoire dans
les provinces transalpines à l'époque où Julien le Grand
possédait la dignité de César, avait un fils, Lucien ; celui-
ci recourait à Rufin comme protecteur et lui avait fait
cadeau des biens les plus précieux qu'il possédait ; Rufin,
agissant en conséquence, accorda de continuelles faveurs
au jeune homme et fit longuement son éloge auprès de l'empereur Théodose. **2** Celui-ci le nomma comte d'Orient ;
cette charge exige de celui qui en est investi qu'il
supervise tous ceux qui sont à la tête des provinces

Note 1. *Voir* p. 75.

οἰκίας· ἠσθάνοντο δὲ τῶν γινομένων οἱ βασιλεῖς οὐδενός,
ἀλλὰ ἔγραφον μόνον ὅσα Ῥουφῖνος ἐπέταττε καὶ Στελίχων. 4 Ἐπεὶ δὲ ἄπλετος ἦν αὐτοῖς πλοῦτος συνειλεγ-
μένος, ἤδη καὶ τὴν βασιλείαν ἑαυτῷ μνᾶσθαι Ῥουφῖνος
5 ὠνειροπόλει, διανοούμενος, ἣν εἶχε θυγατέρα γάμων
ὡραίαν, κατεγγυῆσαι τῷ βασιλεῖ, ὅπερ εἰσδύσεως πρόφασιν
εἶχε· καὶ δὴ καθίησι περὶ τούτου λόγους ἐν παραβύστῳ
διά τινων ἐπὶ τῇ βασιλικῇ θεραπείᾳ τεταγμένων, αὐτὸς
μὲν οἰόμενος μηδένα παντάπασι τὴν σκέψιν εἰδέναι, τῆς
10 δὲ φήμης ἄχρι τοῦ δήμου τὸ μελετώμενον ἐνεγκούσης.
5 Ἐκ γὰρ τοῦ τῆς ὑπεροψίας ὄγκου καὶ τῆς ὁσημέραι
προστιθεμένης ἀλαζονείας τὴν περὶ τούτου ἔννοιαν ἅπαντες
ἐτεκμαίροντο, καὶ τὸ κατ᾽ αὐτοῦ κοινὸν ηὐξάνετο μῖσος·
ὃ δέ, ὥσπερ τὰ μετριώτερα πλημμελήματα μείζοσιν
15 ἀτοπήμασιν ἐξεπίτηδες ἀποκρύψαι βουλόμενος, ἕτερον
ἐτόλμησε τοιόνδε.

II. 1 Φλωρεντίῳ τῆς αὐλῆς ἐν τοῖς ὑπὲρ |τὰς Ἄλπεις
ἔθνεσιν ὑπάρχῳ γενομένῳ κατὰ τοὺς χρόνους ἐν οἷς Ἰου-
λιανὸς ὁ μέγας τὴν τοῦ Καίσαρος εἶχε τιμήν, Λουκιανὸς
20 ἦν υἱός· οὗτος ἐχρῆτο προστάτῃ Ῥουφίνῳ, τὰ [τε] τιμιώ-
τατα τῶν ὄντων αὐτῷ κτημάτων εἰς ἐκεῖνον μετενεγκών·
ἐφ᾽ οἷς ὁμολογῶν χάριτας ὁ Ῥουφῖνος τῷ νεανίσκῳ διετέ-
λεσεν, ἐπαίνους αὐτοῦ παρὰ τῷ βασιλεῖ Θεοδοσίῳ διεξιών.
2 Ὁ δὲ κόμητα τῆς ἑῴας πεποίηκεν· αὕτη δὲ ἡ ἀρχὴ
25 βούλεται τὸν προβεβλημένον αὐτῆς ἐφεστάναι πᾶσι τοῖς

TESTIMONIA : u. p. 6 ‖ 24 αὕτη - p. 8, 11 Ῥουφῖνος in
Suda Λ 684 Λουκιανὸς ἕτερος, κόμης τῆς ἑῴας III p. 283, 14-
24 Adler.

3 ἄπλετος apographum unum in marg. Bekk. Mend. : ἄπληστος
ΝΣ ἄσπετος Suda (praeter cod. A ἄπιστος) ‖ 4 Ῥουφῖνος V :
ὁ Ῥ. Suda ‖ 20 τὰ Σ : τά τε V ‖ 23 αὐτοῦ Σ : -τῶ V ‖
Θεοδοσίῳ pars edd. : θεοδοσίω ΝΣ Ἀρκαδίῳ Sylb. ; u. comm. ‖
25 βούλεται V : ἐδούλετο Suda ‖ 25 - p. 8, 1 τοῖς τὰς τῆς V : τοῖς
τῆς Suda.

de l'Orient et qu'il mette ordre à ce qui n'est pas exécuté convenablement ; or Lucien témoignait envers ses administrés de toutes les vertus de gouvernement et était célèbre pour sa justice, sa sagesse et toutes les qualités qui peuvent honorer des gouverneurs ; il ne faisait pas d'acception de personnes et ne songeait à rien qui ne fût conforme à ce que la loi ordonnait. **3** Ayant ainsi en vérité repoussé même Eucher, l'oncle de l'empereur, qui lui présentait une demande contraire au droit, il le blessa si profondément que celui-ci le calomnia auprès de l'empereur ; lorsque l'empereur déclara que Rufin était coupable d'avoir confié une charge si importante à un pareil homme, Rufin saisit ce prétexte et, vivement courroucé, à l'en croire, de ce que l'empereur lui avait reproché, sans révéler à qui que ce soit l'intention qu'il avait, il se rend en hâte avec une toute petite escorte à Antioche, pénètre en pleine nuit dans la ville, se saisit de Lucien et le somme de rendre compte de sa conduite, sans qu'absolument personne ne formule d'accusation. **4** Il ordonna qu'on le frappât sur le cou avec des boules de plomb et, lorsqu'il eut cessé de vivre, il le fit aussitôt emporter, caché dans une litière, suggérant à tous qu'il n'était pas mort et qu'il serait traité avec beaucoup d'humanité ; la ville fut indignée de la brusquerie du procédé mais, pour se concilier le peuple, il fit construire un portique impérial, que pas un seul édifice de la ville ne dépasse en magnificence [2].

III. 1 Après être retourné sur ces entrefaites à Constantinople, il fit de grands efforts pour devenir parent de l'empereur et chercha avec plus d'empressement que jamais

Note 2. Voir p. 77.

τὰς τῆς ἑῴας ἐπαρχίας ἰθύνουσι καὶ ἐπὶ τοῖς οὐ κατὰ ⟨τὸ⟩
δέον πραττομένοις εὐθύνειν· ὁ Λουκιανὸς τοίνυν πᾶσαν
ἀρχικὴν ἀρετὴν εἰς τοὺς ἀρχομένους ἐπιδεικνύμενος ἐπὶ
δικαιοσύνῃ καὶ σωφροσύνῃ καὶ πᾶσι τοῖς ἄρχοντας κο-
5 σμεῖν δυναμένοις διαβόητος ἦν, οὔτε προσώπων διαφορὰν
οὔτε ἕτερόν τι κατὰ νοῦν ἔχων, πλήν ὧν ⟨ὁ⟩ νόμος ὑπηγό-
ρευεν. 3 Ὥστε ἀμέλει καὶ τὸν τοῦ βασιλέως θεῖον Εὐχέριον, αἰτοῦντά τι παρὰ τὸ προσῆκον, ἀποσεισάμενος εἰς
τοσοῦτον ἐκίνησεν ὥστε πρὸς τὸν βασιλέα διαβαλεῖν· ἐπεὶ
10 δὲ ὁ βασιλεὺς αἴτιον εἶπεν εἶναι Ῥουφῖνον ἀνδρὶ τοιούτῳ
τοσαύτην ἀρχὴν δεδωκότα, λαβὼν πρόφασιν ὁ Ῥουφῖνος,
καὶ ἐφ᾽ οἷς ἐμέμψατο βασιλεὺς δῆθεν ἀγανακτῶν, οὐδενὶ
τὴν γνώμην ἣν εἶχεν ἐκφήνας, ἅμα σφόδρα ὀλίγοις ἐπὶ
τὴν Ἀντιόχειαν ἵεται, νυκτός τε βαθείας ἐπιδημήσας τῇ
15 πόλει τὸν Λουκιανὸν συναρπάσας εἰς εὐθύνας ἄγει, κατη-
γοροῦντος παντάπασιν οὐδενός. 4 Σφαίραις δὲ μολιβδί-
ναις αὐτὸν κατὰ τοῦ τένοντος ἐνεκελεύετο παίεσθαι, καὶ
διαλιπόντα παραχρῆμα φέρεσθαι φορείῳ κεκαλυμμένον
ἐποίει, διδοὺς ἅπασιν ὑπονοεῖν ὡς οὐ τεθνηκὼς εἴη, τεύξεται
20 δὲ πάντως| φιλανθρωπίας· καὶ ἡ μὲν πόλις ἐπὶ τῷ παρα-
λόγῳ τοῦ δράματος ἐδυσχέραινεν· ὃ δὲ τιθασσεύων τὸν
δῆμον βασιλικὴν ᾠκοδόμει στοάν, ἧς οὐδὲ ἓν ἡ πόλις ἔχει
διαπρεπέστερον οἰκοδόμημα.

III. 1 Καὶ ἐπὶ τούτοις ἐπανελθὼν εἰς τὴν Κωνσταν-
25 τινούπολιν τὰ περὶ τὴν βασιλέως κηδείαν ἐπραγματεύετο,
σπεύδων ὅσον οὐδέπω τὴν θυγατέρα τούτῳ συνάψαι·

Testimonia : u. p. 7.

1-2 τὸ δέον Suda (u. 1, 5, 3 ; 4, 38, 1) : δέον V ‖ 2 εὐθύνειν
V : ἰθ- Suda ‖ ὁ Λουκιανός V : οὗτος Suda ‖ 6 ὧν ὁ νόμος
Suda : ὧν ν. V ‖ 8 εἰς V : ἐς Suda ‖ 11 Ῥουφῖνος V : Ῥ. τὸν
Λουκιανὸν σφαίραις μολυβδίναις ᾐκίσατο κατὰ τοῦ τένοντος Suda
‖ 17 τένοντος Σ : -ναν- V.

à unir sa fille avec lui ; mais un hasard fit primer une autre
solution, contraire à ce qu'il attendait, et Rufin fut déçu
dans son espoir pour la raison suivante. **2** Promotus
avait deux enfants qui, déjà avant la mort de Théodose,
vivaient avec les enfants de ce dernier ; l'un d'entre eux
avait auprès de lui une jeune fille qui brillait de l'éclat
d'une beauté extraordinaire ; Eutrope, l'un des eunuques
de la domesticité du palais, conseillait à l'empereur de
l'épouser en faisant longuement l'éloge de sa beauté.
3 Comme il constatait qu'il écoutait volontiers ses propos, il lui montra un portrait de la jeune fille, fit ainsi
croître le désir d'Arcadius et le persuada de la choisir
pour femme ; cependant Rufin ne savait rien de ce qui
se tramait et croyait plus fermement que jamais que sa
fille serait l'épouse de l'empereur et que sans tarder il
partagerait avec lui le pouvoir suprême. **4** Quand
l'eunuque eut constaté que sa manœuvre en vue de ce
mariage lui avait réussi, il ordonna au peuple de se réjouir
et de porter des couronnes, selon l'usage à l'occasion d'un
mariage impérial, prit dans le palais un vêtement qui
convenait à la dignité impériale ainsi que des parures,
les remit pour qu'ils les emportent à des serviteurs impériaux et s'avança à travers le centre de la ville, précédé par
le peuple. **5** Alors que tous croyaient que ces présents
allaient être offerts à la fille de Rufin et faisaient cortège
à ceux qui les portaient, et quand ceux-ci en s'avançant se
furent rapprochés de la maison de Promotus, ils y pénétrèrent avec les cadeaux de fiançailles, les remirent à la
jeune fille qui était élevée auprès du fils de Promotus et
révélèrent qui allait être l'épouse de l'empereur. **6** Quand
Rufin vit ainsi son espoir déçu et une autre femme
épouser l'empereur, il n'eut plus comme unique préoccupation que de voir comment il pourrait se débarrasser
d'Eutrope également ; voilà quelle était la situation dans
l'Empire d'Arcadius [3].

Note 3. Voir p. 80.

τύχης δέ τινος ἕτερόν τι παρὰ τὸ προσδοκώμενον ἐκείνῳ
πρυτανευούσης, διήμαρτε τῆς ἐλπίδος ὁ Ῥουφῖνος ἐξ
αἰτίας τοιᾶσδε. 2 Ἤστην δύο παῖδε Προμώτῳ, Θεοδοσίου περιόντος ἔτι τοῖς αὐτοῦ παισὶ συναναστρεφόμενοι·
5 τούτων δ' ἅτερος εἶχε παρ' ἑαυτῷ παρθένον κάλλει λάμ-
πουσαν ἐξαισίῳ· ταύτην Εὐτρόπιος, εἷς τῶν περὶ τὴν
βασιλικὴν θεραπείαν εὐνούχων, ἀγαγέσθαι παρῄνει τῷ
βασιλεῖ, τὰ περὶ τοῦ κάλλους διεξιών. 3 Ἐπεὶ δὲ τοὺς
λόγους ἡδέως ἑώρα δεχόμενον, ἔδειξε τῆς κόρης εἰκόνα,
10 ταύτῃ τε πρὸς μείζονα τὸν Ἀρκάδιον ἐγείρας ἐπιθυμίαν
ἔπεισε τὸν ταύτης γάμον ἑλέσθαι, Ῥουφίνου μηδὲν ἐπι-
σταμένου τῶν πραττομένων, οἰομένου δὲ ὅσον οὐδέπω τὴν
αὐτοῦ θυγατέρα τῷ βασιλεῖ συνοικήσειν, κοινωνήσειν τε
αὐτῷ μετ' οὐ πολὺ τῆς τῶν ὅλων ἀρχῆς. 4 Ὡς δὲ τὴν
15 ἐπὶ τῷ γάμῳ πρᾶξιν ἐθεάσατο κατωρθωμένην ὁ εὐνοῦχος
αὐτῷ, χορεύειν τῷ δήμῳ καὶ στεφανηφορεῖν ὡς ἐπὶ βασιλικοῖς ἐκέλευε γάμοις, ἐσθῆτα δὲ βασιλεῖ πρέπουσαν
καὶ κόσμον ἐκ τῶν βασιλείων λαβών, ταύτην τε φέρειν
δοὺς βασιλικοῖς ὑπηρέταις, ἦγε διὰ μέσης τῆς πόλεως
20 ἡγουμένου τοῦ δήμου. 5 Πάντων δὲ οἰομένων τῇ Ῥου-
φίνου ταῦτα δοθήσεσθαι θυγατρὶ καὶ συμ|παρατρεχόντων
τοῖς φορεῦσιν, ἐπειδὴ προϊόντες ἐγένοντο τῆς Προμώτου
πλησίον οἰκίας, εἰσῄεσάν τε μετὰ τῶν ἕδνων καὶ ἀποδόντες τῇ παρὰ τῷ Προμώτου παιδὶ τρεφομένῃ παρθένῳ τὴν
25 τῷ βασιλεῖ συνοικεῖν μέλλουσαν ἔδειξαν. 6 Οὕτως ὁ
Ῥουφῖνος τῆς ἐλπίδος ἀποκρουσθείς, ἐπειδὴ συνοικοῦσαν
ἄλλην ἑώρα, τὸ λειπόμενον ἐσκόπει, πῶς ἂν καὶ τὸν
Εὐτρόπιον ἐκποδὼν ποιήσειε· καὶ τὰ μὲν ὑπὸ τὴν Ἀρκαδίου βασιλείαν ἐν τούτοις ἦν.

4 συναναστρεφόμενοι V, qui postea in -ανατρε- corr ; u. comm.
‖ 5 δ'ἅτερος V : θάτερος Mend. ‖ 18 τε Σ : δὲ V ‖ 23-24
ἀποδόντες Σ : -δοθέντες V.

IV. **1** Quant à Stilicon, qui gouverne l'Occident
comme régent, il donne en mariage à l'empereur Honorius l'enfant qu'il a de Séréna ; Séréna était la fille d'Honorius, qui était le frère de Théodose, le père des empereurs.
2 Il renforça sa puissance par ce lien de parenté avec
l'empereur [4] ; par ailleurs il avait presque toute l'armée
romaine sous ses ordres ; en effet, lorsque Théodose était
mort en Italie après avoir abattu Eugène, Stilicon, qui
était le général en chef de toute l'armée, en retint les
troupes puissantes et très bien entraînées à la guerre et
laissa partir pour l'Orient les unités épuisées et sans
valeur. **3** Ces dispositions prises, et comme il éprouvait un profond ressentiment contre Rufin vu que celui-ci
voulait détenir en Orient une puissance qui contrebalan-
çât la sienne, il songea à se rendre auprès d'Arcadius dans
l'intention de réduire en son pouvoir également le domaine
de ce dernier ; il affirmait en effet qu'au moment de mourir, Théodose lui avait confié la tâche de veiller avec le
plus grand soin sur le sort de l'un et l'autre des deux
empereurs [5].

V. **1** Quand Rufin apprit cela, il décida d'empêcher
par tous les moyens que Stilicon ne parte pour l'Orient
et d'éviter que les forces militaires appartenant à Arcadius fussent tant soit peu diminuées et affaiblies ; alors
qu'il machinait tout cela, il tomba pour atteindre ce but
sur des hommes plus pervers qu'il ne le voulait, et lorsqu'il eut recours à leurs services, il inaugura de grands
maux pour l'Empire romain, de la façon que je vais dire.
2 Mousonios, un Grec qui avait acquis la culture la plus
éminente, avait eu trois fils, qui s'appelaient Mousonios,
Antiochos et Axiochos ; alors que Mousonios et Axiochos
désiraient dépasser les vertus de leur père par leurs con-
naissances et leur valeur morale, Antiochos tirait vanité
de tous les vices opposés et était un vrai suppôt du mal.

Note 4. *Voir p.* 81.
Note 5. *Voir p.* 82.

IV. 1 Στελίχων δὲ τῆς κατὰ τὴν ἑσπέραν βασιλείας
ἐπιτροπεύων ἐκδίδωσι πρὸς γάμον Ὀνωρίῳ τῷ βασιλεῖ
τὴν ἀπὸ Σερήνας οὖσαν αὐτῷ θυγατέρα· Σερῆνα δὲ ἦν
παῖς Ὀνωρίου, ὃς Θεοδοσίῳ τῷ τῶν βασιλευόντων πατρὶ
5 γέγονεν ἀδελφός. 2 Ὀχυρώσας δὲ τῇ πρὸς τὸν βασιλέα
κηδείᾳ τὴν δύναμιν, καὶ ἄλλως ἅπαν σχεδὸν τὸ Ῥωμαίων
στρατόπεδον ὑπήκοον εἶχε· τελευτήσαντος γὰρ μετὰ τὴν
Εὐγενίου καθαίρεσιν ἐν Ἰταλίᾳ Θεοδοσίου, στρατηγὸς ὢν
τοῦ παντὸς στρατεύματος ὁ Στελίχων, εἴ τι δυνατὸν αὐτοῦ
10 καὶ πολεμικώτατον ἦν, τοῦτο κατέσχε, τὸ δὲ ἀπεσκληκὸς
καὶ ἀπόβλητον χωρεῖν ἐπὶ τὴν ἑῴαν ἠφίει. 3 Καὶ ταῦτα
διαθείς, ἔχων τε πρὸς Ῥουφῖνον ἐγκότως οἷα δύναμιν
αὐτῷ ἀντίρροπον κατὰ τὴν ἑῴαν ἔχειν βουλόμενον, ὡς
Ἀρκάδιον ἰέναι διενοεῖτο, διαθεῖναι κατ᾽ ἐξουσίαν καὶ τὰ
15 κατ᾽ ἐκεῖνον ἐθέλων· ἔλεγε γὰρ ἐπιτετράφθαι παρὰ Θεοδοσίου τελευτᾶν μέλλοντος τὰ κατ᾽ ἄμφω τοὺς βασιλέας
ἔχειν ἐν πάσῃ φροντίδι.

V. 1 Τούτων ὁ Ῥουφῖνος αἰσθόμενος ἐκ πάσης ἐβου-
λεύετο μηχανῆς ἐκποδὼν γενέσθαι τῆς Στελίχωνος ἐπὶ
20 τὴν ἑῴαν ὁρμῆς, καταλῦσαι δὲ οὐδὲν ἧττον καὶ ἀσθενε-
στέραν τὴν οὖσαν Ἀρκαδίῳ στρα|τιωτικὴν δύναμιν κατα-
στῆσαι· ταῦτα δὴ πάντα πραγματευόμενος ἄνδρας εὗρε πρὸς
ταῦτα πονηροτέρους ἥπερ ἐβούλετο, οἷς χρησάμενος μεγά-
λων ἦρξε τῇ Ῥωμαίων ἐπικρατείᾳ κακῶν· τὸ δὲ ὅπως ἐρῶ.
25 2 Μουσώνιος, Ἕλλην ἀνὴρ καὶ παιδείας ἥκων εἰς ἄκρον,
τριῶν ἐγένετο παίδων πατήρ, οἷς ὀνόματα ἦν Μουσώνιος
καὶ Ἀντίοχος καὶ Ἀξίοχος· ἀλλὰ Μουσώνιος μὲν καὶ
Ἀξίοχος παιδείᾳ καὶ καλοκἀγαθίᾳ τὰς τοῦ πατρὸς ἐπε-
θύμουν παραδραμεῖν ἀρετάς, Ἀντίοχος δὲ πᾶσιν ἐνηβρύ-
30 νετο τοῖς ἐναντίοις, αὐτὸ πονηρίας ὄργανον ὤν. 3 Τού-

---

10 πολεμικώτατον ΥΣ : πολέμοις ἁρμόδιον Sylb. ‖ 19-20 τῆς ...
ὁρμῆς Mend. : τῇ/// (σ erasa) ... ὁρμ/// circumflexo non eraso
(ὁρμῇ Υ²) Υ¹ τὴν ... ὁρμήν Σ.

3 Ayant découvert ce personnage qui correspondait à ce qu'il voulait, Rufin le nomme proconsul de Grèce, dans l'intention de préparer, pour les Barbares qui attaquaient, la ruine de cette région, et confie la garde des Thermopyles à Gérontios, qui allait le seconder dans ses projets funestes à l'État [6]. **4** Tels étaient les plans pernicieux que Rufin méditait lorsqu'il constata qu'Alaric se révoltait et sortait de la légalité : il était en effet indigné de n'avoir pas commandé des forces régulières, mais de n'avoir eu sous ses ordres que les Barbares que Théodose lui avait précisément confiés lorsqu'il avait abattu avec lui la tyrannie d'Eugène [7] ; or Rufin l'avertit alors secrètement de pousser plus avant les Barbares et par ailleurs les hommes de toute origine qu'il avait avec lui, vu que tout serait prêt pour la conquête. **5** C'est dans ces conditions qu'Alaric quitta les parages de la Thrace et qu'il s'avança vers la Macédoine et la Thessalie en ravageant tout sur son passage ; arrivé au voisinage des Thermopyles, il envoya secrètement des messagers au proconsul Antiochos et à Gérontios, qui commandait la garnison des Thermopyles, pour annoncer son approche. **6** Ce dernier se retira avec les hommes de la garnison, laissant aux Barbares le passage libre et dégagé de tout obstacle vers la Grèce ; ceux-ci s'avancèrent pour piller ce qui était à disposition dans le plat pays et pour détruire complètement les villes ; ils égorgeaient les hommes en âge de porter les armes et emmenaient comme butin, en plus de toutes les richesses, des troupeaux d'enfants et de femmes [8]. **7** La Béotie entière, ainsi que toutes les provinces grecques que les Barbares traversèrent après être entrés par les Thermopyles, étaient accablées, et offrent encore aujourd'hui le spectacle de la catastrophe d'alors à ceux qui y sont attentifs ; seuls les Thébains furent épargnés, du fait que leur ville était fortifiée, et aussi parce qu'Alaric, qui avait hâte de s'emparer d'Athènes, ne s'attarda pas à les assiéger. **8** Après donc que les Thébains eurent échappé au désastre pour cette raison, il s'avança

Note 6. *Voir* p. 86.
Note 7. *Voir* p. 89.
Note 8. *Voir* p. 91.

τον ἁρμόδιον οἷς ἐβούλετο Ῥουφῖνος εὑρὼν ἀνθύπατον
καθίστησι τῆς Ἑλλάδος, ἕτοιμον ἐθέλων τοῖς ἐπιοῦσι
βαρβάροις ποιῆσαι τὴν αὐτῆς ἀπώλειαν, Γεροντίῳ τὴν ἐν
Θερμοπύλαις παραδοὺς φυλακήν, ὑπηρετησομένῳ ταῖς
5 αὐτοῦ κατὰ τῆς πολιτείας ἐννοίαις. 4 Ταῦτα Ῥουφῖνος
πονηρευσάμενος, ἐπειδὴ στασιάζοντα καὶ ἀλλοτριώσαντα
τῶν νόμων ἑαυτὸν ἐθεώρησεν Ἀλάριχον (ἠγανάκτει γὰρ
ὅτι μὴ στρατιωτικῶν ἡγεῖτο δυνάμεων ἀλλὰ μόνους εἶχε
τοὺς βαρβάρους, οὓς Θεοδόσιος ἔτυχεν αὐτῷ παραδοὺς
10 ὅτε σὺν αὐτῷ τὴν Εὐγενίου τυραννίδα καθεῖλε), τότε
τοίνυν ἐσήμαινε δι' ἀπορρήτων αὐτῷ προσωτέρω τοὺς
σὺν αὐτῷ βαρβάρους ἢ ἄλλως σύγκλυδας ὄντας ἐξαγαγεῖν,
ὡς ἑτοίμων ἁπάντων εἰς ἅλωσιν ἐσομένων. 5 Ἐπὶ τούτοις Ἀλάριχος τῶν Θρᾴκης ἀπανίστατο τόπων, καὶ ἐπὶ
15 Μακεδονίαν προῄει καὶ Θεσσαλίαν, πάντα καταστρεφόμενος
τὰ ἐν μέσῳ· γενόμενος δὲ Θερμοπυλῶν πλησίον ἔπεμπε
λάθρᾳ πρὸς Ἀντίοχον τὸν ἀνθύπατον καὶ Γερόντιον τὸν
ἐφεστηκότα τῇ Θερμοπυλῶν φυλα|κῇ τοὺς τὴν ἔφοδον
ἀγγελοῦντας. 6 Καὶ ὃ μὲν ἀπεχώρει μετὰ τῶν φυλάκων,
20 ἐνδιδοὺς ἐλευθέραν καὶ ἀκώλυτον τὴν ἐπὶ τὴν Ἑλλάδα
πάροδον τοῖς βαρβάροις· οἳ δὲ ἐπὶ λείαν ἕτοιμον τῶν
ἀγρῶν καὶ παντελῆ τῶν πόλεων ἀπώλειαν ἐχώρουν, τοὺς
μὲν ἄνδρας ἡβηδὸν ἀποσφάττοντες, παιδάρια δὲ καὶ
γυναῖκας ἀγεληδὸν ἅμα τῷ πλούτῳ παντὶ ληζόμενοι.
25 7 Καὶ ἡ μὲν Βοιωτία πᾶσα, καὶ ὅσα μετὰ τὴν ἀπὸ Θερμοπυλῶν εἴσοδον Ἑλληνικὰ ἔθνη διῆλθον οἱ βάρβαροι,
ἔκειντο τὴν ἐξ ἐκείνου μέχρι τοῦ νῦν καταστροφὴν διδόντα
τοῖς θεωμένοις ὁρᾶν, μόνων Θηβαίων διὰ τὸ τῆς πόλεως
ὀχυρὸν περισωθέντων, καὶ ὅτι σπεύδων τὰς Ἀθήνας ἑλεῖν
30 Ἀλάριχος οὐκ ἐπέμεινε τῇ τούτων πολιορκίᾳ. 8 Θηβαίων
τοίνυν διὰ τοῦτο ἐκπεφευγότων ἐπὶ τὰς Ἀθήνας ἐχώρει,

vers Athènes, dans l'idée qu'il s'emparerait très facilement de la ville que ses habitants ne pouvaient garder à
cause de ses dimensions, et en plus que les assiégés feraient
assez vite leur reddition par manque d'approvisionnement,
le Pirée une fois occupé ; mais tandis qu'Alaric se berçait
de ces espoirs, cette ville au passé vénérable était sur le
point, même en ces temps si impies, d'attirer sur elle un
bienfait de la divine providence et de demeurer intacte [9].

VI. **1** Il vaut aussi la peine de ne pas passer sous
silence la raison pour laquelle la ville fut sauvée, étant
donné qu'elle est d'origine divine et de nature à réveiller
la piété de ceux qui l'apprennent : lorsqu'Alaric s'approcha
avec toute son armée de la ville, il vit, parcourant le rempart, Athéna Promachos, telle qu'on peut la voir représentée en statue, armée et comme sur le point de s'opposer aux assaillants et, debout près des murs, le héros
Achille, tel qu'Homère l'a fait apparaître aux Troyens,
quand il combattait avec fureur pour venger la mort de
Patrocle. **2** Alaric ne put soutenir ce spectacle, renonça
à toute entreprise contre la ville et envoya des hérauts ;
les Athéniens ayant accepté ses propositions et procédé à
un échange de serments, Alaric entra avec un petit nombre
de compagnons dans Athènes ; il fut l'objet d'une bienveillance extrême, se baigna, participa à un banquet avec
les notables de la ville et, après avoir de plus reçu des
cadeaux, il quitta la ville saine et sauve et se retira de
toute l'Attique. **3** La ville d'Athènes fut aussi la seule
à être sauvée, de la manière que j'ai exposée dans le livre
précédent, lors du tremblement de terre qui se produisit
sous le règne de Valens et qui secoua toute la Grèce, et,

Note 9. Voir p. 94.

ῥᾷστα τὴν πόλιν οἰόμενος ἑλεῖν διὰ τὸ μέγεθος παρὰ
τῶν ἔνδον φυλαχθῆναι οὐ δυναμένην, καὶ προσέτι τοῦ
Πειραιῶς ἐχομένου σπάνει τῶν ἐπιτηδείων μετ' οὐ πολὺ
τοὺς πολιορκουμένους ἐνδώσειν· ἀλλ' ὁ μὲν Ἀλάριχος
5 ἐν ταύταις ἦν ταῖς ἐλπίσιν, ἔμελλε δὲ ἡ τῆς πόλεως
ἀρχαιότης καὶ ἐν οὕτω δυσσεβέσι καιροῖς θείαν τινὰ
πρόνοιαν ὑπὲρ ἑαυτῆς ἐπισπᾶσθαι καὶ μένειν ἀπόρθητος.

VI. 1 Ἄξιον δὲ μηδὲ τὴν αἰτίαν δι' ἣν ἡ πόλις περιεσώθη, θεοπρεπῆ τινα οὖσαν καὶ εἰς εὐσέβειαν τοὺς ἀκούον-
10 τας ἐπικαλουμένην, σιωπῇ διελθεῖν· ἐπιὼν Ἀλάριχος
πανστρατιᾷ τῇ πόλει τὸ μὲν τεῖχος ἑώρα περινοστοῦσαν
τὴν πρόμαχον Ἀθηνᾶν, ὡς ἔστιν αὐτὴν ὁρᾶν ἐν τοῖς
ἀγάλμασιν, ὡπλισμένην καὶ οἷον τοῖς ἐπιοῦσιν ἀνθίστα-
σθαι μέλλουσαν, τοῖς δὲ τείχεσι παρεστῶτα τὸν Ἀχιλλέα|
15 τὸν ἥρω τοιοῦτον οἷον αὐτὸν τοῖς Τρωσὶν ἔδειξεν Ὅμηρος,
ὅτε κατ' ὀργὴν τῷ θανάτῳ τοῦ Πατρόκλου τιμωρῶν ἐπολέμει. 2 Ταύτην Ἀλάριχος τὴν ὄψιν οὐκ ἐνεγκὼν πάσης
μὲν ἀπέστη κατὰ τῆς πόλεως ἐγχειρήσεως, ἐπεκηρυκεύετο
δέ· ⟨τῶν δ Ἀθηναίων⟩ τοὺς λόγους προσδεξαμένων ὅρκους
20 τε λαβόντων καὶ δόντων, εἰσῄει σὺν ὀλίγοις Ἀλάριχος
εἰς τὰς Ἀθήνας· τυχὼν δὲ φιλοφροσύνης ἁπάσης, λουσά-
μενός τε καὶ κοινωνήσας ἑστιάσεως τοῖς ἐν τῇ πόλει λογάσι,
καὶ προσέτι γε δῶρα λαβών, ἀπεχώρει τήν τε πόλιν ἀβλαβῆ
καὶ τὴν Ἀττικὴν πᾶσαν καταλιπών. 3 Καὶ ἡ μὲν Ἀθη-
25 ναίων πόλις ἐν τῷ κατὰ τὴν Οὐάλεντος βασιλείαν γενομένῳ σεισμῷ, πᾶσαν κατασείσαντι τὴν Ἑλλάδα, μόνη
περιεσώθη κατὰ τὸν εἰρημένον μοι τρόπον ἐν τῷ προλα-

13 οἷον forsan e sequentibus huc irrepta Sylb. ‖ 14 τοῖς
δὲ τείχεσι παρεστῶτα scripsi : τ. δ. τ. προεσ- VΣ τῆς δὲ παρα-
τάξεως π. uel τοῖς δὲ στίφεσι παρεσ- Mend. τοῖς δὲ τεύχεσι
προεσ- (i. e. ἐν δὲ τ. τ. = « armatum ») absurde Herw. Mnem.
1909 p. 339 sq. ‖ 19 τῶν δ Ἀθηναίων τοὺς λόγους προσδεξαμένων
scripsi : προσδ. τοὺς λ. V καὶ π. τ. λ. Σ lacunam ante π.
indicauit Mend. ‖ 25 ἐν τῷ VΣ: ἔν τε τῷ Bekk. ; u. comm.

2

dans le cas présent, elle en réchappa également après
avoir couru le pire des dangers ; Alaric évacua toute
l'Attique sans y commettre le moindre dégât par crainte
des apparitions qui s'étaient manifestées [10], passa en
Mégaride, s'en empara d'emblée et se prépara à envahir
le Péloponnèse, vu qu'il ne rencontrait aucune résistance.
4 Comme Gérontios le laissa traverser l'Isthme, tout le
reste fut à sa portée sans effort et sans combat, étant donné
que presque toutes les villes étaient dépourvues d'enceintes
à cause de la sécurité que l'Isthme leur garantissait ; ainsi
donc Corinthe en premier lieu fut aussitôt prise de vive
force, ainsi que les petites villes qui en sont voisines, et
ensuite Argos et tous les territoires qui sont situés entre
cette ville et Lacédémone. **5** Et Sparte elle-même subit
le sort commun de l'occupation de toute la Grèce ; elle
n'avait plus comme remparts ni armes ni hommes belli-
queux à cause de l'avidité des Romains, mais elle était
livrée à des autorités traîtresses au service empressé du
caprice des puissants pour tout ce qui contribuait à la
ruine publique [11].

VII. **1** Or, lorsqu'on annonça à Rufin ce que subissait la Grèce, le désir qu'il avait du pouvoir impérial
s'accrut ; il pensait en effet que, l'État une fois boule-
versé, aucun obstacle ne se dresserait devant lui pour
cette entreprise ; mais Stilicon embarqua des soldats dans
des navires, partit pour soulager les malheurs de l'Achaïe
et, après avoir accosté dans le Péloponnèse, contraignit
les Barbares à se réfugier en Pholoé. **2** Il les aurait
ensuite facilement détruits grâce au fait qu'ils étaient à
court d'approvisionnements s'il n'avait pas, en s'abandonnant à la mollesse, à des mimes bouffons et à des
femmes extrêmement dévergondées, laissé ses soldats
piller tout ce que les Barbares n'avaient pas pris, si bien
qu'il donna latitude aux ennemis de se retirer du Péloponnèse avec tout leur butin, de passer en Épire et d'y
ravager les villes. **3** Lorsque Stilicon se fut rendu

Note 10. *Voir p.* 96.
Note 11. *Voir p.* 98.

βόντι βιβλίῳ, καὶ νῦν εἰς ἔσχατον ἐλθοῦσα κινδύνου διέ-
φυγεν· Ἀλάριχος δὲ τὴν Ἀττικὴν πᾶσαν ἀπόρθητον
ἀπολιπὼν δέει τῶν φανέντων φασμάτων ἐπὶ τὴν Μεγαρίδα
παρῄει, καὶ ταύτην ἑλὼν ἐξ ἐπιδρομῆς τῆς ἐπὶ τὴν Πελοπόν-
5 νησον ἐλάσεως εἴχετο, μηδεμιᾶς πειρώμενος ἀντιστάσεως.
4 Ἐνδόντος δὲ αὐτῷ Γεροντίου τὸν Ἰσθμὸν διαβῆναι,
πάντα λοιπὸν ἦν αὐτῷ δίχα πόνου καὶ μάχης ἁλώσιμα,
τῶν πόλεων σχεδὸν ἁπασῶν διὰ τὴν ἀσφάλειαν ἣν ὁ
Ἰσθμὸς παρεῖχεν αὐταῖς ἀτειχίστων οὐσῶν· εὐθέως οὖν ἡ
10 Κόρινθος πρώτη κατὰ κράτος ἡλίσκετο καὶ ⟨τὰ⟩ πρόσοικα
ταύτῃ πολίχνια καὶ ἐπὶ ταύτῃ τὸ Ἄργος καὶ ὅσα ἦν αὐτῆς
τε καὶ Λακεδαίμονος ἐν μέσῳ χωρία. 5 Καὶ αὐτὴ δὲ ἡ
Σπάρτη συναπήγετο τῇ κοινῇ τῆς Ἑλλάδος ἁλώσει, μήτε
ὅπλοις ἔτι | μήτε ἀνδράσι μαχίμοις τετειχισμένη διὰ τὴν
15 τῶν Ῥωμαίων πλεονεξίαν, ἀλλ᾽ ἄρχουσιν ἐκδεδομένη
προδόταις καὶ τῇ τῶν κρατούντων ἡδονῇ προθύμως ὑπηρε-
τουμένοις εἰς ἅπαντα τὰ πρὸς κοινὸν ὄλεθρον φέροντα.

VII. 1 Ῥουφῖνος μὲν οὖν, ἀγγελθέντος αὐτῷ τοῦ περὶ
τὴν Ἑλλάδα πάθους, ἐπίδοσιν ἐλάμβανεν ἧς εἶχε περὶ
20 τὴν βασιλείαν ἐπιθυμίας· συνταραττομένου γὰρ τοῦ πολιτεύματος οὐδὲν ἐμποδὼν ᾤετο αὐτῷ φανήσεσθαι πρὸς
τὴν τοιαύτην ἐπιχείρησιν· Στελίχων δὲ ναυσὶ στρατιώτας
ἐμβιβάσας τοῖς κατὰ τὴν Ἀχαΐαν δυστυχήμασιν ὥρμητο
βοηθεῖν, καὶ τῇ Πελοποννήσῳ προσσχὼν εἰς Φολόην συμφυ-
25 γεῖν τοὺς βαρβάρους ἠνάγκασε. 2 Καὶ ῥᾶστα διέφθειρεν
ἂν αὐτοὺς σπάνει τῶν ἐπιτηδείων, εἰ μὴ τρυφῇ καὶ μίμοις
γελοίων ἥκιστά τε αἰσχυνομέναις γυναιξὶν ἐκδοὺς ἑαυτὸν
ἀφῆκε τοὺς στρατιώτας, ὅσα καταλελοίπασιν οἱ βάρβαροι,
ἁρπάζειν, ὥστε δοῦναι τοῖς πολεμίοις εὐρυχωρίαν ἀναχω-
30 ρῆσαι τῆς Πελοποννήσου μετὰ πάσης τῆς λείας εἰς τὴν
Ἤπειρον διαβῆναι καὶ τὰς ἐν ταύτῃ λήσασθαι πόλεις.

10 καὶ τὰ Σ : καὶ V ‖ 24 προσσχὼν Σ : προσχὼν V ‖ 29 ὥστε
Bekk. Mend. : τοῦ τε ΥΣ.

compte de leur manœuvre, il partit par voie de mer pour
l'Italie sans avoir rien fait et en ayant accru et aggravé
les maux infligés aux Grecs par la faute des soldats qu'il
avait amenés [12] ; quand il fut arrivé, il décida aussitôt
de machiner la mort de Rufin de la manière suivante : il
s'adresse à l'empereur Honorius pour lui dire qu'il convient
d'envoyer à son frère Arcadius quelques corps de troupes
pour qu'ils portent secours aux provinces mises à mal
dans le domaine impérial de ce dernier. **4** Ayant ensuite
reçu l'ordre de mettre à exécution ce qu'il avait décidé,
il désigna les hommes qui seraient envoyés à cet effet,
leur donna Gaïnas comme commandant et leur expliqua
ce qu'il méditait à l'égard de Rufin ; dès que les soldats
se trouvèrent à proximité de Constantinople, Gaïnas prit
les devants pour annoncer à l'empereur Arcadius leur
présence et le fait qu'ils étaient là avec mission de porter
remède à la situation qui s'était dégradée. **5** Comme
l'empereur se réjouissait de leur arrivée, Gaïnas lui conseilla
d'aller à la rencontre des soldats qui étaient sur le point
de faire leur entrée : il déclara en effet qu'il était habituel
que les soldats fussent honorés de cette marque d'estime ;
l'empereur se laissa convaincre, sortit devant la ville à
leur rencontre, et Rufin le suivit, vu qu'il était préfet
du prétoire ; quand ils se furent prosternés et que l'empereur leur eut témoigné comme il fallait sa bienveillance,
au signal donné par Gaïnas, ils isolent tous en même
temps Rufin au milieu d'eux et le frappent de leurs épées.
6 Celui-ci lui coupa la main, celui-là lui trancha l'autre,
un troisième, après lui avoir séparé la tête du cou, partit
en chantant des péans de victoire ; ils poussèrent la dérision jusqu'à promener sa main à travers toute la ville
et à demander à ceux qu'ils rencontraient de donner de
l'argent à l'insatiable [13].

Note 12. Voir p. 99.
Note 13. Voir p. 101.

3 Ὅπερ αὐτοὺς ὁ Στελίχων πεποιηκότας ἰδὼν ἄπρακτος
ἐπὶ τὴν Ἰταλίαν ἀπέπλευσε, μείζονα καὶ χαλεπώτερα τοῖς
Ἕλλησι κακὰ δι' ὧν ἐπήγετο στρατιωτῶν ἐπιθείς· ἐπεὶ δὲ
παρεγένετο, παραχρῆμα θάνατον ἔγνω Ῥουφίνῳ κατα-
5 σκευάσαι τρόπῳ τοιῷδε· πρὸς τὸν βασιλέα ποιεῖται λόγους
Ὀνώριον ὡς προσήκει τέλη τινὰ στρατιωτικὰ στεῖλαι
πρὸς Ἀρκάδιον τὸν ἀδελφόν, ἐπαμυνοῦντα τοῖς ἐν τῇ
ἐπικρατείᾳ τῇ τούτου κεκακωμένοις ἔθνεσι. 4 Καὶ ὅπερ
ἐγνώκει πράττειν | ἐπιτραπεὶς ἔταττε τοὺς ἐπὶ τούτῳ στα-
10 λησομένους, Γαΐνην δὲ αὐτοῖς ἐπιστήσας ἡγεμόνα, ὅσα
ἐπὶ Ῥουφίνου διενοεῖτο ἐξεῖπε· τῶν δὲ στρατιωτῶν ἤδη
πλησίον τῆς Κωνσταντινουπόλεως ὄντων, φθάσας ὁ Γαΐνης
ἀπήγγειλεν Ἀρκαδίῳ τῷ βασιλεῖ τὴν αὐτῶν παρουσίαν,
καὶ ὡς παραγένοιντο τοῖς πράγμασι πεπονηκόσιν ἐφιέμενοι
15 βοηθεῖν. 5 Τοῦ δὲ βασιλέως ἡσθέντος ἐπὶ τῇ τούτων
ἀφίξει, ὑπαντῆσαι τοῖς στρατιώταις εἰσιέναι μέλλουσι
παρεκάλει τὸν βασιλέα Γαΐνης· ταύτης γὰρ τῆς τιμῆς
ἠξιῶσθαι τοὺς στρατιώτας ἔλεγε σύνηθες εἶναι· πεισθέντος
δὲ τοῦ βασιλέως καὶ πρὸ τῆς πόλεως ὑπαντήσαντος,
20 εἵπετο καὶ ὁ Ῥουφῖνος, οἷα τῆς αὐλῆς ὕπαρχος· ἐπεὶ δὲ
προσκυνήσαντες τῆς προσηκούσης ἠξιώθησαν παρὰ τοῦ
βασιλέως φιλοφροσύνης, δόντος Γαΐνου τὸ σύνθημα πάντες
ὁμοῦ τὸν Ῥουφῖνον ἀπολαβόντες ἐν μέσῳ τοῖς ξίφεσι
παίουσι. 6 Καὶ ὃ μὲν ἀφῃρεῖτο τῆς δεξιᾶς, ὃ δὲ τὴν
25 ἑτέραν ἔκοπτεν, ὃ δὲ τὴν κεφαλὴν τοῦ τραχήλου χωρίσας
ἀπήει, παιᾶνας ᾄδων ἐπινικίους· ἐς τοσοῦτον δὲ ἐπε-
τώθασαν ὥστε τὴν χεῖρα πανταχῇ τῆς πόλεως περιάγειν,
αἰτεῖν τε ἀργύριον δοῦναι τῷ ἀπλήστῳ τοὺς προστυγχάνοντας.

---

3 ἐπεὶ δὲ Σ : ἐπειδὴ V ‖ 9 ἔταττε Σ : ἔττατε V ἐξέταττε
Heyne sec. 5, 21, 1 ‖ 18 ἠξιῶσθαι V : ἀξιοῦσθαι Mend. Wäsch. ‖
24 ἀφῃρεῖτο Herw. Mnem. 1888 p. 353 : ἀφῄρητο V.

VIII. **1** Ainsi donc Rufin, qui avait été la cause de maux insupportables pour beaucoup de particuliers et avait infligé des malheurs à l'État tout entier, subit un châtiment digne de ses crimes, cependant qu'Eutrope, qui avait à tous égards collaboré avec Stilicon dans son complot contre Rufin, fut maître de ce qui se passait à la cour. **2** Il s'empara de la plus grande partie des biens de Rufin, tout en laissant d'autres aussi s'approprier ce qui lui en paraissait d'une manière ou d'une autre sans intérêt pour lui [14] ; la femme de Rufin s'étant réfugiée avec sa fille dans l'église des chrétiens par crainte de périr avec son mari, Eutrope leur donna sa parole et leur permit de se rendre par mer dans la ville de Jérusalem, qui était jadis la demeure des Juifs, mais fut, à partir du règne de Constantin, embellie par des édifices dus aux chrétiens. **3** Celles-ci y passèrent donc le reste de leur vie [15] ; cependant Eutrope, qui voulait se débarrasser de tous ceux qui avaient quelque renom, afin que personne d'autre que lui n'exerce le pouvoir aux côtés de l'empereur, trame, sans qu'existe le moindre motif, un complot contre Timasius également, qui commandait des unités d'armée depuis le temps de Valens et avait participé à de nombreuses guerres ; voici de quelle nature fut la dénonciation [16].

IX. **1** Bargos, qui était originaire de Laodicée de Syrie, vendait des saucisses au marché et avait été convaincu de quelques délits, s'était réfugié de Laodicée à Sardes ; il révéla par la suite là aussi sa vraie nature et fut réputé pour son improbité ; de passage à Sardes, Timasius remarqua ce beau parleur, adroit à séduire sans peine par la flatterie ceux qu'il rencontrait, se lia avec

Note 14. Voir p. 102.
Note 15. Voir p. 104.
Note 16. Voir p. 105.

VIII. 1 Ῥουφῖνος μὲν οὖν ἰδίᾳ τε πολλοῖς κακῶν
ἀφορήτων γενόμενος αἴτιος καὶ τῇ πολιτείᾳ λυμηνάμενος
ἁπάσῃ δίκην ἐξέτισε τῶν πεπονηρευμένων ἀξίαν, Εὐτρόπιος δὲ πρὸς πάντα Στελίχωνι συνεργήσας τὰ κατὰ τού-
5 του βεβουλευμένα τῶν ἐν τῇ αὐλῇ πραττομένων κύριος
ἦν. 2 Καὶ τὴν μὲν Ῥουφίνου περιουσίαν κατὰ τὸ πλέον
ἐσφετερίζετο, καὶ ἑτέροις ἐνδιδοὺς ἐκ ταύτης οἰκειοῦσθαι|
τὰ ὁπωσοῦν ⟨ἀν⟩άξια τῆς αὐτοῦ κτήσεως νομιζόμενα· τῆς
δὲ Ῥουφίνου γαμετῆς σὺν τῇ θυγατρὶ τῇ τῶν Χριστιανῶν
10 ἐκκλησίᾳ προσδραμούσης δέει τοῦ μὴ συναπολέσθαι τῷ
ἀνδρί, πίστιν δοὺς ὁ Εὐτρόπιος ἐφῆκεν αὐταῖς εἰς τὴν
κατὰ Ἱεροσόλυμα πόλιν ἐκπλεῦσαι, πάλαι μὲν οἰκητήριον
Ἰουδαίων οὖσαν, ἀπὸ δὲ τῆς Κωνσταντίνου βασιλείας ὑπὸ
Χριστιανῶν τιμωμένην οἰκοδομήμασιν. 3 Ἐκεῖναι μὲν
15 οὖν αὐτόθι τὸν λειπόμενον τοῦ βίου διέτριψαν χρόνον·
Εὐτρόπιος δὲ πάντας, ὧν εἴη τις λόγος, ἐκποδὼν καταστῆσαι βουλόμενος, ὡς ἂν μηδεὶς ἕτερος πλὴν αὐτοῦ βασιλεῖ
παραδυναστεύοι, καὶ ἐπὶ Τιμασίῳ στρατιωτικῶν ἡγησα-
μένῳ ταγμάτων ἀπὸ τῶν Οὐάλεντος χρόνων καὶ πολλῶν
20 μετασχόντι πολέμων ἐπιβουλὴν ἵστησιν, οὐδεμιᾶς αἰτίας
ὑπούσης· ἦν δὲ ἡ συκοφαντία τοιάδε.

IX. 1 Βάργος ἐκ τῆς ἐν Συρίᾳ Λαοδικείας ὁρμώμενος,
ἀλλᾶντας ὠνίους ἐπ' ἀγορᾷ προτιθείς, ἐπί τισιν ἁλοὺς
ἀτοπήμασιν ἀπὸ τῆς Λαοδικείας εἰς τὰς Σάρδεις ἦλθε
25 φυγάς, εἶτα κἀκεῖσε φανεὶς οἷος ἦν, ἐπὶ πονηρίᾳ διεβε-
βόητο· τοῦτον ὁ Τιμάσιος ταῖς Σάρδεσιν ἐπιδημήσας,
στωμύλον ἰδὼν δεινόν τε κολακείᾳ ῥᾳδίως ὑπαγαγέσθαι
τοὺς προστυγχάνοντας, ᾠκειώσατό τε καὶ παραχρῆμα

7 καὶ ἑτέροις Mend. : κ. -ρους VΣ μὴ -ροις Tillemont *Hist.*
Emp. V p. 429 n. 2 κ. ἑταίρους (uel -ροις) Reit. ; u. comm. ‖ 8
ἀνάξια Tillemont (nisi antea μὴ ἑτέροις legas) Mend. : ἄξια
VΣ ; u. comm. ‖ αὐτοῦ VΣ : αὐτῶν apogr. unum in marg.
Heyne ‖ 16 εἴη Heyne Mend. : εἴ VΣ ἦν Sylb. καὶ Wäsch.

lui et le chargea aussitôt de commander un corps de
troupes ; il ne se borna pas à cela, mais l'emmena même
immédiatement avec lui à Constantinople. **2** Comme les
autorités n'approuvaient pas ce qui s'était passé (il se
trouvait en effet qu'auparavant Bargos, à cause de quelques méfaits, avait été interdit de séjour à Constantinople), Eutrope découvre en cet homme l'instrument qu'il
lui faut pour dénoncer Timasius, et le suscite contre lui
comme accusateur, présentant une lettre forgée qui
impute à Timasius de briguer l'Empire ; l'empereur pré-
sidait au jugement, mais Eutrope se tenait à côté de lui ;
comme il dirigeait aussi tous les appartements impériaux,
il se trouvait entièrement maître de la sentence [17].
3 Tout le monde s'indignant de ce qu'un homme qui
était marchand de saucisses se présentât pour accuser un
personnage que distinguaient de telles charges et de tels
honneurs, l'empereur se retira du procès et le confia à
Saturnin et Procope ; de ces deux, le premier avait
atteint un âge fort avancé, obtenu de grands honneurs, et
pourtant n'était pas exempt de flagornerie, mais avait
coutume dans les procès de tenir compte des désirs et des
intentions de ceux qui gouvernaient avec l'empereur ;
quant à Procope, qui était devenu le parent par alliance
de l'empereur Valens, bien qu'il fût un homme ignorant
et sans éducation, il paraissait dans certains cas révéler
la vérité avec franchise. **4** C'est ainsi que, tout en étant
certes aussi alors du même avis que Saturnin pour la
sentence portée contre Timasius, il ajouta ceci, qu'il n'aurait pas fallu que Bargos se fît l'accusateur de Timasius,
ni qu'un personnage que distinguaient de telles charges
et de tels honneurs fût victime des accusations d'un
homme vulgaire et sans vergogne, ni, ce qui était parfaitement scandaleux, qu'un bienfaiteur eût à souffrir du
fait de celui qu'il avait fait profiter de sa protection [18].
5 Procope n'obtint rien en usant de cette franchise, tandis que le point de vue de Saturnin l'emporta et fut

Note 17. *Voir p.* 106.
Note 18. *Voir p.* 108.

στρατιωτικοῦ τέλους ἔταξεν ἄρχειν· καὶ οὐ τοῦτο μόνον, ἀλλ᾽
ἤδη καὶ εἰς τὴν Κωνσταντινούπολιν ἑαυτῷ συναπήγαγεν.
2 Οὐκ ἐπαινούντων δὲ τῶν ἐν τέλει τὸ γεγονὸς (ἔτυχε γὰρ
πρότερον ὁ Βάργος διά τινα πονηρεύματα τῆς ἐν Κωνσταν-
5 τινουπόλει διατριβῆς ἀποκεκλεισμένος) ὄργανον ἐπιτή-
δειον Εὐτρόπιος εἰς τὴν κατὰ Τιμασίου συκοφαντίαν τὸν
ἄνδρα τοῦτον εὑρὼν ἵστη|σι κατήγορον αὐτῷ, γραμμάτια
δεικνύντα ψευδῆ, βασιλείας ἐπιθυμίαν ἐπιφέροντα Τιμα-
σίῳ· καὶ ὁ μὲν βασιλεὺς προὐκάθητο δικαστής, Εὐτρό-
10 πιος δὲ παρεστώς, ἐπειδὴ καὶ τὴν ἡγεμονίαν πάντων τῶν
βασιλικῶν εἶχε κοιτώνων, τῆς πάσης ψήφου κύριος ἦν.
3 Πάντων δὲ δυσανασχετούντων ἐφ᾽ οἷς ἀλλαντοπώλης
ἄνθρωπος τὸν ἐν ἀρχαῖς καὶ ἀξίαις διαπρέψαντα τοσαύταις ἵστατο κρίνων, ἀνεχώρει μὲν τῆς κρίσεως ὁ βασιλεύς,
15 ἐπέτρεπε δὲ ταύτην Σατουρνίνῳ καὶ Προκοπίῳ· τούτοιν δὲ
ὁ μὲν [εἷς] εἰς γῆρας ἦν βαθὺ προελθὼν καὶ μεγάλαις τετιμημένος ἀξίαις, οὐκ ἔξω δὲ κολακείας, ἀλλ᾽ εἰωθὼς ἐν
ταῖς κρίσεσι τὰς τῶν βασιλεῖ παραδυναστευόντων θεραπεύειν ὁρμάς τε καὶ γνώμας· ὁ δὲ Προκόπιος τοῦ μὲν βασι-
20 λέως ἐγεγόνει Οὐάλεντος κηδεστής, σκαιὸς δέ τις ὢν καὶ
ἀνάγωγος ἔν τισιν ἐδόκει τἀληθῆ μετὰ παρρησίας ἐκφαί-
νειν. 4 Ὥστε ἀμέλει καὶ τότε συνενεχθεὶς εἰς τὴν κατὰ
Τιμασίου ψῆφον τῷ Σατουρνίνῳ τοῦτο προσέθηκεν, ὡς
οὐκ ἔδει Τιμασίου Βάργον εἶναι κατήγορον, οὐδὲ τὸν
25 τοσαύταις ἀρχαῖς διαπρέψαντα καὶ ἀξίαις εὐτελοῦς ἀνθρώπου καὶ ἀνασεσυρμένου συκοφαντίαις ἁλῶναι, καὶ ὅπερ ἦν
ἀτοπώτατον, εὐεργέτην ὑπὸ τοῦ παθόντος εὖ πράγματα
πάσχειν. 5 Ὤνησε δὲ οὐδὲν ταύτῃ χρησάμενος τῇ παρρησίᾳ
Προκόπιος, ἀλλ᾽ ἡ μὲν Σατουρνίνου ψῆφος ἐκράτει σφόδρα

16 μὲν εἰς apographum unum Reit. Bekk. Leid. p. 37 : μὲν
εἷς εἰς V apographum alium Sylb. Mend. ; u. comm. ‖ 19
Προκόπιος ΥΣ Tillemont *Hist. Emp.* V p. 132 n. 1 edd. : Πετρώ-
νιος Valesius ad Amm. 26, 6, 7 ; u. comm.

grandement approuvé : Timasius, assigné à demeure dans
l'Oasis, fut éloigné sous la surveillance d'une escorte officielle ; cet endroit était extrêmement désolé et n'offrait à
aucun de ceux qui y étaient confinés la possibilité de s'en
éloigner. **6** En effet, comme la région qui l'entoure est
sablonneuse, parfaitement déserte et inhabitée, elle fait
perdre leur orientation à ceux qui se rendent dans l'Oasis, vu
que les vents recouvrent les traces avec du sable et qu'il n'y
a ni végétation ni maison qui puisse laisser aux voyageurs
un repère pour se diriger. **7** Un bruit néanmoins se
répandit partout, selon lequel Timasius aurait été enlevé
par son fils Syagrius, qui aurait échappé à ceux qui avaient
été envoyés à sa recherche et aurait enlevé son père avec
l'aide de quelques brigands ; cette rumeur correspondait-
elle à la vérité ou avait-elle été répandue dans la foule
par des gens qui flattaient Eutrope ? personne ne le sut
exactement, si ce n'est qu'en tout cas ni Timasius ni
Syagrius ne parurent depuis lors [19].

X. **1** Bargos, qui avait libéré de toute crainte Eutrope,
du fait que celui-ci n'avait plus à redouter l'hostilité de
Timasius, fut gratifié du commandement d'un corps de
troupes capable de lui rapporter d'agréables revenus, et
s'en alla après qu'on lui eut fait miroiter l'espoir de cadeaux
plus considérables ; il ignorait en effet qu'Eutrope
s'attendait à ce qu'un individu qui avait eu une telle
attitude envers son bienfaiteur Timasius en ait aussi une
semblable envers lui-même. **2** Ce qu'il y a de sûr, c'est
que lorsque Bargos fut parti pour prendre son commandement, on persuade la femme qui vivait avec lui et
éprouvait pour diverses raisons un sentiment de haine à son
égard de présenter à l'empereur une lettre comportant de
très nombreuses accusations qui étaient de nature à char-
ger Bargos des pires forfaits. **3** Quand Eutrope eut
entendu cela, il fit aussitôt passer le personnage en jugement et, après l'avoir condamné, lui infligea le châtiment
qu'il méritait, à la suite de quoi tous admirèrent et aussi
glorifièrent sans se lasser l'œil d'Adrastée, auquel nul

Note 19. Voir p. 109.

ἐπαινεθεῖσα, Τιμάσιος δὲ τῇ Ὀάσεως οἰκήσει παραδοθεὶς
ἀπηλαύνετο, φυλακῆς αὐτὸν δημοσίας παραπεμπούσης·
τόπος δὲ ἦν οὗτος λυπρότατος καὶ οὐδενὶ τῶν αὐτῷ παρα-
διδομένων ἀναχωρεῖν ἐνδιδούς. 6 Ἥ τε γὰρ ἐν μέσῳ γῇ
5 ψαμμώδης οὖσα καὶ παν|τάπασιν ἔρημος καὶ ἀοίκητος
ἀφαιρεῖται τῆς γνώσεως τοὺς ἐπὶ τὴν Ὄασιν ἀπιόντας, τῶν
ἀνέμων τοῖς ἴχνεσι τὴν ψάμμον ἐπιφερόντων, καὶ τῷ μήτε
φυτὸν μήτε οἴκησιν εἶναι, γνώρισμα εἰς εἰκασίαν τι κατα-
λιπεῖν τοῖς ὁδοιποροῦσι δυνάμενα. 7 Φήμη δὲ ὅμως εἰς
10 ἅπαντας ᾔει παρὰ Συαγρίου τοῦ παιδὸς ἡρπάσθαι Τιμάσιον λέγουσα, διαφυγόντος τοὺς ἐσταλμένους εἰς ἀνα-
ζήτησιν αὐτοῦ καὶ διά τινων ἁρπάσαντος τὸν πατέρα
λῃστῶν· ἀλλ᾿ εἴτε ἀληθῆ ταῦτα ἦν εἴτε Εὐτροπίῳ χαρι-
ζόμενοι ταῦτα ἐν τῷ πλήθει διέσπειραν, οὐκ ἔγνω τις τὸ
15 σαφές, πλὴν ὅτι περ οὔ⟨τε⟩ Τιμάσιος οὔτε Συάγριος ἐξ
ἐκείνου πεφήνασιν.

Χ. 1 Ὁ δὲ Βάργος, ὡς ἔξω πάσης ὑποψίας καταστήσας Εὐτρόπιον οὐκέτι τὴν Τιμασίου δυσμένειαν ὑφορώ-
μενον, ἠξιοῦτο στρατιωτικοῦ τέλους ἀρχῆς χρήματα
20 φέρειν αὐτῷ κομψὰ δυναμένης, καὶ ἀνεχώρει μειζόνων
ἐλπίσι δωρεῶν βουκολούμενος· ἠγνόει γὰρ ὡς Εὐτρόπιος
τοιοῦτον αὐτὸν φανέντα περὶ Τιμάσιον τὸν εὐεργέτην καὶ
περὶ αὐτὸν ὅμοιον φανήσεσθαι προσεδόκησεν. 2 Ἐκδη-
μήσαντος γοῦν τῆς ἀρχῆς ἕνεκα Βάργου, τὴν τούτῳ συνοι-
25 κοῦσαν γυναῖκα διά τινας αἰτίας ἀπεχθῶς πρὸς αὐτὸν
ἔχουσαν πείθουσι γραμματεῖα προσδοῦναι τῷ βασιλεῖ
κατηγορίας φέροντα πλείστας εἰς τὰ μέγιστά τε τῶν
ἐγκλημάτων τὸν Βάργον ἀγούσας. 3 Ἅπερ ἀκηκοὼς
Εὐτρόπιος εὐθὺς ἦγεν εἰς κρίσιν τὸν ἄνθρωπον καὶ ἁλόντα
30 παρεδίδου τιμωρίᾳ πρεπούσῃ, μεθ᾿ ἣν ἅπαντες θαυμάζοντες ἅμα καὶ ἀνυμνοῦντες τὸν τῆς Ἀδραστείας ὀφθαλμὸν

15 οὔτε Τιμάσιος Σ : οὐ Τ. V ‖ 23 φανήσεσθαι Σ : -σασθαι V.

impie ne peut échapper en quoi que ce soit [20]. **4** Cependant Eutrope était désormais enivré par ses richesses et
paraissait emporté plus haut que les nuages par son ima-
gination ; dans presque toutes les provinces, il avait des
gens qui s'informaient avec indiscrétion de ce qui se
passait et de ce qu'était la situation de chacun ; et il n'y
avait jamais rien qui ne lui rapportât un profit matériel ;
c'est ainsi que sa jalousie et en même temps son avidité
l'aiguillonnent également contre Abundantius. **5** Abundantius était originaire de la Scythie de Thrace, il avait
servi dans l'ərmée dès l'époque de Gratien et avait accédé
à de très hautes dignités sous Théodose, ayant déjà
été promu au rang de général et de consul ; quand
Eutrope eut décidé de le dépouiller lui aussi de ses richesses
et en même temps de tous ses honneurs, l'empereur en
donna l'ordre par écrit, et Abundantius fut chassé de la
cour et assigné à résidence à Sidon de Phénicie, où il
passa le reste de sa vie [21].

XI. **1** Eutrope, n'ayant ainsi absolument plus personne à Constantinople qui osât lui tenir tête, ne pensait qu'à Stilicon, qui exerçait le pouvoir en Occident,
et méditait de l'empêcher de venir à Constantinople ; il
persuade alors l'empereur de rassembler le Sénat et, par
un décret officiel, de proclamer Stilicon ennemi de l'Empire [22]. **2** Cela fait, il s'allie aussitôt Gildon, qui détenait le commandement de toute l'Afrique dépendant de
Carthage et, grâce à lui, détache cette région de l'Empire
d'Honorius et l'adjoint à celui d'Arcadius ; Stilicon en
fut indigné, et il se trouva placé dans une situation très
difficile, mais le hasard vint de lui-même à son secours [23].
3 Gildon avait en effet un frère qui s'appelait Masceldélos ; par l'effet d'une folie bien digne d'un Barbare, il

Note 20. *Voir p.* 111.
Note 21. *Voir p.* 112.
Note 22. *Voir p.* 113.
Note 23. *Voir p.* 115.

διετέλεσαν, ὃν οὐχ οἷόν τέ τινα τῶν ἠσεβηκότων κατά τι
λαθεῖν. 4 Μεθύων δὲ ἤδη τῷ πλού|τῳ καὶ ὑπὲρ τὰ νέφη
τῇ φαντασίᾳ φέρεσθαι δοκῶν ὁ Εὐτρόπιος ἐν ἅπασι σχεδὸν
τοῖς ἔθνεσιν εἶχε τοὺς τὰ πραττόμενα πολυπραγμονοῦντας,
5 καὶ ὅπως ἕκαστος ἔχοι τύχης· καὶ οὐδὲ⟨ν⟩ ἦν καθάπαξ ὃ
μὴ χρημάτων αὐτῷ κέρδος ἐπῆγεν· ἄγει τοίνυν αὐτὸν καὶ
κατὰ Ἀβουνδαντίου φθόνος τε ὁμοῦ καὶ πλεονεξία. 5 Ἦν
δὲ Ἀβουνδάντιος ἀπὸ τῆς ἐν τῇ Θρᾴκῃ Σκυθίας, ἐκ δὲ
τῶν Γρατιανοῦ στρατευσάμενος χρόνων καὶ ἐπὶ Θεοδοσίου
10 τιμῶν μεγίστων ἐπιβάς, ἤδη δὲ καὶ στρατηγὸς καὶ ὕπατος
ἀποδεδειγμένος· ἐπεὶ δὲ καὶ τοῦτον Εὐτρόπιος ἠβουλήθη
τῆς οὐσίας τε ὁμοῦ καὶ πάσης τιμῆς ἐκπεσεῖν, ἔγραφε
μὲν ταῦτα ὁ βασιλεύς, ἀπηλαύνετο δὲ Ἀβουνδάντιος τῶν
βασιλείων, οἴκησιν τὴν ἐν Φοινίκῃ Σιδῶνα λαχὼν καὶ ἐν
15 ταύτῃ τὸν λοιπὸν χρόνον βεβιωκώς.

XI. 1 Εὐτρόπιος τοίνυν ἐν μὲν τῇ Κωνσταντινουπόλει
παντάπασιν ἔχων οὐδένα τὸν ἀντιβλέπειν τολμῶντα, μόνον
δὲ Στελίχωνα τῶν κατὰ τὴν ἑσπέραν κυριεύοντα πραγμάτων κατὰ νοῦν ἔχων, ἀνελεῖν αὐτῷ διενοεῖτο τὴν ἐπὶ Κων-
20 σταντινούπολιν ἄφιξιν· ἀναπείθει δὴ τὸν βασιλέα, τέως
συναγαγόντα τὴν γερουσίαν, κοινῷ δόγματι τῆς βασιλείας αὐτὸν πολέμιον προ[σ]ειπεῖν. 2 Οὗ δὴ γενομένου
Γίλδωνα παραχρῆμα πάσης τῆς ὑπὸ Καρχηδόνα Λιβύης
ἔχοντα τὴν ἡγεμονίαν οἰκειωσάμενος, ἀφίστησι διὰ τούτου
25 τὴν χώραν τῆς Ὀνωρίου βασιλείας καὶ τῇ Ἀρκαδίου
προστίθησιν· ἐπὶ τούτῳ δυσχεραίνοντι καὶ λίαν ἀπορου-
μένῳ Στελίχωνι συνήρατο τὸ ἀπὸ τῆς τύχης αὐτόματον.
3 Ἀδελφὸν γὰρ ἔχων ὁ Γίλδων ᾧ Μασκέλδηλος | ἦν
ὄνομα, καὶ τούτῳ διὰ βαρβαρικὴν μανίαν ἐπιβουλεύσας

---

5 οὐδὲν Reit. sec. 5, 14, 3 ; 5, 24, 2 Bekk. Mend. : οὐδὲ VΣ ‖
6 ἄγει Σ : ἄγοι V ‖ 11 ἐπεὶ δὲ Bekk. Mend. : ἐπειδὴ VΣ ἐπεὶ δὴ
Sylb. ‖ 22 προειπεῖν Bekk. Mend. : προσει- VΣ ‖ 23 Γίλδωνα
edd. : γιάδ- VΣ (et sic constanter).

complota contre lui et le réduisit à passer par mer en
Italie auprès de Stilicon et à lui raconter ce qu'il avait
subi de la part de son frère ; celui-ci lui confie des forces
importantes, équipe des navires en suffisance et l'envoie
guerroyer contre Gildon[24]. **4** Masceldélos arriva à
l'endroit où il avait entendu que se trouvait son frère,
fondit sur lui à l'improviste avec son armée et, après une
violente bataille, il remporta une victoire si complète que
Gildon mit fin à ses jours en se pendant ; en effet, il choisit de préférence cette issue plutôt que de tomber aux
mains des ennemis ; quant au frère de Gildon, il restitua
l'Afrique à l'Empire d'Honorius et rentra victorieux en
Italie ; Stilicon fut jaloux de son succès mais feignit
cependant de le flatter en lui faisant miroiter de brillants
espoirs. **5** Une fois que, se rendant dans un faubourg,
il se trouvait sur un pont qui dominait un fleuve, et que
Masceldélos l'accompagnait aussi au milieu de sa suite,
les gardes du corps obéissent au signal qu'il avait convenu
de leur donner et précipitent Masceldélos dans le fleuve ;
cependant Stilicon riait, tandis que le malheureux était
emporté par le courant et se noyait[25].

XII. **1** Dès lors la mésentente entre Eutrope et Stilicon éclata au grand jour et fut dans toutes les bouches ;
montés l'un contre l'autre, ils se repaissaient en toute
sécurité des malheurs de leurs sujets ; l'un avait déjà
donné sa fille Marie en mariage à l'empereur Honorius,
tandis que l'autre régentait Arcadius comme une pièce
de bétail. **2** En effet, si quelqu'un de ceux qui leur
étaient soumis possédait un bien remarquable, il devenait
la propriété de l'un ou de l'autre d'entre eux ; tout l'or
et l'argent affluaient des anciens propriétaires vers eux ;
il était en effet dense, l'essaim partout répandu des dénonciateurs qui avaient pour mission de signaler ce genre de
richesses[26].

XIII. **1** Telle était la conjoncture dans les deux parties de l'Empire ; tous ceux qui faisaient partie du Sénat

Note 24. Voir p. 117.
Note 25. Voir p. 118.
Note 26. Voir p. 120.

ἠνάγκασεν εἰς τὴν Ἰταλίαν ὡς Στελίχωνα πλεῦσαι καὶ
ὅσα παρὰ τἀδελφοῦ πέπονθεν ἐξειπεῖν· ὃ δὲ δυνάμεις
ἀδρὰς αὐτῷ παραδοὺς καὶ πλοῖα χορηγήσας ἀρκοῦντα,
πολεμήσοντα τῷ Γίλδωνι παραπέμπει. 4 Οὗτος ἀποβὰς
5 ἔνθα διατρίβοντα τὸν ἀδελφὸν ἠκηκόει, καὶ ἀπαρασκεύῳ
μετὰ τῆς στρατιᾶς ἐπιπεσών, μάχης καρτερᾶς γενομένης
τοσοῦτον ἐκράτησεν ὥστε Γίλδωνα τὸν βίον ἀπολιπεῖν
ἀπαγξάμενον· τοῦτο γὰρ εἵλετο μᾶλλον ἢ ὑπὸ τοῖς πολεμίοις γενέσθαι· καὶ ὁ μὲν Γίλδωνος ἀδελφὸς ἀποδοὺς τῇ
10 Ὀνωρίου βασιλείᾳ Λιβύην εἰς Ἰταλίαν ἐπανῄει νενικηκώς·
Στελίχων δὲ νεμεσήσας ἐπὶ τῷ κατορθώματι θεραπεύειν ὅμως προσεποιεῖτο, χρηστὰς ὑποφαίνων ἐλπίδας.
5 Ἐπεὶ δὲ προϊὼν ἐπί τι προάστειον ἐπὶ ποταμοῦ γεφύ-
ρας ἐγένετο, μετὰ δὲ τῶν ἄλλων εἵπετο καὶ ὁ Μασκέλδηλος
15 αὐτῷ, σύνθημα πρὸς τούτου δεδομένον αὐτοῖς οἱ δορυ-
φόροι πληροῦντες ὠθοῦσι κατὰ τοῦ ποταμοῦ· καὶ ὁ μὲν
Στελίχων ἐγέλα, τὸ δὲ ῥεῦμα συναρπάσαν ἀποπνίγει
τὸν ἄνθρωπον.

XII. 1 Ἐντεῦθεν ἡ μὲν Εὐτροπίου δυσμένεια καὶ Στελί-
20 χωνος ἀνεκαλύπτετο καὶ ἐν τοῖς ἁπάντων στόμασιν ἦν·
ἀλλοτρίως δὲ πρὸς ἑαυτοὺς ἔχοντες ἐπὶ πάσης ἀδείας
τοῖς τῶν ἀρχομένων κακοῖς ἐνετρύφων, ὃ μὲν ἤδη τὴν
θυγατέρα Μαρίαν Ὀνωρίῳ τῷ βασιλεῖ γαμετὴν δεδωκώς,
ὃ δὲ κυριεύων Ἀρκαδίου καθάπερ βοσκήματος. 2 Εἴτε
25 γὰρ κτῆμα περίβλεπτον ἦν τινι τῶν ὑπηκόων, εἰς θατέρου
τούτων μετετίθετο δεσποτείαν, καὶ χρυσὸς δὲ καὶ ἄργυρος
ἅπας ἐκ τῶν πρότερον ἐχόντων εἰς αὐτοὺς ἔρρει· πολὺς γὰρ
ἦν ὁ τῶν πανταχοῦ συκοφαντούντων ἐσμός, οἷς ἐπετέ-
τακτο τοιαῦτα καταμηνύειν. |

30 XIII. 1 Τῆς δὲ βασιλείας ἑκατέρωθεν οὔσης ἐν τούτοις, ἅπαντες μὲν οἱ τὴν γερουσίαν πληροῦντες ἐπὶ τῇ

étaient consternés de l'état catastrophique de la situation,
tout particulièrement Gaïnas, qui n'était pas l'objet de
la considération due à un général ni ne se voyait gratifié
de cadeaux de nature à rassasier son avidité de Barbare ;
son irritation croissait encore du fait que tous les biens
affluaient dans la maison d'Eutrope [27]. **2** Excédé par
cette situation, il fait part de ses réflexions à Tribigild ;
ce dernier, un homme qui avait le goût du risque et qui
était plein d'ardeur pour toute entreprise téméraire, commandait des unités montées, non pas romaines, mais barbares, stationnées en Phrygie, dont l'empereur lui avait
confié la responsabilité. **3** Il feignit de vouloir partir
pour la Phrygie afin d'inspecter les Barbares placés sous
ses ordres, quitta Constantinople pour cette raison et se
mit en route ; emmenant ensuite les Barbares dont il
avait le commandement, il s'avança en ennemi au travers
de tous les territoires qui se trouvaient sur son chemin,
sans s'abstenir de massacrer des hommes, des femmes ou
des enfants, et en pillant ce qu'il rencontrait. **4** En peu
de temps, il rassembla une telle foule d'esclaves et en
outre de réprouvés qu'il fit courir à toute l'Asie le pire
des dangers ; la Lydie fut en effet remplie d'un affreux
désordre, vu que tous pour ainsi dire s'enfuyaient vers
les zones proches de la mer et s'embarquaient avec tous
leurs biens pour les îles ou quelque autre destination ;
l'Asie côtière s'attendait à voir fondre sur elle un péril
plus grave que jamais [28].

XIV. **1** Mais lorsque ces événements furent annoncés
au souverain, il ne tint aucun compte de cette catastrophe
publique (il n'était en effet pas même capable de voir
ce qu'il fallait faire, étant extrêmement stupide) et confia
à Eutrope l'ensemble du gouvernement de l'Empire ;
celui-ci choisit comme généraux Gaïnas et Léon, dans

Note 27. Voir p. 122.
Note 28. Voir p. 124.

τῶν πραγμάτων ἐδυσχέραινον κακουχίᾳ, οὐχ ἥκιστα δὲ
Γαΐνης, οὔτε τῆς πρεπούσης στρατηγῷ τιμῆς ἀξιούμενος,
οὔτε δωρεαῖς ἀπληστίαν ἐμπλῆσαι βαρβαρικὴν δυναμέναις ⟨θεραπευόμενος⟩· ἀπέκναιε δὲ πλέον αὐτὸν εἰς τὴν
5 Εὐτροπίου χρήματα πάντα οἰκίαν εἰσρέοντα. 2 Ἐπὶ
τούτοις ἀχθόμενος κοινωνὸν ποιεῖται Τριβίγιλδον τῆς
σκέψεως· ἦν δὲ οὗτος ἀνὴρ φιλοκίνδυνος καὶ πρὸς πᾶσαν
ἀπόνοιαν ἑτοιμότατος, ἦρχε δὲ οὐ Ῥωμαϊκῶν ἰλῶν ἀλλὰ
βαρβάρων ἐνιδρυμένων τῇ Φρυγίᾳ, παρὰ βασιλέως τὴν
10 τούτων λαβὼν ἐπιμέλειαν. 3 Οὗτος ἐπὶ τὴν Φρυγίαν
ἐθέλειν ἐκδημῆσαι ποιούμενος, ὅπως ἂν ἐπισκέψαιτο
τοὺς ὑπ᾽ αὐτῷ τεταγμένους βαρβάρους, ἐπὶ τούτῳ τε τῆς
Κωνσταντινουπόλεως ἐξορμήσας ἐχώρει· παραλαβὼν δὲ
τοὺς βαρβάρους ὧν τὴν ἡγεμονίαν εἶχεν, ἅπαντα ἐπῄει
15 τὰ ἐν μέσῳ, φόνου μὲν ἀνδρῶν ἢ γυναικῶν ἢ παιδαρίων
οὐκ ἀπεχόμενος, τὰ δὲ ἐν ποσὶ ληζόμενος. 4 Ἐν ὀλίγῳ
χρόνῳ τοσοῦτο πλῆθος συνήγαγεν οἰκετῶν καὶ ἄλλως
ἀπερριμμένων ἀνθρώπων ὥστε εἰς ἔσχατον κίνδυνον τὴν
Ἀσίαν ἅπασαν ἀπαγαγεῖν· ἥ τε γὰρ Λυδία πάσης ἐπέ-
20 πληστο ταραχῆς, πάντων ὡς εἰπεῖν ἐπὶ τὰ θαλάσσια
φυγόντων καὶ ἅμα τοῖς σφετέροις ἅπασιν ἐπὶ τὰς νήσους
ἢ ἄλλοθί ποι διαπλεόντων· καὶ ἡ πάραλος δὲ Ἀσία τὸν
κίνδυνον ὅσον οὐδέπω θεωρήσειν ἐπιστησόμενον αὐτῇ
προσεδόκα.

25 XIV. 1 Ἀλλ᾽ ἐπειδὴ ταῦτα τῷ βασιλεύοντι συνηγ-
γέλθη, λόγον μὲν οὐδένα τῆς κοινῆς ἐποιεῖτο συμφορᾶς
(οὐδὲ γὰρ οἷός τε ἦν συνιδεῖν τὸ πρακτέον ἐσχάτως ἀνόητος
ὤν), Εὐτροπίῳ δὲ τὴν πᾶ|σαν ἔδωκε τῆς βασιλείας οἰκο-
νομίαν· ὃ δὲ Γαΐνην αἱρεῖται καὶ Λέοντα στρατηγούς, τὸν

3-4 δυναμέναις θεραπευόμενος Sylb. Mend. : δυνάμενος ΒΣ ∥
15 φόνου ΒΣ : καὶ φ. Bekk. ∥ 16 ἐν ὀλίγῳ ΒΣ : καὶ ἐν ὀ.
uel ἐν ὀ. τε Sylb.

l'intention d'envoyer ce dernier en Asie s'opposer aux
Barbares ou aussi au ramassis d'individus qui y faisaient
des incursions, et Gaïnas à travers la Thrace et les détroits
de l'Hellespont pour faire face aux ennemis, au cas où
il les verrait mettre le désordre également dans ces parages.
2 Or Léon, qui était chargé de porter remède aux maux
survenus en Asie, ne possédait pas la moindre espèce de
capacité comme général, ni quelque autre titre qui pût lui
valoir une telle faveur, si ce n'est qu'il était étroitement
lié avec Eutrope ; Gaïnas fut envoyé en Thrace pour
empêcher les hommes de Tribigild de franchir l'Hellespont et pour leur livrer un combat naval, si cela aussi se
révélait nécessaire ; après avoir ainsi reçu leurs missions,
les généraux emmenèrent leurs forces, chacun dans la
direction qui lui avait été prescrite [29]. **3** Cependant
Gaïnas songea à ce qui avait été convenu entre Tribigild
et lui et, comme le moment auquel il fallait mettre le
projet à exécution était imminent, il prescrivit à Tribigild d'amener son armée vers l'Hellespont ; ainsi donc,
s'il avait adroitement mis à exécution son complot contre
l'État, et s'il était parvenu à sortir en bon ordre de Constantinople avec les Barbares qui l'accompagnaient, il aurait
entièrement réalisé son plan, toute l'Asie aurait été prise,
et rien n'empêchait que l'Orient ne périsse avec elle.
4 Mais comme la Fortune voulait conserver pour un
temps ses villes à l'Empire romain, Gaïnas quitta Constantinople avec l'emportement bouillant et insensé qui est
naturel aux Barbares, après s'être arrogé pour ainsi dire
tout le commandement des opérations, et il était encore
à peine parvenu à Héraclée qu'il indiqua à Tribigild ce
qu'il devait faire. **5** Celui-ci décida de ne pas s'avancer
en direction de l'Hellespont par crainte de tomber sur les
forces qui y étaient installées et, après avoir ravagé toute

Note 29. *Voir* p. 127.

μὲν εἰς τὴν Ἀσίαν ἐκπέμψων ἐπελευσόμενον τοῖς κατα-
τρέχουσι ταύτην βαρβάροις ἢ ἄλλως μιγάσιν ἀνθρώποις,
Γαΐνην δὲ διὰ τῆς Θράκης καὶ τῶν τοῦ Ἑλλησπόντου
στενῶν ἀπαντήσοντα τοῖς πολεμίοις, εἰ καὶ τοῖς τόποις
5 ἐκείνοις ἐνοχλοῦντας θεάσοιτο. 2 Λέων μὲν οὖν ὁ τοῖς κατὰ
τὴν Ἀσίαν συμβεβηκόσι βοηθῆσαι ταχθεὶς ἀρετῆς μὲν οὐδ᾽
ἡστινοσοῦν μετειλήφει στρατηγικῆς, οὐδ᾽ ἄλλου τινὸς
ἀξίου πρὸς τοῦτο τύχης αὐτὸν ἀγαγεῖν, πλὴν ὅτι πρὸς
Εὐτρόπιον εἶχεν οἰκείως· Γαΐνης δὲ τὴν ἐπὶ Θράκης ἐστέλ-
10 λετο, κωλύσων τὴν δι᾽ Ἑλλησπόντου τῶν ἅμα Τριβιγίλδῳ
διάβασιν, ναυμαχήσων τε αὐτοῖς, εἰ καὶ τούτου γένοιτο
χρεία· ταύτῃ διαταχθέντες οἱ στρατηγοὶ τὰς δυνάμεις
ἀπῆγον, οὗπερ ἕκαστος ἔλαχε. 3 Γαΐνης δέ, ἃ συνέκειτο
πρὸς Τριβίγιλδον αὐτῷ λαβὼν κατὰ νοῦν, καὶ ὡς ἐνέστηκεν
15 ὁ καιρὸς ἀντιλαβέσθαι κελεύων τῆς ἐγχειρήσεως, ἐπὶ τὸν
Ἑλλήσποντον ἄγειν Τριβιγίλδῳ τὴν στρατιὰν ἐκέλευεν·
εἰ μὲν οὖν ἅπερ ἐφρόνει κατὰ τῆς πολιτείας ἐταμιεύσατο
καὶ ἡσυχῇ μετὰ τῶν σὺν αὐτῷ βαρβάρων τῆς Κωνσταντινουπόλεως ἔτυχεν ἐξορμήσας, πάντως ἂν ἐξέβαινεν αὐτῷ
20 τὸ βεβουλευμένον εἰς τέλος, καὶ ἥ τε Ἀσία πᾶσα κατεί-
ληπτο καὶ συναπολέσθαι ταύτῃ τὴν ἑῴαν οὐδὲν ἦν τὸ
κωλῦον. 4 Ἀλλ᾽ ἐπειδὴ τῇ Ῥωμαίων ἐπικρατείᾳ φυλάττεσθαι τὰς πόλεις ἐβούλετο τέως ἡ τύχη, Γαΐνης μὲν τῷ
προσόντι φύσει θερμῷ καὶ μανιώδει τοῖς βαρβάροις
25 ἐξενεχθεὶς ἀπεχώρει τῆς Κωνσταντινουπόλεως, ὅλην ὡς
εἰπεῖν τὴν ἐξουσίαν| τοῦ πολέμου παραλαβών, οὔπω δὲ
σχεδὸν εἰς τὴν Ἡράκλειαν ἀφιγμένος τῷ Τριβιγίλδῳ τὸ
πρακτέον ἐσήμαινεν. 5 Ὁ δὲ ἐπὶ τὸν Ἑλλήσποντον οὐκ
ἔγνω χωρεῖν δέει τοῦ μὴ περιπεσεῖν ταῖς αὐτόθι καθεστα-
30 μέναις δυνάμεσι, πᾶσαν δὲ καταστρεψάμενος τὴν Φρυ-

---

9 Θράκης scripsi : θράκης V -κην Σ Θράκην edd. ; u. comm. ‖
20 βεβουλευμένον Σ : -λημ- V ‖ 28 ἐπὶ τὸν VΣ Mend. : ἐ. μὲν
τ. Bekk. ; u. vol. II 1 n. 13.

la Phrygie, il se jeta également sur les Pisidiens, puis se
retira, sans avoir rencontré aucune résistance, en semant
partout la désolation ; mais lorsqu'on lui annonça cela,
Gaïnas ne tint pas compte de ceux qui subissaient le sort
qu'on réserve aux ennemis, car il songeait à tout ce qui
avait été convenu entre lui et Tribigild [30].

XV. **1** Cependant Léon était installé dans les parages
de l'Hellespont sans oser en venir aux mains avec Tribigild, et tout en prétendant redouter que Tribigild ne
détache à un moment ou à un autre une partie de son
armée par un itinéraire différent et ne ravage à son insu
les régions qui entourent l'Hellespont. **2** Il en résulta
ainsi donc que, comme personne ne s'opposait à Tribigild,
il s'empara de vive force de chaque ville et massacra tous
les habitants, y compris les soldats, et qu'il n'y eut aucun
Barbare qui fût allié des Romains ; ils se mêlaient en effet
à leurs frères de race dans les engagements et marchaient
contre ceux qui étaient soumis aux Romains ; quant à
Gaïnas, il paraissait s'affliger des revers des Romains, faisait cependant en sorte qu'on admirât les ruses de guerre
de Tribigild et déclarait qu'il était impossible de lui résister, vu qu'il l'emportait plus par la sagesse et la vivacité
d'esprit que par la force. **3** Une fois qu'il eut passé
en Asie, il n'entreprit aucune action offensive et considéra
avec indifférence la ruine des villes et du pays ; il se bornait à rester à proximité, pour ainsi dire en observateur
de ce qui se passait, et à guetter l'avance de Tribigild
vers l'Orient, tout en lui envoyant secrètement des forces
pour l'aider dans ses entreprises, mais sans encore lui avoir
révélé ses propres intentions concernant les opérations.
4 Si donc Tribigild, après avoir pénétré en Phrygie, se
fût dirigé non pas vers la Pisidie, mais directement vers
la Lydie, rien n'eût empêché qu'il s'en empare sans peine

Note 30. Voir p. 129.

γίαν προσέβαλλε καὶ Πισίδαις, καὶ κωλύματος οὐδενὸς
πειραθεὶς ἀπήει πάντα πορθῶν· τούτων δὲ ἀπαγγελλο-
μένων ὁ μὲν Γαΐνης οὐδένα τῶν πολεμουμένων ἐποιεῖτο
λόγον, οἷα δὴ κατὰ νοῦν ἔχων ὅσα πρὸς αὐτὸν Τριβιγίλδῳ
5 συνέκειτο.

XV. 1 Λέων δὲ τοῖς περὶ τὸν Ἑλλήσποντον διέτριβε
τόποις, οὔτε συμπεσεῖν ἐς μάχην Τριβιγίλδῳ θαρρῶν, καὶ
ἅμα δεδιέναι φάσκων μή ποτε δι᾽ ἑτέρας ὁδοῦ μέρος τι
τῆς στρατιᾶς ἐκπέμψας Τριβίγιλδος τὰ περὶ τὸν Ἑλλή-
10 σποντον λάθῃ χωρία καταστρεψάμενος. 2 Συνέβαινε
τοίνυν, ὄντος οὐδενὸς ἐμποδίου τῷ Τριβιγίλδῳ, πᾶσαν
μὲν κατὰ κράτος ἁλίσκεσθαι πόλιν, ἀναιρεῖσθαί τε πάντας
τοὺς οἰκήτορας ἅμα τοῖς στρατιώταις, βάρβαρον δὲ σύμμαχον Ῥωμαίων εἶναι οὐδένα· τοῖς γὰρ ὁμοφύλοις ἐν
15 ταῖς συμβολαῖς ἀναμιγνύμενοι κατὰ τῶν Ῥωμαίοις ὑπηκόων ἐχώρουν· ὁ δὲ Γαΐνης ἐπὶ ταῖς Ῥωμαίων ἄχθεσθαι
δοκῶν συμφοραῖς, θαυμάζειν ὅμως ἐποίει τὰ Τριβιγίλδου
στρατηγήματα, καὶ ἀνανταγώνιστον ἔ[λε]λεγεν εἶναι, φρο-
νήσει καὶ ἀγχινοίᾳ μᾶλλον ἢ δυνάμει πλεονεκτοῦντα.
20 3 Περαιωθεὶς δὲ εἰς τὴν Ἀσίαν ἐπεξήει μὲν οὐδενί,
περιεώρα δὲ τὴν τῶν πόλεων καὶ τῆς χώρας ἀπώλειαν·
ἐπακολουθῶν δὲ μόνον καὶ τὰ γινόμενα τρόπον τινὰ
θεωρῶν ἐκαραδόκει τὴν ἐπὶ τὴν ἑῴαν τοῦ Τριβιγίλδου
διάβασιν, ἐκπέμπων μὲν αὐτῷ λάθρα | δυνάμεις συνεπιλαμ-
25 βανομένας οἷς ἐπεχείρει, μήπω δὲ τὴν ἑαυτοῦ περὶ τὰ
πράγματα προαίρεσιν ἐπιδείξας. 4 Εἰ μὲν οὖν ἐπελθὼν
τὴν Φρυγίαν ὁ Τριβίγιλδος μὴ τὴν ἐπὶ Πισιδίαν ἀλλ᾽
εὐθὺς ἐπὶ Λυδίαν ἐχώρησεν, οὐδὲν ἂν ἐκώλυσε ταύτης

---

2 ἀπήει V : ἐπ- Mend.; u. comm. ‖ 3 πολεμουμένων Σ :
-μωμ- V τολμωμ- Mend. ‖ 6-7 διέτριβε τόποις VΣ : ἐνδ. τ. uel
δ. ἐν τ. Sylb.; u. comm. ‖ 18 ἔλεγεν Σ : ἔλεγεγεν V ἔλεγέ τιν᾽
coni. Mend. sec. 5, 45, 3 φαῦλός τις.

de vive force, que l'Ionie aussi s'écroule avec elle, que de
là, après avoir passé dans les îles avec des barques et
s'être procuré une flotte aussi nombreuse qu'il voudrait,
il parcoure l'Orient dans son ensemble et ravage tout
jusqu'en Égypte, puisqu'aussi bien il n'y avait à disposition aucune force prête à le combattre. **5** Mais comme
il ne conçut pas un tel plan, il décida de conduire ses
forces dans la Pamphylie qui est limitrophe du pays des
Pisidiens et rencontra des chemins fort difficiles et absolument impraticables à la cavalerie [31] ; aucune troupe ne
s'opposant à lui, un certain Valentin, établi à Selgè (il
s'agit d'une petite ville de Pamphylie, située sur une colline), qui avait acquis quelque culture et ne se trouvait
pas dépourvu d'expérience militaire, rassembla une foule
d'esclaves et de paysans, qui étaient bien entraînés grâce
aux fréquents combats qu'ils livraient aux brigands leurs
voisins, et les installa sur les hauteurs qui dominaient les
chemins d'accès, de manière qu'ils vissent tous ceux qui
empruntaient la route tout en restant eux-mêmes invi-
sibles, même si les ennemis passaient de jour.

XVI. **1** Quand Tribigild se fut avancé avec les Barbares qui l'accompagnaient par l'itinéraire assez pauvre
en déclivités vers les régions basses de la Pamphylie et
qu'il eut pénétré, alors qu'il faisait encore nuit, dans le
territoire que domine Selgè, les Barbares furent la cible
d'une pluie de projectiles de fronde ; les pierres lancées
étaient assez grosses pour remplir la main et même plus
grandes encore : d'une position supérieure, il était en effet
facile de faire rouler des rochers même assez lourds. **2** Il
n'y avait pas de fuite possible, car d'un côté de la route
se trouvaient un lac profond et des marais, et de l'autre
un chemin montant et étroit qui laissait à peine le passage à deux hommes de front ; comme ce chemin montant tourne en spirale, les indigènes le nomment « colimaçon », du fait qu'il a quelque ressemblance avec l'aspect
de cet animal ; cet endroit était gardé par un certain
Florent, qui avait avec lui assez d'hommes pour bloquer

Note 31. *Voir p.* 131.

ἀκονιτὶ κατὰ κράτος αἱρεθείσης συναπολέσθαι καὶ τὴν
Ἰωνίαν αὐτῇ, κἀκεῖθεν αὐτὸν ἐπὶ τὰς νήσους σκάφεσι
διαβάντα, καὶ ναυτικὸν ὅσον ἐβούλετο πορισάμενον,
ἅπασάν τε τὴν ἑῴαν διαδραμεῖν καὶ μέχρις Αἰγύπτου
5 πάντα λήσασθαι, μηδεμιᾶς ἀξιομάχου δυνάμεως οὔσης.
5 Ἐπεὶ δὲ ταῦτα μὲν οὐκ ἔλαβε κατὰ νοῦν, ἔγνω δὲ τῇ
Παμφυλίᾳ Πισίδαις ὁμορούσῃ τὰς δυνάμεις ἐπαγαγεῖν,
ὁδοῖς μὲν ἐνέτυχε δυσεμβάτοις καὶ ἱππασίᾳ παντάπασιν
ἀπροσίτοις, στρατοπέδου δὲ οὐδενὸς ἐναντιουμένου Οὐα-
10 λεντῖνός τις τὴν Σέλγην οἰκῶν (πολίχνη δ᾽ αὕτη Παμφυλίας ἐστίν, ἐπὶ λόφου κειμένη) παιδείας μετρίως ἡμμένος
καὶ πείρας οὐκ ἔξω τυγχάνων πολεμικῆς, συναγαγὼν
οἰκετῶν πλῆθος καὶ γεωργῶν, ταῖς πρὸς τοὺς γειτνιῶντας
λῃστὰς συνεχέσι μάχαις γεγυμνασμένους, εἰς τοὺς ὑπερ-
15 κειμένους τῶν παρόδων ἔστησε λόφους, ὡς ἂν θεωροῦντες
ἅπαντας τοὺς διὰ τῆς ὁδοῦ πορευομένους αὐτοὶ μὴ φαί-
νοιντο, κἂν εἰ ἡμέρας οὔσης οἱ ἐναντίοι διαβαίνοιεν.

XVI. 1 Τοῦ δὲ Τριβιγίλδου διὰ τῆς ὁμαλωτέρας ὁδοῦ
μετὰ τῶν σὺν αὐτῷ βαρβάρων ἐπὶ τὰ κάτω μέρη τῆς Παμφυ-
20 λίας ἐλάσαντος, ἐλθόντος ⟨τε⟩ ἔτι νυκτὸς οὔσης εἰς τοὺς
ὑποκειμένους τῇ Σέλγῃ τόπους, ἐβάλλοντο σφενδόναις οἱ
βάρβαροι συνεχέσιν, ἀφιεμένων πέτρων χειροπληθῶν καὶ
ἔτι μειζόνων· ἦν γὰρ ἐξ ὑπερδεξίων ῥᾳδία | καὶ ἡ τῶν ἁδρο-
τέρων ἄφεσις λίθων. 2 Ἀποφυγῆς δὲ οὐκ οὔσης — ἦν
25 γὰρ κατὰ μὲν τὸ ἕτερον τῆς ὁδοῦ μέρος λίμνη βαθεῖα καὶ
τέλματα, κατὰ δὲ τὸ ἕτερον ἄνοδος στενή, δυοῖν μόλις
ἀνδράσι πάροδον ἐνδιδοῦσα· κυκλοειδῆ δὲ τὴν ἄνοδον
οὖσαν οἱ ἐπιχώριοι καλοῦσι κοχλίαν, τῇ θέσει τοῦ ζῴου
παρεμφερῶς· τοῦτον ἐφύλαττε τὸν τόπον Φλωρέντιός τις,
30 συμμάχους ἔχων εἰς τὸ κωλῦσαι τοὺς πειρωμένους δια-

---

20 ἐλθόντος τε ἔτι Σ : ἐ. ἔτι V ἐ. τε dubitanter Mend. sec.
1, 51, 2.

ceux qui tentaient de passer. **3** Pris au piège de ces endroits et accablés par le nombre et la grosseur des pierres, les Barbares périrent pour la plupart ; les pierres qui tombaient sur leurs rangs serrés provoquaient en effet à chaque coup la mort ; se trouvant ainsi dans une grande détresse, ils se lancèrent en majorité dans le lac avec leurs chevaux et échappèrent à la mort sous les pierres pour périr dans les marais ; cependant Tribigild monte avec trois cents hommes sur le « colimaçon », cherche à suborner Florent et ceux qui en assurent la garde avec lui en leur offrant des richesses très considérables et achète la permission de passer ; et quand il se fut échappé de cette manière, il ne se soucia nullement de tous ceux qui restaient et qui étaient en train de périr jusqu'au dernier. **4** Croyant avoir ainsi échappé aux périls qui lui avaient été suscités par Valentin, Tribigild tomba dans des dangers non moindres que les précédents ; en effet, tous les habitants des villes pour ainsi dire, après avoir pris les armes dont ils disposaient, le bloquèrent avec les trois cents hommes qui s'étaient enfuis en même temps que lui entre les fleuves Mélas et Eurymédon, dont l'un passe au-delà de Sidè tandis que l'autre traverse Aspendos [32]. **5** Acculé et ne sachant que faire, il envoya des messagers à Gaïnas ; celui-ci s'irrita fort de ce qui s'était produit et, comme il ne manifestait pas encore clairement son opinion au sujet de la révolte, il envoya Léon, qui commandait en second, porter aide aux gens de Pamphylie, attaquer les hommes de Tribigild avec Valentin et les empêcher de franchir les fleuves ; bien qu'il fût d'un naturel négligent et qu'il eût adonné sa vie à tous les plaisirs, celui-ci exécuta cependant les ordres reçus.

Note 32. *Voir p.* 132.

βαίνειν ἀρκοῦντας. 3 Ἐν τούτοις ἀπειλημμένοι τοῖς
τόποις οἱ βάρβαροι καὶ τῷ πλήθει καὶ μεγέθει τῶν λίθων
βαλλόμενοι κατὰ τὸ πολὺ διεφθείροντο μέρος· κατὰ στε-
νοχωρουμένων γὰρ αὐτῶν οἱ λίθοι πίπτοντες οὐ διημάρ-
5 τανον φόνου· πολλῆς τοίνυν ἐχούσης αὐτοὺς ἀπορίας, οἱ
μὲν πλείους εἰς τὴν λίμνην ἑαυτοὺς μετὰ τῶν ἵππων ἀφῆ-
καν, καὶ τὸν ἀπὸ τῶν πέτρων φεύγοντες θάνατον ἐν τοῖς
τέλμασι διεφθάρησαν, Τριβίγιλδος δὲ ἅμα τριακοσίοις
ἀναβὰς ἐπὶ τὸν κοχλίαν, καὶ χρήμασιν ὅτι πλείστοις τὸν
10 Φλωρέντιον καὶ τοὺς σὺν αὐτῷ φύλακας ὑπελθών, ὠνεῖται
τὴν πάροδον· καὶ τούτῳ τῷ τρόπῳ διαφυγὼν τοὺς λοιποὺς
ἅπαντας περιεῖδεν ἄρδην ἀπολλυμένους. 4 Τοῦτον δὴ
τὸν τρόπον οἰηθεὶς ὁ Τριβίγιλδος τὸν ἐπαχθέντα παρὰ
Οὐαλεντίνου κίνδυνον αὐτῷ διαπεφευγέναι, τῶν πρότερον
15 οὐκ ἐλάττοσι καθίστατο κινδύνοις περιπετής· ἅπαντες
γὰρ ὡς εἰπεῖν οἱ τῶν πόλεων οἰκήτορες, τοῖς παρατυχοῦ-
σιν ἐξοπλισάμενοι, συνέκλεισαν αὐτὸν ἅμα τοῖς συμ-
φυγοῦσι τριακοσίοις ἐν μέσῳ τοῦ Μέλανος ποταμοῦ καὶ
τοῦ Εὐρυμέδοντος, ὧν ὃ μὲν ἐπέκεινα διαβαίνει τῆς Σίδης,
20 ὃ δὲ διαρρεῖ τὴν Ἄσπενδον. 5 Στενοχωρούμενος δὲ καὶ
ἀπορῶν ὅ τι πράξειε, πρὸς τὸν Γαΐνην διεπρεσβεύετο· ὃ δὲ
δυσχεραί|νων ἐπὶ τοῖς συμβεβηκόσιν, οὔπω δὲ ἦν εἶχε περὶ
τὴν ἐπανάστασιν γνώμην ἐμφαίνων, Λέοντα τὸν ὑποστρα-
τηγοῦντα βοηθήσοντα τοῖς κατὰ Παμφυλίαν ἐξέπεμπεν,
25 ἐπιθησόμενον τοῖς ἀμφὶ Τριβίγιλδον ἅμα Οὐαλεντίνῳ καὶ
οὐ συγχωρήσοντα τοὺς ποταμοὺς διαβῆναι· ὃ δὲ ἀνειμένος
ὢν φύσει καὶ τρυφῇ πάσῃ τὸν βίον ἐκδεδωκὼς ὅμως ἐποίει
τὸ κελευόμενον.

---

12 ἀπολλυμένους Mend. Wäsch. sec. 2, 44, 3 ; 3, 33, 3 (cf.
5, 50, 2) : -ολου- VΣ ‖ 20 διαρρεῖ VΣ : παραρ- Bekk.; u.
comm. ‖ τὴν Ἄσπενδον Mend. sec. 5, 26, 1 : τῇ ἀσπένδῳ V ‖
21 ἀπορῶν Σ edd. : -ρ/// circumflexo non eraso V.

XVII. **1** Comme Gaïnas craignait que Tribigild n'en
arrive a être assiégé de toutes parts et que, dépourvu de
forces capables de combattre, il ne soit complètement
anéanti, il envoya les uns après les autres plusieurs déta-
chements des Barbares qu'il avait avec lui contre les
légions romaines pour les détruire petit à petit et fournir
à Tribigild l'occasion de s'échapper. **2** Les Barbares
donnés en renfort par Gaïnas à Léon fondirent donc sur
tout ce qui était romain, ravagèrent le pays et massacrèrent
les soldats ; et ils ne cessèrent de lancer partout leurs
attaques que lorsqu'ils eurent épuisé les forces commandées par Léon, ainsi que leur général lui-même, et rendu
tout le pays pour ainsi dire désert, si bien même que le
plan conçu par Gaïnas se réalisa : Tribigild s'échappa en
effet de la Pamphylie et infligea aux villes de Phrygie
des maux pires que les précédents [33]. **3** Quant à Gaïnas,
il amplifia considérablement pour l'empereur les succès
de Tribigild et fit naître une telle terreur à son égard
dans le Sénat et chez tous les gens de la cour qu'il leur
fit craindre qu'il n'attaque également les parages de l'Hellespont et n'y mette plus que jamais tout sens dessus
dessous, si les exigences de l'ennemi n'étaient pas prises
en considération attentivement par l'empereur. **4** Gaïnas machinait cette intrigue parce qu'il voulait dissimuler
sa propre manière de penser et qu'il avait l'intention de
réaliser les plans qu'il méditait grâce à ce qu'il imputait
à Tribigild ; ce qui le blessait en effet, ce n'était pas tant
d'avoir été lui-même laissé pour compte que le fait qu'Eutrope était désormais parvenu au faîte de la puissance ;
il avait été appelé au consulat, l'année portait son nom
et il avait été honoré de la dignité de patrice. **5** C'est
surtout cela qui poussa Gaïnas à se révolter contre l'État ;
sa décision une fois prise à ce sujet, il résolut de provoquer
tout d'abord la mort d'Eutrope ; se trouvant encore en

Note 33. *Voir p.* 136.

XVII. 1 Ὁ δὲ Γαΐνης δεδιὼς μή ποτε πανταχόθεν ὁ
Τριβίγιλδος πολιορκούμενος, οὐκ ἔχων ἀξιόμαχον δύναμιν, ἄρδην ἀπόλοιτο, τῶν συνόντων αὐτῷ βαρβάρων
λόχους ἄλλους ἐπ' ἄλλοις ⟨ἐπ⟩έπεμπε τοῖς Ῥωμαϊκοῖς
5 στρατοπέδοις, ὅπως αὐτά τε κατὰ βραχὺ διαφθείροιντο καὶ
Τριβιγίλδῳ φυγῆς εὐρυχωρία δοθείη. 2 Συνέπιπτον τοίνυν
οἱ παρὰ Γαΐνου δεδομένοι Λέοντι πρὸς βοήθειαν βάρβαροι
Ῥωμαίων παντί, καὶ τὴν μὲν χώραν ἐλήζοντο, τοὺς δὲ στρατιώτας ἀνήρουν· καὶ οὐκ ἀνῆκαν ἅπαντα ἐπιόντες, ἕως ὅτε
10 τὴν ὑπὸ Λέοντι σὺν αὐτῷ τῷ στρατηγῷ κατεδαπάνησαν
δύναμιν καὶ πᾶσαν ὡς εἰπεῖν τὴν χώραν ἔρημον πεποιή-
κασιν, ὥστε καὶ τὸ τῷ Γαΐνῃ σπουδαζόμενον εἰς ἔργον
ἐκβῆναι· διαφυγὼν γὰρ ἐκ τῆς Παμφυλίας ὁ Τριβίγιλδος
χαλεπωτέρας τῶν προτέρων ταῖς ἐν Φρυγίᾳ πόλεσιν
15 ἐπέθηκε συμφοράς. 3 Ὁ δὲ Γαΐνης ἐξαίρων εἰς ὕψος τὰ
τούτου τῷ βασιλεῖ κατορθώματα, τοσοῦτον ἐνέθηκεν
αὐτοῦ φόβον τῇ γερουσίᾳ καὶ τοῖς περὶ τὴν αὐλὴν ἅπασιν,
ὥστε ἠπείλει καὶ τοῖς καθ' Ἑλλήσποντον αὐτὸν ἐπελεύ-
σεσθαι τόποις καὶ ὅσον οὐδέπω πάντα ἄνω καὶ κάτω
20 ποιήσειν, εἰ μὴ τὰ σπουδαζόμενα τῷ πολεμίῳ τῆς παρὰ
βασιλέως ἀξιωθείη προνοίας. | 4 Ταῦτα δὲ ὁ Γαΐνης ἐμη-
χανᾶτο λανθάνειν τε αὐτὸν ἐθέλων ὅπως ἐφρόνει, καὶ διὰ
τῶν εἰς Τριβίγιλδον ἀναφερομένων τοῖς αὐτῷ κατὰ νοῦν
οὖσιν ἔργον ἐπιθεῖναι βουλόμενος· ἀπέκναιε γὰρ αὐτὸν οὐ
25 τὸ παρορᾶσθαι τοσοῦτον ὅσον Εὐτρόπιος εἰς ἀκρότατον
ἥκων ἤδη δυνάμεως, ὥστε καὶ εἰς ὑπάτους ἀναρρηθῆναι
καὶ τῷ χρόνῳ φέρεσθαι τὴν τούτου προσηγορίαν καὶ
τιμηθῆναι τῇ τῶν πατρικίων ἀξίᾳ. 5 Ταῦτα μάλιστα τὸν
Γαΐνην ἐκίνησεν εἰς τὴν τῶν κοινῶν ἐπανάστασιν· παρα-
30 σκευαζόμενος δὲ τῇ γνώμῃ πρὸς τοῦτο πρότερον Εὐτροπίῳ

4 ἐπέπεμπε Bekk. Mend.; u. comm. : ἔπεμπε VΣ ‖ 8 παντί
V apographum unum Mend. : καὶ π. apographum alium edd.
τῷ π. dubitanter Sylb. στρατῷ π. dubitanter Heyne τῷ ἐπιόντι
Wäsch.; u. comm.

Phrygie, il envoie un messager à l'empereur pour lui dire
qu'il avait succombé face à l'habileté supérieure de Tribigild à la guerre et qu'il n'était pas possible de survivre à
sa fureur et de libérer l'Asie des dangers qui la menaçaient
autrement que si l'empereur se laissait persuader de céder
à ses demandes ; ce qu'il demandait, c'était qu'Eutrope,
le premier responsable de tous les maux, lui soit livré, de
façon qu'il puisse agir envers lui à sa guise [34].

XVIII. **1** Quand l'empereur Arcadius eut appris cela,
il convoqua aussitôt Eutrope, le dépouilla de sa dignité
et le renvoya ; celui-ci se précipita en courant vers l'église
des chrétiens, érigée par lui en asile ; mais comme Gaïnas
insistait en disant que Tribigild ne désarmerait qu'à la
condition qu'on se débarrasse d'Eutrope, on l'enlève en
violation même de la loi établie pour garantir le droit
d'asile aux églises et on l'envoie en Chypre après l'avoir
placé sous bonne garde. **2** Comme Gaïnas se montrait
pressant et qu'il poussait Arcadius à le faire mourir, les
fonctionnaires impériaux interprètent abusivement la pro-
messe qu'Eutrope avait précisément reçue quand il avait
été enlevé violemment de l'église, le font venir de Chypre
et, comme s'ils avaient juré de ne pas l'exécuter tant qu'il
se trouvait à Constantinople, ils le font passer à Chalcédoine et l'égorgent. **3** Ainsi la Fortune en usa d'une
manière doublement imprévue avec Eutrope ; elle le fit
monter plus haut que jamais un eunuque n'avait été
élevé, et provoqua sa mort par l'effet de la haine que
ceux qui étaient en guerre contre l'État prétendaient
éprouver à son égard [35]. **4** Bien qu'il fût désormais clair
pour chacun que Gaïnas avait l'intention de se révolter,
il croyait cependant agir à l'insu de tous ; comme il se
trouvait maître des décisions de Tribigild du fait qu'il

Note 34. Voir p. 138.
Note 35. Voir p. 140.

θάνατον ἔγνω βουλεῦσαι· καὶ κατὰ τὴν Φρυγίαν ἔτι διατρίβων ἐκπέμπει πρὸς βασιλέα λέγων ὡς ἀπειρήκοι τῇ
περὶ τὰ πολέμια Τριβιγίλδου δεινότητι, καὶ ἄλλως οὐχ
οἷόν τε φέρειν τὴν τούτου μανίαν οὐδὲ τὴν Ἀσίαν τῶν
5 ἐπικειμένων αὐτῇ κινδύνων ἐλευθερωθῆναι, πλὴν εἰ μὴ
ταῖς αἰτήσεσιν αὐτοῦ βασιλεὺς ἐνδοῦναι πεισθείη· τὰ δὲ
τῶν αἰτήσεων εἶναι τὸν τῶν πάντων κακῶν αἰτιώτατον
Εὐτρόπιον ἐκδοθῆναί οἱ πρὸς τὸ πράττειν εἰς αὐτὸν ὅ τι
βούλοιτο.

10 XVIII. 1 Ταῦτα ὁ βασιλεὺς Ἀρκάδιος ἀκηκοὼς ἅμα
τε εἰσκαλεῖ τὸν Εὐτρόπιον καὶ τῆς ἀξίας παραλύσας
ἀφῆκεν· ὃ δὲ δρομαῖος ἐπὶ τὴν τῶν Χριστιανῶν ἐχώρησεν
ἐκκλησίαν, ἔχουσαν ἐξ ἐκείνου τὸ ἄσυλον· ἐπεὶ δὲ πολὺς
ἦν ὁ Γαΐνης οὐκ ἄλλως ἀνήσειν λέγων τὸν Τριβίγιλδον,
15 εἰ μὴ Εὐτρόπιος ἐκποδὼν γένοιτο, καὶ παρὰ τὸν ἐπὶ τῷ
ἀσύλῳ τῶν ἐκκλησιῶν τεθέντα νόμον ἐξαρπάσαντες αὐτὸν
εἰς τὴν Κύπρον ἐκπέμπουσιν, ὑπὸ φυλακὴν ἀκριβῆ καταστήσαντες. 2 Ἐπικειμένου δὲ Γαΐνου καὶ πρὸς τὴν ἀναί-
ρεσιν αὐτοῦ τὸν Ἀρκάδιον συνελαύνοντος, σοφιζόμενοι | τὸν
20 ὅρκον οἱ τὰ περὶ βασιλέα διατιθέντες ὃν ἔτυχεν Εὐτρόπιος
εἰληφὼς ἡνίκα τῆς ἐκκλησίας ἐξείλκετο, μετάπεμπτον μὲν
ἐκ τῆς Κύπρου ποιοῦνται, ὥσπερ δὲ ὀμωμοκότες ὄντι κατὰ
τὴν Κωνσταντινούπολιν αὐτῷ θάνατον μὴ ἐπάγειν, εἰς
Χαλκηδόνα πέμψαντες ἀποσφάττουσιν. 3 Εὐτροπίῳ μὲν
25 οὖν ἡ τύχη κατ' ἀμφότερα παραλόγως ἐχρήσατο, πρὸς
ὕψος ἄρασα τοσοῦτον ἐς ὅσον οὐδὲ εἷς πώποτε τῶν εὐνούχων ἀνεβιβάσθη, θάνατόν τε ἐπαγαγοῦσα διὰ τὸ μῖσος ὃ
πρὸς αὐτὸν οἱ τῇ πολιτείᾳ πολεμοῦντες ἔλεγον ἔχειν.
4 Ὁ δὲ Γαΐνης ἤδη πᾶσιν ὢν πρόδηλος ὡς εἰς νεωτερι-
30 σμὸν φέρεται, λανθάνειν ὅμως ἐνόμιζε· καὶ τῆς Τριβιγίλδου

6 βασιλεὺς VΣ edd. : ὁ β. Sylb. ; u. comm. ‖ 13 ἐπεὶ δὲ Σ :
ἐπειδὴ V ‖ 14 οὐκ ἄλλως Sylb. edd. : οὐ καλως accentu supra
ω eraso V -ῶς Σ.

l'emportait par sa puissance et son prestige, il agit en son nom, conclut un traité avec l'empereur et, après avoir échangé des serments, revint sur ses pas à travers la Phrygie et la Lydie ; Tribigild lui aussi le suivit et mena les hommes qu'il avait sous ses ordres à travers la Lydie Supérieure, de sorte qu'il n'aperçut même pas Sardes, qui est la capitale de la Lydie. **5** Lorsqu'ils eurent fait leur jonction à Thyatire, Tribigild regretta d'avoir laissé Sardes sans la ravager, vu qu'il était facile de s'emparer de cette ville qui se trouvait dépourvue de toute protection ; il décida donc de revenir en arrière avec Gaïnas et de prendre la ville de vive force ; et leur projet se serait réalisé si une violente averse ne s'était produite et, inondant les terres et rendant les fleuves infranchissables, n'avait fait obstacle à leur élan. **6** Ils empruntèrent alors des chemins séparés et dirigèrent leurs forces, Gaïnas vers la Bithynie, l'autre vers l'Hellespont, en abandonnant au pillage des Barbares qui les suivaient tout ce qu'ils rencontraient ; lorsque l'un fut parvenu à Chalcédoine et que l'autre eut occupé les environs de Lampsaque, un péril extrême menaça Constantinople et l'Empire romain lui-même, et Gaïnas demanda à l'empereur en personne de venir auprès de lui : il ne parlerait en effet à personne d'autre que lui [36]. **7** L'empereur céda sur ce point également, et l'entrevue eut lieu dans un endroit qui se trouve devant Chalcédoine, où a été construit un sanctuaire commémorant le martyre de sainte Euphémie, qu'on avait jugée digne d'honneurs à cause de sa dévotion pour le Christ ; on admit que Gaïnas et Tribigild passent d'Asie en Europe en emmenant avec eux pour les livrer à la mort les hommes

Note 36. Voir p. 143.

γνώμης κύριος ὢν οἷα καὶ δυνάμει προέχων καὶ ἀξιώσει,
τὸ τούτου πρόσωπον ὑποδυόμενος σπονδὰς πρὸς τὸν βασιλέα ποιεῖται, καὶ ὅρκους ὑποσχὼν καὶ λαβὼν διὰ Φρυ-
γίας ἀνέστρεψε καὶ Λυδίας· ἐφείπετο δὲ αὐτῷ καὶ ὁ Τρι-
5 βίγιλδος, διὰ τῆς ἄνω Λυδίας ἄγων τοὺς ὑπ᾽ αὐτὸν τεταγμένους, ὥστε μηδὲ θεάσασθαι τὰς Σάρδεις, ἢ τῆς Λυδίας
ἐστὶ μητρόπολις. 5 Ἐπεὶ δὲ εἰς Θυάτειρα συνέμιξαν ἀλλήλοις, μετέμελ[λ]ε τῷ Τριβιγίλδῳ τὰς Σάρδεις ἀπορθήτους
ἀφέντι ῥάδιον ὂν τὴν πόλιν ἑλεῖν πάσης ἔρημον οὖσαν
10 ἐπικουρίας· ἀναστρέφειν οὖν ἔγνω σὺν τῷ Γαΐνῃ καὶ τὴν
πόλιν κατὰ κράτος ἑλεῖν· κἂν εἰς ἔργον αὐτοῖς ἡ γνώμη
προῆλθεν, εἰ μὴ γενόμενος ὄμβρος ἐξαίσιος, καὶ τήν τε
γῆν ἐπικλύσας καὶ τοὺς ποταμοὺς καταστήσας ἀπόρους,
ταύτην αὐτῶν ἐνέκοψε τὴν ὁρμήν. 6 Διελόμενοι δὲ τὴν
15 ὁδὸν ἦγον τὰς δυνάμεις ὁ μὲν Γαΐνης ἐπὶ τὴν Βιθυνίαν,
ἅτερος δὲ ἐπὶ τὸν Ἑλλήσποντον, τὰ ἐν ποσὶ πάντα τοῖς|
ἑπομένοις σφίσι βαρβάροις ἐκδόντες εἰς ἁρπαγήν· ὡς δὲ ὃ
μὲν τὴν Χαλκηδόνα κατέλαβεν ὃ δὲ τὰ περὶ τὴν Λάμψακον
εἶχε, τὴν μὲν Κωνσταντινούπολιν καὶ αὐτὴν τὴν Ῥωμαίων
20 ἐπικράτειαν ἔσχατος περιίστατο κίνδυνος, ὁ δὲ Γαΐνης
αὐτὸν ᾔτει τὸν βασιλέα πρὸς ἑαυτὸν ἥκειν· οὐ γὰρ ἂν
ἑτέρῳ παρὰ τοῦτόν τινι διαλέξασθαι. 7 Καὶ πρὸς τοῦτο
δὴ τοῦ βασιλέως ἐνδόντος, ἐγίνετο μὲν ἡ σύνοδος ἔν
τινι πρὸ τῆς Χαλκηδόνος τόπῳ, καθ᾽ ὃν ὁσίας Εὐφημίας
25 μαρτύριον ᾠκοδόμητο, τιμῆς διὰ τὴν περὶ τὸν Χριστὸν
θρησκείαν ἀξιωθείσης, ἐδόκει τε τὸν Γαΐνην καὶ Τριβίγιλδον ἀπὸ τῆς Ἀσίας ἐπὶ τὴν Εὐρώπην περαιωθῆναι,
κομιζομένους ἐκδότους ἐπὶ θανάτῳ τοὺς ἐξέχοντας τοῦ

---

8 μετέμελε Σ : -μελλε, fortasse ex -βαλλε V ‖ 14 αὐτῶν
Sylb. (qui et αὐτοῖς coni.) edd. : αὐτῶ ΥΣ ‖ ἐνέκοψε V : ἀν-
dubitanter Mend. sec. 5, 27, 3 (cf. et 4, 10, 1 ; 5, 23,5) ‖ 22
διαλέξασθαι Σ : -ξ///σαι, α erasa, V ‖ 24 ὁσίας interpolatum
suspicatur Reit. ; u. comm.

les plus éminents de l'État. **8** Il s'agissait d'Aurélien
qui, cette année-là, possédait la dignité de consul, de
Saturnin, qui était déjà au nombre des consuls, et en
plus de Jean, à qui l'empereur avait confié tous ses secrets,
et dont la plupart disaient qu'il était aussi le père du
fils d'Arcadius. **9** Or l'empereur satisfit aussi à cette
exigence tyrannique de Gaïnas, et celui-ci emmena ces
hommes avec lui, leur fit sentir l'épée jusqu'à ce qu'elle
effleure seulement leur corps et se contenta de les punir
d'exil ; après avoir passé en Thrace et avoir ordonné à
Tribigild de le suivre, il laissa derrière lui l'Asie, qui en
quelque sorte reprit son souffle et fut délivrée des dangers
qui la menaçaient [37]. **10** Installé à Constantinople, il
répartit les soldats qu'il avait sous ses ordres ici et là, de
façon à dégarnir la ville même des gardes du corps qui
se trouvaient à la cour, donna des instructions secrètes
aux Barbares et leur prescrivit, lorsqu'ils les verraient sortir tous ensemble de la ville, de l'attaquer aussitôt qu'elle
serait privée de la protection fournie par les soldats et de
lui remettre tous les pouvoirs.

XIX. **1** Après avoir confié la réalisation de ce plan
aux Barbares qu'il avait sous ses ordres, il quitta la ville
en prétendant que sa condition physique était affectée
par les efforts de la guerre, qu'il avait besoin de repos et
qu'il ne le trouverait pas à moins de mener une existence
libre de soucis. **2** Il laissa donc dans la ville des Barbares dont le nombre l'emportait dans une large mesure
sur celui des hommes chargés d'assurer la protection de
la cour, se retira dans un faubourg distant de quarante
stades de la ville et attendit de lancer de là son attaque
lorsque les Barbares qui s'y trouvaient, conformément à
ce qui avait été convenu, passeraient les premiers à l'action ;

Note 37. Voir p. 147.

πολιτεύματος ἄνδρας. 8 Οὗτοι δὲ ἦσαν Αὐρηλιανὸς
ὁ τὴν ὕπατον ἔχων ἐν ἐκείνῳ τῷ ἔτει τιμὴν καὶ Σατουρ-
νῖνος ἐναριθμηθεὶς ἤδη τοῖς ὑπάτοις καὶ Ἰωάννης ἐπὶ
τούτοις, τὰ ἀπόρρητα πάντα παρὰ βασιλέως τεθαρρημένος,
5 ὃν ἔλεγον οἱ πολλοὶ καὶ τοῦ Ἀρκαδίου παιδὸς εἶναι πατέρα.
9 Ὁ μὲν οὖν βασιλεὺς καὶ ταύτην αὐτοῦ τὴν τυραννικὴν
αἴτησιν ἀπεπλήρου, Γαΐνης δὲ τοὺς ἄνδρας παραλαβών,
καὶ τὸ ξίφος αὐτοῖς ἄχρι ψαῦσαι μόνον τοῦ σώματος
ἐπιθείς, ἠρκέσθη τούτους ζημιωθῆναι φυγῇ· περαιωθεὶς δὲ
10 ἐπὶ τὴν Θράκην, ἀκολουθῆσαί οἱ Τριβιγίλδῳ κελεύσας,
ἀπέλιπε τὴν Ἀσίαν ἀναπνεύσασάν πως καὶ τῶν περιστάν-
των ἀπαλλαγεῖσαν κινδύνων. 10 Ἐν δὲ τῇ Κωνσταντινουπόλει διατρίβων τοὺς μὲν ὑπ' αὐτῷ τεταγμένους
στρατιώτας ἄλλους ἀλλαχῇ διέσπειρεν, ὥστε καὶ αὐτῶν τῶν
15 ἐν τῇ αὐλῇ δορυφόρων γυ|μνῶσαι τὴν πόλιν, τοῖς δὲ βαρ-
βάροις ἐδίδου λάθρα συνθήματα, παρεγγυῶν, ἐπειδὰν
ἴδοιεν ἐξελθόντα⟨ς⟩ ἀθρόους τῆς πόλεως, ἐπιθέσθαι αὐτῇ
παραχρῆμα τῆς ἀπὸ τῶν στρατιωτῶν οὔσῃ βοηθείας
ἐρήμῳ, καὶ τὴν πᾶσαν ἐπικράτειαν αὐτῷ παραδοῦναι.

20 ΧΙΧ. 1 Ταῦτα τοῖς ὑπ' αὐτὸν ἐπισκήψας πρᾶξαι
βαρβάροις ἐξῄει τῆς πόλεως, μαλακῶς ἔχειν εἰπὼν αὐτῷ
τὸ σῶμα τοῖς ἐν τῷ πολέμῳ πόνοις, δεῖσθαί τε ῥαστώνης,
ἧς οὐκ ἂν τύχοι μὴ παραδοὺς ἑαυτὸν φροντίδας οὐκ
ἐχούσῃ διατριβῇ. 2 Καταλιπὼν οὖν ἐν τῇ πόλει βαρβάρους
25 πολλῷ τῷ μέτρῳ τὸν ἀριθμὸν ὑπεραίροντας τῶν ἐπὶ
φυλακῇ τῆς αὐλῆς τεταγμένων, εἴς τι προάστειον ἀνεχώρει τεσσαράκοντα σταδίοις τῆς πόλεως διεστώς, αὐτόθεν
προσδεχόμενος ἐπιθήσεσθαι, τῶν ἐν ταύτῃ βαρβάρων
κατὰ τὰ συγκείμενα πρώτων ἐπιθεμένων· ἀλλ' ἐν ταύταις

---

17 ἐξελθόντας Leunc. Mend. : -τα ΥΣ ; u. comm. ‖ ἀθρόους
τῆς Mend. : λάθρα τ. V τ. Σ ; u. comm. ‖ 23 τύχοι Mend. :
-χη ΥΣ ‖ 25 πολλῷ ΥΣ : πολὺ Wäsch.

tels étaient donc les espoirs dont Gaïnas se flattait ; et si,
emporté par sa fougue barbare, il n'avait pas devancé le
moment fixé, rien ne se fût opposé à ce que la ville tombât
aux mains des Barbares. **3** Mais comme il s'approcha
du mur sans attendre le signal, les gardes, stupéfaits, poussèrent des cris ; un tumulte général s'en étant suivi, on
entendait des plaintes de femmes, et ce n'étaient que gémis-
sements confus, comme si la ville était déjà prise, jusqu'à
ce que, tous s'étant rassemblés, ils se dressèrent ensemble
contre les Barbares qui se trouvaient dans la ville, les
massacrèrent avec des épées, des pierres et tout ce qui leur
tombait sous la main, puis se précipitèrent vers la muraille,
lancèrent de concert avec les gardes tout ce qu'ils trouvaient contre les hommes qui entouraient Gaïnas et les
arrêtèrent dans leur attaque contre la ville. **4** Mais,
quand la ville eut échappé de cette manière au danger,
les Barbares, acculés par ceux qui se trouvaient à l'intérieur, au nombre de plus de sept mille, s'emparèrent de
l'église des chrétiens qui se trouve près du palais impérial
et se firent ainsi un asile pour assurer leur salut ; l'empereur voulut que, même là, on les massacrât, et que l'endroit
ne suffise pas à les faire échapper au juste châtiment de
leur audace. **5** Or l'empereur donna ces ordres, mais
absolument personne n'osa mettre la main sur eux et les
arracher de l'asile, par crainte de se heurter à quelque
résistance de leur part ; il parut donc judicieux qu'en
démolissant le toit à l'endroit situé au-dessus de la table
de ce qu'on nomme l'autel, on donne aux hommes désignés pour ce travail la possibilité de lancer sur eux des
morceaux de bois enflammés et de les brûler tous jusqu'au
dernier en recourant sans discontinuer à ce procédé ;
c'est ce qu'on fit, et les Barbares furent exterminés, mais
les plus dévots des chrétiens estimèrent qu'on avait osé
commettre un grave sacrilège au milieu de la ville [38].

Note 38. *Voir p.* 151.

ἦν ὁ Γαΐνης ταῖς ἐλπίσι· καὶ εἰ μὴ θερμότητι παραφε-
ρόμενος βαρβαρικῇ τὸν ἁρμόδιον καιρὸν προκατείληφεν,
οὐδὲν ἂν ἐκώλυσεν ἐπὶ τοῖς βαρβάροις γενέσθαι τὴν πόλιν.
3 Ἐπεὶ δὲ οὐκ ἀναμείνας τὸ σύνθημα τῷ τείχει προσ-
5 ήγαγε, καταπλαγέντες οἱ φύλακες ἀνεβόησαν, θορύβου
δὲ πᾶσιν ἐγγενομένου θρῆνος ἐξηκούετο γυναικῶν, οἰμωγὴ
δὲ ἦν παμμιγὴς ὡς ἤδη τῆς πόλεως ἐχομένης, ἕως συν-
δραμόντες ἅπαντες κατὰ τῶν ἐν τῇ πόλει βαρβάρων συνέ-
στησαν, τούτους τε ἀνελόντες ξίφεσί τε καὶ λίθοις καὶ
10 πᾶσι τοῖς εἰς χεῖρας ἐλθοῦσιν ἐπὶ τὸ τεῖχος ἀνέδραμον,
ἅμα δὲ τοῖς φύλαξι τοὺς ἀμφὶ τὸν Γαΐνην ἀκοντίζοντες
παντὶ τῷ προσπίπτοντι τῆς ἐπὶ | τὴν πόλιν ὁρμῆς ἀνεχαί-
τισαν. 4 Ἀλλὰ τῆς πόλεως τρόπῳ τοιῷδε τὸν κίνδυνον
διαφυγούσης, βάρβαροι ⟨παρὰ⟩ τῶν ἔνδον ἀπειλημμένοι,
15 πλέον ἢ ἑπτακισχίλιοι, τὴν τῶν Χριστιανῶν ἐκκλησίαν,
ἢ πλησίον ἐστὶ τῶν βασιλείων, κατέλαβον, ταύτῃ τὸ
ἄσυλον αὐτοῖς ἐπὶ τῇ σωτηρίᾳ περιποιοῦντες· οὓς ὁ βασιλεὺς κἀνταῦθα διαφθείρεσθαι παρεκελεύετο, μηδὲ ἀρκέσαι
τὸν τόπον αὐτοῖς εἰς ἀποφυγὴν τῆς κατὰ τὴν ἀξίαν ὧν
20 ἐτόλμησαν δίκης. 5 Καὶ ὁ μὲν βασιλεὺς ταῦτα ἐκέλευεν,
ἐθάρρει δὲ οὐδὲ εἷς χεῖρας ἐπαγαγεῖν καὶ τῶν ἀσύλων
αὐτοὺς ἐξελκύσαι δέει τοῦ ⟨μὴ⟩ τινος ἀντιστάσεως ὑπ᾽
αὐτῶν πειραθῆναι· ἐδόκει τοίνυν τὴν ὑπερκειμένην τῆς
τραπέζης τοῦ λεγομένου θυσιαστηρίου στέγην γυμνω-
25 θεῖσαν ἐνδοῦναι τοῖς εἰς τοῦτο τεταγμένοις ξύλα πεπυρω-
μένα κατὰ τούτων ἀφιέναι καὶ τοῦτο συνεχέστερον ποιοῦ-
σιν ἄρδην ἅπαντας καταφλέξαι· καὶ τοῦτο γενόμενον τοὺς
μὲν βαρβάρους ἀνεῖλεν, ἔδοξε δὲ παρὰ τοῖς σφόδρα
χριστιανίζουσι μέγα μύσος ἐν μέσῃ τετολμῆσθαι τῇ πόλει.

14 βάρβαροι παρὰ τῶν Mend. : β. τ. V οἱ β. τ. Σ οἱ β. π. τ.
Sylb. οἱ β. οἱ Bekk. ‖ 15 πλέον Leunc. edd. : πλὴν VΣ πλεῖν
Boissonade ad Eunap. p. 588 ; cf. 2, 22, 1 ‖ 22 τοῦ μή Mend. :
τοῦ V ‖ 24-25 γυμνωθεῖσαν ἐνδοῦναι VΣ : γ. ῥῖψαι κατὰ τῶν
βαρβάρων καὶ ἐ. Mend. ; u. comm. ‖ 25 ξύλα V : καὶ ξ. Σ.

6 Or, après l'échec de cette entreprise si considérable, Gaïnas recommença, désormais ouvertement, à guerroyer contre l'État et, en dirigeant son offensive vers les contrées de la Thrace, il constata que les villes étaient munies d'enceintes, et que les autorités et les habitants y tenaient garnison ; les attaques qui s'étaient déjà produites auparavant avaient en effet eu pour résultat qu'ils ne s'étaient pas trouvés pris au dépourvu par la guerre et qu'ils s'étaient lancés de toutes leurs forces dans les opérations. **7** Quand Gaïnas se fut rendu compte qu'il ne restait rien d'autre hors des murs que de l'herbe (tous avaient en effet pris soin de mettre en lieu sûr les divers produits de la terre, le bétail et les divers biens mobiliers), il décida de quitter la Thrace, de se diriger en hâte vers la Chersonèse et de repasser en Asie par les détroits de l'Hellespont [39].

XX. **1** Tandis qu'il se trouvait dans cette situation, l'empereur et le Sénat unanimes choisissent comme général pour mener la guerre contre Gaïnas Fravitta, un homme d'origine barbare certes, mais qui était à tous les autres points de vue un Grec, non seulement par sa manière d'être, mais aussi par ses principes de vie et sa dévotion pour les divinités ; c'est donc à ce général, qui s'était déjà distingué dans de nombreux commandements et qui avait libéré tout l'Orient, de la Cilicie à la Phénicie et à la Palestine, du fléau des brigands, qu'ils confièrent les forces armées. **2** Il en prit la tête et s'établit en face de Gaïnas pour empêcher que les Barbares ne passent en Asie par l'Hellespont ; tandis que Gaïnas se préparait au combat, Fravitta ne supporta pas que les soldats restent inactifs, mais les entraîna par des manœuvres continuelles et les fortifia si bien par ces exercices que, au lieu de se distinguer par l'indolence et le laisser-aller qui régnaient avant lui, ils s'irritaient de ce que Gaïnas semblait hésiter à entreprendre la guerre. **3** Voilà donc ce que Fravitta

Note 39. *Voir p.* 159.

6 Γαΐνης μὲν οὖν τῆς οὕτω μεγίστης ἐγχειρήσεως ἀπο-
σφαλεὶς ἤδη προφανῶς τὸν κατὰ τῆς πολιτείας ἀνερρίπιζε
πόλεμον, ἐπιὼν δὲ τοῖς ἐν Θρᾴκῃ χωρίοις τὰς μὲν πόλεις
ἑώρα καὶ τείχεσι πεφραγμένας καὶ τὴν παρὰ τῶν ἀρχόντων
5 καὶ οἰκητόρων ἐχούσας φυλακήν· ἤδη γὰρ ἐκ τῶν προλαβουσῶν ἐφόδων οὐκ ἀμελέτητοι πολέμων γεγονότες παντὶ
σθένει πρὸς τὸ πολεμεῖν ὥρμηντο. 7 Καὶ Γαΐνης οὐδὲν
ἕτερον ἔξω τειχῶν περιλελειμμένον θεώμενος πλὴν πόαν
(ἐμέλησε γὰρ ἅπασι συγκομίσαι καρπούς τε παντοίους
10 καὶ ζῷα καὶ παντοίαν ἀποσκευὴν) ἔγνω τὴν Θρᾴκην|
ἀπολιπὼν δραμεῖν ἐπὶ τὴν Χερρόνησον καὶ εἰς τὴν Ἀσίαν
παλινδρομῆσαι διὰ τῶν τοῦ Ἑλλησπόντου στενῶν.

XX. 1 Ὄντος δὲ ἐν τούτοις αὐτοῦ, κοινῇ ψήφῳ βασιλεύς τε καὶ ἡ γερουσία στρατηγὸν ἐπὶ τῷ κατὰ Γαΐνην
15 αἱροῦνται πολέμῳ Φράουιττον, ἄνδρα βάρβαρον μὲν τὸ
γένος, Ἕλληνα δὲ ἄλλως οὐ τρόπῳ μόνον ἀλλὰ καὶ προ-
αιρέσει καὶ τῇ περὶ τὰ θεῖα θρησκείᾳ· τούτῳ τοίνυν ἤδη
πολλαῖς διαπρέψαντι στρατηγίαις, καὶ τὴν ἑῴαν ἅπασαν
ἀπὸ Κιλικίας ἄχρι Φοινίκης καὶ Παλαιστίνης τῆς ἀπὸ
20 τῶν ληστῶν λύμης ἐλευθερώσαντι, παραδεδώκασι τὰς
δυνάμεις. 2 Ὁ δὲ ταύτας παραλαβὼν ἀντεκάθητο τῷ
Γαΐνῃ, τὴν διὰ τοῦ Ἑλλησπόντου κωλύων τῶν βαρβάρων
ἐπὶ τὴν Ἀσίαν διάβασιν· παρασκευαζομένου δὲ Γαΐνου
πρὸς μάχην, ἀργούντων οὐκ ἠνείχετο τῶν στρατιωτῶν ὁ
25 Φράουιττος, ἀλλὰ μελέταις συνεχέσιν ἐξήσκει, καὶ ἐπὶ
τοσοῦτον ταῖς γυμνασίαις ἐπέρρωσεν ὥστε ἀντὶ τῆς πρὸ
τούτου ῥᾳστώνης τε καὶ ἐκμελείας, ἐφ᾽ οἷς ὁ Γαΐνης μέλλειν
ἐδόκει πρὸς τὸν πόλεμον, δυσχεραίνειν. 3 Φράουιττος

1 τῆς οὕτω ΥΣ : οὔ. τ. Wäsch. ; u. comm. ‖ 15 Φράουιττον
Mend. : φραούϊττον V ; u. comm. ad 4, 56, 2 ‖ 21 ἀντεκάθητο Mend. sec. 2, 22, 4 : ἀντικ- V ‖ 24 πρὸς μάχην ΥΣ edd. :
π. τὴν μ. Sylb. ‖ 25. 28 Φράουιττος Mend. : φραΐουττος V ; u. ad
5, 20, 1.

faisait en Asie, tout en veillant nuit et jour à l'état de sa
propre armée et en guettant les entreprises des ennemis [40] ;
il se préoccupait aussi de la flotte ; il avait en effet des
navires en nombre suffisant pour une bataille navale, des
bâtiments qu'on nomme Liburnes, ainsi désignés d'après
une ville qui se trouve en Italie, où ce type de navires
fut construit à l'origine. **4** Ces navires semblent d'un
certain point de vue n'être pas moins rapides que les
bateaux à cinquante rameurs, mais sont de beaucoup inférieurs aux trières, dont la construction avait cessé de
très nombreuses années auparavant, quand bien même
l'historien Polybe a jugé bon d'indiquer approximativement les dimensions des navires à six rangs de rameurs,
dont les Romains et les Carthaginois paraissent s'être
souvent servis dans les guerres qu'ils se sont livrées [41].

XXI. **1** Gaïnas cependant, après avoir forcé l'accès
vers la Chersonèse à travers le Grand Mur, disposa les
Barbares tout au long des hauteurs de la Thrace qui
font face aux territoires qui s'étendent de Parion jusqu'à
Lampsaque, à Abydos et aux régions qui constituent le
détroit. **2** Le général des Romains croisa par conséquent avec ses navires dans les parages des territoires de
l'Asie en guettant nuit et jour les entreprises des Barbares ; mais Gaïnas, par manque de vivres, supportait
avec peine de temporiser ; après avoir coupé du bois dans
la forêt de la Chersonèse, il en adapta une pièce à l'autre
avec un soin extrême, construisit des radeaux capables
d'accueillir des hommes et des chevaux, y embarqua les
hommes avec leurs chevaux et les laissa emporter par le
courant ; il n'était en effet pas possible de les diriger en
droite ligne avec des rames ni de les soumettre d'aucune
manière à l'art des pilotes, vu qu'ils avaient été impro-

Note 40. *Voir p.* 159.
Note 41. *Voir p.* 161.

μὲν οὖν κατὰ τὴν Ἀσίαν ἐν τούτοις ἦν, νύκτωρ καὶ μεθ᾽
ἡμέραν τό τε στρατόπεδον τὸ οἰκεῖον ἐπισκοπῶν καὶ τὰς
τῶν ἐναντίων ἀποθεωρῶν ἐγχειρήσεις· ἐπεμελεῖτο δὲ καὶ
τοῦ ναυτικοῦ· πλοῖα γὰρ ἦν αὐτῷ πρὸς ναυμαχίαν ἀρκοῦν-
5 τα, Λίβερνα ταῦτα καλούμενα, ἀπό τινος πόλεως ἐν
Ἰταλίᾳ κειμένης ὀνομασθέντα, καθ᾽ ἣν ἐξ ἀρχῆς τούτων
τῶν πλοίων τὸ εἶδος ἐναυπηγήθη. 4 Δοκοῦσι δέ πως τὰ
πλοῖα ταῦτα ταχυναυτεῖν τῶν πεντηκοντόρων οὐχ ἧττον,
κατὰ πολὺ τῶν τριηρικῶν ἐλαττούμενα, πλείστοις ἔτεσι
10 πρότερον τῆς τούτων ἐκλιπούσης δημιουργίας, εἰ καὶ
Πολύβιος ὁ συγγραφεὺς | ἐκτίθεσθαί πως ἔδοξε τῶν ἐξηρι-
κῶν πλοίων τὰ μέτρα, οἷς φαίνονται πολλάκις ⟨κεχρῆ-
σθαι⟩ Ῥωμαῖοι καὶ Καρχηδόνιοι πολεμήσαντες πρὸς ἀλλήλους.

15 XXI. 1 Ὁ δὲ Γαΐνης [εἰσ]βιασάμενος τὴν διὰ τοῦ
Μακροῦ τείχους ἐπὶ τὴν Χερρόνησον εἴσοδον, ἐξέτασσε
τοὺς βαρβάρους παρὰ πᾶσαν τὴν Θρᾳκίαν ὀφρὺν τὴν
ἀντιπαρατείνουσαν τοῖς ἀπὸ τοῦ Παρίου μέχρι Λαμψάκου
καὶ Ἀβύδου καὶ τῶν ποιούντων τὴν στενὴν θάλασσαν
20 τόπων. 2 Ὁ μὲν οὖν Ῥωμαίων στρατηγὸς ταῖς ναυσὶ
περιέπλει τὰ κατὰ τὴν Ἀσίαν χωρία, νύκτωρ τε καὶ μεθ᾽
ἡμέραν τὰ ἐγχειρήματα τῶν βαρβάρων ἀποσκοπῶν· ὁ δὲ
Γαΐνης ἀπορίᾳ τῶν ἐπιτηδείων ἐπὶ τῇ τριβῇ δυσανασχετῶν,
ἐκ τῆς κατὰ τὴν Χερρόνησον ὕλης ξύλα τεμὼν καὶ ταῦτα
25 συγκολλήσας ἀλλήλοις πρὸς πᾶσαν ἀκρίβειαν, ἐπιτήδειά
τε πρὸς ὑποδοχὴν ἀνδρῶν τε καὶ ἵππων ἀποτελέσας,
ἐνεβίβασε τούτοις μετὰ τῶν ἵππων τοὺς ἄνδρας καὶ ἀφῆκε
φέρεσθαι κατὰ ῥοῦν· οὔτε γὰρ κώπαις ἰθύνεσθαι οἷά τε ἦν

8 ταχυναυτεῖν τῶν Mend. sec. 2, 26, 1 ; 4, 46, 1 : -τεῖσθαι
V ‖ 12 post πολλάκις add. κεχρῆσθαι Leunc. Sylb. ‖ 15 βιασά-
μενος Σ Leid. p. 37-38 sec. 4, 46, 2 ; 5, 29, 4, dittographiam
suspicans : εἰσβ- V ἐκβ- Mend. ‖ 19 τὴν στενὴν θάλασσαν V :
τ. θ. στ. uel στ. τ. θ. Mend.

visés sans aucun art, par suite de la brusque décision
d'un Barbare. **3** Lui-même resta sur la terre ferme avec
l'espoir de recueillir aussitôt le bénéfice de la victoire,
comme si les Romains n'allaient paraître aucunement
capables de combattre ses hommes ; cela n'échappa pas
à la perspicacité du général des Romains qui, au contraire,
ayant prévu la manœuvre, fit avancer ses navires à quelque distance de la terre ; lorsqu'il vit les radeaux des
Barbares emportés au gré du courant, il prit lui-même
l'initiative d'attaquer l'embarcation qui venait à sa rencontre en première ligne ; comme il dispose d'un navire
muni d'une étrave d'airain, il l'assaille en ayant l'avantage de son côté, l'éperonne, accable simultanément
les occupants en leur lançant des traits, et le coule avec
ceux qui s'y trouvent. **4** Lorsque les équipages des
autres bateaux virent leur général et l'imitèrent, ils abat-
tirent les uns en les perçant de traits, cependant que la
mer engloutissait les autres qui étaient tombés des embar-
cations, si bien qu'aucun pour ainsi dire ne put échapper
à la mort [42]. Gaïnas, anéanti par cette défaite et ne sachant
que faire après avoir perdu d'aussi nombreux alliés, se
retira à quelque distance des parages de la Chersonèse
et se dirigea en hâte vers la Thrace extérieure ; Fravitta
pour sa part décida de ne pas poursuivre pour l'instant
Gaïnas dans sa fuite, mais ramena ses forces en arrière
dans la région, satisfait du succès que la Fortune lui avait
offert. **5** Bien que tous pour ainsi dire accusassent Fravitta de n'avoir pas voulu poursuivre Gaïnas dans sa
fuite — il avait épargné Gaïnas lui-même et ceux qui
s'étaient échappés avec lui prétendument parce qu'ils
étaient ses frères de race — il revint vers l'empereur sans
se sentir coupable de rien de tel, plein de fierté pour sa
victoire et l'attribuant ouvertement aux dieux qu'il véné-
rait ; et il ne rougissait en effet pas non plus de conve-
nir, alors même que l'empereur en personne l'entendait,
qu'il honorait et révérait les dieux selon les rites ancestraux et qu'il ne supporterait pas de suivre à cet égard

Note 42. *Voir p.* 165.

οὔτε ἄλλως κυβερνητῶν ἀνέχεσθαι τέχνης, σὺν οὐδεμιᾷ
τέχνῃ βαρβαρικῇ δὲ ἐπινοίᾳ σχεδιασθέντα. 3 Μείνας δὲ
αὐτὸς ἐπὶ τῆς χέρσου κοινωνήσειν ὅσον οὐδέπω τῆς νίκης
ἤλπισεν, ὡς οὐδαμοῦ τῶν Ῥωμαίων αὐτοῖς ἀξιομάχων
5 φανησομένων· τοῦτο οὐκ ἔλαθε τὴν τοῦ στρατηγοῦ τῶν
Ῥωμαίων ἀγχίνοιαν, ἀλλὰ τὸ ἐγχειρούμενον τεκμηρά-
μενος βραχὺ τῆς γῆς ποιεῖ προελθεῖν τὰς ναῦς, ὡς δὲ
εἶδε τὰς τῶν βαρβάρων σχεδίας πρὸς τὸ τῷ ῥεύματι
δοκοῦν φερομένας, αὐτὸς πρότερον ἐπεφέρετο τῷ κατὰ
10 πρώτην τάξιν ἀπαντήσαντι ξύλῳ· πλοῖον δὲ χαλκέμβολον
ἔχων ⟨ἐξ⟩ ὑπερδεξίων ἐπῄει, καὶ ὠθῶν ἅμα καὶ βελῶν
ἀφέσει τοὺς ἐμπλέοντας βάλλων| αὔτανδρον καταδύει.
4 Θεασάμενοι δὲ τὸν στρατηγὸν οἱ τῶν ἄλλων νεῶν
ἐπιβάται καὶ μιμησάμενοι τοὺς μὲν κατεκέντησαν, τοὺς
15 δὲ τῶν ξύλων ἐκπεσόντας εἶχεν ἡ θάλασσα, μηδενὸς ὡς
εἰπεῖν διαφυγεῖν τὸν θάνατον δυνηθέντος· ἐπὶ τούτῳ βαρυνόμενος ὁ Γαΐνης τῷ ἐλαττώματι καὶ ἀπορῶν ἐπὶ τοσούτων
συμμάχων ἀποβολῇ, ὀλίγον ἀναχωρήσας τῶν ἐν Χερρο-
νήσῳ τόπων ἐπὶ τὴν ἔξω Θρᾴκην ἀπέτρεχε· Φράουιττος
20 δὲ διώκειν τέως οὐκ ἔγνω φεύγοντα τὸν Γαΐνην, ἀλλὰ
κατὰ χώραν τὴν δύναμιν ἀνελάμβανε, τῷ δεδομένῳ παρὰ
τῆς τύχης ἀρκούμενος προτερήματι. 5 Πάντων δὲ ὡς
εἰπεῖν αἰτίας ἐπιφερόντων Φραουίττῳ, ὅτι διῶξαι φεύγοντα
Γαΐνην οὐκ ἠθέλησεν, φεισαμένῳ δὲ ὡς ὁμοφύλων αὐτοῦ
25 τε Γαΐνου καὶ τῶν ἅμα τούτῳ διαφυγόντων, οὐδὲν τοιοῦτον
ἑαυτῷ συνεπιστάμενος ἐπανῄει πρὸς βασιλέα, μέγα φρονῶν ἐπὶ τῇ νίκῃ καὶ μετὰ παρρησίας τοῖς παρ' αὐτοῦ
τιμωμένοις θεοῖς ταύτην ἀνατιθείς· οὐδὲ γὰρ ᾐσχύνετο
καὶ αὐτοῦ τοῦ βασιλέως ἀκούοντος ὁμολογεῖν ὅτι σέβοιτο
30 καὶ τιμῴη θεοὺς κατὰ τὰ πάτρια καὶ οὐκ ἀνέξεται κατὰ

---

11 ἐξ add. Sylb. Rhein. p. 71 sec. 2, 19, 3 ; 2, 21, 2 ; 3,
21, 1 ; 3, 30, 3 ; 5, 16, 1 ‖ 14 κατεκέντησαν VΣ : κατηκόντισαν
Th. Smith ; u. comm. ‖ 19 ἔξω V : ἔσω Mend. ; u. comm.

ceux qui formaient la majorité. **6** L'empereur reçut
donc Fravitta et décida qu'il serait consul [43] ; quant à
Gaïnas qui, comme il a été dit, avait perdu la plus grande
partie de ses forces, il se dirigea en hâte avec les survivants en direction du Danube et, ayant trouvé la Thrace
déjà ravagée par les incursions précédentes, il pilla ce qui
restait ; comme il craignait l'éventualité qu'une autre
armée romaine ne le poursuive et n'attaque les Barbares
en petit nombre qui l'accompagnaient, et que par ailleurs
il ne laissait pas de nourrir des soupçons à l'égard des
Romains qui étaient avec lui, il les massacra tous sans
qu'ils eussent éventé son dessein et traversa le Danube
avec les Barbares, dans l'intention de retourner dans son
pays et d'y vivre à l'avenir.

XXII. **1** Mais alors que Gaïnas en était là, Uldin,
qui détenait le pouvoir chez les Huns à cette époque,
jugeant qu'il n'était pas prudent de permettre à un Barbare qui avait sa propre armée d'élire domicile de l'autre
côté du Danube, et convaincu par ailleurs de se rendre
agréable également à l'empereur des Romains en le chassant, se disposa à lui livrer bataille et, après avoir rassemblé ses troupes, il s'opposa à lui. **2** Comme Gaïnas
ne pouvait plus retourner chez les Romains ni échapper
autrement à l'attaque dont il était menacé, il arma
ses hommes et s'avança à la rencontre des Huns ; les
armées en étant venues aux mains l'une contre l'autre
non pas une seule fois, mais à plusieurs reprises, le parti
de Gaïnas tint bon durant quelques combats, mais lorsque
beaucoup de ceux qui le constituaient furent tombés,
Gaïnas fut aussi tué lui-même après avoir combattu avec
force et courage. **3** Lorsque, du fait de la mort de
Gaïnas, la guerre eut pris fin, Uldin, le chef des Huns,

Note 43. Voir p. 166.

τοῦτο τοῖς ἀπὸ τοῦ πλήθους ἀκολουθῆσαι. 6 Φράουιττον
μὲν οὖν ἀποδεξάμενος ὁ βασιλεὺς ὕπατον εἶναι κατέστησε·
Γαΐνης δὲ τὸ πολὺ τῆς δυνάμεως μέρος ἀποβαλὼν ἧπερ
εἴρηται, μετὰ τῶν λειπομένων ἐπὶ τὸν Ἴστρον ἀπέτρεχε,
5 πεπορθημένην ⟨ἤ⟩δη τὴν Θρᾴκην ἐκ τῶν προλαβουσῶν
ἐφόδων εὑρών, τὰ δὲ ἐν ποσὶ ληζόμενος· δεδιὼς δὲ μή
ποτε στρατόπεδον ἕτερον Ῥωμαϊκὸν ἐπακολουθῆσαν ἐπίθοιτο τοῖς σὺν αὐτῷ βαρβάροις οὐ πολλοῖς οὖσιν, οὐκ
ἔ|ξω δὲ ὑποψίας ἔχων τοὺς ἑπομένους αὐτῷ Ῥωμαίους,
10 ἐκείνους μὲν οὐ προϊδομένους τὸ βούλευμα πάντας ἀπέ-
κτεινεν, ἅμα δὲ τοῖς βαρβάροις ἐπεραιώθη τὸν Ἴστρον, εἰς
τὰ οἰκεῖα ἐπανελθεῖν διανοούμενος, αὐτόθι δὲ τοῦ λοιποῦ
βιοτεύειν.

XXII. 1 Ἀλλ' ὁ μὲν Γαΐνης ἐν τούτοις ἦν· Οὔλδης
15 δὲ ὁ τὴν Οὔννων ἔχων κατ' ἐκείνους τοὺς χρόνους ἡγεμονίαν, οὐκ ἀσφαλὲς ἡγησάμενος εἶναι βαρβάρῳ στρατόπεδον οἰκεῖον ἔχοντι συγχωρῆσαι πέραν τοῦ Ἴστρου τὴν
οἴκησιν ἔχειν, ἅμα δὲ καὶ τῷ Ῥωμαίων οἰόμενος βασιλεῖ
χαριεῖσθαι τοῦτον ἀποδιώκων, εἰς μάχην αὐτῷ καταστῆναι
20 παρεσκευάζετο καὶ συναγαγὼν τὴν δύναμιν ἀντετάττετο.
2 Καὶ Γαΐνης δὲ οὔτε πρὸς Ῥωμαίους ἐπανελθεῖν ἔτι
δυνάμενος οὔτε ἄλλως τὴν ἀπειλουμένην ἔφοδον διαφυγεῖν, ὁπλίσας τοὺς σὺν αὐτῷ τοῖς Οὔννοις ἀπήντα· συμπλα-
κέντων δὲ τῶν στρατοπέδων οὐχ ἅπαξ ἀλλὰ καὶ πολλάκις
25 ἀλλήλοις, ἀντέσχε μὲν εἴς τινας μάχας ἡ Γαΐνου μερίς,
ἐπεὶ δὲ πολλοὶ [τε] ἐξ αὐτῶν ἔπεσον, ἀνῃρέθη καὶ αὐτὸς
Γαΐνης, καρτερῶς καὶ γενναίως ἀγωνισάμενος. 3 Τοῦ
πολέμου τῇ Γαΐνου τελευτῇ πέρας λαβόντος, Οὔλδης ὁ

1 Φράουιττον Mend. : φραΐουττον V ‖ 5 ἤδη Bekk. : δὴ ΝΣ
μὲν Sylb. ‖ 10 προϊδομένους Bekk. Mend. : προειδ- ΝΣ ‖ 26
πολλοὶ ἐξ Sylb. (qui et π. τινὲς coni. uel lacunam suspicatus
est) : π. τε ἐξ ΝΣ edd. ‖ καὶ ΝΣ : τε καὶ Wäsch.

après avoir envoyé sa tête à l'empereur Arcadius, fut
récompensé par des cadeaux et, à la suite de ces événements, conclut un traité avec les Romains [44] ; mais comme
les affaires publiques étaient menées sans aucune logique,
étant donné que l'empereur était dépourvu d'intelligence,
la situation était gravement troublée en Thrace ; en effet,
des esclaves fugitifs et par ailleurs des hommes qui avaient
déserté leurs unités, s'étant fait passer pour des Huns,
ravagèrent ce qui se trouvait dans le plat pays, jusqu'au
moment où Fravitta partit en campagne contre eux,
massacra tous ceux qu'il rencontra et délivra les habitants de la crainte... [45]

XXIII. **1** ... il décida de traverser ; craignant d'être
le cas échéant mal traités en le rencontrant par hasard,
ils débarquèrent de leur navire dans les parages de l'Épire
et, après avoir délibéré de leur salut (la gravité excessive
de leur faute le rendait en effet hasardeux), ils laissèrent
à ceux qu'ils surveillaient la possibilité de s'enfuir ;
d'autres en revanche prétendent que ces derniers s'effor-
cèrent d'obtenir leur libération avec de l'argent. **2** Quelle
que soit la manière dont ils s'échappèrent, ils retournèrent
à Constantinople et apparurent contre toute attente aux
yeux de l'empereur, du Sénat et de tous les autres ; dès
lors la haine de l'épouse de l'empereur contre Jean, l'évêque des chrétiens, s'accrut [46] ; elle s'était irritée contre lui
auparavant parce qu'il avait l'habitude de la bafouer au
cours des assemblées dans les homélies adressées à la
foule ; mais alors, après le retour de Jean et des autres,
elle montra ouvertement l'hostilité qu'elle éprouvait à
son égard. **3** Faisant tout ce qui était en son pouvoir,
elle ameuta de partout les évêques pour abattre Jean ;
le premier d'entre eux et leur guide était Théophile d'Alexandrie en Égypte, qui le premier avait commencé à comploter contre les cérémonies sacrées et les rites de tout

Note 44. Voir p. 167.
Note 45. Voir p. 169.
Note 46. Voir p. 170.

τῶν Οὔννων ἡγούμενος τὴν τούτου κεφαλὴν Ἀρκαδίῳ τῷ
βασιλεῖ πέμψας δωρεῶν ἠξιοῦτο καὶ ἐπὶ τούτοις σπονδὰς
πρὸς Ῥωμαίους ἐτίθετο· τῶν δὲ πραγμάτων σὺν οὐδενὶ
λόγῳ φερομένων οἷα τοῦ βασιλέως φρονήσεως ἐστερη-
5 μένου, τὰ ἐν τῇ Θρᾴκῃ συνεταράττετο· φυγάδες γὰρ
οἰκέται καὶ ἄλλως τὰς τάξεις ἀπολιπόντες, Οὔννους ἑαυτοὺς εἰπόντες εἶναι, τὰ ἐν τοῖς ὑπαίθροις διήρπαζον, ἕως
ὁ Φράουιττος ἐπιστρατεύσας, καὶ ὅσοις ἐνέτυχεν ἀνελών,
ἔξω φόβου πεποίηκε τοὺς οἰκήτορας| ...

10 XXIII. 1 ...λίαν ἔγνωκε διαβῆναι· δεδιότες μή ποτε
κακῶς διατεθεῖεν τούτῳ περιπεσόντες, ἀπέβησαν τῆς νεὼς
ἐν τοῖς περὶ τὴν Ἤπειρον τόποις, καὶ περὶ τῆς σφῶν βου-
λευόμενοι σωτηρίας (ἐποίει γὰρ αὐτοῖς ταύτην ἐπισφαλῆ
τὸ τοῦ πλημμελήματος ὑπερβάλλον) καιρὸν δεδώκασι
15 τοῖς παρ᾽ αὐτῶν φυλαττομένοις φυγῆς· ἕτεροι δέ φασιν
ὡς χρημάτων αὐτοῖς τὴν ἄφεσιν ἐφιλοτιμήσαντο. 2 Οἳ
δέ, ὅπως ποτὲ διέφυγον, ἐπὶ τὴν Κωνσταντινούπολιν ἐπανελθόντες παρὰ πᾶσαν ἐλπίδα τῷ τε βασιλεῖ καὶ τῇ γερουσίᾳ καὶ πᾶσι τοῖς ἄλλοις ἐφάνησαν· ἐντεῦθεν ηὐξήθη
20 τῇ συνοικούσῃ τῷ βασιλεῖ τὸ κατὰ Ἰωάννου τοῦ τῶν
Χριστιανῶν ἐπισκόπου μῖσος, χαλεπαινούσῃ πρότερον μὲν
αὐτῷ κωμῳδεῖν εἰωθότι κατὰ τὰς συνόδους αὐτὴν ἐν ταῖς
πρὸς τὸ πλῆθος ὁμιλίαις· τότε δέ, μετὰ τὴν Ἰωάννου
καὶ τῶν ἄλλων ἐπάνοδον, εἰς τὴν κατ᾽ αὐτοῦ δυσμένειαν
25 ἐμφανῶς ἐξανέστη. 3 Πράττουσα δὲ πάντα κατ᾽ ἐξουσίαν ἐκίνει τοὺς πανταχόθεν ἐπισκόπους εἰς τὴν Ἰωάννου
καθαίρεσιν, ὧν ἦν πρῶτος καὶ κορυφαῖος ὁ τῆς Ἀλεξανδρείας τῆς ἐν Αἰγύπτῳ Θεόφιλος, ὁ πρῶτος ἀρξάμενος
τῆς κατὰ τῶν ἱερῶν καὶ τῶν ἐξ αἰῶνος πατρίων ἐπιβουλῆς·

---

8 Φράουιττος Mend. : φραούϊττος V ‖ 9 post οἰκήτορας desi-
deratur folium unum in V ; in ima pagina 128ᵛ manus recen-
tior (s. xv) rubrica scripsit ἐνταῦθα λείπει ἐν (sic) φύλλον (u.
vol. I p. ʟxxᴠɪɪɪ).

temps célébrés par les ancêtres ; l'affaire ayant été mise
en discussion, Jean constata qu'on menait le débat selon
des critères qui n'étaient pas équitables à son égard et
quitta spontanément Constantinople. **4** Le peuple s'en
émut fort (car cet homme était très habile à se soumettre
la foule déraisonnable), la ville fut pleine de tumulte et
l'église des chrétiens fut bloquée par ceux qu'on appelle
moines ; ces individus renoncent au mariage légal et constituent dans les villes et les villages des groupes nombreux
d'hommes célibataires qui ne sont indispensables à l'État
ni pour la guerre ni pour quelque autre prestation, si ce
n'est que, après avoir fait des progrès depuis lors jusqu'à
maintenant, ils se sont emparés de la plus grande partie des
terres en rendant, sous prétexte de faire participer les
pauvres à tout, pour ainsi dire tout le monde pauvre.
5 Ces individus, en bloquant les églises, empêchaient la
foule de fréquenter les prières habituelles ; les gens du
peuple, et avec eux les soldats, s'en irritèrent et demandèrent à briser l'audace des moines ; lorsqu'ils en eurent
reçu le signal, ils s'y lancèrent sans mesure et les massacrèrent tous sans aucun discernement jusqu'à ce qu'ils
eussent rempli l'église de cadavres et, pourchassant ceux
qui s'étaient enfuis, abattu tous ceux qui fortuitement
portaient des vêtements sombres. **6** Il arriva que beaucoup de gens périrent en même temps que les moines
pour avoir été découverts dans des vêtements de ce genre,
soit qu'ils fussent en deuil, soit à la suite de quelque autre
circonstance ; Jean, à nouveau revenu, usa des mêmes
procédés, suscitant des troubles identiques dans la ville [47].

XXIV. **1** L'engeance des dénonciateurs prospérait
mieux que jamais auparavant et entourait toujours de
soins attentifs les eunuques de la cour ; s'il arrivait que

Note 47. *Voir p.* 176.

προτεθείσης δὲ κρίσεως, ὁρῶν ὁ Ἰωάννης οὐκ ἐξ ἴσης
αὐτῷ τὰ πράγματα προβαίνοντα ψήφου τῆς Κωνσταντινουπόλεως ἑκὼν ἀνεχώρει. 4 Τοῦ δὲ πλήθους ἐπὶ τούτῳ
συνταραχθέντος (ἦν γὰρ ὁ ἄνθρωπος ἄλογον ὄχλον ὑπα-
5 γαγέσθαι δεινὸς) θορύβου μὲν ἦν πλήρης ἡ πόλις, ἀπεί-
ληπτο δὲ ἡ τῶν Χριστιανῶν ἐκκλησία ὑπὸ τῶν λεγομένων
μοναχῶν· οὗτοι δὲ γάμοις τοῖς κατὰ νόμον ἀπαγορεύουσι,
συστήματα δὲ πολυάνθρωπα κατὰ πόλεις καὶ κώμας πλη-
ροῦσιν ἀνθρώπων ἀγάμων, |οὔτε πρὸς πόλεμον οὔτε πρὸς
10 ἄλλην τινὰ χρείαν ἀναγκαίων τῇ πολιτείᾳ, πλὴν ὅτι
προϊόντες ὁδῷ μέχρι τοῦ νῦν ἐξ ἐκείνου τὸ πολὺ μέρος τῆς
γῆς ᾠκειώσαντο, προφάσει τοῦ μεταδιδόναι πάντων πτωχοῖς
πάντας ὡς εἰπεῖν πτωχοὺς καταστήσαντες. 5 Οὗτοι δὲ
τὰς ἐκκλησίας ἀπολαβόντες ἐκώλυον τὰ πλήθη ταῖς
15 συνήθεσιν εὐχαῖς προσιέναι· πρὸς ὃ δυσχεραίνοντες δημο-
τικοί τε ὁμοῦ καὶ στρατιῶται τὴν τῶν μοναχῶν ᾔτουν
ἀνακόψαι θρασύτητα· δοθέντος δὲ αὐτοῖς ἐπὶ τοῦτο συνθήματος ἐχώρουν ἀνέδην καὶ σὺν οὐδεμιᾷ κρίσει πάντας
ἀπέσφαττον, ἕως τὴν μὲν ἐκκλησίαν ἐπλήρωσαν νεκρῶν,
20 τοὺς δὲ ἀποδράντας διώξαντες κατεκέντησαν ἅπαντας ὅσοι
φαιαῖς ἔτυχον ἐσθῆσιν ἠμφιεσμένοι. 6 Οἷς συναπολέσθαι
συνέβη πολλοὺς ἢ διὰ πένθος ἢ διά τινα ἑτέραν περιπέ-
τειαν ἐν ἱματίοις εὑρεθέντας τοιούτοις· Ἰωάννης δὲ αὖθις
ἐπανελθὼν τῶν αὐτῶν ἐπειρᾶτο, τοὺς ὁμοίους ἀνακινῶν ἐν
25 τῇ πόλει θορύβους.

XXIV. 1 Τὸ δὲ τῶν συκοφαντῶν ὡς οὔπω πρότερον
ἐπιπολάσαν καὶ τοὺς περὶ τὴν αὐλὴν εὐνούχους ἀεὶ
περιέπον, εἴ πού τις τῶν πλουσίων ἀπέθανεν, ὡς οὐκ ὄντων

---

9 ἀγάμων οὔτε ΥΣ Bekk. Mend. : ἀ. καὶ οὔτε Sylb. ‖ 10
ἀναγκαίων Sylb. Mend. : -καίαν ΥΣ ἀ. ὠφελίμων uel ἐπιτηδείων
uel sim. Leunc. ‖ 14 τὰς ἐκκλησίας V : τὴν -αν Herw. Mnem.
1888 p. 353 ; u comm. ‖ 28 πλουσίων Σ : πλησ- V.

quelqu'un de riche meure, comme s'il n'avait ni enfants
ni parents, ils signalaient ses richesses, on produisait un
document de l'empereur qui décrétait que la fortune de
celui-ci devait être remise à celui-là, et les héritages
étaient remis à ceux qui les avaient demandés, cependant
que les enfants se trouvaient présents et invoquaient en
gémissant leurs pères. **2** En un mot, il n'y avait rien
qui ne remplît les villes de lamentations et qui n'infligeât
à l'ensemble des habitants d'absurdes dommages ; comme
l'empereur déraisonnait en effet complètement, son épouse
se montrait d'une arrogance qui dépassait les bornes naturelles, du fait qu'elle était prisonnière de l'avidité des
eunuques et des femmes qui l'entouraient de toutes parts
— celles-ci la dominant tout particulièrement —, et rendait l'existence insupportable à tout le monde, si bien
que pour les gens modérés, rien n'était préférable à la
mort [48]. **3** Comme si cela ne suffisait pas, un danger
d'une gravité dépassant toutes les bornes menaça Constantinople pour la raison que voici : Jean, comme je l'ai dit,
était revenu après son exil et excitait la foule contre l'impératrice avec ses habituelles fadaises ; lorsqu'il se vit expulsé
aussi bien de son siège épiscopal que de la ville, il quitta
pour sa part la ville en s'embarquant sur un navire, mais
ses partisans, intriguant pour qu'aucun évêque ne soit désigné après lui pour la ville, décidèrent de détruire celle-ci
par le feu. **4** En secret, ils boutèrent donc l'incendie à
l'église durant la nuit, s'en échappèrent eux-mêmes au
point du jour et, ayant ainsi empêché qu'on les identifiât,
lorsque le jour se fut levé, ils montrèrent à chacun que la
ville se trouvait déjà dans un péril extrême ; l'église tout
entière était en effet la proie des flammes, les bâtiments
qui lui étaient contigus brûlaient aussi avec elle, et surtout ceux vers lesquels le souffle du vent violent qui
s'était levé rabattait le feu. **5** Le feu se communiqua
aussi à l'édifice qui d'habitude abrite le Sénat, situé
devant le palais impérial, et dont l'ornementation était
de toute beauté et très ambitieuse : il était en effet embelli
de statues de maîtres dont l'harmonie apparaissait au

Note 48. *Voir p.* 181.

παίδων ἢ συγγενῶν ἐμήνυον τὰς οὐσίας, καὶ τοῦ βασιλέως ἐφέρετο γράμματα τοῦδε τὴν οὐσίαν τῷδε παραδο-
θῆναι κελεύοντα, καὶ παρεδίδοντο τοῖς ᾐτηκόσιν οἱ κλῆροι
παίδων ἐστώτων καὶ τοὺς πατέρας μετὰ οἰμωγῆς ἀνακα-
5 λουμένων. 2 Καὶ ἁπλῶς οὐδὲν ἦν ὃ μὴ θρήνων ἐπλήρου
τὰς πόλεις, παντὶ τῶν οἰκητόρων ἄλογον ζημίαν ἐπάγον·
τοῦ γὰρ βασιλεύοντος ἐσχάτως ἀνοηταίνοντος, ἡ τούτῳ
συνοικοῦσα πέρα τῆς φύσεως αὐθαδιζομένη, πανταχόθεν
τε εὐνούχων ἀπληστίᾳ καὶ τῶν περὶ αὐτὴν γυναικῶν, αἳ
10 μάλιστα ταύτης ἐκρά|τουν, ἐκδεδομένη, πᾶσιν ἀβίωτον
καθίστη τὸν βίον, ὥστε θανάτου τοῖς μέτρια φρονοῦσιν
οὐδὲν ἦν αἱρετώτερον. 3 Ὡς οὐκ ἀρκούντων δὲ τούτων,
ἐπηνέχθη τῇ Κωνσταντινουπόλει πάσης ὑπερβολῆς ἐπέκεινα κίνδυνος ἔκ τινος τοιαύτης αἰτίας· Ἰωάννης, ᾗπερ
15 εἴρηταί μοι, μετὰ τὴν φυγὴν ἐπανελθὼν καὶ τοῖς συνήθεσι
λήροις σοβῶν κατὰ τῆς βασιλίδος τὸ πλῆθος, ἐπειδὴ καὶ
τοῦ θρόνου τῆς ἐπισκοπῆς ἑώρα καὶ τῆς πόλεως ἑαυτὸν
ἐξωθούμενον, αὐτὸς μὲν ἀπέλιπε τὴν πόλιν νεὼς ἐπιβάς,
οἱ δὲ τούτῳ σπουδάζοντες, μηδένα μετὰ τοῦτον ἐπίσκοπον
20 γενέσθαι τῇ πόλει πραγματευόμενοι, πυρὶ τὴν πόλιν ἔγνωσαν ἀπολέσαι. 4 Λάθρᾳ τοίνυν φλόγα τῇ ἐκκλησίᾳ νυκτὸς ἐμβαλόντες, καὶ περὶ τὸν ὄρθρον ἔξω καταστήσαντες ἑαυτούς, καὶ τούτῳ λαθόντες οἵ τινές ποτε εἶεν,
ἡμέρας γενομένης ἐσχάτως ἤδη τὴν πόλιν ἅπασιν ἔδειξαν
25 κινδυνεύουσαν· ἥ τε γὰρ ἐκκλησία κατεφλέγετο πᾶσα,
συνεδαπανᾶτο δὲ ταύτῃ καὶ τὰ ἐχόμενα τῶν οἰκοδομη-
μάτων, καὶ μάλιστα ὅσοις τὸ πῦρ ἐπῆγεν ἡ τοῦ γενομένου
πνεύματος καταιγίς. 5 Ἐνέπεσε δὲ τὸ πῦρ καὶ εἰς τὸν
εἰωθότα δέχεσθαι τὴν γερουσίαν οἶκον, πρὸ τῶν βασι-
30 λείων ὄντα, εἰς πᾶν κάλλος καὶ φιλοτιμίαν ἐξησκημένον·
ἀγάλμασι γὰρ κεκαλλώπιστο τεχνιτῶν τὸ ἀξιοπρεπὲς ἐξ

4 ἐστώτων V : ζώντων Herw. Mnem. 1888 p. 353 ‖ 15-16
συνήθεσι λήροις Mend. : -εσιν ἱεροῖς V ; u. comm.

premier coup d'œil et de marbres colorés qu'on n'extrait
plus à l'heure actuelle [49]. **6** On dit aussi que les images,
placées à l'origine en l'honneur des Muses sur l'Hélicon,
qui elles aussi avaient été victimes du pillage complet des
temples à l'époque de Constantin, puis mises à cet endroit,
furent détruites par l'incendie, révélant d'une manière
évidente que l'inculture, indifférente aux Muses, était
sur le point de tout envahir ; il ne convient cependant
pas de passer sous silence un fait digne d'admiration qui
se produisit alors. **7** Cette enceinte sacrée du Sénat,
au sujet de laquelle je donne ces détails, avait devant ses
portes des statues de Zeus et d'Athéna, dressées sur des
bases de pierre, selon la disposition dans laquelle on peut
les voir aujourd'hui encore ; on dit que l'une est celle du
Zeus de Dodone et que l'autre est celle qui était anciennement installée à Lindos ; le feu ayant donc dévoré toute
l'enceinte sacrée, le plomb qui se trouvait sur le toit
coula, après avoir fondu, sur les statues, et les pierres
du bâtiment, ne pouvant résister à l'effet naturel du feu,
tombèrent aussi sur elles. **8** Toute cette splendeur ayant
pris l'aspect d'un amas de gravats, l'opinion générale
admit que les statues elles aussi avaient été réduites en
poussière, mais lorsque l'endroit eut été déblayé et mis
en état en vue de la reconstruction, il se révéla que seules
les statues de ces dieux avaient été assez solides pour
résister à cette destruction générale ; cette circonstance
fit que tout ceux qui avaient une culture supérieure
conçurent de meilleurs espoirs pour la ville, puisque assurément ces dieux étaient toujours disposés à exercer leur

Note 49. *Voir p.* 183.

αὐτῆς τῆς θέας παρεχομένοις, καὶ μαρμάρων χροιαῖς αἳ
κατὰ τοὺς νῦν οὐ μεταλλεύονται χρόνους. 6 Φασὶ δὲ ὡς
καὶ τὰ δείκηλα τὰ ἐν τῷ Ἑλικῶνι τὴν ἀρχὴν καθιδρυθέντα
ταῖς Μούσαις, μέρος καὶ αὐτὰ τῆς κατὰ πάντων ἱεροσυ-
5 λίας ἐν τοῖς Κωνσταντίνου γενόμενα χρόνοις, ἀνατεθέντα
τούτῳ τῷ τόπῳ τῇ διὰ τοῦ πυρὸς | ὑπήχθη διαφθορᾷ, σαφέ-
στερόν πως τὴν καθέξουσαν ἅπαντας ἀμουσίαν μηνύοντα·
θαύματος δέ τι[νος] τηνικαῦτα γενόμενον ἄξιον οὐ προσήκει παραδραμεῖν σιωπῇ. 7 Τοῦτο τῆς γερουσίας τὸ
10 τέμενος, οὗπερ ἕνεκα ταῦτα διέξειμι, Διὸς καὶ Ἀθηνᾶς
ἀγάλματα πρὸ τῶν θυρῶν εἶχεν, ἐπί τινων βάσεων λιθίνων
ἑστῶτα, καθ' ὃ καὶ νῦν ἔστιν αὐτὰ θεάσασθαι σχῆμα· φασὶ
δὲ τὸ μὲν τοῦ Διὸς εἶναι τοῦ Δωδωναίου, τὸ δὲ τὸ ἐν τῇ
Λίνδῳ πάλαι καθιδρυμένον· τοῦ πυρὸς τοίνυν ἐπινεμηθέντος
15 ἅπαν τὸ τέμενος, ὁ μὲν ἐπικείμενος τῷ τέγει μόλιβδος
ἔρρει τηκόμενος κατὰ τῶν ἀγαλμάτων, ἐφέροντο δὲ καὶ
οἱ τῆς οἰκοδομίας λίθοι κατὰ τούτων, ἀντέχειν τῇ τοῦ
πυρὸς φύσει μὴ δυνηθέντες. 8 Εἰς χώματος δὲ σχῆμα
τοῦ παντὸς κάλλους μεταβληθέντος, ἡ μὲν κοινὴ δόξα καὶ
20 ταῦτα ἐτόπαζε κόνιν [καὶ αὐτὰ] γενέσθαι, καθαιρόμενος
δὲ ὁ τόπος καὶ πρὸς ἀνανέωσιν γενόμενος εὐτρεπὴς ἔδειξε
τὰ τῶν θεῶν τούτων ἀγάλματα μόνα κρείττονα τῆς παντε-
λοῦς ἐκείνης γεγονότα φθορᾶς· ὅπερ ἅπασι τοῖς χαριεστέ-
ροις ἀμείνους ἐπὶ τῇ πόλει δέδωκεν ἔχειν ἐλπίδας, ὡς δὴ
25 τῶν θεῶν τούτων ἔχεσθαι τῆς ὑπὲρ αὐτῆς ἀεὶ βουλομένων

8-9 τι ... γενόμενον ἄξιον οὐ προσήκει Mend. : τινος ... γενομένου
ἄ. οὐ π. V apographum unum τ. ... γ. ἄ. οὐ apographum
alium Reit. Bekk. ; aut προσήκει omitti ut glossema ad ἄξιον
aut, προσήκει retento, ἀξίαν (i.e. dignitatem, maiestatem) legi
uult Sylb. ; ἄξιον ut exclamationem lectoris cuiusdam pagani
postea in textum a scriba insertam expunxit Bury Class.
Rev. 1889 p. 38 ; u. comm. ‖ 13 τῇ Sylb. : τῶ VΣ ‖ 20 κόνιν
γενέσθαι scripsi : κ. καὶ αὐτὰ γ. V per dittographiam (u. l. 19-
20 καὶ ταῦτα) ut iam suspicatus est Mend.

providence en sa faveur ; qu'il en aille cependant exactement comme il plaît à la divinité [50].

XXV. **1** Tandis que tous s'irritaient du malheur arrivé
à la ville et n'en trouvaient pas d'autre cause que celle
qu'on appelle l'ombre d'un âne, l'entourage de l'empereur s'occupa de restaurer ce qui avait été détruit [51] ;
cependant on annonça aux gens de la cour que la masse
considérable des Isauriens, installés au-dessus de la Pamphylie et de la Cilicie, et qui vivent toujours dans les
montagnes inaccessibles et très rudes du Taurus, s'étaient
répartis en bandes de brigands et attaquaient les régions
en contrebas ; ils ne pouvaient pas encore s'approcher des
villes munies d'enceintes, mais s'en prenaient aux villages dépourvus de murailles et à tout ce qu'ils trouvaient.
2 Ce qui rendait leurs attaques faciles, c'était le fait que
ce pays avait précédemment été conquis par suite de la
révolte de Tribigild et des Barbares qu'il avait avec lui ;
à l'annonce de ces événements, on envoie le général Arbazacios pour redresser la situation chancelante en Pamphylie ; ayant pris avec lui des forces suffisantes et poursuivi les brigands qui se réfugiaient dans les montagnes,
il s'empara d'un bon nombre de leurs villages et massacra une foule d'hommes qui n'était pas petite. **3** C'est
très facilement qu'il les aurait vaincus définitivement et
qu'il aurait assuré une sécurité complète aux habitants
des villes si, adonné à la mollesse et aux plaisirs déréglés,
il ne s'était pas considérablement relâché de son impétuosité et, faisant main basse sur les richesses, n'avait
pas préféré l'accroissement de ses biens à l'utilité publique ;
à la suite de cette trahison, il fut donc rappelé à la résidence impériale et s'attendait à être mis en jugement.
4 Mais après avoir remis à l'impératrice une partie de
ce qu'il avait pris aux Isauriens, il échappa au procès et
dilapida sa richesse dans la vie molle qu'on mène à cet
endroit ; or les entreprises des Isauriens se limitaient pour
le moment à des brigandages furtifs et n'avaient pas encore

Note 50. *Voir p.* 185.
Note 51. *Voir p.* 188.

προνοίας · ἀλλὰ ταῦτα μέν, ὅπῃ τῷ θείῳ δοκεῖ, ταύτῃ
προΐτω.

XXV.   1 Πάντων δὲ δυσχεραινόντων ἐπὶ τῇ τῆς πόλεως
συμφορᾷ καὶ αἰτίαν οὐκ ἄλλην ἢ τὴν ὄνου λεγομένην
5   σκιὰν εὑρισκόντων, ἐγίνοντο μὲν οἱ περὶ τὸν βασιλέα τῆς
τῶν ἐφθαρμένων ἀνανεώσεως, ἠγγέλθη δὲ τοῖς περὶ τὴν
αὐλὴν ὡς τὸ τῶν Ἰσαύρων πλῆθος, ὑπερκείμενον Παμφυ-
λίας καὶ | Κιλικίας, ἐν τοῖς ἀβάτοις τοῦ Ταύρου καὶ τραχυ-
τάτοις ὄρεσιν ἀεὶ βιοτεῦον, εἰς τάγματα διανεμηθὲν λῃστικὰ
10   τὴν ὑποκειμένην ἐπέρχεται χώραν, πόλεσι μὲν τετειχισμέναις
προσάγειν οὔπω δυνάμενοι, κώμας δὲ ἀτειχίστους καὶ πάντα
τὰ ἐν ποσὶν ἐπιτρέχον⟨τες⟩. 2 Ἐποίει δὲ ῥᾳδίας αὐτοῖς τὰς
ἐπιδρομὰς ἡ προλαβοῦσα τῆς χώρας ἐκείνης ἅλωσις, ἣν ἡ
Τριβιγίλδου καὶ τῶν σὺν αὐτῷ βαρβάρων πεποίηκεν ἐπανά-
15   στασις· τούτων ἀπαγγελθέντων Ἀρβαζάκιος ἐκπέμπεται
στρατηγὸς ὡς δὴ τοῖς ἐν Παμφυλίᾳ πράγμασι πονοῦσιν ἐπι-
κουρήσων· δύναμιν δὲ ἀρκοῦσαν λαβών, καὶ τοὺς λῃστεύον-
τας ἐν τοῖς ὄρεσι συμφυγόντας ἐπιδιώξας, κώμας τε αὐτῶν
εἷλε πολλὰς καὶ ἀνδρῶν οὐκ ὀλίγον ἀπέσφαξε πλῆθος.
20   3 Ῥᾳστά τε ἂν τέλεον ἐκράτησεν αὐτῶν καὶ τελείαν
τοῖς οἰκοῦσι τὰς πόλεις ἀσφάλειαν ἐνεποίησεν, εἰ μὴ
τρυφῇ καὶ ἀτόποις ἐγκείμενος ἡδοναῖς ἐχάλασε μὲν πολὺ
τῆς σφοδρότητος, χρήμασι δὲ τὰς χεῖρας ὑποσχὼν τῆς
κοινῆς ὠφελείας τὸ πλουτεῖν ἔμπροσθεν ἐποιήσατο· τῆς μὲν
25   οὖν προδοσίας ἕνεκα ταύτης μετάπεμπτος εἰς τὰ βασίλεια
γενόμενος εἰς κρίσιν προσεδοκᾶτο καθίστασθαι. 4 Μέρος
δὲ ὧν εἰλήφει παρὰ τῶν Ἰσαύρων τῇ βασιλίδι προσαγα-
γὼν τήν τε κρίσιν διέφυγε καὶ τὸν πλοῦτον περὶ τὴν
ἐνθάδε τρυφὴν ἐδαπάνα· τὰ μὲν οὖν τῶν Ἰσαύρων ἐν

    1 ταύτῃ dubitanter Mend. : ταῦτα V πάντα Σ ‖ 7 πλῆθος
VΣ : ἔθνος Sylb. ‖ 12 ἐπιτρέχοντες Mend. : ἐπέτρεχον V.

comme but une rébellion ouverte contre les provinces
voisines [52].

XXVI. **1** Après avoir ravagé toute la Grèce, Alaric,
pour sa part, comme je l'ai dit auparavant, se retira du
Péloponnèse et par ailleurs de toute la région qu'arrose
le fleuve Achéloüs ; installé dans les provinces d'Épire,
qu'occupent les Molosses, les Thesprotes et tous ceux qui
habitent les régions qui s'étendent jusqu'à Épidamne et
vers les Taulantiens, il attendait de Stilicon la mise en
œuvre de l'accord que voici [53]. **2** Ayant constaté que
ceux qui exerçaient le pouvoir impérial d'Arcadius étaient
mal disposés envers lui, Stilicon méditait, après s'être
allié avec Alaric, de rattacher au domaine d'Honorius
toutes les provinces illyriennes et, après avoir conclu à ce
sujet des accords avec lui, il pensait réaliser son entreprise dans les plus brefs délais [54]. **3** Tandis qu'Alaric
se tenait prêt pour obéir au commandement, Radagaise, après avoir rassemblé environ quatre cent mille
hommes chez les peuples celtiques et germaniques établis au-
delà du Danube et du Rhin, s'était mis en route pour
passer en Italie [55]. **4** Lorsqu'on annonça cela, le premier
rapport frappa tout le monde d'épouvante ; tandis que les
villes renonçaient à espérer et que Rome elle-même,
menacée d'un péril extrême, était profondément troublée,
Stilicon emmena l'ensemble de l'armée stationnée à Ticinum de Ligurie (elle était constituée de trente unités) et
tout ce qu'il put se procurer d'alliés chez les Alains et
chez les Huns, n'attendit pas l'attaque des ennemis et
traversa lui-même le Danube avec toute son armée [56].
5 Ayant fondu sur les Barbares qui ne s'y attendaient

Note 52. *Voir p.* 188.
Note 53. *Voir p.* 191.
Note 54. *Voir p.* 196.
Note 55. *Voir p.* 200.
Note 56. *Voir p.* 201.

λαθραίαις ἦν ἔτι ληστείαις, οὔπω πρὸς φανερὰν ἐπανάστασιν
κατὰ τῶν πλησιαζόντων ἐθνῶν ἀναστάντα.

XXVI. 1 Πᾶσαν δὲ τὴν Ἑλλάδα λησάμενος Ἀλάριχος
ἀνεχώρησεν, ᾗ προείρηταί μοι, τῆς τε Πελοποννή|σου καὶ
5 τῆς ἄλλης ὁπόσην ὁ Ἀχελῷος ποταμὸς διαρρεῖ, διατρίβων δὲ ἐν ταῖς Ἠπείροις, ἣν οἰκοῦσι Μολοττοί τε καὶ
Θεσπρωτοὶ καὶ ὅσοι τὰ μέχρις Ἐπιδάμνου καὶ Ταυλαν-
τίων οἰκοῦσι χωρία, τὸ παρὰ Στελίχωνος ἀνέμενε σύνθημα
τοιόνδε πως ὄν. 2 Τοὺς τὴν Ἀρκαδίου βασιλείαν οἰκο-
10 νομοῦντας ὁρῶν ὁ Στελίχων ἀλλοτρίως πρὸς αὐτὸν ἔχοντας
διενοεῖτο, κοινωνῷ χρησάμενος Ἀλαρίχῳ, τῇ Ὀνωρίου
βασιλείᾳ τὰ ἐν Ἰλλυριοῖς ἔθνη πάντα προσθεῖναι, συνθή-
κας τε περὶ τούτου πρὸς αὐτὸν ποιησάμενος εἰς ἔργον
ἄγειν ὅσον οὐδέπω τὴν ἐπιχείρησιν προσεδόκα. 3 Προσ-
15 δεχομένου δὲ Ἀλαρίχου τῷ παραγγέλματι πειθαρχήσειν,
Ῥοδογάϊσος ἐκ τῶν ὑπὲρ τὸν Ἴστρον καὶ τὸν Ῥῆνον
Κελτικῶν τε καὶ Γερμανικῶν ἐθνῶν ἐς τεσσαράκοντα
συναγαγὼν μυριάδας εἰς τὴν Ἰταλίαν ὥρμητο διαβῆναι.
4 Οὗ προσαγγελθέντος ἡ μὲν πρώτη πάντας κατέπληξεν
20 ἀκοή· τῶν δὲ πόλεων ταῖς ἐλπίσιν ἀπεγνωκότων, καὶ
αὐτῆς δὲ τῆς Ῥώμης εἰς ἔσχατον οὔσης κινδύνου συντα-
ραχθείσης, ἀναλαβὼν ὁ Στελίχων ἅπαν τὸ ἐν τῷ Τικήνῳ
τῆς Λιγυστικῆς ἐνιδρυμένον στρατόπεδον (ἦν δὲ εἰς
ἀριθμοὺς συνειλεγμένον τριάκοντα) καὶ ὅσον οἷός τε
25 γέγονε συμμαχικὸν ἐξ Ἀλανῶν καὶ Οὔννων περιποιή-
σασθαι, τὴν ἔφοδον τῶν πολεμίων οὐκ ἀναμείνας αὐτὸς
ἐπεραιώθη τὸν Ἴστρον ἅμα παντὶ τῷ στρατεύματι. 5 Καὶ

2 post ἀναστάντα lacunam indicauit Mend.; u. comm. ‖
3 Πᾶσαν - Ἀλάριχος om. Σ ‖ 6 ταῖς Σ : τοῖς V ‖ ἣν VΣ : ἃς
dubitanter Sylb.; u. comm. ‖ 14-15 προσδεχομένου V : δεχ-
Mend., προσ- e praecedente uerbo additum ratus ‖ 21 εἰς V :
ὡς εἰς dubitanter Mend. ‖ 23 Λιγυστικῆς Sylb. edd. : λιβυσ-
VΣ ‖ 27 Ἴστρον VΣ Bekk. Mend. : Ἄρνον Leunc. Ἠριδανὸν
Reit.; u. comm.

pas, il massacra tous les ennemis jusqu'au dernier, si bien
que presque aucun d'entre eux n'en réchappa, excepté un
tout petit nombre qu'il enrôla lui-même parmi les alliés
des Romains ; très fier à juste titre de cette victoire,
Stilicon s'en revint avec son armée et fut couvert de couronnes pour ainsi dire par tout le monde pour avoir déli-
vré contre toute attente l'Italie des dangers qu'on craignait [57].

XXVII. 1 Tandis qu'à Ravenne (capitale de la Flaminie, ville ancienne, colonie des Thessaliens, nommée
Rhènè du fait qu'elle est entourée d'eau de toutes parts,
et non pas, comme le dit Olympiodore de Thèbes, du fait
que Rémus, qui était le frère de Romulus, aurait été le
fondateur de cette ville. 2 Je crois en effet qu'il faut
s'en tenir à Quadratus, qui expose cela à propos de cette
ville dans son histoire de l'empereur Marc) [58], tandis donc
que dans cette ville de Ravenne, Stilicon se préparait à
attaquer avec son armée les villes d'Illyrie, à les enlever
avec l'aide d'Alaric à Arcadius et à les rattacher au
domaine d'Honorius, il se trouva que deux obstacles surgi-
rent : le bruit se répandit qu'Alaric était mort, et on apporta
de Rome une lettre de l'empereur Honorius qui annonçait
que Constantin s'était dressé en usurpateur, qu'après avoir
fait la traversée en provenance de l'île de Bretagne il se
trouvait dans les provinces transalpines et qu'il agissait
en empereur dans les villes. 3 Cependant la rumeur
concernant la mort d'Alaric parut douteuse jusqu'à l'arrivée de messagers qui annoncèrent ce qu'il en était ; en
revanche ce qu'on racontait au sujet de la révolte de
Constantin trouvait crédit auprès de tous ; ces motifs
ayant arrêté Stilicon dans son entreprise vers l'Illyrie, il

Note 57. *Voir p.* 202.
Note 58. *Voir p.* 204.

τοῖς βαρβάροις ἀπροσδοκήτοις ἐπιπεσὼν ἅπαν τὸ πολέμιον πανωλεθρίᾳ διέφθειρεν, ὥστε μηδένα σχεδὸν ἐκ τούτων περισωθῆναι, πλὴν ἐλαχίστους ὅσους αὐτὸς τῇ Ῥωμαίων προσέθηκεν συμμαχίᾳ· ἐπὶ ταύτῃ μέγα φρονῶν ὁ
5 Στελίχων εἰκότως | τῇ νίκῃ, μετὰ τοῦ στρατοπέδου παρὰ
πάντων ὡς εἰπεῖν στεφανούμενος ἐπανῄει, παρὰ πᾶσαν
ἐλπίδα τῶν προσδοκηθέντων κινδύνων τὴν Ἰταλίαν ἐλευ-
θερώσας.

XXVII. 1 Ἐν δὲ τῇ Ῥαβέννῃ (μητρόπολις δὲ Φλαμι-
10 νίας, πόλις ἀρχαία, Θεσσαλῶν ἀποικία, Ῥήνη κληθεῖσα
διὰ τὸ πανταχόθεν ὕδασι περιρρεῖσθαι, καὶ οὐχ ὡς Ὀλυμ-
πιόδωρος ὁ Θηβαῖός φησι, διὰ τὸ Ῥῶμον, ὃς ἀδελφὸς
γέγονε Ῥωμύλῳ, τῆς πόλεως ταύτης οἰκιστὴν γεγονέναι.
2 Κουαδράτῳ γάρ, οἶμαι, θετέον, ἐν τῇ κατὰ τὸν βασι-
15 λέα Μάρκον ἱστορίᾳ τοῦτο περὶ τῆς πόλεως ταύτης
διεξελθόντι) ἐν τῇ Ῥαβέννῃ τοίνυν ταύτῃ παρασκευαζο-
μένῳ Στελίχωνι ταῖς Ἰλλυριῶν πόλεσι μετὰ στρατεύματος ἐπιστῆναι, καὶ σὺν Ἀλαρίχῳ παρασπάσασθαι μὲν
αὐτὰς Ἀρκαδίου περιποιῆσαι δὲ τῇ Ὁνωρίου βασιλείᾳ,
20 δύο κωλύματα συνέβη παρεμπεσεῖν, φήμη τε ὡς Ἀλάριχος τεθνεὼς εἴη διαδραμοῦσα, καὶ ἐκ τῆς Ῥώμης Ὀνωρίου γράμματα τοῦ βασιλέως ἀποδοθέντα, δι' ὧν ἐδηλοῦτο
ὡς Κωνσταντῖνος ἐπιθέμενος εἴη τυραννίδι καὶ ἐκ τῆς
Βρεττανικῆς νήσου περαιωθεὶς ἐν τοῖς ὑπὲρ τὰς Ἄλπεις
25 ἔθνεσι παραγένοιτο, τὰ βασιλέως ἐν ταῖς πόλεσι πράττων.
3 Ἀλλ' ὁ μὲν περὶ τῆς Ἀλαρίχου τελευτῆς λόγος ἀμφί-
βολος ἔδοξεν εἶναι, πρίν τινας παραγεγονότας ὅ τι περ εἴη
δηλῶσαι· τὰ δὲ περὶ τῆς ἀναρρήσεως Κωνσταντίνου λεγόμενα παρὰ πᾶσιν ἐκράτει· διὰ ταῦτα τῆς ἐπὶ Ἰλλυριοὺς

---

10 Ῥήνη apographum unum Sylb. edd. : ῥύνη V ‖ 14 οἶμαι
θετέον Hemsterhusius ad Thomae Magistri Ἐκλογάς, ed. J.
St. Bernard, 1757 p. 444 edd. : οιμεθετέον (sic) V οἱ μεθετέον
Σ ‖ 20-21 φήμη ... διαδραμοῦσα ΒΣ : -μην ... -σαν Sylb.

vint à Rome dans l'intention d'avoir des entretiens sur
ce qu'il convenait de faire [59].

XXVIII. **1** La fin de l'automne s'étant écoulée et
l'hiver étant survenu, Bassus et Philippe furent désignés
comme consuls [60] ; cependant l'empereur Honorius, dont
la femme Marie était morte peu auparavant, demanda
qu'on lui donne en mariage la sœur de celle-ci, Thermantia ; mais tandis que Stilicon hésitait à ce sujet, Séréna
insistait, car elle voulait que ce mariage se réalise pour
la raison que voici. **2** Lors de la conclusion du mariage
entre Honorius et Marie, la mère de la jeune fille avait
constaté que celle-ci n'était pas encore nubile et, tout en
ne pouvant admettre que le mariage soit différé, elle
estima que l'exposer à avoir des relations sexuelles avant
l'âge ne serait rien d'autre que faire violence à la nature ;
ayant trouvé une femme habile à remédier à ce genre de
difficultés, elle s'arrange grâce à elle pour que sa fille
vive avec l'empereur et partage son lit, mais que celui-ci
ne veuille ni ne puisse accomplir les devoirs du mariage.
3 Sur ces entrefaites la jeune fille mourut sans être
devenue femme et Séréna qui, fort logiquement, souhai-
tait une descendance impériale par crainte que sa puissance, qui était grande, ne fût diminuée, se hâta d'unir
Honorius à sa seconde fille ; peu après la réalisation de
ce projet, la jeune fille meurt et connaît le même sort
que la précédente [61].

XXIX. **1** Quant à Stilicon, un messager lui annonça
qu'Alaric avait quitté les provinces d'Épire, franchi les
défilés qui font obstacle au passage de Pannonie en Vénétie et dressé ses tentes près de la ville d'Emona, qui se

Note 59. *Voir p.* 205.
Note 60. *Voir p.* 207.
Note 61. *Voir p.* 208.

ὁρμῆς ὁ Στελίχων ἀνακοπεὶς εἰς τὴν Ῥώμην ἀφίκετο,
κοινολογήσασθαι περὶ τοῦ πρακτέου βουλόμενος.

XXVIII. 1 Τριβέντος δὲ τοῦ φθινοπώρου καὶ τοῦ
χειμῶνος ἐπιλαβόντος ὕπατοι μὲν ἀνεδείχθησαν | Βάσσος
5 καὶ Φίλιππος, ὁ δὲ βασιλεὺς Ὀνώριος, οὐ πρὸ πολλοῦ
Μαρίας αὐτῷ τελευτησάσης τῆς γαμετῆς, τὴν ταύτης
ἀδελφὴν ⟨Θ⟩ερμαντίαν ᾔτει οἱ δοθῆναι πρὸς γάμον· ἀλλ᾽
ὁ μὲν Στελίχων ἐνεδοίαζεν πρὸς τοῦτο, Σερῆνα δὲ ἐνέκειτο,
πραχθῆναι βουλομένη τὸν γάμον τοιᾶσδε ἕνεκεν αἰτίας.
10 2 Τοῦ γάμου τοῦ πρὸς Μαρίαν Ὀνωρίῳ συνισταμένου,
γάμων ὥραν οὔπω τὴν κόρην ἄγουσαν ἡ μήτηρ ὁρῶσα,
καὶ οὔτε ἀναβαλέσθαι τὸν γάμον ἀνεχομένη, καὶ τὸ παρ᾽
ἡλικίαν εἰς μῖξιν ἐκδοῦναι φύσεως ἀδικίαν καὶ οὐδὲν
ἕτερον εἶναι ⟨νομίζουσα⟩, γυναικὶ τὰ τοιαῦτα θεραπεύειν
15 ἐπισταμένη περιτυχοῦσα πράττει διὰ ταύτης τὸ συνεῖναι
μὲν τὴν θυγατέρα τῷ βασιλεῖ καὶ ὁμόλεκτρον εἶναι, τὸν
δὲ μήτε ἐθέλειν μήτε δύνασθαι τὰ τῷ γάμῳ προσήκοντα
πράττειν. 3 Ἐν τούτῳ τῆς κόρης ἀπείρου γάμων ἀπο-
θανούσης, εἰκότως ἡ Σερῆνα βασιλείου γονῆς ἐπιθυ-
20 μοῦσα δέει τοῦ μὴ τὴν τοσαύτην αὐτῇ δυναστείαν ἐλαττωθῆναι, τῇ δευτέρᾳ θυγατρὶ συνάψαι τὸν Ὀνώριον
ἔσπευδεν· οὗ δὴ γενομένου τελευτᾷ μὲν ἡ κόρη μετ᾽ οὐ
πολύ, ταὐτὰ τῇ προτέρᾳ παθοῦσα.

XXIX. 1 Στελίχων δέ, ἀγγείλαντος αὐτῷ τινος ὡς τὰς
25 Ἠπείρους Ἀλάριχος καταλιπών, ὑπερβάς τε τὰ διείργοντα
στενὰ τὴν ἀπὸ Παιονίας ἐπὶ Οὐενετοὺς διάβασιν, τὰς
σκηνὰς εἰς Ἤμωνα πόλιν ἐπήξατο, μεταξὺ Παιονίας τῆς

---

2 κοινολογήσασθαι V : κ. βασιλεῖ Mend. sec. 5, 29, 5 ‖ 7
Θερμαντίαν Reit. edd. : ἑρμ- V ἑρματίαν Σ ‖ 8 ἐνεδοίαζεν
Mend. : ἐνδώσειν VΣ οὐκ ἐδόκει uel οὐκ ἔμελλε ἐ. Sylb. ‖
14 νομίζουσα add. Leunc.

trouve entre la Pannonie Supérieure et le Norique [62] ; il
vaut la peine de ne pas passer sous silence tout ce qui
concerne cette ville, et comment il se trouve qu'elle a été
fondée à l'origine. **2** On raconte que les Argonautes,
poursuivis par Aeétès, abordèrent à l'endroit où le Danube
se jette dans le Pont et estimèrent qu'il serait judicieux
de remonter le fleuve à contre-courant et de naviguer
sur ce cours d'eau à force de rames et avec l'aide d'un
vent favorable jusqu'à ce qu'ils se trouvent plus proches
de la mer. **3** Ayant réalisé leur plan, lorsqu'ils furent
parvenus à l'endroit en question, ils y laissèrent un souvenir de leur arrivée en fondant la ville, placèrent l'Argo
sur un appareil de transport, le traînèrent sur une distance de quatre cents stades jusqu'à la mer et abordèrent
ainsi aux rivages de la Thessalie, comme le raconte le poète
Pisandre qui, sous le titre *Les Théogamies héroïques*, a
embrassé pour ainsi dire toute l'histoire [63]. **4** Ayant
quitté Emona et traversé le fleuve Aculis, Alaric s'élança
vers le Norique après s'être déjà dégagé des montagnes
de l'Apennin ; celles-ci limitent les confins de la Pannonie
et offrent à ceux qui veulent passer dans la province du
Norique un chemin très resserré et pour lequel une faible
garnison suffisait, même si des effectifs considérables tentaient de forcer le passage [64]. **5** L'ayant néanmoins franchi, Alaric, du Norique, envoie une ambassade à Stilicon

Note 62. Voir p. 210.
Note 63. Voir p. 212.
Note 64. Voir p. 215.

ἀνωτάτω καὶ Νωρικοῦ κειμένην, — ἄξιον δὲ μὴ παραδραμεῖν ὅσα τῆς πόλεώς ἐστι ταύτης, καὶ ὅπως τὴν
ἀρχὴν ἔτυχεν οἰκισμοῦ. 2 Τοὺς Ἀργοναύτας φασὶν ὑπὸ
τοῦ Αἰήτου διωκομένους ταῖς εἰς τὸν Πόντον ἐκβολαῖς
5 τοῦ Ἴστρου προσορμισθῆναι, κρῖναί τε καλῶς ἔχειν
διὰ | τούτου πρὸς ἀντίον τὸν ῥοῦν ἀναχθῆναι καὶ μέχρι
τοσούτου διαπλεῦσαι τὸν ποταμὸν εἰρεσίᾳ καὶ πνεύματος
ἐπιτηδείου φορᾷ, μέχρις ἂν τῇ θαλάττῃ πλησιαίτεροι
γένοιντο. 3 Πράξαντες δὲ ὅπερ ἔγνωσαν, ἐπειδὴ κατὰ
10 τοῦτον ἐγένοντο τὸν τόπον, μνήμην καταλιπόντες τῆς
σφετέρας ἀφίξεως τὸν τῆς πόλεως οἰκισμόν, μηχαναῖς
ἐπιθέντες τὴν Ἀργὼ καὶ τετρακοσίων ὁδὸν σταδίων ἄχρι
θαλάσσης ἑλκύσαντες οὕτως ταῖς Θεσσαλῶν ἀκταῖς προσωρμίσθησαν, ὡς ὁ ποιητὴς ἱστορεῖ Πείσανδρος ὁ τῇ τῶν
15 Ἡρωϊκῶν Θεογαμιῶν ἐπιγραφῇ πᾶσαν ὡς εἰπεῖν ἱστορίαν
περιλαβών. 4 Ἐκ δὲ τῆς Ἡμῶνος προελθὼν καὶ τὸν
Ἄκυλιν περαιωθεὶς ποταμὸν τῷ Νωρικῷ προσέβαλεν, ἤδη
τῶν Ἀπεννίνων ὀρῶν ἔξω γενόμενος· ὁρίζει δὲ ταῦτα τὰς
Παιονίας ἐσχατιάς, στενοτάτην ὁδὸν διδόντα τοῖς ἐπὶ τὸ
20 Νωρικὸν ἔθνος διαβαίνειν ἐθέλουσι, καὶ πρὸς ἣν ὀλίγοι
φύλακες ἤρκουν, εἰ καὶ πλῆθος τὴν πάροδον ἐβιάζετο.
5 Διαβὰς δὲ ὅμως ὁ Ἀλάριχος ἐκ τοῦ Νωρικοῦ πρὸς
Στελίχωνα πρεσβείαν ἐκπέμπει, χρήματα αἰτῶν ὑπέρ τε

Testimonia : 22 Διαβάς - p. 44, 14 ἐπιθήσων in Excerptis
de legationibus gentium ad Romanos p. 378,2 - 379,2 de Boor.

7 διαπλεῦσαι Σ : -πλῆσ- V ‖ 13 Θεσσαλῶν VΣ : Ἰταλῶν
Jeep RFIC 1882 p. 387 sec. Soz. 1, 6, 5 p. 15,9 Bidez-
Hansen Mend.; u. comm. ‖ 13-14 προσωρμίσθησαν Σ : -ορμ-
V ‖ 14 Πείσανδρος Σ : πισ- V ‖ 15 Ἡρωϊκῶν VΣ : Ἡραϊκῶν
Fabricius Bibl. Graec. VIII p. 63 sec. Sudam Π 1466 IV p. 122,
22 Adler ; u. comm. ‖ ἱστορίαν V : ἱ. μυθικὴν dubitanter Mend. ‖
18 Ἀπεννίνων Σ : ἀπεννίων V ‖ 19 στενοτάτην VΣ : -νωτ-
Bekk. ‖ 22 διαβάς - Νωρικοῦ V : ὅτι Ἀλλάριχος ὁ τύραννος πολλὰ
λῃσάμενος καὶ τὰς τῆς Παιονίας (u. l. παρονίας) ἐσχατιὰς διαβὰς
ἐκ τοῦ Νωρικοῦ Excerpta.

et réclame de l'argent à cause du temps qu'il a perdu
dans les provinces d'Épire, ce qui résultait, à ce qu'il
disait, du fait qu'il avait obéi à Stilicon, et à cause de
son entrée en Italie et dans le Norique ; ayant reçu l'ambassade, Stilicon laissa les parlementaires à Ravenne et
vint à Rome dans l'intention de s'entretenir avec l'empereur et le Sénat sur ce qu'il convenait de faire. **6** Lorsque
le Sénat se fut rassemblé au palais impérial et qu'on eut
mis en discussion le point de savoir si l'on ferait la guerre
ou non, l'opinion de la majorité fut de faire la guerre,
tandis que seul Stilicon, avec un petit nombre de sénateurs qui avaient cédé à la crainte, furent d'un avis contraire et opinèrent qu'il fallait faire la paix avec Alaric [65].
7 Quand ceux qui choisissaient la guerre demandèrent
à Stilicon de dire pourquoi il préférait plutôt la paix à la
guerre et admettait de l'acheter à prix d'argent, quitte à
infliger une insulte au prestige des Romains, il dit : « c'est
effectivement pour le profit de l'empereur qu'il a passé
autant de temps dans les provinces d'Épire », afin de
combattre avec lui-même celui qui régnait en Orient, de
soustraire les Illyriens au pouvoir de ce dernier et de les
adjoindre au domaine d'Honorius. **8** Ce projet aurait
déjà été réalisé s'il n'avait été prévenu par une lettre de
l'empereur Honorius qui avait empêché son départ pour
l'Orient, dans l'attente duquel Alaric avait perdu beaucoup de temps dans ces parages ; tout en affirmant cela,
Stilicon montra aussi la lettre et déclara que la responsable était Séréna, qui voulait que la concorde entre les

Note 65. *Voir p.* 217.

τῆς ἐν ταῖς Ἠπείροις τριβῆς, ἣν ἔλεγεν αὐτῷ Στελίχωνι
πεισθέντι γενέσθαι, καὶ τῆς εἰς τὴν Ἰταλίαν καὶ τὸ Νωρικὸν
εἰσβολῆς· ὁ δὲ Στελίχων τὴν πρεσβείαν δεξάμενος καὶ ἐν
τῇ Ῥαβέννῃ τοὺς πρέσβεις ἐάσας εἰς τὴν Ῥώμην ἀφίκετο,
5 κοινώσασθαι τῷ βασιλεῖ καὶ τῇ γερουσίᾳ περὶ τοῦ πρακτέου
βουλόμενος. 6 Συνελθούσης δὲ τῆς γερουσίας εἰς τὰ
βασίλεια καὶ βουλῆς περὶ τοῦ πολεμεῖν ἢ μὴ προτεθείσης,
| ἡ μὲν τῶν πλειόνων εἰς τὸ πολεμεῖν ἐφέρετο γνώμη, μόνος
δὲ Στελίχων σὺν ὀλίγοις, ὅσοι φόβῳ συγκατετίθεντο, τὴν
10 ἐναντίαν ἐχώρουν, εἰρήνην πρὸς Ἀλάριχον ποιεῖσθαι ψηφι-
ζόμενοι. 7 Τῶν δὲ τὸν πόλεμον αἱρουμένων ἀπαιτούν-
των Στελίχωνα λέγειν ἀνθ᾽ ὅτου μὴ πολεμεῖν μᾶλλον ἀλλ᾽
εἰρήνην αἱρεῖται, καὶ ταύτην ἐπ᾽ αἰσχύνῃ τοῦ Ῥωμαίων
ἀξιώματος ἀνέχεται χρημάτων ὠνήσασθαι, 'διὰ γὰρ τὸ
15 τῷ βασιλεῖ συνοῖσον' ἔφη 'τοσοῦτον ἐν ταῖς Ἠπείροις
διέτριψε χρόνον', ὡς ἂν ἅμα οἱ τῷ τῆς ἑῴας βασιλεύοντι
πολεμήσας Ἰλλυριοὺς ἐκείνης παρέληται τῆς ἀρχῆς καὶ
τῇ Ὀνωρίου προσθείη. 8 Τοῦτο δ᾽ ἂν εἰς ἔργον ἤδη
προῆλθεν, εἰ μὴ τοῦ βασιλέως Ὀνωρίου φθάσαντα γράμ-
20 ματα τὴν ἐπὶ τὴν ἑῴαν ἔλασιν αὐτοῦ διεκώλυσεν, ἣν
ἐκδεχόμενον Ἀλάριχον αὐτόθι χρόνον δαπανῆσαι πολύν·
καὶ ταῦτα λέγων ὁ Στελίχων ἅμα καὶ τὴν ἐπιστολὴν ἐδείκνυ,
καὶ τὴν Σερῆναν αἰτίαν ἔλεγεν εἶναι τὴν ἀμφοτέρων τῶν

TESTIMONIA : u. p. 42.

1 τῆς V Excerpta (pars codd.) : ταῖς Excerptorum u. l. ‖ 2
τὸ Excerpta : τὸν V ‖ 8 ἐφέρετο V Excerpta Leid. p. 39 :
ἔφερε Mend. sec. Thuc. 1, 79, 2 ; u. comm. ‖ 9 συγκατετίθεντο
V Excerpta (pars codd.) : -θητο Excerptorum u. l. ‖ τὴν V
Excerpta : εἰς τὴν ego dubitanter ; cf. comm. ‖ 12 ὅτου μὴ
V : οὖ τὸ μὴ Excerpta ‖ ἀλλ᾽ Excerpta : ἀλλὰ V ‖ 13 αἱρεῖται
V¹ Excerpta : ἄγειν αἱ. V² ‖ 16 διέτριψε V : ἐνδ- Excerpta ‖
οἱ τῷ τῆς Mend. : οἱ τῶ τῆς V Excerpta (pars codd.) οὕτω
τῆς Excerptorum u.l. ‖ 20 ἔλασιν αὐτοῦ διεκώλυσεν V : αὐτ. ἔ. δ.
Excerpta ‖ 21 ἐκδεχόμενον V : ἐχόμενον Excerpta ‖ 23 Σερῆναν
ego (u. ad 5, 4, 1) : σερῆνα V¹ σερῆναν V² βερῆναν Excerpta.

deux empereurs demeurât indéfectible [66]. **9** Stilicon
ayant donc paru à chacun tenir des propos honnêtes, le
Sénat estima judicieux de donner quatre mille livres d'or
à Alaric pour assurer la paix ; la plupart opinèrent en
ce sens non par conviction propre, mais par la crainte
qu'ils avaient de Stilicon, si bien qu'en fait Lampadius,
que distinguaient sa noblesse et son prestige, murmura
ceci dans sa langue maternelle : « non est ista pax, sed
pactio seruitutis », ce qui veut dire que l'accord conclu
signifiait plutôt l'asservissement que la paix ; dès que la
séance eut été levée, par crainte d'avoir à pâtir de sa
franchise, il se réfugia dans une église des chrétiens qui
se trouvait toute proche [67].

XXX. 1 Stilicon, ayant donc ainsi conclu la paix
avec Alaric, se disposa à partir afin de réaliser ses projets ; quant à l'empereur, il déclara vouloir se rendre de
Rome à Ravenne, visiter l'armée et lui témoigner sa bienveillance, surtout au moment où un tel ennemi avait
pénétré en Italie. **2** Il n'allégua du reste pas ce motif
de son propre chef, mais en suivant un conseil de Séréna ;
elle voulait en effet qu'il résidât dans une ville plus sûre,
afin qu'Alaric, au cas où il violerait la paix et marche-
rait sur Rome, ne s'empare pas du même coup de l'empereur ; elle était en effet pleine de zèle pour assurer sa
sauvegarde, vu qu'elle garantissait sa propre sécurité en
protégeant celle de l'empereur. **3** Comme le départ de

Note 66. *Voir p.* 219.
Note 67. *Voir p.* 220.

βασιλέων ὁμόνοιαν ἀδιάφθορον φυλάττεσθαι βουλομένην.
9 Πᾶσι τοίνυν δόξαντος δίκαια λέγειν Στελίχωνος, ἐδόκει
τῇ γερουσίᾳ χρυσίου τετρακισχιλίας ὑπὲρ τῆς εἰρήνης
᾽Αλαρίχῳ δίδοσθαι λίτρας, τῶν πλειόνων οὐ κατὰ προαί-
5 ρεσιν ἀλλὰ τῷ Στελίχωνος φόβῳ τοῦτο ψηφισαμένων,
ὥστε ἀμέλει Λαμπάδιος γένους καὶ ἀξιώματος εὖ ἔχων,
τῇ πατρίῳ φωνῇ τοῦτο ὑποφθεγξάμενος ' non est ista pax
sed pactio seruitutis ', ὃ δηλοῖ δουλείαν μᾶλλον ἤπερ
εἰρήνην εἶναι τὸ πραττόμενον, ἅμα τῷ διαλυθῆναι τὸν
10 σύλλογον, δέει τοῦ μὴ παθεῖν τι διὰ τὴν παρρησίαν, εἴς
τινα πλησιάζουσαν τῶν Χριστιανῶν ἀπέφυγεν ἐκκλησίαν.

XXX. 1 Ὁ μὲν οὖν Στελίχων τὴν πρὸς ᾽Αλάριχον
εἰρήνην τοιῷδε τρόπῳ καταπραξάμενος ἐπὶ τὴν ἔξοδον
ὥρμητο, τοῖς αὐτῷ δόξασιν ἔργον ἐπιθήσων· ὁ δὲ βασι-
15 λεὺς | ἐθέλειν ἔφασκεν ἐκ τῆς Ῥώμης εἰς τὴν Ῥάβενναν
παραγενέσθαι θεάσασθαί τε τὸ στρατόπεδον καὶ φιλοφρο-
νήσασθαι, πολεμίου μάλιστα τοιούτου τῆς ᾽Ιταλίας ἐντὸς
διαβάντος. 2 Ἔλεγε δὲ ταῦτα οὐκ οἴκοθεν κινούμενος,
ἀλλὰ συμβουλῇ Σερήνας πειθόμενος· ἐβούλετο γὰρ αὐτὸν
20 ἀσφαλεστέραν πόλιν οἰκεῖν, ἵνα εἰ τὴν εἰρήνην πατήσας
᾽Αλάριχος ἐπέλθοι τῇ Ῥώμῃ, μὴ κυριεύσῃ καὶ τοῦ βασι-
λέως· ἦν γὰρ αὐτῇ σπουδὴ περισῴζεσθαι τοῦτον, ὡς καὶ
αὐτῆς τὴν ἀσφάλειαν διὰ τῆς ἐκείνου σωτηρίας ἐχούσῃ.
3 Τῆς δὲ τοῦ βασιλέως ἐπὶ τὴν Ῥάβενναν ὁρμῆς ἀποθυ-

TESTIMONIA : u. p. 42.

3 τετρακισχιλίας V : τετρακοσίας Excerpta ; u. comm. ‖
5 τοῦτο om. Excerpta ‖ 7 τῇ om. Excerpta ‖ τοῦτο V : τούτῳ
Excerpta ‖ 7-8 non — seruitutis litteris fere Latinis capitalibus V, om. Excerpta ‖ 9 διαλυθῆναι V : λυ- Excerpta ‖
10 παρρησίαν V Excerpta (pars codd.) : παρουσίαν Excerptorum
u. l. ‖ 12 Ὁ - Στελίχων V : καὶ ὁ στ. Excerpta ‖ 14 δόξασιν
ἔργον ἐπιθήσων V : δόξασι τέλος ἐ. Excerpta ‖ 23 αὐτῆς ...
ἐχούσῃ Mend. : αὐτῇ ... ἐχούσῃ V.

l'empereur pour Ravenne paraissait fâcheux à Stilicon, il
imagina maint obstacle à ce projet ; l'empereur ne cédant
cependant pas, mais tenant à ce voyage, Sarus, un Barbare d'origine, qui commandait à Ravenne un corps de
Barbares, provoqua à l'instigation de Stilicon des troubles
devant la ville, non qu'il voulût effectivement renverser
l'ordre établi, mais pour effrayer l'empereur et le détourner de son voyage à Ravenne. **4** Comme celui-ci ne
renonçait pas à ce qu'il avait décidé, Justinien, qui s'était
illustré à Rome dans la profession d'avocat et avait été
choisi par Stilicon à la fois comme confident et comme
conseiller, semble, grâce à son intelligence fort subtile, deviner les motifs du voyage de l'empereur et le très grand
danger que les soldats stationnés à Ticinum, mal disposés
envers Stilicon, allaient faire courir à celui-ci quand l'empereur serait chez eux. **5** Il persistait à conseiller que
l'empereur s'abstienne de cette entreprise mais, constatant
que celui-ci n'écoutait pas ce que lui disait Stilicon, il
partit et s'éloigna, par crainte d'être entraîné dans la disgrâce de Stilicon à cause de sa familiarité avec lui [68].

XXXI. **1** La nouvelle de la mort de l'empereur Arcadius, qui était parvenue auparavant à Rome, fut confirmée après le départ de l'empereur Honorius pour Ravenne ;
alors que Stilicon se trouvait à Ravenne et que l'empereur était installé à Bologne, l'une des villes de l'Émilie,
distante de Ravenne de soixante-dix de ces unités nommées milles, Stilicon se voit convoqué, vu que des désordres
avaient éclaté parmi les soldats en cours de route, afin
qu'il les contraigne de venir à résipiscence. **2** Stilicon,

Note 68. *Voir p. 222.*

μίου τῷ Στελίχωνι φανείσης, ἐπενόει[το] πολλὰ ταύτης
κωλύματα· τοῦ δὲ βασιλέως οὐκ ἐνδιδόντος ἀλλ' ἐχομένου
τῆς ὁδοιπορίας, Σάρος βάρβαρος μὲν τὸ γένος, ἐν δὲ τῇ
Ῥαβέννῃ στίφους βαρβάρων ἡγούμενος, γνώμῃ Στελίχω-
5 νος ἐκίνει πρὸ τῆς πόλεως θορύβους, οὐχ ὡς τῷ ὄντι
συνταράξαι τὰ καθεστῶτα βουλόμενος, ἀλλ' ὡς ἂν ἐκφο-
βήσοι τὸν βασιλέα καὶ τῆς ὁδοῦ τῆς ἐπὶ τὴν Ῥάβενναν
ἀπο[σ]τρέψειε. 4 Τοῦ δὲ οὐκ ἀποστάντος ἧς εἶχε
γνώμης, Ἰουστινιανὸς ἐν τῷ τῶν συνηγόρων κατὰ τὴν
10 Ῥώμην ἐπιτηδεύματι διαπρέψας, αἱρεθεὶς δὲ παρὰ Στελίχωνος πάρεδρός τε ὁμοῦ καὶ σύμβουλος, ὑπὸ τῆς ἄγαν
ἀγχινοίας φαίνεται τὰ τῆς βασιλικῆς ὁδοῦ τεκμαιρόμενος,
καὶ ὡς ἀλλοτρίως ἔχοντες πρὸς Στελίχωνα οἱ ἐν τῷ Τικήνῳ
στρατιῶται τοῦ βασιλέως ἐπιδημήσαντος εἰς τὸν ἔσχατον
15 αὐτὸν καταστήσουσι κίνδυνον. 5 Διετέλει τε παραινῶν
ἐκστῆναι τὸν βασιλέα τῆς τοιαύτης ὁρμῆς, ὁρῶν δὲ ἀπειθοῦντα τοῖς Στελίχωνος λόγοις ἀπιὼν ᾤχετο, δέει τοῦ μὴ
διὰ τὴν οἰκειότητα συγκατενεχθῆναι τῇ Στελίχωνος τύχῃ.

XXXI. 1 Φήμης δὲ πρότερον εἰς τὴν Ῥώμην ἐλθούσης
20 ὡς Ἀρκάδιος ὁ | βασιλεὺς τελευτήσειε, κυρωθείσης τε μετὰ
τὴν Ὀνωρίου τοῦ βασιλέως εἰς τὴν Ῥάβενναν ἄφιξιν,
ἐπειδὴ Στελίχων μὲν εἰς τὴν Ῥάβενναν ἦν, ὁ δὲ βασιλεὺς
ἐπέστη Βονωνίᾳ τῇ πόλει, μιᾷ τῆς Αἰμιλίας οὔσῃ, διεστη-
κυίᾳ δὲ τοῖς κα[τα]λουμένοις μιλίοις ἑβδομήκοντα τῆς
25 Ῥαβέννης, μετάπεμπτος γίνεται Στελίχων οἷα στρατιωτῶν κατὰ τὴν ὁδὸν πρὸς ἀλλήλους στασιασάντων, ἐφ' ᾧ
σωφρονισμὸν αὐτοῖς ἐπαχθῆναι. 2 Στελίχωνος ⟨οὖν⟩

1 ἐπενόει Mend. sec. 2, 40, 2 ; 4, 2, 1 : -νοεῖτο V ‖ 8 ἀπο-
τρέψειε Mend. : ἀποστρ- V ‖ 16-17 ἐκστῆναι - λόγοις V : ἐκστῆναι τῷ βασιλεῖ τῆς - ἀπειθοῦντα Στελίχωνα τοῖς λόγοις Mend.
ἐκστῆσαι (reliqua ut V) Leid. p. 40 ; u. comm. ‖ 23 Βονωνίᾳ
Σ : -ωρίᾳ V ‖ 24 καλουμένοις Σ : καταλου- V ‖ ἑβδομήκοντα
Σ : εὐδ- V ‖ 27 οὖν (uel δὴ) add. Mend., δὲ Heyne Bekk.

après avoir donc rassemblé les séditieux, et leur avoir
déclaré que non seulement l'empereur leur enjoignait de se
tenir tranquilles, mais encore qu'il avait prescrit que dans
chaque groupe de dix, le plus coupable serait puni de
mort, leur inspira une telle crainte qu'ils se répandirent
tous en larmes et amenèrent le général à les prendre en
pitié et à leur garantir la bienveillance de l'empereur [69].
3 Après que l'empereur se fut conformé à ce que Stilicon avait promis, ils se mirent à examiner la situation
générale : Stilicon voulait en effet passer en Orient et
régler les problèmes relatifs à Théodose, le fils d'Arcadius, qui était jeune et avait besoin de protection, et
l'empereur Honorius lui-même songeait à se préparer pour
ce voyage et à prendre toutes les mesures pour assurer
le pouvoir impérial du jeune garçon. **4** Comme Stilicon était contrarié par ce projet, il détourna l'empereur
de cette entreprise en alléguant la lourdeur des dépenses
qu'exigerait ce voyage ; il affirmait par ailleurs que la
rébellion de Constantin ne lui permettait pas non plus de
distraire son attention de l'Italie et de Rome même,
alors que l'usurpateur Constantin avait déjà traversé
toute la Gaule et se trouvait installé en Arles. **5** A ce
motif, bien qu'il fût suffisant pour exiger la présence et
la sollicitude de l'empereur, s'ajoutait également le fait
qu'Alaric était là avec une si grande armée de Barbares ;
c'était un Barbare dépourvu de bonne foi et, quand il
verrait l'Italie privée de secours, il passerait à l'attaque ;
un plan excellent et profitable à l'État consistait à faire
partir Alaric en campagne contre l'usurpateur en emmenant une partie des Barbares qu'il avait avec lui ainsi
que des corps de troupes romains et des officiers qui se
joindraient à lui pour cette guerre, et à ce que lui-même
Stilicon gagne l'Orient sur l'ordre de l'empereur et avec

Note 69. Voir p. 225.

συναγαγόντος τοὺς στασιάσαντας, καὶ οὐχ ὅτι σωφρο-
νισθῆναι μόνον αὐτοὺς ὁ βασιλεὺς κελεύσειεν εἰπόντος,
ἀλλ᾽ ὅτι κατὰ δεκάδα τὸν αἰτιώτατον ἕνα θανάτῳ ζημιωθῆναι προσετέτακτο, τοσοῦτον αὐτοῖς ἐνέθηκε φόβον ὥστε
5 δάκρυα πάντας ἀφιέντας εἰς ἔλεον τὸν στρατηγὸν ἐπισπάσασθαι καὶ ὑποσχέσθαι τὴν τοῦ βασιλέως εὐμένειαν.

3 Ἐπεὶ δὲ οὐκ ἔσφηλεν αὐτὸν ὁ βασιλεὺς τῆς ὑποσχέ-
σεως, εἰς τὴν περὶ τῶν κοινῶν ἐτράπησαν σκέψιν· ὅ τε γὰρ
Στελίχων εἰς τὴν ἑῴαν ἐβούλετο διαβῆναι καὶ τὰ κατὰ
10 τὸν Ἀρκαδίου παῖδα Θεοδόσιον διαθεῖναι, νέον ὄντα καὶ
κηδεμονίας δεόμενον, ὅ τε βασιλεὺς Ὀνώριος αὐτὸς στέλ-
λεσθαι τὴν ὁδὸν ταύτην διενοεῖτο, καὶ ὅσα πρὸς ἀσφάλειαν τῆς τοῦ νέου βασιλείας οἰκονομῆσαι. 4 Δυσα-
ρεστήσας ἐπὶ τούτῳ Στελίχων τὸν ὄγκον τῶν περὶ τὴν
15 ὁδὸν ἐσομένων δαπανημάτων ἄγων εἰς μέσον ἀποτρέπει
τὸν βασιλέα ταύτης τῆς ἐγχειρήσεως· ἔλεγε δὲ μηδὲ τὴν
ἐπανάστασιν Κωνσταντίνου συγχωρεῖν αὐτῷ τῆς περὶ τὴν
Ἰταλίαν καὶ τὴν Ῥώμην αὐτὴν ἀποστῆναι φροντίδος, ἤδη
Κωνσταντίνου τοῦ τυράννου τὴν Γαλατίαν πᾶσαν διαδρα-
20 μόντος καὶ ἐν τῇ Ἀρελάτῳ διατρίβοντος. 5 Προσεῖναι δὲ
τούτοις, καίπερ οὖσιν ἱκανοῖς εἰς τὸ δεῖσθαι τῆς τοῦ
βασιλέως | παρουσίας τε καὶ προνοίας, καὶ τὴν Ἀλαρίχου
μετὰ τοσούτου στρατοπέδου βαρβάρων ἐπιδημίαν, ἀνθρώπου βαρβάρου καὶ ἀπίστου καὶ ἐπειδὰν εὕροι τὴν
25 Ἰταλίαν βοηθείας ἔρημον ἐπελευσομένου· γνώμην δὲ ἀρί-
στην εἶναι καὶ τῇ πολιτείᾳ λυσιτελοῦσαν Ἀλάριχον μὲν
ἐπιστρατεῦσαι τῷ τυράννῳ, τῶν τε σὺν αὐτῷ βαρβάρων
ἄγοντα μέρος καὶ τέλη Ῥωμαϊκὰ καὶ ἡγεμόνας, οἳ κοινω-
νήσουσιν αὐτῷ τοῦ πολέμου, τὴν ἑῴαν δὲ αὐτὸς κα-
30 ταλήψεσθαι βασιλέως κελεύοντος καὶ γράμματα περὶ

6 post καὶ inseruit τοῦτον Herw. Mnem. 1888 p. 353, fortasse recte ; u. comm. ‖ 10 διαθεῖναι Σ : -θῆν- V ‖ 28 ἄγοντα
Σ : -τι V ‖ 28-29 κοινωνήσωσιν, ου supra secundum ω a
manu altera additum V.

une lettre de lui sur ce qu'il aurait à faire. **6** Or, ayant estimé qu'à tous égards Stilicon avait fort bien parlé, l'empereur lui donna des lettres pour l'empereur d'Orient et pour Alaric, et quitta Bologne ; néanmoins, pendant ce temps, Stilicon restait dans la région, sans se diriger vers l'Orient ni mettre à exécution quelque autre de ses projets, et sans même déplacer les soldats stationnés à Ticinum vers Ravenne ou quelque autre lieu, pour éviter qu'ils rencontrent l'empereur en chemin et l'incitent à quelque initiative hostile à son égard [70].

XXXII. **1** Mais, tandis que Stilicon, qui n'avait pas sur la conscience d'avoir projeté quoi que ce soit de malséant contre l'empereur ou contre les soldats, se trouvait dans cette situation, un certain Olympius, originaire du Pont Euxin, qui avait été jugé digne d'une position brillante au palais, qui cachait en lui-même une grande méchanceté sous une feinte piété chrétienne et qui, grâce aux bons sentiments qu'il simulait, était fréquemment en contact avec l'empereur, répandait, comme dit le poète, « maint propos funeste » pour Stilicon : la raison pour laquelle il avait arrangé ce voyage en Orient, c'était, après avoir comploté la mort de Théodose, de remettre l'Orient à son fils Eucher. **2** Voilà donc les insinuations qu'il répandait auprès de l'empereur alors qu'il en avait la possibilité en cours de route ; l'empereur une fois arrivé à Ticinum, Olympius alla visiter ceux des soldats qui étaient malades (il usait en effet aussi de ce procédé comme arme principale de sa modération hypocrite) et sema auprès d'eux aussi des incantations de même sorte. **3** Alors que quatre jours seulement s'étaient écoulés depuis que l'empereur s'était installé à Ticinum, les soldats furent convoqués au quartier impérial, l'empereur

Note 70. *Voir p.* 227.

τοῦ πρακτέου διδόντος. 6 Ἀλλ' ὁ βασιλεὺς μὲν ὀρθῶς
ἅπαντα εἰρῆσθαι τῷ Στελίχωνι κρίνας, τά τε γράμματα
δοὺς πρὸς τὸν τῆς ἑῴας βασιλέα καὶ πρὸς Ἀλάριχον τῆς
Βονωνίας ἐξήλαυνε· Στελίχων δὲ κατὰ χώραν ἔμενε τέως,
5 οὔτε ἐπὶ τὴν ἑῴαν προϊὼν οὔτε ἕτερόν τι τῶν βεβουλευ-
μένων ἄγων εἰς ἔργον, ἀλλ' οὐδὲ μέρος τῶν ἐν τῷ Τικήνῳ
στρατιωτῶν εἰς τὴν Ῥάβενναν ἢ ἑτέρωθί που μετατιθείς,
ὡς ἂν μὴ τῷ βασιλεῖ κατὰ πάροδον ὑπαντήσαντες εἴς
τινα κατ' αὐτοῦ τὸν βασιλέα κινήσειαν πρᾶξιν.

10 XXXII. 1 Ἀλλὰ Στελίχων μὲν οὐδέν ⟨οἱ⟩ συνεπιστάμενος ἀπηχὲς ἢ κατὰ τοῦ βασιλέως ἢ κατὰ τῶν στρατιωτῶν βεβουλευμένον ἐν τούτοις ἦν· Ὀλύμπιος δέ τις,
ὁρμώμενος μὲν ἐκ τοῦ Εὐξείνου πόντου, λαμπρᾶς δὲ
στρατείας ἐν τοῖς βασιλείοις ἠξιωμένος, ἐν δὲ τῇ φαινο-
15 μένῃ τῶν Χριστιανῶν εὐλαβείᾳ πολλὴν ἀποκρύπτων ἐν
ἑαυτῷ πονηρίαν, ἐντυγχάνειν εἰωθὼς δι' ἐπιεικείας προσ-
ποίησιν τῷ βασιλεῖ 'πολλὰ' κατὰ τὸν ποιητὴν 'θυμοφθόρα'
τοῦ Στελίχωνος κατέχεε ῥήματα, καὶ ὡς διὰ τοῦτο τὴν
ἐπὶ τὴν ἑῴαν ἀποδημίαν ἐπραγματεύσατο, ὡς ἂν ἐπιβου-
20 λεύσας ἀναίρεσιν Θεοδοσίῳ τὴν ἕω Εὐχερίῳ τῷ παιδὶ
παραδοίη. 2 Ἀλλὰ ταῦτα μὲν εὐρυχωρίας αὐτῷ οὔσης |
κατὰ τὴν ὁδὸν κατέχεε τοῦ βασιλέως· ἤδη δὲ αὐτοῦ ὄντος
κατὰ τὸ Τίκηνον, τοὺς νοσοῦντας ἐπισκεπτόμενος τῶν
στρατιωτῶν ὁ Ὀλύμπιος (ἦν γὰρ αὐτῷ καὶ τοῦτο τῆς
25 ἐπικεκαλυμμένης μετριότητος τὸ κεφάλαιον) τοιουτώδεις
κἀκείνοις ἐνέσπειρεν ἐπῳδάς. 3 Τετάρτης δὲ μόνης ἡμέρας ἐξ οὗπερ ἐπεδήμησεν ὁ βασιλεὺς τῷ Τικήνῳ διελ-
θούσης, μετακληθέντων εἰς τὰ βασίλεια τῶν στρατιω-

---

4 Βονωνίας Σ : -ωρί- V ‖ 6 οὐδὲ Mend. Wäsch. : οὔτε V ‖
10 οἱ add. Mend. ‖ 20 τὴν ἔω Mend. (uel τὰ ἑῷα) sec. Soz.
9, 4, 1 p. 395, 15 Bidez-Hansen : τῶ νέω VΣ (qui τὴν βασιλείαν
post παιδὶ addidit) ‖ 25 τὸ V : τι Mend.

parut à leurs yeux et les encouragea à faire la guerre
contre l'usurpateur Constantin ; aucune agitation ne se
manifestant au sujet de Stilicon, Olympius parut faire
signe aux soldats et comme leur remettre en mémoire ce
dont il s'était précisément entretenu avec eux en secret [71].
4 Ceux-ci, devenus en quelque sorte déments, égorgent
Liménius, le préfet du prétoire dans les provinces transalpines, et en même temps que lui Chariobaude, le général des corps de troupe stationnés là-bas ; il se trouvait
en effet qu'ils avaient échappé à l'usurpateur et étaient
venus à la rencontre de l'empereur à Ticinum ; après
ceux-ci, ils massacrent Vincent et Salvius, l'un commandant des cavaliers, l'autre chef du corps des « domestici » [72]. **5** Lorsque, la sédition s'étant étendue, l'empereur
se fut retiré dans le quartier impérial et que quelques-
uns des hauts personnages furent parvenus à s'enfuir, les
soldats, répandus dans toute la ville, massacrèrent tous
les dignitaires qu'ils purent après les avoir arrachés des
maisons dans lesquelles ils avaient trouvé à se sauver, et
pillèrent les richesses de la ville ; quand le mal fut devenu
irrémédiable, l'empereur, vêtu d'une méchante tunique,
sans manteau ni diadème, parut au milieu de la ville et
fut, au prix d'un grand effort, à peine capable de contenir
la démence des soldats. **6** Tous ceux des hauts fonctionnaires qui furent pris même après s'être enfuis furent
tués : Naimorius, le maître des services de la cour, Patroinus, le responsable des trésors, ..., le préposé aux caisses
qui appartiennent en privé à l'empereur, et en plus d'eux
Salvius, le fonctionnaire chargé de publier les décisions
impériales, auquel on a donné le nom de questeur depuis
l'époque de Constantin ; car même le fait qu'il se tînt
prosterné aux pieds de l'empereur ne suffit pas à le faire

Note 71. *Voir p.* 229.
Note 72. *Voir p.* 232.

τῶν ἐφαίνετό τε αὐτοῖς ὁ βασιλεὺς καὶ εἰς τὸν κατὰ
Κωνσταντίνου τοῦ τυράννου παρεθάρσυνε πόλεμον· περὶ
δὲ Στελίχωνος οὐδενὸς κινηθέντος ἐφαίνετο νεύων τοῖς
στρατιώταις Ὀλύμπιος καὶ ὥσπερ ἀναμιμνήσκων ὧν ἔτυχεν
5 αὐτοῖς ἐν παραβύστῳ διαλεχθείς. 4 Οἳ δὲ τρόπον τινὰ
παράφοροι γεγονότες Λιμένιόν τε τὸν ἐν τοῖς ὑπὲρ τὰς
Ἄλπεις ἔθνεσιν ὄντα τῆς αὐλῆς ὕπαρχον ἀποσφάττουσι,
καὶ ἅμα τούτῳ Χαριοβαύδην τὸν στρατηγὸν τῶν ἐκεῖσε
ταγμάτων· ἔτυχον γὰρ διαφυγόντες τὸν τύραννον καὶ
10 ὑπαντήσαντες κατὰ τὸ Τίκηνον τῷ βασιλεῖ· ἐπισφάττονται
δὲ τούτοις Βικέντιός τε καὶ Σάλβιος, ὃ μὲν τῶν ἱππέων
ἡγούμενος, ὃ δὲ τοῦ τῶν δομεστίκων τάγματος προεστώς.
5 Ἐπεὶ δὲ τῆς στάσεως αὐξηθείσης ὅ τε βασιλεὺς ἀνε-
χώρησεν ἐπὶ τὰ βασίλεια καὶ τῶν ἀρχόντων ἔνιοι διαφυγεῖν
15 ἠδυνήθησαν, ἐπὶ τὴν πόλιν ἅπασαν οἱ στρατιῶται δια-
σπαρέντες ὅσους ἐδυνήθησαν τῶν ἀρχόντων ἀνεῖλον, ἐξελκύ-
σαντες τῶν οἰκημάτων ἐν οἷς ἔτυχον ἀποδράντες, τὰ δὲ
τῆς πόλεως διήρπασαν χρήματα· προϊόντος δὲ εἰς ἀνήκε-
στον τοῦ κακοῦ, χιτώνιον ὁ βασιλεὺς περιβαλόμενος χλα-
20 μύδος δίχα καὶ διαδήματος, φανείς τε ἐν μέσῃ τῇ πόλει,
σὺν πολλῷ πόνῳ μόλις οἷός τε γέγονε τὴν τῶν στρατιωτῶν
ἀναστεῖλαι μανίαν. 6 Ἀνῃρέθησαν δὲ τῶν ἀρχόντων ὅσοι
καὶ μετὰ τὴν φυγὴν ἥλωσαν, ὅ τε τῶν ἐν τῇ αὐλῇ| τάξεων
μάγιστρος Ναιμόριος καὶ Πατρώινος ὁ τῶν θησαυρῶν
25 προεστὼς καὶ ⟨...⟩ ὁ τῶν ἀνηκόντων ἰδίᾳ τῷ βασιλεῖ
ταμιείων προβεβλημένος, καὶ ἐπὶ τούτοις Σάλβιος ὁ τὰ
βασιλεῖ δοκοῦντα τεταγμένος ὑπαγορεύειν, ὃν κοιαίστωρα
καλεῖν οἱ ἀπὸ Κωνσταντίνου δεδώκασι χρόνοι· τούτῳ γὰρ
οὐδὲ τὸ τῶν ποδῶν ἀντιλαβέσθαι τοῦ βασιλέως ἤρκεσε

3 λόγου post οὐδενός add. dubitanter Herw. Mnem. 1888
p. 353 ‖ 6 τὸν Σ : τῶν ex τὸν V¹ ‖ 25 post καὶ nomen comitis
rerum priuatarum excidisse recte coni. Mend.; u. comm. ‖ 29
οὐδὲ Bekk. Mend. : οὔτε VΣ ‖ ἤρκεσε Σ : -κησε V.

échapper à la mort. **7** La sédition ayant duré jusque tard dans l'après-midi et l'empereur, par crainte qu'il ne lui arrive à lui aussi quelque malheur, s'étant retiré pour cette raison, les soldats, ayant dans l'intervalle découvert Longinianus, qui était préfet du prétoire d'Italie, le massacrent lui aussi ; or, tandis que ces hommes investis de hautes charges étaient victimes de la folie des soldats, une foule de gens qui étaient tombés entre leurs mains et dont il n'est pas facile d'estimer le nombre périrent également [73].

XXXIII. 1 Lorsque ces événements eurent été annoncés à Stilicon, qui se trouvait à Bologne (c'est une ville de l'Émilie, comme je l'ai dit), il n'en fut pas peu troublé ; après avoir convoqué tous les chefs des alliés barbares qui étaient avec lui, il mit en délibération ce qu'il fallait faire, et tous estimèrent unanimement que la meilleure solution consistait, au cas où l'empereur aurait été assassiné (c'était en effet encore incertain), à ce que les Barbares alliés aux Romains fondent ensemble et d'un seul mouvement sur les soldats et rendent ainsi tous les autres plus disciplinés, si au contraire l'empereur paraissait sain et sauf mais que ceux qui occupaient les hautes charges avaient péri, à châtier alors les responsables de la sédition. **2** Voilà donc ce qu'avaient décidé Stilicon et les Barbares qu'il avait avec lui ; mais lorsqu'ils apprirent qu'aucun excès n'avait été commis contre le pouvoir impérial, Stilicon jugea bon, non plus d'aller remettre au pas l'armée, mais de retourner à Ravenne ; il prenait en effet en considération le grand nombre des soldats, se rendait en outre compte que les dispositions de l'empereur à son égard n'étaient pas sûres, et en plus de cela estimait qu'il n'était ni honnête ni prudent de lancer des Barbares contre une armée romaine [74].

Note 73. Voir p. 233.
Note 74. Voir p. 235.

πρὸς ἀποφυγὴν τοῦ θανάτου. 7 Τῆς δὲ στάσεως ἄχρι
δείλης ὀψίας ἐπιμεινάσης, καὶ τοῦ βασιλέως μή τι καὶ εἰς
αὐτὸν γένοιτο δείσαντος καὶ διὰ τοῦτο ὑποχωρήσαντος,
εὑρόντες ἐν μέσῳ Λογγινιανόν, ὃς τῆς κατὰ τὴν Ἰταλίαν
5 αὐλῆς ὕπαρχος ἦν, ἀναιροῦσι καὶ τοῦτον· ἀλλ᾽ οὗτοι μὲν
ἀρχῶν προβεβλημένοι τῆς τῶν στρατιωτῶν ἔργον γεγό-
νασιν ἀπονοίας· ἀπώλετο δὲ καὶ τῶν παρατυχόντων πλῆθος
ὅσον ἀριθμῷ μὴ ῥᾴδιον εἶναι περιλαβεῖν.

XXXIII. 1 Ταῦτα προσαγγελθέντα Στελίχωνι κατὰ
10 τὴν Βονωνίαν ὄντι, πόλιν οὖσαν, ὡς εἴρηται, τῆς Αἰμιλίας,
οὐ μετρίως αὐτὸν ἐτάραξε· καλέσας τε ἅπαντας ὅσοι
συνῆσαν αὐτῷ βαρβάρων συμμάχων ἡγούμενοι, βουλὴν
περὶ τοῦ πρακτέου προυτίθει, καὶ κοινῇ πᾶσι καλῶς ἔχειν
ἐδόκει τοῦ μὲν βασιλέως ἀναιρεθέντος (ἔτι γὰρ τοῦτο
15 ἀμφίβολον ἦν) πάντας ὁμοῦ τοὺς συμμαχοῦντας Ῥωμαίοις βαρβάρους κοινῇ τοῖς στρατιώταις ἐπιπεσεῖν καὶ
τοὺς ἄλλους ἅπαντας διὰ τούτου καταστῆσαι σωφρονεστέ-
ρους, εἰ δὲ ὁ μὲν βασιλεὺς φανείη περισωθείς, ἀνῃρημένοι
δὲ οἱ τὰς ἀρχὰς ἔχοντες, τηνικαῦτα τοὺς τῆς στάσεως
20 αἰτίους ὑπαχθῆναι τῇ δίκῃ. 2 Τὰ μὲν οὖν Στελίχωνι καὶ
τοῖς σὺν αὐτῷ βαρβάροις βεβουλευμένα τοιαῦτα ἦν· ἐπεὶ
δὲ ἔγνωσαν ἀπηχὲς οὐδὲν εἰς τὴν βασιλείαν γενόμενον,
οὐκέτι πρὸς τὸν κατὰ τοῦ στρατοπέδου σωφρο|νισμὸν ἐδό-
κει Στελίχωνι χωρεῖν ἀλλ᾽ ἐπὶ τῆς Ῥαβέννης ἀναχωρεῖν·
25 τό τε γὰρ τῶν στρατιωτῶν πλῆθος ἐλάμβανε κατὰ νοῦν,
καὶ προσέτι γε τὴν τοῦ βασιλέως περὶ αὐτὸν γνώμην οὐχ
ἑώρα βεβαίως ἑστῶσαν, καὶ ἐπὶ τούτοις ἐπαφεῖναι Ῥωμαϊκῷ
στρατοπέδῳ βαρβάρους οὔτε ὅσιον οὔτε ἀσφαλὲς ᾤετο
εἶναι.

---

10 Βονωνίαν Σ : -ωρί- V ‖ 16 post τοῖς exspectabat ἐν τῷ
Τικήνῳ Mend., haud absurde ; u. comm. ‖ 22 τὴν βασιλείαν
ΥΣ : τὸν βασιλέα inutiliter Reit.

XXXIV. **1** Cependant que Stilicon se trouvait dans
cette situation embarrassante, les Barbares qui étaient
avec lui, désireux que leur point de vue précédemment
fixé prévalût, entreprirent de le détourner de ce qu'il
avait ultérieurement décidé ; comme ils ne le convain-
quirent pas, ils décidèrent tous d'attendre en de certains
endroits que l'empereur manifeste plus clairement les dispositions qu'il avait à l'égard de Stilicon, à la seule exception de Sarus, qui l'emportait par la vigueur physique et
le prestige sur les autres alliés ; avec les Barbares qui
étaient placés sous ses ordres, il massacra durant leur
sommeil tous les Huns qui précisément assuraient la garde
de Stilicon, se rendit maître de tous les bagages que ce
dernier avait avec lui et se dirigea vers la tente de Stilicon, d'où celui-ci, sans en sortir, observait de loin ce qui
allait se passer. **2** Alors même que les Barbares qu'il
avait avec lui étaient en désaccord, Stilicon part donc
pour Ravenne et prescrit aux villes dans lesquelles il se
trouvait qu'il y avait des femmes et des enfants de Barbares de n'admettre aucun Barbare qui s'en approche-
rait ; quant à Olympius, qui s'était désormais rendu
maître de la volonté de l'empereur, il envoya aux soldats
stationnés à Ravenne une lettre impériale qui leur enjoignait d'arrêter Stilicon et de le garder provisoirement à
vue auprès d'eux sans le mettre aux fers [75]. **3** Ayant
appris cela, Stilicon gagna une église des chrétiens qui
se trouvait à proximité alors qu'il faisait encore nuit ;
quand les Barbares qui étaient avec lui et d'autres familiers virent cela, ils observèrent, accompagnés de serviteurs et en armes, ce qui allait arriver. **4** Une fois
que le jour se fut levé, les soldats pénétrèrent dans l'église
et se portèrent garants sous serment, en présence de
l'évêque, que l'empereur ne leur avait pas ordonné de le
tuer, mais seulement de le garder à vue ; lorsqu'il fut
sorti de l'église et placé sous la surveillance des soldats,
celui qui avait apporté la première lettre en produisit

Note 75. *Voir* p. 237.

XXXIV. 1 Ἐπὶ τούτοις ἀπορουμένου Στελίχωνος, οἱ
σὺν αὐτῷ βάρβαροι τὰ πρότερον αὐτοῖς ἐσκεμμένα κρατεῖν
ἐθέλοντες ἀφέλκειν μὲν αὐτὸν ὧν μετὰ ταῦτα ἔκρινεν ἐπε-
χείρουν· ὡς δὲ οὐκ ἔπειθον, οἱ μὲν ἄλλοι πάντες ἔν τισι
5 χωρίοις ἔκριναν ἐπιμεῖναι, μέχρις ἂν ἦν εἶχεν ὁ βασιλεὺς
περὶ Στελίχωνος γνώμην σαφέστερον ἐπιδείξειε, Σάρος δὲ
καὶ σώματος ῥώμῃ καὶ ἀξιώσει τῶν ἄλλων συμμάχων
προέχων, μετὰ τῶν ὑπ᾽ αὐτὸν τεταγμένων βαρβάρων ἀνελὼν καθεύδοντας ἅπαντας οἳ Στελίχωνι προσεδρεύοντες
10 ἔτυχον Οὖννοι, καὶ τῆς ἑπομένης αὐτῷ πάσης ἀποσκευῆς
γενόμενος ἐγκρατὴς ἐπὶ τὴν τούτου σκηνὴν ἐχώρει, καθ᾽
ἣν διατρίβων ἀπεσκόπει τὰ συμβησόμενα. 2 Στελίχων
μὲν οὖν καὶ τῶν σὺν αὐτῷ βαρβάρων διαστάντων ἐπὶ τὴν
Ῥάβενναν ἀπιὼν παρεγγυᾷ ταῖς πόλεσιν, ἐν αἷς βαρβάρων
15 ἔτυχον οὖσαι γυναῖκες καὶ παῖδες, μηδένα δέχεσθαι βαρβάρων αὐταῖς προσιόντα· τῆς δὲ τοῦ βασιλέως γνώμης ἤδη
κύριος Ὀλύμπιος γεγονὼς τοῖς ἐν τῇ Ῥαβέννῃ στρατιώταις ἔστελλε βασιλικὰ γράμματα κελεύοντα συλληφθέντα
Στελίχωνα τέως ἐν ἀδέσμῳ παρ᾽ αὐτῶν ἔχεσθαι φυλακῇ.
20 3 Τοῦτο μαθὼν ὁ Στελίχων ἐκκλησίαν τινὰ τῶν Χριστιανῶν πλησίον οὖσαν νυκτὸς οὔσης ἔτι κατέλαβεν· ὅπερ οἱ
συνόντες | αὐτῷ βάρβαροι καὶ ἄλλως οἰκεῖοι τεθεαμένοι,
μετὰ οἰκετῶν ὡπλισμένοι τὸ ἐσόμενον ἀπεσκόπουν.
4 Ἐπεὶ δὲ ἡμέρα ἦν ἤδη, παρελθόντες εἰς τὴν ἐκκλησίαν
25 οἱ στρατιῶται, καὶ ὅρκοις πιστωσάμενοι τοῦ ἐπισκόπου
παρόντος ὡς οὐκ ἀνελεῖν αὐτὸν ἀλλὰ φυλάξαι μόνον παρὰ
βασιλέως ἐτάχθησαν, ἐπειδὴ τῆς ἐκκλησίας ὑπεξελθὼν
ὑπὸ τὴν τῶν στρατιωτῶν ἦν φυλακήν, ἀπεδίδοτο δεύτερα
γράμματα παρὰ τοῦ κεκομικότος τὰ πρότερα, θανάτου

---

12 ante Στελίχων lacunam coni. Sintenis-Wäsch. ; quae
sequuntur parum perspicua et fortasse mutila iudicauit Mend. ;
u. comm. ‖ 14 παρεγγυᾷ Mend. : -γυᾶ V¹ -γύα V² Σ παρηγγύα
Bekk. ; u. comm. ‖ 24 ἐπεὶ δὲ Σ : ἐπειδὴ V ‖ 27 ἐπειδὴ Σ :
ἐπεὶ δὲ V.

une seconde, qui fixait la peine de mort pour les crimes commis par Stilicon contre l'État. **5** Eucher, le fils de celui-ci, s'étant enfui pendant que se produisaient ces événements et retiré en direction de Rome, Stilicon fut conduit à la mort ; les Barbares, les serviteurs et par ailleurs les familiers qui l'entouraient (ils constituaient en effet une foule nullement médiocre) s'apprêtant à l'arracher à son sort, Stilicon, par toutes sortes de menaces effrayantes, les détourna de cette entreprise et tendit en quelque sorte lui-même la gorge à l'épée ; parmi tous ceux pour ainsi dire qui exercèrent le pouvoir à cette époque, il fut le plus modéré [76]. **6** Bien qu'en effet il fût le mari d'une nièce de Théodose l'Ancien et qu'il eût été chargé d'exercer les pouvoirs impériaux des deux fils de celui-ci, il assuma pendant vingt-trois ans la fonction de général sans jamais paraître avoir mis des commandants à la tête des soldats pour de l'argent ou détourné à son profit personnel l'approvisionnement de l'armée. **7** N'ayant eu qu'un seul fils, il le fit progresser jusqu'à la dignité de « notaire tribun » (comme on dit), sans lui confier aucune charge éminente ; pour éviter même que ceux qui désirent la connaître ignorent la date de sa mort, elle survint sous le consulat de Bassus et de Philippe — qui vit aussi venir la dernière heure de l'empereur Arcadius —, le dixième jour avant les calendes de septembre [77].

XXXV. **1** Stilicon une fois mort, tout se passa au palais selon la volonté d'Olympius ; il reçut lui-même la charge de maître des offices, tandis que l'empereur distribuait les autres à ceux pour qui témoignait Olympius. **2** Comme on recherchait partout les familiers de Stilicon ou ceux en outre qui paraissaient avoir embrassé son

Note 76. *Voir p.* 239.
Note 77. *Voir p.* 241.

τιμώμενα τὰ κατὰ τῆς πολιτείας ἡμαρτημένα Στελίχωνι.
5 Εὐχερίου δὲ τοῦ τούτου παιδὸς ἐν τῷ ταῦτα γενέσθαι
πεφευγότος καὶ εἰς τὴν Ῥώμην ἀναχωρήσαντος, ἤγετο
Στελίχων ἐπὶ τὸν θάνατον· τῶν δὲ περὶ αὐτὸν βαρβάρων
5 καὶ οἰκετῶν καὶ ἄλλως οἰκείων (ἦσαν γὰρ πλῆθος οὐ
μέτριον) ἀφελέσθαι τῆς σφαγῆς αὐτὸν ὁρμησάντων, σὺν
ἀπειλῇ πάσῃ καὶ φόβῳ ταύτης αὐτοὺς Στελίχων ἀποστή-
σας τῆς ἐγχειρήσεως τρόπον τινὰ τὸν τράχηλον αὐτὸς
ὑπέσχε τῷ ξίφει, πάντων ὡς εἰπεῖν τῶν ἐν ἐκείνῳ δυναστευ-
10 σάντων τῷ χρόνῳ γεγονὼς μετριώτερος. 6 Θεοδοσίου γὰρ
τοῦ πρεσβυτέρου συνοικῶν ἀδελφιδῇ καὶ ἀμφοῖν αὐτοῦ
τοῖν παίδοιν τὰς βασιλείας ἐπιτραπείς, τρεῖς δὲ πρὸς
τοῖς εἴκοσιν ἐνιαυτοὺς ἐστρατηγηκὼς οὐκ ἐφάνη ποτὲ
στρατιώταις ἐπὶ χρήμασιν ἄρχοντας ἐπιστήσας ἢ στρα-
15 τιωτικὴν σίτησιν εἰς οἰκεῖον παρελόμενος κέρδος. 7 Πατὴρ δὲ παιδὸς ἑνὸς γεγονὼς ἔστησεν αὐτῷ τὴν ἀξίαν ἄχρι
τοῦ λεγομένου νοταρίου τριβούνου, μηδεμίαν αὐτῷ περι-
ποιήσας ἀρχήν· ὥστε ⟨δὲ⟩ μηδὲ τὸν χρόνον ἀγνοῆσαι
τοὺς φιλομα|θοῦντας τῆς αὐτοῦ τελευτῆς, Βάσσου μὲν ἦν
20 ὑπατεία καὶ Φιλίππου, καθ' ἢν καὶ Ἀρκάδιος ὁ βασιλεὺς
ἔτυχε τῆς εἱμαρμένης, τῇ πρὸ δέκα καλανδῶν Σεπτεμ-
βρίων ἡμέρᾳ.

XXXV. 1 Στελίχωνος δὲ τελευτήσαντος τὰ ἐν τοῖς
βασιλείοις ἅπαντα κατὰ τὴν Ὀλυμπίου διετίθετο βούλη-
25 σιν, καὶ αὐτὸς μὲν τὴν τοῦ μαγίστρου ⟨τῶν ὀφφικίων⟩
ἀρχὴν παρελάμβανε, τὰς δὲ ἄλλας διένεμεν ὁ βασιλεὺς
οἷς Ὀλύμπιος ἐμαρτύρει. 2 Πανταχόθεν δὲ τῶν Στελίχωνος οἰκείων ἢ ἄλλως τὰ τούτου φρονεῖν δοκούντων
ἐρευνωμένων, εἰς κρίσιν ἤγοντο Δευτέριος ὁ τῆς φυλακῆς

---

18 ὥστε δὲ Mend. : ὥστε V ὡς δὲ Σ ‖ 25 post μαγίστρου propter
hiatum τῶν ὀφφικίων add. Mend. sec. Olymp. frg. 8; u.
comm.

parti, Deutérius, le chef de la surveillance de l'appartement impérial, et Pierre, qui était à la tête du corps des secrétaires, furent traînés en jugement, soumis à une enquête officielle et contraints de parler de Stilicon ; comme ils n'avaient rien à révéler, ni contre eux-mêmes, ni contre celui-ci, Olympius, déçu dans son zèle, ordonna de les fustiger jusqu'à ce que mort s'ensuive. **3** Beaucoup d'autres gens passèrent également en jugement sous prétexte qu'il existait quelque connivence entre eux et Stilicon, et furent contraints, après avoir été torturés, de dire s'ils avaient été mis au courant que celui-ci eût eu quelque prétention au pouvoir impérial ; comme personne ne déclara connaître quoi que ce soit de ce genre, ceux qui étaient à l'affût de ces dénonciations renoncèrent à une telle entreprise, mais l'empereur Honorius ordonna qu'on écarte sa femme Thermantia du trône impérial et qu'on la remette à sa mère, sans pour autant qu'elle fût chargée de quelque soupçon, et qu'Eucher, le fils de Stilicon, soit partout recherché et mis à mort. **4** Or, l'ayant trouvé réfugié dans l'une des églises de Rome, ils le laissèrent tranquille par respect du lieu [78] ; cependant, à Rome, Héliocrate, chargé de la direction du trésor, et qui était en possession d'une lettre impériale, laquelle stipulait que les biens de tous ceux qui avaient revêtu quelque fonction à l'époque de Stilicon fussent confisqués au profit de l'État, ⟨*s'employait à recueillir des richesses pour le trésor*⟩ [79]. **5** Comme si ces malheurs ne suffisaient pas à rassasier le démon qui régissait alors tout et qui, appartenant à la catégorie des êtres néfastes, bouleversait l'ensemble des hommes que la divinité avait abandonnés [80], voici l'autre fléau qui vint encore s'ajouter aux précédents : les soldats stationnés dans les villes, lorsque leur fut rapportée la mort de Stilicon, se jetèrent sur les femmes et les enfants des Barbares qui se trouvaient dans chaque ville, les massacrèrent jusqu'au dernier comme sur un signal convenu et pillèrent tout ce qui était en leur pos-

Note 78. Voir p. 242.
Note 79. Voir p. 244.
Note 80. Voir p. 244.

τοῦ βασιλικοῦ κοιτῶνος προεστὼς καὶ Πέτρος ὁ τοῦ
τάγματος τῶν ὑπογραφέων ἡγούμενος, καὶ δημοσίαν ὑπο-
στάντες ἐξέτασιν ἠναγκάζοντό τι περὶ Στελίχωνος λέγειν·
ὡς δὲ οὔτε καθ' ἑαυτῶν οὔτε κατ' ἐκείνου διδάσκειν εἶχον
5 οὐδέν, διαμαρτὼν ὁ Ὀλύμπιος τῆς σπουδῆς ῥοπάλοις
παίεσθαι αὐτοὺς παρεσκεύαζεν ἄχρι θανάτου. 3 Πολλῶν
δὲ καὶ ἄλλων ὥς τι συνεπισταμένων Στελίχωνι πρὸς δίκην
ἀχθέντων, εἰπεῖν τε μετὰ βασάνων ἀναγκασθέντων εἴ τινα
τούτῳ συνίσασι βασιλείας ἐπιθυμίαν, ὡς [δὲ] οὐδεὶς ἔφη τι
10 τοιοῦτον εἰδέναι, τῆς μὲν τοιαύτης ἐγχειρήσεως οἱ ταῦτα
πολυπραγμονοῦντες ἀπέστησαν, ὁ δὲ βασιλεὺς Ὀνώριος
τὴν μὲν γαμετὴν Θερμαντίαν παραλυθεῖσαν τοῦ βασιλείου
θρόνου τῇ μητρὶ προσέταττε παραδίδοσθαι, μηδὲν διὰ
τοῦτο ὑφορωμένην, τὸν δὲ Στελίχωνος υἱὸν Εὐχέριον ἀνι-
15 χνευθέντα πανταχόθεν ἀναιρεθῆναι. 4 Καὶ τοῦτον ἔν τινι
τῶν κατὰ τὴν Ῥώμην ἐκκλησιῶν πεφευγότα εὑρόντες διὰ
τὴν τοῦ τόπου τιμὴν εἴασαν· ἐν δὲ τῇ Ῥώμῃ Ἡλιοκράτης |
ἄρχειν ἐπιτεταγμένος τοῦ ταμιείου, γράμμα βασιλικὸν
ἐπικομιζόμενος, ὅπερ ἐβούλετο πάντων ὅσοι κατὰ τοὺς
20 Στελίχωνος χρόνους ἔτυχόν τινος ἀρχῆς δημοσίας γίνε-
σθαι τὰς οὐσίας, ἔργον ἐπετίθετο ⟨...⟩ τῷ ταμιείῳ χρημάτων.
5 Ὥσπερ δὲ τούτων οὐκ ἀρκούντων ἐμπλῆσαι τὸν ⟨τὰ ὅλα⟩
τότε συνέχοντα δαίμονα, τῆς τῶν ἀλιτηρίων ὄντα σειρᾶς
καὶ ἐν ἐρημίᾳ τοῦ θείου πάντα συνταράττοντα τὰ ἀνθρώπινα,
25 καὶ ἕτερόν τι προσετέθη τοῖς προλαβοῦσι τοιοῦτον· οἱ
ταῖς πόλεσιν ἐνιδρυμένοι στρατιῶται, τῆς Στελίχωνος
τελευτῆς εἰς αὐτοὺς ἐνεχθείσης, ταῖς καθ' ἑκάστην πόλιν
οὔσαις γυναιξὶ καὶ παισὶ βαρβάρων ἐπέθεντο, καὶ ὥσπερ
ἐκ συνθήματος πανωλεθρίᾳ διαφθείραντες, ὅσα ἦν αὐτοῖς

9 ὡς οὐδεὶς Σ : ὡς δὲ οὐ. V ‖ 21 post ἐπετίθετο lacunam,
suadente Bekk., indicaui ; locum corruptum uel mutilum putat
Mend. ; ἔργον in ὄγκον (i. e. magnam uim) corr. Herw. Mnem.
1909 p. 340 ‖ 22 τὰ ὅλα add. Mend. sec. 5, 41, 5 ‖ 23 τῆς
- σειρᾶς V : ταῖς τῶν ἀλιτηρίων σειραῖς uel τῆς τ. ἀ. σειρᾶς Σ.

session. **6** Quand les parents de ceux qui avaient été
tués eurent appris cela, et se furent rassemblés de toutes
parts en un même endroit, indignés que les Romains eussent
commis une telle impiété envers la loi jurée devant Dieu,
ils décidèrent tous de s'associer à Alaric et de participer
à sa guerre contre Rome ; et, réunis dans ce dessein au
nombre d'un peu plus de trente mille, ils se rassemblaient
en hâte pour se tenir à sa disposition [81].

XXXVI. **1** Alaric, bien que ces derniers l'y incitent,
ne choisit pas la guerre, mais préféra encore la paix, car
il se souvenait du traité établi avec Stilicon ; ayant envoyé
des ambassadeurs, il demanda à conclure la paix pour
une somme d'argent qui n'était pas considérable, et à
obtenir comme otages Aétius et Jason, qui étaient les
fils, celui-ci de Jovius, celui-là de Gaudence ; il donnerait aussi lui-même quelques-uns des nobles qui étaient
avec lui, et à ces conditions se tiendrait tranquille, et
déplacerait son armée du Norique en Pannonie [82]. **2** Alaric demandant la paix à ces conditions, l'empereur repoussa
ses demandes ; cependant il fallait, pour régler le problème
qui se posait alors, faire de deux choses l'une : ou bien
il convenait en effet de différer la guerre en concluant
un traité pour quelque somme d'argent modérée, ou bien,
si l'on choisissait de faire la guerre, de rassembler tout ce
qu'il y avait d'unités armées, de les mettre en position sur

Note 81. *Voir p.* 246.
Note 82. *Voir p.* 247.

ἐν οὐσίᾳ διήρπασαν. 6 Ὅπερ ἀκηκοότες οἱ τοῖς ἀνῃρη-
μένοις προσήκοντες καὶ πανταχόθεν ἐς ταὐτὸ συνελθόντες,
σχετλιάσαντες ἐπὶ τῇ τοσαύτῃ Ῥωμαίων κατὰ τῆς τοῦ
θεοῦ πίστεως ἀσεβείᾳ πάντες ἔγνωσαν Ἀλαρίχῳ προσθέ-
5 σθαι καὶ τοῦ κατὰ τῆς Ῥώμης αὐτῷ κοινωνῆσαι πολέμου·
καὶ συναχθεῖσαι πρὸς τοῦτο πλείους ὀλίγῳ τριῶν μυριάδες,
ἐφ' ὅπερ ἐδόκει συνέθεον.

XXXVI. 1 Ἀλάριχος δὲ οὐδὲ παρὰ τούτων ἐρεθιζό-
μενος ᾑρεῖτο τὸν πόλεμον, ἀλλὰ ἔτι τὴν εἰρήνην ἔμπρο-
10 σθεν ἐποιεῖτο, τῶν ἐπὶ Στελίχωνος σπονδῶν μεμνημένος·
στείλας δὲ πρέσβεις ἐπὶ χρήμασιν οὐ πολλοῖς εἰρήνην
ᾔτει γενέσθαι, λαβεῖν τε ὁμήρους Ἀέτιον καὶ Ἰάσονα, τὸν
μὲν Ἰοβίου γενόμενον παῖδα τὸν δὲ Γαυδεντίου, δοῦναι
δὲ καὶ αὐτὸς τῶν παρ' αὐτῷ τινας εὖ γεγονότας καὶ ἐπὶ
15 τούτοις ἄγειν τὴν ἡσυχίαν, μεταστῆσαί τε εἰς Παιονίαν ἐκ
τοῦ Νωρικοῦ τὸ στράτευμα. 2 Ἐπὶ τούτοις Ἀλαρίχου
τὴν εἰρήνην αἰτοῦντος, ὁ βασιλεὺς ἀπεσείετο τὰ αἰτού-
μενα· καίτοι γε δυοῖν | ἐχρῆν θάτερον πράξαντα τὸ παρὸν
εὖ διαθεῖναι· ἢ γὰρ ἀναβαλέσθαι τὸν πόλεμον ἔδει, σπονδὰς
20 ποιησάμενον ἐπὶ μετρίοις τισὶ χρήμασιν, ἢ πολεμεῖν
αἱρούμενον πάντα συναγαγεῖν ὅσα στρατιωτῶν τάγματα
ἦν, καὶ ταῖς παρόδοις τῶν πολεμίων ἐγκαταστῆσαι, καὶ

Tᴇꜱᴛɪᴍᴏɴɪᴀ : 8 Ἀλάριχος — p. 54, 10 καταφρόνησιν in
Excerptis de legationibus gentium ad Romanos p. 379, 3-
25 de Boor.

8 Ἀλάριχος scripsi : ἀλλά- V ὅτι οἱ παραβλαπτόμενοι ἐν ταῖς
γυναιξὶν αὐτῶν ὅσοι προσήκοντες ἦσαν στελίχωνι (στελίχων pars
codd.) ἐβούλοντο ἀλλαρίχω προσθέσθαι ἀλλάριχος Excerpta ‖ 9-
11 ἔμπροσθεν - εἰρήνην V, om. Excerpta ‖ 12 λαβεῖν V Excerpta
(pars codd.) : λύσειν uel λύειν Excerptorum u. l. ‖ Ἀέτιον
apographorum pars : ἄτιον V ἄτιος apogr. unum δέτιον Excerpta ‖
14 δὲ καὶ V : τε Excerpta ‖ 17 ἀπεσείετο V Excerpta (pars codd.) :
-σίοτο Excerptorum u. l.

le passage de l'ennemi, d'empêcher le Barbare de s'avancer
plus loin, et de désigner Sarus comme chef et général pour
toutes les opérations ; d'une part il était de taille à terri-
fier les ennemis de par lui-même à cause de son courage
et de son expérience à la guerre, d'autre part il disposait aussi d'une foule de Barbares qui suffisait à leur
faire obstacle. 3 Cependant Honorius n'accepta pas de
conclure la paix, ni ne se concilia l'amitié de Sarus, ni
ne rassembla l'armée romaine mais, faisant dépendre tous
les espoirs des prières d'Olympius, il fut la cause de très
graves malheurs pour l'État ; il mit en effet à la tête de
l'armée des généraux qui suffisaient à inspirer le mépris
aux ennemis en confiant les cavaliers à Turpillion, les
fantassins à Varanès, l'unité montée des domestiques à
Vigilance, et le reste à l'avenant ; c'est pourquoi tous
perdirent l'espoir et crurent avoir devant les yeux la ruine
de l'Italie [83].

XXXVII. 1 Cependant, ces décisions ayant été ainsi
prises, Alaric se disposa à attaquer Rome, trouvant les
préparatifs d'Honorius ridicules ; comme il projetait d'entreprendre de si vastes opérations avec des forces non
seulement égales, mais même beaucoup plus considérables,
il mande de Pannonie Supérieure le frère de sa femme
Ataulf pour qu'il s'associe à sa campagne, étant donné
qu'il disposait d'une foule de Huns et de Goths nullement
méprisable. 2 Sans attendre son arrivée, mais en marchant en avant, Alaric passe en hâte devant Aquilée et
les villes qui ensuite sont situées au-delà du fleuve Éridan

Note 83. Voir p. 248.

ἀποκλεῖσαι τὸν βάρβαρον τῆς ἐπὶ τὸ πρόσω πορείας,
ἡγεμόνα τε καταστῆσαι καὶ στρατηγὸν τοῦ πολέμου παντὸς
Σάρον, ὄντα μὲν καθ' ἑαυτὸν ἄξιον καταπλῆξαι τοὺς πολε-
μίους διά τε ἀνδρείαν καὶ πολεμικὴν ἐμπειρίαν, ἔχοντα δὲ
5 καὶ βαρβάρων πλῆθος ἀρκοῦν εἰς ἀντίστασιν. 3 Ἀλλ'
οὔτε τὴν εἰρήνην δεξάμενος οὔτε τὴν Σάρου φιλίαν ἐπισπα-
σάμενος οὔτε τὸ Ῥωμαϊκὸν συναγαγὼν στρατόπεδον, τῶν
δὲ Ὀλυμπίου τὰς ἐλπίδας ἀναρτήσας εὐχῶν, τοσούτων
αἴτιος ἐγένετο τῷ πολιτεύματι συμφορῶν· στρατηγούς τε
10 γὰρ ἐπέστησε τῷ στρατεύματι καταφρόνησιν ἐμποιῆσαι
τοῖς πολεμίοις ἀρκοῦντας, Τουρπιλλίωνα μὲν τοῖς ἱππεῦσιν,
Οὐαράνην δὲ τοῖς πεζοῖς ἐπιστήσας καὶ τῇ τῶν δομεστίκων
ἴλῃ Βιγελάντιον, καὶ τὰ λοιπὰ τούτοις ὁμολογοῦντα, ὧν
ἕνεκα ταῖς ἐλπίσι πάντες ἀπεγνωκότες ἐν ὀφθαλμοῖς ἔχειν
15 ἐδόκουν τὴν τῆς Ἰταλίας ἀπώλειαν.

XXXVII. 1 Ἀλλὰ τούτων οὕτω διῳκημένων ἐπὶ τὴν
κατὰ τῆς Ῥώμης ἔφοδον Ἀλάριχος ὡρμήθη, γελάσας τὴν
Ὀνωρίου παρασκευήν· ἐπεὶ δὲ μεγίστοις οὕτως πράγμασιν
οὐκ ἐκ τοῦ ἴσου μόνον ἀλλὰ καὶ ἐκ μείζονος ὑπεροχῆς
20 ἐγχειρῆσαι διενοεῖτο, μεταπέμπεται τὸν τῆς γαμετῆς
ἀδελφὸν Ἀτάουλφον ἐκ τῆς ἀνωτάτω Παιονίας, ὡς ἂν
αὐτῷ κοινωνήσοι τῆς πράξεως, Οὔννων καὶ Γότθων πλῆθος
οὐκ εὐκαταφρόνητον ἔχων. 2 Οὐκ ἀναμείνας δὲ τὴν
αὐτοῦ παρουσίαν, ἀλλ' εἰς τὸ πρόσω προελθὼν Ἀκυληίαν
25 μὲν | παρατρέχει καὶ τὰς ἑξῆς ταύτῃ πόλεις ἐπέκεινα τοῦ

TESTIMONIA : u. p. 53.

1 τὸν βάρβαρον τῆς ... πορείας V : τοῖς βαρβάροις τὴν ...
πορείαν Excerpta (quod mauult Mend.) ‖ 3 καθ' V¹ Excerpta :
καὶ καθ' V² ‖ ἄξιον V¹ Excerpta : ἀξιόλογον V² ‖ 5-6 Ἀλλ' οὔτε
V Excerpta (pars codd.) : οὐδὲ Excerptorum u. l. ‖ 8 ἀναρτήσας
V : ἀναστήσας Excerpta ‖ 10 καταφρόνησιν V : φρονίμους
Excerpta ‖ 12 ἐπιστήσας del. Sintenis-Wäsch. Mend., fortasse
recte.

(c'est-à-dire Concordia, Altinum et de plus Crémone) et,
ayant franchi le fleuve comme un cortège de fête, car il
n'y avait pas un seul ennemi pour s'y opposer, il parvint
vers un camp retranché de Bologne, qu'on nomme Oicoubaria. **3** Ayant ensuite passé tout au long de l'Émilie
et laissé derrière lui Ravenne, il arriva à Rimini, une
importante ville de Flaminie ; après cela il passa aussi
en hâte devant cette cité et devant toutes les autres qui
faisaient partie de cette même province et pénétra dans
le Picénum ; cette province est située à l'extrême fond
du golfe d'Ionie. **4** Ensuite il partit pour Rome et
ravagea tous les forts et toutes les villes qu'il rencontra [84]
de telle sorte que, si les eunuques Arsace et Térence
n'avaient pas devancé par la fuite l'arrivée des Barbares
en ces lieux, s'ils n'avaient pas fait entrer Eucher, le fils
de Stilicon, dans Rome pour qu'il y meure selon l'ordre
de l'empereur, et si la décision de l'empereur n'avait pas
été mise à exécution, le jeune homme serait assurément
tombé dans les mains d'Alaric et aurait eu la vie sauve [85].
5 Après avoir accompli à son sujet ce qui leur avait
été ordonné, les eunuques remirent aussi Thermantia, la
femme d'Honorius, à sa mère et, comme ils ne pouvaient
pas retourner auprès de l'empereur par la même route,
ils s'embarquèrent sur un navire dans l'intention de s'éloigner par mer en direction des Celtes et des Galates ; mais
de fait ils abordèrent à Gênes, une ville de Ligurie, et se
réfugièrent dans Ravenne, où résidait également l'empereur. **6** Estimant qu'il serait très profitable à l'État
que les eunuques qui avaient remis Thermantia à sa mère
et qui avaient massacré Eucher fussent récompensés pour
ces exploits héroïques, l'empereur décida que Térence
dirigerait les appartements impériaux et offrit à Arsace

Note 84. Voir p. 250.
Note 85. Voir p. 255.

Ἠριδανοῦ ποταμοῦ κειμένας (φημὶ δὴ Κονκορδίαν καὶ
Ἄλτινον καὶ ἐπὶ ταύτῃ Κρεμῶνα), καὶ περαιωθεὶς τὸν
ποταμόν, ὥσπερ ἐν πανηγύρει, πολεμίου μηδενὸς ἀπαντή-
σαντος εἴς τι τῆς Βονωνίας ὁρμητήριον ἦλθεν, ὃ καλοῦσιν
5 Οἰκουβαρίαν. 3 Ἐντεῦθεν Αἰμιλίαν ἅπασαν παραμείψας
καὶ καταλιπὼν ὀπίσω τὴν Ῥάβενναν εἰς Ἀρίμηνον ἀφίκετο, πόλιν τῆς Φλαμινίας μεγάλην· εἶτα καὶ ταύτην
παραδραμὼν καὶ τὰς ἄλλας ὅσαι τῆς αὐτῆς ἐπαρχίας
ἦσαν, εἰς τὸ Πικηνὸν παρεγένετο· τοῦτο δὲ ἔθνος ἐστὶν
10 ἐν ἐσχάτῳ που τοῦ Ἰονίου κείμενον κόλπου. 4 Ἐντεῦθεν
ἐπὶ τὴν Ῥώμην ὁρμήσας πάντα τὰ ἐν ποσὶν ἐλήϊζετο
φρούριά τε καὶ πόλεις, ὥστε εἰ μὴ πρὸ τῆς τῶν βαρβάρων
εἰς τούτους τοὺς τόπους ἀφίξεως διαδράντες ἔφθησαν
Ἀρσάκιός τε καὶ Τερέντιος οἱ εὐνοῦχοι, καὶ τὸν Στελί-
15 χωνος υἱὸν Εὐχέριον εἰς τὴν Ῥώμην εἰσήγαγον κατὰ
πρόσταγμα τοῦ βασιλέως ἀποθανούμενον, καὶ ἔργον οἷς
βασιλεὺς ἐκέλευσεν ἐπετέθη, πάντως ἂν ὁ νέος εἰς χεῖρας
ἐλθὼν Ἀλαρίχου περιεσώθη. 5 Πληρώσαντες δὲ ἐπί τε
τούτῳ τὸ προσταχθὲν οἱ εὐνοῦχοι καὶ Θερμαντίαν τὴν
20 Ὀνωρίου γαμετὴν τῇ μητρὶ παραδόντες, οὐ δυνηθέντες
ἐπανελθεῖν διὰ τῆς αὐτῆς ὁδοῦ πρὸς τὸν βασιλέα, νεὼς
ἐπιβάντες ὡς ἐπὶ Κελτοὺς καὶ Γαλάτας ἀπέπλευσαν· προσ-
ορμισθέντες δὲ Γενούᾳ, Λιγυστικῇ πόλει, διεσώθησαν εἰς
τὴν Ῥάβενναν, ᾗ καὶ ὁ βασιλεὺς ἐνεδήμει. 6 Ὄφελος δὲ
25 μέγα τῆς πολιτείας ὁ βασιλεὺς ἡγησάμενος εἰ τοὺς εὐνούχους ἀποδόντας Θερμαντίαν τῇ μητρὶ καὶ ἀνελόντας Εὐχέριον ὑπὲρ τούτων ἀμείψαιτο τῶν ἀνδραγαθημάτων, Τερέν-
τιον μὲν ἔταξεν | ἄρχειν τοῦ βασιλικοῦ κοιτῶνος, Ἀρσακίῳ

2 Κρεμῶνα Mend. : κρέμονα V Κρέμωνα Σ Οὐηρῶνα Maffei
ap. Boecking Not. dign. Occ. p. 313 ; u. comm. ‖ 15 εἰσήγαγον
VΣ : ἀνή- Reit. ὄντα ἔτι τῶν ἀσύλων ἐξή- dubitanter Mend. ;
u. comm. ‖ 17 βασιλεὺς VΣ edd. : ὁ β. Sylb. ; u. comm. ‖ 19
τούτῳ Bekk. Mend. : τούτων VΣ.

la fonction immédiatement inférieure ; ayant supprimé
Bathanaire, ⟨le commandant⟩ des soldats en Grande Libye,
qui était devenu le mari de la sœur de Stilicon, il donna
cette charge à Héraclien, qui avait tué Stilicon de sa
propre main et reçut cette dignité comme récompense [86].

XXXVIII. 1 Alors qu'Alaric était déjà aux alentours de Rome et qu'il en avait assiégé les habitants, le
Sénat se mit à soupçonner Séréna, alléguant qu'elle aurait
attiré les Barbares contre la ville, et le Sénat entier, ainsi
que Placidia, la sœur consanguine de l'empereur, furent
unanimement d'avis de la faire mourir comme responsable des malheurs présents ; ensuite de quoi en effet,
dès qu'on se serait débarrassé de Séréna, Alaric lui-même
se retirerait de la ville, puisqu'il n'y aurait plus personne
qu'on pourrait soupçonner de vouloir livrer la ville.
2 Or ce soupçon était en réalité sans fondement, car
Séréna n'envisagea rien de semblable [87], mais elle paya
le juste prix de ses impiétés envers le culte des dieux,
comme je vais le dire tout aussitôt : lorsque Théodose
l'Ancien, après avoir abattu l'usurpateur Eugène, arriva
à Rome et qu'il incita chacun à mépriser le culte sacré
en refusant d'accorder le crédit officiel pour les saintes
cérémonies, les prêtres et les prêtresses furent chassés et
il n'y eut plus du tout de sacrifices dans les lieux du culte.
3 Séréna fit à cette époque précisément des plaisanteries
à ce sujet et voulut visiter le temple de la Grande Mère ;
lorsqu'elle vit, ornant le cou de la statue de Rhéa, le
bijou digne du culte rendu à cette déesse, elle l'enleva
à la statue et le mit à son propre cou, et quand une vieille

Note 86. *Voir p.* 257.
Note 87. *Voir p.* 258.

δὲ τὴν μετὰ τοῦτον ἔδωκε τάξιν· ἀνελὼν δὲ Βαθανάριον τῶν
ἐν τῇ μεγάλῃ Λιβύῃ στρατιωτῶν ⟨ἡγούμενον⟩, Στελίχωνος
ἀδελφῆς ἄνδρα γενόμενον, Ἡρακλειανῷ παρέδωκε τὴν
ἀρχήν, αὐτόχειρι Στελίχωνος ὄντι καὶ ταύτην ἔπαθλον τὴν
5 τιμὴν δεξαμένῳ.

XXXVIII. 1 Ἤδη δὲ Ἀλαρίχου περὶ τὴν Ῥώμην
ὄντος καὶ καταστήσαντος εἰς τὴν πολιορκίαν τοὺς ἔνδον,
ἐν ὑποψίᾳ ἔλαβε τὴν Σερῆναν ἡ γερουσία, οἷα τοὺς βαρβάρους κατὰ τῆς πόλεως ἀγαγοῦσαν, καὶ ἐδόκει κοινῇ τῇ τε
10 γερουσίᾳ πάσῃ καὶ Πλακιδίᾳ τῇ ὁμοπατρίᾳ τοῦ βασιλέως
ἀδελφῇ ταύτην ἀναιρεθῆναι τῶν περιεστώτων κακῶν οὖσαν
αἰτίαν· καὶ Ἀλάριχον γὰρ αὐτὸν Σερήνας ἐκποδὼν γενομένης ἀναχωρήσειν τῆς πόλεως οἷα μηδενὸς ὄντος ἔτι
τοῦ προδώσειν τὴν πόλιν ἐλπιζομένου. 2 Ἦν μὲν οὖν
15 ἡ ὑποψία τῷ ὄντι ψευδής (οὐδὲν γὰρ ἡ Σερῆνα τοιοῦτον
ἔλαβε κατὰ νοῦν), δίκην δὲ τῶν εἰς τὰ θεῖα δέδωκε δυσ-
σεβημάτων ἀξίαν, ὡς αὐτίκα μάλα ἔρχομαι λέξων· ὅτε
Θεοδόσιος ὁ πρεσβύτης, τὴν Εὐγενίου καθελὼν τυραννίδα,
τὴν Ῥώμην κατέλαβε καὶ τῆς ἱερᾶς ἁγιστείας ἐνεποίησε
20 πᾶσιν ὀλιγωρίαν, τὴν δημοσίαν δαπάνην τοῖς ἱεροῖς
χορηγεῖν ἀρνησάμενος, ἀπηλαύνοντο μὲν ἱερεῖς καὶ
ἱέρειαι, κατελιμπάνετο δὲ πάσης ἱερουργίας τὰ τεμένη.
3 Τότε τοίνυν ἐπεγγελῶσα τούτοις ἡ Σερῆνα τὸ μητρῷον
ἰδεῖν ἐβουλήθη, θεασαμένη δὲ τῷ τῆς Ῥέας ἀγάλματι
25 περικείμενον ἐπὶ τοῦ τραχήλου κόσμον τῆς θείας ἐκείνης
ἄξιον ἁγιστείας, περιελοῦσα τοῦ ἀγάλματος τῷ ἑαυτῆς
ἐπέθηκε τραχήλῳ· καὶ ἐπειδὴ πρεσβῦτις ἐκ τῶν Ἑστιακῶν

2 ἡγούμενον add. Leunc. ‖ 7 τὴν fortasse delendum sec. 1,
33, 2 ; 6, 2, 3 Mend. ‖ 8 ὑποψίᾳ V : -ψίαις dubitanter Mend.
propter hiatum ‖ 9 τῇ τε Mend. : τε τῇ V ‖ 10 ὁμοπατρίᾳ apographum unum in margine edd. : ὁμομητρίᾳ VΣ ; u. comm. ‖
27 Ἑστιακῶν VΣ : Ἑστιάδων malunt Bekk. Herw. Mnem.
1888 p. 353 ; u. comm.

femme, l'une des vierges Vestales qui avait survécu, lui
reprocha sans détours son impiété, elle l'outragea grossiè-
rement et la fit chasser par ceux qui la suivaient. **4** En
s'en allant, la Vestale demanda dans une imprécation que
tous les châtiments dignes de cette impiété s'abattent sur
Séréna elle-même, son mari et ses enfants ; après que
Séréna, sans tenir compte d'aucune de ces menaces, se
fut retirée du temple parée du bijou, souvent un rêve et
une vision à l'état de veille la visitèrent, lui annonçant
sa mort prochaine, et beaucoup d'autres aussi virent des
apparitions semblables ; et la Justice qui poursuit les
impies réussit tellement bien à accomplir sa tâche que,
bien qu'elle sût ce qui allait arriver, elle ne se tint pas
sur ses gardes et présenta, pour qu'on l'étrangle, ce cou
précisément qu'elle avait orné du bijou de la déesse [88].
5 On raconte que Stilicon lui aussi, à cause d'une autre
impiété, guère différente de celle-là, n'échappa pas au
mystérieux châtiment de la Justice : il avait en effet
ordonné qu'on gratte les portes du Capitole à Rome, qui
étaient recouvertes d'une couche d'or pesant un poids
considérable, et ceux qui avaient reçu l'ordre d'exécuter
ce travail découvrirent, en un endroit des portes, l'inscription « misero regi seruantur », ce qui signifie « elles
sont réservées pour un tyran malheureux » ; et ce qui
était écrit se réalisa : c'est en effet d'une manière malheureuse et pitoyable qu'il perdit la vie [89].

XXXIX. **1** Mais même la mort violente de Séréna
ne détourna pas Alaric du siège ; bien au contraire il
investit lui-même complètement la ville et toutes ses

Note 88. Voir p. 263.
Note 89. Voir p. 266.

περιλελειμμένη παρθένων ὠνείδισεν αὐτῇ κατὰ πρόσωπον
τὴν ἀσέβειαν, περιύβρισέ τε | καὶ ἀπελαύνεσθαι διὰ τῶν
ἑπομένων ἐκέλευσεν. 4 Ἡ δὲ ἀπιοῦσα, πᾶν ὅ τι ταύτης
ἄξιον τῆς ἀσεβείας ἐλθεῖν αὐτῇ Σερήνᾳ καὶ ἀνδρὶ καὶ
5 τέκνοις ἠράσατο· ἐπεὶ δὲ οὐδενὸς τούτων ποιησαμένη
λόγον ἀνεχώρει τοῦ τεμένους ἐγκαλλωπιζομένη τῷ κόσμῳ,
πολλάκις μὲν ἐπεφοίτησεν ὄναρ αὐτῇ καὶ ὕπαρ τὸν ἐσόμενον θάνατον προμηνῦον, ἐθεάσαντο δὲ καὶ ἄλλοι πολλοὶ
τὰ παραπλήσια· καὶ τοσοῦτον ἴσχυσεν ἡ τοὺς ἀσεβεῖς
10 μετιοῦσα Δίκη δρᾶσαι τὸ οἰκεῖον, ὥστε οὐδὲ μαθοῦσα τὸ
ἐσόμενον ἐφυλάξατο, ὑπέσχε δὲ τῇ ἀγχόνῃ τὸν τράχηλον
ᾧ τὸν τῆς θεοῦ κόσμον ἔτυχε περιθεῖσα. 5 Λέγεται δὲ
καὶ Στελίχων[α] δι᾽ ἑτέραν οὐ πόρρω ταύτης ἀσέβειαν τῆς
Δίκης τὰ ἀπόρρητα μὴ διαφυγεῖν· καὶ οὗτος γὰρ θύρας
15 ἐν τῷ τῆς Ῥώμης Καπιτωλίῳ χρυσίῳ πολὺν ἕλκοντι
σταθμὸν ἠμφιεσμένας ἀπολεπίσαι προστάξαι, τοὺς δὲ
τοῦτο πληρῶσαι ταχθέντας εὑρεῖν ἔν τινι μέρει τῶν θυρῶν
γεγραμμένον misero regi seruantur, ὅπερ ἐστίν ᾽ἀθλίῳ
τυράννῳ φυλάττονται᾽· καὶ εἰς ἔργον ἐξέβη τὸ γεγραμμέ-
20 νον· ἀθλίως γὰρ καὶ ἐλεεινῶς τὸν βίον ἀπέλιπεν.

XXXIX. 1 Ἀλλ᾽ οὐδὲ ἡ Σερήνας ἀπώλεια τῆς πο-
λιορκίας ἀπέστησεν Ἀλάριχον, ἀλλ᾽ αὐτὸς μὲν κύκλῳ
περιεῖχε τὴν πόλιν καὶ τὰς πύλας ἁπάσας, καταλαβὼν δὲ

TESTIMONIA : 22 κύκλῳ — p. 64, 6 ἀνακωχῆς in Excerptis
de legationibus Romanorum ad gentes p. 73, 15-76, 14 de Boor,
respectis uariis lectionibus nouis quas M. Krascheninnikov e
cod. Cantobrigiensi publici iuris fecit Vizantijskoje Obozrenie
1915 p. 1-4.

3 ἀπιοῦσα Herw. Mnem. 1888 p. 353 : κατι- V || 6 ἐγκαλλω-
πιζομένη Σ : -μένου V || 7 ἐπεφοίτησεν Σ : -σε V || 13 Στελίχων
Bekk. Mend. : -ωνα VΣ || 15 χρυσίῳ Σ : -σίω V -σῷ Mend. ||
18 misero - seruantur litteris capitalibus plus minus Latinis V ||
22 κύκλῳ Σ : -λω V ὅτι ἀλλάριχος παραγενόμενος εἰς τὴν
ῥώμην κύκλω Excerpta || 23 τὴν πόλιν καὶ om. V || ἁπάσας V :
πά- Excerpta.

portes et, en bloquant le fleuve Tibre, empêcha l'approvisionnement en vivres par le port ; lorsqu'ils virent cela,
les Romains décidèrent de prendre leur mal en patience,
étant donné qu'ils attendaient pour ainsi dire du jour au
lendemain que du secours pour la ville parvienne de
Ravenne [90]. **2** Mais comme personne n'arrivait, ils perdirent l'espoir, et crurent judicieux de réduire la ration
de blé et de ne cuire que la moitié de ce qu'ils consom-
maient auparavant chaque jour, et ensuite, la disette
s'étant aggravée, le tiers ; et lorsqu'il n'y eut aucun moyen
de porter remède au mal, et que tout ce qui subvient aux
besoins de l'estomac fit défaut, la peste vint s'ajouter à
la faim, comme il est normal, et tout fut rempli de cadavres.
3 Comme il était impossible d'ensevelir les corps hors
de la ville (les ennemis surveillaient en effet toutes les
issues), la ville devint le tombeau des morts, si bien que
ces lieux furent inhabitables pour une autre raison également, et que, même si la nourriture n'avait pas manqué,
l'odeur qui émanait des corps morts aurait suffi à détruire
ceux qui étaient vivants. **4** Laeta, la veuve de Gratien, qui avait jadis été empereur, et Tisaménè, la mère
de celle-ci, furent secourables à beaucoup en partageant
le nécessaire ; l'État assurant en effet l'approvisionnement de leur table impériale — c'est de Théodose qu'elles
tenaient cette libéralité — il n'y en eut pas peu qui, grâce
à la bonté de ces femmes, apaisèrent leur faim du fait de
la générosité de leur maison [91].

Note 90. *Voir p.* 268.
Note 91. *Voir p.* 269.

τὸν Θύβριν ποταμὸν τὴν διὰ τοῦ λιμένος τῶν ἐπιτηδείων
ἐκώλυε χορηγίαν· ὅπερ οἱ Ῥωμαῖοι θεασάμενοι διακαρτε-
ρεῖν ἔγνωσαν, οἷα ὡς εἰπεῖνᵢἑκάστης ἡμέρας ἐκ τῆς Ῥαβέννης ἐλεύσεσθαι τῇ πόλει προσδοκῶντες ἐπικουρίαν. 2 Ὡς
5 δὲ οὐδενὸς ἀφικνουμένου τῆς ἐλπίδος ἀπεσφάλησαν, ἐδόκει
τὸ μέτρον ἐλαττωθῆναι τοῦ σίτου καὶ τὸ ἥμισυ πέττεσθαι
μόνον τοῦ πρότερον ἑκάστης ἡμέρας δαπανωμένου, εἶτα
τῆς ἐνδείας ἐπιτεινομένης τὸ τρίτον· καὶ ἐπειδὴ μηδεμία|
τῆς τοῦ κακοῦ θεραπείας ἦν μηχανή, τὰ δὲ τῇ γαστρὶ
10 βοηθοῦντα πάντα ἐπέλιπε, λιμῷ κατὰ τὸ εἰκὸς ἐπῄει λοιμὸς καὶ πάντα ἦν νεκρῶν σωμάτων μεστά. 3 Τῆς δὲ
πόλεως ἔξω θάπτεσθαι τῶν σωμάτων οὐ δυναμένων (πᾶσαν
γὰρ ἔξοδον ἐφύλαττον οἱ πολέμιοι) τάφος ἦν ἡ πόλις
τῶν τεθνεώτων, ὥστε καὶ ἄλλως εἶναι τὸ χωρίον ἀοίκητον,
15 ἀρκεῖν τε, εἰ καὶ μὴ τροφῆς ἦν σπάνις, εἰς σωμάτων
διαφθορὰν τὴν ἀπὸ τῶν νεκρῶν ἀναδιδομένην ὀσμήν. 4
Ἐπήρκουν δὲ πολλοῖς εἰς τὸ μεταδιδόναι τῶν ἀναγκαίων
Λαῖτα ἡ Γρατιανοῦ τοῦ βασιλεύσαντος γαμετὴ καὶ Τισα-
μενὴ ἡ μήτηρ ταύτης· τοῦ γὰρ δημοσίου βασιλικῆς αὐταῖς
20 τραπέζης ἐπιδιδόντος παρασκευήν, ἀπὸ Θεοδοσίου ταύτην
ἐχούσαις τὴν δωρεάν, οὐκ ὀλίγοι διὰ τὴν τῶν γυναικῶν
φιλανθρωπίαν τὸν λιμὸν ἐκ τῆς αὐτῶν οἰκίας παρεμυ-
θοῦντο.

Testimonia : u. p. 57.

4 προσδοκῶντες V : -κοῦντες Excerpta ‖ 5 ἀφικνουμένου V :
ἀφικομένου Excerpta ‖ 7 δαπανωμένου V : -νομ- Excerpta ‖ 8-9
ἐπειδὴ - μηχανή V : ἐπιδημία τῆς κακοῦ θεραπείας οὐκ ἦν ἡ
μηχανή Excerpta ‖ 10-11 πάντα ἐπέλιπε - λοιμὸς V : ἐπέλιπε (uel
ἐπέλειπε uel ὑπέλιπε) πάντα καὶ λιμὸς (uel λοιμὸς) ἦν καὶ λοιμὸς
uel λιμὸς) Excerpta (ἐπέλιπε πάντα cum Excerptis mallet
Mend.) ‖ 11 δὲ V : τε Excerpta ‖ 18 Λαῖτα - βασιλεύσαντος
V : γραῖτα ἡ τοῦ γρατιανοῦ τοῦ βασιλέως Excerpta ‖ 18-19 Τισα-
μενὴ Mend. : τισαμένη ex πισα- V τισαμένεια Excerpta ‖ 19
ἡ Excerpta Bekk. Mend. om. VΣ ‖ 21 ὀλίγοι V Excerptorum
pars codd. : -γοις Excerptorum cod. unus ‖ τὴν om. Excerptorum cod. unus.

XL. **1** Lorsque le mal fut devenu extrême et qu'ils
risquèrent d'en venir même à s'entre-dévorer, non sans
avoir essayé toutes les autres nourritures qui paraissent
être repoussantes aux hommes, ils décidèrent d'envoyer à
l'ennemi une ambassade qui lui ferait part qu'ils étaient
aussi bien prêts à conclure la paix à des conditions modérées
que plus prêts encore à faire la guerre, vu que le peuple
de Rome avait pris les armes et que, grâce au fait qu'il
s'y était exercé sans discontinuer, il ne craignait plus de
guerroyer [92]. **2** On choisit comme ambassadeur Basile,
d'origine espagnole et qui avait été honoré de la dignité
de préfet ; Jean, qui avait été chargé de diriger les secrétaires impériaux qu'on nomme tribuns, sortit aussi avec
lui, étant donné qu'il était connu d'Alaric et représentait
ses intérêts ; les habitants de Rome doutaient en effet
qu'Alaric lui-même fût là et qu'il assiégeât Rome en personne ; selon le bruit qui s'était précédemment répandu,
ils se flattaient en effet de l'espoir que ce fût quelqu'un
d'autre, l'un des partisans de Stilicon, qui eût conduit
l'armée contre la ville [93]. **3** Quand les ambassadeurs
furent arrivés auprès de lui, ils rentrèrent sous terre de
honte de l'erreur dans laquelle les Romains étaient demeu-
rés si longtemps et transmirent le message du Sénat ;
Alaric ayant entendu leur discours, et notamment que le

Note 92. Voir p. 271.
Note 93. Voir p. 272.

XL. 1 Ὡς δὲ εἰς ἔσχατον τοῦ κακοῦ προϊόντος καὶ
εἰς ἀλληλοφαγίαν ἐλθεῖν ἐκινδύνευσαν, τῶν ἄλλων ἁπάντων ὅσα ἐξάγιστα εἶναι τοῖς ἀνθρώποις ἐδόκει πεπειρα-
μένοι, πρεσβείαν ἔγνωσαν στεῖλαι πρὸς τὸν πολέμιον,
5 ἀπαγγελοῦσαν ὅτι καὶ πρὸς εἰρήνην εἰσὶν ἕτοιμοι τὸ μέτριον
ἔχουσαν καὶ πρὸς πόλεμον ἑτοιμότεροι, τοῦ Ῥωμαίων
δήμου καὶ ἀναλαβόντος ὅπλα καὶ τῇ συνεχεῖ περὶ ταῦτα
μελέτῃ μηκέτι πρὸς τὸ πολεμεῖν ἀποκνοῦντος. 2 Αἱρεθέν-
τος δὲ πρεσβευτοῦ Βασιλείου, τὸ μὲν γένος ἕλκοντος ἐξ
10 Ἰβήρων ὑπάρχου δ᾽ ἀξίᾳ τετιμημένου, συνεξῄει τούτῳ
καὶ Ἰωάννης τῶν βασιλικῶν ὑπογραφέων, οὓς τριβούνους
καλοῦσιν, ἄρχων γεγενημένος, οἷα γνώριμος Ἀλαρίχῳ
καὶ πρόξενος· οἱ γὰρ ἀπὸ τῆς Ῥώμης ἠπίστουν εἰ αὐτὸς
Ἀλάριχος [ἔτι] πάρεστι καὶ αὐτὸς ὁ τὴν Ῥώμην εἴη πο-
15 λιορκῶν· ἐκ γὰρ | τῆς προλαβούσης ἐβουκολοῦντο φήμης,
ὡς ἕτερος εἴη τῶν τὰ Στελίχωνος φρονούντων ⟨ὁ τὸν⟩ στρατὸν ἐπαγαγὼν τῇ πόλει. 3 Οἱ δὲ πρέσβεις ὡς αὐτὸν
ἀφικόμενοι κατεδύοντο μὲν ἐπὶ τῇ χρόνον τοσοῦτον κατα-
σχούσῃ τοὺς Ῥωμαίους ἀγνοίᾳ, τὰ δὲ τῆς γερουσίας
20 ἀπήγγελον· ὧν Ἀλάριχος ἀκούσας, καὶ ὅτι μεταχειρι-

TESTIMONIA : u. p. 57.

1 καὶ om. Excerpta ‖ 5 ἀπαγγελοῦσαν V² : -γέλουσαν V¹
-γέλλουσαν Excerpta ‖ 6 ἔχουσαν V Excerptorum pars codd. : -σαι
Excerptorum u. l. ‖ 7 primus καὶ om. Excerpta ‖ 8 ἀποκνοῦντος
V Excerptorum cod. unus : -τας uel -κινοῦντας Excerptorum
codices ceteri ‖ 10 ὑπάρχου Excerpta : ἐπ- V ; u. comm. ‖ δ᾽
Excerpta : δὲ V ‖ post ἀξίᾳ intercidisse παρὰ Θεοδοσίου putat
Mend. ‖ 11 οὓς τριβούνους VΣ Excerptorum pars codd. : οὓς
-βούνου uel -βούνον Excerptorum cod. unus ὃν -βούνον Sylb. ;
u. comm. ‖ 14 ἔτι del. Mend. ; u. ad. l. 16-17 et comm. ‖ πάρεστι
V Excerptorum pars codd. : -τιν uel παρ᾽ ἐστιν Excerptorum u.
l. ‖ ὁ V : ὃς Excerpta ‖ 16 τῶν τὰ Στελίχωνος V : τῶν
ἀστελιχῶνος Excerpta ‖ 16-17 ὁ τὸν στρατὸν Mend. : αὐτὸν V
Excerpta ‖ 17 ἐπαγαγὼν V : ἐπαγαγόντων Excerpta.

peuple prenait les armes et se trouvait prêt à guerroyer,
il dit : « lorsqu'elle est épaisse, l'herbe est plus facile à
couper que lorsqu'elle est clairsemée », et sur ces mots,
il éclata d'un gros rire à la face des ambassadeurs ; lorsqu'ils en vinrent à s'entretenir de la paix, il usa de propos
qui dépassaient la pire hâblerie barbare : il déclara en
effet qu'il ne renoncerait au siège qu'à la seule condition
de recevoir tout l'or que la ville possédait, ainsi que l'argent,
et en plus de cela tout ce qu'il trouverait dans la ville
appartenant à la catégorie des biens mobiliers, et en outre
les esclaves barbares. **4** L'un des ambassadeurs dit : « si
tu prends cela, que laisses-tu encore de reste aux habitants de la ville ? » « leurs âmes », répondit-il ; ayant reçu
cette réponse, les ambassadeurs demandèrent à communi-
quer avec les habitants de la ville sur ce qu'il convenait
de faire ; ayant obtenu de lui cette permission, ils rappor-
tèrent les propos qui avaient été échangés durant l'ambassade ; alors certes ils furent convaincus que c'était Alaric
qui menait les opérations et, renonçant à tous les moyens
qui dépendent des forces humaines, ils se ressouvinrent
du secours dont la ville avait fréquemment bénéficié jadis
dans les situations difficiles, et du fait qu'ils en avaient
été privés pour avoir négligé les rites ancestraux [94].

XLI. **1** Cependant qu'ils en étaient à ces réflexions,
le préfet de la ville Pompéianus rencontra quelques

Note 94. Voir p. 274.

ζόμενος ὁ δῆμος ὅπλα παρεσκεύασται πολεμεῖν, 'δασύ-
τερος ὢν ὁ χόρτος' ἔφη 'τέμνεσθαι ῥᾷων ἢ ἀραιότερος',
καὶ τοῦτο φθεγξάμενος πλατὺν τῶν πρέσβεων κατέχεε
γέλωτα· ἐπειδὴ δὲ εἰς τοὺς περὶ τῆς εἰρήνης ἐληλύθασι
5 λόγους, ἐχρῆτο ῥήμασιν ἐπέκεινα πάσης ἀλαζονείας βαρ-
βαρικῆς· ἔλεγε γὰρ οὐκ ἄλλως ἀποστήσεσθαι τῆς πολιορ-
κίας, εἰ μὴ τὸν χρυσὸν ἅπαντα, ὅσον ἡ πόλις ἔχει, καὶ
τὸν ἄργυρον λάβοι, καὶ πρὸς τούτοις ὅσα ἐν ἐπίπλοις
εὕροι κατὰ τὴν πόλιν καὶ ἔτι τοὺς βαρβάρους οἰκέτας.
10 4 Εἰπόντος δὲ τῶν πρέσβεων ἑνὸς 'εἰ ταῦτα λάβοις, τί
λοιπὸν ἔτι τοῖς ἐν τῇ πόλει καταλιμπάνεις' ; 'τὰς ψυχὰς'
ἀπεκρίνατο· ταύτην οἱ πρέσβεις δεξάμενοι τὴν ἀπόφασιν
ᾔτησαν τοῖς ἐν τῇ πόλει κοινώσασθαι τὸ πρακτέον· ἐνδοσίμου δὲ τυχόντες τοὺς ἐν τῇ πρεσβείᾳ γενομένους ἀπήγ-
15 γειλαν λόγους· τότε δὴ πεισθέντες Ἀλάριχον εἶναι τὸν
πολεμοῦντα, καὶ πᾶσι τοῖς εἰς ἀνθρωπίνην ἰσχὺν φέ-
ρουσιν ἀπογνόντες ἀνεμιμνήσκοντο τῆς ἐπιφοιτώσης πάλαι τῇ πόλει κατὰ τὰς ⟨περι⟩στάσεις ἐπικουρίας καὶ ὡς
παραβάντες τὰ πάτρια ταύτης ἔρημοι κατελείφθησαν.

20 XLI. 1 Περὶ δὲ ταῦτα οὖσιν αὐτοῖς Πομπηιανὸς ὁ τῆς
πόλεως ὕπαρχος ἐνέτυχέ τισιν ἐκ Τουσκίας εἰς τὴν Ῥώμην

TESTIMONIA : u. p. 57.

1 παρεσκεύασται πολεμεῖν V : πρὸς πόλεμον παρ. Excerpta ‖
2 ἔφη om. Excerpta ‖ ῥᾷων Mend. : ῥᾴων V² ῥᾶον V¹ Excerpta ‖
4 ἐπειδὴ δὲ V : ἐπεὶ δὲ Excerpta ‖ 6 ἀποστήσεσθαι V Excerptorum pars codd. : ἀπορήσεσθαι Excerptorum u. l. ‖ 7 ἔχει
Excerpta : ἔχοι V ‖ 8 ἐν ἐπίπλοις V² : ἐν ὅπλοις V¹ Excerpta ‖
13 τὸ πρακτέον VΣ Excerpta defendit Mend. sec. 4, 48, 3 : περὶ
τοῦ πρακτέου uolebat Reit. sec. 4, 13, 4 ‖ 13-14 ἐνδοσίμου δὲ V :
ἐνδοσίμου (uel ἐνδόσιμου uel ἐνδοσίμα uel ἐνδόσιμόν) τε Excerpta
‖ 14-15 ἀπήγγειλαν V : ἐπήγγειλον Excerpta ‖ 16 πᾶσι V Excerptorum cod. unus : -σιν Excerptorum codd. ceteri ‖ 17 ἀπογνόντες
V Excerptorum pars codd. : -γνώντες Excerptorum cod. unus
post corr. ‖ 18 κατὰ τὰς περιστάσεις Mend. : κ. τ. ////στάσεις
(3-4 litt. erasis) V κατὰ στάσεις uel καταστάσεις uel κατα-
στάσης Excerpta ‖ 20 Πομπηιανὸς V : πομπιανὸς Excerpta.

5

hommes arrivés d'Étrurie à Rome, qui affirmaient avoir
libéré une ville nommée Narni des dangers qui la menaçaient et chassé les Barbares qui la pressaient grâce aux
prières adressées à la divinité et aux cérémonies religieuses célébrées selon les rites ancestraux, après que se
furent produits des coups de tonnerre et des éclairs extraordinaires. **2** S'étant entretenu avec eux, il se tourne vers
le genre de secours qui résulte des pratiques religieuses ;
se souvenant cependant de la croyance qui prévalait et
désireux de rendre son entreprise plus sûre, il fait part
de tout à l'évêque de la ville — c'était Innocent ; celui-ci
préféra le salut de la ville à sa propre croyance et autorisa les Étrusques à accomplir en secret les rites qu'ils
connaissaient. **3** Mais lorsqu'ils déclarèrent que leur célébration ne serait profitable à la ville que si les cérémonies traditionnelles étaient célébrées aux frais de l'État
et si le Sénat montait au Capitole et accomplissait à cet
endroit, ainsi que sur les places de la ville, toutes les
solennités qu'il fallait, il n'y en eut pas un seul qui osât
participer au culte selon le rite ancestral ; bien au contraire, ils ne tinrent pas compte des hommes venus d'Étrurie et entreprirent de courtiser le Barbare autant qu'ils
purent [95]. **4** Ils envoient donc une seconde fois encore
des ambassadeurs ; après de très longues tractations, il
fut convenu que la ville donnerait cinq mille livres d'or
et en plus trente mille d'argent, quatre mille vêtements de

Note 95. *Voir p.* 275.

ἀφικομένοις, οἳ πόλιν ἔλεγόν τινα Ναρνίαν ὄνομα τῶν
περιστάντων ἐλευθερῶσαι κινδύνων, καὶ τῇ πρὸς | τὸ θεῖον
εὐχῇ καὶ κατὰ τὰ πάτρια θεραπείᾳ βροντῶν ἐξαισίων καὶ
πρηστήρων ἐπιγενομένων τοὺς ἐπικειμένους βαρβάρους
5 ἀποδιῶξαι. 2 Τούτοις διαλεχθεὶς ἔπεισιν ὅσα ἐκ τῶν
ἱερατικῶν ὄφελος· ἐπεὶ δὲ τὴν κρατοῦσαν κατὰ νοῦν
ἐλάμβανε δόξαν, ἀσφαλέστερον ἐθέλων πρᾶξαι τὸ σπουδαζόμενον ἀνατίθεται πάντα τῷ τῆς πόλεως ἐπισκόπῳ·
ἦν δὲ Ἰννοκέντιος· ὃ δὲ τὴν τῆς πόλεως σωτηρίαν ἔμπρο-
10 σθεν τῆς οἰκείας ποιησάμενος δόξης λάθρᾳ ἐφῆκεν ποιεῖν
αὐτοῖς ἅπερ ἴσασιν. 3 Ἐπεὶ δὲ οὐκ ἄλλως ἔφασαν τῇ
πόλει τὰ γενόμενα συντελέσειν, εἰ μὴ δημοσίᾳ τὰ νομι-
ζόμενα πραχθείη, τῆς γερουσίας εἰς τὸ Καπιτώλιον ἀνα-
βαινούσης, αὐτόθι τε καὶ ἐν ταῖς τῆς πόλεως ἀγοραῖς
15 ὅσα προσήκει πραττούσης, οὐκ ἐθάρρησεν οὐδεὶς τῆς κατὰ
τὸ πάτριον μετασχεῖν ἁγιστείας, ἀλλὰ τοὺς μὲν ἀπὸ τῆς
Τουσκίας παρῆκαν, ἐτράπησαν δὲ εἰς τὸ θεραπεῦσαι τὸν
βάρβαρον καθ᾽ ὅσον ἂν οἷοί τε γίνωνται. 4 Πέμπουσι
τοίνυν καὶ αὖθις τοὺς πρέσβεις, καὶ λόγων ἑκατέρωθεν
20 πλείστων γεγενημένων ἐδόκει δοθῆναι παρὰ τῆς πόλεως
πεντακισχιλίας μὲν χρυσοῦ λίτρας, τρισμυρίας τε πρὸς

Testimonia : u. p. 57.

1 Ναρνίαν K. O. Müller, *Die Etrusker* II² (Stuttgart, 1877)
p. 18 adn. 66 Mend. : νερνίαν V Excerpta Λαρνίαν Soz. 9, 6,
4 p. 398, 5 Bidez-Hansen νεβηῖαν Σ ‖ 2 ἐλευθερῶσαι V : -ρωθῆναι
Excerpta ‖ καὶ om. Excerpta ‖ 3-17 καὶ κατὰ — Τουσκίας V :
καὶ ηὔχοντο καὶ οἱ ῥωμαῖοι ἀλλ᾽ οὐχὶ κατὰ τὰ πάτρια καὶ τοὺς
ἀπὸ τουσκίας Excerpta ‖ 5 ἔπεισιν Leidig p. 43 : ἔπεισεν VΣ
ἐποίησε Leunc. ἔπραξε Sylb. ἐπείσθη Reit. ἐπήισεν Mend. ; u.
comm. ‖ 10 λάθρᾳ Mend. in textu : λάθρα V λαθραίως malit
Mend. propter hiatum sec. 4, 26, 4 (cf. 5, 45, 3) ‖ 17 θεραπεῦσαι
V Excerptorum pars codd. : -πευθῆναι Excerptorum cod. unus
‖ 18 γίνωνται Excerptorum pars codd. : γένωνται V γίνονται
Excerptorum u. l. ‖ 21 χρυσοῦ Excerpta : -σίου V ‖ τρισμυρίας
τε V : τρεῖς δὲ μυριάδας Excerpta.

soie, en outre trois mille peaux teintées de rouge écarlate
et une quantité de poivre pesant trois mille livres ; comme
la ville ne disposait pas de fonds publics, il était absolument nécessaire que tous ceux des membres du Sénat qui
possédaient de la fortune prennent en charge, après avoir
été recensés, cette contribution. [96]. **5** Palladius ayant
reçu la mission de répartir équitablement les parts à
fournir selon l'ampleur de la fortune de chacun et s'étant
trouvé dans l'impossibilité de tout rassembler pour arriver
au total, soit que les propriétaires cachent une partie de
leurs biens, soit aussi que de quelque autre manière la ville
se soit appauvrie par suite des manifestations répétées
d'avidité de ceux qui étaient au pouvoir, le démon malfaisant à qui était échu le sort de diriger les destinées humaines
poussa au comble du mal ceux qui alors collectaient les
richesses dans la ville. **6** Ils décidèrent en effet de compléter ce qui manquait grâce aux bijoux qui ornaient les
statues des dieux, ce qui signifiait tout simplement que les
idoles dressées pour les saintes cérémonies et qui avaient
obtenu la parure qui leur convenait du fait qu'elles garan-
tissaient la félicité éternelle de la ville étaient devenues,
après que leur culte fut progressivement tombé en désué-
tude, sans vie et sans efficacité. **7** Comme il fallait que
de toutes parts s'accumule ce qui contribuait à la ruine de
la ville, ils ne dépouillèrent pas seulement les statues de
leurs ornements, mais en fondirent aussi quelques-unes qui
étaient faites en or et en argent, au nombre desquelles se
trouvait notamment celle du Courage, que les Romains
nomment « Virtus » ; cette statue une fois détruite, tout
ce que les Romains avaient de courage et de vertu disparut, ce que prophétisèrent dès cette époque ceux qui

Note 96. *Voir p.* 281.

ταύταις ἀργύρου, σηρικοὺς δὲ τετρακισχιλίους χιτῶνας,
ἔτι δὲ κοκκοβαφῆ τρισχίλια δέρματα καὶ πέπερι σταθμὸν
ἕλκον τρισχιλίων λιτρῶν· οὐκ ὄντων δὲ τῇ πόλει δημοσίων
χρημάτων, πᾶσα ἦν ἀνάγκη τοῖς ἀπὸ τῆς γερουσίας,
5 ὅσοι τὰς οὐσίας εἶχον, ἐκ καταγραφῆς ταύτην ὑποστῆναι
τὴν εἰσφοράν. 5 Ἐπιτραπεὶς δὲ Παλλάδιος τῇ δυνάμει
τῆς ἑκάστου περιουσίας τὸ δοθησόμενον συμμετρῆσαι, καὶ
ἀδυνατήσας εἰς ὁλόκληρον ἅπαντα συναθροῖσαι, ἢ τῶν
κεκτημένων μέρος τι τῶν ὄντων ἀποκρυψάντων ἢ καὶ
10 ἄλλως πως εἰς πενίαν τῆς πόλεως ἐλθούσης διὰ τὰς ἐπαλ-
λή|λους τῶν κρατούντων πλεονεξίας, ἐπὶ τὸν κολοφῶνα
τῶν κακῶν ὁ τὰ ἀνθρώπινα λαχὼν ἀλιτήριος δαίμων τοὺς
ἐν τῇ πόλει τότε τὰ πράγματα πράττοντας ἤγαγεν.
6 Τὸ γὰρ ἐλλεῖπον ἀναπληρῶσαι διὰ τοῦ κόσμου τοῦ
15 περικειμένου τοῖς ἀγάλμασιν ἔγνωσαν, ὅπερ οὐδὲν ἕτερον
ἦν ἢ τὰ τελεταῖς ἁγίαις καθιδρυθέντα καὶ τοῦ καθήκοντος
κόσμου τυχόντα διὰ τὸ φυλάξαι τῇ πόλει τὴν εὐδαιμο-
νίαν ἀίδιον, ἐλαττωθείσης κατά τι τῆς τελετῆς ἄψυχα
εἶναι καὶ ἀνενέργητα. 7 Ἐπεὶ δὲ πανταχόθεν ἔδει τὰ
20 φέροντα πρὸς ἀπώλειαν τῆς πόλεως συνδραμεῖν, οὐκ
ἀπεκόσμησαν τὰ ἀγάλματα μόνον, ἀλλὰ καὶ ἐχώνευσάν
τινα τῶν ἐκ χρυσοῦ καὶ ἀργύρου πεποιημένων, ὧν ἦν καὶ
τὸ τῆς Ἀνδρείας, ἣν καλοῦσι Ῥωμαῖοι Virtutem· οὗπερ
διαφθαρέντος, ὅσα τῆς ἀνδρείας ἦν καὶ ἀρετῆς παρὰ
25 Ῥωμαίοις ἀπέσβη, τοῦτο τῶν περὶ τὰ θεῖα καὶ τὰς πατρίους

TESTIMONIA : u. p. 57.

1 δὲ om. Excerpta ‖ τετρακισχιλίους V : τρισχιλίους uel
τρισχιλίου Excerpta ‖ 3 ἕλκον V : ἕλκοντι Excerpta ‖ 7 δοθησόμενον V Excerptorum pars codd. : δυνησόμενον Excerptorum
cod. unus ‖ 12-13 τοὺς ἐν τῇ πόλει τότε τὰ Excerpta : τοὺς τὰ
V ‖ 13 ἤγαγεν Excerpta : -γε V ‖ 14 - p. 63, 4 ἀναπληρῶσαι —
ἐδόκει V : ἀνεπλήρωσαν ἐκ τῶν ἀναθημάτων χωνεύσαντες ἐδόκει
Excerpta ‖ 15 ὅπερ Σ : ὅπ, σ supra π addito V ‖ 23 Virtu-
tem litteris plus minus capitalibus Latinis V.

s'adonnaient aux cérémonies divines et aux rites traditionnels [97].

XLII. **1** Quand donc les richesses eurent été rassemblées de cette manière, on jugea bon d'envoyer une ambassade à l'empereur pour l'avertir que la paix allait être
conclue et qu'Alaric n'exigeait pas seulement de recevoir
les richesses, mais aussi des enfants de bonne famille en
otages, et qu'à cette condition il ne conclurait pas seulement la paix, mais aussi une alliance avec l'empereur, et
qu'il ferait campagne aux côtés des Romains contre quiconque s'aviserait de leur être hostile. **2** Après que
l'empereur eut lui aussi jugé bon de conclure la paix à
ces conditions, les richesses furent remises aux Barbares
et Alaric autorisa les habitants de la ville à s'approvisionner durant trois jours en leur permettant de sortir
en sécurité par quelques-unes des portes et en les laissant
aussi faire venir le blé du port ; les citoyens respirèrent,
donnèrent tout ce qui leur était superflu et achetèrent
ce dont ils avaient besoin ou se le procurèrent en échange
d'autres objets, cependant que les Barbares se retiraient
de Rome et allaient planter leurs tentes dans les
parages de l'Étrurie [98]. **3** Par ailleurs, presque tous
les esclaves qui se trouvaient dans Rome sortaient pour
ainsi dire jour après jour de la ville et se mêlaient aux

Note 97. *Voir p.* 282.
Note 98. *Voir p.* 285.

ἀγιστείας ἐσχολακότων ἐξ ἐκείνου τοῦ χρόνου προφητευ-
σάντων.

XLII. 1 Τὰ μὲν οὖν χρήματα τοῦτον συνεκομίσθη τὸν
τρόπον, ἐδόκει δὲ πρὸς τὸν βασιλέα πρεσβείαν σταλῆναι
5 κοινωσομένην αὐτῷ περὶ τῆς ἐσομένης εἰρήνης, καὶ ὡς οὐ
τὰ χρήματα μόνον Ἀλάριχος ἀλλὰ καὶ παῖδας τῶν εὖ γεγονότων ὁμήρους ἐθέλοι λαβεῖν ἐφ᾽ ᾧ [τε δὴ] μὴ μόνον εἰρήνην
ἀλλὰ καὶ ὁμαιχμίαν πρὸς τὸν βασιλέα ποιήσασθαι, χωρή-
σειν τε ὁμόσε Ῥωμαίοις κατὰ παντὸς ἐναντία τούτοις
10 φρονεῖν βουλομένου. 2 Ἐπεὶ δὲ καὶ τῷ βασιλεῖ τὴν
εἰρήνην ἐπὶ τούτοις ἐδόκει γενέσθαι, τὰ μὲν χρήματα τοῖς
βαρβάροις ἐδόθη, τριῶν δὲ ἀγορὰν ἡμερῶν τοῖς ἀπὸ
τῆς πόλεως Ἀλάριχος ἀνῆκεν, ἄδειαν ἐξόδου διά τινων
πυλῶν αὐτοῖς δεδωκώς, ἐπιτρέ|ψας δὲ καὶ τὸν ἐκ τοῦ
15 λιμένος ἀνάγεσθαι σῖτον· ἀναπνευσάντων δὲ τῶν πολιτῶν,
ἀποδομένων τε ὅσα ἦν αὐτοῖς περιττά, καὶ τὰ ἐνδέοντα
πριαμένων ἢ ἐξ ἀμοιϐῆς ἄλλων πραγμάτων πορισαμένων,
ἀνεχώρουν τῆς Ῥώμης οἱ βάρβαροι, καὶ τὰς σκηνὰς ἔν τισι
περὶ τὴν Τουσκίαν ἐπήγνυντο τόποις. 3 Καὶ οἱ μὲν οἰκέται
20 σχεδὸν ἅπαντες, οἳ κατὰ τὴν Ῥώμην ἦσαν, ἑκάστης ὡς
εἰπεῖν ἡμέρας ἀναχωροῦντες τῆς πόλεως ἀνεμίγνυντο τοῖς

TESTIMONIA : u. p. 57.

5 κοινωσομένην V (duo litt. post ω erasis) Excerptorum pars
codd. : -νωνησομένην Excerptorum u. l. ‖ οὐ om. Excerptorum
cod. unus ‖ 6 χρήματα Excerpta Sylb. edd. : χρήσιμα VΣ ‖ 7
ἐθέλοι V Excerptorum pars codd. : -λειν Excerptorum cod.
unus ‖ ᾧ Mend. sec. 2, 20, 1; 3, 7, 7; 5, 31, 1 (cf. 1, 68, 3) :
ὥ Excerpta ὥ τε δὴ V ‖ 10 δὲ om. Excerptorum cod. unus
‖ 14-15 δὲ καὶ - λιμένος V : τε καὶ εἰς τὸν λιμένα Excerpta
‖ 16 ἐνδέοντα V Excerptorum pars codd. : -δύον- Excerptorum
cod. unus ‖ 17 ἄλλων V Excerptorum pars codd. : -λως Excerptorum cod. unus ‖ 19 Τουσκίαν V Excerptorum codd. duo :
τοισκίαν uel τοῖς κίαν uel τυσκίαν Excerptorum codd. ceteri ‖
20 οἳ V : ὅσοι Excerpta.

Barbares, qui étaient rassemblés au nombre d'environ
quarante mille ; quelques Barbares qui erraient çà et là
attaquèrent ceux qui descendaient au port et en ramenaient
des vivres ; quand Alaric apprit cela, comme ces incidents se produisaient contre sa volonté, il s'appliqua à
y mettre le holà ; cependant qu'une légère amélioration
de la situation semblait se manifester, à Ravenne, l'empereur Honorius entre en fonctions comme consul — c'était
la huitième fois déjà qu'il revêtait cet honneur — et en
Orient l'empereur Théodose pour la troisième fois [99].

XLIII. **1** Sur ces entrefaites, l'usurpateur Constantin envoya des eunuques à Honorius pour lui demander
pardon d'avoir accepté d'assumer l'Empire ; il ne l'avait
en effet pas choisi par goût, c'étaient bien au contraire les
soldats qui l'y avaient contraint. **2** L'empereur, une
fois mis au courant de cette demande, considérant qu'il
n'était pas facile pour lui de songer à d'autres campagnes
alors que les Barbares qui accompagnaient Alaric n'étaient
pas loin, et tenant en outre compte du fait que des parents
de sa famille se trouvaient aux mains de l'usurpateur
(il s'agissait de Vérénianus et de Didyme), cède à ces
demandes et lui envoie même un manteau impérial ;
c'était de fait en vain qu'il se préoccupait de ses parents,
car ils avaient été massacrés avant cette ambassade ;
là-dessus, il renvoya les eunuques [100].

Note 99. *Voir p.* 286.
Note 100. *Voir p.* 288.

βαρβάροις, εἰς τεσσάρων που μυριάδων πλῆθος συνειλεγ-
μένοις· ἁλώμενοι δέ τινες τῶν βαρβάρων τοῖς ἐπὶ τὸν λιμένα
κατιοῦσι ⟨καὶ⟩ ἀνακομίζουσί τι τῶν ἐπιτηδείων ἐπῇεσαν,
ὅπερ μαθὼν Ἀλάριχος ὡς μὴ κατὰ γνώμην αὐτοῦ γινό-
5 μενον ἐκκόπτειν ἐσπούδαζε· δοκούσης δὲ εἶναι τῶν κακῶν
μετρίας ἀνακωχῆς, ἐν μὲν τῇ Ῥαβέννῃ πρόεισιν ὁ βασιλεὺς Ὁνώριος ὕπατος, ὀκτάκις ἤδη τῆς τιμῆς ταύτης
τυχών, κατὰ δὲ τὴν ἑῴαν Θεοδόσιος τὸ τρίτον ὁ βασιλεύς.

XLIII. 1 Ἐπὶ τούτῳ τε Κωνσταντῖνος ὁ τύραννος
10 εὐνούχους πρὸς Ὁνώριον ἔστελλε, συγγνώμην αἰτῶν ἕνεκα
τοῦ τὴν βασιλείαν ἀνασχέσθαι λαβεῖν· μηδὲ γὰρ ἐκ προαι-
ρέσεως ἑλέσθαι ταύτην, ἀλλὰ ἀνάγκης αὐτῷ παρὰ τῶν
στρατιωτῶν ἐπαχθείσης. 2 Ταύτης ἀκηκοὼς ὁ βασιλεὺς
τῆς αἰτήσεως, θεωρῶν τε ὡς οὐ ῥᾴδιον αὐτῷ τῶν σὺν Ἀλα-
15 ρίχῳ βαρβάρων οὐ πόρρω ὄντων περὶ πολέμων ἑτέρων
διανοεῖσθαι, καὶ προσέτι γε λόγον ποιούμενος συγγενῶν
οἰκείων παρὰ τοῦ τυράννου κατεχομένων (οὗτοι δὲ ἦσαν
Βερηνιανὸς καὶ Δίδυμος), ἐνδίδωσι ταῖς αἰτήσεσιν, ἐκπέμπει δὲ αὐτῷ καὶ βασιλικὴν ἐσθῆτα· τῶν μὲν οὖν συγ-
20 γενῶν ἕνεκα ματαίαν εἶχε φροντίδα, πρὸ ταύτης τῆς πρε-
σβείας ἀποσφαγέντων· | τοὺς δὲ εὐνούχους ἐπὶ τούτοις ἀπέ-
πεμπεν.

TESTIMONIA : cf. p. 57.

1 που om. V ‖ 1-2 συνειλεγμένοις VΣ Excerpta Reit. Mend. :
-νοι Leunc. Bekk. ; u. comm. ‖ 2 ἁλώμενοι Excerpta Leunc.
Sylb. Mend. : ἀλλώμενοι V¹ ἁλιώμενοι V²Σ ‖ 3 κατιοῦσι καὶ
Σ : -σιν V -σιν ἢ Excerpta ‖ ἀνακομίζουσι V : ἀναγκάζουσι
Excerpta ‖ 4-5 γινόμενον V : -μένων Excerpta ‖ 5-6 ἐσπούδαζε
— ἀνακωχῆς V : ἐσπούδαζεν (uel -ξεν) καὶ ἐγένετο τῶν κακῶν
μετρία τις ἀνακωχή Excerpta ‖ 18 Δίδυμος Mend. (u. comm.) :
διδύμιος V.

XLIV. **1** Comme la paix avec Alaric n'avait pas
encore été solidement entérinée du fait que l'empereur
n'avait pas livré les otages ni satisfait à toutes les demandes,
Cécilien, Attale et Maximien furent envoyés par le Sénat
à Ravenne en ambassade ; bien qu'ils se lamentassent de
tous les malheurs qui étaient arrivés à Rome et parlassent
en termes tragiques de l'importance des pertes, ils n'obtin-
rent rien de plus, car Olympius mettait le trouble partout et faisait obstacle aux mesures qui paraissaient
judicieuses. **2** Ayant ainsi donc congédié les ambassadeurs sans qu'ils eussent obtenu ce pour quoi ils étaient
venus, l'empereur enleva la charge de préfet à Théodore,
la remit à Cécilien et ordonna qu'Attale prenne la direction des trésors ; Olympius pour sa part n'ayant d'autre
occupation que de dépister partout ceux qui passaient
pour avoir été de quelque manière des complices de Stilicon, c'est sur une dénonciation de ce genre que furent
traînés en justice Marcellien et Salonius, qui étaient des
frères et avaient été promus dans le corps des secrétaires
impériaux ; or Olympius les remit au préfet du prétoire ;
le corps déchiré par toutes sortes de mauvais traitements,
ils ne dirent rien de ce qu'Olympius désirait savoir [101].

XLV. **1** Comme la situation à Rome ne prenait nullement un tour plus favorable, l'empereur jugea bon que

Note 101. *Voir p.* 289.

XLIV. 1 Οὔπω δὲ τῆς πρὸς Ἀλάριχον βεβαιωθείσης
εἰρήνης οἷα τοῦ βασιλέως οὔτε τοὺς ὁμήρους παραδόντος
οὔτε τὰ αἰτούμενα πάντα πληρώσαντος, ἐπέμποντο παρὰ
τῆς γερουσίας εἰς τὴν Ῥάβενναν πρέσβεις Καικιλιανὸς καὶ
5 Ἄτταλος καὶ Μαξιμιανός, οἳ πάντα ἀποδυρόμενοι τὰ
συμβάντα τῇ Ῥώμῃ καὶ τὸ πλῆθος τῶν ἀπολωλότων
ἐκτραγῳδήσαντες ἤνυσαν πλέον οὐδέν, Ὀλυμπίου συντα-
ράττοντος πάντα καὶ τοῖς καλῶς ἔχειν δοκοῦσιν ἐμποδὼν
γινομένου. 2 Ταύτῃ τοι τοὺς πρέσβεις ἐάσας ἀπράκτους
10 ἐφ' οἷς ἐληλύθασι, παραλύσας Θεόδωρον τῆς τῶν ὑπάρχων
ἀρχῆς Καικιλιανῷ ταύτην παρέδωκεν, Ἄτταλον δὲ προε-
στάναι τῶν θησαυρῶν ἔταξεν· ἔργον δὲ οὐδὲν ἕτερον ἔχοντος
Ὀλυμπίου ἢ τὸ πανταχόθεν τοὺς Στελίχωνι συνεπίστα-
σθαί τι λεγομένους ἰχνεύειν, ἤχθησαν εἰς κρίσιν ἐπὶ τῇ
15 τοιαύτῃ συκοφαντίᾳ Μαρκελλιανὸς καὶ Σαλώνιος, ὄντες
ἀδελφοὶ καὶ ἐν τῷ τάγματι τῶν βασιλικῶν ὑπογραφέων
ἀναφερόμενοι· καὶ τούτους γὰρ Ὀλύμπιος τῷ τῆς αὐλῆς
παρέδωκεν ὑπάρχῳ, καὶ αἰκισμοῦ παντὸς εἴδει τὸ σῶμα
ξανθέντες τῶν Ὀλυμπίῳ σπουδαζομένων εἶπον οὐδέν.

20 XLV. 1 Τῶν δὲ κατὰ τὴν Ῥώμην ἐν οὐδεμιᾷ τύχῃ
βελτίονι καταστάντων, ἔδοξε τῷ βασιλεῖ πέντε τῶν ἀπὸ

TESTIMONIA : 1 Οὔπω — 11 παρέδωκεν in Excerptis de
legationibus gentium ad Romanos p. 379,27-380,2 de Boor.

2 παραδόντος V Excerptorum cod. unus : -τας Excerptorum
codd. ceteri ‖ 4 Ῥάβενναν V : ραεβένναν Excerpta ‖ Καικιλιανὸς
Excerpta : κεκ- V ‖ 8 πάντα V : τὰ π. Excerpta ‖ 9 τοι om.
Excerpta ‖ 10 ἐληλύθασι V : -σιν Excerpta ‖ Θεόδωρον V
Excerptorum pars codd. : -ρος Excerptorum u. l. ‖ τῶν ὑπάρχων
VΣ (ex ὑπάτων V¹) : τ. ὑπάτων Excerpta τοῦ ὑπάρχου Reit. ;
u. comm. ‖ 11 Καικιλιανῷ Mend. : κεκιλιανῷ V καικ- Excerpta ‖
15 Μαρκελλιανὸς Σ : -κελια- V ‖ 18 αἰκισμοῦ παντὸς εἴδει
V Sylb. edd. : α. π. ἤδη Σ α. παντὶ εἴ. Bekk. αἰκισμῶω παντοειδεῖ
Herw. Mnem. 1888 p. 353; u. comm.

cinq corps de troupe parmi ceux de Dalmatie quittent
leurs cantonnements et aillent protéger Rome ; ces corps
de troupe réunissaient six mille hommes qui, du fait de
leur audace et de leur puissance, constituaient l'élite de
l'armée romaine. **2** Leur commandant était Valens, un
homme parfaitement prêt à prendre tous les risques, qui
ne jugea pas nécessaire d'emprunter des chemins que
l'ennemi ne surveillait pas et fit si bien que, comme Alaric
guetta son passage et fondit sur lui avec toute son armée,
l'ensemble de ses forces tomba aux mains de l'ennemi et
qu'à peine cent hommes s'échappèrent, parmi lesquels se
trouvait aussi leur commandant ; celui-ci réussit en effet,
en compagnie d'Attale, qui avait été envoyé par le Sénat
auprès de l'empereur, à s'en tirer en entrant dans Rome [102].
3 Tandis qu'aux malheurs présents s'en ajoutaient sans
cesse de plus graves, Attale, parvenu à Rome, décharge
Héliocrate de la responsabilité que l'empereur lui avait
confiée sur le conseil d'Olympius ; il avait en effet reçu
l'ordre de rechercher les biens de ceux qui avaient été
frappés d'une peine de confiscation par suite de leurs
liens étroits avec Stilicon et de les verser au trésor public ;
mais comme il était d'un naturel modéré, il considéra
que c'était une impiété de s'en prendre à ceux qui étaient
dans le malheur, ne mit pas d'exactitude à rechercher les
biens et en avertit même secrètement un bon nombre de
cacher ce qu'ils pouvaient ; c'est pourquoi il passa pour
être un incapable et fut conduit à Ravenne pour y payer
le prix de sa bonté envers les malheureux. **4** Et il eût
à coup sûr été condamné à mort, vu la cruauté qui régnait
alors, s'il n'avait eu la chance de se réfugier à l'instant
même dans une église des chrétiens [103] ; Maximilien, qui
était tombé par hasard sur les ennemis, fut rendu à son
père Marinianus après que trente mille sous d'or eurent été
versés pour sa rançon : comme l'empereur avait en effet

Note 102. *Voir p.* 292.
Note 103. *Voir p.* 295.

Δαλματίας στρατιωτικὰ τάγματα, τῆς οἰκείας μεταστάντα
καθέδρας, ἐπὶ φυλακῇ τῆς Ῥώμης ἐλθεῖν· τὰ δὲ τάγματα
ταῦτα ἐπλήρουν ἄνδρες ἑξακισχίλιοι, τόλμῃ καὶ ῥώμῃ
τοῦ Ῥωμαϊκοῦ στρατεύματος κεφάλαιον ὄντες. 2 Ἡγεῖτο
5 δὲ αὐτῶν Οὐάλης πρὸς πάντα κίνδυνον ἑτοιμότατος, ὃς
οὐκ ἀξιώσας δι᾽ ὁδῶν ἃς οὐκ ἐφύλαττον οἱ πολέμιοι
διελθεῖν, καραδοκήσαντος Ἀλαρίχου | τὴν πάροδον ἐπι-
πεσόντος τε σὺν παντὶ τῷ στρατεύματι πάντας ὑπὸ ταῖς
τῶν πολεμίων πεποίηκε γενέσθαι χερσί, καὶ μόλις διέφυ-
10 γον ἄνδρες ἑκατόν, ⟨ἐν⟩ οἷς καὶ ὁ τούτων ἡγούμενος ἦν
οὗτος γὰρ ἅμα Ἀττάλῳ τῷ ὑπὸ τῆς γερουσίας σταλέντι
πρὸς τὸν βασιλέα οἷός τε γέγονεν εἰς τὴν Ῥώμην εἰσελθὼν
διασωθῆναι. 3 Κακῶν δὲ μειζόνων ἀεὶ τοῖς οὖσι προστι-
θεμένων, ἐπιστὰς Ἄτταλος τῇ Ῥώμῃ παραλύει τῆς φρον-
15 τίδος Ἡλιοκράτην, ἣν ὁ βασιλεὺς ἦν αὐτῷ παραδοὺς
Ὀλυμπίῳ πειθόμενος· ἐτέτακτο γὰρ τὰς οὐσίας τῶν δεδη-
μευμένων διὰ τὴν Στελίχωνος οἰκειότητα διερευνᾶσθαι καὶ
ταύτας τοῦ δημοσίου ποιεῖν· ἀλλ᾽ ἐπειδὴ μέτρια φρονῶν
τὸ τοῖς δυστυχοῦσιν ἐπεμβαίνειν ἐν ἀσεβείας ἐτίθετο
20 μέρει, καὶ οὔτε πρὸς ἀκρίβειαν τὰ πράγματα ἀνεζήτει,
πολλοῖς δὲ καὶ ἀποκρύπτειν ἃ δύναιντο λάθρα ἐδήλου,
φαῦλός τις εἶναι διὰ τοῦτο δόξας εἰς τὴν Ῥάβενναν ἤγετο,
τῆς περὶ τοὺς ἀτυχήσαντας φιλανθρωπίας ἕνεκεν δίκην
ἐκτίσων. 4 Καὶ πάντως ἂν ἐτιμήθη θανάτου διὰ τὴν τότε
25 κρατοῦσαν ὠμότητα, εἰ μή τινα τῶν Χριστιανῶν ἐκκλησίαν
ἔτυχε τηνικαῦτα καταλαβών· Μαξιμιλλιανὸς δὲ τοῖς πολεμίοις περιπεσὼν ἀπεδόθη Μαρινιανῷ τῷ πατρὶ τρισμυρίων
ὑπὲρ αὐτοῦ δοθέντων χρυσῶν· ὡς γὰρ ἀναβαλομένου τὴν

---

8 τε Σ : δὲ V ‖ 10 ἐν add. Sylb. edd. ‖ 17 οἰκειότητα Mend. :
οὐσίαν (e. l. 16 perperam repetitum) VΣ οἰκείωσιν Leunc. alii
alia ‖ διερευνᾶσθαι Mend. sec. 2, 16, 1 ; 3, 21, 5 ; 3, 24, 1 ; 3,
30, 4 ; 4, 8, 4 ; 4, 9, 2 ; 4, 47, 1 ; 5, 46, 1 (cf. 3, 24, 2 et 5,
35, 2) : -νῆσαι V ‖ 21 λάθρᾳ Mend. in textu : λάθρα V λαθραίως
malit Mend. propter hiatum sec. 4, 26, 4 (cf. 5, 41, 2).

différé la paix et n'avait pas exécuté ce qui avait été
conclu entre les assiégés ⟨et Alaric concernant la remise
en otages d'enfants⟩ de bonne famille, les Romains ne
pouvaient plus sortir librement de la ville. **5** Mais le
Sénat envoie une nouvelle fois encore des ambassadeurs
à l'empereur en vue de la paix, et même l'évêque de Rome
se met en route avec les ambassadeurs ; il y avait aussi
avec eux quelques Barbares envoyés par Alaric afin qu'ils
les protègent des ennemis qui infestaient les chemins [104] ;
mais tandis que ceux-ci se rendaient vers l'empereur,
Ataulf, qui avait été mandé par Alaric, comme je l'ai
exposé plus haut, traversa les Alpes qui séparent la Pannonie de la Vénétie. **6** Lorsque l'empereur en eut vent
et sut qu'il ne disposait pas de forces considérables, il
ordonna à tous les soldats, cavaliers et fantassins, qui se
trouvaient dans les villes de s'avancer contre lui avec
leurs commandants ; quant à Olympius, le commandant
des services de la cour, il lui confia les Huns qui se trouvaient à Ravenne et qui étaient au nombre de trois cents ;
lorsque ceux-ci ⟨surprennent les Goths⟩ qui étaient venus
⟨avec Ataulf dans leur camp près d'une ville d'Italie⟩
qu'on nomme Pise, ils passent à l'attaque, fondent sur
eux et massacrent mille cent Goths en ne perdant que
dix-sept des leurs ; mais quand ils virent toute la masse
qui les attaquait, craignant d'être encerclés par leur grand
nombre, ils se réfugièrent dans Ravenne [105].

XLVI. 1 Les eunuques de la cour, ayant dénoncé
Olympius à l'empereur comme responsable des revers qui
avaient frappé l'État, firent en sorte qu'il soit destitué

Note 104. *Voir p.* 295.
Note 105. *Voir p.* 298.

εἰρήνην τοῦ βασιλέως καὶ μὴ πληρώσαντος τὰ συγκείμενα τοῖς ἁλισκομένοις ⟨πρὸς Ἀλάριχον περὶ ὁμηρείας
παί⟩δων εὖ γεγονότων, οὐκ ἦν ἔτι τοῖς Ῥωμαίοις ἡ τῆς
πόλεως ἔξοδος ἐλευθέρα. 5 Ἀλλὰ τῆς μὲν εἰρήνης ἕνεκα
5 καὶ αὖθις ὡς βασιλέα πέμπει πρέσβεις ἡ γερουσία, καὶ
τοῦ τῆς Ῥώμης ἐπισκόπου τοῖς πρέσβεσι συναπάραντος
ἦσαν δὲ σὺν αὐτοῖς καὶ βαρβάρων τινὲς ὑπ᾽ Ἀλαρίχου
σταλέντες, ὡς ἂν περισώζοιεν αὐτοὺς ἐκ τῶν ἐνοχλούντων
ταῖς ὁδοῖς πολεμίων· ἀλλὰ τούτων ἐς τὸν βασιλέα κεχωρη-
10 κότων, | Ἀτάουλφος γενόμενος ὑπ᾽ Ἀλαρίχου μετάπεμ-
πτος, ὡς ἐν τοῖς ἀνωτέρω διεξῆλθον, ἐπεραιώθη τὰς
Ἄλπεις τὰς ἀπὸ Παιονίας ἐπὶ τὴν Οὐενετίαν φερούσας.
6 Ὅπερ ὁ βασιλεὺς ἀκηκοώς, μὴ πολλήν τε δύναμιν εἶναι
αὐτῷ, τοὺς στρατιώτας πάντας, ἱππέας τε καὶ πεζούς, ὅσοι
15 κατὰ τὰς πόλεις ἦσαν, ἀπαντῆσαι τούτῳ διέταξεν ἅμα τοῖς
σφῶν ἡγεμόσιν· Ὀλυμπίῳ δὲ τῶν ἐν τῇ αὐλῇ τάξεων ἡγουμένῳ τοὺς ἐν τῇ Ῥαβέννῃ δέδωκεν Οὔννους, τριακοσίους
ὄντας τὸν ἀριθμόν, οἵτινες ἐπειδὴ τοὺς ἐληλυθότας ⟨σὺν
Ἀταούλφῳ Γότθους κατέλαβον ἐστρατοπεδευμένους περὶ
20 πόλιν τινὰ Ἰταλίας,⟩ Πείσας αὐτὴν ὀνομάζουσιν, ἐπιθέμενοι καὶ συμπεσόντες ἀναιροῦσι μὲν τῶν Γότθων ἑκατὸν
καὶ χιλίους, ἑπτακαίδεκα μόνον ⟨ἀπο⟩λέσαντες· ὡς δὲ τὸ
πᾶν ἐπιὸν ἐθεάσαντο πλῆθος, μὴ κυκλωθεῖεν ὑπὸ τῶν
πολλῶν δείσαντες, εἰς τὴν Ῥάβενναν ἐσώθησαν.

25 XLVI. 1 Ὀλύμπιον δὲ οἱ περὶ τὴν αὐλὴν εὐνοῦχοι
πρὸς τὸν βασιλέα διαβαλόντες ὡς αἴτιον τῶν οὐ δεξιῶς
συμβεβηκότων τῷ πολιτεύματι, παραλυθῆναι τῆς ἀρχῆς

2-3 πρὸς Ἀλάριχον περὶ ὁμηρείας παίδων suppl. Mend. sec. 5, 42,
1 et 5, 44, 1 (u. comm.) : τῶν V ‖ 10 Ἀτάουλφος edd. : τάουλφος
VΣ ‖ 12 Οὐενετίαν Σ : οὐεντίαν V ‖ 18-20 σὺν - Ἰταλίας suppl.
Mend. (u. comm.) ‖ 22 μόνον ἀπολέσαντες Mend. : μόνοι
πεσόντες V δὲ μ. π. Σ δὲ μόνους ἀποβαλόντες Reit. (u. comm.)
‖ 24 πολλῶν V : πολεμίων dubitanter Mend.

de sa charge ; celui-ci, craignant de subir encore d'autres
sanctions, s'enfuit et parvint en Dalmatie ; quant à l'empereur, il envoie Attale à Rome comme préfet et, considérant comme très important que rien de ce qui devait être
versé au trésor ne demeure caché, il envoie Démétrius
pour achever la tâche dont Attale avait été chargé et
rechercher tous les biens qui avaient été confisqués.
2 Il introduisit par ailleurs de nombreuses innovations
dans les hautes charges et dans d'autres domaines et,
déposant ceux qui exerçaient auparavant le pouvoir, il
confia les hautes charges à d'autres [106] ; il prescrivit
notamment que Généridus prenne la tête de l'ensemble
des troupes stationnées en Dalmatie, alors qu'il fonction-
nait aussi comme général de toutes les autres qui proté-
geaient la Pannonie Supérieure, le Norique, la Rhétie
et toute la partie de ces territoires qui s'étend jusqu'aux
Alpes ; Généridus était d'origine barbare assurément, mais
il était doué d'une nature d'élite, portée à toutes les formes
de vertu, et parfaitement insensible aux richesses. **3** Il
restait encore fidèle aux rites ancestraux et ne se rési-
gnait pas à s'abstenir du culte des dieux, lorsque fut
introduite une loi qui interdisait à ceux qui n'étaient pas
chrétiens de porter un ceinturon à l'intérieur du palais
impérial ; comme, au moment où cette loi fut promulguée,
Généridus se trouvait chargé d'un commandement militaire à Rome, il demeura chez lui après avoir quitté son
ceinturon ; quand l'empereur lui demanda, vu qu'il était
au nombre des dignitaires, de venir au palais conformément au rang qui était le sien, il répondit qu'il y avait
une loi qui l'empêchait de porter un ceinturon, ou généralement ceux qui n'adhéraient pas à la religion des chrétiens d'être enrôlés parmi les dignitaires. **4** L'empereur ayant répondu que cette loi était valable dans son

Note 106. *Voir p.* 299.

πεποιήκασιν· ὃ δὲ μὴ καὶ ἕτερόν τι πάθοι δεδιώς, φυγῇ
χρησάμενος τὴν Δαλματίαν κατελάμβανεν· ὁ δὲ βασιλεὺς
ὕπαρχον μὲν τὸν Ἄτταλον εἰς τὴν Ῥώμην ἐκπέμπει,
πολὺν δὲ ποιούμενος λόγον τοῦ μὴ λαθεῖν τι τῶν εἰς τὸ τα-
5 μιεῖον ἐλθ⟨εῖν προσηκ⟩όντων, ἐκπέμπει Δημήτριον ἣν εἶχεν
Ἄτταλος φροντίδα πληρώσοντα καὶ διερευνησόμενον τὰς
οὐσίας ὅσαι τοῦ δημοσίου γεγόνασι. 2 Πολλὰ ⟨δὲ⟩ περὶ
τὰς ἀρχὰς καὶ ἄλλα καινοτομήσας, καὶ τοὺς μὲν πρότερον
καταδυναστεύοντας ἐκβαλών, ἄλλοις δὲ τὰς ἀρχὰς παρα-
10 δούς, ἔταξε καὶ Γενέριδον τῶν ἐν Δαλματίᾳ πάντων
ἡγεῖσθαι, ὄντα στρατηγὸν καὶ τῶν ἄλλων ὅσοι Παιονίαν
τε τὴν ἄνω καὶ Νωρικοὺς καὶ Ῥαιτοὺς ἐφύλαττον, | καὶ
ὅσα αὐτῶν μέχρι τῶν Ἄλπεων· ἦν δὲ ὁ Γενέριδος βάρβαρος μὲν τὸ γένος, τὸν δὲ τρόπον εἰς πᾶν ἀρετῆς εἶδος εὖ
15 πεφυκώς, χρημάτων τε ἀδωρότατος. 3 Οὗτος ἔτι τοῖς
πατρῴοις ἐμμένων καὶ τῆς εἰς θεοὺς θρησκείας ἐκστῆναι
οὐκ ἀνεχόμενος, ἐπειδὴ νόμος εἰσήχθη τοῖς οὐκ οὖσι
Χριστιανοῖς ζώνην ἐν τοῖς βασιλείοις ἔχειν ἀπαγορεύων,
τούτου τοῦ νόμου τεθέντος ἀρχῆς ἐν τῇ Ῥώμῃ στρατιωτι-
20 κῆς προεστὼς ὁ Γενέριδος ἔμεινεν ἐπ' οἴκου τὴν ζώνην ἀποθέ-
μενος· ἐπεὶ δὲ ὁ βασιλεὺς οἷα δὴ τοῖς ἄρχουσι συναριθμού-
μενον ἀπῄτει προϊέναι κατὰ τὴν οἰκείαν τάξιν εἰς τὰ βασίλεια, νόμον ἔφησεν εἶναι κωλύοντα ζώνην αὐτὸν ἔχειν ἢ
ὅλως τοῖς ἄρχουσι καταλέγεσθαι τοὺς τὴν Χριστιανῶν μὴ
25 τιμῶντας θρησκείαν. 4 Τοῦ δὲ βασιλέως εἰπόντος ὡς
ἐπὶ μὲν τοῖς ἄλλοις ἅπασι τὸν νόμον κρατεῖν, ἐπ' αὐτοῦ δὲ

5 ἐλθεῖν προσηκόντων Herw. Mnem. 1888 p. 353 : ἐλθόντων
V ἀνηκόντων Mend. ‖ 7 δὲ add. apographorum cod. unus ‖
11 ἄλλων ὅσοι Σ Mend. in textu : ἄλλων ὅσαι V ἰλῶν ὅσαι
dubitanter Mend. ἄλλων ἰλῶν ὅσαι Bury Class. Rev. 10, 1896 p.
305 ‖ 11-12 Παιονίαν τε τὴν Σ Mend. in textu : παιονίας τε τὰς
V Παίονάς τε τοὺς Bury loc. cit. Παιονίας τε τὰ dubitanter
Mend. ; u. comm. ‖ 13 Γενέριδος pars apographorum edd. :
γερέντιος V ‖ 16 πατρῴοις edd. : πατρώοις ΥΣ πατρίοις Mend.
‖ 23 ιαὐτὸν deleri uult Mend.

intention pour tous les autres, mais non pas pour lui,
qui avait couru de tels dangers pour l'État, il dit qu'il
n'admettait pas ce privilège qui était une insulte envers
tous ceux qui avaient été exclus des fonctions officielles
pour cette raison ; et il n'y eut pas moyen de lui faire
accepter son commandement avant que l'empereur, poussé
par la honte et en même temps par la nécessité, ne rendît
cette loi caduque pour tous, laissant chacun revêtir sa
fonction et exercer sa charge en conservant ses propres
convictions. **5** Ayant ainsi d'emblée prouvé sa grandeur d'âme, Généridus entraîna les soldats par de conti-
nuels exercices et leur remit les vivres sans permettre
que personne n'en détourne à son profit comme cela se
produisait d'habitude, tout en accordant lui-même géné-
reusement, sur ce que l'État lui donnait, les récompenses
que méritaient ceux qui faisaient de plus grands efforts ;
en se montrant sous un tel jour, il remplissait de crainte
les Barbares voisins et assurait une sécurité totale à toutes
les provinces qu'il avait à protéger [107].

XLVII. 1 A Ravenne, les soldats se mutinent, s'emparent du port de cette ville, poussent des cris dans une
grande confusion et réclament que l'empereur paraisse
devant eux ; comme celui-ci se cachait par crainte de la
sédition, Jovius, le préfet du prétoire, qui était aussi en
même temps revêtu de la dignité de patrice, s'avança au
milieu d'eux et, feignant d'ignorer le motif de la sédition
(bien qu'il passât pour en être lui-même responsable, ayant
comme complice dans cette entreprise Allobic, le commandant des cavaliers domestiques), leur demanda pour quelle
raison ils avaient été incités à agir ainsi. **2** Lorsqu'il
apprend des soldats qu'ils veulent absolument qu'on
leur livre les généraux Turpillion et Vigilance et, outre
ceux-là, Térence, le préposé aux appartements impériaux,
ainsi qu'Arsace, son subordonné immédiat, l'empereur,

Note 107. Voir p. 302.

οὐκέτι τοσαῦτα τῆς πολιτείας προκινδυνεύσαντος, ταύτης
οὐκ ἀνέχεσθαι τῆς τιμῆς εἶπεν, εἰς ὕβριν πάντων φερούσης
τῶν ὅσοι τῆς στρατείας διὰ τὸν νόμον διήμαρτον· καὶ
οὐκ ἄλλως ἀντελάβετο τῆς ἀρχῆς, ἕως ὁ βασιλεὺς αἰδοῖ
5 τε ἅμα καὶ χρείᾳ συνωθούμενος ἔπαυσεν ἐπὶ πᾶσι τὸν
νόμον, ἀποδοὺς ἑκάστῳ τῆς αὐτοῦ ὄντι δόξης ἄρχειν τε
καὶ στρατεύεσθαι. 5 Ἀπὸ ταύτης ὁρμώμενος τῆς μεγα-
λοφροσύνης Γενέριδος συνεχέσι τοὺς στρατιώτας ἐπαίδευε
γυμνασίαις, ἐπιδιδούς τε τὰς σιτήσεις αὐτοῖς παραιρεῖσθαι
10 τούτων οὐδενὶ κατὰ τὸ σύνηθες ἐνεδίδου, καὶ αὐτός, ἐξ
ὧν αὐτῷ τὸ δημόσιον ἐδίδου, τὰ πρέποντα τοῖς πλέον
πονοῦσι φιλοτιμούμενος· καὶ τοιοῦτος φανεὶς τοῖς τε
πλησιάζουσι βαρβάροις ἐ|πίφοβος ἦν, καὶ πᾶσαν ἀσφά-
λειαν τοῖς ἔθνεσιν, ὅσα φυλάττειν ἔλαχεν, ἐνεποίει.

15 XLVII. 1 Κατὰ δὲ τὴν Ῥάβενναν εἰς στάσιν ἀναστάντες
οἱ στρατιῶται τὸν ταύτης λιμένα καταλαμβάνουσι, σὺν
οὐδενὶ κόσμῳ βοῶντες καὶ τὸν βασιλέα φανῆναι σφίσιν
αἰτοῦντες· τοῦ δὲ φόβῳ τῆς στάσεως ἀποκρυβέντος, προελθὼν εἰς μέσον Ἰόβιος ὁ τῆς αὐλῆς ὕπαρχος, ἅμα καὶ
20 τῇ τοῦ πατρικίου τετιμημένος ἀξίᾳ, ποιούμενος ἀγνοεῖν τὴν
αἰτίαν τῆς στάσεως (καίτοι γε αὐτὸς ἐλέγετο ταύτης
αἴτιος εἶναι, κοινωνὸν ἔχων Ἀλλόβιχον εἰς τοῦτο τὸν τῶν
ἱππέων ἡγούμενον δομεστίκων) ἀπῄτει λόγον αὐτοὺς ἀνθ'
ὅτου πρὸς τοῦτο ἐξήχθησαν. 2 Ὡς δὲ παρὰ τῶν στρα-
25 τιωτῶν ἤκουεν ὡς πᾶσα ἀνάγκη Τουρπιλλίωνα καὶ Βιγελάντιον αὐτοῖς ἐκδοθῆναι τοὺς στρατηγοὺς καὶ μετὰ τούτων Τερέντιον τὸν τῶν βασιλικῶν προεστῶτα κοιτώνων καὶ Ἀρσάκιον τὸν μετὰ τοῦτον τῇ τάξει καλούμενον,

6 αὐτοῦ Mend. : αὐτοῦ ex αὐτῇ V ‖ 22 Ἀλλόβιχον Mend. sec.
5, 48, 1 Olymp. frg. 13. 14 : ἐλλέβιχον V ‖ 23 δομεστίκων
Leunc. edd. : δομέστικον VΣ ‖ 24 ἐξήχθησαν V : ἐξηνέχθησαν
Mend. sec. 1, 5, 3 ; 4, 56, 3 ; 5, 14, 4.

par crainte de la révolte des soldats, porte contre les
généraux une sentence d'exil perpétuel ; jetés dans un
navire, ils sont massacrés par ceux qui les emmenaient,
car tel était l'ordre que leur avait donné Jovius. **3** Il
craignait en effet que si jamais ils revenaient et prenaient
connaissance du complot dont ils avaient été les victimes,
ils n'incitent l'empereur à le châtier lui-même ; quant à
Térence, il est envoyé en Orient, et Arsace est assigné à
résidence à Milan [108].

XLVIII. **1** Quand l'empereur eut nommé Eusèbe à
la place de Térence comme gardien des appartements,
confié à Valens le commandement que détenait Turpillion et désigné Allobic comme général de la cavalerie
pour succéder à Vigilance, il parut d'une certaine manière
calmer la sédition des soldats [109] ; cependant Jovius, le
préfet du prétoire, qui avait confisqué à son profit toute
l'autorité de l'empereur, décida d'envoyer des ambassadeurs à Alaric afin de l'inviter à venir jusqu'à Ravenne
en compagnie d'Ataulf pour que la paix y soit conclue.
2 Alaric une fois convaincu par les lettres de l'empereur et de Jovius et arrivé à Rimini, qui se trouve à trente
milles de Ravenne, Jovius s'y rendit en toute hâte et,
comme il était devenu l'hôte et l'ami d'Alaric dans les
provinces d'Épire, il mena les pourparlers au sujet du
traité. **3** Alaric demanda qu'on lui verse chaque année

Note 108. *Voir p.* 306.
Note 109 *Voir p.* 308.

δείσαντος δὴ τοῦ βασιλέως τὴν τῶν στρατιωτῶν ἐπανάστασιν, κατὰ μὲν τῶν στρατηγῶν ἀειφυγίας ἐκφέρεται
ψῆφος καὶ ἐμβληθέντες πλοίῳ παρὰ τῶν ἀπαγόντων ἀναι-
ροῦνται· τοῦτο γὰρ ἦν αὐτοῖς κελεύσας Ἰόβιος. 3 Ἐδε-
5 δίει γὰρ μή ποτε ἐπανελθόντες καὶ τὴν κατὰ σφῶν γνόντες
ἐπιβουλὴν εἰς τὴν κατ᾽ αὐτοῦ τὸν βασιλέα προκαλέσοιντο
τιμωρίαν· Τερέντιος δὲ εἰς τὴν ἑῴαν ἐκπέμπεται, καὶ Ἀρσάκιος τὴν Μεδιόλανον οἰκεῖν ἐκληρώσατο.

XLVIII. 1 Καταστήσας δὲ ὁ βασιλεὺς Εὐσέβιον μὲν
10 ἀντὶ Τερεντίου φύλακα τοῦ κοιτῶνος, Οὐάλεντι δὲ τὴν
ἀρχὴν ἣν εἶχε Τουρπιλλίων παραδούς, καὶ μετὰ Βιγε-
λάντιον Ἀλλόβιχον ἵππαρχον καταστήσας, | τὴν μὲν
τῶν στρατιωτῶν παύειν πως ἔδοξε στάσιν, Ἰόβιος δὲ ὁ τῆς
αὐλῆς ὕπαρχος, πᾶσαν εἰς αὐτὸν τὴν παρὰ βασιλεῖ
15 δύναμιν περιστήσας, ἔγνω πρέσβεις ἐκπέμψαι πρὸς Ἀλάριχον, ἄχρι τῆς Ῥαβέννης αὐτὸν παραγενέσθαι σὺν Ἀταούλφῳ παρακαλοῦντας ὡς δὴ τῆς εἰρήνης αὐτόθι γενη-
σομένης. 2 Πεισθέντος δὲ τοῖς τοῦ βασιλέως καὶ τοῖς
Ἰοβίου γράμμασιν Ἀλαρίχου, παραγενομένου τε εἰς τὴν
20 Ἀρίμηνον Ῥαβέννης ἀφεστῶσαν μιλίοις τριάκοντα, συν-
δραμὼν κατὰ ταύτην Ἰόβιος, ἅτε ἐν ταῖς Ἠπείροις πρό-
ξενος καὶ φίλος Ἀλαρίχῳ γεγενημένος, τοὺς περὶ τῶν
συνθηκῶν ἐποιήσατο λόγους. 3 Ἀπῄτει δὲ Ἀλάριχος

TESTIMONIA : 13 Ἰόβιος — p. 74, 3 ἐστερημένων in Excerptis
de legationibus Romanorum ad gentes p. 76,15-78,6 de
Boor, respectis uariis lectionibus nouis quas Krascheninnikov
publici iuris fecit loc. cit. p. 57.

1 δὴ Σ : δὲ V ‖ 8 Μεδιόλανον Mend. : μεδολιανὸν V¹ -άνον
V² ‖ 13-23 Ἰόβιος — λόγους V : ὅτι ἰόβιος ὁ τῆς αὐλῆς
ὕπαρχος πᾶσαν τὴν τοῦ ὀνωρίου τοῦ βασιλέως δύναμιν εἰς αὐτὸν
(uel αὐτὸ) περιστήσας πρέσβεις ἀποστέλλει πρὸς ἀλλάριχον παραγενέσθαι εἰς τὴν ῥαυέννην (uel ῥαυέννην uel ῥαουέννην) ἀφικομένου
δὲ ἀλλαρίχου ἐποιήσαντο τοὺς περὶ τῶν συνθηκῶν λόγους Excerpta ‖ 23 δὲ Σ Excerpta : τὲ V.

une somme d'or convenue, qu'on lui fournisse une certaine quantité de blé et qu'on le laisse s'établir lui-même
avec tous ceux qui l'accompagnaient dans les deux Vénéties, les Noriques et en Dalmatie ; Jovius rédige ces demandes en présence d'Alaric et les expédie à l'empereur tout
en lui écrivant aussi une lettre privée lui recommandant
de désigner Alaric comme général des deux armes, afin
qu'après avoir obtenu cette faveur, il rabatte un peu la
lourdeur des clauses du traité et conclue un accord à des
conditions supportables et modérées. **4** L'empereur,
ayant reçu cette lettre, blâma la promptitude inconsidérée de Jovius et lui envoya un message dans lequel il
lui faisait comprendre que c'était à lui de fixer la quantité
d'or et de blé, puisqu'aussi bien il était préfet du prétoire
et connaissait le montant des impôts dus à l'État, mais
que jamais il n'accorderait une dignité ou une fonction
de général à Alaric ou à qui que ce soit de ses parents [110].

XLIX. **1** Quand Jovius eut reçu cette lettre, il ne
la déroula et ne la lut pas en privé, mais de manière à ce
qu'Alaric l'entende ; or celui-ci admit avec calme ce
qu'elle contenait par ailleurs, mais lorsqu'il vit qu'on lui

Note 110. *Voir p.* 309.

χρυσίον μὲν ἔτους ἑκάστου δίδοσθαί τι ῥητὸν καὶ σίτου
τι χορηγεῖσθαι μέτρον, οἰκεῖν δὲ αὐτὸν ἅμα τοῖς σὺν
αὐτῷ πᾶσι Βενετίας ἄμφω καὶ Νωρικοὺς καὶ Δαλματίαν·
ταῦτα ἐναντίον Ἀλαρίχου γράψας Ἰόβιος ἐκπέμπει τῷ
5 βασιλεῖ, δοὺς καὶ ἴδια πρὸς αὐτὸν γράμματα παραινοῦντα
καταστῆσαι δυνάμεως ἑκατέρας στρατηγὸν Ἀλάριχον,
ὥστε ταύτης αὐτὸν τυχόντα τῆς θεραπείας χαλάσαι τι
τῆς βαρύτητος τῶν συνθηκῶν καὶ ἐπὶ φορητοῖς καὶ
μετρίοις ποιήσασθαι τὰς σπονδάς. 4 Ταύτην δεξάμενος
10 ὁ βασιλεὺς τὴν ἐπιστολὴν καταγινώσκει μὲν τῆς Ἰοβίου
προπετείας, γράμμασι δὲ ἐχρῆτο πρὸς αὐτὸν δι' ὧν ἐδήλου
χρυσίου μὲν καὶ σίτου μέτρον αὐτὸν ὁρίσαι προσήκειν
οἷα τῆς αὐλῆς ὕπαρχον ὄντα καὶ τὴν τῶν δημοσίων φόρων
ἐπιστάμενον δύναμιν, ἀξίαν δὲ ἢ στρατηγίαν μή ποτε
15 Ἀλαρίχῳ δώσειν ἤ τισι τῶν [τῷ] γένει προσηκόντων αὐτῷ.

XLIX. 1 Ταύτην δεξάμενος [ὁ] Ἰόβιος τὴν ἐπιστολὴν
οὐ καθ' ἑαυτὸν ἀνελίξας ἀνέγνω ταύτην ἀλλ' εἰς ἐπήκοον
Ἀλαρίχου· καὶ τὰ μὲν ἄλλα| μετρίως ἤνεγκεν· ὡς δὲ
ἀρνηθεῖσαν εἶδεν ἑαυτῷ τε καὶ ⟨τῷ⟩ γένει τὴν τῆς στρα-

TESTIMONIA : u. p. 70.

1-2 σίτου τι V Excerptorum pars codd. : σῖτον τί Excerptorum
u. l. ‖ 3 Βενετίας ἄμφω καὶ ΝΣ : βητίας ἄ. κ. Excerpta Παιονίας
ἄ. κ. Sylb. Βενετίαν κ. ἄ. Wesseling, *Vetera Romanorum Itinera*,
1735 p. 561 sec. 5, 50, 3 ‖ Νωρικοὺς V : μερικοὺς Excerpta ‖
4 Ἰόβιος V : ὁ ἰ. Excerpta ‖ 5 ἴδια V : ἰδίᾳ dubitanter Mend.
‖ πρὸς V Excerptorum pars codd. : πρὸ Excerptorum u. l. ‖
8 βαρύτητος V Excerptorum pars codd. : βαρβαρύτητος Excerptorum u. l. ‖ φορητοῖς V Excerptorum pars codd. : φοριτοῖς
uel φορικοῖς Excerptorum u.l. ‖ 14 ἀξίαν δὲ ἢ στρατηγίαν V (cf.
Soz. 9, 7, 3 p. 398, 25 Bidez-Hansen) : ἀ. στρ. δὲ Excerpta
‖ μή ποτε Σ Excerpta : μή πωτε V ‖ 15 τισι Σ edd. : τισὶ V
τινι Excerpta ‖ 15 τῶν γένει προσηκόντων αὐτῷ Mend. sec. 1, 10,
1 ; 1, 63, 2 ; 2, 45, 2 ; 4, 4, 2 ; 6, 4, 3: τῶν τῶ γ. π. V τῶν τῶ
γ. π. αὐτῶ Excerpta ‖ 16 Ἰόβιος Excerpta : ὁ ἰ. V ‖ 17 ἀλλ'
Excerpta : ἀλλὰ V ‖ 19 τῷ γένει Σ : γ. V Excerpta.

refusait à lui-même et aux siens la charge de général, il
entra en fureur et ordonna aux Barbares qui l'accompagnaient de marcher de là même sur Rome afin de venger
aussitôt l'insulte faite à lui-même et à toute sa famille.
2 De son côté Jovius, embarrassé par le contenu inat-
tendu de la lettre de l'empereur, retourna à Ravenne ;
désireux d'échapper au blâme, il fit faire à Honorius le
serment qu'absolument jamais la paix ne serait conclue
avec Alaric, mais qu'il lutterait contre lui jusqu'au bout ;
il prononça aussi lui-même le serment en touchant la tête
de l'empereur et en invitant les autres qui exerçaient les
hautes charges à faire de même [111].

L. 1 Sur ces entrefaites, l'empereur appela à son
secours comme alliés dix mille Huns afin de faire la
guerre à Alaric ; comme il voulait que des vivres soient
prêts pour eux quand ils seraient là, il ordonna aux gens
de Dalmatie d'importer du blé, des brebis et des bœufs ;
il envoya par ailleurs les éclaireurs pour savoir de quelle
manière Alaric se dirigeait vers Rome et rassembla ses
forces de toutes parts. **2** Alaric, s'étant cependant
repenti d'être parti en campagne contre Rome, envoya
les évêques de chaque ville pour qu'ils soient ses porte-
parole et en même temps pour qu'ils exhortent l'empereur

Note 111. *Voir p.* 311.

τηγίας ἀρχήν, ἀναστὰς εἰς ὀργὴν αὐτόθεν ἐπὶ τὴν Ῥώμην
ἐλαύνειν τοὺς σὺν αὐτῷ βαρβάρους ἐκέλευσεν ὡς αὐτίκα
τὴν εἰς αὐτὸν καὶ τὸ γένος ἅπαν ἀμυνούμενος ὕβριν.
2 Ἰόβιος δὲ ἀπορηθεὶς ἐπὶ τῷ παραλόγῳ τῶν τοῦ βασι-
5 λέως γραμμάτων εἰς τὴν Ῥάβενναν ἐπανήει· βουλόμενος
δὲ τῆς μέμψεως αὐτὸν ἀπολῦσαι κατέλαβεν ὅρκοις Ὀνώριον, ἦ μὴν εἰρήνην μή ποτ' ἔσεσθαι πρὸς Ἀλάριχον,
ἀλλ' ἄχρι παντὸς αὐτῷ πολεμήσειν· ὤμνυ δὲ καὶ αὐτὸς
ὅρκον τῆς βασιλέως ἁψάμενος κεφαλῆς, καὶ τοὺς ἄλλους
10 οἳ τὰς ἀρχὰς εἶχον ταὐτὸν ποιῆσαι παρασκευάσας.

L. 1 Τούτων δὲ πραχθέντων ὁ βασιλεὺς ὡς δὴ πολεμήσων Ἀλαρίχῳ μυρίους εἰς συμμαχίαν Οὔννους ἐπεκα-
λεῖτο· τροφὴν δὲ τούτοις ἕτοιμον εἶναι παροῦσι βουλόμενος, σῖτον καὶ πρόβατα καὶ βόας τοὺς ἀπὸ τῆς Δαλμα-
15 τίας εἰσφέρειν ἐκέλευεν· ἔπεμπε δὲ τοὺς κατασκοπήσοντας
ὅπως τὴν ἐπὶ τὴν Ῥώμην ὁδὸν Ἀλάριχος ποιεῖται, καὶ
πανταχόθεν τὰς δυνάμεις συνήθροιζεν. 2 Ἀλάριχος δὲ
εἰς μετάμελον ἐλθὼν ἐπὶ τῇ κατὰ τῆς Ῥώμης ὁρμῇ, τοὺς
κατὰ πόλιν ἐπισκόπους ἐξέπεμπε πρεσβευσομένους ἅμα
20 καὶ παραινοῦντας τῷ βασιλεῖ μὴ περιιδεῖν τὴν ἀπὸ πλειό-

TESTIMONIA : u. p. 70.

2 ἐκέλευσεν V : -ευεν Excerpta ‖ 3 ἅπαν ἀμυνούμενος V² :
ἅπ//// ἀμυνόμενος V¹ ἀπαμυνόμενος (uel -νον) Excerpta ‖ 5
Ῥάβενναν V : ραουένναν Excerpta ‖ 6 αὐτῶν V² : αὐτον (sic) V¹
ἑαυτὸν Excerpta ‖ κατέλαβεν V : κατελάμβανεν Excerpta
‖ 7 ἦ V : ἢ Excerpta ‖ ποτ' Σ : ποτε V Excerpta ‖ 8 ἀλλ' ἄχρι
V : ἀλλὰ χρὴ uel ἀλλὰ Excerpta ‖ ὤμνυ V : -νυε Excerpta
‖ 10 ταὐτὸν V : τοῦτο Excerpta ‖ 11 δὲ om. V ‖ ὁ om.
Excerpta ‖ 12 Οὔννους V Excerptorum pars codd. : εὔνους
Excerptorum cod. unus ut uidetur ‖ 13 παροῦσι Excerpta :
περιοῦσι V ‖ 15 κατασκοπήσοντας Excerptorum codd. duo :
-σαντας V Excerptorum cod. unus κατακοπήσοντας Excerptorum codd. ceteri ‖ 20 παραινοῦντας V Excerpta : -νέσοντας
Herw. Mnem. 1888 p. 353, fortasse recte ‖ περιιδεῖν V :
ὑπερι- Excerpta.

à ne pas voir avec indifférence la ville qui depuis plus de
mille ans dominait la plus grande partie de la terre abandonnée au pillage des Barbares ni la majesté si imposante
des édifices détruite par le feu ennemi, mais à conclure
la paix à des conditions extrêmement modérées. **3** Le
Barbare n'avait en effet pas besoin d'une haute charge
ou d'une dignité, ni ne désirait plus, même dans les circonstances présentes, entrer en possession des provinces
précédemment mentionnées pour s'y établir, mais seulement des deux Noriques, situés quelque part dans les
régions les plus reculées du Danube, exposés à de continuelles incursions et ne rapportant à l'État qu'un impôt
médiocre, et en plus de cela chaque année la quantité de
blé que l'empereur croirait suffisante ; il renoncerait en
outre à l'or, et établirait un traité d'amitié et d'alliance
entre lui et les Romains contre quiconque prendrait les
armes et se dresserait pour faire la guerre contre l'Empire [112].

LI. **1** Alaric ayant fait ces propositions pleines de
retenue et de sagesse, et bien que tous unanimement
admirassent la modération de cet homme, Jovius et ceux
qui exerçaient le pouvoir aux côtés de l'empereur déclarèrent que ces demandes étaient irrecevables, étant donné
que tous ceux qui détenaient les hautes charges avaient
juré de ne pas faire la paix avec Alaric : si en effet il se
trouvait qu'un serment avait été prêté devant Dieu, il
était, comme il est normal, possible de n'en pas tenir
compte à ceux qui s'en remettent à la bonté de Dieu
envers les hommes pour qu'il pardonne cette impiété.
2 Mais comme ils avaient juré sur la tête de l'empereur,

Note 112. *Voir p.* 313.

νων ἢ χιλίων ἐνιαυτῶν τοῦ πολλοῦ τῆς γῆς βασιλεύουσαν
μέρους ἐκδιδομένην βαρβάροις εἰς πόρθησιν, μηδὲ οἰκο-
δομημάτων μεγέθη τηλικαῦτα διαφθειρόμενα πολεμίῳ πυρί,
θέσθαι δὲ τὴν εἰρήνην ἐπὶ μετρίαις σφόδρα συνθήκαις.

5 3 Οὔτε γὰρ ἀρχῆς ἢ ἀξίας δεῖσθαι τὸν βάρβαρον, οὔτε
τὰς πρότερον ἐπαρχίας ἔτι πρὸς οἴκησιν βούλεσθαι καὶ
ἐπὶ τοῦ παρόντος λαβεῖν, ἀλλὰ μόνους ἄμφω Νωρικούς,
ἐν ταῖς ἐσχατιαῖς που τοῦ Ἴστρου κειμένους, συνεχεῖς τε |
ὑφισταμένους ἐφόδους καὶ εὐτελῆ φόρον τῷ δημοσίῳ
10 εἰσφέροντας, καὶ σῖτον ἐπὶ τούτοις ἔτους ἑκάστου τοσοῦτον ὅσον ἀρκεῖν ὁ βασιλεὺς οἰηθείη· συγχωρεῖν δὲ καὶ τὸ
χρυσίον, εἶναί τε φιλίαν καὶ ὁμαιχμίαν αὐτῷ καὶ Ῥωμαίοις
κατὰ παντὸς αἴροντος ὅπλα καὶ πρὸς πόλεμον κατὰ τῆς
βασιλείας ἐγειρομένου.

15 LI. 1 Ταῦτα ἐπιεικῶς καὶ σωφρόνως Ἀλαρίχου προ-
τεινομένου, καὶ πάντων ὁμοῦ τὴν τοῦ ἀνδρὸς μετριότητα
θαυμαζόντων, Ἰόβιος καὶ οἱ τῷ βασιλεῖ παραδυναστεύοντες
ἀνήνυτα ἔφασκον τὰ αἰτούμενα εἶναι, πάντων ὅσοι τὰς
ἀρχὰς εἶχον ὀμωμοκότων μὴ ποιεῖσθαι πρὸς Ἀλάριχον
20 εἰρήνην· εἰ μὲν γὰρ πρὸς τὸν θεὸν τετυχήκει δεδομένος
ὅρκος, ἦν ἂν ὡς εἰκὸς παριδεῖν ἐνδιδόντας τῇ τοῦ θεοῦ
φιλανθρωπίᾳ τὴν ἐπὶ τῇ ἀσεβείᾳ συγγνώμην. 2 Ἐπεὶ δὲ
κατὰ τῆς τοῦ βασιλέως ὠμωμόκεσαν κεφαλῆς, οὐκ εἶναι

TESTIMONIA : u. p. 70.

2 ἐκδιδομένην Σ Mend. (u. ad 5, 16, 3) : -δεδ- V Excerpta ||
5 οὔτε … οὔτε V : οὐδὲ … οὐδὲ Excerpta || 9 εὐτελῆ V :
ἐντελεῖ uel εὐτελεῖ Excerpta || 9-10 τῷ δημοσίῳ εἰσφέροντας edd. :
τῷ -σίῳ ε. ΝΣ Excerpta τοῖς δημοσίοις ε. uel τῷ δημοσίῳ φέρον-
τας malit Mend. propter hiatum || 20 θεὸν om. Excerpta || τετυ-
χήκει V Excerpta : -κοι malebat Sylb. || 21 ἐνδιδόντας Σ
Excerpta : -τος V || 23 ὠμωμόκεσαν V : ὁμω- Excerpta.

il ne leur était pas permis d'enfreindre un tel serment ;
tel était l'aveuglement de l'esprit de ceux qui gouvernaient alors l'État, privés de la providence de Dieu [113] !

Note 113. *Voir p.* 316.

θεμιτὸν αὐτοῖς εἰς τὸν τοσοῦτον ὅρκον ἐξαμαρτεῖν· τοσοῦτον ἐτύφλωττεν ὁ νοῦς τῶν τότε τὴν πολιτείαν οἰκονο-
μούντων, θεοῦ προνοίας ἐστερημένων.

TESTIMONIA : u. p. 70.

3 ἐστερημένων V : -νος Excerpta ‖ in fine libri nullam
subscriptionem libri quinti uel inscriptionem libri sexti posuit
librarius ipse codicis V, sed tantum duos libros uariis signis
et spatio uacuo distinxit ; postea rubricator in hoc spatio
scripsit ἱστορία πέμπτη et quod in margine sinistra quaedam
manus scripserat ἱστō q̄ (i.e. ἕκτη) correxit in ε (i. e. πέμπτη) ;
cf. vol. I, p. xxii-xxiii.

NOTES

LIVRE V

Note 1.

Ce chapitre de Zosime est une critique en règle des abus de pouvoir des deux régents Rufin et Stilicon. Les trois premiers paragraphes concernent les deux personnages, traités en parallèle, tandis que les paragraphes 4 et 5 ne parlent que de Rufin, et de ses manœuvres pour parvenir à l'Empire. Zosime ne rapporte à juste titre rien de tel à propos de Stilicon qui, d'origine barbare, ne pouvait en aucun cas songer à devenir lui-même empereur (cf. ce que dit à propos d'Arbogast Philostorge 11, 2, p. 133, 9-11 Bidez-Winkelmann). Si Jean d'Antioche (*Frg.* 188, *Excerpta de uirtutibus et uitiis*, p. 203, 1-2 Büttner-Wobst-Roos) prétend que Stilicon, comme Rufin, visait à l'Empire, c'est que le parallèle entre les deux régents fut indûment poussé plus loin dans une période ultérieure. Mieux attesté, mais aussi fort sujet à caution, est le renseignement qu'on trouve chez plusieurs historiens ecclésiastiques : Stilicon aurait songé à élever son fils Eucher à l'Empire ; cf. *infra* 5, 32, 1 et n. 71.

Les fragments 62 et 63 de l'*Histoire* d'Eunape conservent une partie du texte original que résume et transcrit ici Zosime ; le bref fragment 64 concerne peut-être aussi Rufin et Stilicon. Ces passages ont été allégués par R. T. Ridley (*Eunapius and Zosimus*, Helikon 9-10, 1969-1970, p. 574-592) p. 590-591 pour prouver de prétendues fortes différences entre Eunape et Zosime ; en réalité, cette affirmation est fondée sur une interprétation abusive du texte d'Eunape : il n'est pas exact que, dans le fragment 62, Eunape semble suggérer que l'inimitié entre les deux régents soit postérieure à la mort de Théodose, ni que, dans le fragment 63, Eunape prétende que Stilicon et Rufin étaient tous deux les tuteurs des deux fils de Théodose (cf. *infra* 5, 4, 3 et n. 5). En réalité, il n'y a rien, dans les trois fragments 62-64, qui soit contredit par le résumé de Zosime.

Ces passages d'Eunape montrent que cet historien faisait partie du groupe nombreux de ceux qui condamnaient Stilicon, et dans lequel se trouvaient des chrétiens aussi bien que des païens : cf. notamment Hier. *Epist.* 123, 16 ; Aug. *Epist.* 97, 2-3 ; Rut. Nam. 2, 41-60 ; Oros. *Hist.* 7, 37-38. Le seul témoignage ancien favorable à Stilicon qui nous soit connu — l'œuvre de son panégyriste Claudien étant bien sûr mise à part — provient d'Olympiodore, et trouve son reflet chez Zosime 5, 34, 5-7. Ce jugement contradictoire de Zosime sur Stilicon est un indice très précieux sur sa méthode de travail : « iudicium quoque cum fonte mutauit », comme dit très justement Mendelssohn *ad* p. 248, 3. Les défenseurs entêtés de la prétendue originalité de Zosime (cf. vol. II 1 p. x) tentent vainement de minimiser la contradiction qu'il y a entre 5, 1 et 5, 34 ; l'évidence de ces textes balaie les théories préconçues et impose la conclusion à laquelle était déjà arrivé Photios (cf. vol. I p. x-xi) : Zosime suit passivement sa source unique quant au contenu, il se borne à la résumer et à en modifier l'expression. Cf. aussi mes *Cinq études sur Zosime* (Paris, 1975), p. 207-212.

Sur Rufin, cf. vol. II 2 n. 198 ; sur Stilicon, cf. *ibid.* n. 208. Au moment de la mort de leur père Théodose, Arcadius avait dix-sept ans et revêtait la dignité d'Auguste depuis douze ans, tandis qu'Honorius avait onze ans et revêtait la dignité d'Auguste depuis deux ans. En quittant l'Orient pour aller combattre Eugène, Théodose avait confié Arcadius à Rufin (cf. Zosime 4, 57, 4 et vol. II 2 n. 209) ; après sa victoire sur Eugène et avant de tomber malade, Théodose, qui songeait à regagner l'Orient, avait confié Honorius à Stilicon, avec l'intention de les laisser tous deux en Occident (cf. Zosime 4, 59, 1 et vol. II 2 n. 212). Sur la vénalité des charges, cf. vol. II 2 n. 156, et *Cod. Theod.* 3, 29, 2 (Théodose à Rufin, le 4 mars 394). Que la vénalité ait été abondamment pratiquée sous Rufin notamment est vraisemblable, vu l'avidité du personnage, largement attestée par les sources : Symm. *Epist.* 6, 14, 1 le traite de « vieux brigand » (*praedo annosus*) ; cf. aussi Claud. 3 (*in Ruf.* 1), 183-195. On notera au passage une nouvelle remarque de Zosime sur l'appauvrissement des villes ; cf. vol. II 2 n. 157. Que les deux jeunes empereurs fussent intégralement livrés au bon plaisir de leurs tuteurs et aient entériné toutes leurs décisions est abondamment illustré par la suite du récit de Zosime ; cf. par ex. 5, 10, 5 ; 5, 11, 1 ; 5, 24, 1. Pour la prétention de Rufin d'accéder à l'Empire, cf. 4, 51, 2 et vol. II 2 n. 198 ; cette prétention est aussi enregistrée par Oros. *Hist.* 7,

37, 1 et Philostorge 11, 3, p. 134, 15-16 Bidez-Winkelmann. Bien que ce chapitre de Zosime ne manque pas de notations qui sont évidemment des clichés, il est néanmoins la source la plus détaillée sur la situation décrite ; on ne trouve notamment nulle part ailleurs des précisions sur la fille de Rufin et sur les plans de son père à son sujet ; cf. *infra* 5, 3 et n. 3. Sur la situation décrite ici par Zosime, cf. E. Demougeot (*De l'unité à la division de l'Empire romain*, Paris, 1951) p. 119-142 ; cet ouvrage est la synthèse la plus détaillée qui existe sur les années 395-410 ; il y sera donc fréquemment renvoyé dans les notes aux livres 5 et 6 de Zosime.

Problèmes de détail : Paragr. 4. L'expression γάμων ὡραίαν se trouve chez Hérodote, une fois exactement identique (1, 196), une fois légèrement différente (6, 122 γάμου ὥ.). *Ibid.* Il paraît impossible de préciser qui sont exactement les personnages que Zosime désigne par l'expression vague τίνων ἐπὶ τῇ βασιλικῇ θεραπείᾳ τεταγμένων ; on peut songer à des *cubicularii*, à des *decuriones silentiariorum*, ou à n'importe quels personnages qui fussent en même temps assez obscurs et assez influents pour jouer efficacement le rôle que Rufin leur assigne, et que notre ignorance de l'organisation exacte du système complexe du service intérieur des appartements impériaux nous empêche de préciser.

Note 2.

Zosime est la seule source à nous transmettre l'histoire de la fin tragique de Lucien, mis à part une très brève allusion de Jean Lydos (cf. *infra*). Témoignages sur Lucien réunis dans PLRE I p. 516-517 (notice trop affirmative ; l'identité du *consularis Syriae* et du *comes Orientis* n'est pas absolument certaine ; l'accession de Lucien à la charge de *comes Orientis* n'est datée de 393 que par conjecture). Depuis l'article de O. Seeck (*Libanius gegen Lucianus*, RhM 73, 1920, p. 84-101), on hésite sur l'insertion chronologique exacte de cet épisode. Dans le contexte du récit de Zosime, il se situe évidemment entre la mort de Théodose (17 janvier 395 ; cf. 4, 59, 4 et vol. II 2 n. 214) et le mariage d'Arcadius (27 avril de la même année ; cf. 5, 3 et *infra* n. 3). Mais ce récit soulève divers problèmes. Déjà Sylburg voulait remplacer le nom de Théodose par celui d'Arcadius à la fin du paragr. 1 (cf. app. crit.). Certainement à tort, car même si l'on suit la chronologie suggérée par Zosime, toute l'affaire n'a pas pu se dérouler entre le 17 janvier et le 27 avril ; si elle a commencé auparavant, c'est donc

bel et bien Théodose qui, à une date impossible à préciser, a
promu Lucien au poste de comte d'Orient. Une autre indication du texte de Zosime est en revanche assurément fausse.
Eucher est l'oncle (paternel) non d'Arcadius, mais de Théodose, et donc le grand-oncle d'Arcadius ; sur Eucher, cf. vol. II
2 n. 151 et PLRE I p. 288 nº 2 ; il était *comes sacrarum largitionum* à l'époque où son neveu accéda à l'Empire, et fut
consul en 381 ; son lien de parenté avec Théodose est précisé
par Ps. Aur. Vict. *Epit.* 48, 18 et Themist. *Or.* 16, 203 d.
L'incident entre Eucher et Lucien et les termes dans lesquels
Zosime le rapporte suggèrent que toute l'affaire a commencé
encore du vivant de Théodose, qu'il faudrait alors considérer
comme l'auteur de la remarque faite à Rufin sur son protégé
Lucien.

Dans son article cité *supra*, Seeck relève par ailleurs des
contradictions dans la chronologie interne du récit de Zosime
(p. 95-96). Entre le 17 janvier et le 27 avril 395, il est impossible de comprimer : le refus de Lucien à Eucher, la plainte
d'Eucher à l'empereur, la remarque de l'empereur à Rufin, le
voyage de Rufin à Antioche, le châtiment de Lucien, le retour
de Rufin à Constantinople, ses intrigues pour unir sa fille à
Arcadius, leur échec, la réussite des manœuvres d'Eutrope et
le mariage de l'empereur. Le portique dont il est question à
la fin du récit soulève aussi un problème ; son existence est
confirmée par la mention plus tardive qu'on en trouve chez
Euagr. Schol. 1, 18, p. 27, 24-25 Bidez-Parmentier ; or Rufin
fut assassiné le 27 novembre 395 (cf. *infra* 5, 7, 5-6 et n. 13) ;
il n'est donc pas croyable que ce portique ait pu être projeté
et réalisé en quelque neuf mois (ce portique de Rufin ne doit
pas être confondu avec la basilique d'un autre Rufin, antérieure, qui est mentionnée par Malalas p. 318, 7 [Bonn]). Enfin
Claud. 5 (*In Ruf.* 2), 54-85 atteste la présence de Rufin à
Constantinople au début de 395, et la loi *Cod. Theod.* 16, 5,
25, du 13 mars 395, adressée à Rufin, suggère que le préfet
du prétoire résidait à ce moment-là dans la capitale. Il semble
donc que Seeck ait de bonnes raisons d'avancer toute la chronologie de l'affaire de Lucien ; il la situe en été 393, du fait
qu'un voyage de Rufin à Antioche est attesté à ce moment-là ;
cf. Liban. *Epist.* 1106 et Claud. 3 (*in Ruf.* 1), 239-245. E. Demougeot [1] p. 126-128 revient à la date traditionnelle de 395
en mettant en évidence certaines faiblesses de l'argumentation
de Seeck, mais sans réfuter sa démonstration sur la difficulté
qu'il y a de situer l'épisode en 395 ; A. Cameron (*Claudian*,
Oxford, 1970) p. 80-81 s'en tient aussi à la date de 395. Assurément, il subsiste des points obscurs dans tout ce qui concerne

Lucien, notamment la question de l'identité du consulaire de
Syrie et du comte d'Orient, défendue par Seeck et à vrai dire
très vraisemblable. Un autre problème relatif à Lucien est
qu'il semble avoir été chrétien (cf. Liban. *Or.* 56, 16 ; cf.
Seeck, art. cité *supra*, p. 89-90) ; il est dès lors surprenant
qu'Eunape-Zosime fassent tellement son éloge. En conclusion,
il me paraît que l'épisode entier qui aboutit à sa mort ne peut
pas être situé dans la seule année 395, mais l'ambiguïté des
sources ne permet pas de trancher la difficulté aussi nettement
que le fait Seeck.

Problèmes de détail : Paragr. 1. Sur Florent, cf. PLRE I
p. 365 ; il avait été préfet du prétoire de la préfecture des
Gaules en 357-360, à l'époque où Julien — « le Grand » ! —
était César, comme le dit justement Zosime ; après l'élévation de Julien à la dignité d'Auguste, il se rendit auprès de
Constance II, occupa le poste de préfet du prétoire d'Illyricum
pour une année, et fut consul en 361 ; au procès de Chalcédoine,
il fut condamné par contumace ; seul Zosime nous indique que
Lucien était son fils ; cf. vol. II 1 n. 26. Paragr. 2. Zosime
décrit succinctement, mais correctement, la fonction de comte
d'Orient ; cf. RE IV 659-661 (Seeck, 1900). Le *comes Orientis*,
qui est *uir spectabilis*, joue dans le diocèse d'Orient le rôle
normalement dévolu à un vicaire ; quand la fonction du comte
d'Orient fut devenue permanente, le vicaire du diocèse d'Orient
disparaît ; le rang d'un comte d'Orient est supérieur à celui
d'un vicaire ; sur son rang hiérarchique exact, cf. *Not. dign.*
Or. 1, 25-34 (après les proconsuls, mais avant le préfet augustal
d'Égypte). Comme le dit Zosime, il contrôle les gouverneurs
des provinces qui sont de son ressort (énumérées dans *Not.
dign.* Or. 22, 18-32 ; l'Asie proconsulaire n'en fait évidemment
pas partie) et y exerce la juridiction d'appel ; il réside à Antioche
et y revêt des fonctions semblables à celles des préfets de Rome
et de Constantinople ; il est à la tête d'une administration nombreuse, qui atteint six cents employés en 394 (*Cod. Theod. 1,
13*). Il est remarquable que Zosime utilise ici le terme d'ἐπαρχία
comme équivalent du latin *prouincia*, alors qu'il emploie normalement le mot ἔθνος, par exemple au paragr. précédent. On
pourrait songer à un souci de variation, mais je pense plutôt
qu'Eunape et à sa suite Zosime utilisent une formule stéréo-
typée officielle pour définir les fonctions de *comes Orientis* ; or,
dans le langage de l'administration, c'est ἐπαρχία, et non ἔθνος,
qui est l'équivalent normal pour *prouincia* ; cf. aussi *infra*
n. 84. Sur la scrupuleuse honnêteté de Lucien, qui pouvait
aussi être interprétée comme une attitude brutale et sans égards,
cf. l'article de Seeck cité *supra*, p. 97-98, qui discute diverses

données de Liban. *Or.* 56. Paragr. 3, Pour l'expression ἐπιδημήσας τῇ πόλει, cf. 4, 59, 1 et vol. II 2 n. 212. Paragr. 4. L'instrument de torture appliqué à Lucien est une espèce de knout
dont l'emploi est bien attesté pour l'époque jusque dans les
textes juridiques : cf. Amm. 29, 1, 23 ; Prud. *Perist.* 10, 117 ;
Cod. Theod. 9, 35, 2, 1 ; 11, 7, 3 ; 12, 1, 80 et 85 (le terme
latin est *plumbatae*). Le sens de « mourir » pour le verbe δια-
λείπω n'est, selon le Liddell-Scott, attesté que dans des inscriptions ; ici, le contexte n'en admet pas d'autre, et cette interprétation est du reste confirmée par une brève allusion de Jean
Lydos à l'affaire de Lucien, *Mag.* 3, 23, p. 111, 7-8 Wuensch :
τὸν λεγόμενον κόμιτα τῆς ἀνατολῆς μαστίξας ἀπώλεσεν.

Note 3.

Le contenu de ce chapitre n'est connu que par Zosime, mises
à part deux lignes de Jean d'Antioche, qui résume lui aussi,
et encore bien plus que l'auteur de l'*Histoire nouvelle*, Eunape ;
cf. son frg. 190, *Excerpta de insidiis*, p. 120, 8-9 de Boor. Ici
apparaît pour la première fois l'intrigant Eutrope, qui va jouer
un rôle si important dans les années à venir. On connaît bien
ses origines grâce à l'invective en deux livres qu'a écrite contre
lui Claudien. Esclave oriental, il avait fait carrière comme
mignon, puis comme entremetteur, ce qui est un *cursus* normal pour un eunuque. Ayant rendu de bons services dans des
maisons distinguées, il fut affranchi alors qu'il était déjà âgé
et obtint un poste de *cubicularius* au palais de Constantinople.
Il avait la confiance de Théodose, puisque celui-ci l'envoya en
Égypte consulter le moine Jean sur l'issue de la guerre contre
Eugène (Soz. 7, 22, 7-8). Il avait aussi fait partie de la maison
du *magister militum* Arinthée (Claud. 18 [*In Eutr.* 1], 478),
ce qui explique ses liens avec la maison de Promotus, autre
général. La date de sa promotion à la charge de grand chambellan (*praepositus sacri cubiculi*) n'est pas connue, mais elle
n'est en tout cas pas postérieure à 395. Les données sur Eutrope
sont réunies dans RE VI 1520-1521 (Seeck, 1907) et surtout
dans la notice très détaillée de PLRE II p. 440-444 ; cf. aussi
J. E. Dunlap (*The Office of the Grand Chamberlain in the Later
Roman and Byzantine Empires*, dans *Two Studies in Later
Roman and Byzantine Administration*, New York, 1924) p. 161-
324 (les p. 272-284 sont consacrées à la carrière d'Eutrope).

L'intervention d'Eutrope pour barrer la route à Rufin
s'explique par le fait que celui-ci était, au moins indirectement,
responsable de la mort de Promotus, son vieil ennemi (cf.

Zosime 4, 51 et vol. II 2 p. 198). Elle a peut-être été facilitée par une absence de Rufin, si l'on admet qu'il s'est rendu à Antioche au début de 395 (cf. *supra* n. 3). Au moment où Eutrope tend les filets de son intrigue matrimoniale, les fils de Promotus sont certainement déjà de jeunes adultes, puisque l'un d'eux avait charge d'âme et était le protecteur de la fille d'un collègue de son père (cf. *infra*) ; c'est pourquoi il faut lire au paragr. 2 συναναστρεφόμενοι (vivant avec), et non συνανατρεφόμενοι (élevés avec) : quelqu'un qui est le protecteur d'une jeune orpheline n'est plus à l'âge où il doit encore être élevé (cf. G. R. Sievers, *Studien zur Geschichte der römischen Kaiser*, Berlin, 1870, p. 339). Cameron [2] p. 64-65 et 75 observe à juste titre que, dans le détail, le récit de Zosime semble embelli et dramatisé.

La belle jeune fille anonyme du récit de Zosime n'est autre qu'Eudoxie, la fille du général franc Bauto (cf. vol. II 2 n. 163), collègue plus âgé et évidemment ami de Promotus, puisqu'il lui confia sa fille (cf. Philostorge 11, 6, p. 136, 2 Bidez-Winkelmann). Son mariage avec Arcadius fut célébré le 27 avril 395 (*Chron. Pasch.* Chron. min. II p. 64, 395), et dès lors elle acquit un grand ascendant sur son mari, auquel elle donna cinq enfants, dont le futur empereur Théodose II et la future *Augusta* Pulchérie. Elle va jouer un rôle de premier plan dans les années à venir et reste célèbre pour ses démêlés avec Jean Chrysostome, dont il va être question plus loin dans l'*Histoire nouvelle*. Elle fut élevée à la dignité d'*Augusta* le 9 janvier 400 et mourut le 6 octobre 404. Cf. RE VI 917-925 (Seeck, 1907) et PLRE II p. 410, nº 1. Le détail de la ruse d'Eutrope montrant à Arcadius le portrait d'Eudoxie est en même temps confirmé et critiqué par Claudien, qui fait dire à Honorius qu'il s'est épris de sa femme sans qu'il soit nécessaire de lui montrer son portrait, 10 (*Nupt. Hon.*), 23-25.

Problème de détail. Paragr. 1 et 3. Le sens normal de l'expression ὅσον οὐδέπω est « aussitôt » ; cf. par ex. 4, 7, 4 et 5, 26, 2 ; mais dans ce chapitre, aux paragr. 1 et 3, ainsi qu'en 5, 13, 4 et en 5, 17, 3, elle signifie « plus que jamais ».

Note 4.

En 5, 12, 1, Zosime reparle du mariage d'Honorius et précise le nom de la fille aînée de Stilicon et de Séréna : Marie. Sur Séréna, cf. vol. II 2 n. 208. Sur l'accentuation de la forme grecque de son nom au nominatif, dont il convient de faire un propérispomène, et non un paroxyton (j'ai corrigé tacitement,

ici en 5, 28, 1 et 3, ainsi qu'en 5, 29, 8 et en 5, 38, 1, 2 et 3,
l'accentuation fausse du Vat. Graec. 156), cf. A. Wannowski
(*Antiquitates Romanas e Graecis fontibus explicatas* [ed. A. W.],
Regimontii Prussorum, 1846) p. 101. Les liens de famille indi-
qués ici par Zosime sont parfaitement corrects, mais sa chronologie est fausse, du moins implicitement. C'est vers la fin
de l'hiver 398 que fut célébré le mariage d'Honorius ; la date
n'est pas transmise directement, mais se déduit du contexte et
du contenu des deux poèmes que Claudien écrivit pour cette
occasion, le *De nuptiis Honorii* et les *Fescennina* sur ce mariage ;
cf. l'édition de Claudien de Th. Birt (MGH, AA X, Berlin,
1892) p. xxxii et xxxviii. Du reste, même à l'époque de son
mariage, Honorius, né le 9 septembre 384 (PLRE I p. 442),
n'avait pas même quatorze ans révolus, et Marie ne pouvait
guère être plus âgée, puisque le mariage de ses parents semble
se situer en 383 (cf. vol. II 2 p. 208). Les détails donnés par
Zosime en 5, 28, 2 nous apprennent que Marie n'était pas
nubile au moment de son mariage, et que donc sa naissance
doit être postérieure à 384, d'autant plus qu'au moment de
sa mort, vers la fin de 407 ou au début de 408, le mariage
n'avait toujours pas été consommé, du moins à ce que nous
en dit Zosime, qui cependant paraît suspect ; cf. *infra* n. 61.
Sur Marie, cf. RE XIV 1712-1713 (Ensslin, 1930) et PLRE II
p. 720 n⁰ 1. Stilicon était déjà le neveu par alliance de Théodose ; à la suite de ce mariage, il deviendra en plus le beau-
père d'Honorius. La mention de ce mariage dans le présent
contexte est chronologiquement déplacée, mais on comprend
aisément le lien logique entre cette notice et le récit immédiatement précédent du mariage d'Arcadius. Eunape-Zosime mettent en évidence la similitude des situations, et oublient ou
dissimulent qu'elles ne sont pas contemporaines.

Note 5.

Zosime décrit correctement la puissance militaire de Stilicon au début de 395. Après la bataille du Frigidus, Théodose
était resté en Italie non seulement avec l'armée qu'il avait
amenée d'Orient, mais encore avec les troupes d'Eugène qui
s'étaient ralliées (cf. vol. II 2, Appendice C, p. 484-485). A la
mort de Théodose, Stilicon, qui avait été régulièrement désigné comme général en chef des troupes d'Occident peu après
le Frigidus (cf. Zosime 4, 59, 1 et vol. II 2 n. 212), se trouve
tout naturellement à la tête de cette concentration de troupes
considérable. La notation qui suit, concernant le renvoi par

Stilicon de troupes médiocres en Orient, a suscité de nombreuses
discussions. Comme Zosime mentionne en 5, 7, 3 un envoi de
troupes en Orient par Stilicon, on a le plus souvent pensé que
c'était dans ce passage-là qu'il parlait du retour de l'armée
orientale dans son secteur habituel ; dès lors l'envoi de troupes
mentionné ici faisait difficulté. Comme en outre on voit apparaître brusquement Alaric en 5, 5, 4 déjà présent en Orient
sans que son retour dans cette région ait été mentionné et
alors que nous savons par ailleurs qu'il avait participé à la
bataille du Frigidus (cf. *infra* n. 7), on en a souvent conclu
que le renvoi de troupes mentionné par Zosime ici concernait
les Goths commandés par Alaric et se situait peu après la mort
de Théodose, en janvier-février 395 ; on trouve cette explication notamment chez O. Seeck (*Geschichte des Untergangs der
antiken Welt*, vol. V, Stuttgart, 1913) p. 273 et 548-549,
L. Schmidt (*Die Ostgermanen*, München, 1933) p. 425, L. Várady
(*Das letzte Jahrhundert Pannoniens [376-476]* Amsterdam, 1969),
p. 88 et E. K. Chrysos (Συμβολὴ στὴν Ἱστορία τῆς Ἠπείρου,
Epirotika Chronika 23, 1981, p. 7-104) p. 42 n. 1. Le récit
de Zosime n'est cependant pas satisfaisant, et il est peu vraisemblable, d'une part qu'Alaric soit resté en Occident plusieurs
mois après le Frigidus, d'autre part — si les troupes dont il
est ici question ne sont pas les siennes — que Stilicon ait renvoyé peu après la mort de Théodose une partie limitée et
médiocre des troupes en Orient, puisque, dès le début du printemps, il va partir lui-même vers l'Est à la tête de deux armées
(cf. *infra* n. 6) ; il était absurde de déplacer des troupes en
plein hiver, seulement quelques semaines avant le mouvement
de toute l'armée, et surtout dans la situation politique du
moment. En effet, Stilicon ne pouvait ignorer la nullité d'Arcadius, la puissance, l'ambition et l'hostilité à son égard de Rufin.
Ce qui rend l'interprétation de ce passage de Zosime encore
plus délicate, c'est qu'aucune autre source ne fait mention
d'un déplacement de troupes immédiatement après la mort de
Théodose. E. v. Wietersheim-F. Dahn (*Geschichte der Völkerwanderung*, II², Leipzig, 1881) p. 112 faisaient encore confiance à
Zosime et croyaient à un premier renvoi de troupes en Orient dès
après la mort de Théodose ; mais A. Güldenpenning (*Geschichte
des Oströmischen Reiches unter den Kaisern Arcadius und
Theodosius II*, Halle, 1885) p. 39 n. 7 faisait déjà remarquer
que si ce renvoi de troupes avait eu lieu, Alaric n'aurait pas
pu ravager librement la Thrace dans les premiers mois de 395
(cf. *infra* n. 7). Pour sa part, G. Sievers [3] p. 340 avait très
tôt soupçonné un doublet chez Zosime, 5, 4, 2 concernant le
même renvoi de troupes que 5, 7, 3, et jeté le doute sur la

théorie plus tard répandue par Seeck selon laquelle le renvoi
de troupes de 5, 4, 2 concernerait Alaric et ses Goths. Je crois
pour ma part qu'il convient aujourd'hui de s'en tenir à l'interprétation proposée par D. Hoffmann (*Das spätrömische Bewe-
gungsheer und die Notitia dignitatum*, Düsseldorf, 1970) vol. I
p. 32-34, suivi notamment par S. Döpp (*Zeitgeschichte in Dich-
tungen Claudians*, Wiesbaden, 1980) p. 62 n. 4. Comme Théodose n'avait aucun intérêt à faire entrer en Italie des fédérés
goths mécontents, il semble certain qu'il les a renvoyés en
arrière dès après la bataille du Frigidus (sur les faits et gestes
d'Alaric au début de 395, cf. *infra* n. 7). La précision donnée
par Zosime en 5, 4, 2 ne concerne donc pas les Goths d'Alaric, et
constitue un doublet avec ce qu'on lit en 5, 7, 3 (cf. *infra*
n. 13). Hoffmann a raison d'insister sur la médiocrité du récit
de Zosime, « der für die falsche Verknüpfung von Ereignissen
bekannt ist » (p. 33).

Sur la situation de Rufin et de Stilicon après la mort de
Théodose, cf. E. Demougeot [1] p. 119-142. Rufin, qui avait
été régulièrement désigné comme tuteur, ou chaperon, d'Arcadius (cf. Zosime 4, 57, 4 et vol. II 2 n. 209), allait évidemment
tout faire, Stilicon pouvait le deviner, pour ne pas tomber sous
la dépendance du général occidental. Si Stilicon se met en
route pour l'Orient, c'est tout d'abord parce que de nouvelles
invasions de Barbares l'y attirent (cf. *infra* 5, 5 et n. 6). Mais
il a aussi et surtout l'intention d'établir son autorité dans la
pars Orientis en se fondant sur la tutelle commune sur ses
deux fils que Théodose lui aurait confiée au moment de mourir.
Cette affirmation de l'*Histoire nouvelle*, répétée en 5, 34, 6
(dans la section qui dérive d'Olympiodore), est d'une grande
portée et constitue une pièce centrale du vaste débat autour
de la personnalité de Stilicon. Zosime présente le fait comme
fondé sur la seule affirmation de Stilicon ; Olymp. *frg.* 2 (cf.
aussi son *frg.* 3 sur la question de l'Illyricum) le présente en
revanche comme une vérité généralement reconnue, mais il ne
faut pas oublier que nous n'avons en mains qu'un résumé dû
à Photios ; Claudien, le propagandiste officiel de la politique
stiliconienne, affirme évidemment à plusieurs reprises que Stilicon a été désigné par Théodose comme tuteur de ses deux fils
(cf. notamment 7 [*III. cons. Hon.*], 152-153 ; 5 [*In Ruf.* 2],
4-6). Plus que ces témoignages tardifs et partiaux, ce sont les
allusions d'Ambroise immédiatement après la mort de Théodose, dans son *De obitu Theodosii*, qui ont du poids. Le passage
le plus important se trouve au paragr. 5 de cette oraison funèbre :
*gloriosius quoque in ea Theodosius qui non communi iure testa-
tus est ; de filiis enim nihil habebat nouum quod conderet, quibus*

torum doderat, nisi ut eos praesenti commendaret parenti. Mais à part Ambroise, Claudien, Olympiodore et Eunape-Zosime, aucune source ne fait état de cette charge confiée par Théodose Ier mourant à Stilicon. Le fait que les sources silencieuses à cet égard sont postérieures à la mort de Stilicon et vivement hostiles envers lui est peut-être, mais non pas certainement, le motif qui les incite à omettre cette précision.

L'interprétation des affirmations ambiguës d'une partie des sources et du silence des autres laisse une large part aux jugements divergents des modernes. Cf. E. Demougeot [1] p. 99-102 (avec l'affirmation fausse, p. 100, que Philostorge 11, 3 accuse Stilicon d'avoir aspiré à l'Empire ; cf. *infra* n. 71), et surtout J. Straub (*Parens principum. Stilichos Reichspolitik und das Testament des Kaisers Theodosius.* NClio 4, 1952, p. 94-115, repris dans *Regeneratio imperii*, Drmsatadt, 1972, p. 220-239), qui étudie à fond le problème dans une optique favorable à Stilicon ; récemment, Cameron [2] p. 38-40 s'est montré plus sceptique ; on trouvera dans Straub le renvoi aux études plus anciennes. Pour ma part, il me semble évident que Théodose n'a pas fait avant de mourir un testament politique en bonne et due forme en faveur de Stilicon, et qu'il n'a pas non plus expressément abrogé les décisions prises au sujet d'Arcadius (qui avait du reste déjà dix-sept ou dix-huit ans) et de Rufin au moment de quitter Constantinople. Par ailleurs, rien ne nous permet d'affirmer que Théodose aurait créé pour Stilicon un nouveau poste de commandant en chef des armées d'Occident et d'Orient (cf. Hoffmann [cité *supra*] vol. I p. 30-31). Il reste cependant que le passage cité d'Ambroise est de nature à corroborer l'affirmation de Zosime ; Cameron pense qu'Ambroise répète l'affirmation de Stilicon par simple déférence envers lui et sans information personnelle, mais une telle attitude n'est pas dans les habitudes de l'évêque, et le texte cité me semble un solide indice du fait que Théodose a bel et bien confié ses fils à Stilicon en mourant ; mais plus que d'un acte juridique et politique, il doit s'être agi d'une sorte de mission morale. L'empereur mourant peut avoir d'une manière informelle confié le salut de l'Empire à son général, mais il ne lui aura en tout cas pas donné l'ordre de déposer Rufin ou de s'opposer à la volonté d'Arcadius. C'est du moins ce qui semble résulter de toute la conduite de Stilicon dans les années qui suivirent. Sur tout cela, cf. aussi Döpp [cité *supra*] p. 61-68.

Zosime ne parle pas ici d'un autre problème qui empoisonna les relations entre l'Occident et l'Orient après 395, la question de l'Illyricum ; il l'abordera en 5, 26, 2 ; cf. *infra* n. 54.

Note 6.

A partir d'ici et jusqu'à la fin du chap. 7, Eunape-Zosime embrouillent gravement la chronologie et la succession exacte des épisodes tout en se rendant aussi coupables d'importantes omissions ; le détail des événements et de la chronologie n'est du reste pas connu avec précision. Le caractère défectueux du récit fourni par l'*Histoire nouvelle* apparaît d'ailleurs même aux yeux du lecteur ingénu : il ne peut en effet comprendre pourquoi Rufin envoie Alaric et ses Goths vers la Grèce s'il ignore que les Barbares se trouvaient sous les murs de Constantinople au premier printemps de 395 ; cf. 5, 5, 4-5 et *infra* n. 7.

Un résumé de tout ce que saute ou emmêle ici Zosime s'impose donc pour l'intelligence du commentaire de détail. Tandis que les Goths d'Alaric ravageaient la Thrace, tout l'Illyricum et le diocèse thracique étaient à feu et à sang, d'innombrables Barbares ayant profité pour pénétrer dans l'Empire du fait que Théodose avait dégarni la frontière pour aller combattre Eugène. Dès le début du printemps de 395, Stilicon se met en route vers l'Orient avec les deux armées occidentale et orientale réunies pour défendre les territoires envahis et si possible régler le problème de sa rivalité avec Rufin. Par ailleurs, l'intervention à l'est des Alpes Juliennes était pour Stilicon une manière de manifester les prétentions de la *pars Occidentis* sur les diocèses de l'Illyricum. On connaît mal les opérations de Stilicon en Illyricum ; elles semblent avoir été lentes et n'ont pas abouti à des succès marquants. Rufin, de son côté, devait affronter deux problèmes : les Goths d'Alaric étaient sous les murs de la capitale orientale, et le régent occidental, son ennemi, approchait ; cependant Rufin n'avait apparemment presque pas de troupes à disposition (Zosime y fait indirectement allusion en 5, 5, 1). Il engagea donc des négociations avec Alaric, qui furent difficiles, mais aboutirent finalement à un succès partiel pour Rufin, qui trouva une solution au moins momentanée aux problèmes qui se posaient à lui : il persuada Alaric de repartir vers la Macédoine avec l'espoir qu'il se heurterait tôt ou tard à Stilicon ; avec un peu de chance, ses deux ennemis s'affaibliraient l'un l'autre, et il serait en tout cas en meilleure position face à Stilicon, surtout en ce qui concernait l'épineux problème de l'Illyricum. Cf. sur tout cela E. Stein-J.-R. Palanque (*Histoire du Bas-Empire* I, Paris, 1959) p. 228-229 et E. Demougeot [1] p. 143-161.

Sur la suite des événements, les interprétations divergent. Selon la version généralement admise (cf. Stein-Palanque, cité *supra* p. 229), fondée sur le témoignage de Claudien, Stilicon et Alaric se trouvèrent soudain face à face au nord de la Thessalie ; Stilicon aurait alors reçu l'ordre d'Arcadius, inspiré par Rufin, d'envoyer à Constantinople l'armée orientale et d'évacuer avec les troupes occidentales les diocèses de Macédoine et de Dacie, et aurait obtempéré (cf. Claud. 5 [*In Ruf.* 2], 124-256). Cameron [2] p. 159-176 pense que Claudien donne une version fortement arrangée des événements : Stilicon aurait été obligé de se retirer à cause de l'indiscipline de ses troupes, résultant notamment de la mésintelligence régnant entre les armées d'Orient et d'Occident qui n'avaient pas oublié leur affrontement au Frigidus, et il aurait été heureux de se séparer de l'armée orientale en la renvoyant à Arcadius (cf. aussi *infra* n. 13). Ch. Gnilka (comte rendu du livre de Cameron, Gn 49, 1977, p. 31-32) et Döpp [5] p. 74-75 sont au contraire d'avis qu'il convient de faire confiance à Claudien. Ce qui semble en tout cas certain, c'est qu'il n'y a pas eu de combat entre Stilicon et Alaric en 395 et que Stilicon envoya à Arcadius au moins une partie des troupes orientales sous les ordres de Gaïnas, ce qui lui fournit le moyen de faire assassiner Rufin (cf. Stein-Palanque, cité *supra*, p. 229-230). Cameron me paraît avoir raison au moins sur un point : Rufin ne peut guère avoir voulu à tout prix éviter un choc entre Stilicon et Alaric ; cela contredit sa manœuvre précédente, et un tel choc, quelle qu'en fût l'issue, ne pouvait qu'être avantageux pour lui en affaiblissant ses deux ennemis. Quoi qu'il en soit de cela, il est clair que, vers la fin de 395, Stilicon repartit pour l'Occident et Gaïnas se rendit à Constantinople ; Alaric, dès lors libre de ses mouvements, se dirigea vers une région que les Barbares n'avaient pas encore pillée, la Grèce. Cette invasion commence apparemment vers l'époque de la mort de Rufin (27 novembre) ; elle n'est en aucun cas antérieure à novembre et se poursuit en 396 et en 397.

Venons-en maintenant au texte de Zosime, et à la version parallèle donnée par Jean d'Antioche (*Frg.* 190, *Excerpta de insidiis*, p. 120, 9-34 de Boor), qui fournit notamment un résumé de Zosime 5, 5 et 7. Comme Cameron [2] p. 474-477 l'a montré en détail, Zosime et Jean d'Antioche dérivent tous deux d'Eunape ; leurs erreurs communes le prouvent, et permettent d'affirmer que c'est Eunape lui-même qui est responsable du grand désordre dans la narration qu'on observe chez Zosime. En ce qui concerne le passage 5, 5, 1-3, on peut relever ceci sur la base du résumé des événements donné ci-dessus. Au printemps de 395, Rufin n'envoie pas Alaric vers l'Occident en lui donnant comme premier objectif la Grèce ; il l'envoie

contre Stilicon. Il reste évidemment possible que Rufin ait
prévu dès mars-avril 395 la possibilité que la Grèce soit enva-
hie ; de là à croire qu'il ait favorisé cette invasion, il y a un pas
qu'il est difficile de franchir : il était tout à fait contraire aux
intérêts de la *pars Orientis*, d'Arcadius et de Rufin lui-même
que ces régions encore indemnes, et sur lesquelles ils revendi-
quaient la souveraineté, fussent ravagées. Évidemment, le fait
qu'Alaric pénètre en Grèce à la fin de 395 est la conséquence
ultime des combinaisons de Rufin, dont on peut donc dire
que, sans l'avoir vraiment voulue, il est objectivement responsable de cette invasion ; du reste Stilicon, en se dérobant
pour une raison ou pour une autre, porte aussi une part de
cette responsabilité objective. Mais que Rufin ait machiné de
sang-froid cette invasion dès le printemps de 395 me paraît
parfaitement incroyable, et il semble évident que la tradition
représentée par Eunape et Zosime noircit le pieux chrétien
Rufin en lui imputant d'avoir délibérément sacrifié le pays
qui était le berceau de la vieille civilisation païenne (cf. Stein-
Palanque, cité *supra*, p. 231). On trouve aussi l'affirmation
que Rufin a envoyé Alaric ravager la Grèce chez Iord. *Rom.*
319 et Marc. Com. Chron. min. II p. 64, 395, 4 ; cf. Várady [5]
p. 95 et 437. Même s'il convient d'innocenter Rufin de ce
projet criminel, on peut penser qu'il est néanmoins responsable
des nominations mentionnées par Zosime. Mais plusieurs points
obscurs et questions insolubles subsistent : quelle est la date
exacte de ces nominations ? d'où viennent les troupes de la
garnison installée dans le célèbre passage des Thermopyles,
et dont aucune autre source ne parle ?

Pour les détails contenus dans les paragr. 5, 5, 1-3, Zosime
est source unique. Mousonios, père de trois fils, n'est pas identifiable avec une certitude absolue, car il y a deux personnages
de ce nom connus et qui peuvent répondre aux précisions données par Zosime. L'un fut proconsul d'Achaïe, puis *magister
officiorum* (en 356-357), et apparaît à plus d'une reprise dans
la correspondance de Libanios (cf. RE XVI 897-898 [Ensslin,
1933] ; PLRE I p. 612-613) ; l'autre fut vicaire de Macédoine,
puis vicaire d'Asie en 367-368 ; c'est à ce titre qu'il dirigea
une action contre les brigands isauriens au cours de laquelle
il perdit la vie (Amm. 27, 9, 6 ; cf. Zosime 4, 20, 2-3 et vol. II
2 n. 141) ; il avait été professeur de rhétorique à Athènes
(Amm. *ibid.*), et Eunape (Hist. *frg.* 45) parle de lui en termes
très élogieux à l'occasion d'une fonction officielle qu'il exerça
en Asie ; il le mentionne aussi dans ses *Vitae soph.* p. 493
Didot, 10, 7, 13, p. 78, 28-79, 4 Giangrande (cf. RE XVI
898-899 [v. Fritz, 1933] ; PLRE I p. 613). Vu la manière

dont Zosime parle de Mousonios père, il est vraisemblable qu'il
ait été païen et professeur (cf. mes *Cinq études...* [1] p. 16-17) ;
il y a donc plus de chances pour que le Mousonios père de trois
fils chez Zosime soit identique avec le second plutôt qu'avec le
premier des deux Mousonios connus par ailleurs, mais on ne
peut nullement exclure qu'il s'agisse d'un troisième individu du
même nom, Zosime ne précisant pas que Mousonios père aurait
exercé des charges officielles. Mousonios fils n'est connu que
par Zosime ; il faut peut-être l'identifier avec le Μουσώνιος
ὁ λαμπ(ρότατος), donc *clarissimus*, qui célébra un taurobole à
Athènes en 387 (IG III 173). Axiochos n'est connu que par
Zosime (cf. pourtant PLRE I p. 143 pour une identification
éventuelle avec un autre Axiochos). Un problème identique se
pose pour Antiochos, peut-être identifiable avec le destinataire
du même nom de Symm. *Epist.* 8, 41 et 74 et le *uir consularis* mentionné par Ambr. *Epist.* 89 (cf. RE I 2491 [Seeck,
1894] ; PLRE I p. 71-72 nᵒˢ 7-8) ; Rufin le nomme proconsul,
non de Grèce, mais d'Achaïe. Gérontios enfin se trouve encore
dans le même cas ; son rôle en 395 n'est connu que par Zosime,
mais il est peut-être possible de l'identifier avec le Gérontios
dont parle Zosime en 4, 40 (cf. vol. II 2 n. 180) ; sa fonction
exacte ne peut pas être définie, ni la nature précise du corps
militaire évidemment occasionnel qu'il commande au moment
de l'invasion d'Alaric. Il convient cependant de relever que
Zosime parle en termes flatteurs du Gérontios de 4, 40, mais
juge négativement celui de 5, 5, 3.

Note 7.

C'est ici qu'apparaît pour la première fois dans l'*Histoire
nouvelle* le personnage d'Alaric, dont Zosime ne prend même
pas la peine de dire qui il est. Sur les destinées de ce personnage avant 395 — qui ne sont du reste pas bien connues —
cf. RE I 1286 (Seeck, 1893). Chef coutumier des Wisigoths,
il était né en « Gothie », c'est-à-dire sur la rive gauche du Danube,
et était encore un enfant lors de l'invasion de 376 ; vers la fin
des années 80, après la mort des vieux chefs, il doit petit à
petit avoir acquis une position en vue parmi les jeunes nobles
des Goths fédérés admis dans l'Empire par Théodose (cf. Claud.
26 [*Bell. Goth.*], 497-498 ; 28 [*VI. cons. Hon.*], 105-106). Sa
participation à l'expédition de Théodose contre Eugène en 394
a été mise en doute sur la base du silence de Zosime 4, 57, 2-3
et de Jean d'Antioche (*Frg.* 187, *Excerpta de insidiis*, p. 119,
12-17 de Boor), qui ne font sans doute que refléter celui d'Eu-

nape (cf. vol. II 2 p. 208), et ne mentionnent pas Alaric dans
la liste des généraux choisis par l'empereur en vue de cette
campagne. Sa participation est cependant clairement attestée
par Socr. 7, 10, PG LXVII 756 AB (cf. Claud. 26[*Bell. Goth.*],
281-286), et son mécontentement après le Frigidus s'explique,
mais sans doute un peu autrement que ne le dit Zosime.
Selon lui, Alaric aurait été dépité de ne commander que des
Barbares, et non des στρατιωτικαὶ δυνάμεις, c'est-à-dire évidemment, vu le contexte, des unités régulières romaines (en 5, 18,
10, Zosime oppose de même les στρατιῶται aux Barbares ; cf.
l'app. crit. de Reitemeier à 5, 5, 4). La réalité est un peu différente. A l'époque de la bataille du Frigidus, Alaric devait être
encore relativement jeune et n'avait pas encore chez les Goths
la situation prééminente qu'il obtint peu après : d'après Iord.
Get. 146-147, ce n'est qu'après la mort de Théodose qu'il
devint le roi des Goths. Dans la campagne contre Eugène, il
n'occupait apparemment qu'une position subalterne par rapport à Gaïnas et Saoul qui, selon Zosime 4, 57, 2, comman-
daient les Barbares fédérés. Cf. sur cela Várady [5] p. 80-82
et E. K. Chrysos (Τὸ Βυζάντιον καὶ οἱ Γότθοι, Thessalonique,
1972) p. 160-162. Alaric, jeune chef goth, pouvait certes avoir
été déçu de ne pas recevoir un grade régulier dans le corps des
officiers romains, mais il était aussi irrité d'avoir été subordonné à d'autres chefs barbares. Il avait un autre motif encore
de se révolter contre les Romains, comme l'a bien vu Seeck
(article RE cité *supra*) : il était sans doute à juste titre indigné
de la manière dont Théodose avait utilisé ses fédérés goths
durant la première journée de la bataille et surtout de la satisfaction sans vergogne qui s'était manifestée dans les rangs des
Romains de voir dix mille Goths tués ce jour-là (cf. Oros.
Hist. 7, 35, 19 et plus généralement l'Appendice C du vol. II
2). Comme les fédérés goths, lors de la bataille du Frigidus,
étaient au nombre de vingt mille (Iord. *Get.* 145), il en resta
dix mille après le combat ; tandis que Gaïnas demeurait provisoirement en Occident avec Théodose et Stilicon, Alaric est
sans doute immédiatement reparti pour l'Orient avec les survivants (cf. *supra* n. 5) ; c'est peut-être à ce moment-là qu'il a
été élu roi : la nouvelle de la mort de Théodose incita vraisemblablement les Goths à de nouvelles entreprises de pillage.
Durant l'hiver, Alaric et ses hommes reprirent contact avec
leurs frères de race, qui traversèrent le Danube gelé. Dès lors
les Goths semèrent le trouble dans les secteurs romains voisins
du fleuve, puis s'avancèrent jusque sous les murs de Constantinople, où ils se trouvèrent au plus tard au début du printemps
395 ; cf. Claud. 5 (*In Ruf.* 2), 26-59 et 100-106, ainsi que

J. Koch (*Claudian und die Ereignisse der Jahre 395 bis 398*, RhM 44, 1889, p. 575-612) p. 599-601. Le résumé de Zosime tait tout cela, ce qui rend difficile l'intelligence des événements narrés.

Note 8.

Comme le dit Zosime, Alaric se trouvait bien en Thrace, et c'est effectivement à la demande de Rufin qu'il repartit vers l'ouest, en direction de la Macédoine et de la Thessalie (cf. Claud. 5 [*In Ruf.* 2], 43-85). Je ne vois pas sur quoi se fonde R. T. Ridley (traduction anglaise annotée de Zosime, Canberra, 1982) p. 208 n. 18 pour affirmer que Zosime « clearly implies that Alaric was anti-Roman before Rufinus tampered with him ». Ici s'insère un épisode dont Zosime ne dit rien : Stilicon et Alaric doivent s'être trouvés face à face sans qu'aucun combat ne s'engage ; Stilicon repart alors pour l'Occident ; cf. *supra* n. 6 ; en 396, il se rend sur le Rhin notamment pour recruter des soldats (cf. E. Demougeot [1] p. 162-163). Le silence total de Zosime sur cette série d'événements est d'autant plus embarrassant que les allusions de Claudien, obscurcies par les conventions du langage épique et suspectes d'embellir le rôle de Stilicon, ne permettent qu'une reconstitution fort approximative de cet enchaînement d'épisodes. Sur ce qu'il faut penser de la prétendue collusion entre Rufin et Alaric en vue de l'invasion de la Grèce, cf. *supra* n. 6 (dans E. Demougeot [1] p. 166 et n. 241, c'est sans doute à la suite d'un lapsus qu'il est question d'une collusion entre Eutrope et Alaric en vue d'envahir la Grèce). Les autres sources prêtent à Rufin des desseins encore plus criminels : selon Claud. 3 (*In Ruf.* 1), 319 et 5 (*In Ruf.* 2), 270-271, Socr. 6, 1, PG LXVII 661 A et Soz. 8, 1, 2, le bruit circulait que le préfet du prétoire d'Arcadius aurait même invité les Huns à dévaster l'Orient. Noter la précision intéressante qu'Alaric avait avec lui non seulement des Goths, mais aussi des Barbares appartenant à d'autres peuples ; cf. à ce sujet Várady [5] p. 471, n. 449.

Pour l'invasion d'Alaric en Grèce (qui commença vers la fin de 395 ; cf. *supra* n. 6), Zosime est la source pratiquement unique ; le récit parallèle de Jean d'Antioche, qui dérive aussi d'Eunape, ne fournit que deux détails supplémentaires (cf. *supra* n. 6, et Cameron [2] p. 474-477 ; Stilicon se rend en Grèce bien que cette région n'appartienne pas à l'Empire d'Occident, p. 120, 19-21 de Boor ; l'armée ramenée en Orient par Gaïnas après le Frigidus combattit les Barbares en Illyrie,

p. 120, 23-37 de Boor). Selon Socr. 7, 10, PG LXVII 756 B, une armée locale se serait opposée à Alaric en Thessalie, près des bouches du Pénée, dans un combat qui aurait coûté la vie à trois mille Goths (Seeck [5] p. 281 pense que cet épisode s'insère dans un autre contexte). Eunape, dans ses *Vitae soph.* fait à deux reprises allusion à l'invasion d'Alaric en Grèce ; ces passages ont été groupés par Müller dans son fragment 65 ; (j'ai déjà commenté en partie ces textes dans mes études intitulées *Quand parut la première édition de l'Histoire d'Eunape* [Bonner Historia-Augusta-Colloquium, 1977-1978, Bonn, 1980, p. 149-162] p. 150-152, et *Eunapiana* [Bonner Historia-Augusta-Colloquium, 1982-1983, Bonn, 1985, p. 239-303] p. 271-278). Le premier extrait provient d'un passage où il est question de la fin du culte d'Éleusis et de la succession traditionnelle des hiérophantes, le dernier d'entre eux ayant été, contrairement à la règle, aussi initié à un autre culte (le titre de père est donné, dans le culte de Mithra, au fidèle qui a atteint le plus haut degré d'initiation ; cf. Hier. *Epist.* 107, 2). Dans le second extrait, il convient de relever qu'Eunape insiste sur le fait qu'Hilaire fut victime des Barbares parce qu'il se trouvait hors d'Athènes (cf. à ce sujet *infra* n. 9) ; par ailleurs, il est notable qu'à la fin de ce passage, Eunape distingue très soigneusement ses *Vies*, qui concernent les destinées individuelles des personnages pris en considération, de son *Histoire*, traitant des problèmes dans une perspective générale ; pour l'importance de cette distinction, cf. *infra*. Ce qui cependant mérite ici le plus d'attention, c'est la différence qu'il y a entre les *Vitae soph.* et Zosime dérivant de l'*Histoire* d'Eunape au sujet de ce qui a permis à Alaric d'entrer en Grèce ; selon les *Vitae soph.* ce sont l'impiété des moines et la cessation des cérémonies traditionnelles à Éleusis qui ont ouvert aux Goths les portes de la Grèce ; selon l'*Histoire nouvelle*, ce serait la trahison d'Antiochos et de Gérontios. Dans le premier cas, nous avons une explication de nature religieuse et magique (la cessation d'un culte et les méfaits des impies est à la source du malheur), dans le second cas une explication militaire et politique. S. Lenain de Tillemont (*Histoire des Empereurs*, vol. V, Paris, 1701) p. 434 rapporte sans la partager l'interprétation — à vrai dire absurde — qu'Eunape, en mentionnant des gens portant des habits sombres, ferait allusion à Antiochos et à Gérontios, indiquant ainsi qu'ils étaient chrétiens ; pour sa part, il suggère plutôt que « le sens d'Eunape paraît être que ses dieux permirent le passage d'Alaric, irrités du progrès que faisaient les moines ». D. Wyttenbach (édition d'Eunape de Boissonade, 1822, vol. II p. 184, cité par Müller, FHG IV p. 43) pensait au contraire qu'Eunape voulait dire que les moines étaient entrés en Grèce avec Alaric. En réalité, les cultes païens avaient déjà cessé en Grèce, au plus tard après les décisions draconiennes de Théodose en 392 (cf. mes deux articles cités *supra*), et les moines n'ont nullement eu besoin d'attendre Alaric pour y déployer leur zèle. L'interprétation de Tillemont me paraît donc s'imposer, et elle a par ailleurs le mérite de montrer que les versions des *Vitae soph.* et de Zosime sont plus complémentaires que contradictoires ; cf. aussi *infra* n. 10. Ridley [1] p. 591 pense qu'il y a ici un « major disagreement » entre Eunape et Zosime ; L. Cracco Rugini (*Simboli di battaglia ideologica nel tardo ellenismo*, Pisa, 1972) p. 103-104 a prétendu fonder sur cette divergence entre Eunape et Zosime une démonstration de l'originalité de celui-ci par rapport à celui-là ; elle néglige cependant de préciser que l'accusation concernant les moines se trouve, non pas dans un fragment historique, mais dans les *Vitae soph.* Elle ne tient donc pas compte de la différence de nature des deux œuvres d'Eunape, que l'auteur souligne lui-même à la fin de son *frg.* 65, 2. Dans le *frg.* 65, 1, l'allusion aux événements de fin 395 est faite dans une optique particulière, celle d'un développement consacré à la fin du paganisme et au triomphe du christianisme en Grèce, et Eunape donne l'explication religieuse des malheurs de ce pays ; dans son *Histoire* en revanche, il montre comment cette conséquence religieuse s'est réalisée au niveau concret. Les deux versions sont donc complémentaires, et je ne suivrai pas Mendelssohn (note à la p. 222, 3 de son édition) suggérant que l'*Histoire* corrige une erreur des *Vies*. L. Cracco Ruggini compare de même Zosime 2, 40, 3 à *Vitae soph.* p. 462-463 Didot, 6, 2, 7-12, p. 19, 21-20, 27 Giangrande, commettant la même erreur méthodologique, dont du reste Ridley se rend aussi coupable. Le parallèle avec Jean d'Antioche (*loc. cit. supra* n. 6, p. 120, 13-15), dont le résumé dérive également d'Eunape, montre avec toute la clarté nécessaire qu'Eunape, dans son *Histoire*, chargeait Rufin (et donc ses agents Antiochos et Gérontios) de la responsabilité d'avoir ouvert la Grèce à Alaric. Cela dit, il convient d'ajouter qu'il n'est nullement impossible qu'Alaric ait eu avec lui des moines — authentiques ou déguisés ; en effet, Eunape *Hist. frg.* 55 nous apprend que les Goths avaient déjà une fois trompé les Romains en se déguisant en moines. Quoi qu'il en soit de cela, il est certain que la trahison, ou tout simplement l'impuissance d'Antiochos et de Gérontios, constitue l'élément essentiel qui a permis l'entrée d'Alaric en Grèce. Nous avons par ailleurs vu (*supra* n. 6) qu'en fait la responsabilité de Rufin dans cette invasion n'était qu'indirecte. On imagine du reste mal comment il aurait

eu les moyens de l'empêcher, car il ne pouvait envoyer en Grèce
des troupes solides — en admettant qu'il y en ait eu à disposition
— sans se heurter aux arrières d'Alaric ; il aurait dû établir un
pont maritime, mais on peut douter qu'il ait disposé des navires
nécessaires. Selon Eunape *Hist. frg.* 65, 1, Alaric franchit les
Thermopyles aussi facilement qu'un stade ou un terrain destiné aux évolutions de la cavalerie. Description du site des
Thermopyles chez Hérodote 7, 167 ; l'ensablement a aujour-
d'hui, et sans doute en partie déjà en 395, notablement modifié
l'aspect de ces lieux ; cf. KP V 743-746 (E. Meyer). Le récit
d'Eunape-Zosime n'est peut-être qu'un embellissement archaï-
sant ; il n'est nullement impossible que les Goths d'Alaric aient
pu tout simplement et sans rencontrer le moindre obstacle
naturel longer la falaise, là où, sept ou huit cents ans plus tôt,
la mer empêchait tout passage.

Note 9.

Eunape-Zosime songent évidemment aux subdivisions de
l'ancienne Grèce quand ils parlent des « provinces grecques »
traversées par les Goths au sud des Thermopyles ; on voit en
effet apparaître les noms de Béotie, Attique, Mégaride. Or, au
moment où Alaric envahit la Grèce, toute la région située au
sud des Thermopyles forme une seule province, l'Achaïe, gou-
vernée par un proconsul, à cette époque-là précisément Antiochos. Le terme ἔθνος est donc ici utilisé abusivement dans son
sens d'équivalent du terme technique latin *prouincia*. L'expression μέχρι τοῦ νῦν est une nouvelle preuve de la passivité avec
laquelle Zosime copie sa source ; il est en effet évident que ces
mots ne peuvent désigner que l'époque où Eunape rédige la
seconde édition de son *Histoire*, vers 420, et non l'époque de
Zosime, plus de quatre-vingts ans postérieure.

La place éminente donnée à Athènes dans le récit de l'invasion de la Grèce est aisément compréhensible. Pour le milieu
des intellectuels païens orientaux auquel appartient Eunape,
Athènes est en effet la ville sainte par excellence ; qu'on songe
par exemple aux sentiments d'un Julien à l'égard de cette
ville (cf. J. Bidez [*La vie de l'empereur Julien*, Paris, 1930]
p. 112-119, et aussi L. Cracco Ruggini [8] p. 28-40 et surtout
n. 64, et *infra* n. 10). Les raisons que mentionne Zosime et qui
suggéraient à Alaric qu'Athènes serait facile à prendre correspondent certainement à la situation réelle de cette ville (cf.
infra) et, quoi qu'en disent Eunape-Zosime, Athènes fut bel et
bien prise par Alaric. La version qu'offre l'*Histoire nouvelle*

appartient à l'hagiographie païenne ; de même, dans son *Hist.
frg.* 65, 2, Eunape prétend qu'Hilaire ne tomba aux mains des
Barbares que parce qu'il se trouvait hors d'Athènes. Les
sources parallèles divergent de la version fournie par Zosime :
Claud. 5 (*In Ruf.* 2), 191 (*nec fera Cecropias traxissent uincula
matres*) ; Hier. *Epist.* 60, 16 (*quid putas nunc animi habere
Corinthios, Athenienses, Lacedaemonios, Arcadas, cunctamque
Graeciam, quibus imperant barbari ?*) ; Philost. 12, 1, p. 140,
14-141, 2 Bidez-Winkelmann (ὅτι κατὰ τοὺς προειρημένους χρόνους
᾿Αλάριχος Γότθος τὸ γένος, περὶ τὰ τῆς Θρᾴκης ἄνω μέρη δύναμιν
ἀθροίσας, ἐπῆλθεν τῇ ῾Ελλάδι καὶ τὰς ᾿Αθήνας εἶλεν καὶ τοὺς
προσεχεῖς Δαλμάτας ἐλῄσατο). L'autorité de Zosime a tellement
prévalu qu'on a pensé que Claudien et Jérôme ne parlaient
que de l'Attique, et non d'Athènes même (bien que Zosime
prétende en 5, 6, 3 que l'Attique fut aussi épargnée), et que,
contre toute évidence, J. B. Bury (*History of the Later Roman
Empire*, London, 1923) vol. I p. 119 n. 2 affirme avec assurance
que Philostorge, en nommant Athènes, entend en réalité le
Pirée ! Les archéologues ne sont pas restés en arrière, et H.A.
Thompsen (*Athenian Twilight : A.D. 267-600*, ARS 49, 1959,
p. 61-72) p. 66 écrivait que l'invasion de 396 n'avait pas laissé
de traces à l'Agora. D'autres ne parlent tout simplement
pour ainsi dire pas du sort de la ville dans l'antiquité tardive ;
il n'est par exemple pas question de l'invasion d'Alaric dans
l'article de la RE consacré à l'histoire d'Athènes (Suppl. X 48-
49 [Papastavrou, 1955] ; cf. en part. p. 61-72). Mais les fouilles
récentes sont venues donner raison aux sources parallèles et
mettre en évidence la pieuse fraude d'Eunape-Zosime. Cf. A.
Frantz (*Some Invaders of Athens in Late Antiquity*. A Colloquium
in Memory of George Carpenter Miles, New York, 1976, p.
9-15) ; Ead. (*Did Julian the Apostate Rebuild the Parthenon ?*
AJA 83, 1979, p. 395-401) ; Ead. (*The Athenian Agora. Late
Antiquity [267-700]*, à paraître). La vaste muraille à laquelle
Zosime fait allusion n'est pas l'enceinte réduite dressée après
l'invasion des Hérules en 267, mais l'ancien mur reconstruit sous
Valérien et restauré grâce à un don de Jamblique sans doute à
l'époque où le danger gothique se précisait. La porte du Dipylon,
la Voie Panathénaïque et l'Agora ont subi des destructions, de
même que la Tholos, la Stoa de Zeus et le temple d'Apollon
Patrôos ; des restaurations un peu postérieures ont mis à profit le matériel rendu disponible par ces destructions. Leur date
est fournie de manière précise par un trésor enterré compre-
nant des pièces des années 383-395. Par ailleurs, des indices
archéologiques combinés avec des témoignages littéraires indiquent que la Stoa Poïkilè a aussi été détruite à l'époque de

l'invasion d'Alaric. Seules l'Acropole et la région située à l'intérieur du mur de 267 furent épargnées. Alaric a donc aisément franchi le mur extérieur dont parle Zosime et ne s'est arrêté que devant le mur intérieur. Le miracle qui va sauver Athènes selon Zosime doit se situer sur l'enceinte de l'Acropole ; ainsi la version donnée par l'*Histoire nouvelle* n'est pas entièrement controuvée, car une partie de la ville échappa effectivement aux déprédations, pour une autre raison cependant que celle qu'indique Zosime. Sur tout cela, cf. la n. suivante. Les temps impies dont parle Zosime désignent évidemment la période postérieure à l'interdiction absolue des sacrifices païens ; sur le rôle de la providence divine, cf. *infra* n. 80.

Note 10.

En un temps où le bon peuple croyait volontiers qu'une petite prière d'un saint évêque ou d'un pieux empereur faisait intervenir séance tenante en défense du christianisme les apôtres, martyrs, confesseurs et autres vaillants soldats du Christ, il n'y avait aucune raison de ne pas lui dire qu'Athéna était intervenue en personne pour défendre sa ville. C'est en souvenir de la bataille de Marathon que les Athéniens auraient dressé sur l'Acropole une statue colossale en airain d'Athéna Promachos ; elle apparaissait aussi dans le fronton oriental du Parthénon. Le type iconographique a varié, et l'unanimité ne règne pas entre les archéologues sur l'aspect précis des statues les plus célèbres et les plus souvent imitées de la Promachos ; cf. Daremberg-Saglio III p. 1925 (G. Fougères, 1904), et Roscher I 689-693 (1884-1886) et III 3028-3029 (1902-1909). « L'attitude de la Promachos est celle de l'hoplite de première ligne qui, sans sortir du rang et ferme sur ses jambes écartées, jette sa lance en avant en se protégeant du bouclier levé pour la parade (parfois remplacé pour Athéna par l'égide) » (Daremberg-Saglio, *loc. cit.*). Quant à Achille, nous l'avons déjà vu intervenir en faveur d'Athènes dans Zosime 4, 18, placé aux pieds de la statue d'Athéna et collaborant donc là aussi avec cette déesse pour sauvegarder la ville (c'est précisément à cet épisode que Zosime fait allusion au paragr. 3). Sur la popularité d'Achille dans l'antiquité tardive, cf. vol. II 2 n. 138 ; il reste un peu étonnant de le voir venir à deux reprises au secours d'une ville avec laquelle il n'avait aucun lien particulier ; c'est sans doute comme guerrier grec par excellence qu'Achille est vénéré par les derniers païens orientaux. Alors qu'Eunape-Zosime suggèrent l'attitude de la Promachos en évoquant une

statue apparemment familière à leurs lecteurs, c'est à une description littéraire qu'ils recourent pour Achille : cf. Hom. *Il.*
20, 164-173 (Achille comparé à un lion). Noter que Zosime
emploie ici la forme d'accusatif ἥρω, et en 4, 18, 2 celle
d'ἥρωα.

Eunape-Zosime ont beau dire que leur petite histoire est de
nature à réveiller la ferveur païenne, elle est parfaitement
incroyable ; Alaric était un pieux chrétien et, bien qu'attaché
aux diaboliques erreurs d'Arius, il n'ignorait pas qu'un vigou-
reux signe de croix mettait en fuite les démons ; il était de plus
un Barbare sans culture littéraire, si bien qu'il ne pouvait
guère être impressionné par Athéna et Achille, comme le relevait déjà judicieusement Gibbon (*Decline and Fall*, Édition
Everyman, vol. III, p. 175). Plusieurs allusions d'Eunape nous
apprennent du reste qu'Alaric manifesta en Grèce un grand
zèle pour détruire les idoles des païens et leurs temples, ache-
vant ainsi un travail qui avait été largement entamé par les
zélateurs chrétiens après l'interdiction absolue des cultes païens
par Théodose ; cf. à ce sujet mes deux articles cités *supra* n. 8,
ainsi qu'Eun. *Hist. frg.* 65. Je ne pense donc pas qu'on puisse
affirmer avec W. E. Kaegi (*Byzantium and the Decline of Rome*,
Princeton, 1968) p. 125-127 qu'Eunape-Zosime opposent
Athènes — sauvée parce que les cultes païens y sont encore
à l'honneur, — à Rome détruite en 410 parce que les cultes
païens y sont abolis. Bien qu'ambigus dans leur formulation
et leur chronologie, les deux passages d'Eunape cités ci-dessus
laissent deviner que l'action combinée de la législation impériale et des Goths ne laissa rien subsister du paganisme en Grèce
après 396 ; voilant comme il pouvait cette triste réalité au
sujet d'Athènes, Eunape n'a pas pu vouloir suggérer un contraste entre Rome détruite et Athènes, prétendument sauvée,
mais en réalité aussi endommagée, comme il ne pouvait assurément pas l'ignorer. Cf. *supra* n. 9.

Lorsqu'Alaric fut arrivé devant le mur intérieur d'Athènes,
les Athéniens lui ont apparemment offert une rançon (les
« cadeaux » dont parle Zosime) ; un accord intervient (Zosime
parle de serments), et Alaric est finalement reçu dans la cita-
delle avec quelques Goths de haut rang et royalement traité
par les Athéniens destitués de tout secours et préférant sage-
ment les pertes prévisibles d'une rançon et d'une coûteuse
réception aux hasards d'une mise à sac. Au cours de ses divers
sièges de Rome, Alaric tentera aussi d'obtenir des rançons (cf.
infra 5, 41 et 50).

Synésios de Cyrène, qui visita Athènes sans doute assez rapidement après le passage d'Alaric, déclare (*Epist.* 135) que la

ville n'est rien d'autre qu'un site célèbre, mais vide, comparable à la peau d'un animal dont le corps n'existe plus ; on n'y trouve plus que des marchands de miel ; un proconsul rapace (Antiochos ?) a fait enlever du Portique de Chrysippe (ou Stoa Poikilè) les reliefs de Polygnote. Le jugement de Synésios s'explique peut-être aussi parce qu'il comparait spontanément Athènes déchue aux splendeurs d'Alexandrie ; cf. A. Frantz (*The Athenian Agora...* [9]).

Sur le tremblement de terre qui aurait épargné Athènes sous le règne de Valens, cf. Zosime 4, 18, 2-4 et vol. II 2 n. 137-138 (vers l'an 375). Au sujet de la conjecture de Bekker au début du paragr. 3 et de l'emploi de τε chez Polybe et Zosime, cf. Mendelssohn *ad* p. 223, 10, F. Kaelker (*Quaestiones de elocutione Polybiana*, Lipsiae, 1880) p. 287-288 et J.-A. de Foucault (*Recherches sur la langue et le style de Polybe*, Paris, 1972) p. 266.

Note 11.

Confirmé sur quelques points par Claudien, Zosime reste ici notre source unique pour les épisodes narrés. Son récit paraît en gros digne de foi et n'appelle que des observations ponctuelles. Sur l'Isthme (s.-e. de Corinthe), cf. RE IX 2256-2265 (Fimmen, 1916) ; sur le mur, cf. notamment *ibid.* 2260-2261. C'est en 480 avant J.-C. que fut construit à notre connaissance pour la première fois un mur barrant l'Isthme (Hérodote 8, 40 et 71). Il fut ensuite continuellement restauré et utilisé, et apparaît sporadiquement dans nos sources, par ex. en Zosime 1, 29, 3 ; il en est aussi question durant la période byzantine, et les restes en sont aujourd'hui encore bien visibles, tout au long de son tracé de 7,3 km. Ici de nouveau, Gérontios céda sans doute plutôt par manque de moyens de résistance que par trahison. On trouve une allusion au passage d'Alaric par l'Isthme dans Claud. 26 (*Bell. Goth.*), 189-190, qui parle aussi du mur. Le même auteur, dans le même poème, mentionne aussi Corinthe, Argos et Sparte, qui ont fourni des esclaves à la femme d'Alaric (627-630) ; enfin on trouve encore mention de la présence des Goths à Corinthe et à Sparte dans Claud. 5 (*In Ruf.* 2), 189-190 ; 8 (*IV. cons. Hon.*), 471.

Seule avec Athènes, Sparte reçoit un traitement spécial dans le récit d'Eunape-Zosime, évidemment à cause de l'antique gloire militaire de cette cité. Ce qu'on apprend sur la Sparte contemporaine est bizarre et peu clair. J'incline à croire que l'allusion à l'avidité des Romains est l'une de ces notations

tout à fait anachroniques qui ne sont pas rares chez Eunape.
Il doit être question ici, non d'un épisode historique précis,
mais très généralement de la conquête et du désarmement de
la Grèce par les Romains en 146 av. J.-C. ; plutôt qu'un fait
spécifiquement en relation avec Sparte, Eunape-Zosime évo-
quent sans doute implicitement le célèbre sac de Corinthe.
L'antiromanisme qui se manifeste dans ces lignes de l'*Histoire
nouvelle* est assez insolite, et constitue peut-être aussi un anachro-
nisme, à moins qu'il faille ici identifier les Romains avec les chrétiens, nouveaux destructeurs de la Grèce puisqu'ils y abolissent
les anciens cultes ; selon cette optique, Rome aurait répété en
Grèce à la fin du ive siècle le crime contre la culture qu'elle
avait commis quelque cinq cent cinquante ans plus tôt. L'attaque contre les autorités municipales de Sparte surprend aussi,
et doit cacher, vu les expressions employées, un conflit d'ordre
religieux : comme la ruine publique est généralement provoquée,
aux yeux d'Eunape-Zosime, par la cessation des cultes païens,
il doit y avoir ici une allusion obscure à l'exécution, par les
autorités locales de Sparte, d'un ordre du gouvernement central relatif à la suppression de quelque culte païen.

Note 12.

La réaction de Rufin à l'invasion de la Grèce est chronologiquement impossible, car il meurt le 27 novembre 395 ; à ce
moment-là, l'invasion de la Grèce par Alaric ne fait que commencer, et c'est surtout en 396 qu'elle se développe ; cf. *supra*
n. 6 et *infra* n. 13. Sur l'ambition de Rufin d'accéder à l'Empire,
cf. *supra* 5, 1, 4 et n. 1 ; sur son prétendu projet de bouleverser
l'Empire, cf. *supra* n. 6 et 8.
La suite de cette section du récit de Zosime concerne la
seconde intervention de Stilicon à l'Est, qu'aucune source ne
date avec précision, mais qu'on s'accorde à situer en 397 (cf.
E. Demougeot [1] p. 170 et n. 272). Le récit parallèle très
résumé de Jean d'Antioche (*Frg.* 190, *Excerpta de insidiis*,
p. 120, 17-23 de Boor), fort proche de Zosime, et dérivant aussi
d'Eunape, contient cependant un détail de plus (cf. *supra*
n. 8) : Stilicon intervient dans une région qui ne fait pas partie
de la *pars Occidentis*, donnée conforme à la division indiquée
par Zosime en 4, 59, 4 ; cf. vol. II 2 n. 214 et Cameron [2]
p. 476. Le récit de Claud. 8 (*IV. cons. Hon.*), 459-483 ne contredit pas Zosime : il y est aussi question d'une expédition par
voie maritime et de Barbares privés d'approvisionnements ; en
plus de ce que dit l'*Histoire nouvelle*, ces vers nous apprennent

qu'il doit y avoir eu un combat. Zosime précise seul que les
Goths furent bloqués en Pholoé, un plateau élevé situé à l'est
de l'Élide, près de l'Arcadie (cf. RE XX 513-517 [Bölte, 1941],
et la carte à la fin du présent vol.). Le récit de Claudien tourne
ensuite court ; Oros. *Hist.* 7, 37, 2 fait une très vague allusion
à l'évasion d'Alaric. Qu'Alaric se soit rendu en Épire est confirmé
par Claud. 20 (*In Eutr.* 2), 215, et qu'il ait pu conserver son butin
par Claud. *ibid* 198-201 et 26 (*Bell. Goth.*), 611-615. Il est
question ici à deux reprises d'opérations maritimes de Stilicon ;
cf. à ce sujet D. Kienast (*Untersuchungen zu den Kriegsflotten
der römischen Kaiserzeit*, Bonn, 1966) p. 126. Sur cette série
d'événements, cf. E. Chrysos [5] p. 43. Il vaut la peine de
relever qu'après les opérations racontées dans le présent passage, Alaric disparaît complètement de l'*Histoire nouvelle* jusqu'en 5, 26, 1, où Zosime suit déjà Olympiodore ; cette particularité découle notamment du fait qu'Eunape-Zosime ne
parlent pratiquement plus, dans ce qui suit, de ce qui se passe
en Occident ; cf. sur cela *infra* n. 53, et Várady [5] p. 520-
521.

Le motif qui poussa Stilicon à lever son blocus est mal connu
et constitue l'objet d'une controverse ; cf. par ex. E. Demougeot [1] p. 171-172 et Stein-Palanque [6] p. 231 et 542. Le
problème a été repris en détail par Cameron [2] p. 168-176 ;
il montre que les motifs habituellement invoqués : conclusion
d'un accord entre Stilicon et Alaric, collusion entre Constantinople et Alaric (qui nomme Alaric *magister militum per Illyricum*), début de la révolte de Gildon (ces deux épisodes sont en
réalité plus tardifs ; cf. aussi Stein-Palanque [6] p. 542), ne
fournissent pas une explication satisfaisante, et pense que la
vraie raison est celle que suggère en termes bizarres Zosime :
les troupes de Stilicon se sont montrées indisciplinées, Alaric
a éventuellement tenté de les corrompre (cf. Claud. 26 [*Bell.
Goth.*], 87-88). Döpp [5] p. 104-106 estime pour sa part que
les deux récits de Claudien et de Zosime sont difficiles à concilier, qu'il est impossible de trancher clairement la difficulté, et
qu'apparemment Stilicon n'avait pas comme objectif de détruire
les Goths, mais seulement de les tenir en lisière. La solution
préférée par Cameron a au moins le mérite de se fonder sur
une source explicite, mais il est par ailleurs évident que le
tableau fourni par Zosime de « Monsieur Stilicon saisi par la
débauche » est fort suspect, parce que littéraire, conventionnel,
topique, et empruntant des traits à Iulian. *Misop.* 14 (346 *a*),
qui parle aussi de mimes et de femmes dévergondées. Certes,
comme le dit Cameron, une expression conventionnelle n'est
pas encore une preuve de mensonge. Stilicon ne s'est sans doute

pas métamorphosé en Sardanapale, mais il n'est pas impossible
de croire que ses troupes aient manqué de discipline en Grèce ;
à un détail exact, le récit de Zosime donne un motif et une
coloration de roman.

Note 13.

Le récit du complot contre Rufin et de sa mort nous ramène
deux ans en arrière ; cf. *supra* n. 6 pour l'enchaînement exact
des événements ; la mort de Rufin se produit le 27 novembre
395 : Socr. 6, 1, PG LXVII 661 A. Le récit résumé parallèle
de Jean d'Antioche, dérivant aussi d'Eunape, contient deux
précisions tues par Zosime (*loc. cit. supra* n. 12 p. 120, 23-27 ;
cf. aussi *supra* n. 8) : les troupes conduites par Gaïnas à Constantinople sont les troupes orientales qui ont combattu Eugène,
puis les Barbares en Illyricum ; la première de ces deux précisions se trouve aussi chez Philostorge 11, 3, p. 134, 17-18
Bidez-Winkelmann et Socr. (*loc. cit. supra*) ; l'une et l'autre
dérivent d'Eunape, que Jean, Philostorge et Socrate utilisent
comme source ; cf. Cameron [2] p. 476-477. Le présent récit
constitue un doublet avec la mention d'un renvoi de troupes
en Orient faite en 5, 4, 2 ; cf. *supra* n. 5 et plus spécialement
Hoffmann [5] p. 33. Sur l'importance de la précision donnée
ici par Zosime, cf. G. Albert (*Stilicho und der Hunnenfeldzug
des Eutropius*, Chiron 9, 1979, p. 621-645) p. 627.

Zosime nous livre ici une tout autre version du retour des
troupes orientales à Constantinople que celle que fournit Claudien (5 [*In Ruf.* 2], 130-170) ; cf. *supra* n. 6. Selon Zosime,
ce renvoi est une initiative spontanée de Stilicon, qui utilise
ce moyen pour se débarrasser de Rufin ; selon Claudien, Arcadius, inspiré par Rufin, aurait exigé que Stilicon lui restitue
l'armée orientale. Cameron [2] p. 165-168 pense que Stilicon
aurait été trop heureux de renvoyer spontanément en Orient
des troupes peu disciplinées et qui ne s'entendaient guère avec
l'armée occidentale ; indiscipline et mésentente rendaient l'amal-
game de troupes occidentales et orientales inutilisable ; incapable d'affronter Alaric dans ces conditions, Stilicon aurait
saisi le prétexte du besoin de l'Orient en troupes pour résoudre
comme il le fit le problème qui se posait à lui. Comme pour
la divergence entre Claudien et Zosime discutée à la n. précédente, Cameron privilégie derechef ici le témoignage de Zosime.
Cf. les réserves de Gnilka et Döpp sur cette thèse mentionnées
supra n. 6. Il ne me paraît pas possible de trancher avec assurance ce débat, mais l'interprétation de Cameron ne laisse pas

d'être séduisante : il est en tout cas incontestable que l'Orient démuni de troupes avait besoin de renforts, et le calcul prêté à Stilicon de se débarrasser d'unités turbulentes tout en les utilisant pour faire assassiner Rufin n'est nullement invraisemblable. Par ailleurs, si l'indiscipline des Orientaux n'est pas positivement attestée par les sources dans le présent contexte, Cameron fournit de bonnes raisons de penser qu'elle était bien réelle. Enfin il me semble difficile d'exclure absolument que la version donnée par Claudien n'est pas en partie du moins arrangée en défense de Stilicon, et plus généralement *ad usum Occidentis*.

Gaïnas n'est jamais mentionné par Claudien. Il paraît évident que dans un premier temps, après être resté en Occident avec Stilicon (cf. *supra* n. 7), il agit en plein accord avec lui, et sur ses ordres ; le régent d'un seul coup se débarrasse de troupes peu sûres et d'un rival en puissance chargé d'assassiner un rival établi ; une fois installé à Constantinople, Gaïnas ne semble pas être demeuré l'instrument docile de Stilicon ; cela expliquerait le silence de Claudien ; cf. à ce sujet Cameron [2] p. 146-148 et 165, et *infra* n. 34. Sur Gaïnas, cf. Zosime 4, 57, 2 et 58, 2, ainsi que vol. II 2 n. 208 ; son rôle dans la mort de Rufin est connu par Zosime, Jean d'Antioche, Marcell. *Chron.* II p. 64, 395, 5 et Iord. *Rom.* 319. L'usage auquel se réfère Gaïnas pour attirer Arcadius et son préfet du prétoire hors de Constantinople est aussi attesté par Amm. 20, 4, 12 et Iulian. *Epist. ad Ath.* 11 (284 *a*) (arrivée à Paris des troupes que Constance II appelle en Orient et qui vont proclamer Julien Auguste) ; la scène identique de novembre 395 devant Constantinople est mentionnée par Zosime, Jean d'Antioche (*loc. cit. supra* n. 12 p. 120, 27-32), Claud. 5 (*In Ruf.* 2), 336-370 et Socr. (*loc. cit. supra*).

La manière dont Zosime décrit la mort de Rufin est pleinement confirmée par les sources parallèles : Claud. 5 (*In Ruf.* 2), 366-420 et 431-453 ; cf. en part. 436-437 : *dextera quin etiam ludo concessa uagatur aera petens* ; Hier. *Epist.* 60, 16 : *Rufini caput pilo Constantinopolim gestatum est, et abscissa manus dextera ad dedecus insatiabilis auaritiae ostiatim stipes mendicauit* ; Philost. 11, 3, p. 134, 18-23 et 135, 6-11 Bidez-Winkelmann ; Soz. 8, 1, 3 est beaucoup plus bref.

Note 14.

Les fragments 66-69 de l'*Histoire* d'Eunape devaient s'insérer dans le passage que Zosime résume ici. Les textes 66 et 68, 1

sont certainement d'Eunape, les textes 67, 68, 2 et 69 vraisemblablement ; ils constituent ensemble des éléments d'un de
ces développements oiseux caractéristiques d'Eunape, et qu'il
n'y a nullement lieu de s'étonner de voir éliminé par Zosime.
C. de Boor (*Die Chronik des Georgius Monachus als Quelle des
Suidas*, Hermes 21, 1886, p. 1-26) p. 15, n. 1 pensait que le
texte de la Suda σπάδων Σ 897, IV, p. 414, 8-24 Adler prove-
nait d'Eunape et formait la suite du fragment 66 (cf. les derniers mots de ce passage) ; cette attribution est rejetée pour
les lignes 8-16 par A. Adler et en tout cas est des plus conjec-
turales. Zosime reviendra sur l'avidité d'Eutrope en 5, 10, 4 ;
5, 12, 2 ; 5, 13, 1 ; cf. aussi Ioh. Ant. *Frg.* 189. C'est sans doute
peu après la mort de Rufin qu'Eutrope obtint la charge de
praepositus sacri cubiculi (cf. *supra* n. 3) ; il apparaît en tout
cas pour la première fois avec ce titre chez Zosime un peu plus
loin, en 5, 9, 2 ; cf. aussi *Cod. Theod.* 9, 40, 17 (postérieur à sa
mort), Philostorge 11, 4, p. 135, 16-17 Bidez-Winkelmann, Socr.
6, 5 PG LXVII 673 A, Pall. *Dial.* 5, PG XLVII 19 ; il accé-
dera plus tard au consulat et au patriciat : cf. Zosime 5, 17, 4
et *infra* n. 34. Auteur du mariage d'Arcadius et d'Eudoxie,
Eutrope parvint facilement à s'imposer à Arcadius, qui était
fort soumis à sa femme, laquelle à son tour devait sa position
à l'eunuque ; cf. *supra* 5, 3 et n. 3, et *infra* 5, 24, 2. Eutrope
succéda ainsi de fait à Rufin, mais bien sûr sa condition d'eunuque l'écarta de la charge de préfet du prétoire. Celle-ci fut
peut-être alors divisée pour éviter qu'un seul individu n'acquière
une trop grande puissance et, après Rufin, il n'est pas exclu
que Césaire et Eutychien soient devenus collégialement préfets
du prétoire d'Orient (cf. E. Demougeot [1] p. 160, et *infra*
n. 36).

La confiscation de l'immense richesse que Rufin avait accumulée grâce à ses exactions est connue par *Cod. Theod.* 9, 42, 14,
du 13 février 396 ; il y est prévu que les biens du défunt passent
au fisc sans qu'aucun de ceux qui avaient été précédemment
spoliés puisse faire valoir ses droits : puisqu'ils n'avaient pas
protesté auparavant, qu'ils continuent à être privés de ces biens !
On devine évidemment derrière cette loi l'influence du tout-
puissant Eutrope, qui voulait pouvoir disposer à son profit des
ressources accumulées par Rufin ; cf. une allusion à cette confiscation dans Symm. *Epist.* 6, 14, 1 et dans Ioh. Ant. *loc. cit.*
supra n. 12, p. 120, 33-34. C'est à la lumière de cette loi qu'il
s'agit d'examiner le quadruple problème soulevé par l'établissement du texte du début du paragr. 2 (cf. app. crit.). a) La
corr. de ἑτέρους en ἑτέροις proposée par Mendelssohn s'impose évidemment au vu des emplois parallèles de ἐνδίδωμι

suivi du datif qu'il allègue : 1, 32, 3 ; 2, 48, 3 ; 3, 31, 2 ; 3, 34, 1 ; 4, 20, 3 ; 4, 34, 2 ; 5, 6, 4 ; 5, 9, 5 ; 5, 46, 5 ; 6, 3, 2. b) ἑταίροις et ἑτέροις ne diffèrent pour les Byzantins que par la graphie, mais la suggestion de Reitemeier me paraît devoir être écartée, car on voit mal Eunape-Zosime utiliser le noble terme d'ἑταῖρος pour les protégés et complices d'Eutrope ; le sens général que j'adopte pour le contexte m'invite aussi à ne pas admettre cette interprétation. c) Les deux corrections proposées par Lenain de Tillemont forment une alternative, et c'est du reste ainsi qu'il les présente : ou bien μὴ ἑτέροις ou bien ἀνάξια. Le contexte me paraît imposer l'une ou l'autre de ces deux corrections : Eutrope ayant gardé la majorité des biens de Rufin pour lui, ou bien il n'a pas souffert que d'autres s'emparent de biens précieux, ou bien il a admis que d'autres s'emparent de biens à condition qu'ils ne fussent pas précieux ; je crois que Mendelssohn a raison de préférer la seconde possibilité, qui s'accorde mieux avec le mouvement général de la phrase, et surtout avec les mots κατὰ τὸ πλέον. d) αὐτοῦ étant donné par V, αὐτῶν est donc une correction de l'un des *apographa* ; le choix fait sous *c* impose αὐτοῦ désignant Eutrope, avec emploi libre du pronom non réfléchi de la 3ᵉ personne. Ainsi établi, le texte de Zosime s'accorde bien avec *Cod. Theod.* 9, 42, 14 : personne n'a profité de la confiscation des biens de Rufin sauf Eutrope ; il n'abandonne à d'autres que ce qui est sans intérêt pour lui, et dont le texte juridique ne parle même pas.

Note 15.

Zosime est seul, avec Ioh. Ant. *loc. cit. supra* n. 12, p. 120, 32-33 (parlant de παῖδες [?]), à nous renseigner sur le sort de la femme et de la fille de Rufin (il s'agit évidemment de la fille qu'il voulait faire épouser à Arcadius ; cf. *supra* 5, 1, 4 et 5, 3, 1) ; *Cod. Theod.* 9, 42, 15, du 3 août 396, concerne peut-être la femme de Rufin (sort de l'épouse d'un proscrit). La fuite dans une église avait remplacé dans l'Empire chrétien la fuite aux pieds des autels pratiquée par les païens ; Eutrope lui-même tentera ainsi de se mettre à l'abri ; cf. *infra* 5, 18, 1 et n. 35 ; cf. *ibid.* pour l'expression « l'église », avec article défini et sans autre précision, qu'emploient ici aussi bien Zosime que Jean d'Antioche. Le titre 9, 45 du *Cod. Theod.* concerne ceux qui cherchent refuge dans les églises : il s'agit de refuges abusifs de débiteurs poursuivis par des créanciers, de Juifs se faisant passer pour chrétiens, et d'un long texte

(4, de 431) spécifiant la nature et l'étendue de la protection accordée. Les païens, en cas de nécessité, n'hésitaient pas à profiter de l'asile fourni par des églises chrétiennes ; cf. la mésaventure de Symmaque, évoquée vol. II 2 n. 191.

La femme et la fille de Rufin s'étant réfugiées à Jérusalem pour le reste de leur vie, il semble qu'on puisse admettre qu'elles y sont entrées dans un couvent : pour une fille qui n'avait pu devenir la fiancée de l'empereur, c'était une excellente consolation que de devenir une fiancée du Christ. Les renseignements fournis par Zosime concernant Jérusalem sont parfaitement exacts. Sur les constructions chrétiennes à Jérusalem, et notamment sur le complexe de la Basilique du Saint-Sépulcre, cf. Eus. Caes. *Vita Const.* 3, 23-40, et surtout le célèbre récit de la *Peregrinatio Aetheriae*, dont toute la seconde partie concerne Jérusalem, devenue centre de pèlerinage ; ce texte date justement des environs de l'an 400. Ridley [8] p. 209 n. 27, de manière sibylline et avec une seule référence qui est fausse, semble reprendre la vieille identification de l'Éthérie de la *Peregrinatio* avec Silvia, la belle-sœur de Rufin ; cf. PLRE I p. 780. Sur l'aspect de Jérusalem vers le fin du ive s., cf. H. Pétré (éd. de la *Peregrinatio Aetheriae*, Sources chrétiennes 21, Paris, 1948) p. 57-64, et carte face à la p. 64, ainsi que J. Wilkinson (*Egeria's Travels*, London, 1971, éd. paperback, 1973) p. 36-53 et 164-171 (extraits commentés du texte d'Eusèbe cité *supra*), à quoi il faut maintenant ajouter la nouvelle édition de la *Peregrinatio Aetheriae*, Sources chrétiennes 296, par P. Maraval (Paris, 1982) p. 60-78 et 376 (carte). Ces ouvrages renvoient à la bibliographie détaillée.

L'expression εἰς τὴν κατὰ Ἱεροσόλυμα πόλιν peut surprendre ; cf. pourtant la tournure identique utilisée en 2, 2, 3, et vol. I p. 183 n. 3, ainsi que H. Rheinfelder (*De praepositionum usu Zosimeo*, Diss. Würzburg, 1915) p. 71-72.

Note 16.

Sur Timasius, cf. vol. II 2 n. 189 et Zosime 4, 45, 2 ; 4, 49, 1 ; 4, 51, 1 ; 4, 57, 2. L'*Histoire nouvelle* est de loin la source la plus riche de ce personnage et sans elle, on ne saurait presque rien de lui. Eun. *Hist.* frg. 70 appartient au passage que résume ici Zosime ; dans ces lignes que Zosime n'a pas retenues, Timasius est présenté comme un personnage avide de gloire, bon général, mais aussi grand viveur, et ayant de sa propre personne une opinion qui n'était pas modeste ; elles nous apprennent surtout des détails qui nous font mieux comprendre le complot d'Eutrope. Alors que Timasius résidait en Pamphylie, apparemment en retraite et profitant de toutes les douceurs de l'existence, Eutrope le convoqua à Constantinople pour lui donner un commandement (dans l'armée d'Orient récemment ramenée par Gaïnas ?). Tel quel, le récit de Zosime est à lui seul peu compréhensible. Ce n'est qu'après l'arrivée de Gaïnas à Constantinople qu'Eutrope doit avoir commencé à comploter contre lui (cf. *infra* n. 17). Aucune source ne nous renseigne sur le rôle de Stilicon et de Gaïnas dans cette affaire ; il est vraisemblable que le premier n'en a rien su avant qu'elle fût terminée et qu'il ne s'en émut guère, tandis que le second collabora avec Eutrope ; cf. E. Demougeot [1] p. 164-165 et Cameron [2] p. 147. Ridley [1] p. 591 prétend qu'il y a ici une différence entre Eunape et Zosime, le premier peignant Timasius sous des traits moins favorables que le second, ce qui est inexact ; Eunape dit seulement que Timasius en retraite vivait dans le plaisir, ce que Zosime passe tout simplement sous silence, et qu'il se déplaça en grande pompe et en manifestant qu'il ne faisait grand cas ni de l'empereur ni d'Eutrope. Ces précisions sont aussi omises dans Zosime, mais elles sont fonctionnelles pour la suite de l'épisode (cf. *infra* n. 17) ; nous ne sommes donc pas ici en présence d'une modification délibérée introduite par Zosime, mais d'un résumé maladroit qui répand une certaine obscurité dans la narration. On a du reste la preuve en 4, 49, 1-2 et en 5, 9, 1-2 qu'Eunape-Zosime accusent à l'occasion Timasius d'imprévoyance et d'attitude peu respectueuse envers des décisions impériales. Ce passage est le seul qui nous apprenne que Timasius avait déjà servi sous le règne de Valens ; sur la suite de sa carrière, cf. PLRE I p. 914. Non précisément datée dans les sources, la chute de Timasius appartient évidemment aux premiers mois qui suivent l'arrivée au pouvoir d'Eutrope, donc à l'année 396. La chute d'Abundantius, racontée ultérieurement par Zosime (5, 10, 4-5 ; cf. *infra* n. 21) et Eunape (*Hist.* frg. 72) serait cependant antérieure selon Claud. 18 (*In Eutr.* 1), 151-170.

Note 17.

Le personnage de Bargos n'est connu que par Zosime et Eunape (cf. *infra* n. 20), le rôle qu'il joue dans la chute de Timasius uniquement grâce à Zosime. Le récit de l'*Histoire nouvelle* continue ici à n'être pas tout à fait clair, mais Eun. *Hist.* frg. 70 nous aide à mieux comprendre ce qui s'est passé (cf. la n. précédente sur la prétendue divergence, selon Ridley, de ce fragment avec Zosime). Eunape était évidemment fort bien informé sur les épisodes de cette affaire qui s'étaient déroulés dans sa ville de Sardes. Il nous apprend que Timasius se déplaçait en grande pompe, comme s'il était un potentat, et montrait ouvertement qu'il ne faisait grand cas ni d'Arcadius ni d'Eutrope. C'est évidemment cette attitude qui provoqua l'intrigue dont il fut la victime, et dont le mécanisme apparaît mal à la seule lecture de Zosime. Nous avons vu *supra* n. 16 que Timasius était de toute évidence à la retraite et que, dans un premier temps, Eutrope le rappela pour lui confier un commandement. Ensslin (RE VI A 1240-1241 [1936]) estime que Timasius fut attiré à Constantinople par Eutrope sous un prétexte honorable ; ce n'est pas exclu, mais Eunape nous apprend que Timasius, dans sa retraite, faisait la fête ; il ne devait donc guère être dangereux, mais le devint quand le sentiment qu'on avait besoin de lui lui fut apparemment monté à la tête (les termes d'Eunape le suggèrent clairement) ; il ne me paraît donc pas évident, contrairement à Ensslin, que le rappel de Timasius ne fût qu'un prétexte.

La manière dont Bargos s'insinua auprès de Timasius ne laisse pas d'étonner. On peut conjecturer que le marchand de saucisses aura ajouté à ses belles paroles des arguments sonnants et trébuchants pour faciliter sa métamorphose de charcutier en officier ; sur la vénalité des charges, cf. vol. II 2 n. 156. Une loi de Constance II (*Cod. Iust.* 12, 1, 6, entre 357 et 360) nous apprend que des ascensions du genre de celle de Bargos n'étaient point rares : *ne quis ex ultimis negotiatoribus uel monetariis abiectisque negotiis uel deformis ministerii stationariis omnique officiorum faece diuersisque pastis turpibus lucris aliqua frui dignitate pertemptet.* En tout cas le problème de la vénalité des charges restait actuel sous Arcadius puisque cet empereur prend des mesures à ce sujet le 16 février 397 (*Cod. Theod.* 8, 26, 1). Claudien accuse Eutrope lui-même d'avoir mis en vente les charges de gouverneur de province, 18 (*In Eutr.* 1), 196-221 ; cf. aussi Ioh. Chrysost. *In Coloss. hom.* 7, 3, PG LXII 346-347. Les mises de fonds pour acheter une charge se laissaient facilement récupérer une fois la charge obtenue ; cf. *infra* n. 20 et Eun. *Hist.* frg. 87. Reste bien sûr que l'efficacité d'un marchand de saucisses à la tête d'une unité militaire est douteuse ; un commandant en second devait remédier à cet inconvénient. La conduite de Timasius reste étrange, puisque le dénommé Bargos était évidemment un aigrefin qui avait sévi dans toute la *pars Orientis*, étant donné qu'il était connu et interdit de séjour dans la capitale. Si Eutrope put s'en servir comme d'un instrument docile, c'est que la situation de Bargos devint apparemment bientôt intenable à Constantinople ; l'eunuque devait s'être rendu compte qu'il était prêt à tout pour sauver sa situation. L'accusation inventée par Eutrope contre Timasius confirme la donnée d'Eunape sur l'attitude de Timasius durant son voyage : le général avait prêté le flanc à une telle imputation. Il était normal que l'empereur présidât en personne à un tel procès *de maiestate* ; il l'était moins qu'Eutrope fût à ses côtés, mais nous avons vu *supra* n. 14 qu'Eutrope avait sur Arcadius une influence qui était loin de résulter seulement de ses fonctions officielles.

Problèmes de détail : Paragr. 1. La tournure ἐπ' ἀγορᾷ se retrouve en 6, 11, 1 ; mais en 4, 28, 4 ; 4, 30, 3 et 4, Zosime utilise ἐπ' ἀγορᾶς ; cf. Rheinfelder [15] p. 51-52. Paragr. 2. J'ai traduit littéralement les mots τὴν ἡγεμονίαν πάντων τῶν βασιλικῶν εἶχε κοιτώνων ; c'est évidemment une périphrase littéraire pour désigner le grand chambellan, en latin *praepositus sacri cubiculi*, que Philostorge 11, 4, p. 135, 17 Bidez-Winkelmann n'hésite pas à nommer πραιπόσιτος. Cf. l'index des fonctions à la fin du vol. III 2.

Note 18.

Le « tout le monde » du début du paragr. 3 désigne bien sûr les membres du tribunal convoqué pour juger Timasius. La reculade d'Arcadius est typique de l'attitude de ce jeune empereur peu disposé à assumer la moindre responsabilité et préoccupation réelles dans l'exercice du pouvoir. Sur Saturnin, cf. RE II A 215-216 (Seeck, 1921) et PLRE I p. 807-808. Son grand âge indiqué par Zosime est confirmé par le fait qu'il est attesté comme officier déjà sous Constance II, vers 350 ; il accéda au grade de *magister militum* au début du règne de Théodose et fut consul en 383. Son rôle dans le procès de Timasius n'est connu que par Zosime, qui n'a jamais mentionné ce personnage auparavant, mais reparlera de lui en 5, 18, 8. Procope n'est connu que par Zosime, du moins dans le présent contexte ; le terme κηδεστής qu'utilise Zosime est vague, et signifie « parent par alliance » : soit beau-père, soit beau-frère, soit gendre ; cf. l'intéressante notice du *Thesaurus linguae Graecae* ; la correction de Valois indiquée dans l'app. crit. doit être rejetée pour des raisons chronologiques, car cet auteur prend κηδεστής dans le sens ici erroné de « beau-père », et pense que Zosime parle du patrice Pétrone dont il est question dans Amm. 26, 6, 7 et qui est le beau-père de Valens. Le présent Procope est sans doute plutôt le mari d'une des deux

filles de Valens, Anastasie ou Carosa (Socr. 4, 9, PG LXVII
480 A ; Soz. 6, 9, 3 ; *Chron. Pasch.* Chron. min. I p. 240, 364,
3). Ce Procope peut être éventuellement identifié avec d'autres
personnages du même nom : cf. PLRE I p. 743-744 les Procope n°s 5 et 7-9. Sidon. *Carm.* 2, 67-93 fait l'éloge d'un Procope qui joue un rôle important dans les années 420 et déclare
qu'il est apparenté à la famille impériale (68-69) ; il pourrait
donc s'agir du fils de notre Procope (cf. PLRE II p. 920 n° 2) ;
toutes ces identifications restent cependant hautement hypo-
thétiques.

   Problèmes de détail : Paragr. 3. A propos de εἷς εἰς, J. Leidig (*Quaestiones Zosimeae*, Diss. München, 1900) p. 37 relève
contre Sylburg et Mendelssohn et en faveur de l'athétèse proposée par Reitemeier et Bekker (correction d'une dittographie)
qu'une forme de duel apparaît juste avant et que Zosime n'emploie jamais d'adjectif numéral dans des tournures du genre de
celle qui apparaît ici : 5, 7, 6 (énumération non de deux, mais
de trois individus, dans laquelle la présence d'un adjectif
numéral se comprendrait aisément) ; 5, 12, 1 ; 5, 14, 1 (nom
propre seulement dans le second terme, comme dans le présent
passage) ; 5, 32, 4 ; 6, 4, 4 (très proche de la présente tournure).
Paragr. 3 et 4. Zosime utilise deux fois exactement les mêmes
termes pour évoquer le haut rang de Timasius (consulaire et
magister militum ; les *mag. mil.* viennent en second rang, après
les préfets du prétoire, dans le protocole de la *Notitia dignitatum* ; cf. Or. 1, 2-8). Paragr. 4. Le début de cette phrase
est traduit de manière inexacte par Leunclauius, suscitant une
conjecture désormais sans intérêt de Reitemeier ; les traductions de Buchanan-Davis, Conca et Ridley sont aussi peu
exactes ; seuls Seybold-Heyler et Bekker (qui a corrigé la traduction latine de Leunclauius) rendent correctement ce passage en s'inspirant de la note additionnelle de Heyne dans
l'édition de Reitemeier, p. 642.

Note 19.

   Ceux qui approuvèrent la sentence proposée par Saturnin
furent évidemment Eutrope et les flatteurs qui cherchaient ses
bonnes grâces. Il est aussi question de l'exil de Timasius dans
Hier. *Epist.* 60, 16 : *Timasius praecipitatus repente de altissimo
dignitatis gradu euasisse se putat quod in Oase uiuit inglorius.*
Ce texte a jadis fait difficulté, car on lisait non *Oase* mais,
selon des mss. inférieurs, *Assae* ; mais Hilberg (CSEL LIV) a
conjecturé *Oase* d'après Zosime en se fondant sur les meilleurs

mss., qui ont *osasae, auasae, ouasse*, etc. On peut donc faire
l'économie de la supposition de Lenain de Tillemont [8] p. 773
n. 7, qui suggérait que Timasius avait d'abord été exilé en un
autre endroit. Les Anciens appelaient Oasis, ou Grande Oasis,
l'oasis nommée aujourd'hui el-Khargah, dans le désert de
Libye, par environ 25° de latitude nord et 31° de longitude est, à
quelque sept cents km au sud de la Méditerranée et à deux cents
km à l'ouest du Nil. Olympiodore (frg. 33) décrit l'Oasis en
termes enthousiastes comme une espèce de pays de cocagne, au
point de provoquer le scepticisme du bon Photios. Ce qu'il en
dit n'est pas vraiment contradictoire avec les présentes lignes
de Zosime, qui insiste surtout sur le fait que l'endroit est difficile
à atteindre et à quitter. Cette région singulière avait de tout
temps frappé les Anciens et déjà Hérodote (3, 26) lui consacre
une page. Son isolement en faisait un excellent endroit de
relégation, dont parle le *Cod. Theod.* 9, 32, 1 ; l'hérésiarque
Nestorios y fut exilé, et la Thébaïde chère aux anachorètes
n'était pas loin ; cf. RE XVII 1682-1685 (Kees, 1937) ; la
Petite Oasis se trouve au nord. Seul Zosime nous parle du fils
de Timasius, Syagrius, qui fut évidemment emporté dans la
catastrophe qui frappa son père. Soz. 8, 7, 2 nous apprend
qu'Eutrope arracha la femme de Timasius, Pentadia, de l'église
où elle s'était réfugiée (cf. *infra* n. 35), et que Timasius périt
dans le désert en cherchant à s'échapper. Astérios (*Hom.* 4,
PG XL 224 C) évoque aussi l'exil de Timasius et sa mort dans
le désert. Les mots dont use Zosime à la fin du chapitre suggèrent qu'Eutrope s'arrangea pour faire disparaître discrète-
ment Timasius et son fils. Eunape *Hist.* frg. 72 a été allégué
pour illustrer une différence entre Zosime et Eunape ; alors
que le premier laisse planer l'incertitude sur le sort final de
Timasius, le second affirmerait qu'Eutrope le fit passer de vie
à trépas. C'est le mérite de Blockley, dans sa traduction des
fragments d'Eunape (Liverpool, 1983) p. 101 et 146, d'avoir
suggéré que l'expression ἐκβάλλειν τοῦ βίου ne signifiait pas
« mettre à mort », mais « contraindre à changer de vie » ;
Blockley serait plus convaincant s'il apportait la preuve de
son assertion, mais son lecteur doit la trouver lui-même. Le
groupe verbal en question est très rare ; je n'ai trouvé qu'une
autre occurrence, Liban. *Epist.* 906, qui confirme l'hypothèse
de Blockley ; il est en effet question d'Eusèbe, l'assistant de
Libanios (cf. PLRE I p. 305 n° 24), dont la vie fut momentanément bouleversée du fait que, de professeur, il fut contraint
de devenir curiale. Donc Eunape ne parle nullement de la
mort de Timasius. De plus, comme le dit Blockley p. 146
n. 143, le libellé du frg. 72 est si peu clair qu'il n'est nullement

certain que le personnage désigné au début par un pronom
démonstratif soit Timasius ; pour Blockley, ce pronom désigne
Abundantius, et les nouveaux méfaits d'Eutrope qu'annonce
le frg. seraient ses intrigues contre Stilicon. Comme la fin du
passage d'Eunape est évidemment très mutilée, cette interprétation me paraît possible, mais nullement contraignante. En
tout état de cause, ce fragment est soit la transition entre le
récit concernant le sort de Timasius et celui qui concerne le
sort d'Abundantius, soit une partie du passage consacré à ce
second général ; cf. *infra* n. 21 (le frg. 72 ne s'insère en effet
pas ici, mais en 5, 10, 4-5), ainsi que Ridley [1] p. 591.

Note 20.

Eunape *Hist.* frg. 71 conserve une bonne partie du texte
que résume ici Zosime (ce sont là les deux seules sources sur
cet épisode). Nous y apprenons en plus que Bargos commença
à s'en prendre à Eutrope, qui donc n'agit pas contre lui par
défiance gratuite, comme on pourrait le croire en lisant Zosime.
On peut s'étonner qu'un commandement puisse être une source
de revenu intéressante. En fait, les commandants d'unité pouvaient se livrer à toutes sortes de trafics fructueux sur les
fournitures militaires ; cf. vol. II 2 n. 155, p. 393. Ces escro-
queries étaient possibles grâce à un système qui perdura en
Europe jusqu'à la fin de l'Ancien Régime ; c'étaient les commandants d'unité qui recevaient une somme globale pour équiper
et nourrir leur troupe ; ils avaient donc tout loisir d'y prélever
un bénéfice illégal. Le parallèle d'Eunape nous apprend que
les autres cadeaux auxquels s'attend Bargos sont aussi des
charges fructueuses.

La femme dont il est question au paragr. 2 doit être plutôt
la concubine que l'épouse de Bargos, à en juger par le terme
qu'emploie Zosime (même mot chez Eunape : συνοικέω ; Zosime
emploie de préférence le mot γαμετή pour désigner l'épouse de
plein droit ; cf. par ex. 5, 8, 2). Mendelssohn (*ad* p. 227, 27)
relève que Zosime utilise normalement la forme γραμμάτια (par
ex. 5, 9, 2) plutôt que γραμματεῖα. Sur l'impudence avec laquelle
Eutrope menait ses intrigues, cf. Ioh. Ant. *Frg.* 189, *Excerpta
de uirtutibus et uitiis*, p. 203, 3-17 Büttner-Wobst-Roos. Je n'ai
pas trouvé de parallèle exact pour l'expression « l'œil d'Adrastée » ; mais on sait qu'Adrastée est assimilée à Némésis, la
Vengeance « à laquelle on ne peut échapper » (cf. RE XVI
2365-2368 s.u. Nemesis [Herter, 1935]) ; or on lit en Amm.
14, 11, 25 les mots suivants : ... *Adrasteia — atque utinam*

semper — quam uocabulo duplici etiam Nemesim appellamus :
... substantialis tutela generali potentia partilibus praesidens
fatis, quam theologi ueteres fingentes Iustitiae filiam ex abdita
quadam aeternitate tradunt omnia despectare terrena. Si l'œil de
la fille ne semble pas attesté ailleurs, celui de la mère l'est
fort bien : cf. A. Otto (*Die Sprichwörter und sprichwörtlichen*
Redensarten der Römer, Leipzig, 1890) p. 180 : on trouve les
mots *Iustitiae oculus* notamment chez Gell. 14, 4, 1 et Amm.
28, 6, 35 et 29, 2, 20 ; l'expression proverbiale existe aussi en
grec, *Frg. trag. adespota* 421 Nauck : ἔστιν Δίκης ὀφθαλμὸς ὃς
τὰ πάνθ' ὁρᾷ ; cf. aussi Polyb. 23, 10, 3. Cette conception
d'une justice immanente qui finit généralement par punir les
méchants prédomine chez Ammien ; cf. à ce sujet mon étude
Justice et providence chez Ammien Marcellin, Studi in onore
di S. Calderone, Messina, à paraître ; on trouve des points
de vue identiques chez beaucoup d'autres auteurs païens de
l'Antiquité tardive ; cf. P. A. Camus (*Ammien Marcellin témoin*
des courants intellectuels et religieux à la fin du IVe siècle, Paris,
1967) p. 187-191. Chez Zosime, une telle conception apparaît
surtout dans le préambule, en 1, 1, 2 ; le plus souvent cependant, il ne conçoit pas le monde comme dirigé par une justice
immanente récompensant les bons et châtiant les méchants ;
bien au contraire, succès ou revers lui paraissent liés au respect
ou au non respect de la religion traditionnelle, et le providentialisme mécanique prédomine ; il explique les malheurs de son
temps par l'action d'un démon malfaisant qui l'emporte sur
la divinité bienfaisante ; cf. à ce sujet *infra* 5, 14, 4 ; 5, 35,
5 ; 5, 38, 4-5 ; 5, 41, 5 et 5, 51, 2, avec les n. correspondantes,
ainsi que mon étude *Die Ursachenanalyse in der Historia nea*
des Zosimos, Klio 66, 1984, p. 641-645.

Note 21.

Les fragments de l'*Histoire* d'Eunape 67-69, s'ils ne correspondent pas à Zosime 5, 8, 1, peuvent éventuellement aussi
s'insérer ici ; cf. *supra* n. 14. Cf. aussi le fragment de Ioh.
Ant. cité *supra* n. 20. D'autres considérations très générales
sur l'avidité d'Eutrope apparaîtront encore en 5, 12. Le motif
de l'ivresse due à la richesse apparaît aussi chez Claud. 18
(*In Eutr.* 1), 229 : *nec sobria diuitiis mens.* Sur la chronologie
relative des intrigues d'Eutrope contre Timasius et Abundantius, cf. *supra* n. 16 ; Eun. *Hist.* frg. 72, qui s'insère ici, nous
donne en tout cas la preuve que les deux épisodes se suivaient
bien dans la source de Zosime dans le même ordre où nous les

trouvons dans l'*Histoire nouvelle*. Sur Abundantius, cf. PLRE I
p. 4-5 ; le présent passage de Zosime est la source de renseignements la plus riche sur son compte. Il est attesté comme *magister
militum* dès le 31 juillet 392 (*Cod. Theod.* 12, 1, 128), et fut
consul avec Théodose en 393. Sa chute est aussi narrée par
Claud. 18 (*In Eutr.* 1), 152-170, qui nous apprend qu'Eutrope
devait le début de son ascension sociale précisément à Abundantius (cf. *supra* n. 3), et qu'après sa condamnation il s'empara de ses biens. Sur l'exil d'Abundantius, Hier. *Epist.* 60,
16 ne concorde pas entièrement avec Zosime : *sufficit nobis
trium nuper consularium diuersos exitus scribere* ; *Abundantius
egens Pityunte exulat* ; de même Astérios (*Hom.* 4, PG XL
224 C, prononcée le 1er janvier 400) parle d'un ancien général
et consul qui vit en Colchide et y subsiste grâce à l'aide des
Barbares de cette région. Sievers [5] p. 350, Mendelssohn (*ad*
p. 228, 13) et Seeck (RE I 126 [1983]) estiment que Zosime
se trompe de lieu d'exil à propos d'Abundantius ; Lenain
de Tillemont [8] p. 435 avait pour sa part supposé qu'Abundantius avait d'abord été exilé à Pityonte, mais qu'après la
chute d'Eutrope en 399, sa peine avait été adoucie et qu'il
avait pu aller s'installer à Sidon. Si l'on se rappelle que Zosime
est peut-être originaire de la côte des Philistins (cf. vol. I
p. xvii-xx), on peut à la rigueur admettre qu'il a pu disposer
d'un renseignement original concernant la présence d'Abundantius à Sidon et qu'il a corrigé Eunape dans ce sens ; dans ce
cas, l'hypothèse de Tillemont s'imposerait. Mais la possibilité
d'une erreur chez Eunape est bien sûr loin d'être exclue. Pour
l'expression « Scythie de Thrace », cf. vol. II 2 n. 180.

Note 22.

A propos du fait que le Sénat de Constantinople soit ici
associé à la décision de l'empereur qui proclame Stilicon ennemi
de l'Empire, G. Dagron (*Naissance d'une capitale*, Paris, 1974)
p. 206-207 note que le Sénat « a un pouvoir légitimant » et
qu'on le fait participer aux décisions difficiles. Je ne sais pas
si cet événement est ainsi mis dans une perspective correcte.
Pour en mieux juger, il conviendrait de savoir comment s'insère exactement la présente donnée de Zosime dans le contexte
général des événements, et quelle en est la date précise, ce qui
n'est pas aisé. D'après l'*Histoire nouvelle*, le décret oriental
précède nettement le début de la révolte de Gildon. Faut-il
rapprocher cette donnée de l'allusion faite par Claudien 21
(*Laus Stil.* 1), 275-278, selon laquelle des édits orientaux tentent

de corrompre les généraux de Stilicon ? N. H. Baynes (*Stilicho and the Barbarian Invasions*, JRS 12, 1922, p. 207-229, repris dans *Byzantine Studies and Other Essays*, London, 1955, p. 326-342, surtout p. 334-335) faisait le rapprochement et pensait que la proclamation constantinopolitaine était une réponse à l'expédition de Stilicon contre Alaric en Grèce ; tel est aussi le point de vue de E. Demougeot [1] p. 172-173 et 178, qui ne s'exprime du reste pas très clairement sur ce point.

Je crois pour ma part qu'il convient d'envisager le renseignement fourni par Zosime sous un angle un peu différent. L'intervention du Sénat oriental dans la décision prise contre Stilicon a vers le même moment comme pendant occidental l'association du Sénat de Rome à la décision de proclamer Gildon ennemi public (cf. Symm. *Epist.* 4, 5 et Claud. 21 [*Laus Stil.* 1], 325-332). Il serait étonnant que ces deux procédures à peu près contemporaines et tout à fait exceptionnelles — car les Sénats ne sont en principe jamais associés à des décisions de haute politique — aient été choisies indépendamment l'une de l'autre. Lequel de ces deux épisodes est-il antérieur ? Seeck [5] p. 285-286 estimait, contrairement à ce qui ressort du récit de Zosime et aux interprétations mentionnées ci-dessus de Baynes et d'E. Demougeot, que la décision occidentale avait précédé la décision orientale. Il n'est en tout cas pas douteux que l'attention accordée au Sénat de Rome par le gouvernement occidental est une conséquence immédiate de la défection de Gildon, qu'on ressentait durement à Rome. Depuis que le blé d'Égypte était réservé à l'approvisionnement de Constantinople, Rome dépendait du blé d'Afrique ; or Gildon avait suspendu les transports de blé (cf. *infra* n. 23) et provoqué la famine à Rome. On voit Stilicon prendre au moment de la défection de Gildon diverses mesures favorables à l'aristocratie sénatoriale de Rome (cf. E. Demougeot [1] p. 176-178) ; l'association du Sénat à la décision prise contre Gildon est évidemment l'une de ces mesures, qui eut du reste l'effet escompté, à juger de la satisfaction de Symmaque. Je pense comme Seeck que ce sont les conditions spéciales régnant en Occident, et notamment les conséquences à Rome des événements d'Afrique, qui seules expliquent le recours à la procédure inhabituelle et archaïque consistant à associer le Sénat à la proclamation de Gildon comme ennemi public. La procédure identique appliquée contre Stilicon à Constantinople ne s'explique bien que comme réponse à l'initiative occidentale. Il me paraît donc que l'enchaînement des événements tel qu'il est fourni par l'*Histoire nouvelle* n'est pas tout à fait correct. Dans un premier temps, Eutrope, pour empêcher

Stilicon d'intervenir en Orient, stimule les projets de Gildon
et accepte sa proposition de faire dépendre désormais l'Afrique
de l'Orient (cf. *infra* n. 23). Dans un second temps, face à la
gravité réelle de la situation en Italie et à la difficulté de réagir
efficacement contre des décisions prises en Orient par Eutrope
avec l'accord légitimant d'Arcadius (exigences d'envoyés orientaux concernant l'Afrique, Claud. 24 [*Laus Stil.* 3], 81-83 ;
l'Orient tente d'empêcher les subordonnés de Stilicon en Afrique
d'agir contre Gildon, Claud. 21 [*Laus Stil.* 1], 276-278 ; ce
dernier passage a déjà été allégué *supra* dans cette n.), Stilicon
étaie par l'autorité du Sénat de Rome sa décision contre Gildon. Dans un troisième temps, Eutrope se sert à son tour de
l'autorité sénatoriale pour donner du poids à la mesure prise
à Constantinople contre Stilicon. Cet enchaînement des événements est celui que propose Seeck *loc. cit. supra.* Contrairement
donc à ce qu'on lit chez Zosime, la décision de Constantinople
à l'égard de Stilicon suit le début de la révolte de Gildon, elle
est la conséquence d'une mesure de défense prise en Occident.
Cette intervention est peut-être le résultat d'un résumé maladroit de la part de Zosime, mais il est aussi possible que l'erreur
se soit déjà trouvée dans Eunape, dont l'autorité n'est nullement de nature à contrebalancer la reconstitution très vraisemblable de Seeck. Grâce à Claud. 15 (*Bell. Gild.*), 16 : *quem
ueniens indixit hiems, uer perculit hostem,* on peut dater la décision prise en Occident contre Gildon de l'extrême fin de 397 ;
la décision orientale contre Stilicon suit immédiatement ; cf.
Seeck [5] p. 555, n. à p. 286, 19.

Note 23.

Sur Gildon, cf. RE VII 1360-1363 (Seeck, 1910) et PLRE I
p. 395-396. C'était le frère de Firmus qui se révolta en Afrique
sous Valentinien 1er ; cf. Zosime 4, 16, 3 et vol. II 1 n. 134 ;
il devint l'homme de confiance de Théodose 1er en Afrique,
et *Cod. Theod.* 9, 7, 9, du 30 décembre 393, lui donne le titre
de *comes et magister utriusque militiae per Africam* ; la fidélité
de Gildon envers Rome et ses souverains légitimes était depuis
longtemps douteuse ; il n'avait pris résolument position ni
contre l'usurpateur Maxime, ni contre l'usurpateur Eugène ; il
se montrait fort indépendant et abusait du moyen de pression
que lui procuraient les besoins de Rome en blé africain ; sur
ses faits et gestes avant 397, cf. E. Demougeot [1] p. 173-175.
Sur la révolte de Gildon, les principales sources sont, outre le
présent chapitre de Zosime, Oros. *Hist.* 7, 36 ainsi que Claud.

15 (*Bell. Gild.*) et 21 (*Laus Stil.* 1), 246-385. Comme toujours, Claudien est plus soucieux de faire l'éloge de Stilicon que de donner à l'historien des données claires et absolument dignes de foi ; cf. Cameron [2] p. 93-123. Cf. les récits modernes de Seeck [5] p. 282-290, E. Demougeot [1] p. 175-189 et Stein-Palanque [6] p. 231-233.

C'est surtout le problème de l'approvisionnement de Rome en blé (cf. *supra* n. 22) qui rendait la révolte de Gildon si grave pour Stilicon. Depuis la mort de Théodose 1er, Gildon n'avait livré du blé qu'en quantités chichement mesurées (cf. Seeck [5] p. 284 ; E. Demougeot [1] p. 175-176) et, à la fin de l'automne 397 (Claud. 15 [*Bell. Gild.*], 66-67 ; cf. 63-65 et 68-74), il suspendit complètement les envois ; c'est à la suite de cette mesure qu'il fut proclamé en Occident ennemi public. Une autre circonstance qui rendait la révolte de Gildon grave pour Stilicon, c'était la collusion du mutin avec le pouvoir légitime de Constantinople, qui est clairement indiquée par les sources unanimes et ne fait pas le moindre doute. Il est certain que cette alliance était avantageuse pour les deux partenaires : Gildon acquérait une indépendance pratiquement totale du fait du rattachement de l'Afrique à la lointaine Constantinople, et Eutrope voyait son rival privé d'une partie de son domaine et tenu à l'écart de l'Orient par l'inquiétude que lui causait la situation en Afrique. Ce qui est moins clair, c'est de savoir à qui revient l'initiative de cette alliance ; selon Zosime, elle appartient à Eutrope ; selon Oros. *Hist.* 7, 36, 2, elle appartient à Gildon. Le témoignage de Claudien est plus nuancé ; selon 15 (*Bell. Gild.*), 255-260 et 277-278, Gildon aurait claire-ment fait le premier pas, tandis qu'en 21 (*Laus Stil.* 1), 7-8 et 271-278, il semble que les responsabilités soient en quelque sorte partagées ; cf. E. Demougeot [1] p. 178 et n. 310-311. Cameron [2] p. 120-123 pense que la version de Zosime est correcte et explique l'évolution des points de vue présentés par Claudien par un changement d'optique du poète après la chute d'Eutrope ; en revanche E. M. Olechowska (édition commentée de *Bell. Gild.*, Leiden, 1978) p. 3-4 préfère suivre la version fournie par Orose ; enfin Döpp [5] p. 111-112 pense qu'il est impossible de trancher avec certitude ; le débat n'est pas nou-veau du reste, et les auteurs cités renvoient à la bibliographie plus ancienne. Je pense pour ma part qu'il convient d'envisager avec nuances une situation complexe et mouvante. Zosime, à la suite d'Eunape, voit le problème avec les yeux d'un Orien-tal désireux de montrer l'abjection du régime d'Eutrope ; Orose pour sa part, qui est très bien informé de la situation en Afrique (cf. l'éd. commentée par A. Lippold, Fondazione Valla,

1976, vol. II p. 516-517), indique en *Hist.* 7, 36, 3 que Gildon
songeait à fonder un royaume indépendant de Rome en Afrique
romaine. La complicité entre Gildon et la cour de Constantinople doit être née petit à petit, et les responsabilités ont été
sans doute partagées, comme le suggère Claudien dans *Laus
Stil.* 1. Ce n'est certainement pas sans contacts préalables et
exploratoires qu'un accord a été finalement conclu, et il est
en fin de compte impossible, mais aussi de peu d'intérêt, de
savoir qui à un moment donné a franchi le pas décisif, puisque
les partenaires étaient rapprochés naturellement par une communauté d'intérêts évidente.

Note 24.

Le personnage que Zosime nomme Masceldélos apparaît dans
les sources latines sous le nom de Mascezel ou Mascizel ; les
références le concernant sont réunies dans RE XIV 2058-
2059 (Ensslin, 1930) et PLRE I p. 566 (avec données précises
sur l'attestation des diverses formes du nom). A l'époque de
Valentinien 1er, il avait combattu en Afrique contre Théodose
l'Ancien (Amm. 29, 5, 11-14). Oros. *Hist.* 7, 36, 4 nous apprend
que Mascezel, horrifié par les projets révolutionnaires de son
frère, quitta l'Afrique pour l'Italie, laissant derrière lui deux
jeunes fils, que Gildon fit mettre à mort (confirmé par Claud.
15 [*Bell. Gild.*], 389-398). Le conflit entre les deux frères était
en partie d'ordre religieux : Mascezel était un pieux orthodoxe (cf. *infra* n. 25), tandis que Gildon avait partie liée avec
l'aile la plus extrémiste des Donatistes, dirigée par l'évêque
Optat de Thamugadi ; cf. W. H. C. Frend (*The Donatist Church*,
Oxford, 1952) p. 208-226. L'arrivée en Italie de Mascezel fut
une aubaine pour Stilicon : il pouvait confier à cet excellent
connaisseur du terrain africain et ennemi juré de Gildon une
campagne difficile tout en restant lui-même à la cour pour
déjouer les intrigues d'Eutrope ; cf. E. Demougeot [1] p. 180-
181.

Une petite armée fut réunie à Pise ; Claudien fournit des
détails sur les unités dont elle fut formée (15 [*Bell. Gild.*], 415-
423 ; cf. 482-483), et Orose, *Hist.* 7, 36, 6 nous apprend qu'elle
comptait cinq mille hommes. C'est grâce à l'intervention d'un
miracle que finalement Mascezel remporta une victoire vraiment inattendue (cf. *infra* n. 25) ; ce détail est évidemment
escamoté par la tradition païenne d'Eunape-Zosime, qui affirment, contrairement à la vérité, et pour expliquer rationnel-
lement la victoire de Mascezel, que celui-ci avait avec lui des

forces importantes ; cf. Lippold [23] vol. II p. 517. Il est
clair que Mascezel avait pour mission de recruter des troupes
supplémentaires, et notamment de la cavalerie, une fois arrivé
sur le terrain d'opération (cf. Seeck [5] p. 287-288). L'armée
de Mascezel partit de Pise à une date qu'il est difficile de préciser exactement, vers la fin de l'hiver, en 398 ; cf. E. Demougeot [1] p. 179 et n. 315 qui, à mon sentiment, avance trop ce
départ, ainsi que Döpp [5] p. 114, se fondant à juste titre sur
Claud. 15 (*Bell. Gild.*), 325-329 pour situer ce départ après le
mariage d'Honorius, célébré vers la fin de l'hiver 398 (cf. *supra*
n. 4). Kienast [12] p. 126 pense que les navires qui furent alors
mis à disposition de Mascezel étaient du nombre de ceux que
Stilicon venait d'utiliser lors de son expédition en Grèce ; cf.
supra 5, 7, 1-3 et n. 12. Mascezel, qui comptait sur l'appui du
Dieu des orthodoxes, relâcha dans l'île de Capraria (à la hauteur de Piombino, à quelque trente km au nord-ouest de l'île
d'Elbe) pour y embarquer quelques moines qui l'aideraient de
leurs jeûnes, de leurs prières et de leurs saints cantiques ; cf.
Oros. *Hist.* 7, 36, 5 ; sur les moines de Capraria, cf. Rut. Nam. 1,
439-452, avec les commentaires de E. Doblhofer (Heidelberg,
1977) p. 200-207 ; E. Demougeot [1] p. 181 confond Capraria
avec Capri.

Note 25.

Le *De bello Gildonico* de Claudien s'arrête au moment où
l'armée de Mascezel relâche à Cagliari, en Sardaigne, et le
récit de *Laus Stil.* 1 reste très vague et ne mentionne pas
Mascezel. Oros. *Hist.* 7, 36, 6-10 en revanche fournit une
narration détaillée des opérations de Mascezel. Arrivé dans une
région située entre les villes de Theveste (Tébessa, en Algérie)
et Ammaedara (Haïdra, en Tunisie ; le fleuve Ardalio, mentionné par Orose, pourrait être l'actuel oued Haïdra ; cf.
N. Duval, *Topographie et urbanisme d'Ammaedara* [*actuelle-
ment Haïdra, Tunisie*], ANRW II 10, 2, Berlin-New York,
1982, p. 653), il vit en songe saint Ambroise, qui était mort
le 4 avril 397, mais n'en continuait pas moins à défendre avec
ardeur la cause orthodoxe ; le défunt évêque lui dit *hic, hic,
hic*, et l'ingénieux Maure comprit aussitôt qu'il devait rester
pendant trois jours à l'endroit où il se trouvait (Orose tire cet
édifiant récit de Paul. Med. *Vita Ambr.* 51). Mascezel resta
donc trois jours sur place à prier et à chanter de saints cantiques. Gildon apparut au jour fixé par Ambroise avec soixante-
dix mille hommes ; à la suite d'un malentendu, les troupes de
Gildon se rendirent. Contrairement à ce que dit Zosime, il n'y

eut donc, selon Orose, pratiquement pas de combat. Orose ajoute, *Hist.* 7, 36, 11, que Gildon s'enfuit et fut étranglé quelques jours plus tard ; Claud. 21 (*Laus Stil.* 1), 358-362 ne diverge pas d'Orose, mais ne dit pas comment Gildon est mort ; en 27 (*VI. cons. Hon.*), 381-383, il semble confirmer que Gildon fut étranglé ; *Cons. Ital.* Chron. I p. 298, 398 précisent que Gildon « fut tué » le 31 juillet 398. La version du suicide se trouve chez Zosime, Marcell. *Chron.* II p. 66, 398 et Iord. *Rom.* 320. Le temps qui s'écoula entre le combat (selon Claud. 15 [*Bell. Gild.*], 16, il eut lieu au printemps, sans doute vers le mois d'avril) et la mort de Gildon suggère que le vaincu fut d'abord arrêté, et qu'on hésita sur le sort qu'il convenait de lui réserver (sa fille Salvina avait épousé un neveu de Flaccilla, première femme de Théodose 1er ; il appartenait donc par alliance à la famille impériale). La version du suicide, qui semble logiquement et chronologiquement moins vraisemblable, n'est en général pas retenue ; cf. Seeck [5] p. 289 et E. Demougeot [1] p. 185-186. Sur le déroulement du conflit africain, et surtout sur ses conséquences politiques et économiques , cf. T. Kotula (*Der Aufstand des Afrikaners Gildo und seine Nachwirkungen*, Das Altertum 18, 1972, p. 167-176) ; il estime à juste titre plus vraisemblable la version donnée par Orose, pour autant qu'on admette que le retournement qualifié de miraculeux par Orose ait été en réalité le résultat d'une trahison soigneusement préparée par Mascezel ; ce même auteur renvoie à la bibliographie plus ancienne.

Le retour de Mascezel en Italie, et précisément à Milan (où se déroule donc la scène suivante), est confirmé par Paul. Med. *Vita Ambr.* 51. Selon Oros. *Hist.* 7, 36, 13, Mascezel eut l'audace, après sa victoire, de violer l'asile d'une église pour en extraire des personnes dont l'identité n'est pas précisée, évidemment des gens impliqués dans le conflit familial entre Gildon et Mascezel ; il paya ce sacrilège en étant mis à mort (Orose ne dit pas comment). Comme Claudien n'a pas continué son récit de la campagne contre Gildon et surtout comme il a escamoté complètement le rôle de Mascezel au cours de cette affaire dans son poème ultérieur *Laus Stil.* 1, la version de la mort de Mascezel donnée par Zosime n'est pas invraisemblable ; E. Demougeot [1] p. 186-187 suggère ingénieusement que la raison d'État a pu intervenir : Mascezel appartenait à une famille depuis longtemps dangereuse. Mais il est aussi clair que dans le cas présent, la raison d'État ne divergeait guère de l'intérêt personnel de Stilicon. Il reste néanmoins évident que la coloration du récit de Zosime continue ici à refléter les fortes préventions d'Eunape à l'égard de Stilicon (cf. aussi *infra* n. 26).

Note 26.

Ce bref chapitre, qui présente en parallèle les abus identiques
d'Eutrope et de Stilicon, n'ajoute pas grand-chose au développement équivalent du chapitre 1 (paragr. 1-3), qui met en
parallèle Rufin et Stilicon. Les thèmes abordés sont des poncifs qu'on retrouve encore dans d'autres passages de la première
partie du livre 5 de l'*Histoire nouvelle* : passivité et stupidité
des jeunes empereurs, notamment d'Arcadius (cf. 5, 1, 1 ; 5,
14, 1 ; 5, 22, 3 ; 5, 24, 2) ; tout l'argent afflue chez les régents
(5, 1, 2 ; 5, 13, 1). Les motifs et la phraséologie ne laissent pas
de rappeler, par leur prétentieuse banalité, certains développements particulièrement verbeux et insipides d'Eunape (cf. par
ex. *Hist.* frg. 87). Il est difficile de faire la part de la vérité
et celle de l'exagération dans les jugements d'Eunape sur Stilicon et Eutrope ; cf. *supra* n. 1. *Cod. Theod.* 9, 14, 3, du
4 septembre 397, semble inspiré par la crainte qu'Eutrope
éprouvait d'être victime d'une intrigue montée par Stilicon.
Sur le mariage d'Honorius et de Marie, fille de Stilicon, à peu
près contemporain de la campagne de Mascezel contre Gildon,
cf. *supra* 5, 4, 1 et n. 4. Le signe le plus visible de la mésentente
profonde entre Stilicon et Eutrope est sans doute le fait que
le consulat d'Eutrope, en 399, fut considéré comme non avenu
en Occident : cf. O. Seeck (*Regesten der Kaiser und Päpste*,
Stuttgart, 1919) p. 297 et E. Demougeot [1] p. 191-192.

Il convient de mentionner ici les fragments 73 et 74 (pour
le sens de στρατεύομαι dans le frg. 74, cf. le *Thesaurus linguae
Graecae*, et *infra* n. 71) de l'ouvrage historique d'Eunape,
qui n'ont pas d'équivalent dans Zosime. Ils proviennent tous
les deux des *Excerpta de sententiis*, comme aussi le frg. 72 (il
est question dans ce passage d'Abundantius, dont Zosime parle
en 5, 10, 4-5) et le frg. 75 (Tribigild et Gaïnas en Asie ; le récit
correspondant de Zosime commence en 5, 11, 1). Comme les
Excerpta suivent l'ordre de la narration d'Eunape, c'est donc
entre le récit des intrigues d'Eutrope contre Timasius et Abundantius et le début de la partie consacrée aux opérations de
Tribigild et de Gaïnas que s'inséraient les frg. 73 et 74. A propos du frg. 73, Müller (FGH IV p. 46) écrit : « haec e libri
alicuius prooemio petita uidentur ». C'est possible, mais à mon
avis non démontrable. En effet, le point de départ du développement qui constitue ce fragment est un récit incroyable
qu'Eunape a inséré ou va insérer dans son ouvrage ; or le frg.
75, 1 Müller, qui se situe incontestablement au début du récit des
affaires d'Asie, est aussi essentiellement une apologie à propos

d'un fait incroyable ; par ailleurs, les frg. 74 et 75, 1 Müller semblent former, dans les *Excerpta de sententiis*, un seul et même extrait (cf. l'édition de Boissevain, app. crit. à la p. 94, 14-16). Il apparaît donc comme très vraisemblable que les frg. 73, 74 et 75, 1 soient tirés du même contexte, l'introduction au récit des affaires d'Asie, présentées par Eunape comme inouïes. On ne peut évidemment pas exclure qu'en ce point, qui correspond à Zosime 5, 13, 1, un nouveau livre ait commencé dans l'ouvrage historique d'Eunape, et que les considérations générales conservées par les *Excerpta de sententiis*, tout en introduisant la suite, en aient formé le préambule. Il faudrait dans ce cas se garder d'en tirer la conclusion que, dans l'ouvrage d'Eunape, la mort de Théodose ne correspondait pas à la fin d'un livre (cf. A. Baldini, *Ricerche sulla Storia di Eunapio di Sardi*, Bologna, 1984, p. 121, n. 6) ; en effet, comme Eunape narre la période de 355 à 404 en 13 livres (cf. mon étude *Eunapiana* citée *supra* n. 6, p. 245-253), chacun des livres ne couvrait en moyenne même pas quatre années, et la période de 395 à 404 était traitée sans doute en deux livres, sinon en trois. Si le frg. 73 provient réellement d'un prologue, il doit s'agir sans doute du prologue du dernier livre, consacré, à en juger d'après Zosime, essentiellement aux opérations de Tribigild, Gaïnas et Fravitta. Au reste, on ne peut que féliciter Zosime d'avoir éliminé les fadaises qui constituent les frg. 73 et 75, 1 : ces généralités sur la vérité en histoire sont si verbeuses et imprécises qu'on ne se rend même pas bien compte contre qui Eunape polémique (cf. pourtant Baldini, *op. cit. supra*, p. 87 et 121) ; quant à sa prétention d'être exact et véridique, elle ne peut que faire sourire le plus indulgent de ses lecteurs. Le frg. 74 est plus consistant : dans ce passage assez connu et souvent cité, Eunape explique pourquoi son récit de l'époque d'Eutrope ne comporte aucun développement concernant les événements d'Occident ; les chapitres 1-25 du livre 5 de l'*Histoire nouvelle* reflètent fidèlement cette spécificité de l'*Histoire* d'Eunape : à part quelques détails concernant Stilicon et le chapitre consacré à la révolte de Gildon, il n'y est question que d'événements relatifs à l'Orient. D'après ce qui a été dit plus haut concernant l'enchaînement des frg. 74 et 75, 1 dans les *Excerpta*, il apparaît que les considérations d'Eunape sur son manque de renseignements au sujet de l'Occident s'inséraient dans son préambule au récit des événements d'Asie, constituant comme une excuse anticipée de la place disproportionnée qu'il leur consacre. Cf. une vue un peu différente sur le problème soulevé par ces fragments dans Blockley [19] p. 147 n. 149.

Note 27.

Ici commence le récit des entreprises de Gaïnas et de Tribigild, auxquelles Zosime va consacrer toute son attention jusqu'au chapitre 22. La large place faite à ces événements reflète
celle qu'ils occupaient dans l'ouvrage d'Eunape, qui évidemment leur accordait une telle importance surtout parce qu'ils
s'étaient déroulés en bonne partie non loin de sa ville de Sardes.
Cette disproportion du récit d'Eunape-Zosime est plus frap-
pante encore si l'on prend en considération leur silence sur les
événements contemporains d'Occident et aussi sur une partie
de ceux d'Orient, par exemple la campagne d'Eutrope contre
les Huns ; cf. Stein-Palanque [6] p. 233-234 et surtout Albert
[13]. Les frg. 75, 76 et 79-82 conservent des passages du récit
d'Eunape consacré à ces événements. A part Eunape, Zosime
et Jean d'Antioche, on dispose, comme sources parallèles beaucoup moins détaillées, de Claudien et des historiens ecclésiastiques. A propos de l'animosité du Sénat de Constantinople
contre Eutrope, Ridley [8] p. 210, n. 39 évoque les lois d'Eutrope contre le *patrocinium, Cod. Theod.* 11, 24, 4-5 et 13, 7, 1
(qui datent en fait de 399).

Sur Gaïnas, cf. vol. II 2 n. 208 et Appendice C p. 477 et
483, ainsi que *supra* n. 13 ; sur sa situation durant les années 395-
399 et sur les troupes qu'il a eu à commander durant cette
période, cf. G. Albert (*Goten in Konstantinopel. Untersuchungen
zur oströmischen Geschichte um das Jahr 400 n. Chr.*, Pader-
born, 1984) p. 103-113. L'expression maladroite de Zosime
pourrait laisser croire que Gaïnas faisait partie du Sénat de
Constantinople, ce qui est évidemment exclu pour ce Barbare peu assimilé. Il est difficile de définir le rang militaire
exact de Gaïnas. Selon Marcell. Chron. min. II p. 64, 395, 6
et 66, 399, 3, Iord. *Get.* 176 et *Rom.* 319, il était *comes* ; selon
Soz. 8, 4, 5, c'est plus tard, lors de son entrevue avec Arcadius à Chalcédoine (narrée *infra* 5, 18, 7) que Gaïnas aurait
été promu au rang de *magister equitum et peditum* (πεζῶν
καὶ ἱππέων τὴν ἡγεμονίαν ...ἔχων) ; cependant Socrate 6, 6,
PG LXVII 676 B lui donne ce même titre dès le début de
son récit consacré à la révolte de Tribigild, et Sozomène lui-
même, en 8, 4, 1, lui donne le titre de στρατηγός ; Théodoret,
Hist. eccl. 5, 32, 1, répète avec une légère variation ce que
dit Socrate ; Philostorge 11, 8, p. 130, 20 Bidez-Winkelmann
qualifie Gaïnas de στρατηγός dès le début de l'affaire de Tribigild ; enfin Ioh. Ant. *Frg.* 190, *Excerpta de insidiis*, p. 120,
35-121, 2 de Boor, s'exprime en ces termes, avant le récit de

la révolte de Tribigild : Γαινὰς ὁ τῶν ἑῴων στρατοπέδων ἔξαρχος... κατ'ὀλίγου ἐπὶ τὴν στρατηγίδα προελθών. Zosime lui-
même a qualifié Gaïnas de ἡγεμών en 5, 7, 4, et précisera en
5, 14, 1 que Gaïnas et Léon sont nommés στρατηγοί au début
de l'affaire de Tribigild. Zosime est donc logique avec lui-
même puisqu'il dit, dans un premier temps, c'est-à-dire dans
le présent passage, que Gaïnas n'est pas satisfait de n'être
pas « l'objet de la considération due à un général » ; mais cette
expression est évidemment fort vague, et il est difficile d'en
tirer une conclusion assurée sur le rang militaire de Gaïnas ;
Zosime veut-il suggérer que Gaïnas possède un commandement de *magister militum* sans en avoir le grade ? dans ce
cas, la précision fournie en 5, 14, 1 indiquerait qu'il reçoit
alors ce grade. Sozomène 8, 4, 5 semble s'opposer à cette interprétation, mais il se contredit apparemment lui-même par son
affirmation de 8, 4, 1. Cette question a été étudiée en détail
par A. Demandt s.u. *magister militum*, RE Suppl. XII 733-
736 (1970), qui suit la reconstitution de la carrière de Gaïnas
qu'on peut fonder sur Zosime : Gaïnas est *comes rei militaris*
jusqu'à sa promotion au grade de *magister* lors du début de
l'affaire de Tribigild (Zosime 5, 14, 1) ; lors de l'entrevue de
Chalcédoine, son grade est confirmé par l'empereur. Son ana-
lyse appelle d'emblée deux observations : a) contrairement à
ce qu'il prétend, la tradition des mss. Σ n'est pas du tout
« massgeblich » (734, 5-9) pour Zosime, seul le ms. V est porteur de tradition ; b) Sozomène ne dépend pas entièrement de
Socrate (734, 42-43), mais dispose souvent d'informations
complémentaires précises qui lui permettent de compléter ou
de corriger Socrate ; cf. par exemple mes *Cinq études...* [1]
p. 88-91 et le vol. II 2 Appendice C p. 479-485. Selon la
conception que Demandt combat, et qu'on trouve notamment
chez E. Demougeot [1] p. 233 et n. 601, ainsi que chez Stein-
Palanque [6] p. 236, Gaïnas, tout d'abord *comes rei militaris*,
est dans un premier temps promu *magister militum per Thracias*,
puis, lors de l'entrevue de Chalcédoine, devient *magister militum praesentalis*. Demandt affirme que les sources s'opposent
à cette interprétation ; je n'en suis pas aussi sûr que lui. Gaïnas
commence incontestablement sa carrière dans l'armée romaine
avec le titre de *comes rei militaris* ; telle est encore sa position
au moment où Zosime 5, 13, 1 parle de son mécontentement :
sa promotion avait été freinée par sa mésentente croissante
avec Eutrope (cf. Albert [13] p. 630). Le déclenchement de la
révolte de Tribigild oblige Eutrope à choisir deux généraux ;
d'après ce que dit Zosime en 5, 14, 1-2, il n'est pas impossible
de penser que Gaïnas devint alors *magister militum per Thra-*

cias et Léon *magister militum per Orientem*, celui-ci étant
subordonné à celui-là (Zosime 5, 16, 5) ; en tout cas ni Zosime,
ni Socrate, ni Théodoret, ni Philostorge, ni même Sozomène
ne s'opposent à cette interprétation ; seul fait difficulté Jean
d'Antioche, qualifiant Gaïnas de τῶν ἑῴων στρατοπέδων ἔξαρχος,
mais il veut sans doute dire tout simplement par là que
Gaïnas avait un commandement dans la *pars Orientis*. Plus
tard, après la disparition de Léon, lors de l'entrevue de Chalcédoine, Gaïnas peut avoir été promu, comme Sozomène semble
le suggérer, *magister militum praesentalis*. Cette reconstitution
est évidemment conjecturale, mais elle montre du moins que
la théorie de Demandt selon laquelle tous les *magistri* sont
égaux n'est pas à l'abri de toute objection.

Gaïnas étant un Barbare peu assimilé (on le voit, en 5, 21,
6, repasser sur la rive gauche du Danube après avoir été défait
par Fravitta), la conjecture de Sylburg m'a paru heureusement rééquilibrer la phrase peu satisfaisante de Zosime. Quelques mots des lignes difficilement compréhensibles d'Eun.
Hist. frg. 75, 4 peuvent éventuellement concerner aussi l'avidité du Barbare Gaïnas.

Note 28.

Sur Tribigild, cf. RE VI A 2403-2405 (Ensslin, 1937) et
PLRE II p. 1125-1126, qui examinent notamment les diverses
formes qui sont attestées pour ce nom, celle de Tribigild étant
apparemment la plus commune et la plus correcte. Sur la base
d'une hypothèse vraisemblable de Seeck, on admet généralement que les Goths de Tribigild sont identiques aux Greu-
thunges que Théodose installa dans l'Empire romain en 386 ;
cf. vol. II 2 n. 179. En se fondant sur les allusions toujours
imprécises de Claudien, on suppose par ailleurs le plus souvent
que Tribigild et ses Goths furent engagés par Eutrope dans
sa campagne de 398 contre les Huns, et que Tribigild n'obtint
pas de l'eunuque les récompenses qu'il espérait ; cf. Claud. 18
(*In Eutr.* 1), 242 (des Goths sont engagés contre les Huns) ;
20 (*In Eutr.* 2), 174-232 (Bellone prend les traits de la femme
de Tribigild et l'incite à s'emparer de sa propre initiative des
récompenses qu'Eutrope lui a refusées) ; interprétations modernes de ces textes chez Seeck [5] p. 306-307, E. Demougeot [1]
p. 223-224 et Albert [13] p. 630, ainsi que [27] p. 89-98. Ces textes
de Claudien ont aussi suggéré à E. Demougeot [1] p. 226 et n. 560
l'impression que Zosime et les autres sources grecques situent
beaucoup trop tôt le début de la collusion entre Gaïnas et Tri-

bigild. Il est incontestable que toute la chronologie relative
et absolue de cette période est incertaine : la seule date à
peu près sûre et précise que nous possédions est celle de la
chute d'Eutrope, en juillet 399 (cf. *infra* n. 35) ; la révolte de
Tribigild commença au printemps 399 (cf. *infra*) ; les autres
épisodes doivent être situés chronologiquement à partir de
là. Mais on ne peut écarter à la légère le témoignage des sources grecques : non seulement elles concordent avec Zosime
pour relever l'entente entre les deux Goths dès le début de la
révolte de Tribigild (cf. Ioh. Ant. *loc. cit. supra* n. 27, p.
121, 6-7), mais nous parlent même d'un lien de parenté qui
les aurait unis (cf. Socr. 6, 6, PG LXVII 676 B ; Soz. 8, 4, 2) ;
s'il est vrai que Socrate narre la chute d'Eutrope en 6, 5,
avant d'aborder le récit concernant Gaïnas et Tribigild, et
puisse ainsi suggérer que l'entente entre les deux Goths est
postérieure à la catastrophe de l'eunuque, tel n'est pas le cas
chez Sozomène, quoi qu'en dise E. Demougeot (8, 4 Gaïnas ;
8, 7 Eutrope) ; il est du reste impossible de tirer des conclusions fermes de l'ordre dans lequel les épisodes sont narrés
chez les historiens ecclésiastiques ; cf. à ce sujet *infra* n. 34.
Quant à Philostorge 11, 8, p. 138, 20-24 Bidez-Winkelmann,
il situe la trahison de Gaïnas avant l'équipée de Tribigild en
Pamphylie, et c'est une conclusion abusive que de déduire du
témoignage combiné de Socrate, Sozomène et Philostorge que
cette équipée ne date que de l'automne 399. Il me paraît
beaucoup plus judicieux de suivre Zosime, ici la source la plus
détaillée, du reste confirmée par les autres sources grecques
s'inspirant peut-être aussi en partie d'Eunape (cf. *Hist.* frg. 75,
6-7). Les déductions qu'on peut tirer des allusions de Claudien
ne sont du reste nullement inconciliables avec la version d'un
accord précoce entre les deux chefs goths : Tribigild, tout en
étant mécontent du peu d'estime que lui accorda Eutrope après
la campagne contre les Huns, peut fort bien en même temps
avoir été de mèche avec son frère de race et éventuel parent
dès le début de son soulèvement ; ils avaient tous deux exactement les mêmes raisons d'en vouloir à l'eunuque. Il convient
enfin de relever que toute la suite du récit de l'*Histoire nouvelle* est entièrement cohérente avec la version d'une collaboration entre les deux Goths dès le début de la révolte de Tribigild ; cf. *infra* n. 30 et 33. Albert [27] p. 113-119 met aussi
en doute le témoignage des sources grecques et ne croit pas
possible un accord entre Gaïnas et Tribigild dès le début de la
révolte de ce dernier ; selon lui, cet accord n'intervient qu'après
l'élimination de Léon (p. 121), et l'attitude ambiguë de Gaïnas
déjà auparavant résulterait de la pression qu'exerçaient sur lui

les contingents barbares qu'il avait sous ses ordres et dont
l'intérêt était de faire cause commune avec Tribigild : Albert
a certes raison de mettre ce facteur en évidence, mais cette
importante donnée du problème n'exclut aucunement que Gaïnas lui-même ait très tôt au moins envisagé une collaboration avec Tribigild. Philostorge donne comme détail supplémentaire que Tribigild résidait à Nacolée (évidemment après
son départ de Constantinople), et prétend qu'il était *comes*
(11, 8, p. 138, 17 Bidez-Winkelmann) ; Socr. (*loc. cit. supra*)
en fait un χιλίαρχος, ce que répète Ioh. Ant. (*loc. cit. supra*
p. 121, 6), qui précise en plus (ligne précédente) qu'il était
ὑποστράτηγος de Gaïnas ; quant à Claudien (20 [*In Eutr.* 2],
176), il le qualifie de *dux alae Geticae*. On peut se demander si
ce Goth fédéré avait vraiment un grade dans l'armée romaine ;
cf. E. Demougeot [1] p. 224 n. 544.

Claudien (20 [*In Eutr.* 2], 170-180) confirme que Tribigild
se rendit de Constantinople en Phrygie. C'est peut-être à ce
déplacement que fait allusion le passage peu clair conservé par
Eun. *Hist.* frg. 75, 2 ; Blockley [19] p. 147 n. 150 pense que
ce fragment concerne plutôt Gaïnas. Il parvint sans peine à
y rallumer l'ardeur guerrière et pillarde des Goths, qui se
livraient sans joie aux paisibles travaux de l'agriculture (Claud.
ibid. 194-206). Claudien date le commencement de la révolte
de Tribigild du printemps de l'année où Eutrope fut consul,
donc de 399 (*ibid.* 95). Les effectifs dont disposait Tribigild
étaient au début si modestes qu'Eutrope ne s'émut guère
(*ibid.* 220-221 ; 304-309 ; 580) ; il tenta de satisfaire la rapacité
du Goth en lui envoyant des cadeaux, mais n'obtint rien
(*ibid.* 316-324). Zosime nous fournit seul la précision que des
esclaves et des personnages en rupture de ban (colons fugitifs,
vagabonds divers) s'adjoignirent à la troupe de Tribigild ; un
phénomène de même nature se reproduira plus tard quand
Gaïnas aura été vaincu par Fravitta ; cf. *infra* n. 44. Par ailleurs,
les Goths, qui étaient très nombreux en Asie Mineure dans les
emplois subalternes, profitèrent de l'occasion pour tenter d'améliorer leur sort ; cf. Synésios, *Regn.* 20, p. 46-47 Terzaghi. Les bandes de Tribigild eurent la tâche facile en Phrygie, car les habitants
des villes avaient négligé d'entretenir les murailles à la suite d'une
longue période de paix (Claud. *ibid.* 275-278 ; cf. Philost. 11, 8,
p. 138, 19-20 Bidez-Winkelmann) ; *Phrygiae casus uenisse supre-
mos* dit Claudien (*ibid.* 289), fort proche de Zosime. Ce dernier est
cependant seul à faire état d'un exode vers les îles, que les Barbares, privés de moyens de navigation, ne pouvaient atteindre.
En revanche, les Goths ravagèrent la Lydie (cf. Eun. *Hist* frg.
75, 3) et la province d'Asie, que Zosime nomme « Asie côtière ».

Problèmes de détail : Paragr. 4. L'expression καὶ ἄλλως ou
ἢ ἄλλως est fréquente chez Zosime ; cf. par ex. 5, 14, 1 ; 5, 22,
3 ; 5, 34, 3 et 5 ; 5, 35, 2 et *infra* n. 45. Le groupe ἄλλοθί ποι
est un peu singulier, mais ἄλλοθι signifie en fait « ailleurs »,
sans et avec mouvement ; cf. 5, 31, 6 et Porphyr. *Vita Pythag.*
56, p. 48, 18-19 Nauck ² ; pour l'emploi des adverbes de lieu
chez Zosime, cf. Leidig [18] p. 40-42. Pour le sens de ὅσον
οὐδέπω, cf. *supra* n. 3.

Note 29.

   Zosime commence ce chapitre par une nouvelle pique contre
l'incapable Arcadius ; cf. *supra* n. 26. Dans les lignes qui
suivent, il faut se garder de prendre au pied de la lettre les
termes utilisés par Zosime et en déduire qu'au début de la
révolte de Tribigild, Arcadius aurait pris une mesure officielle
et formelle pour confier le pouvoir à Eutrope. Zosime doit ici
prêter une forme trop précise à une donnée de sa source indiquant une fois de plus que l'empereur se déchargea entièrement de gouverner sur son grand chambellan et qu'il lui
confia notamment le soin de résoudre le grave problème poli-
tico-militaire qui venait de surgir. C'est peut-être ici que
s'insère Eun. *Hist.* frg. 75, 5, dont le contenu n'a pas été
retenu par Zosime. En fait, Eunape-Zosime veulent simplement dire que, face à ces nouvelles difficultés, Arcadius se
désintéressa encore un peu plus de l'exercice du pouvoir et
l'abandonna encore davantage à Eutrope.
   Sur Léon, cf. RE Suppl. VIII 932 n° 7 b (Ensslin, 1956)
et PLRE II p. 661-662 ; Eun. *Hist.* frg. 76, 1-2 conserve
quelques détails sur son compte que Zosime n'a pas retenus :
il avait une foule de concubines, et buvait à lui seul plus que
tous les hommes ; il méritait son nom par sa grande taille et
par sa voracité. Claudien accuse le trait davantage encore :
son âme était petite autant que son corps était grand ; il était
plus vorace que la harpye Céléno ; c'était un ancien cardeur
de laine ; devenu l'Ajax d'Eutrope, avant le combat, il frap-
pait, non son bouclier, mais sa panse rebondie (20 [*In Eutr.* 2],
376-405). Au moment où Eutrope décida de réduire par les
armes la révolte de Tribigild, Gaïnas et Léon reçurent en
même temps le grade de *magister militum* ; cf. *supra* n. 27.
   La désignation des deux généraux et les missions qui leur
sont confiées résultent de la situation compliquée qui régnait
à la cour de Constantinople au printemps 399. L'avidité d'Eutrope et sa politique favorable aux Barbares, dans la ligne de

celle de Théodose, lui avaient aliéné la noblesse sénatoriale
atteinte dans sa situation matérielle et son antigermanisme
croissant ; l'eunuque, bien qu'orthodoxe, avait perdu l'appui
des dévots en s'en prenant à certains abus de l'Église ; l'impératrice Eudoxie, femme indépendante et ambitieuse, cessa bientôt de le soutenir, bien qu'elle lui dût sa position (cf. *supra*
n. 3 et 14), et passa au nombre de ses ennemis ; cf. E. Demougeot [1] p. 192-194. Par ailleurs, Gaïnas lui était aussi hostile
(cf. *supra* 5, 13, 1 et n. 27) ; sa promotion fut peut-être imposée
à Eutrope contre son gré (cf. Seeck [5] p. 308). On constate
cependant qu'Eutrope charge son homme de confiance Léon
de la mission la plus importante, celle d'aller affronter le rebelle
en Asie (Zosime répète ici que Tribigild avait avec lui ses
Goths, mais aussi un ramassis de gens divers ; cf. *supra* n. 28) ;
Gaïnas n'obtint qu'une mission de surveillance : empêcher que
Tribigild ne passe en Europe par les Dardanelles (Hellespont).
Il semble en effet que le rebelle ait feint de s'avancer vers le
nord. La suite du récit de Zosime, bien que détaillée, est en fait
diffuse et peu claire ; ici même, il indique à deux reprises la
mission de Gaïnas ; les sources parallèles, Socrate, Philostorge,
Jean d'Antioche, et bien sûr aussi Claudien, ne fournissent
aucune donnée qui permette de suivre exactement les mouvements de Tribigild ; selon Seeck [5] p. 307-308, qui se fonde
sur Soz. 8, 4, 3, il serait allé en Bithynie, et se serait établi
près de Chalcédoine, mais Sozomène parle en réalité dans ce
passage d'un épisode différent et postérieur, que Zosime rap-
portera en 5, 18, 6-7 ; cf. *infra* n. 30, 36 et 37. Ridley [8]
p. 211 n. 44 à la suite de E. Demougeot [1] p. 228 et n. 558,
suggère que la mission de Gaïnas était d'empêcher Alaric de
venir au secours de Tribigild ; c'est là une supposition que rien
ne fonde, et qui ne s'accorde pas avec le témoignage ici parfaitement clair de Zosime. Sur le problème de la trahison de
Gaïnas, du moment exact où elle intervient, et sur la manière
dont les sources parallèles la présentent, cf. *supra* n. 28 et
et *infra* n. 30.

Problèmes de détail : Paragr. 1. Mendelssohn (*ad* p. 230, 26)
rapproche l'emploi de l'optatif futur θεάσοιτο des emplois parallèles qu'on trouve en 5, 37, 1 et 5, 47, 3. Paragr. 2. Mendelssohn
propose de construire ici ἐπί avec l'acc., et non le gén. (cf. app.
crit.) ; cependant Rheinfelder [15] p. 52 donne plusieurs exemples de ἐπί avec mouvement construit avec le génitif : 1, 13,
3 ; 2, 44, 3 ; 3, 21, 2 ; 4, 21, 1 (ἐπὶ Θρᾴκης ἐχώρει) ; 4, 53, 3 ;
5, 33, 2 ; bien sûr, Zosime construit normalement ἐπί indiquant
le mouvement avec l'acc. ; Rheinfelder p. 55 en cite un grand
nombre d'exemples, auxquels Mendelssohn (*loc. cit.*) ajoute 1,

4, 1 et 1, 43, 1 ; le nombre de cas avec construction au génitif
me paraît cependant assez élevé pour qu'on ne puisse pas les
éliminer en supposant à chaque coup une erreur de copiste ;
c'est pour cette raison qu'il me paraît plus judicieux de conserver ici aussi le texte de V. Un problème de même ordre se
pose à propos de ἀπῆγον οὕπερ ; sur les adverbes de lieu chez
Zosime, cf. Leidig [18] p. 40-42, qui cite quelques cas d'emploi
de l'adverbe de lieu sans mouvement alors que le contexte
exigerait celui de l'adverbe de lieu avec mouvement : 1, 27, 2 ;
1, 51, 3 ; 3, 11, 5 ; 4, 30, 5 (οὗ τεταγμένον ἦν αὐτοῖς προῄεσαν) ;
cf. *supra* n. 28 et vol. I p. 150 n. 54.

Note 30.

La suite de la narration de Zosime continue à être cohérente
avec sa version d'une collusion entre Gaïnas et Tribigild dès
le début de la révolte de celui-ci (cf. *supra* n. 28). Comme le
récit de Zosime est ici beaucoup plus détaillé que celui des
sources parallèles, et notamment que les allusions de Claudien,
il me paraît hardi d'écarter sans autre forme de procès le témoignage de l'*Histoire nouvelle*, même s'il n'est pas aussi limpide
qu'on le voudrait. D'après Zosime, Tribigild ne marcha pas
pour commencer en direction de Constantinople, comme l'admettent Seeck [5] p. 307-308 et E. Demougeot [1] p. 225 et
n. 552 en interprétant abusivement Soz. 8, 4, 3, qui concerne
en réalité Gaïnas et l'épisode narré par Zosime en 5, 18, 6-7,
mais, après être sorti de Constantinople et avoir rejoint ses
hommes en Phrygie, il passa en Lydie et se rapprocha du
littoral égéen ; il aurait ensuite dû, selon le plan prévu en collaboration avec Gaïnas, se diriger vers les Dardanelles. Selon
Zosime toujours, le projet de Gaïnas était évidemment de se
rendre avec son armée de Constantinople aux Dardanelles par
la Thrace et de faire ensuite sa jonction avec Tribigild ; ce
projet échoua cependant à cause de l'impétuosité de Gaïnas.
Seybold-Heyler (note à leur traduction, vol. II p. 128) supposent à juste titre que Gaïnas attisa les soupçons qu'Eutrope
concevait à son égard en se conduisant de manière pétulante
avant même de quitter la capitale. Zosime suggère ensuite que,
peu après le départ de Gaïnas, les indices de sa collusion avec
Tribigild furent si évidents que ce dernier, redoutant Léon
(cf. 5, 14, 1), renonça à se diriger vers les Dardanelles, mais
revint sur ses pas et, après avoir ravagé derechef la Phrygie,
fila en direction du sud vers la Pisidie. Si tel est bien le sens
du récit de l'*Histoire nouvelle*, elle nous donne un tableau tout
à fait clair et admissible de l'enchaînement des événements, du

reste confirmé par une allusion de Claud. 20 (*In Eutr.* 2), 432 :
Tarbigilus simulare fugam ; le poète indique ainsi que le Goth
renonce à marcher vers les Dardanelles et revient sur ses pas.
Il ne faut donc rien changer au texte de V au paragr. 5, contrairement à ce que suggère Mendelssohn à propos de ἀπῄει (cf.
app. crit.) ; cf. du reste aussi 5, 15, 4-5. En fin de chapitre,
Zosime tourne à nouveau son attention vers Gaïnas ; celui-ci,
après l'échec de son plan initial, demeure tout d'abord en
Thrace en position d'attente sans songer à secourir les régions
d'Asie Mineure mises à sac par Tribigild.

A propos de l'allusion que Zosime fait au paragr. 4 à la τύχη,
L. Cracco Ruggini [8] p. 100-105 prétend illustrer une notable
différence de point de vue entre Eunape et Zosime. Tandis que
ce dernier attribue le salut provisoire de l'Empire romain à
la Fortune, c'est-à-dire au hasard, Eunape polémique contre
les interprétations chrétiennes qui voient la main de Dieu dans
les événements militaires et politiques contemporains, déclare-
t-elle en se fondant sur Eun. *Hist.* frg. 78. L. Cracco Ruggini
relève que ce texte soulève des problèmes d'interprétation non
résolus ; tel n'est plus le cas maintenant, je crois ; cf. *infra*
n. 38. Il n'est en tout cas pas exact de soutenir que ce fragment
s'insère « tra le vicende di Eutropio, di Gaïnas e di Tribigildo »
(p. 101) ; le fragment 75, 6 faisant allusion à la chute d'Eutrope,
c'est évidemment après celle-ci, dans un contexte différent, que
s'insère le fragment 78. Le contenu de ce fragment n'a pas
été retenu par Zosime, et il est parfaitement arbitraire de
l'opposer à Zosime 5, 14, 4. Du reste il est abusif de poser
l'équation τύχη = hasard, et celle-ci ne sauva pas « tutta
l'Asia » (p. 104), mais provisoirement les villes de l'Empire.
Des textes comme 5, 21, 4 ; 5, 35, 5 ; 5, 41, 5 ; 5, 51, 2 et 6,
13, 1 (cf. les n. à ces passages) montrent que Zosime conçoit
l'époque qu'il narre commme essentiellement abandonnée par
la providence divine bienveillante, en proie à un démon malfaisant, et soumise à une force, appelée ici et en 6, 13, 1 τύχη,
qui ralentit ou accélère l'accomplissement d'un destin catastrophique. Il est donc tout à fait artificiel de dresser un Zosime
« historien pragmatique » face à un Eunape « historien providentialiste » comme le fait L. Cracco Ruggini. Assurément, Zosime,
du fait qu'il élague et résume Eunape, modifie inévitablement
les nuances du récit, et cela nous apparaît d'autant plus clairement que l'*Histoire nouvelle* élimine presque systématiquement les passages qui ont retenu l'attention des auteurs des
Excerpta de sententiis. Mais Zosime nous en dit par ailleurs
largement assez pour que nous sachions que, comme Eunape,
il voit dans les malheurs de l'Empire la conséquence de l'aban-

don des vieux cultes ; cela n'exclut du reste nullement à un
autre niveau l'action de causes matérielles ; cf. aussi *supra*
n. 8 et 20.

Problème de détail : Paragr. 5 *in fine*. Mendelssohn (*ad*
p. 231, 24-25), à la suite de Reitemeier, relève l'expression
ὅσα πρὸς αὐτὸν Τριβιγίλδῳ συνέκειτο, qui paraît peu correcte
par rapport à la tournure inverse qu'on lit au début du paragr. 3 :
ἃ συνέκειτο πρὸς Τριβίγιλδον αὐτῷ.

Note 31.

Pour le présent passage, les sources parallèles sont très
maigres. Seul Philostorge 11, 8, p. 138, 23-25 Bidez-Winkelmann parle d'une attaque de Tribigild en Pisidie et en Pamphylie, et évoque en trois mots ses difficultés en Isaurie. Claudien passe immédiatement au récit de la fin de Léon (cf.
pourtant 20 [*In Eutr.* 2], 465, mention des Pamphyliens et des
Pisidiens après le récit de la mort de Léon), les sources grecques
aux épisodes qui aboutissent à la chute d'Eutrope. Il est vrai
que dans les lignes examinées ici, Zosime se répète longuement
et n'apporte que peu de nouvelles données. Nous apprenons
simplement : *a*) que Léon, qui avait peur de Tribigild, ne quitta
pas le secteur proche des Dardanelles ; *b*) que Gaïnas passa
d'Europe en Asie et n'entreprit aucune opération, mais tenta
de terroriser le gouvernement de Constantinople en exagérant
les talents de Tribigild ; feignant de rester loyal, il envoyait
cependant des renforts à Tribigild ; *c*) que Tribigild ne rencontra aucune résistance et que si, au lieu de se diriger vers le
sud, il s'était rendu sur la côte égéenne, il aurait pu s'emparer
de tout l'Orient, y compris l'Égypte. Au paragr. 2, Zosime
répète ce qu'il a déjà dit en 5, 13, 4 : tous les Barbares dissé-
minés dans les régions où passe Tribigild rallient son parti ;
cf. *supra* n. 28. Quant au paragr. 4, il développe avec quelques
détails plus précis ce qui a déjà été indiqué en 5, 14, 3 *in fine*.
Enfin le début du paragr. 5 reprend les indications déjà esquis-
sées en 5, 14, 5 (la précision concernant les chemins impraticables à la cavalerie s'explique par le fait que le noyau des
forces de Tribigild est formé de cavaliers ; cf. 5, 13, 2). Comme
souvent, il est difficile d'apprécier la mesure dans laquelle il
est possible de se fier aux renseignements fournis par Zosime,
dont le récit est imprécis, dramatisé et exagéré. Ainsi, d'après
le paragr. 3, il apparaît que Gaïnas n'est pas resté dans le
secteur des Dardanelles, mais qu'il a suivi de loin Tribigild,
ce que semble confirmer 5, 17, 1-2 ; il est cependant impossible

de se faire une idée exacte des déplacements de Gaïnas. Ridley
[8] p. 211 n. 45 pense qu'il est difficile d'imaginer que Gaïnas
soit parvenu à envoyer des renforts à Tribigild ; comme Gaïnas
avait certainement de nombreux Goths sous ses ordres, cette
donnée conserve une certaine vraisemblance ; cf. 5, 17, 1-2 et
n. 33. Selon Albert [27] p. 100-103, les manœuvres assez inco-
hérentes de Tribigild s'expliqueraient par le fait qu'il dépendait de la bonne volonté de ses troupes surtout avides de pillage. Le paragr. 4 peint sous les couleurs exagérément sombres
ce qui aurait pu arriver si Tribigild avait marché vers l'ouest
plutôt que vers le sud ; une fois de plus, Eunape-Zosime prêtent
à un Barbare un dessein beaucoup trop ambitieux ; cf. vol. II 2
n. 206. Par Claudien (20 [*In Eutr.* 2], 474-484), nous apprenons que, tandis que Tribigild semait le trouble en Asie Mineure,
le gouvernement de Constantinople eut le souci supplémentaire
d'une nouvelle menace perse, qui ne s'estompa qu'après la
chute d'Eutrope ; cf. E. Demougeot [1] p. 225-226.

Problèmes de détail : Paragr. 1. Sylburg propose de modifier le texte de V pour éliminer la construction de διατρίβω
avec le datif seul (cf. app. crit.) ; Mendelssohn (*ad* p. 231, 26),
allègue en défense de la tradition F. O. Hultsch (*Quaestiones
Polybianae* I, Progr. Zwickau, 1859) p. 19-20 ; on y trouve
une série d'exemples de datif de lieu sans préposition chez
Polybe ; mais aucun de ces exemples n'illustre l'emploi du verbe
ici en question ou même seulement un cas vraiment de même
nature ; ni le *Thesaurus linguae Graecae* ni le Liddell-Scott ne
fournissent d'exemples de διατρίβω avec le datif seul, et ils
sont confirmés pour Polybe par A. Mauersperger (*Polybios-
Lexikon* I 2, Berlin, 1961) ; Polybe n'emploie jamais διατρίβω
avec le datif seul, et trois fois ἐνδιατρίβω, dont deux fois avec
le datif seul et une fois avec ἐν ; Sylburg a donc peut-être
raison. Paragr. 2. Mendelssohn (*ad* p. 232, 6) attire l'attention
sur l'expression θαυμάζειν ποιεῖν, qui ne peut signifier que
« faire en sorte qu'on admire » (la même idée est exprimée
différemment en 5, 17, 3 début ; pour cet emploi du verbe
ποιεῖν, cf. 5, 21, 3 ποιεῖ προελθεῖν τὰς ναῦς) ; « feindre d'admi-
rer » se dirait θ. ποιεῖσθαι. Paragr. 3. Reitemeier est gêné par le
fait que Zosime dise que Tribigild s'avance « vers l'Orient »
(il propose de lire « vers l'Europe ») ; en réalité le texte traditionnel est parfaitement compréhensible.

Note 32.

Zosime est la seule source qui nous renseigne sur les opérations de Tribigild autour de Selgè et sur le rôle de Valentin

et de Florent. Sur le plan littéraire et historiographique, ce récit détaillé d'un épisode dramatique, mais mineur, mérite de retenir l'attention ; on ne peut s'empêcher de le rapprocher du développement consacré en 1, 69-70 à la résistance du brigand isaurien Lydios dans la ville de Cremna, qui n'est pas très éloignée de Selgè ; cf. vol. I n. 98-99. On trouve ailleurs encore dans Zosime des narrations de même nature, où l'auteur s'attarde longuement sur des événements en soi peu importants ; cf. par ex. 4, 38-39 et 4, 48-49. Eunape et à sa suite Zosime ont évidemment le goût des belles histoires, qu'ils partagent du reste avec beaucoup d'historiens antiques, et même avec Polybe qui, précisément à propos de Selgè et de ses habitants, insère dans son œuvre pas moins de cinq chapitres (5, 72-76) consacrés à une suite d'épisodes d'importance anecdotique. La similitude entre Zosime 1, 69-70 et 5, 16 soulève cependant un problème de sources délicat. Si le récit relatif à Tribigild dérive très certainement d'Eunape, on ne peut pas être aussi affirmatif à propos de celui qui concerne Lydios ; bien qu'il appartienne à l'an 280 et qu'Eunape commence son ouvrage avec l'an 270, il n'est pas très facile d'imaginer que l'aventure de Lydios occupait une large place dans le premier livre d'Eunape, qui couvrait à lui seul les années 270-355, alors que Zosime — qui résume ! — consacre un livre et un tiers à cette période. Cela soulève le très difficile problème de la source de Zosime pour les années antérieures à 355, où pourtant l'*Histoire nouvelle* présente aussi des caractéristiques typiquement eunapiennes, notamment le récit anecdotique de 1, 69-70 ! Cf. sur cela mon étude *Eunapiana*, citée *supra* n. 8, p. 244-253 et 284-292.

Le personnage de Valentin n'est connu que par Zosime ; cf. RE VII A 2275-2276 (Ensslin, 1948) et PLRE II p. 1139 n° 1 ; il n'est nullement prouvé que le Valentin célébré par une inscription métrique sur une urne (CIL III 7407, CE 655) soit notre citoyen de Selgè ; cf. E. Demougeot [1] p. 227 n. 566. Quant à Florent, Seeck (RE VI 2758 n° 11 [1909]) l'identifiait avec le *magister militum* (inconnu par ailleurs) destinataire de *Cod. Theod.* 1, 8, 1 (an 415) ; PLRE II p. 477 n° 2 suggère plus justement à mon avis qu'il n'y a pas lieu d'identifier le *magister militum* de 415 avec le notable de Selgè de 399.

Sur Selgè, données succinctes dans RE II A 1257 (Ruge, 1921) ; D. Magie (*Roman Rule in Asia Minor*, Princeton, 1950) p. 264-265 ; *The Princeton Encyclopedia of Classical Sites* (Princeton, 1976) p. 822-823 ; renseignements plus détaillés dans K. Lanckoroński (*Städte Pamphyliens und Pisidiens*, II, Wien, 1892) p. 173-184 ; G. E. Bean (*Turkey's Southern Shore*, London,

1963) p. 138-147 ; R. Fleischer, Rapport d'une exploration du
site de Selgè, Oesterreichisches Archäologisches Institut, Gra-
bungen 1968, Wien, 1970, p. 19-23 ; A. Machatschek-M.
Schwarz (*Bauforschungen in Selge*, Wien, 1981). Située aux confins de
la Pisidie et de la Pamphylie, cette ville a d'abord été considérée comme faisant partie de la première de ces deux régions
(Strabon 12, 7, 2), plus tard de la seconde (Zosime, Hiéroclès,
Synecdemos, p. 681, 13, éd. A. Burckart, Leipzig, 1893 ; cette
modification résulte peut-être d'une organisation différente des
provinces ecclésiastiques dans l'Antiquité tardive). On comprend mal ce qui put attirer Tribigild dans ces parages si
l'on ignore un détail que nous apprend Strabon 12, 7, 3, à
savoir qu'elle est extrêmement fertile et riche en nourriture.
Les parages étaient infestés par les célèbres brigands isauriens,
dont les razzias défrayaient périodiquement la chronique ; cf.
p. ex. Amm. 14, 2 et Zos. 4, 20, 1-2 ; les habitants de Selgè
et des autres villes du secteur avaient l'habitude d'assurer
eux-mêmes leur défense et furent ainsi en mesure de résister
victorieusement aux Goths ; Zosime attire à juste titre l'attention sur cette particularité en 5, 15, 5 et 5, 16, 4.

Selgè est située à quelque cinquante km de la mer, à mille
mètres d'altitude (cf. la carte de Machatschek-Schwarz, avec
courbes de niveau), aux pieds du Bozburun Dag (2405 m),
sur la rive droite de l'Eurymédon (auj. Köprü Su ; cf. RE VI
1334 [Ruge, 1907]) ; cf. vol. II 1 carte 2. Le site, qui conserve
d'imposantes ruines, est partiellement occupé par le petit village moderne de Serk, dont le nom reflète évidemment celui
de Selgè ; le nom de Serk a été récemment abandonné au profit
de celui d'Altınköyü (Village d'or). La topographie des lieux,
qu'assurément ni Eunape, ni Zosime, n'ont visités, répond
cependant assez bien au récit de l'*Histoire nouvelle*. L'Eurymédon est un cours d'eau par endroits profondément encaissé,
qui évoque pour l'Autrichien Lanckorónski un torrent alpin :
« wie ein steirischer Bergstrom blinkte der grüne Eurymedon
bald da, bald dort zwischen den Nadelbäumen des Bergabhanges
hervor », et plus loin : « ... wir ... fanden uns über einer engen
Felsenschlucht, der Via Mala nicht unähnlich, in ungeheurer Tiefe
unter uns der Eurymedon » (*op. cit. supra*, vol. I, Wien, 1890,
p. xvi). Machatschek-Schwarz, p. 29-32 fournissent des renseignements concordants, sous une forme moins poétique et
plus précise. La vallée de l'Eurymédon, orientée du nord au
sud, s'élargit, non loin de Selgè, en une petite plaine (cf. la
carte turque au 200 000) ; plus au nord, la vallée se rétrécit,
formant une gorge de trente mètres de profondeur ; un barrage
naturel crée un petit lac au fond de cette gorge ; un pont romain

la franchit à vingt mètres au-dessus du niveau de l'eau ; aujourd'hui comme c'était déjà le cas à l'époque de Tribigild, ce pont constitue l'unique accès à Selgè par la vallée de l'Eurymédon ; dessin de ce pont dans Lanckorónski (vol. II p. 177), photographies dans Bean (pl. 65) et Machatschek-Schwarz (fig. 8). Au-delà du pont, sur la rive droite de l'Eurymédon, un chemin très raide, rachetant une différence d'altitude de sept cents mètres, monte vers Selgè : « Jenseits des Köprü çayı windet sich der Fahrweg in zahlreichen engen Kehren, die oft in den senkrechten Fels gesprengt sind, den Berg empor. Stellenweise sind Reste der antiken Strasse zu verfolgen, die etwas steiler trassiert, ebenfalls von der Römerbrücke nach Selge hinaufgeführt hat » (Machatschek-Schwarz p. 29 ; photo de la route antique fig. 7 ; cf. aussi Bean pl. 66). « Toward the top of the ascent the rock-formations are very curious, making pillars, gateways and corridors, all apparently natural » (Bean p. 139 ; cf. Machatschek-Schwarz, ibid.). Le chemin moderne, moins raide et faisant des lacets, correspond au « colimaçon » de Zosime ; il franchit la crête par un modeste col et débouche dans une petite plaine cultivée s'étendant d'est en ouest, au fond de laquelle se dressent l'imposant théâtre et les trois collines qu'occupe la ville ; cf. les plans de Lanckorónski p. 175, Bean p. 144 (avec les pl. 67-68) et Machatschek (en annexe ; cf. ses fig. 9 et 88). Le site de la ville est limité à l'est par la vallée de l'Eurymédon, au sud par celle que forme un affluent de celui-ci, au nord par le Bozburun Dag.

C'est dans ce cadre qu'il s'agit maintenant d'inscrire le récit de Zosime. Tribigild arrive évidemment par le sud puisque, selon notre texte, après avoir traversé une région très difficile (le Taurus), il a passé par la plaine côtière de la Pamphylie ; de là, il a emprunté le cheminement qui remonte l'Eurymédon sur sa rive gauche. Quand la tête de sa colonne fut parvenue vers le pont, elle se trouva prise sous les projectiles lancés par la petite troupe de Valentin, qui n'avait certainement pas pris position au sommet du chemin, vers le col, mais en-dessous, au haut du tronçon le plus raide du chemin (cf. Bean p. 139) ; quant au détachement de Florent, il devait se trouver à couvert immédiatement après le pont. La route de Tribigild était donc barrée à l'avant, et l'étroitesse des lieux ne permettait pas à une troupe en grande partie montée de faire facilement demi-tour. On peut du reste se demander s'il ne manque pas un détail dans le récit de Zosime et si les habitants de Selgè n'ont pas aussi bloqué les Goths sur leurs arrières. Certains tentèrent d'échapper à l'avalanche de projectiles en se jetant dans le petit lac, mais n'arrivèrent pas à y reprendre pied ;

les uns périrent sur place, tandis que les autres, ayant apparemment réussi à franchir le barrage, s'embourbèrent dans les marais que forme l'Eurymédon au sortir de la gorge. Tribigild, ayant acheté Florent, put s'engager avec trois cents des siens — les seuls qui survécurent — sur le colimaçon et se mettre ainsi à l'abri. Cette petite troupe dut peu après revenir sur ses pas, puisque Zosime nous dit qu'elle fut bloquée entre l'Eurymédon et le Mélas (auj. Manavgat cayı ; cf. RE XV 440 [Ruge, 1931]), qui coule parallèlement à l'Eurymédon, quelque vingt-cinq km plus à l'est. Les habitants barraient évidemment toutes les issues, et notamment les ponts, qui eussent permis à Tribigild de se dégager, les cours d'eau étant sans cela infranchissables : nous avons vu quel est l'aspect de l'Eurymédon ; le Mélas n'est guère différent : Amm. 14, 2, 9 le qualifie de *fluuius altus et uerticosus*.

Zosime nomme les deux importantes villes côtières situées au débouché de ces deux fleuves. L'Eurymédon coulant non pas à travers Aspendos, mais à quelques centaines de mètres à l'est de la ville (cf. le plan de Lanckorónski, vol. II *in fine*), Bekker propose de corriger le texte de Zosime (cf. app. crit.) ; mais rien ne nous permet d'affirmer que l'erreur ne se trouvait pas déjà dans le texte original de Zosime, et sans doute même déjà dans sa source Eunape.

Note 33.

Claudien mis à part, qui fournit d'intéressants détails sur la fin de Léon, Zosime continue ici à être source unique. Son récit n'est pas aussi clair qu'on le souhaiterait, sans qu'on puisse dire s'il a maladroitement résumé Eunape, ou si sa source était déjà confuse. Il faut en tout cas admettre, d'après ce que nous dit l'*Histoire nouvelle*, que Léon s'est rendu en Pisidie-Pamphylie, et que Gaïnas est aussi lui-même descendu assez loin vers le sud (cf. *supra* n. 31). L'ambiguïté principale de ces lignes de Zosime se situe en 17, 1-2, où il est dit que les renforts donnés par Gaïnas à Léon s'attaquent aux Romains. Déjà Lenain de Tillemont [8] p. 453 avait été embarrassé par ces lignes, qui ont été à mon avis correctement expliquées par Reitemeier (p. 607-608 de son édition commentée, complété par Heyne p. 642, p. 407-408 dans l'éd. Bekker). L'ordre donné par Gaïnas à Léon était une pure feinte, destinée à masquer la trahison qu'il projetait. Pour sauver Tribigild sous couleur de l'accabler, Gaïnas envoie à Léon des renforts formés de Goths dont il sait qu'ils vont faire défection, ou même à qui il a

plus ou moins clairement donné l'ordre d'agir ainsi ; Gaïnas
avait du reste déjà manœuvré de même manière auparavant ;
cf. *supra* 5, 15, 3. De cette façon, Tribigild, qui n'avait pour
un certain temps plus eu avec lui que trois cents hommes, se
trouva bientôt de nouveau à la tête d'une petite armée aux
effectifs non négligeables. Il put ainsi s'échapper de la zone où
les habitants de la Pamphylie l'avaient bloqué et remonter
vers le nord ; revenu en Phrygie, il ravagea derechef cette
région. Si Zosime est peu clair, c'est qu'il omet de nous dire
que Gaïnas joue un double jeu et que les renforts qu'il envoya
à Léon firent défection ; cf. Seeck [5] p. 309. Albert [27] p. 117-
119 suggère une interprétation un peu différente de Zosime 5,
17, 1-2, conforme à son hypothèse d'une divergence entre Gaïnas et ses contingents barbares ; cf. *supra* n. 28.

Zosime est également obscur et incomplet en ce qui concerne
les faits et gestes de Léon, dont il ne sera plus question par la
suite ; heureusement, Claudien 20 (*In Eutr.* 2), 432-461 nous
donne des précisions supplémentaires : Léon et Tribigild se
trouvèrent face à face, on ne sait trop où, en Pamphylie ou
non loin de là, à en croire Zosime, ici fort suspect ; Tribigild
attaqua nuitamment le camp de Léon et y fit un grand massacre ; Léon parvint lui-même à s'enfuir, tomba de son cheval
dans un marais et, terrifié par un bruit dont il crut qu'il signa-
lait l'approche de l'ennemi, mourut d'une attaque. C'est du
moins ce que prétend Claudien, qui paraît ici très malveillant
envers cet allié de son ennemi Eutrope. Le fragment 76, 3 de
l'*Histoire* d'Eunape semble concerner l'attaque finale de Tribigild contre Léon. Quant au fragment 77, qui concerne un
dénommé Subarmachios, apparemment *comes domesticorum*, très
fidèle à Eutrope, inconnu par ailleurs, on ne sait trop où l'insérer exactement, car son contenu n'a pas été retenu par
Zosime, et comme il est transmis par la *Suda*, on ignore la
place qu'il occupe par rapport aux textes voisins conservés par
les *Excerpta de sententiis* ; Eunape traite aussi Subarmachios
d'ivrogne, comme Léon, mais il semble que, pour lui, tous les
généraux sont des ivrognes (cf. aussi frg. 70). Ces personnages
d'Eunape, honorant Bacchus et Vénus, font inévitablement penser à une série d'individus inventés peuplant l'*Histoire Auguste*.

Problèmes de détail : Chap. 16, paragr. 5. A propos de Léon
« commandant en second » après Gaïnas, cf. *supra* n. 27.
Chap. 17, paragr. 1. La correction de Bekker et de Mendelssohn
ἐπέπεμπε (cf. app. crit.) me semble s'imposer à cause du contexte, et notamment à cause du complément au datif de ce
verbe : ces renforts ne sont pas envoyés « aux Romains », mais
« contre les Romains ». Paragr. 2. L'expression Ῥωμαίων παντί

a paru insolite et provoqué diverses tentatives de correction
du texte de V ; cf. app. crit. ; Mendelssohn a justifié le texte
traditionnel en alléguant l'expression toute semblable qui se
trouve en 5, 24, 2 : παντὶ τῶν οἰκητόρων. Pour illustrer l'emploi
de συμπίπτω en début de phrase, Mendelssohn attire l'attention sur les emplois parallèles en 3, 20, 3 et 3, 27, 4 ; dans son
index grammatical, Bekker cite en outre 1, 10, 3 ; 1, 22, 2 ;
1, 53, 1 ; 1, 68, 2 ; 2, 19, 2 ; 4, 58, 3.

Note 34.

Zosime en arrive ici aux prodromes de la chute et de la mort
de l'eunuque Eutrope. L'*Histoire nouvelle* n'est guère concise
ici, mais du moins sa version des faits est parfaitement claire :
Gaïnas, jaloux d'Eutrope, et plein de rancune envers lui à
cause du peu d'égards qu'il avait reçu de lui, cherche à provoquer
la chute de l'eunuque, mais comme il n'est ni assez puissant,
ni assez influent pour agir directement, il terrifie le gouvernement de Constantinople en exagérant les succès de Tribigild
et en prétendant que c'est ce dernier qui exige l'élimination
d'Eutrope. Une seconde version est fournie par Claudien, mais
noyée dans les brouillards de la fiction poétique : Léon disparu
et Tribigild sévissant librement, ce fut en Stilicon que résida
le dernier espoir ; la déesse Aurore vient le supplier de sauver
l'Orient (20 [*In Eutr.* 2], 501-602). Comme la date exacte à
laquelle ces vers ont été écrits n'est pas connue, ils ont reçu
des interprétations divergentes, englobant aussi un autre passage obscur (19 [*In Eutr.* 2 praef.], 19-20). Seeck [5] p. 310-
311 et E. Demougeot [1] p. 228-229 trouvaient dans Claudien
l'indice que c'était Eutrope en personne qui avait appelé au
secours Stilicon et qu'apparemment ce dernier mit comme
condition à son intervention que l'eunuque fût éliminé ; Cameron [2] p. 140-147 pense que Claudien peint seulement par la
bouche d'Aurore la détresse de l'Orient et prépare idéologique-
ment une intervention spontanée de Stilicon en Orient, qui
n'eut finalement pas lieu. Döpp [5] p. 159-174 croit que l'invective contre Eutrope a été écrite après la chute de l'eunuque
et que les paroles d'Aurore peignent la situation à ce moment-là.
Il n'est pas possible de discuter ici en détail ce difficile problème
d'interprétation, mais il me paraît qu'on peut au moins tenir
pour certain que Claudien n'atteste pas une demande d'Eutrope
ou d'Arcadius adressée à Stilicon pour qu'il vienne au secours
de l'Orient, ni une condition (l'élimination d'Eutrope) posée
par Stilicon pour intervenir, mais vise simplement à suggérer

que Stilicon est, d'une manière ou d'une autre, le seul sauveur
possible pour l'Orient. Une troisième version est fournie par
les historiens ecclésiastiques grecs Soz. 8, 7, 3 et Philost. 11, 6,
p. 136, 7-13 Bidez-Winkelmann ; selon eux, il y aurait eu un
violent conflit entre l'eunuque et l'impératrice Eudoxie, qui
aurait demandé à son mari la punition d'Eutrope (Socr. 6, 5,
PG LXVII 675 A parle simplement d'un différend entre l'empereur et Eutrope). Devant ces divergences, il me semble qu'on
peut tout d'abord éliminer une quelconque responsabilité,
directe ou indirecte, de l'Occident dans la chute d'Eutrope :
aucune intervention de Stilicon n'est clairement attestée, et
rien ne permet de supposer qu'en 399, Gaïnas ait encore manœuvré en accord avec Stilicon et en se souciant avant tout des
intérêts de ce dernier. Cameron [2] p. 147 a, je crois, raison de
suggérer que Gaïnas agit pour son propre compte et que, fort
de ce qui était arrivé à Timasius et à Abundantius, il était
convaincu que son propre salut dépendait de l'élimination
d'Eutrope. Il est en revanche tout à fait possible, malgré le
silence de Zosime, qu'Eudoxie et les ennemis d'Eutrope à
Constantinople aient juré la perte de l'eunuque, continuateur
de la politique favorable aux Barbares de Théodose 1er ; cf
E. Demougeot [1] p. 221-222. Les versions de Zosime d'une
part, de Sozomène et de Philostorge de l'autre, ne sont pas
contradictoires, mais plutôt complémentaires, et rien n'empêche de les combiner. Sur tout cela, cf. en dernier Albert [27]
p. 18-20 et 43-44. Mendelssohn (ad p. 235, 18) achoppe au
fait que, chez Socrate et Philostorge, le récit de la chute d'Eutrope intervienne avant le développement consacré à l'affaire
de Gaïnas et Tribigild ; je ne tirerais pas pour ma part des
conclusions trop fermes de cette différence, puisque chez
Sozomène, proche de Philostorge quant au motif de la chute
d'Eutrope, cet épisode intervient après l'affaire de Gaïnas
(narrée en 8, 4). Il est plus remarquable que Socrate et Sozomène, dans un contexte différent, mettent tous les deux le
récit de la fin d'Eutrope en relation avec le problème de l'asile
dans les églises (cf. infra 5, 18, 2 et n. 35) ; Philostorge en
revanche n'aborde pas cet aspect. Comme nous ne possédons
de Philostorge qu'un résumé, il faut se garder de spéculer sur
les sources de cet auteur en se fondant sur ce qu'il dit ou ne
dit pas ; il n'est par ailleurs pas certain que la succession des
événements dans le résumé corresponde exactement à celle de
l'original. Enfin, il est clair que chez les historiens ecclésiastiques, qui ne traitent des affaires profanes qu'en complément
des affaires de l'Église, les épisodes dont il est question ici
peuvent s'insérer diversement, dans un ordre qui n'est ni celui

de leur succession réelle, ni celui dans lequel les présente la
source qu'ils suivent pour l'histoire profane. Contrairement à
Mendelssohn, je ne vois donc pas de difficulté à supposer que
Socrate, Sozomène et Philostorge utilisent tous les trois Eunape
comme source profane ; mais chacun d'eux l'exploite à sa
manière et pour des passages différents. Parfois, ils le laissent
tous trois de côté, comme c'est le cas pour les causes de la
chute d'Eutrope. Sur le caractère plus complémentaire que
divergent des sources sur ce point, cf. déjà Lenain de Tillemont [8] p. 778-779 n. 18. Sur la question des relations entre
Eunape et les historiens ecclésiastiques, cf. aussi *infra* n. 37,
38 et 44.

   Problèmes de détail : Paragr. 3. Pour les divers sens de
l'expression ὅσον οὐδέπω, cf. *supra* n. 3. Paragr. 4. Eutrope
revêtait le consulat ordinaire, et donc éponyme, en 399 (il ne
fut pas reconnu en Occident) ; dans l'expression qu'emploie
Zosime, le terme χρόνος signifie année, comme dans la tournure
assez semblable qu'on rencontre chez Joh. Lydos *Mag.* 2, 9, p. 63,
9 Wuensch : (ἡ ὕπατος τιμή) τῷ χρόνῳ τὴν προσηγορίαν χαρίζεται.
Sur la dignité de patrice, cf. Zosime 2, 40, 2 et mon commentaire, vol. I p. 247 ; que la dignité de patrice ait été conférée
à Eutrope soit confirmé par diverses sources parallèles, *Cod.
Theod.* 9, 40, 17 ; Claud. 18 (*In Eutr.* 1), 109 ; Soz. 8, 7, 1
(εὐνούχων μόνος καὶ πρῶτος ὧν ἴσμεν ἢ ἀκηκόαμεν ὑπάτου καὶ
πατρὸς βασιλέως ἀξίᾳ ἐτιμήθη) ; Philost. 11, 4, p. 135, 19 Bidez-
Winkelmann ; ce dernier, à la ligne suivante, s'amuse du fait
qu'un eunuque puisse avoir été dit « père de l'empereur ».
Paragr. 5. Mendelssohn (*ad* p. 235, 10) illustre l'expression τὴν
τῶν κοινῶν ἐπανάστασιν en alléguant comme parallèle, 1, 17, 1
τῆς τοῦ βασιλέως (= *erga regem*) εὐνοίας ἀλλοτριωθέντες. A la
fin du paragr., Sylburg propose d'ajouter l'article devant βασιλεύς (cf. app. crit.) ; ce mot s'emploie souvent sans article du
fait qu'il peut être pris pour l'équivalent d'un nom propre ;
cf. Apoll. Dys. *Syntaxe* p. 115, 1-2 Uhlig (GC II 2), ainsi que
Kühner-Gerth II 1 p. 602-603 ; chez Zosime, on rencontre ce
nom sans article par exemple en 5, 8, 3 ; 5, 9, 3 ; 5, 18, 8 ;
5, 37, 4, etc. ; ailleurs et fréquemment, on le trouve précédé de
l'article, par exemple en 5, 18, 1 ; comme Zosime varie, il n'y
a pas lieu ici de corriger le texte ; cf. *infra* 5, 37, 4 et n. 85.

Note 35.

   Une série de sources transmettent des informations en partie concordantes, en partie divergentes par rapport à Zosime

sur la fin d'Eutrope : Socr. 6, 5, PG LXVII 673 AB ; Soz.
8, 7, 2-5 ; Philost. 11, 6, p. 136, 17-18 Bidez-Winkelmann ;
Ioh. Ant. *Frg.* 189, *Excerpta de uirtutibus et uitiis*, p. 203,
12-17 Büttner-Wobst-Roos ; Prosp. Chron. min. I p. 464, 1216 ;
Claud. 19 (*In Eutr.* 2 praef.), 10. 52 et 20 (*In Eutr.* 2), 20-21 ;
Ioh. Chrys. *Hom. in Eutr.* et *Hom. de capto Eutr.*, PG LII
391-414 ; le *Cod. Theod.* 9, 40, 17 conserve la loi concernant
la confiscation des biens d'Eutrope, son exil et sa *damnatio
memoriae.*

Ces événements se produisirent en 399, l'année du consulat
d'Eutrope (Claudien, Prosper), mais la date précise n'est pas
connue ; la loi de confiscation des biens d'Eutrope est datée
du 17 janvier 399, mais il y a assurément ici une erreur ; Seeck
[5] p. 566 (note à p. 313, 14) et [26] p. 103 et 299 propose le
17 août ; en effet, *Cod. Theod.* 9, 40, 18, du 25 juillet 399,
abroge en partie la loi *Cod. Theod.* 9, 14, 3, promulguée en 397
sous l'influence d'Eutrope ; on peut donc songer à dater la
chute d'Eutrope de juillet 399 (cf. Stein-Palanque [6] p. 235
et 544).

Eutrope déchu se précipita vers « l'église des chrétiens »,
écrit Zosime ; cette expression se trouve déjà *supra* en 5, 8, 2 ;
il n'y a bien sûr pas qu'une seule église chrétienne à Constantinople en 399 ; ces termes désignent donc l'église par excellence,
c'est-à-dire Sainte-Sophie ; du reste le rôle que joue dans cet
épisode saint Jean Chrysostome, évêque de Constantinople
depuis le 26 février 398 (Stein-Palanque [6] p. 241) et évidemment protégé d'Eutrope, nous confirme qu'il se déroule dans
la cathédrale, d'ailleurs toute proche du palais impérial. Les
mots ἐξ ἐκείνου en 5, 18 ,1 ont soulevé de nombreuses perplexités :
déjà Reitemeier p. 608 relevait qu'Eutrope n'avait pas lui-
même érigé les églises en asile ; l'usage est antérieur à lui, et
de plus Socrate et Sozomène nous disent qu'Eutrope fut puni
pour n'avoir pas respecté l'asile des églises, notamment dans
le cas de Pentadia, la femme de Timasius (cf. *supra* n. 19) ; de
fait, le *Cod. Theod.* conserve, en 9, 45, 2 et 3 (cf. aussi 9, 40,
16) deux lois datant de l'époque d'Eutrope et restreignant le
droit d'asile dans les églises ; par ailleurs, Zosime 5, 8, 2 (cf.
supra n. 15) nous apprend qu'Eutrope respecta la femme et
la fille de Rufin qui s'étaient réfugiées dans une église. Reitemeier estimait que l'expression en question ne renvoyait pas
à Eutrope, mais signifiait « depuis ce temps-là », et il alléguait
comme parallèles 4, 28, 2 ; 5, 9, 7 ; 5, 41, 7 ; une gêne pourtant
subsistait, puisque, nous l'avons vu, l'asile dans les églises est
une institution bien antérieure au temps d'Eutrope ; du reste
l'expression qu'utilise Zosime vers la fin du paragr. 1 le prouve :

« en violation même de la loi établie pour garantir le droit
d'asile aux églises ». Reitemeier proposait donc d'entendre
l'expression de Zosime de la manière suivante : « ex illo tem-
pore quo una cum religione christiana inuecta in rempublicam
etiam asyla institui coeperunt » ; il citait en défense de cette
interprétation Zosime 5, 23, 4 ; le « depuis lors » qui s'y trouve
signifie selon Reitemeier « ab initio uitae monasticae » ; ce passage cependant est loin d'être limpide (cf. *infra* n. 47). L'interprétation retenue par Reitemeier pour Zosime 5, 18, 1 me
semble donc, sinon absolument exclue, du moins très peu vraisemblable, et bien qu'elle ait été introduite dans la traduction
allemande de Seybold-Heyler (cf. vol. II p. 135 n. 44), il me
paraît plus judicieux de suivre Sievers [3] p. 359 et Mendelssohn
(*ad* p. 236, 3), d'entendre l'expression controversée comme signi-
fiant « érigée par lui en asile », et d'admettre que nous sommes
tout simplement en présence d'une des nombreuses erreurs de
la tradition représentée par Eunape et Zosime. R. T. Ridley
(*Zosimus the Historian*, ByzZ 65, 1972, p. 277-302) p. 302 et
[8] p. 211 n. 49 pense pour sa part que le texte est corrompu,
que Zosime ne peut pas avoir caché volontairement ce que la
situation d'Eutrope avait d'ironique, ou que peut-être l'historien a voulu noircir le rôle que Jean Chrysostome, comme
nous allons le voir, joua dans cette affaire ; ces hypothèses me
paraissent gratuites, car rien ne nous prouve qu'Eunape ait
été correctement informé sur ce point, et par ailleurs il n'est
pas question de l'évêque Jean dans le présent contexte chez
Eunape-Zosime.

Jean Chrysostome nous donne des détails sur ce qui se passa
ensuite (*Hom. in Eutr.* 4, PG LII 395) : l'armée réclama le
supplice d'Eutrope, mais Arcadius tenta par un long discours
de calmer les soldats, et dut finalement recourir aux larmes
pour sauver la vie à son ancien ministre. Pour sa part, l'évêque
reprocha à l'eunuque d'avoir méprisé l'asile ecclésiastique et
tira pour lui la leçon de la conjoncture présente (paragr. 3,
col. 393-394), mais demanda aux soldats de faire preuve de
miséricorde (paragr. 5, col. 396). Eutrope quitta l'église, mais
fut arrêté (*Hom. de capto Eutr.* 1, col. 397) ; il eut néanmoins
finalement la vie sauve : cf. Seeck [5] p. 312-313 et E. Demougeot [1] p. 230-231. L'exil à Chypre est confirmé par *Cod.
Theod.* 9, 40, 17 et Philostorge (*loc. cit. supra*), ainsi que par
Claud. 19 (*In Eutr.* 2 praef.), 52 et 20 (*In Eutr.* 2), 21. A propos de la fin d'Eutrope, Philostorge 11, 6, p. 136, 19-25 Bidez-
Winkelmann ne dit rien des pressions exercées par Gaïnas et
fournit des détails qui ne concordent pas avec Zosime : on
accusa l'eunuque d'avoir utilisé durant son consulat des orne-

ments réservés à l'empereur, on le fit revenir de Chypre et passer en jugement devant un tribunal présidé par Aurélien siégeant à Pantichion (non loin de Chalcédoine) ; reconnu coupable, il fut décapité ; cf. E. Demougeot [1] p. 231 (qui cependant parle, n. 588, du harnachement des chevaux de l'eunuque, dont il n'est nullement question dans Philostorge). Là de nouveau (cf. *supra* n. 34), les deux versions semblent plus complémentaires que contradictoires, et rien n'empêche d'admettre que Gaïnas d'un côté et Eudoxie avec les ennemis d'Eutrope à Constantinople de l'autre aient collaboré pour faire mourir Eutrope. Seul Zosime nous apprend que l'exécution eut lieu à Chalcédoine. Socrate (*loc. cit. supra*) précise que l'eunuque mourut dans l'année de son consulat. La conclusion de Zosime sur la grandeur et la chute d'Eutrope rappelle le ton — bien sûr fortuitement — de l'homélie de Jean Chrysostome *In Eutr.*, fondée sur le texte de l'*Ecclésiaste* 1, 2 *uanitas uanitatum, et omnia uanitas*. Eutrope fut le seul eunuque à devenir consul et patrice (cf. le texte de Sozomène cité *supra* n. 34). Il est remarquable que les derniers mots de Zosime soient en quelque sorte une apologie d'Eutrope : il mourut victime, non de ses fautes, mais des manœuvres de personnages (Gaïnas et Tribigild) qui visaient essentiellement, non pas à châtier l'eunuque, mais à subvertir l'État à leur profit.

Note 36.

Eutrope une fois écarté, ses ennemis triomphèrent à Constantinople. Le nouvel homme fort fut Aurélien, dont Zosime va parler en 5, 18, 8 ; le début de sa carrière est mal connu, mais il fut en tout cas préfet de Constantinople en 393-394, et avait donc déjà atteint de hautes charges sous Théodose 1er ; sous Eutrope, il resta dans l'ombre, mais les adversaires de la politique favorable aux Barbares semblent s'être regroupés autour de lui. Durant l'été de 399, il accéda à la charge de préfet du prétoire d'Orient ; cf. RE II 2428-2429 (Seeck, 1896) et PLRE I p. 128-129. C'est de 399 que date un texte célèbre, le *De regno* de Synésios de Cyrène, un protégé d'Aurélien, où se trouvent développées les lignes d'un programme politique ultra-nationaliste (cf. Albert [27] p. 47-66). Sur la réaction qui se produisit en 399-400 et ses principaux acteurs, cf. E. Demougeot [1] p. 235-248 et Albert [27] p. 43-47. Sur l'évolution politique des années qui suivent la mort de Théodose et l'arrière-plan social des événements qui aboutissent à la situation de 399-400, on trouvera un point de vue marxiste orthodoxe dans A. S. Kozlov (*La lutte entre l'opposition politique et le*

gouvernement à Byzance dans les année 395-399, ADSV 1976,
p. 68-82, et *Les traits principaux de l'opposition politique contre
le gouvernement de Byzance dans les années 399-400*, ADSV
1979, p. 23-31 [les deux articles sont en russe]). Comme Zosime
ne dit mot de tout ce contexte politique où se déroule la suite
de l'équipée de Gaïnas et de Tribigild, son récit n'est pas très
aisément compréhensible. La présente section de l'*Histoire
nouvelle* contient en outre des ambiguïtés intrinsèques d'autant plus embarrassantes que toutes les sources parallèles
passent très vite et sans fournir aucun détail sur les épisodes
ici narrés. C'est en cet endroit que doit s'insérer le fragment 75,
6 de l'*Histoire* d'Eunape, qui n'éclaire guère Zosime. Nous
avons vu que l'unanimité ne règne pas quant au moment
précis où Gaïnas trahit Rome et fit cause commune avec
Tribigild, mais que Zosime, de loin la source la plus détaillée
sur ces événements, nous offre de manière tout à fait cohérente, sinon tout à fait claire, la version d'une collusion entre
les deux Barbares dès le début de la révolte de Tribigild ; cf.
supra n. 28, 30 et 33. Selon E. Demougeot [1] p. 249-250,
ce n'est qu'au début de l'an 400 que Gaïnas se serait révolté.
Ici derechef, elle ne tient guère compte de l'*Histoire nouvelle*.
Gaïnas craignait auparavant Eutrope, mais l'élimination de
l'eunuque n'améliora nullement sa position, puisqu'elle fit arriver au pouvoir Aurélien et ses partisans, qui n'étaient pas pour
lui moins redoutables. Nous pouvons donc croire Zosime quand
il nous dit qu'après la chute d'Eutrope, la fidélité de Gaïnas
au gouvernement de Constantinople parut plus douteuse que
jamais, mais que le général goth continua à jouer la comédie
de l'obéissance. Il ne faut pas oublier que Zosime reflète le
témoignage d'Eunape, et que celui-ci, dans sa ville de Sardes,
disposait d'excellents renseignements sur ces événements qui
se déroulaient tout près de chez lui (cf. surtout paragr. 4 et 5).
  Cependant que Gaïnas s'en tenait à la fiction de sa soumission à Constantinople, Tribigild, qu'il était censé combattre,
était en fait devenu son subordonné (c'est ce que dit aussi
Jean d'Antioche, reflétant également Eunape ; cf. *supra* n. 28).
C'est dans le contexte de cette situation qu'il faut envisager
l'expression τὸ τούτου πρόσωπον ὑποδυόμενος (paragr. 4), difficile à traduire et à comprendre ; elle signifie littéralement
« jouant le rôle de, prenant le masque de ». Il faut je crois
entendre que Gaïnas se substitue à Tribigild et, pour éviter
de nouvelles mesures militaires de la part de Constantinople,
qu'il dicte à Tribigild un accord avec l'empereur ; de cette
manière, Arcadius pouvait croire le problème réglé, puisque
Tribigild semblait avoir fait sa soumission et que Gaïnas jouait

au général fidèle. Le gouvernement de Constantinople paraît pendant de longs mois s'être satisfait de gré ou de force de cette situation, puisqu'il ne prend aucune mesure contre les Goths en 399, alors qu'en 400, il sera capable d'armer efficacement Fravitta contre Gaïnas. Gaïnas et Tribigild durent rester assez longtemps en Phrygie, je pense tout l'automne et l'hiver 399-400. Puis Tribigild se rend à Thyatire par la Lydie Supérieure, c'est-à-dire la partie de cette région qui est située au nord de l'Hermus. C'est là qu'apparemment Gaïnas déposa le masque, puisqu'il y fit formellement sa jonction avec les troupes de Tribigild. La tentative ratée des Goths contre Sardes, située à quelque cinquante km au sud de Thyatire, a eu lieu sans doute dans la seconde moitié de mars 400, au moment où les pluies du printemps avaient rendu l'Hermus infranchissable. Ils décidèrent alors de passer en Europe, et Tribigild se dirigea vers les Dardanelles, tandis que Gaïnas marcha vers le Bosphore. Quand ces positions eurent été occupées, vers la mi-avril, Gaïnas exigea d'avoir une entrevue personnelle avec Arcadius (il avait de bonnes raisons de se méfier des hauts fonctionnaires, qui appartenaient alors tous au parti de ses ennemis). Toute la chronologie de ces événements peut être fixée grâce à la possibilité que nous avons de déterminer que Gaïnas se trouva installé à Chalcédoine vers la mi-avril de l'an 400. Cf. à ce sujet G. Albert (*Zur Chronologie der Empörung des Gaïnas im Jahre 400 n. Chr.*, Historia 29, 1980, p. 504-508) ; cet auteur commence par montrer que la manière dont on datait traditionnellement la remise d'Aurélien et de Saturnin à Gaïnas n'est pas convaincante (cf. à ce sujet *infra* n. 37) ; il recourt ensuite au témoignage de Palladius, *Dialogus de uita Iohannis Chrysostomi* 14, PG XLVII 48-50 : Jean voulant quitter la capitale pour régler une affaire ecclésiastique, le palais le pria de renoncer à son voyage, car Gaïnas menaçait la ville ; on envoya trois évêques et on convoqua à deux mois de là des témoins à Hypaepa (ville située entre Éphèse et Sardes) ; à la date convenue, les témoins ne se présentèrent pas et on fixa un nouveau rendez-vous à quarante jours de là, avec l'espoir que dans l'intervalle les évêques seraient repartis ; l'insupportable chaleur de l'été avait en effet débuté ; il commençait donc à faire très chaud à Hypaepa deux mois environ après que Gaïnas fut arrivé de Chalcédoine ; on peut donc situer cette arrivée vers la mi-avril. Le récit de Zosime ne laisse nullement soupçonner qu'une période de quelque neuf mois s'écoule pendant que se produisent les événements narrés en 5, 18, 4-6, soit entre la chute d'Eutrope et l'arrivée de Gaïnas à Chalcédoine.

Sur l'évolution de la situation générale dans l'Empire durant cette période, cf. Seeck [5] p. 314-319 et Stein-Palanque [6] p. 235-236. Une source importante pour l'histoire de ces mois, ainsi que pour les événements qui suivent, est le *Traité sur la providence* (ou *Récits égyptiens*) de Synésios de Cyrène, dont cependant l'interprétation n'est pas aisée, car l'auteur désigne les personnages historiques dont il parle par des noms mythiques, et certaines identifications sont controversées ; cf. l'étude critique avec traduction italienne de S. Nicolosi (Padova, 1959), et l'édition du texte par N. Terzaghi (Roma, 1944), ainsi que Albert [27] p. 70-80. Un point délicat et dont la solution importe pour l'interprétation de Zosime est celui qui concerne la succession des préfets d'Orient à cette époque. La doctrine traditionnelle (proposée par exemple par W. Ensslin s.u. *praefectus praetorio*, RE XXII 2439-2440 [1954] et Stein-Palanque [6] p. 230) était que, après la chute de Rufin, la préfecture d'Orient avait été gérée collégialement, d'une part par Eutychien, « un technicien de l'administration sans couleur politique » (Stein-Palanque p. 230), qui serait peut-être resté en charge sans interruption jusqu'en 405, d'autre part par Césaire, le Typhon de Synésios, en fonction jusqu'à la chute d'Eutrope ; c'est alors son frère Aurélien, l'Osiris de Synésios, qui lui succède ; c'est en tout cas ce dernier qui est le responsable de l'élévation de sa protectrice, l'impératrice Eudoxie, au rang d'*Augusta* le 9 janvier 400 (*Chron. Pasch.* Chron. min. II p. 66). A. H. M. Jones (*Collegiate prefectures*, JRS 54, 1964, p. 78-89) p. 80-81 élimine la préfecture collégiale et identifie Typhon non plus avec Césaire, mais avec Eutychien ; bien qu'il opère avec une date évidemment fausse pour la prise du pouvoir de Gaïnas à Constantinople (automne 399), ses vues ont été entérinées par PLRE I p. 171. 319-321 et II p. 1250. Plus récemment R. von Haehling (*Die Religionszubehörigkeit der hohen Amtsträger des Römischen Reiches seit Constantins I. Alleinherrschaft bis zum Ende der Theodosianischen Dynastie*, Bonn, 1978) p. 74-78 en est revenu à la doctrine traditionnelle, tandis que A. Cameron (*Barbarians and Politics at the Court of Arcadius*, à paraître ; l'auteur développe dans cette étude la thèse séduisante que la réaction antibarbare dont parlent les historiens modernes pour les années 399-400 ne serait qu'une illusion résultant des deux traités de Synésios De regno et De prouidentia ; les tensions qui se manifestent alors seraient avant tout l'effet de rivalités personnelles ; même point de vue chez Albert [27]) adopte une position moyenne éliminant la préfecture. collégiale, mais maintenant l'identification de Typhon avec Césaire. Récemment, Albert [27] p. 183-195 a montré, de manière à mon avis convaincante,

que l'interprétation la plus économique des sources aboutit à
la conclusion que Césaire et Eutychien ont bel et bien géré collégialement la préfecture du prétoire d'Orient en tout cas de
396 à 399. Par ailleurs, l'identification de Typhon avec Césaire
s'impose absolument : Aurélien est préfet de l'été 399 (chute
d'Eutrope) au printemps 400 (prise du pouvoir de Gaïnas à
Constantinople) ; il est alors remplacé par Césaire. Une vue
cohérente des événements de ces mois exige cette succession,
qui s'adapte aussi aux données des sources, certaines dates du
Code Théodosien mises à part, qu'aucune reconstruction ne
laisse intactes.

Quand Gaïnas fut arrivé à Chalcédoine, il semble que Césaire
ait eu avec lui des contacts qui facilitèrent l'organisation d'une
rencontre avec Arcadius (cf. Syn. *Prou.* 1, 15, 110 BC). Le rôle
de Stilicon dans tous ces événements n'est pas très clair ;
Seeck (RE II 1147, 50 s.u. Arkadios [1895]) qualifiait Gaïnas
d'instrument de Stilicon, et il est fidèlement copié par Ridley
[8] p. 211 n. 52 ; en réalité les sources ne nous permettent
nullement des affirmations aussi catégoriques ; tout ce que
nous savons, c'est que Stilicon refusa de reconnaître l'élévation d'Aurélien au consulat et incita Honorius à protester
contre l'élévation d'Eudoxie au rang d'*Augusta* (cf. E. Demougeot [1] p. 246) ; il en resta donc aux mesures platoniques.

Note 37.

La rencontre de Chalcédoine est aussi enregistrée par Socr.
6, 6, PG LXVII 677 A ; Soz. 8, 4, 5 et Ioh. Ant. *Frg.* 190,
Excerpta de insidiis, p. 121,15-25 de Boor (très proche de
Socrate). L'église de Sainte-Euphémie était un monument remarquable situé un peu à l'extérieur de la ville ; on en a une description dans Euagr. Schol. 2, 3, PG LXXXVI 2492-2493 ;
aujourd'hui, il n'en reste rien ; cf. RE X 1558 (Ruge, 1919)
et R. Janin (*Constantinople byzantine*, Paris, 2e éd., 1964)
p. 493-494. Les termes employés par Zosime pour parler d'Euphémie ont attiré l'attention des commentateurs ; Reitemeier
p. 609 considère le terme ὅσιος comme une interpolation chrétienne, car on ne le trouve pas chez Sozomène et Évagre ;
Heyne (p. 435) pensait plutôt à un emploi ironique de la part
de Zosime ; Ridley [35] p. 284 n. 38 et [8] p. 211 n. 51 songe
aussi à une interpolation, et met en contraste la manière dont
Zosime parle de l'autel d'une église en 5, 19, 5 (cf. *infra* n. 38).
Comme Zosime est un défenseur du paganisme, mais qu'il
n'attaque pas directement le christianisme, sinon dans la forme

extrême que constitue le monachisme (cf. *infra* n. 47), je ne
vois pas d'obstacle *a priori* à ce que les précisions sur Euphémie, surtout dans le présent contexte parfaitement neutre
d'une localisation topographique, lui appartiennent authentiquement. Certes, l'adjectif qui apparaît dans l'*Histoire nouvelle*
peut intriguer ; les sources grecques citées plus haut désignent
simplement Euphémie comme martyre ; Évagre utilise les termes
μάρτυς et παναγία ; en latin, on trouve le mot *sancta* dans la
Peregr. Aeth. Aeth. 23, 7 et dans Ennod. *Carm.* 1, 17, 21. H. Delehaye (*Sanctus. Essai sur le culte des saints dans l'antiquité*,
Bruxelles, 1927) p. 72-73 écrit que « dans les temps antiques,
ὅσιος ne se rencontre pas faisant fonction de ἅγιος devant le
nom d'un saint », et qu'il ne se répand que durant le moyen
âge pour certaines catégories de saints, notamment les vierges
non martyres ; Delehaye précise auparavant (p. 57) qu'au cours
du ive siècle, ἅγιος devient petit à petit la désignation normale
pour les martyrs. Ces observations de Delehaye, confirmées
par une série de textes contemporains où ne se rencontre pas
l'adjectif utilisé par Zosime, seraient de nature à accréditer
la thèse d'une interpolation chrétienne tardive, mais l'examen
du dossier des légendes byzantines d'Euphémie publié par
F. Halkin (*Euphémie de Chalcédoine*, Subsidia hagiographica 41,
Bruxelles, 1965) aboutit à des résultats qui ne concordent pas
avec les affirmations de Delehaye ; dans la *Passion ancienne*
(p. 13-33), on trouve, p. 15, la variante ὁσία donnée par un ms.
en concurrence avec la variante ἁγία donnée par un autre ms.
(le troisième ms. saute ici l'adjectif) ; dans la *Vulgate prémé-
taphrastique* (p. 57-79), on trouve aussi les deux adjectifs (cf.
p. 59 ὁσία seul ; p. 66 ὁσία comme variante) ; or la *Passion
ancienne* n'est pas postérieure au ve siècle, et la *Vulgate prémé-
taphrastique* n'est pas postérieure au viiie siècle (cf. p. xiv).
On voit donc que, contrairement à ce qu'affirme Delehaye,
ὅσιος, bien que beaucoup plus rare, se rencontre très tôt, et
comme parfait équivalent d'ἅγιος ; selon les dictionnaires de
Sophoclès et de Lampe du reste, les deux adjectifs ne semblent
pas avoir un sens notablement différent en grec chrétien antique.
Rien ne s'oppose donc à ce que nous considérions le texte traditionnel comme provenant authentiquement de Zosime, et
même peut-être d'Eunape. Sur Euphémie, martyrisée selon la
tradition en 303, et dont la fête tombe le 16 septembre, cf.
R. Janin (Dict. d'hist. et de géogr. eccl. XV 1409-1410 [1963]).
En 451, cette même église abritera le Concile œcuménique.

L'entrevue de Chalcédoine fut un triomphe complet pour
Gaïnas. Il y obtint peut-être un grade supérieur (cf. *supra*
n. 27) et le consulat pour 401 (cf. Theod. *Hist. eccl.* 5, 32, 6

et Cameron [36]) ; le parti de ses ennemis fut décapité
et perdit toute influence sur la marche des affaires ; Césaire,
plus favorable aux Goths, succéda à son frère Aurélien et
retrouva sa charge de préfet du prétoire (cf. *supra* n. 36) ; on
remit à Gaïnas ses plus farouches adversaires ; enfin les Goths
purent passer librement en Europe et s'installer à Constantinople ; cf. E. Demougeot [1] p. 250-251. Sur Aurélien, consul
en 400, cf. *supra* n. 36 ; sur Saturnin, cf. *supra* 5, 9, 3 et n. 18.
La mention de Jean dans le présent contexte est liée à un problème complexe et délicat qui sera abordé *infra* n. 46 ; je me
bornerai à faire ici trois observations concernant ce personnage : *a*) Les sources parallèles Socrate, Sozomène et Jean
d'Antioche enregistrent dûment la remise à Gaïnas d'Aurélien
et de Saturnin, mais ne disent mot de Jean, Socrate et Jean
d'Antioche précisant même expressément qu'il n'y eut que
deux otages. *b*) Chez Zosime, alors qu'Aurélien et Saturnin
sont identifiés sans le moindre risque d'erreur par les fonctions
officielles qu'ils ont revêtues ou revêtent, nous n'apprenons sur
Jean qu'un détail subjectif — c'était le confident d'Arcadius —, et une médisance difficile à vérifier — c'était l'amant
d'Eudoxie et le véritable père du futur Théodose II. Si Jean
était vraiment un des personnages les plus notables de l'État,
il devait dès 400 occuper un poste important que Zosime aurait
pu mentionner. Il est suspect que son identité exacte ne soit
pas précisée, et qu'il soit, par omission ou par commission,
laissé au lecteur toute latitude de voir dans ce Jean n'importe
quel porteur de ce nom assez répandu. *c*) S'il n'est pas prévenu,
celui qui lit ces lignes sans malice, guidé par les manuels et
les ouvrages de référence, identifie ce Jean — puisque, selon
Zosime, il fait partie des « hommes les plus éminents de l'État » —
avec le comte des largesses sacrées de 404 ; cf. à son sujet
RE IX 1744 n° 6 (Seeck, 1916) et PLRE II p. 593-594. Si
cette identification était juste, nous aurions ici le premier épisode connu de la vie de ce personnage, Zosime étant notre seul
témoin. Relevons que, toujours dans le cas envisagé, comme les
otages ont été remis à Gaïnas au plus tard vers la fin avril
ou le début de mai 402 et que Théodose II naquit le 10 avril
401 (Marcell. Chron. min. II p. 67, 401, 3), il serait impossible
que Jean ait été son père et que la rumeur que répète Zosime
serait dépourvue de toute vraisemblance (il convient du reste
de rappeler qu'Eudoxie avait donné le jour à Arcadia le 3 avril
400 ; cf. *Chron. Pasch.* Chron. min. II p. 66). On le constate,
tout ce que nous dit — et ne nous dit pas — Zosime sur ce
dénommé Jean est suspect. Il sera de nouveau question des
otages remis à Gaïnas en 5, 23, 1-2.

Socrate, Sozomène et Jean d'Antioche ne divergent pas seulement de Zosime en ne mentionnant pas Jean. Selon ces trois sources, la remise des otages à Gaïnas précède la rencontre entre l'empereur et le chef goth, et Aurélien et Saturnin sont tous les deux qualifiés d'ex-consuls. On voit donc que ces trois historiens suivent une tradition notablement différente de celle que reflètent Eunape-Zosime. En ce qui concerne le moment précis où les otages furent remis, il semble difficile de trancher ; cette exigence peut aussi bien avoir été une condition préalable posée par Gaïnas qu'une clause de l'accord conclu. L'indication qu'Aurélien et Saturnin seraient tous les deux d'ex-consuls a été utilisée pour la datation de l'épisode ; cf. Albert [36]. Seeck (RE II 2429 s.u. Aurelianus), suivant à la ligne Socrate, Sozomène et Jean, pensait qu'Aurélien était sorti de charge et avait été remplacé par un consul suffect au moment où il fut remis à Gaïnas ; il situait ce moment le 21 avril en se fondant sur le fait qu'à Rome, à cette époque, des consuls suffects sont attestés à cette date, qui est celle du *natalis Vrbis*. Mais précisément le phénomène ne se produit qu'à Rome, et dans des circonstances particulières, l'absence des consuls ordinaires lors de la fête en question ; cf. A. Chastagnol (*Observations sur le consulat suffect et la préture du Bas-Empire*, RH 219, 1958, p. 221-253, notamment p. 236) ; rien de tel n'est imaginable à Constantinople. Albert a donc certainement raison d'admettre que chez Socrate, Sozomène et Jean, nous sommes en présence d'une formulation simplifiée et donc fausse désignant Aurélien et Saturnin tous les deux comme ex-consuls, alors que Zosime est précis et correct en indiquant qu'Aurélien était consul (pour toute l'année 400) et Saturnin « déjà au nombre des consuls » (il avait été consul en 383).

Zosime est aussi seul à nous parler du simulacre d'exécution des dignitaires. Jean Chrysostome intervint en leur faveur dans une homélie conservée (PG LII 413-420 ; cf. en particulier 415) ; notons à ce propos que le nombre et les noms des otages n'y sont pas précisés, mais que le titre de l'homélie ne mentionne que Saturnin et Aurélien ; donc, là aussi, il n'est pas question de Jean. Son nom en revanche apparaît dans le résumé que Photios nous donne des accusations qui furent portées contre Chrysostome au Concile du Chêne (*Bibl. cod.* 59, p. 18 a 19-21) : ἑνδέκατον ὅτι Ἰωάννην τὸν κόμητα ἐν τῇ στάσει τῶν στρατιωτῶν αὐτὸς κατεμήνυσε, « onzième grief, il avait dénoncé lui-même le comte Jean lors d'une mutinerie des troupes » (trad. Henry). Mais l'on sait que ces accusations étaient un tissu de mensonges ; par ailleurs, même si le grief est fondé, nous n'avons pas encore là la preuve que le comte

Jean fut emmené comme otage par Gaïnas. Enfin l'attitude
prêtée à Chrysostome est invraisemblable, car nous savons par
Synésios (*Prou.* 1, 16, 111 B) que Gaïnas autorisa même Aurélien à conserver ses biens, quand bien même Césaire conseillait la plus grande rigueur ; or on ne voit pas qui, sinon Chrysostome, aurait pu suggérer à Gaïnas cette mansuétude. Cf. sur
tout cela E. Demougeot [1] p. 251-252. Ces événements se
déroulèrent dans la seconde moitié d'avril 400 ; cf. *supra* n. 36
et Albert [36] p. 508.

L'accord conclu, Tribigild passa par les Dardanelles en
Thrace et Gaïnas, après avoir franchi le Bosphore, s'installa
à Constantinople. Nous trouvons ici la dernière mention de
Tribigild dans l'*Histoire nouvelle* ; la seule source qui nous en
apprenne plus est Philostorge 11, 8, p. 138, 25-27 Bidez-Winkelmann, qui précise simplement que Tribigild fut tué peu
après avoir passé en Thrace, sans rien nous dire des circonstances de sa mort. Eun. *Hist.* frg. 75, 7 doit concerner la mort
de Tribigild ; le personnage privé de sépulture ne peut être
en effet ni Eutrope, dont la chute est déjà mentionnée dans
le frg. 75, 6, ni Gaïnas, dont il est encore question dans le
frg. 82 (tous ces textes proviennent des *Excerpta de sententiis*).

Problème de détail. Paragr. 9. Mendelssohn relève l'emploi
de ἄχρι suivi de l'infinitif seul, alors qu'on attendrait plutôt
l'infinitif précédé de l'article au génitif ; F. Krebs (*Die präpo-
sitionsartigen Adverbia bei Polybius I.* Progr. Regensburg,
1882) p. 26-27 ne relève pas d'emploi de μέχρι chez Polybe ou
Diodore suivi de l'infinitif sans article.

Note 38.

Cette longue section narre les faits et gestes de Gaïnas et
des Goths de leur installation à Constantinople jusqu'à leur
départ de cette ville. La tradition parallèle est assez riche :
Socr. 6, 6, PG LXVII 677 B-680 C ; Soz. 8, 4, 6-17 ; Theod.
Hist. eccl. 5, 30, 32-33 ; Philost. 11, 8, p. 138, 27-139, 7 Bidez-
Winkelmann ; Jean d'Antioche *Frg.* 190, *Excerpta de insidiis*,
p. 121,25-122,29 de Boor (très proche de Socrate) ; Syn.
Prou. 2, 1-3 ; Marcell. Chron. min. II p. 66, 399, 3 ; *Chron.
Pasch.* Chron. min. II p. 66. Ces divers témoins fournissent
des récits qui sont loin de concorder en tout point, mais qui
permettent néanmoins de reconstituer ce qui s'est passé de
manière assez cohérente.

Le premier problème à affronter est celui de l'établissement
du texte de Zosime 5, 18, 10 et du sens de ces lignes. Les « sol-

dats sous les ordres de Gaïnas » sont évidemment des soldats
romains ; Gaïnas les « répartit ici et là », c'est-à-dire dans diverses
garnisons hors de Constantinople, puisqu'il est ensuite question de la ville « privée de la protection fournie par les soldats ». Si Zosime n'est donc pas assez précis sur ces divers
points, il fournit lui-même les moyens d'arriver à une interprétation satisfaisante (confirmée du reste par Socr. *loc. cit.*
677 C). Reste à résoudre la question du texte de V ἐξελθόντα
λάθρα, qui donne le sens suivant : Gaïnas prescrivit aux Barbares, « lorsqu'ils (les Barbares) le (Gaïnas) verraient quitter
secrètement la ville, d'attaquer... ». L'adverbe λάθρα ne peut
être conservé, car nous voyons en 5, 19, 1 que Gaïnas ne quitte
pas du tout la ville secrètement, mais invente un prétexte pour
expliquer son départ ; les *apographa* avaient d'ailleurs sauté
cet adverbe donné par V ; l'erreur provient évidemment de
la présence du même mot à la ligne précédente. On peut alors
se demander s'il convient d'éliminer tout simplement ce mot
(comme les *apographa*), ou de le remplacer par un autre (comme
Mendelssohn). Pour trancher cette difficulté, il faut d'abord
examiner le participe qu'il précède ; V le donne à l'acc. sing.,
et désignant donc Gaïnas ; en 5, 19, 2-3 cependant, nous constatons que les Barbares ne passent pas à l'attaque immédiatement après le départ de Gaïnas, selon l'ordre donné en 5, 18,
10 si l'on conserve le texte de V, mais attendent un « moment
fixé » et un « signal » ; il est donc je crois indispensable de corriger l'acc. sing. de V en acc. pl. à la suite des éditeurs ; le
participe dès lors désigne les soldats (romains) dont il est question au début du paragr., ce qui s'harmonise bien avec la fin
de ce même paragr., où est mentionnée la ville privée de la
protection des soldats. Le choix concernant la suppression ou
la substitution de λάθρα perd dès lors de son importance ; j'ai
moi-même suivi Mendelssohn, mais on pourrait tout aussi bien
se passer de l'adjectif qu'il conjecture.

Le sens de 5, 18, 10 une fois précisé, nous pouvons confron-
ter ces lignes aux sources parallèles. L'*Histoire nouvelle* nous
présente Gaïnas comme ayant le projet de s'emparer du pouvoir à Constantinople ; Marcellinus prétend que Gaïnas préparait la guerre civile, Socrate (*loc. cit.* 677 B) qu'il voulait
piller Constantinople et toutes les provinces, Théodoret (5, 32,
1) qu'il méditait d'usurper le pouvoir ; Eun. *Hist.* frg. 79,1
conserve deux lignes du texte que Zosime résume ici. En revanche, Syn. *Prou.* 1, 15, 110 CD, témoin oculaire, affirme que
Gaïnas entendait respecter l'ordre établi, ce qui est plus vraisemblable ; il voulait tout simplement, précise Synésios, maintenir le parti qui lui était hostile à l'écart du pouvoir. Les

sources gréco-romaines prêtent volontiers aux Barbares d'ambitieux desseins qu'ils n'avaient nullement en réalité ; cf. vol. II 2 n. 206 p. 461-462. Il paraît également douteux, contrairement à ce que prétend Zosime, que Gaïnas ait fait sortir de Constantinople tous les soldats romains, et même les troupes palatines ; Socr. (*loc. cit.* 677 C) mentionne aussi l'absence des troupes romaines ; cependant la suite du récit de Zosime (5, 19, 2 et 3) et Soz. 8, 4, 13 et 15 suggèrent qu'il y avait quand même quelques troupes romaines dans la ville, en petit nombre, mais guère moins que d'habitude (cf. *infra*). Le stationnement des troupes dans diverses garnisons extérieures est la situation normale, elle ne résulte pas d'une décision de Gaïnas ; Socrate du reste dit précisément cela. Il n'est cependant pas douteux que les Goths dépassaient largement en nombre (sur leurs effectifs, cf. *infra*) les troupes romaines qui pouvaient s'opposer à eux, ce que du reste Zosime précise expressément en 5, 19, 2.

Ce qui se passa ensuite n'est pas aisé à comprendre, car la conduite des Barbares paraît incohérente. Cameron [36] donne, je crois, la clé du problème en suggérant que les Goths, bien qu'ils disposassent d'une supériorité écrasante grâce à leurs effectifs d'hommes en armes, éprouvaient des inquiétudes pour leurs familles dispersées dans la ville. Synésios (*Prou.* 2, 2, 119 C) précise qu'ultérieurement un cinquième de l'armée des Goths fut bloqué dans la ville, πεμπτημόρια … … τοῦ στρατεύματος ; selon Zosime 5, 19, 4, il y eut sept mille Goths qui ne purent s'échapper de Constantinople ; rien ne nous permet cependant d'affirmer qu'il n'y avait pas dans ce nombre des femmes et des enfants (cf. Várady [5] p. 413). En tout cas le témoignage des sources sur ce qui se passa durant les semaines où Gaïnas fut à Constantinople s'éclaire si l'on admet que les Goths avaient, en partie du moins, leurs familles avec eux. Dans un premier temps, les Barbares ariens exigèrent qu'on leur remît l'une des églises de la ville, mais Jean Chrysostome, qui avait organisé un culte orthodoxe en langue gothique, s'y opposa de toutes ses forces (Socr. 6, 5, PG LXVII 673 C ; Soz. 8, 4, 6-10 ; Theod. *Hist. eccl.* 5, 30 et 32 ; cf. E. Demougeot [1] p. 253-254). Ils voulurent ensuite s'en prendre aux changeurs et piller leurs fonds, mais échouèrent là aussi (Socr. 6, 6, PG LXVII 677 B ; Soz. 8, 4, 11). Furieux, ils tentèrent alors de bouter le feu au palais, mais, disent les historiens ecclésiastiques, un miracle les arrêta : ils se seraient heurtés à une armée d'anges (Socr. *loc. cit.* 677C-680A ; Soz. 8, 4, 12-14 ; Philost. *loc. cit.* p. 139, 2-3). Déjà auparavant, ils avaient été terrifiés par l'apparition d'une comète (Socr. *ibid.*

677 B ; Soz. 8, 4, 10). La nervosité des Goths était donc à son
comble, ce qui explique leurs initiatives incompréhensibles et
leurs échecs successifs (cf. E. Demougeot [1] p. 253 et 255).
Il est notable que Zosime ne dise rien de tout cela ; l'hypothèse la plus simple pour expliquer son silence est de supposer
que la tradition païenne a éliminé ces épisodes à cause du
miracle dont parlent les chrétiens. En fait, Zosime offre une
version qui a subi un aménagement plus complexe, comme le
montrent clairement les divergences entre l'*Histoire nouvelle*
et les sources parallèles pour ce qui suit immédiatement.

Selon Zosime 5, 19, 1, Gaïnas quitte assez rapidement Constantinople en y laissant intentionnellement une partie de ses
troupes ; il allègue pour motiver son départ une raison fictive ;
il se serait en réalité agi d'une manœuvre pour mieux réaliser
son plan final de s'emparer du pouvoir. Selon Socr. (*loc. cit.*
680 A), il aurait feint la folie, selon Marcellinus (*loc. cit.*), il
aurait prétendu être malade. Il semble cependant que Gaïnas
ne jouait pas la comédie. On peut rappeler ici que, selon Eunape
(*Hist.* frg. 75, 2), il souffrait de calculs ; Syn. *Prou.* 2, 1, 116 B
évoque des troubles nerveux, Philostorge (*loc. cit.* p. 139, 5-7)
parle de panique. Il apparaît qu'à un certain moment, les Goths
aient décidé de quitter la ville avec leurs familles sans éveiller
de suspicions, afin d'éviter de nouveaux revers. Gaïnas lui-
même et une partie des siens parvinrent effectivement à quitter
Constantinople sans encombres et à s'installer près de l'église
de saint Jean l'Apôtre, à sept milles de la ville (Socr. *loc. cit.*
680 A), ou près de l'église de saint Jean Baptiste, près de l'Heb-
domon, donc à peu près au même endroit (Soz. 8, 4, 14 ; de
fait, il y avait là une église de saint Jean Baptiste et une église
de saint Jean l'Évangéliste ; cf. Janin [37] p. 446-449). Des
incidents aux portes révélèrent cependant à la population civile
que les Goths tentaient de s'esquiver secrètement avec leurs
familles ; une échauffourée s'en suivit ; craignant quelque mauvais coup et le retour des Barbares qui avaient déjà quitté la
ville et venaient prêter main forte à leurs compagnons en difficulté, les Constantinopolitains fermèrent leurs portes, et une
partie des Goths se trouva bloquée dans la ville (Socr. *loc. cit.*
680 AB ; Soz. 8, 4, 15 ; Syn. *Prou.* 2, 1-2) ; cf. E. Demougeot [1] p. 256-257.

La version divergente de Zosime est parfaitement invraisemblable : si Gaïnas avait vraiment voulu s'emparer du pouvoir à Constantinople, il ne serait pas sorti de la ville pour y
revenir après coup. Il y a pourtant entre le récit de Zosime et
celui des sources parallèles des convergences frappantes : Gaïnas sort de la ville et se rend dans un faubourg à sept (qua-

rante stades) ou dix km et demi (sept milles). Tandis que
Synésios explique l'échec des Goths de manière plausible,
Zosime allègue derechef — cf. déjà en 5, 14, 4 — le motif
topique de l'impétuosité irréfléchie des Barbares. Ce qu'il
narre ensuite en 5, 19, 3 correspond assez bien à l'échauffourée
décrite par Socrate, Sozomène et Synésios, sinon que — la
différence est bien sûr essentielle — ces derniers parlent de
désordres provoqués par le départ des Goths, tandis que Zosime
soutient que les Constantinopolitains furent capables de repous-
ser une attaque des Barbares venus de l'extérieur et voulant se réintroduire dans la ville. La version fournie par l'*Histoire nouvelle* comporte cependant des éléments de vérité :
quand le désordre battait son plein aux portes de la ville, une
partie des Goths se rendit compte que la foule de leurs adversaires était très mal armée ; ils tentèrent donc d'organiser la
résistance, et certains Barbares qui étaient déjà sortis de la
ville revinrent sur leurs pas pour leur porter secours ; Gaïnas
était peut-être de leur nombre ; mais les habitants réussirent
à fermer les portes de la ville, et la contre-attaque des Goths
échoua ; cf. Syn. *Prou.* 2, 2, 119 D-120 B et Seeck [5] p. 323-
324.

On constate donc que le récit de Zosime emprunte divers
éléments à la version plus convaincante de Socrate, Sozomène
et Synésios, mais que dans son ensemble, il n'est pas satisfaisant sur le plan logique et tel quel inacceptable. Les divergences
d'Eunape-Zosime résultent-elles de la négligence, ou bien d'une
falsification délibérée ? Nous avons vu que l'*Histoire nouvelle*
élimine une série d'épisodes qui se produisent durant la présence des Goths à Constantinople, et qu'on peut soupçonner
que cette lacune est intentionnelle, puisque la tradition chrétienne situe là un miracle. Il convient donc d'examiner s'il
peut y avoir un lien logique entre l'omission voulue d'une
partie des événements qui se sont produits à Constantinople
et la manière dont est présenté le départ de Gaïnas : ce qui
fut une fuite panique marquée d'incidents imprévus devient
une ruse qui échoue du fait de l'impatience du général goth.
A la réflexion, on s'aperçoit que la tradition païenne ne pouvait pas simplement éliminer l'attaque ratée contre le palais
et le prétendu miracle qui se produisit alors, car il fallait bien
motiver le départ de Gaïnas : le miracle écarté, la panique ne
s'expliquait plus ; on imagina donc de métamorphoser cette
fuite en habile manœuvre, en ajoutant une maladresse de
Gaïnas qui la fait échouer ; le combat aux portes de la ville
est conservé, mais une tentative de sortie avec reflux passager
devient une tentative de prise d'assaut de Constantinople ; les

Goths enfermés dans la ville se transforment en contingent
chargé de s'en emparer. Pour la suite, la version païenne
concorde de nouveau avec la version chrétienne. La narration
d'Eunape-Zosime n'est donc pas troublée par la négligence,
mais intentionnellement altérée.

Mais ce n'est pas tout : Eunape insérait très vraisemblablement ici des considérations que Zosime a éliminées : le moment
est venu d'examiner le mystérieux fragment 78 de l'*Histoire*
d'Eunape. Dans les *Excerpta de sententiis*, ce texte s'insère
entre les frg. 75, 6-7 (chute d'Eutrope et mort de Tribigild ;
cf. *supra* n. 36 et 37), et 80 (éloge de Fravitta lors de sa nouvelle entrée en scène ; cf. Zosime 5, 20, 1). Comme l'épisode
narré par ce fragment se situe donc apparemment en 399-400,
on a identifié le préfet Persès d'Eunape avec Cléarque, préfet
de Constantinople en 400-402 (cf. PLRE I p. 213), sans tenir
compte du fait qu'Eunape précise clairement que son personnage exerce sa charge à Rome ; cf. en dernier B. Baldwin
(« *Perses* » : *A Mysterious Prefect in Eunapius*, Byzantion 46,
1976, p. 5-8) et R. C. Blockley (*The Fragmentary Classicising
Historians of the Later Roman Empire* I, Liverpool, 1981)
p. 161-162 n. 64, qui renvoient à la bibliographie antérieure.
Trois points me paraissent hors de doute à propos de Persès :
a) il s'agit d'un préfet de Rome, et non de Constantinople (sur
ce point, je suis d'accord avec Blockley contre Baldwin) ;
b) l'épisode s'insère très exactement dans la séquence narra-
tive correspondant à Zosime 5, 18, 4 (Gaïnas après la chute
d'Eutrope) — 5, 19, 7 (Gaïnas avant l'entrée en scène de Fravitta) ; il est donc exclu de penser, comme le fait Baldwin p. 6
et n. 6, que le passage correspondant de Zosime a disparu
dans la lacune qui se situe après 5, 23, 3 ; *c*) ces lignes d'Eunape
sont en relation avec quelque événement se prêtant à la polémique religieuse ; dans le présent contexte, il ne peut s'agir
que du miracle qui aurait empêché les Goths d'incendier le
palais (*sic* Blockley ; Baldwin p. 6 songe aussi à la bataille
navale entre Fravitta et Gaïnas, car Socr. *loc. cit.* 680 C parle
de nouveau miracle à ce propos ; mais cela est exclu pour le
motif indiqué ci-dessus sous *b*)). Persès est vraisemblablement
un surnom, et Baldwin fait de judicieuses observations à ce
sujet ; mais je suis plus sceptique que Baldwin et Blockley sur
la possibilité d'expliquer ce surnom et d'identifier celui qui
le porte. Je pense pour ma part que les lignes d'Eunape font
partie d'une digression qui suivait le récit que nous trouvons
chez Zosime 5,18,10 - 19,3, et dont nous avons vu qu'il est
falsifié ; son contenu devait être à peu près le suivant : « certains racontent ces événements autrement et prétendent que

Gaïnas a quitté Constantinople après avoir été effrayé par un miracle ; aujourd'hui, beaucoup de gens, ne comptant la valeur humaine pour rien, voient la main de Dieu partout ; c'est ce qu'a fait le dénommé Persès, préfet à Rome ; en réalité, ce sont l'impétuosité de Gaïnas et la détermination des habitants qui ont sauvé Constantinople ». Si mon hypothèse est exacte, il faudrait encore expliquer pourquoi Zosime a éliminé tout cela ; on peut penser qu'il a estimé que cette digression, et notamment ce qui concernait Persès, n'avait qu'un rapport éloigné avec son contexte ; peut-être a-t-il aussi hésité à retenir ce qui était moins une défense et illustration de la religion traditionnelle qu'une attaque directe contre le providentialisme chrétien. Il me paraît du moins que la falsification décelée chez Zosime à propos du départ de Gaïnas est un solide indice en faveur de l'explication que je propose pour le fragment 78 d'Eunape. Cf. *supra* n. 24 et 25 un autre cas où la tradition païenne d'Eunape-Zosime donne une version différente de celle des chrétiens faisant intervenir un miracle.

Pour ce qui concerne le sort des Goths restés enfermés dans Constantinople, Zosime ne diverge guère des sources parallèles, tout en donnant plus de détails. Il mentionne « l'église située près du palais », ce qui peut faire penser à Sainte-Sophie ; mais Socr. (*loc. cit.* 680 B), Soz. (8, 4, 17) et *Chron. Pasch.* (Chron. min. II p. 66) précisent qu'il s'agit de l'église des Goths (c'est-à-dire celle où Jean Chrysostome faisait dire la messe en langue gothique ; cf. *supra* ; cette église n'a pas été identifiée ; cf. R. Janin [*La géographie ecclésiastique de l'Empire byzantin I : Le siège de Constantinople : III Les églises et les monastères*, Paris, 1953] p. 84) ; Marcellinus (*loc. cit.*) dit *nostra ecclesia*, Syn. *Prou.* 2, 3, 121 A ne donne aucun détail. Il est par ailleurs difficile d'imaginer sept mille Goths dans une seule église, à moins qu'elle ne soit très vaste ; Reitemeier p. 438 attire l'attention sur le pluriel ἀσύλων, en 5, 19, 5, mais le même terme se trouve au singulier au paragr. précédent. En tout état de cause, Sainte-Sophie est exclue, et il paraît vraisemblable que les Goths se soient réfugiés dans l'église qui leur était attribuée. Il convient de noter que Zosime souligne que le terme qu'il utilise pour désigner l'autel est un mot technique chrétien ; cette touche délibérément profane contraste avec les mots utilisés en 5, 18, 7 ; cf. *supra* n. 37. Zosime prend un malin plaisir à relever qu'on ne vint à bout des Goths qu'au prix de ce qu'un chrétien dévot considérait comme un sacrilège ; Socrate, Sozomène et Synésios (*loc. cit.*) mentionnent simplement l'incendie de l'église, sans commentaires. Le *Chronicon Paschale* (*loc. cit.*) fournit la date précise de l'événement : 12 juillet 400.

Les sources unanimes révèlent clairement que, dans l'échauffourée aux portes et dans l'attaque contre les Goths restés
dans la ville, c'est la population civile, avec des armes de fortune, qui s'est opposée victorieusement aux Barbares. Mais
G. Dagron (*Naissance d'une capitale*, Paris, 1974) p.
110-111 va trop loin quand il affirme que Constantinople est absolument
dépourvue de troupes et que les événements de 400 ne font
« intervenir aucune force armée, aucune milice » ; aussi bien
Zosime (5, 19, 3) que Socr. (*loc. cit.* 680 A) et Soz. (8, 4, 15)
parlent de gardes ; cf. de plus Socr. 680 B οἱ παρόντες στρατιῶται (même terme chez Soz. 8, 4, 17). Le rôle de la population civile dans les usurpations et les coups de force dans l'antiquité tardive a été étudié par J. Szidat (*Usurpation und Zivil-
bevölkerung im 4. Jhd. n. Chr.*, Festschrift U. Im Hof, Bern,
1982, p. 14-31).

Problèmes de détail : Paragr. 19, 2. Pour l'expression πολλῷ
τῷ μέτρῳ, Mendelssohn (*ad* p. 238, 9) cite comme parallèle
Ps. Iulian. *Epist.* 189, p. 258, 9 dans le recueil *Epistulae,
Leges*, etc. Bidez-Cumont ; en 1, 34, 3, Zosime utilise l'adjectif
seul. Paragr. 4. Après βάρβαροι, le texte de V doit en tous cas
être corrigé ; j'ai choisi la conjecture de Sylburg et Mendelssohn, bien que celle de Bekker donne aussi un sens satisfaisant ;
cependant elle se fonde sur le texte des *apographa*, où βάρβαροι
est précédé d'un article qui n'est pas donné par V : Heyne
(p. 642 de l'éd. Reitemeier) suggérait d'entendre οἱ βάρβαροι
τῶν ἔνδον sc. γενομένων. Paragr. 5. Pour éclairer l'expression
τῆς τραπέζης τοῦ λεγομένου θυσιαστηρίου, Mendelssohn (*ad*
p. 239, 8-9) cite deux passages de Socr. 6, 5, PG LXVII 673 B
ὑπὸ τὸ θυσιαστήριον κειμένου, et de Soz. 8, 7, 4 ὑπὸ τὴν ἱερὰν
τράπεζαν κειμένου, qui illustrent bien l'équivalence des deux
termes (il s'agit d'Eutrope réfugié dans une église). Pour ce
qui suit immédiatement, on trouve des éclaircissements dans
le récit parallèle de Marcell. Chron. min. II p. 66, 399, 3 *ceteri
fugientes ecclesiae nostrae succedunt ibique detecto ecclesiae cul-
mine iactisque desuper lapidibus obruuntur* ; bien qu'il soit
question ici de cailloux, et non comme chez Zosime de morceaux de bois enflammés (ce que confirment les sources chrétiennes qui parlent d'incendie), le chroniqueur latin est évidemment fort proche de l'*Histoire nouvelle* pour ce qui concerne
la tactique employée par les habitants de Constantinople ; il
n'est pas pour autant nécessaire de suivre Mendelssohn (*ad*
p. 239, 9-10) et de supposer après στέγην γυμνωθεῖσαν de V
une lacune qui aurait contenu à peu près les mots ῥῖψαι κατὰ τῶν
βαρβάρων καὶ, car nous ignorons la formulation exacte d'Eunape
et ne pouvons être assurés que Zosime et Marcellinus ont suivi

très fidèlement leur source. Par ailleurs, Heyne (p. 642 de l'éd. Reitemeier) notait à juste titre que la traduction latine de Leunclauius (« uisum est demoliri tectum... ut quibus hoc datum esset negotii ligna... deicerent ») ne correspondait pas au texte donné par VΣ, ce qui n'a du reste empêché ni Seybold-Heyler, ni Buchanan-Davis, ni Conca, ni Ridley de la prendre pour modèle. Il faut ici suivre Heyne, qui propose de traduire « uisum est tectum deiectum... facultatem dare iis... ut ligna... deicerent ».

Note 39.

Pour cette section du récit, qui concerne les faits et gestes de Gaïnas entre le moment où il quitta Constantinople et celui où il tenta de franchir l'Hellespont, les sources parallèles concordent en gros avec Zosime ; cf. Socr. 6, 6, PG LXVII 680 C, Soz. 8, 4, 18, Philost. 11, 8, p. 139, 7-10 Bidez-Winkelmann ; Jean d'Antioche *Frg.* 190 est ici sans intérêt, car il continue à suivre Socrate presque mot à mot. Syn. *Prou.* 2, 3, 122 AB et Theod. *Hist. eccl.* 5, 32, 8-33, 2 nous apprennent en plus que le gouvernement de Constantinople, par l'intermédiaire d'une ambassade dirigée par Jean Chrysostome, fit une tentative de conciliation avec Gaïnas, qui échoua. Zosime est seul à nous renseigner sur les initiatives d'autodéfense prises par les habitants des villes de Thrace. Sur tout cela, cf. Seeck [5] p. 324-325 et E. Demougeot [1] p. 258-259.

Problème de détail : Paragr. 6. Wäschke achoppe à l'expression τῆς οὕτω μεγίστης et propose de corriger en οὕτω τῆς μεγίστης ; mais Herwerden, Mnem. 16, 1888, p. 353, défend le texte donné par V en expliquant qu'il s'agit d'une tournure byzantine équivalant à τῆς οὕτω μεγάλης.

Note 40.

Le fait que Zosime associe nommément le Sénat à l'empereur dans la décision concernant Fravitta a depuis longtemps retenu l'attention : cf. déjà Godefroy dans son commentaire au *Code Théodosien*, à 9, 14, 3, n. 9, vol. III p. 105 de l'éd. de Mantoue, 1741, et récemment Dagron [38] p. 206-207. Le présent passage a été rapproché de 5, 11, 1 ; cf. *supra* n. 22, où j'explique pourquoi la mention du Sénat me semble être en relation avec l'association du Sénat occidental à la proclamation de Gildon

comme ennemi public. Je me demande si le fait que le Sénat
soit nommé en 5, 20, 1 n'est pas simplement un écho de 5, 11,
1, et si l'autorité prétendument accrue de cette assemblée
sous Arcadius (*sic* Godefroy) n'est pas une illusion ; la plupart des textes qu'on peut alléguer sont en effet en relation
avec l'affaire de Gildon, dans laquelle l'intervention des deux
Sénats de Rome et de Constantinople peut s'expliquer autrement.

Sur Fravitta, et notamment les diverses graphies qui sont
attestées pour son nom, cf. vol. II 2 n. 206 p. 462, sur Zosime
4, 56 et Eunape, *Hist.* frg. 60, les seules sources à nous renseigner sur le premier épisode connu de la vie de ce personnage. Le grade de Fravitta durant les campagnes évoquées à
la fin de 5, 20, 1 n'est pas clairement attesté, mais il est en tout
cas certain qu'il obtint le grade de *magister militum* en été 400 ;
Zosime est ici confirmé par Soz. 8, 4, 19 et Philost. 11, 8, p. 139,
11-13 Bidez-Winkelmann, ainsi que par Jean d'Antioche, *Frg.*
190, *Excerpta de insidiis*, p. 123, 5 de Boor, toujours proche de
Socrate, mais fournissant quand même ici une donnée qui
manque chez ce dernier, il est vrai en parlant de ce personnage
comme Socrate dans un autre contexte (celui de son élévation
au consulat). Bidez-Hansen (édition de Sozomène dans GCS
p. LV) supposent que Sozomène, Philostorge et Zosime dérivent
ici tous les trois d'Eunape, ce qui paraît vraisemblable. En tout
cas, Eun. *Hist.* frg. 80 conserve un passage du texte que Zosime
résume ici ; Fravitta y est désigné, lors de sa campagne contre
les brigands, comme στρατηγὸς τῆς ἀνατολῆς, ce qui correspond, selon Demandt [27] 728, à *magister militum per Orientem*.
On peut dès lors admettre avec Demandt [27] 736 que la promotion enregistrée par Zosime 5, 20, 1 concerne l'avancement
de Fravitta du grade de *magister militum per Orientem* à celui
de *magister militum praesentalis* au moment où il est chargé de
la campagne contre Gaïnas. On trouve en outre dans ce même
fragment d'Eunape un renvoi à l'épisode narré par Zosime
en 4,56 (cf. Eun. *Hist.* frg. 60), une allusion à sa victoire sur
les brigands, et la précision que Fravitta était païen, ce que
bien sûr Zosime n'omet pas. Sozomène en revanche tait ce
détail ; c'est sans doute cette précision qui aura incité Socrate,
et Jean d'Antioche à sa suite, à ne pas mentionner, comme
je viens de le relever, Fravitta dans le présent contexte. Philostorge *loc. cit.* est en revanche fort proche de Zosime :
Γότθος μὲν τὸ γένος, Ἕλλην δὲ τὴν δόξαν. L'expression, comme
le relève Mendelssohn (*ad* p. 239, 28), est empruntée à Julien
qui se caractérise lui-même ainsi, *Misop.* 40, 367 c : ἐμαυτὸν
δέ, εἰ καὶ γένος ἐστί μοι Θρᾴκιον, Ἕλληνα τοῖς ἐπιτηδεύμασιν.

Le contexte de Zosime montre bien que le terme qu'il
emploie est riche de significations diverses : Fravitta est
civilisé et cultivé comme un Grec, mais de plus il est fidèle
aux anciens dieux ; cf. la manière dont est présenté Généridus
en 5, 46, 2. L. Cracco Ruggini [8] p. 97 relève à juste titre
qu'Eunape et Zosime, si hostiles qu'ils soient par ailleurs
envers les Barbares, se montrent bienveillants envers ceux
d'entre eux qui ont adhéré à la religion traditionnelle. Sur le
paganisme de Fravitta, cf. en outre von Haehling [36] p. 270-
271 ; Id. (*Heiden im griechischen Osten des 5. Jahrhunderts
nach Christus*, RQA 77, 1982, p. 52-85) p. 53-54.

Depuis Godefroy, commentaire au *Code Théodosien* 15, 1, 34,
édition citée *supra*, vol. V p. 280, on a souvent pensé que les
brigands que Fravitta avait auparavant combattus étaient des
Huns ; Albert [13] p. 628-629 et n. 47 a fait justice de cette
opinion, qui ne repose sur aucun indice concret ; les termes
qu'utilise Zosime et les localisations qu'il fournit suggèrent
qu'il s'agissait d'une part de pirates, d'autre part d'une nouvelle entreprise des célèbres brigands isauriens (cf. *supra*
n. 32) ; Soz. 8, 25, 1 mentionne dans les années 395 et suivantes
des razzias de brigands isauriens jusqu'en Carie et en Phénicie ;
cf. aussi Philost. 11, 8, p. 139, 21-29 Bidez-Winkelmann ; mais
peut-être s'agit-il chez Sozomène et Philostorge d'événements
appartenant aux années 404 et suivantes ; cf. *infra* n. 52. Les
Huns quant à eux avaient attaqué l'Arménie, une région dont
Zosime ne parle pas ici ; cf. aussi E. Demougeot [1] p. 260.

Zosime est seul à nous renseigner sur les mesures prises par
Fravitta pour préparer son armée au combat. Eun. *Hist.*
frg. 103 et 104, deux textes très brefs fournis par la *Suda*,
concernent apparemment ces préparatifs de Fravitta. A propos de πρὸ τούτου en 5, 20, 2, F. Kaelker (*Quaestiones de elocutione Polybiana*, Diss., Leipzig, 1880) p. 276 relève que
Polybe, comme Zosime ici, emploie πρὸ τούτου à la place de
πρὸ τοῦ ; ainsi en 3, 103, 2 ; 10, 39, 5 ; 10, 43, 5 ; 11, 2, 1 ;
11, 24a, 3 ; 27, 9, 1.

Note 41.

Sur les Liburnes, cf. RE XIII 143-145 (Grosse, 1926) ;
S. Panciera (*Liburna. Rassegna delle fonti, caratteristiche della
nave, accezioni del termine*, Epigraphica 18, 1956, p. 130-156) ;
L. Casson (*Ships and Seamanship in the Ancient World*, Princeton, 1971) p. 141-142. Il s'agit à l'origine d'un bâtiment de

pirates, nommé ainsi d'après le peuple des *Liburni*, qui le premier construisit ce type de navires. Les *Liburni* étaient installés sur la côte dalmate, dans une région nommée d'après eux *Liburnia* ; ultérieurement, une partie de ce peuple s'établit sur la côte italienne de l'Adriatique, dans le Picénum, ce qui peut-être explique en partie du moins l'indication erronée de Zosime sur l'origine des Liburnes ; cf. Veg. *Mil.* 4, 33 ; Panciera p. 130-132 ; Der Kleine Pauly III 628 (Neumann, 1969). En latin, la forme courante est *Liburna* ou *Liburnica* ; en grec Λιβυρνίς (*sc.* ναῦς) ; la graphie avec ε ne semble attestée, mis à part Zosime et un texte cité par la *Suda* dont il va être question *infra*, que dans des documents papyrologiques ; cf. le Liddell-Scott (avec Supplément), et Panciera p. 152-153 ; dans tous ces cas, la désinence est aussi différente ; Λίβερνον, Λιβέρνιον (*sc.* πλοῖον). La Liburne, au sens strict du terme, est un navire ayant de chaque côté deux rangées superposées de rameurs, δίκροτος ou *biremis*. Les Liburnes apparaissent dans les flottes romaines au milieu du 1er siècle avant J.-C. ; cf. Panciera p. 132-134 ; elles jouèrent un rôle important dans la bataille d'Actium, ce qui leur valut d'être mentionnées par Hor. *Epod.* 1, 1-2 *ibis Liburnis inter alta nauium,/ amice, propugnacula.* Sous l'Empire, quand il n'y eut plus de grandes opérations navales et que la flotte eut essentiellement la tâche de protéger les côtes des pirates, les Liburnes jouèrent un rôle beaucoup plus important que tous les autres types de bâtiments, si bien même que le terme qui les désigne perd alors son sens technique, et peut être utilisé pour nommer n'importe quel navire de guerre : Veg. *mil.* 4, 37 mentionne des Liburnes de un à cinq rangs de rameurs. Chez Zosime, Liburne a beaucoup plus vraisemblablement son sens général que son sens technique ; pour notre historien, qui s'exprime du reste de manière peu claire et sans disposer d'aucune connaissance technique (cf. Panciera p. 143-145), la Liburne est tout simplement un bâtiment relativement rapide ; cf. *infra*.

D'où Fravitta avait-il ses Liburnes ? Chr. Courtois (*Les politiques navales de l'Empire romain*, RH 186, 1939, p. 17-47 et 225-259) p. 236 et n. 2 estime qu'à cette époque, l'Empire ne disposait plus de flottes fixes, et que les Liburnes furent construites spécialement pour cette occasion. En revanche Kienast [12] p. 156-157 et n. 94 croit qu'une flotte était régulièrement stationnée à Constantinople. Courtois alléguait pour fonder son point de vue un texte anonyme cité par la *Suda* et que Boissonade a attribué à l'*Histoire* d'Eunape (frg. 81 Müller) ; Courtois admet cette attribution, tandis que Kienast est sceptique, comme Blockley [38] p. 162 n. 65 ; ce dernier

ne fournit aucun argument et ignore l'article de F. M. Clover
(*Count Gaïnas and Count Sebastian*, AJAH 4, 1979, p. 65-76)
p. 65-68. Clover rappelle que nous savons grâce à Socr. 6, 6,
PG LXVII 681 A qu'il existait deux sources détaillées sur
les faits et gestes de Gaïnas, deux poèmes épiques, le premier
d'Eusèbe le Scholastique, écrit peu après les événements qu'il
narre, le second d'Ammonios, récité en 438 ; il observe par
ailleurs que les trois premiers mots de l'extrait de la *Suda*
forment, si on admet la synizèse dans la première syllabe du
troisième mot, quatre pieds et demi du début d'un hexamètre
dactylique (on rencontre du reste la forme τριάκοντα [deux premières syllabes brèves] en poésie tardive ; cf. par ex. *Anth.
graec.* 11, 298, 5). Clover suggère donc que le texte de la
Suda est un bref passage de la *Gaïnia* d'Eusèbe le Scholastique inséré par Eunape dans son ouvrage historique. Un
autre argument pour rapprocher Zosime du fragment de la
Suda peut être tiré du fait que ce sont là les deux seuls
textes littéraires attestant la forme Λιβερ-. Il faut enfin relever
que les Liburnes de Fravitta étaient célèbres, puisqu'après
sa victoire, on dressa une Liburne en marbre à Constantinople :
Not. urb. Const. 5, 11 p. 232 Seeck, *Liburnam marmoream,
naualis uictoriae monumentum.* Contrairement au scepticisme
de Kienast et de Blockley, il me paraît donc très vraisemblable que le texte anonyme de la *Suda* dérive d'Eunape. Il
convient dès lors d'admettre aussi sur la base de ce fragment que Fravitta a construit au moins une partie de ses
Liburnes pour sa campagne de l'été 400. Il me paraît en revanche
plus hardi de conclure comme Courtois qu'il n'y avait aucune
flotte normalement stationnée à Constantinople. L'attribution
du texte de la *Suda* à Eunape permet encore deux autres déductions : 1) Les Liburnes de Fravitta étaient des « triacontères »,
des navires à trente rameurs, c'est-à-dire des bâtiments de très
petit tonnage, avec certainement une seule rangée de rameurs
de chaque côté ; on a ainsi la preuve que le terme de Liburne
est employé dans le présent contexte dans son sens large, et
non pas technique. 2) La source d'Eunape étant ici Eusèbe
le Scholastique, on peut penser que le récit circonstancié de
la bataille qui va suivre en 5, 21 dérive aussi en dernière ana-
lyse de ce poète ; par ailleurs, il apparaît que celui-ci aimait
les comparaisons empruntées à Polybe ; cf. Zosime 5, 20, 4,
Eunape, *Hist.* frg. 82 *in fine* et Clover p. 66-67.

Zosime 5, 20, 4 est assez confus (cf. Panciera p. 144-145). On
y trouve tout d'abord la mention des « pentécontères » ou
navires à cinquante rameurs ; cf. à ce sujet RE XIX 529-
531 (Miltner, 1937) et Casson (*op. cit. supra*) p. 43-70. Il

s'agit du navire typique de l'époque grecque archaïque, qui fut ensuite supplanté par la trière ; il comportait une rangée ou deux rangées superposées de rameurs (Casson p. 58-59). Sous l'Empire, avec la décadence des flottes et la pénurie de chiourmes bien entraînées capables de faire manœuvrer des trières, on en revint à des navires plus petits, à cinquante ou même trente rameurs sur un seul rang de chaque côté ; cf. Casson p. 148 ; dans ses opérations navales contre Licinius en 324, Constantin utilisa des navires à trente rameurs, comme ici Fravitta ; cf. Zosime 2, 22, 1 ; 23, 3 et 24,1. D'après Zosime, les « triacontères » (nommées ici Liburnes) ne seraient donc pas moins rapides que les « pentécontères ». Il les dit ensuite inférieures aux trières (Zosime emploie bizarrement le mot τριη-ρικός), le navire de l'époque classique en Grèce, avec trois rangs de rameurs superposés de chaque côté (cf. Casson p. 77-80, avec les fig. 99-102). Les Romains utilisèrent aussi ce type de vaisseau, encore qu'à une échelle réduite ; des témoignages figurés l'attestent pour la période impériale ; cf. Casson p. 143 et fig. 125 et 131. L'emploi de trirèmes apparaît pour la dernière fois dans la bataille navale de 324 entre Constantin et Licinius ; cf. Zosime 2, 22, 2 ; Kienast [12] p. 138-139 ; c'est apparemment la période de soixante-seize ans qui sépare 324 de 400 que Zosime caractérise en parlant de « très nombreuses années » ; cf. Casson p. 78 et n. 6, et p. 148. Pour finir, Zosime allègue encore les navires à six rangs de rameurs, sans qu'apparaisse clairement le lien entre cette notation et ce qui précède ; nous sommes certainement ici en présence d'un résumé maladroit. Le texte de Polybe dont il est question n'est pas conservé par ailleurs, c'est le frg. 39, IV p. 519 Büttner-Wobst ; cf. le commentaire de Walbank (Oxford, 1979) vol. III p. 746. Les termes de Zosime laissent du reste planer le doute sur la question de savoir si Polybe est allégué uniquement pour les dimensions du type de navire en question, ou aussi pour leur utilisation dans les Guerres Puniques. En tout état de cause, ce renseignement n'est pas exact. Les *hexeres* n'apparaissent que trois fois chez Tite-Live, dans des contextes qui n'ont rien à voir avec les opérations navales des Guerres Puniques : 29, 9, 8 ; 37, 23, 5 et 37, 30, 2 ; il est vrai que nous ne possédons pas son récit de la première de ces guerres. Polybe pour sa part nous apprend seulement, en 1, 26, 11 que les Romains avaient deux *hexeres* à la bataille d'Ecnome en 256, en 16, 7, 1 qu'en 201, Philippe coula notamment une *hexeris* d'Attale. Le rôle des *hexeres* paraît donc minime dans les opérations navales des Romains contre les Carthaginois. Ceux-ci utilisaient normalement des *penteres*, bâtiments à cinq rangs de rameurs sur trois niveaux de chaque côté, tandis que les Romains préféraient les lentes *quinqueremes*, avec une seule rangée de rames de chaque côté et cinq hommes par rame ; cf. Casson p. 100-101 et 105 avec la n. 41. Les *hexeres* avaient leurs six rangs de rameurs disposés de manière qui pouvait varier : six hommes par rame, deux rangs superposés de deux fois trois rameurs ou de deux et quatre rameurs, trois rangs superposés de deux rameurs ; cf. Casson p. 97-107. La traduction de Buchanan-Davis (p. 214) est fausse ; « though... Polybius had set forth the measurements of their (à savoir des trières) six banks of oars ».

Note 42.

Zosime nous fournit de loin le récit le plus détaillé de la bataille navale entre Gaïnas et Fravitta ; nous avons vu *supra* n. 41 que son information dérive sans doute, par l'intermédiaire d'Eunape, de la *Gaïnia* d'Eusèbe le Scholastique. Les sources parallèles sont Socr. 6, 6, PG LXVII 680 C-681 A ; Soz. 8, 4, 18-20 ; Philost. 11, 8, p. 139, 13-16 Bidez-Winkelmann ; Ioh. Ant. *Frg.* 190, *Excerpta de insidiis*, p. 122, 25-123, 2 de Boor ; Marcell. Chron. min. II p. 66, 400. Le témoignage de Iord. *Rom.* 320 et *Get.* 176 doit être écarté ; comme l'a montré Clover [41] p. 68-72, Jordanès confond dans ces deux passages Gaïnas avec Sébastien (cf. PLRE II p. 983-984). Syn. *Prou.* 2, 3, 123 A ne fait qu'une très brève allusion à la tentative des Goths de franchir les détroits. Socrate et Sozomène parlent de nouveau ici de miracle et d'aide divine ; selon eux, ce serait un violent zéphyr qui aurait été fatal aux Barbares ; cf. *infra* n. 43 ; Jean d'Antioche ne parle que de l'agitation des flots. Le récit fourni par l'*Histoire nouvelle* mérite ici la préférence : comme déjà dans la bataille navale entre Constantin et Licinius racontée par Zosime en 2, 23-24, c'est l'effet combiné des vents et surtout du courant en direction de la mer Égée (de 1 1/2 à 4 nœuds selon les vents) qui rendit très difficile la manœuvre des radeaux barbares ; les Goths tentèrent évidemment la traversée à l'endroit le plus étroit et où le courant est le plus fort, là où la passe ne mesure que 1,6 km de largeur (cf. vol. I n. 33 p. 215). Pour la localisation des villes nommées par Zosime, cf. la carte 1 en fin de vol. Le Grand Mur barrant l'accès à la Chersonèse à la hauteur de Leucè Actè fut construit à l'origine au milieu du vi[e] siècle avant J.-C. par les premiers colons athéniens comme protection contre les invasions des habitants de la Thrace ; il fut ensuite souvent endommagé et restauré ; ses ruines aujourd'hui encore visibles attestent son tracé, long de 6 km ; cf. RE III 2245, 18-30 (Bürchner, 1899 s.u. Chersonesos) ; S. Casson (*Macedonia, Thrace and Illyria*, Oxford, 1926) p. 211 (carte) et 215-216. Malgré les termes qu'utilise Zosime, il paraît hautement invraisemblable qu'en 400, ce mur ait été gardé et ait constitué pour Gaïnas un obstacle difficile à franchir. *Chron. Pasch.* Chron. min. II p. 66 indique que cette bataille aurait eu lieu le 23 décembre 400 ; Seeck ([5] p. 570, n. à p. 325, 25) note justement que, comme la même source, *ibid.*, indique que la tête de Gaïnas fut apportée à Constantinople le 3 janvier 401, et que les onze jours qui séparent ces deux dates ne suffisent absolument pas pour tout ce que fit Gaïnas de sa défaite dans l'Hellespont à sa mort au nord du Danube et pour le transport de sa tête à Constantinople, le 23 décembre 400 doit être la date de la mort de Gaïnas, et non celle de la bataille navale, qui a certainement eu lieu passablement plus tôt dans l'année 400. Cf. E. Demougeot [1] p. 261.

Problèmes de détail : Paragr. 3. Pour le sens de l'expression ὅσον οὐδέπω, cf. *supra* n. 3. Paragr. 4. Comme le relèvent justement Seybold-Heyler II p. 143, les mots θεασάμενοι δὲ τὸν στρατηγόν constituent un raccourci d'expression un peu ambigu ; il faut entendre « ayant vu quelle tactique appliquait leur général ». Il n'y a aucune raison de remplacer κατεκέντησαν de κατακοντέω, par κατηκόντισαν, de κατακοντίζω ; Zosime utilise en effet les deux verbes, cf. 2, 49, 4 et 5, 23, 5 ; l'auteur de la correction est Th. Smith, éditeur de Zosime à Oxford, en 1679 ; cette édition est simplement signée des initiales T.S., que j'avais résolues faussement par Th. Sparke vol. I p. LXXXIV ; mon erreur dérive de l'indication erronée de G. Moravcsik (*Byzantinoturcica* I, 2e éd., Berlin, 1958) p. 577.

Note 43.

Pour la suite des faits et gestes de Gaïnas après sa défaite, cf. *infra* n. 44. Pour ce qui concerne Fravitta après sa victoire, les sources parallèles ne sont pas loquaces. Seuls Socr. 6, 6, PG LXVII 681 B, Soz. 8, 4, 21 et Ioh. Ant. *loc. cit. supra* n. 42, p. 123, 5-6 indiquent brièvement son accession au consulat. Eun. *Hist.* frg. 82 conserve un assez long passage, hélas en partie fort mutilé, du texte que Zosime résume ici. La concordance entre Eunape et Zosime est parfaite, si ce n'est que Zosime, selon son habitude, raccourcit et omet certains détails. On le constate, la tradition païenne porte aux nues ce Barbare fidèle aux anciens dieux, excellent général, et qui, comme plus tard Généridus (cf. 5, 46), veut surtout pouvoir pratiquer sans entraves et ouvertement sa foi. Je comprends mal pourquoi L. Cracco Ruggini [8] p. 99 oppose ici Eunape à Zosime ; les deux historiens mettent explicitement la victoire de Fravitta au compte de sa fidélité à la religion traditionnelle ; sur le sens de τύχη, cf. supra n. 30. La victoire romaine dans l'Hellespont était évidemment l'objet d'interprétations contradictoires chez les païens et chez les chrétiens ; cf. supra n. 42. Il est facile de deviner pourquoi Fravitta ne jugea pas bon de poursuivre les Goths ; malgré les pertes qu'ils avaient subies, il n'osait évidemment pas les affronter dans une bataille rangée sur terre ; cf. Seeck (RE II 1150, 45-48). Les ennemis du général goth sont les Romains hostiles aux Barbares qui relevaient la tête depuis que Gaïnas était moins redoutable. Dans un premier temps, ils ne parvinrent cependant pas à entamer son crédit ; Fravitta devint consul ordinaire en 401. Les événements narrés dans ces lignes se situent dans les derniers mois de l'an 400.

Problèmes de détail : Paragr. 4. Mendelssohn (ad p. 241, 30) propose de remplacer ἔξω par ἔσω ; il a été suivi par les traducteurs modernes ; Leunclavius avait traduit « ad sitam extra Cherronesum Thraciam », ce qui est plus ingénieux qu'exact ; comme Eunape et Zosime à sa suite sont d'une extrême imprécision et ignorance dans le domaine de la géographie, il me paraît peu judicieux de corriger ici le texte de V, peut-être authentique ; l'expression utilisée par Zosime peut du reste être comprise de diverses façons : « extérieure » : « située au bord de la mer », ou : « située sur les confins de l'Empire ». Paragr. 5. Pour la tournure εἶναι κατέστησε, avec l'infinitif εἶναι inséré entre le complément et le verbe principal, cf. Kühner-Gerth II 1 p. 43-44 ; cette tournure est notamment utilisée par Hérodote 5, 25 (bis) et 99. Paragr. 6. ἀποδεξάμενος doit être compris comme « ayant reçu avec faveur ».

Note 44.

Pour la fin de Gaïnas, les sources parallèles sont Socr. 6, 6, PG LXVII 681 A ; Soz. 8, 4, 20 ; Philost. 11, 8, p. 139, 16-20 Bidez-Winkelmann ; Ioh. Ant. loc. cit. supra n. 42 p. 123, 2-4 (très proche de Socrate). Reprenant son récit là où il l'avait laissé en 5, 21, 4, Zosime nous indique que Gaïnas, avec des survivants en petit nombre, quitta la Chersonèse et fila vers le nord, en direction du Danube. Pour tout ce qui suit, l'*His-*

toire nouvelle est de loin la source la plus détaillée. Philostorge
concorde avec les données qu'elle fournit, tandis que Socrate,
Sozomène et Jean d'Antioche font périr Gaïnas en Thrace,
victime d'une autre armée romaine sur laquelle il serait tombé.
On constate donc qu'ici Zosime et Philostorge suivent ensemble
Eunape, tandis que Socrate et Sozomène s'attachent à une
autre tradition. La version plus circonstanciée de Zosime mérite
davantage de crédit, car on ne sait trop d'où aurait surgi
l'autre armée romaine dont parlent les historiens ecclésiastiques ; peut-être une maladresse dans la tradition a-t-elle
donné corps à l'armée romaine que Gaïnas, selon Zosime, redou-
tait ; nous en savons cependant assez pour pouvoir affirmer
que ces craintes étaient vaines : les reproches adressés par les
Romains hostiles aux Barbares à Fravitta montrent que la
seule menace pour les Goths était constituée par les troupes
commandées par Fravitta, qui de toute évidence restèrent sur
la rive asiatique des Dardanelles (cf. *supra* 5, 21, 5 et Eun.
Hist. frg. 82). Accablé par le revers qu'il venait de subir,
Gaïnas fut apparemment à nouveau pris de panique, se déga-
gea de la Chersonèse qui pouvait devenir un piège et s'éloigna
en direction des confins de l'Empire. Toujours par crainte, ou
peut-être aussi pour être plus libre de ses mouvements une
fois sorti de l'Empire, Gaïnas massacra ses derniers alliés
romains, dont nous n'entendons parler qu'ici ; selon Seeck [5]
p. 324, il s'agirait de soldats romains qui se seraient joints à
lui pour piller la Thrace après son départ de Constantinople.
Cf. aussi Cameron [36] ; il y avait sans doute aussi parmi eux
des vagabonds, des colons fuyards et autres personnages en
rupture de ban ; cf. *supra* n. 28, ainsi qu'*infra* 5, 22, 3 et n. 45.

Une fois arrivé « de l'autre côté du Danube », c'est-à-dire
sur la rive gauche de ce fleuve, Gaïnas se heurta au Hun Uldin,
dont Zosime est seul à nous parler dans le présent contexte ;
cf. RE IX A 510-512 (Lippold, 1961) et PLRE II p. 1180.
C'est ici sa première apparition dans l'histoire ; en 406, il lut-
tera avec les Romains contre Radagaise, et en 408 il envahira
la Thrace ; mais Zosime ne parle de lui qu'ici. Sur la forme de
son nom, cf., outre les références déjà citées, Várady [5] p. 482
n. 577 ; le iotacisme aboutissant à la confusion de êta et de
iota, il n'y a pas à s'étonner de rencontrer en grec la forme
Ouldès (Zosime et Sozomène 9, 5, 1. 5) en concurrence avec la
forme latine Uldin (Oros. *Hist.* 7, 37, 12) ou Huldin (Iord.
Rom. 321) ; j'ai adopté dans la traduction la forme latine,
plus couramment utilisée. Zosime indique que deux motifs
poussèrent Uldin à agir : il ne voulait pas qu'un chef goth
crée une communauté bien structurée au nord du Danube, et

il désirait rendre service à l'empereur romain, évidemment dans l'intention de recevoir une récompense. H. Wolfram (*Geschichte der Hunnen*, München, 1979) p. 177 admet le motif politique, tandis que Lippold (*loc. cit. supra*) pense qu'Uldin n'était mû que par la cupidité ; je ne vois pas pour ma part ce qui peut nous empêcher de suivre Zosime quand il parle d'une double motivation d'Uldin. Uldin est souvent considéré comme roi des Huns, à tort, en tout cas dans le présent contexte ; Zosime dit simplement qu'il détenait le pouvoir chez les Huns. Uldin reçut finalement les cadeaux qu'il espérait, et conclut avec Rome un accord, qui ne prévoyait certainement pas l'installation des Huns en territoire impérial (puisque, en 408, Uldin envahira la Thrace), mais simplement une alliance militaire et la fourniture de contingents huns à l'armée romaine.

Zosime est enfin seul à nous apprendre que Gaïnas, avant de succomber, résista longuement et vaillamment. Nous avons vu *supra* n. 42 que Gaïnas mourut sans doute le 23 décembre 400 ; la date fournie par Marcell. Chron. min. II p. 66, 400 est en tout cas fausse. La tête de Gaïnas arriva à Constantinople le 3 janvier 401 (*Chron. Pasch.* Chron. min. II p. 66), plantée au bout d'une pique (Marcell. *loc. cit.* 401, 1). Sur tout cela, cf. E. Demougeot [1] p. 261-262.

Problème de détail : Chap. 21 paragr. 6. Noter la forme d'optatif aoriste moyen ἐπίθοιτο et son accentuation ; on attendrait plutôt ἐπιθοῖτο ou ἐπιθεῖτο ; cf. le Liddell-Scott p. 1790, 1re col. au bas.

Note 45.

La remarque initiale sur la stupidité d'Arcadius est mal liée avec le contexte ; Eunape semble avoir parsemé son œuvre d'observations de ce genre pour le règne d'Arcadius ; cf. d'autres passages du même type dans la première moitié du livre 5 de l'*Histoire nouvelle* cités *supra* n. 26. La donnée concernant les esclaves fugitifs et les soldats déserteurs qui se font passer pour des Huns est isolée dans la tradition ; cf. *supra* n. 28 et 44 ; on peut cependant la rapprocher de Soz. 8, 25, 1 (Valois cite dans son commentaire à ce texte notre passage de Zosime ; cf. PG LXVII 1580 D) et Philost. 11, 8, p. 137, 24-138,3, Bidez-Winkelmann, qui parlent de désordres en Thrace causés par de véritables Huns. Chez ces deux auteurs, l'épisode n'est pas daté de manière précise ; il est donc possible, mais nullement certain, qu'il s'agisse des désordres dont parle Zosime. Celui-ci semble dater les événements dont il parle du printemps 401 ; ainsi déjà

Lenain de Tillemont [8] p. 467 et 841 ; mais ce n'est là qu'une hypothèse, que les incertitudes chronologiques dans la suite du récit de Zosime rendent fragile. Le récit de l'*Histoire nouvelle* est en effet ici brutalement interrompu par une lacune provoquée par la destruction d'un feuillet du *Vaticanus Graecus* 156, dont il ne subsiste qu'un onglet ; d'après les pages voisines de ce manuscrit, on déduit que la partie manquante correspond environ à cinquante-deux lignes de l'édition de Mendelssohn. Il s'agit très certainement d'une mutilation volontaire ayant comme but de faire disparaître un passage de nature à scandaliser un benoît lecteur chrétien ; cf. vol. I p. LXXVIII ; comme ce manuscrit a été très soigneusement conservé tant qu'il fut à Constantinople (cf. *ibid.* p. LXXIX), je suppose que c'est quelque ignorantin du Vatican qui a commis cet acte de vandalisme, vers la fin du xvᵉ siècle. S'il est aisé d'évaluer l'ampleur de la lacune ainsi créée, il est délicat de supputer son contenu ; cette question étant liée à la chronologie des événements narrés en Zosime 5, 23 et à l'interprétation des derniers fragments de l'*Histoire* d'Eunape, elle est traitée *infra* n. 46.

Problème de détail : Sylburg avait achoppé à l'expression καὶ ἄλλως, et proposé de corriger en ἄλλοι ou οἱ ἄλλως ; Reitemeier p. 422 et 446 et Leidig [18] p. 38-39 ont à juste titre rejeté ces corrections en faisant observer que chez Zosime, ἄλλως était fréquemment utilisé en lieu et place de ἄλλοι ; cf., en plus des passages cités *supra* n. 28 : 1, 34, 1 ; 4, 1, 2 ; 4, 14, 2 ; 5, 5, 4. Dans tous ces passages, cependant, ἄλλως peut être traduit par « par ailleurs, outre, autrement », comme dans les passages où on ne peut substituer ἄλλοι à ἄλλως, par exemple en 1, 5, 3 ; 4, 59, 2 ; al.

Note 46.

Alors que la césure au début de la lacune laisse subsister une phrase complète, ou ne l'ampute que d'éléments qui ne compromettent pas son intelligence, nous n'avons après la lacune que deux mots et demi d'une fin de phrase ; Sylburg proposait de compléter -λίαν en Θεσσαλίαν ou παραλίαν ; ces hypothèses ne s'imposent pas, et surtout ne nous avancent guère ; nous sommes condamnés à ignorer le sujet du verbe ἔγνωκε et dépourvus de tout repère pour faire une conjecture. Ce qui suit est en revanche moins obscur ; les termes de 5, 23, 1, et les mots « après le retour de Jean et des autres » en 5, 23, 2, nous font comprendre qu'il s'agit des otages remis à Gaïnas ;

cf. *supra* 5, 18, 7-8 et n. 37. La datation de ce retour dans le contexte de l'*Histoire nouvelle* soulève des problèmes complexes qui seront abordés plus loin. Dans la réalité historique, ce retour peut être, par conjecture, assez facilement daté. Les otages ont évidemment été remis à un groupe de Goths qui n'est pas resté avec le gros des troupes de Gaïnas ; après la défaite, la fuite et la mort de Gaïnas, les otages devenaient encombrants et dangereux pour leurs gardiens. Nous voyons ceux-ci parvenus par voie maritime en Épire libérer leurs prisonniers tout en leur réclamant de l'argent (on peut ainsi combiner les hypothèses alternatives de Zosime). Les otages libérés se hâtèrent de rentrer chez eux, c'est-à-dire à Constantinople où, apparemment, leur arrivée surprit tout le monde : ne les attendait-on pas si tôt, ou croyait-on que Gaïnas les avait liquidés ? Zosime ne nous le dit pas. En tout cas la libération et le retour des otages ne peuvent pas être postérieurs au premier trimestre de 401 ; les Goths qui les gardaient n'ont pas pu ignorer longtemps les catastrophes successives qui accablèrent leur chef. Un texte ambigu de Synésios (*Prou.* 2, 4, 123 D-124 A) peut même faire penser que ce retour eut lieu alors qu'Aurélien était encore consul, c'est-à-dire à l'extrême fin de 400 ; dans ce passage, Synésios mentionne le retour d'exil d'Osiris-Aurélien : λεγέσθω δὲ αὐτοῦ καὶ κάθοδος ἱερά... ; suit une série d'expressions au nominatif introduites par καὶ, notamment καὶ ἐπώνυμον ἔτος. T. D. Barnes (compte rendu de PLRE II, Phoenix 37, 1983, p. 255) admet en se fondant sur ce texte que le retour eut lieu avant la fin de 400, ce que le contexte événementiel rend parfaitement possible. Contrairement à ce que prétend Blockley [38] p. 162 n. 65, Cameron [2] p. 135 ne prend pas explicitement position quant à la date de ce retour ; Blockley (*ibid.*) pour sa part se fonde sur Zosime 5, 23, 1-2 pour conclure que le retour n'eut lieu qu'après le début des attaques de Jean Chrysostome contre Eudoxie — qui auraient commencé en 401 au plus tôt — c'est-à-dire en 401 ou en 402. J'ai déjà dit pour quelles raisons un retour tardif est exclu. Il convient d'ajouter : *a*) que la chronologie des rapports entre Jean Chrysostome et Eudoxie est une question très obscure ; Seeck ([5] p. 576, note à la p. 343, 10) se fondait pour la chronologie de ces rapports sur le curieux texte de Marc le Diacre, *Vie de Porphyre évêque de Gaza* ; mais les éditeurs de ce texte, H. Grégoire et M.-A. Kugener (Paris, 1930) ont montré que nous disposions d'une version remaniée de ce texte, dans laquelle la chronologie est irrémédiablement brouillée (cf. p. xix-xx, xxix-xxxiii, xlii-xliii, lxiii-lxiv, lxxi-lxxxix) ; la chronologie des rapports entre l'évêque et

l'impératrice ne fournit donc aucun point d'appui sérieux ;
b) Blockley raisonne correctement sur Zosime, 5, 23, 1-2 mais,
nous allons le voir, ce passage contient un glissement chronologique hautement suspect et ne fournit pas non plus de point
d'appui solide. En conclusion, je pense que le retour des otages
eut lieu peut-être encore en 400, sinon au début de 401.

Le texte aujourd'hui mutilé de Zosime ne conserve pas le
nom des otages revenus d'exil ; d'après 5, 18, 8, il s'agit d'Aurélien, de Saturnin et de Jean. Sur les destinées ultérieures des
deux premiers, qui ne réapparaîtront plus dans l'*Histoire nouvelle*, cf. les références citées *supra* n. 36 et 18 ; sur Jean, cf.
la suite de la présente n. Zosime associe ici de nouveau à l'empereur le Sénat, et « tous les autres » (selon Seybold-Heyler II
p. 146 n. 65 « Staatsbedienten ») ; en fait l'expression est si
vague qu'elle peut englober tous les habitants de Constantinople) ; la présente tournure rappelle celles qu'on trouve en
5, 11, 1 et 5, 20, 1 ; cf. *supra* n. 40.

Il convient maintenant d'aborder le problème central que
soulève ce passage, celui de la chronologie du récit de l'*Histoire
nouvelle*. Dès le paragr. 3 du présent chap. 23, il est question
d'une mise en jugement de Jean Chrysostome ; le contexte et
les sources parallèles ne laissent pas le moindre doute sur le
fait qu'il s'agisse du Concile du Chêne, qui se situe en 403,
très vraisemblablement en septembre (pour ce problème de
datation, cf. E. Demougeot [1] p. 317 et n. 509). Dans les
quelques lignes du paragr. 2, Zosime glisse donc sur la période
de deux ans et demi qui sépare le retour des otages du Concile
du Chêne. Ce n'est pas tout : l'*Histoire nouvelle* met très clairement en rapport le retour des exilés avec le regain de la
haine qu'Eudoxie éprouvait envers Jean Chrysostome ; ce détail
n'avait pas échappé à Heyne, qui dit (p. 643 de l'éd. Reitemeier, p. 410 de l'éd. Bekker) : « quid autem eorum reditus ad
Eudoxiae odium in Iohannem Chrysostomum inflammandum
attulerit, non satis constat. suspectum sane hunc Augusta
habebat ob gratiam qua apud Gainam erat ». L'ambiguïté du
texte de Zosime est même si grande qu'elle induit Seybold-
Heyler (II p. 146 n. 64) à faire l'observation suivante : « Nun
war der Aufrührer (sc. Gaïnas) todt, folglich ists natürlich,
dass die willkührlich Bestraften zurückgerufen wurden, unter
ihnen der Konstantinopolitanische Erzbischof, Johannes, unter
dem Namen Chrysostomus bekannter... ». Les traducteurs
allemands semblent à première vue commettre une grossière
confusion, mais à la réflexion, les ambiguïtés de 5, 18, 7-8
(cf. *supra* n. 37) et de 5, 23, 1-3 permettent légitimement de
se demander s'il n'y a pas dans Zosime lui-même une confusion

fortuite ou intentionnelle entre Jean le fonctionnaire civil et
Jean l'évêque.

A cette première difficulté est liée celle qui naît de la lacune
entre 5, 22 et 5, 23 ; en 5, 22, 3, il est question d'une campagne
de Fravitta qui semble avoir eu lieu au début de 401, en 5, 23, 1
du retour des otages qui se situe fin 400-début 401 ; que pouvaient bien contenir les cinquante lignes manquantes ? A cela
s'ajoute encore le problème que posent les derniers fragments
de l'*Histoire* d'Eunape (mis à part bien sûr les fragments 89-
110, provenant tous de la *Suda*, et que Müller a placés en fin
de série parce qu'il n'est pas possible de leur assigner un contexte
chronologique clair). Le fragment 82, provenant des *Excerpta
de sententiis*, a un équivalent incontestable dans Zosime 5, 21,
4-5 ; cf. *supra* n. 43. Parmi les fragments 83-88, seul le fragment 84 a encore un équivalent dans Zosime 5, 25, 2, mais
comme ce texte provient de la *Suda*, on ne peut en déduire
aucune conclusion sur l'insertion des fragments 83 et 85-88,
qui tous proviennent des *Excerpta de sententiis*, et dont aucun
n'a d'équivalent dans l'*Histoire nouvelle*.

Cette question a été récemment abordée par H. C. Blockley
(*The Ending of Eunapius' History*, Antichthon 14, 1980, p. 170-
176). Blockley propose de placer le contenu des fragments 83
et 85-88 dans la lacune de Zosime entre 5, 25 et 5, 26 ; comme
le chap. 5, 25 de Zosime narre des événements appartenant à
404 et que le fragment 85 concerne la mort de Fravitta, Blockley
retarde cette mort jusqu'en 404. Ce beau raisonnement est
ruiné par trois erreurs fondamentales : *a*) Blockley ignore
complètement la lacune après 5, 22, que l'état du texte et le
Vat. Graecus 156 attestent sans le moindre doute possible ;
b) il fonde toute sa démonstration sur la lacune après 5, 25,
qui est une simple hypothèse de Mendelssohn ; *c*) il ne tient
aucun compte des bizarreries qui ont été signalées ci-dessus
dans Zosime 5, 18, 7-8 et 5, 23, 1-3.

Examinons tout d'abord le problème de la prétendue lacune
après 5, 25. Avant la découverte du *Vat. Graecus* 156, il manquait quelques mots au début de 5, 26, mais le manuscrit
redécouvert a fourni le segment qui faisait défaut ; la fin de
5, 25 et le début de 5, 26 forment maintenant du point de vue
grammatical une période impeccable, articulée par μέν et δέ ;
codicologiquement et stylistiquement, il n'y a donc aucune
raison de conjecturer ici une lacune. Quant à la solution de
continuité historique et chronologique au point de suture où
Zosime passe d'Eunape à Olympiodore, elle est aussi évidente
qu'irrémédiable (cf. *infra* n. 53), et si Mendelssohn (*ad* p. 248,
3) a postulé une lacune, c'est qu'il se faisait une certaine idée

de la fin de l'ouvrage historique d'Eunape sur la base du témoignage de Photios, qui précise en ces termes le point où
s'arrête le récit d'Eunape (*Bibl. cod.* 77, 53 b 37-54 a 4) :
ἀποτελευτᾷ δὲ εἰς τὴν Ὁνωρίου καὶ Ἀρκαδίου τῶν Θεοδοσίου
παίδων βασιλείαν, ἐκεῖνον τὸν χρόνον τέλος τῆς ἱστορίας ποιησάμενος ὃν Ἀρσάκιος μὲν τοῦ χρυσοῦ τῆς ἐκκλησίας στόματος
Ἰωάννου ἀπελαθέντος εἰς τὸν ἀρχιερατικὸν θρόνον ἀνηγμένος
ἱεράτευεν, ἡ δὲ τοῦ βασιλεύοντος Ἀρκαδίου γυνὴ κατὰ γαστρὸς
ἔχουσα καὶ ἀμβλώσασα τὸν βίον ἀπέλιπεν. Mendelssohn, et Blockley
à sa suite, interprètent ces lignes comme si Photios affirmait
qu'Eunape avait parlé dans son œuvre de la déposition de
Jean Chrysostome, de l'élévation de son successeur Arsace et
de la mort d'Eudoxie ; en réalité, Photios dit simplement
qu'Eunape termine son œuvre à un certain moment, que le
patriarche, embarrassé, définit d'une manière assez complexe,
en mentionnant des événements contemporains, mais sans du
tout prétendre qu'ils étaient traités par Eunape. Si Zosime 5,
23-25 nous donne un reflet fidèle de la fin d'Eunape, nous
constatons que la déposition de Jean est rapidement mentionnée
(5, 24, 3), mais qu'il n'est pas question des deux autres faits. Je
suis pour ma part convaincu que l'ouvrage historique d'Eunape
n'est pas terminé, et que la mort, où quelqu'autre raison contraignante, en a brusquement interrompu la rédaction. Blockley
veut qu'Eunape ait conclu son œuvre avec la mort d'Eudoxie ;
c'est absolument exclu, car nous n'avons aucun parallèle d'un
ouvrage historique se terminant avec la mort, non d'un empereur, mais d'une impératrice, et c'est bien à Eunape que nous
prêterons en dernier une telle innovation, lui qui précise clairement dans son introduction (frg. 1, *Excerpta de sententiis*,
p. 74, 12-13 Boissevain) qu'il choisit comme système de datation non les années et les jours, mais les règnes des empereurs.
Photios a été interloqué par la fin brusque et insolite de l'ouvrage historique d'Eunape, telle qu'elle se reflète pour nous
dans Zosime 5, 23-25, et il a cherché dans un manuel une
manière d'indiquer la date à laquelle s'arrête Eunape ; il l'a
trouvée sans peine dans le *Chronicon Paschale* (Chron. min. II
p. 68) ; pour 404, cette chronique mentionne : l'expulsion de
Jean Chrysostome suivie de l'incendie de Sainte-Sophie (éléments donnant le point d'attache avec Eunape), l'élévation
d'Arsace, une grêle extraordinaire (élément trivial que Photios
laisse de côté), enfin la mort et la sépulture d'Eudoxie. Ainsi
la phrase de Photios citée plus haut, loin de nous donner le
contenu de la fin d'Eunape, reflète simplement la manière dont
le *Chronicon Paschale* résumait les principaux événements de
404. Je crois qu'ainsi nous sommes amenés à nous distancer

de Mendelssohn et de son hypothèse d'une lacune dans Zosime après 5, 25. Il n'y a aucune raison positive de penser que le texte de l'*Histoire nouvelle* est incomplet et que les chapitres 5, 23-25 ne nous donnent pas une image fidèle des pages finales d'Eunape.

Que faire dès lors des fragments 83 et 85-88 d'Eunape ? A défaut de la lacune fantôme après 5, 25, nous avons la lacune réelle après 5, 22. Ces cinquante-deux lignes suffisent à enregistrer la suite des faits et gestes de Fravitta (ce dont Zosime parle quand commence la lacune), l'entrée en scène de Hiérax (frg. 83), la franchise de Fravitta envers Jean, protecteur de Hiérax, qui finalement, grâce à l'aide de lâches courtisans, cause la perte de Fravitta (frg. 85), le châtiment de Hiérax, responsable direct de la mort de Fravitta, intervenu beaucoup plus tard, sous Pulchérie (frg. 86 et 87 ; cf. à ce sujet mon étude *Eunapiana* citée *supra* n. 8, et *infra* n. 52), et éventuellement une comparaison entre Stilicon et les hommes au pouvoir en Orient (frg. 88) ; quant au dernier folio d'*Excerpta de sententiis*, englobant des textes tirés en grande partie d'Eunape, qui a disparu du manuscrit (cf. l'édition de Boissevain *ad* p. 103, 5), il pouvait fort bien contenir du matériel résumé par Zosime en 5, 23-35 ou éliminé par lui. Nous aurions ainsi trouvé matière à remplir la lacune après 5, 22 avec l'indispensable élément de polémique religieuse en relation avec la mort de Fravitta (cf. *supra* n. 45).

Nous ne sommes pas pour autant au terme de nos difficultés. Le frg. 85 d'Eunape mentionne un dénommé Jean, à qui Fravitta adresse des reproches ; or Zosime 5, 18, 8 nous parle du départ d'un Jean en exil, et en 5, 23, 2 du retour d'exil d'un Jean. Blockley, n'ayant pas aperçu les bizarreries du texte de Zosime, pensait qu'il s'agissait dans les deux cas de Jean le fonctionnaire impérial, dont il est aussi question dans le frg. 85 d'Eunape, et il était dès lors contraint de situer le frg. 85 quelque part après Zosime 5, 23, 2, puisqu'il fallait bien que ce Jean fût rentré à Constantinople pour que Fravitta puisse lui adresser des reproches. Je pense pour ma part que Jean le fonctionnaire impérial n'a jamais quitté la capitale. Le conflit entre lui et Fravitta a donc pu se produire n'importe quand en 402 ou 403. En 5, 18, 8, il y a chez Zosime une confusion entre Jean fonctionnaire impérial et l'évêque Jean. On peut rappeler à ce propos que l'évêque Jean quitta aussi pour un certain temps la capitale, comme les otages réclamés par Gaïnas, pour un long séjour à Éphèse et ailleurs en Asie Mineure ; Seeck ([5] p. 577, n. à la p. 344, 18), en se fondant sur des données dispersées dans le dialogue biographique de Palladius,

situe ce voyage, qui dura plus de cent cinquante jours (au témoignage de Jean lui-même, PG LII 421), dans l'hiver 401-402.
Il y a chez Zosime une confusion entre l'absence forcée de
quelque huit mois d'Aurélien et de Saturnin et l'absence volontaire de six mois de l'évêque Jean, celle-ci étant assimilée à
celle-là. Le Jean dont il est question en 5, 18, 8 étant accusé
d'être l'amant d'Eudoxie, on pourrait se demander si l'on
n'est pas là en présence d'une calomnie de la tradition païenne
envers l'évêque ; le fait cependant qu'en 5, 23, 2, Zosime parle
de la haine d'Eudoxie envers l'évêque Jean m'incite à exclure
cette possibilité ; la confusion de 5, 18, 8 est due à la négligence, et du reste elle n'est pas décelable si l'on ne recourt
pas à 5, 23, 1-3. Dans ce dernier passage en revanche, tout
s'éclaire si l'on admet, comme Seybold-Heyler, que le Jean
qui revient est, pour Zosime, l'évêque Jean ; on comprend dès
lors le lien établi entre ce retour et la haine accrue qu'Eudoxie
éprouve envers l'évêque ; on s'étonne moins du glissement
chronologique entre le moment où les otages rentrent à Constantinople et l'époque où se tient le Concile du Chêne dès que
l'on comprend que Zosime confond le retour des otages durant
l'hiver 400-401 et le retour de l'évêque Jean à la fin du printemps 402. On notera du reste qu'en 5, 23, 6, Zosime dit αὖθις
ἐπανελθών ; Jean revient de nouveau (de son premier exil) ;
il est donc déjà revenu auparavant ! Nous sommes tout simplement là en présence de l'un de ces extraordinaires carambo-
lages prosopographiques et chronologiques dont Eunape — suivi
ici par Zosime — se rend plus d'une fois coupable, même pour des
événements contemporains (cf. par ex. *supra* n. 6 et 12). L'identité du Jean de 5, 18, 8 étant des plus vagues, Zosime pouvait
introduire sans aucune difficulté le fonctionnaire Jean comme
ennemi de Fravitta dans la partie dont la lacune nous prive ; la
mort de l'éminent païen aura suscité dans la tradition païenne
quelque remarque impie qui aura été fatale à la conservation du
folio qui la contenait ; à la fin de la lacune ainsi créée, Zosime
en venait à parler des otages de Gaïnas, peut-être sans les nommer à nouveau ; ainsi se parachevait une confusion entre deux
dénommés Jean dont Zosime 5, 23, 1-3 ne nous conserve que
la partie finale. Pour plus de détails sur tout cela, cf. mon étude
Zosime et la fin de l'ouvrage historique d'Eunape, Orpheus 6,
1985, p. 44-61.

Note 47.

Chez Zosime, Jean Chrysostome n'a qu'une fonction utili-
taire ; ses deux exils successifs servent, le premier à motiver

une sortie contre les moines, le second à narrer l'incendie qui se produisit à Constantinople et le miracle païen qui en résulta. Pour la vie de ce personnage qui joua un rôle de tout premier plan dans la politique constantinopolitaine de 398 à 404, cf. Seeck [5] p. 335-370 ; P. de Labriolle - G. Bardy - L. Bréhier - G. de Plinval (*Histoire de l'Église de la mort de Théodose à l'élection de Grégoire le Grand*, collection Fliche-Martin, Paris, 1937) p. 129-148 ; Stein-Palanque [6] p. 241-245 ; E. Demougeot [1] p. 296-337 ; on trouvera là le récit détaillé des démêlés politiques et surtout religieux fort complexes dans lesquels Jean se trouva impliqué. La spécificité du récit de Zosime a été étudiée par T. E. Gregory (*Zosimus 5, 23 and the People of Constantinople*, Byzantion 43, 1973, p. 61-83), article fort utile, quoi qu'en pense Ridley [8] p. 213 n. 71. Les principales sources parallèles antiques sont Socr. 6, 15-16, Soz. 8, 16-18 et Pallad. *Dial. passim*. L'évêque prônait la vie ascétique, il censurait les mœurs des prélats courtisans et les frivolités du sexe ; son éloquence était colorée et intempérante, et il finit par comparer Eudoxie à Jézabel et à Hérodiade. Les difficultés entre l'évêque et l'impératrice avaient commencé dès avant le voyage de Jean en Asie (cf. *supra* n. 46) ; elles s'aggravèrent après son retour, car Jean s'en prit à celui qui l'avait remplacé durant son absence, Sévérien de Gabala, qui avait su plaire à Eudoxie.

Au paragr. 3, Zosime est si concis que son récit en devient inexact : ce n'est en effet pas Eudoxie qui ameuta d'autres évêques contre Jean. Chrysostome avait déjà agacé les autres sièges patriarcaux en intervenant en Asie ; peu après, un conflit de compétences plus grave surgit entre lui et le patriarche d'Alexandrie Théophile. Celui-ci venait de condamner les origénistes, qui pensaient que la figure divine n'était qu'un principe purement spirituel, et interprétaient d'une manière allégorique les textes bibliques lui prêtant des formes humaines. Des moines origénistes s'étant réfugiés à Constantinople, Jean demanda à Théophile de lever l'excommunication qu'il avait prononcée contre eux. Théophile fut outré de cette immixtion dans sa juridiction, mais les origénistes gagnèrent l'appui d'Eudoxie, qui persuada son mari de convoquer un synode où Théophile justifierait sa condamnation des origénistes. Jean semblait triompher, lorsqu'il s'aliéna à nouveau la faveur de l'impératrice ; quand le synode se réunit au couvent du Chêne, près de Chalcédoine, à l'été ou à l'automne de 403 (cf. *supra* n. 46), Jean, abandonné par la cour, et qui n'ignorait pas que les dés étaient pipés (ce fut aussi l'avis plus tard du pape Innocent ; cf. Soz. 8, 26, 11-13), s'abstint de paraître ; il fut déposé et excommunié ; sachant que toute résistance de sa part entraînerait de graves troubles dans la ville, il se laissa emmener dans la région de Nicomédie. Cf. Ridley [8] p. 213 n. 69.

Malgré ses inexactitudes, Zosime a donc raison quand il mentionne Théophile, évêque d'Alexandrie depuis 385, comme principal responsable du premier exil de Jean Chrysostome ; s'il cite le nom de ce personnage, c'est sans doute surtout pour rappeler qu'il était un ennemi acharné des païens. En 4, 37, 3, Zosime avait parlé de la mission en Égypte du préfet du prétoire Cynégius pour y extirper les cultes païens ; cf. vol. II 2 n. 176 ; Théophile veilla à ce que cette politique soit systématiquement poursuivie ; c'est sur son instigation que furent détruits un temple de Mithra, un temple de Dionysos, et surtout, en 391 (cf. Seeck [5] p. 534), le célèbre Sérapéum. Sur Théophile, cf. RE VI A 2149-2165 (Opitz, 1934), notamment 2151,7-32 concernant son zèle antipaïen ; sur cela, cf. aussi Seeck [5] p. 233-234 et Stein-Palanque [6] p. 209 ; les historiens ecclésiastiques s'arrêtent évidemment avec complaisance sur ces épisodes ; cf. Socr. 5, 16 ; Soz. 7, 15, 2-10 ; Rufin. *Hist.* 11, 22-26 ; synthèse de leurs rapports partiaux dans Lenain de Tillemont [8] p. 310-324. On voit mal pourquoi Zosime prétend que Théophile fut le premier à s'en prendre aux cultes traditionnels ; peut-être faut-il sous-entendre « en Égypte ». Eunape a aussi évoqué la personnalité de cet ennemi des païens dans ses *Vitae soph.* p. 472 Didot, 6, 11, 1-5 p. 38, 10-39,12 Giangrande. Il n'est pas étonnant que la tradition païenne conserve un souvenir horrifié de Théophile ; ses interventions contre l'ancienne religion furent extrêmement brutales et provoquèrent finalement une révolte des païens, qui eut pour seul effet d'inciter Théodose à prendre des mesures plus radicales encore ; par la loi *Cod. Theod.* 16, 10, 11, du 16 juin 391, le paganisme fut absolument interdit en Égypte.

Le dernier acte de ce drame, pour lequel Zosime est notre seul témoin, a paru suspect, notamment à Conca (cf. sa traduction, p. 284 n. 3), qui évoque la loi *Cod. Theod.* 16, 3, 1, du 2 septembre 390, expulsant les moines des villes ; en fait cette loi fut annulée le 17 avril 392, par la loi *Cod. Theod.* 16, 3, 2. Quant au rôle des moines dans le présent épisode, il a été éclairé par l'étude de Gregory citée *supra*. Le récit de Zosime est confus, car on ne comprend pas à première vue qui tient le parti de qui ; si cependant on l'insère dans le contexte historique du moment et qu'on ajoute quelques précisions tues par Zosime, il devient clair et logique, comme l'a montré Gregory. Le peuple de Constantinople s'agite, car il a pris parti

pour son évêque déposé. Les moines qui bloquent alors « l'église »
(c'est-à-dire Sainte-Sophie ; cf. *supra* n. 35) étaient des partisans de Théophile. Cependant nous voyons ensuite les soldats, donc le palais, intervenir avec le peuple défenseur de
Chrysostome contre les moines ennemis de l'évêque. Ce ren-
versement d'alliances à première vue incompréhensible s'explique par le fait qu'immédiatement après le départ de Jean,
Eudoxie avait de nouveau changé d'avis : un malheur non
précisé dans la famille impériale, peut-être la mort de Flaccilla,
fille d'Arcadius et d'Eudoxie, âgée de six ans (cf. Pall. *Dial.*
9, PG XLVII 30 et Seeck [5] p. 582), ou un tremblement de
terre (Theod. *Hist. eccl.* 5, 34, 5), bouleversa si bien la pieuse
et superstitieuse impératrice qu'elle obtint aussitôt le rappel
du saint évêque, auquel elle prêtait des pouvoirs surnaturels.
Ainsi s'explique qu'en fin de compte le massacre des moines
résulta de la collaboration du peuple et de l'armée. Jean,
rappelé, reprit place peu de jours plus tard sur son trône épiscopal. Mais la paix ne devait pas durer longtemps ; comme dit
Zosime, Jean « usa des mêmes procédés » ; deux mois ne s'étaient
pas écoulés qu'il se brouilla à nouveau avec Eudoxie en protes-
tant contre le bruit d'une fête pour l'inauguration d'une statue
de l'impératrice qui avait troublé une messe dans l'église voi-
sine (Sainte-Sophie ; cf. Seeck [5] p. 365 et *infra* n. 49). Le
silence des historiens ecclésiastiques sur l'occupation de Sainte-
Sophie n'est pas étonnant, car le bain de sang qui en résulta
n'avait rien de glorieux pour l'Église. Gregory (p. 66), non sans
malice, relève que les récits modernes gardent le même silence
pudique que les sources anciennes, Zosime mis à part. Une
phrase de la lettre de Jean au pape Innocent confirme que
pendant la brève absence de Jean, l'empereur fit évacuer par
la force Sainte-Sophie occupée par les ennemis de l'évêque
momentanément déposé (Pall. *Dial.* 2, PG XLVII 10).

Ces lignes de Zosime ont pourtant depuis longtemps retenu
l'attention à cause de l'attaque en règle contre les moines
qu'elle contient. Dans ses *Vitae soph.*, Eunape parle à deux
reprises des moines, insistant à chaque coup sur leurs vêtements
noirs. Tout d'abord à la suite du passage évoqué plus haut,
où il est question de Théophile d'Alexandrie et de ses violences
contre les païens ; sur le site des temples détruits, on installa
τοὺς καλουμένους μοναχούς, en apparence des hommes, en
réalité des porcs, des criminels méprisant les dieux ; à cette
époque, quiconque portait un vêtement noir, μέλαιναν φορῶν
ἐσθῆτα, possédait un pouvoir tyrannique ; suit un renvoi d'Eunape à son ouvrage historique et la précision que les moines
furent installés à Canope (p. 472 Didot, 6, **11**, 6-8, p. 39,

180 LIVRE V

13-22 Giangrande). Puis à propos de l'entrée d'Alaric en Grèce, en un passage qui a déjà été discuté *supra* n. 8, et qui forme le frg. 65, 1 Müller de l'ouvrage historique ; les moines n'y sont pas désignés par leur nom, mais par la périphrase οἱ τὰ φαιὰ ἱμάτια ἔχοντες. Il est de plus question des moines dans le frg. 55 Müller de l'*Histoire* d'Eunape ; lorsque les Goths franchirent le Danube, ils avaient avec eux, pour tromper les Romains, τῶν καλουμένων μοναχῶν ... γένος, en fait de faux moines déguisés, ce qui est facile à faire, puisqu'il suffit de revêtir quelqu'un de φαιὰ ἱμάτια. Déjà Libanios(*Or.* 30, 8) avait parlé des moines avec leurs habits noirs (μελανειμονοῦντες), mangeant plus que des éléphants. On peut encore mettre en parallèle à ces textes l'invective de Rutilius Namatianus contre les moines (1, 439-452). Les moines suscitaient de l'opposition non seulement parmi les païens, mais aussi, selon les circonstances, chez les empereurs, chez les évêques, et chez certains chrétiens qui polémiquèrent contre le monachisme, tels Jovinien et Vigilance, qui s'attirèrent des répliques de Jérôme ; cf. J.-R. Palanque - G. Bardy - P. de Labriolle (*Histoire de l'Église de la paix constantinienne à la mort de Théodose*, collection Fliche-Martin, Paris, 1936) p. 355-364, et Ridley [8] p. 231 n. 71. L. Cracco Ruggini [8] p. 112-124 aborde aussi le problème de la polémique antimonastique ; à propos du présent passage de Zosime, elle relève notamment la mise en évidence de l'inutilité sociale des moines, ne procréant pas, ne servant ni l'État, ni l'armée, ne payant pas d'impôts ; elle voit à nouveau à ce propos une différence entre Zosime et Eunape, dont l'opposition envers les moines serait exclusivement culturelle et religieuse (p. 117-119) ; elle commet ici une fois de plus (cf. déjà *supra* n. 8) l'erreur méthodologique de tirer des conclusions en comparant l'*Histoire nouvelle* et les *Vitae sophistarum* ; en réalité, nous n'avons pas le moindre motif de douter que, dans le passage perdu que Zosime résume ici, Eunape, dans le contexte d'un ouvrage historique et non plus dans des biographies d'intellectuels, ait mis en relief l'inutilité sociale des moines. Il convient du reste de noter à propos du rôle social des moines que l'épisode constantinopolitain de 403 nous montre exceptionnellement les moines comme opposés, et non pas alliés du peuple lors de désordres ; c'est que dans la capitale orientale, contrairement à ce qui était le cas à Alexandrie, le monachisme ne s'était pas établi depuis longtemps, et les moines n'avaient pas de contacts étroits avec la population civile ; cf. Gregory p. 82-83. Relevons pour finir que Zosime fait allusion aux vastes biens fonciers de certaines communautés monastiques, qui justifiaient par une mission de bienfaisance des propriétés

qu'on s'étonnait de voir entre les mains de gens qui avaient
fait vœu de pauvreté. La boutade de Zosime signifie qu'à
son avis les moines — l'observation s'appliquerait fort
bien à certains mouvements politiques modernes — avaient
réussi à rendre les riches pauvres, mais non les pauvres
riches.

Problèmes de détail : Paragr. 4. Pour l'expression ἐξ ἐκείνου,
cf. *supra* 5, 18, 1 et n. 35 ; Reitemeier (p. 449) propose de
traduire ces mots par « ex quo monachorum instituta durarunt »,
« ab initio uitae monasticae » (cf. son comm. p. 608) ; Seybold-
Heyler II p. 147 n. 67 suivent cette interprétation : « von
jenen Zeiten an (*sc*. wo sie auftraten) ». Buchanan-Davis proposent en revanche la traduction suivante (p. 217) : « from that
period right down to the present day », entendant par là
« depuis l'époque des troubles de 403 jusqu'à l'époque où moi,
Zosime, j'écris ». Nous aurions alors ici un ajout personnel
de Zosime à la tirade d'Eunape contre les moines, ce qui n'est
pas exclu ; en entendant que le « maintenant » de Zosime
désigne sa propre époque, et non celle d'Eunape (comme le
pense Reitemeier), on donne à l'expression grecque un sens
plus naturel. Mais cela impliquerait que dans l'idée de Zosime,
la richesse foncière des moines a commencé à l'époque du premier exil de Chrysostome, ce qui n'est pas non plus facile à
admettre. Il me paraît délicat de trancher avec certitude le
problème de savoir ce que Zosime veut exactement dire ici.
Paragr. 5. Comme il n'est question au paragr. 4 que d'une seule
église bloquée par les moines, Herwerden propose de remplacer
par un singulier le pluriel apparaissant au début de paragr. 5
(cf. app. crit.) ; logiquement, la correction est nécessaire ; mais
peut-on soutenir que Zosime est toujours logique ?

Note 48.

Ce développement sur les dénonciateurs, les eunuques, la
corruption et en général la décadence de la morale publique
se rattache par sa seconde partie seulement à un contexte
historique spécifique par l'allusion qui est faite au manque
d'intelligence d'Arcadius, puis à l'arrogance et à l'avidité d'Eudoxie. De nombreux passages de Zosime associent délation,
corruption et eunuques : cf. 2, 55, 1-2 ; 4, 5, 3-4 ; 4, 22, 4 ;
4, 23, 5 ; 4, 28, 2 ; 4, 40, 8 ; 5, 1, 4 ; à plus d'une reprise aussi,
Zosime censure l'incapacité d'Arcadius ; cf. *supra* n. 26. Dans
les fragments de l'*Histoire* d'Eunape, on trouve également une
série de passages d'une tonalité identique ; cf. par ex. les frg. 63,

67, 86, 87. Il est incontestable que les développements de ce genre sont en grande partie constitués de lieux communs ; cela ne signifie cependant pas que les situations décrites ne correspondent pas à la réalité sociale de l'Antiquité tardive en général ou à la situation précise du contexte historique dans lequel ces passages s'insèrent. Sur les eunuques et leur pouvoir, cf. RE Suppl. III 449-455 (Hug, 1918) et surtout l'important chapitre *The political power of eunuchs* dans K. Hopkins (*Conquerors and Slaves*, Cambridge, 1978) p. 172-196, qui montre comment les eunuques constituent dans l'Antiquité tardive un lien essentiel entre le monarque, que l'étiquette isole totalement, et la foule des fonctionnaires et courtisans : « Eunuchs met a distinct need, the need of a divine emperor for human information and contact » (p. 187). Très proches des divers membres de la famille impériale, les eunuques étaient les seuls à pouvoir entretenir avec eux des relations familières et continuelles ; qui voulait obtenir une faveur, licite ou illicite, était contraint de recourir à leur collaboration.

Nous pouvons mettre quelques noms sur les personnes à qui Zosime fait allusion au paragr. 2 sans les nommer. Deux eunuques d'Eudoxie nous sont connus : Brison reçut de l'impératrice diverses missions de confiance, notamment en 403 celle de rappeler Jean Chrysostome de son premier exil ; cf. PLRE II p. 242 ; Amantius était *castrensis sacri cubiculi* d'Eudoxie et il aida l'évêque Porphyre de Gaza à obtenir l'appui du palais pour lutter contre le paganisme ; cf. PLRE II p. 66 n° 1. Nous connaissons par ailleurs grâce à Palladius (*Dial.* 4, PG XLVII 16) le nom de trois grandes dames de l'entourage de l'impératrice, ennemies acharnées de l'austère Chrysostome, Marsa, veuve de Promotus (le général dont Zosime parle en 5, 3, 2), Castricia, veuve de Saturnin (le consulaire dont Zosime parle en 5, 9, 3 et 5, 18, 8), et Eugraphia.

Mendelssohn (*ad* p. 245, 6) pense que les frg. 83 et 85 de l'*Histoire* d'Eunape s'insèrent ici et s'étonne que Zosime omette de mentionner la mort de Fravitta ; en fait, le seul lien entre ces textes d'Eunape et le présent passage de Zosime est le motif des dénonciateurs. Comme j'ai tenté de le montrer *supra* n. 46, tous les fragments d'Eunape concernant Hiérax, le fonctionnaire Jean et la fin de Fravitta doivent avoir eu leur reflet dans la partie de l'*Histoire nouvelle* qui a disparu après 5, 22. Quant à Blockley [46] p. 175, il tire argument des présentes lignes de Zosime pour supposer qu'il y avait chez Eunape d'autres développements hostiles envers Eudoxie, et que le frg. 87, où il propose de remplacer le nom de Pulchérie par celui d'Eudoxie, en faisait partie ; en réalité, la correction proposée est purement arbitraire, et le grand nombre de passages de l'*Histoire nouvelle* développant le thème de la corruption et des abus de pouvoir des puissants (cf. le début de la présente n.) montre qu'on peut très bien admettre qu'il y ait eu chez Eunape, en plus de l'équivalent de Zosime 5, 24, 1-2 concernant Eudoxie, une digression sur la corruption à l'époque de Pulchérie, le frg. 87. On relèvera notamment à ce propos la proximité entre le présent passage de l'*Histoire nouvelle* et le frg. 63 d'Eunape illustrant la confiscation de biens fonciers à l'époque de Rufin ; ce type de lieu commun peut réapparaître n'importe où. Il est en outre peu convaincant de mettre en relation les confiscations dont Zosime parle ici, avant le second exil de Jean, avec les poursuites dont furent victimes les partisans de Jean après son second exil selon Soz. 8, 23, où il n'est du reste pas question de détournements de biens fonciers au moment de la mort de leur propriétaire.

Problèmes de détail : Paragr. 2. Pour la tournure καὶ ἁπλῶς, cf. *supra* 2, 34, 2 καὶ ἁπλῶς εἰπεῖν, dans le contexte tout semblable d'une remarque sur le malheur des villes. Pour la tournure παντὶ τῶν οἰκητόρων, cf. *supra* n. 33.

Note 49.

Nous avons vu (cf. *supra* 5, 23, 6 et n. 47) que deux mois après son retour d'un premier exil, Jean Chrysostome s'était à nouveau brouillé avec Eudoxie ; l'agitation entre les partisans et les adversaires de l'évêque reprit de plus belle ; le jour de Noël 403, la famille impériale et la cour s'abstinrent, contrairement à la tradition, de venir à la messe de Sainte-Sophie ; de graves désordres se produisirent au moment des fêtes de Pâques 404. Finalement, Arcadius envoya à Jean un nouvel ordre d'expulsion, et l'évêque, par souci de paix, quitta secrètement la ville (par voie maritime ; cf. Soz. 8, 22, 2) le 20 juin 404 ; il fut envoyé à Cucuse, au sud-est de Césarée de Cappadoce, dut changer à deux reprises de résidence, et mourut en exil, au cours de l'un de ces voyages, le 14 septembre 407. Après son départ de la capitale, un nouvel évêque, Arsace, fut installé à Constantinople. Les partisans de Jean, ou Johannites, formèrent une secte, qui dura jusqu'à la réhabilitation de Jean, en 419 ou 429. Ces événements nous sont connus avec un grand luxe de détails par Socr. 6, 18 (qui fournit la date précise du second exil de Jean, PG LXVII 721 AB) ; Soz. 8, 20-23 ; Pall. *Dial. passim* ; cf. Ridley [8] p. 213-214 n. 73 ; récit résumé dans Stein-Palanque [6] p. 244-245, détaillé dans de

Labriolle-Bardy-Bréhier-de Plinval [47] p. 140-148 et E. Demougeot [1] p. 324-334.

Zosime passe très vite sur tout cela, car il ne s'intéresse qu'à
l'incendie et au sauvetage miraculeux des statues païennes.
Il prétend que le feu fut allumé par les Johannites dans l'intention de détruire toute la ville, pour que Jean n'ait pas de
successeur. Les sources parallèles sont plus vagues ; selon
Socr. 6, 18, PG LXVII 721 AB, quelques Johannites mirent
le feu à Sainte-Sophie, et le vent communiqua le feu au Sénat ;
selon Soz. 8, 22, 3-6, les ennemis de Jean, craignant que le
peuple assemblé dans Saint-Sophie n'empêche le départ de
l'évêque, bloquèrent les portes de l'église ; tandis que les fidèles
s'efforçaient de sortir du sanctuaire, le feu prit soudain et se
communiqua au Sénat ; partisans et adversaires de Jean se
rejetèrent mutuellement la responsabilité de l'incendie, qui
dura toute la nuit jusqu'au lendemain matin ; selon Pall.
Dial. 10, PG XLVII 35-36, le feu s'alluma tout seul sur le
trône épiscopal de Jean, embrasa toute l'église et se communiqua au Sénat ainsi qu'à une partie du palais impérial ; seul
un petit bâtiment contenant les saintes burettes fut épargné (ce
miracle chrétien constitue de toute évidence le pendant du
miracle païen que Zosime va raconter) ; Marcell. Chron. min. II
p. 68, 404, 1 reproduit en résumé cette version, tandis que
Chron. Pasch. ibid. p. 68 mentionne l'incendie de l'église et
du Sénat, imputé aux Johannites. Sur l'enquête qui suivit
l'incendie, cf. *infra* n. 51 ; les responsabilités ne purent pas
être clairement établies. Face aux contradictions des sources
et à l'impossibilité de recourir au critère de vraisemblance
pour juger du déroulement d'un conflit où les passions étaient
exaspérées, l'historien moderne ne peut qu'enregistrer les témoignages divergents ; cf. E. Demougeot [1] p. 331-332. Mais il
est du moins clair que l'*Histoire nouvelle* s'arrête avec complaisance sur ces manifestations du fanatisme chrétien. En ce qui
concerne non les causes de l'incendie, mais le déroulement des
faits, elle concorde en gros avec l'ensemble des sources chrétiennes : départ de Jean en bateau, vent violent attisant l'incendie qui se communique à divers bâtiments voisins, dont le
Sénat, mais diverge d'elles en retardant le moment où le feu
est le plus violent au lendemain matin.

Ce qui cependant retient avant tout l'attention de Zosime,
c'est la destruction du Sénat et le sort des statues ; comme il
le dit, ce monument faisait face au palais impérial (cf. vol. II
2 n. 117), à l'orient de la place de l'Augustéon (cf. vol. I
p. 227-228), que le palais bornait au sud, alors que Sainte-
Sophie se trouvait un peu plus loin au nord ; sur la place se

dressait la colonne surmontée de la statue d'argent d'Eudoxie
qui avait indirectement motivé la colère de Jean Chrysostome.
Le Sénat était un édifice imposant sur lequel s'attarde Procope (*Aedif.* 1, 10, 6-9), qui se déclare impuissant à décrire
sa splendeur, tout en mentionnant ses colonnes, ses marbres
et ses statues ; il parle évidemment du bâtiment reconstruit
tel qu'il existait à l'époque de Justinien, mais celui qui brûla
en 404 ne devait pas être très différent, car on réutilisa assurément tout ce qu'on put des parties en pierre (cf. aussi *Chron.
Pasch.* p. 528, 21-529, 2 Bonn, parlant pour l'époque de Constantin de colonnes et de statues) ; cf. sur tout cela Janin [37]
p. 59-62 (avec plan de la place de l'Augustéon), 76-77 et 155-
156.

Au paragr. 3, les mots donnés par V τοῖς συνήθεσιν ἱεροῖς
σοβῶν ne fournissent pas un sens satisfaisant ; Leunclauius
avait traduit par « consuetis sacris ». Heyne (p. 643 de l'éd.
Reitemeier) par « sacris sermonibus » ; la première traduction
est aussi obscure que le grec, la seconde inexacte ; ni Seybold-
Heyler (« in seinen heiligen Zusammenkünften »), ni Buchanan-
Davis (« during his regular church services »), ni Conca (« con
i soliti sermoni ») ne rendent fidèlement l'original. Il m'a donc
paru judicieux de modifier le texte et d'adopter la correction
très économique de Mendelssohn (cf. app. crit.), que son auteur
justifie en citant un texte parallèle de Socr. 6, 18, PG LXVII
717 A καταφορικῇ ... τῇ γλώσσῃ χρησάμενος, et en rappelant
les termes que Zosime utilise à 5, 23, 2, notamment le verbe
κωμῳδεῖν.

Note 50.

On ne s'étonnera pas que Zosime soit notre source unique
pour ce pieux récit d'édification païenne. La conservation
inattendue des statues est plus miraculeuse par la signification que lui donne Zosime que par le déroulement de l'épisode.
Les œuvres d'art dont il parle sont bien attestées, de même
que le motif qu'il donne de leur présence à Constantinople.
Zosime a lui-même déjà parlé de plusieurs statues transportées
par Constantin dans sa nouvelle capitale en 2, 31 ; cf. vol. I
p. 227-228. L'installation de nombreuses statues païennes dans
une capitale qui était censée être toute chrétienne n'était pas
facile à expliquer pour les fidèles de la nouvelle religion ; Eus.
Caes. *Vita Const.* 3, 54, 3 prétend que Constantin agit ainsi
pour exposer les idoles à la moquerie de la foule ; on a peine
à admettre qu'Eusèbe ait pu croire lui-même à cette raison.
Sur les statues transportées par Constantin à Constantinople,

leurs destinées, et leur rôle dans l'histoire de l'art, cf. C. Mango
(*Antique Statuary and the Byzantine Beholder*, DOP 17, 1963,
p. 53-75), mentionnant notamment notre passage (p. 57). Les
Muses, honorées d'abord sur l'Olympe, en Piérie, le furent
ensuite sur l'Hélicon, en Béotie ; Hésiode, *Theog.* 1-2 invoque
déjà les Muses héliconiennes, alors qu'Homère, *Il.* 2, 484 les
place encore sur l'Olympe. Pausanias, 9, 30, 1 parle de deux
séries de statues de Muses sur l'Hélicon, l'une entièrement due
à Céphisodote, l'autre, par groupes de trois, à Céphisodote,
Strongylion et Olympiosthène. La présence de ce groupe de
Muses à Constantinople est expressément attestée par Eus.
Caes. *Vita Const.* 3, 54, 2, mais il les place par erreur au palais ;
Thémistios mentionne à trois reprises les Muses du Sénat, *Or.* 17,
215 d, 19, 228 ab et 31, 335 a, et qualifie à chaque coup ce bâtiment de sanctuaire (il emploie le terme νεώς, tandis que Zosime
dit τέμενος). Il est difficile de dire quel groupe de Muses Constantin a fait transporter à Constantinople. Cf. sur tout cela RE XVI
680-754 (Mayer, 1933), notamment 735,63-736,2. Pour Zosime,
le fait que l'incendie ait détruit les statues des Muses est aussi
significatif que le fait que les statues de Zeus et d'Athéna aient
survécu ; il considère leur disparition comme le symbole de
son époque, à son avis stérile dans le domaine des arts et de
la culture, et exprime ainsi clairement la forte composante
culturelle du conservatisme païen, évidemment aveugle à l'art
et à la littérature qu'inspirait la nouvelle religion. Cf. *infra*
5, 41, 7 et n. 97.

Sur les statues de Zeus et d'Athéna devant le Sénat, cf.
Dagron [38] p. 36-37 et 139-140, mentionnant du reste aussi
les statues des Muses ; p. 139, il dit que le bâtiment dont il
est question ici « est un peu l'autel de la Victoire du Sénat
de Constantinople ». Certes cet édifice, comme il était orné de
statues divines, était, pour les défenseurs de la culture traditionnelle, un temple (cf. les termes cités ci-dessus qu'utilisent
Thémistios et Zosime) ; mais à part cela, je vois mal ce qui
justifie cette comparaison, car l'ornementation païenne du
Sénat de Constantinople n'a jamais suscité de débat idéolo-
gique entre païens et chrétiens. On ne possède guère de renseignements sur les statues de Zeus et d'Athéna, provenant
de célèbres sanctuaires, avant leur installation à Constantinople
(sur le Zeus de Dodone en Épire, cf. Roscher VI 617-618 ;
sur l'Athéna de Lindos à Rhodes, cf. RE II 1979,50-1980,
50 [Dümmler, 1896], et les n. 4-5 de Conca, p. 296). Pseudo-
Codinos (*Orig. Const.* p. 16, 1-3 Bonn, *Scriptores originum
Constantinopolitanarum*, éd. Th. Preger, p. 139, 1-4) mentionne
une statue du Zeus de Dodone et deux statues de Pallas ornant

le Sénat ; ce texte date de 995 (cf. éd. Preger, fasc. II, p. III),
mais notre passage est repris de Hésychios Illoustrios (vie s.),
p. 17,16 - 18,2 Preger. Il ne faut pas confondre l'Athéna Lin-
dienne du Sénat avec celle qui ornait le palais de Lausos (cf.
Janin [37] p. 379) ; œuvre de Scyllis et Dipoinos, cadeau de
Sésostris à Cléobule, elle était, selon Cédrénos, en émeraude,
et fut détruite dans un grand incendie qui se produisit sous
l'empereur Zénon, sans doute en 475 ; cf. Zonaras 14, 2, III
p. 257, 3-8 Dindorf ; Cédrénos I p. 564, 5-10 et 616, 2-16 Bonn ;
Janin [37] p. 35 ; Mango (cité *supra*) p. 58 ; C. Robert, RE V
1161, 8-15 (1905), insiste sur le caractère apocryphe de l'Athéna
en émeraude. Heyne (p. 643 de l'éd. Reitemeier) estime que
si les deux statues ont survécu, c'est qu'elles étaient en bronze ;
mais à en croire Eus. Caes. *Vita Const.* 3, 54, 2, les statues des
Muses étaient aussi en bronze, et pourtant elles furent détruites.
Il n'y a pas lieu de mettre en doute cependant que les deux
statues aient été sauvées, et qu'au moment où écrit Eunape,
et même au moment où écrit Zosime, elle fussent de nouveau
à leur place ; à défaut d'une différence de matière, c'est une
différence d'emplacement qui aura valu à Zeus et à Athéna
un sort meilleur que celui des Muses.

En conclusion, Zosime insiste sur la signification providen-
tielle de la conservation des deux statues : Constantinople,
bien que désertée par les Muses, va continuer à vivre, comme
le comprennent « ceux qui ont une culture supérieure », c'est-
à-dire les païens. Ces lignes, où s'affirme la foi en la pérennité
de la capitale orientale, garantie par des protecteurs divins,
doivent être mises en parallèle avec 5, 41, 7, où la disparition
de la statue de *Virtus* annonce implicitement la chute de la
capitale occidentale ; cf. à ce sujet W. E. Kaegi (*Byzantium
and the Decline of Rome*, Princeton, 1968) p. 130 et 139-142,
qui qualifie, peut-être avec quelque exagération, le présent passage de Zosime comme « one of the most significant statements
in his entire work » (p. 140), et confond l'Athéna du Sénat
avec celle du palais de Lausos (*ibid.* n. 110). L'interprétation
de Kaegi est reprise par Dagron [38] p. 140 et 385.

Problème de texte : Paragr. 7. La phrase θαύματος — σιωπῇ,
telle qu'elle est transmise par V, ne donne pas de sens satisfaisant ; cf. app. crit. ; des deux corrections proposées par
Sylburg, la première exige la suppression d'un mot entier, la
seconde, très économique, aboutit à une formulation peu naturelle ; la solution suggérée par Bury est plus ingénieuse que
vraisemblable ; il m'a donc paru préférable d'introduire dans
le texte la correction proposée par Mendelssohn, assez économique et donnant une phrase d'une heureuse simplicité.

Note 51.

Selon Zosime, ceux qui enquêtèrent sur les causes de l'incendie de Sainte-Sophie ne trouvèrent rien de plus que l' « ombre d'un âne » ; cette expression proverbiale grecque signifie « un rien, un objet de très peu de valeur » ; Zosime veut donc dire qu'on ne parvint pas à trouver des indices solides permettant de découvrir les incendiaires ; sur l'expression, cf. *Suda*, O 400, III p. 543, 6-24 Adler (avec l'histoire de Démosthène voulant se mettre à l'ombre d'un âne loué et se faisant rabrouer par l'ânier déclarant qu'il avait loué l'âne, et non son ombre) et Liddell-Scott, p. 1233, 2ᵉ colonne au milieu. Explication fausse de cette expression proverbiale dans la traduction de Buchanan-Davis, p. 220 n. 1 (« he who cannot uncover the offender avenges himself on the unoffending »). Les Johannites furent cependant poursuivis sans aucune indulgence par le préfet de Constantinople, Optat, un païen ; pour qu'il se tienne tranquille, on terrorisa le peuple de la capitale, des femmes de la noblesse furent brutalisées et arrêtées, des clercs torturés ; cf. Socr. 6, 18, PG LXVII 721 B ; Soz. 8, 23-24 ; Pall. *Dial.* 11 et 20, PG XLVII 36 et 70-72 ; E. Demougeot [1] p. 332-334. Néanmoins *Cod. Theod.* 16, 2, 37, une loi adressée le 29 août 404 à Studius, le prédécesseur d'Optat à la préfecture de Constantinople, confirme que l'enquête officielle n'aboutit pas à des résultats tangibles : *quoniam personae ad inquisitionem perpetrati incendii... nequeunt inueniri* ; des clercs emprisonnés furent par conséquent relaxés, et d'autres, qui avaient été exilés, furent rappelés. Zosime est la seule source qui mentionne que les travaux de restauration furent immédiatement entrepris ; on peut noter au passage qu'il souligne ici une fois de plus la nullité d'Arcadius, puisqu'il précise que ce fut l'entourage de l'empereur, et non l'empereur lui-même, qui se préoccupa de reconstruire ce qui avait été détruit. Sur γίγνομαι + gén., cf. vol. II 2 n. 143 p. 377.

Note 52.

Une fois de plus, les brigands isauriens firent parler d'eux à partir de 404 ; cf. 1, 69-70 ; 4, 20, 1-2 ; 5, 15, 5 ; 5, 16, 4 ; 5, 20, 1, les n. à ces passages et Sievers [3] p. 489-502. Il n'est pas toujours aisé de distinguer les témoignages qui concernent les brigands combattus avant 400 par Fravitta de ceux qui nous renseignent sur les entreprises des Isauriens à partir de 404.

Ainsi, *supra* n. 40, j'ai rapproché de Zosime, 5, 20, 1 ; Soz. 8, 25, 1 et Philost. 11, 8, p. 139, 21-29 Bidez-Winkelmann ; Zosime parle là de brigandages en Cilicie, Phénicie et Palestine sans préciser qu'il s'agit d'Isauriens, Sozomène de raids des Isauriens en Carie et en Phénicie, Philostorge de ravages des Isauriens notamment en Cilicie et en Syrie. Mais il n'est pas du tout exclu que les passages en question de Sozomène et Philostorge concernent, non pas les événements d'avant 400, mais bien ceux des années 404 et suivantes, car il semble que les brigands aient dans les deux cas pillé les mêmes régions. En effet, Hier. *Epist.* 114, 1 mentionne des incursions des Isauriens en Phénicie, Galilée, Palestine, et à Jérusalem ; or il semble bien que cette lettre, liée à l'*Epist.* 113, une missive de Théophile d'Alexandrie à Jérôme postérieure à l'exil définitif de Jean Chrysostome, date de 406 ; cf. F. Cavallera (*Saint Jérôme. Sa vie et son œuvre*, 2 vol., Louvain-Paris, 1922) I p. 286 et II p. 42-43 et 163. Selon Palladius (*Dial.* 11, PG XLVII 36), lorsque Jean Chrysostome parvint à son lieu d'exil, à Cucuse, à environ cent vingt km au sud-est de Césarée de Cappadoce, sans doute à la fin de l'été 404, la petite ville était assiégée par les Isauriens ; et en effet, dans toute une série de lettres de Jean datant de son exil à Cucuse, ou dans la ville peu éloignée d'Arabissos, il est question des Isauriens, rendant le pays peu sûr, assiégeant les villes, tantôt repoussés, tantôt victorieux ; cf. *Epist.* 52, 57, 68-69, 72, 108-109, 114, 131, 135-136 (toutes dans PG LII). Il est donc hors de doute que dès l'été 404, les brigands isauriens entreprirent à nouveau des opérations assez loin de leurs montagnes natales ; la campagne d'Arbazacios dont Zosime parle ici n'est que la première partie d'une longue guerre qui se prolongea durant plusieurs années ; il est certain qu'elle s'acheva avant le début de l'automne 404, puisqu'Arbazacios put vaincre les Isauriens, s'abandonner à ses excès, retourner à Constantinople et acheter son impunité en faisant des cadeaux à l'impératrice avant le 6 octobre 404, date de la mort d'Eudoxie (cf. *Chron. Pasch.* Chron. min. II p. 68). Il est non moins certain que les raids des Isauriens reprirent et s'étendirent même les années suivantes, comme le prouvent les lettres citées de Jean Chrysostome, venant confirmer les dernières lignes de Zosime 5, 25, 4 ; c'est sans doute ce qui explique que Marcell. Chron. min. II p. 68, 405 situe la campagne d'Arbazacios contre les Isauriens en 405. Dans Eun. *Hist.* frg. 86, il est question de la Pamphylie, dont les habitants estimaient que les incursions isauriennes étaient de pures plaisanteries en comparaison des pillages de leur nouveau gouverneur Hiérax ; cette fonction de Hiérax, qui fut

ainsi récompensé pour son rôle dans la mise à mort de Fravitta
(cf. Eun. *Hist.* frg. 87), est donc en tout cas postérieure à
l'été de 404, ce qui prouve que les frg. 86-87 constituent une
anticipation dans le contexte de l'ouvrage historique d'Eunape,
qui se terminait précisément avec les opérations contre les
Isauriens en été 404 ; cf. *supra* n. 46. La guerre isaurienne se
prolongea en tout cas jusqu'en 407, car une loi du *Code Théodosien* de 408 (9, 35, 7) précise que les procès des brigands
isauriens ne doivent pas être interrompus durant le carême
(il convient donc d'avancer cette loi, datée du 27 avril 408,
au 26 février ; cf. Seeck [26] p. 102 et 313). Cf. sur tout cela
Lenain de Tillemont [8] p. 473-475 et E. Demougeot [1]
p. 343-344. Pour les dégâts antérieurement commis par Tribigild et ses Goths en Pamphylie, cf. *supra* 5, 15, 4 - 17, 2 avec
les n. correspondantes.

La nouvelle des attaques isauriennes parvint, selon Zosime,
après le 20 juin 404 à Constantinople (cf. *supra* n. 49). On
dépêcha alors Arbazacios en Pamphylie comme général, donc
apparemment avec le grade de *magister militum* ; sur ce personnage, cf. RE II 407 (Seeck, 1895) et PLRE II p. 127-128.
Malgré les hésitations de Lenain de Tillemont, il faut certainement l'identifier avec le *legatus* Narbazaicus de Marcell.
Chron. min. II, p. 68, 405 et de Iord. *Rom.* 321, et avec l'Arta-
bazacos de Syn. *Epist.* 135, p. 722 *Epistolographi Graeci* ed.
Hercher (ce texte nous apprend qu'une fois retiré de sa charge,
Arbazacios vécut tranquillement, jouissant de ses vastes richesses, notamment en Libye ; la protection d'Eudoxie lui fut donc
utile même après la mort de celle-ci) ; en revanche le Fl. Arba-
zag. de CIL VI 31978 (à Rome) est certainement quelqu'un
d'autre. Eun. *Hist.* frg. 84, que Zosime résume en 5, 25, 3,
nous donne sur Arbazacios des détails supplémentaires : il
était originaire d'Arménie, mais était néanmoins isaurien ;
comme il était très cupide, on le nommait par dérision Harpazacios (Pillard) ; il aimait les femmes et le vin autant que
l'argent ; les précisions que fournit Eunape sur ce dernier point
sont cependant peut-être plus un *topos* littéraire que l'expression fidèle de la vérité ; cf. *supra* n. 33. L'essentiel de ce que
nous savons d'Arbazacios nous est transmis par Eunape et
Zosime. Sur le motif de la corruption dans l'entourage d'Eudoxie, cf. *supra* n. 48 ; la démarche d'Arbazacios narrée ici
par Zosime correspond assez exactement aux procédés que
décrit longuement Eunape *Hist.* frg. 87. Sur la prétendue
lacune qu'il y aurait ici selon Mendelssohn et sur la fin de
l'ouvrage historique d'Eunape, cf. *supra* n. 46 ; sur le changement de source qui intervient ici dans Zosime et les consé-

quences qu'il entraîne dans l'*Histoire nouvelle*, notamment sur le plan de la chronologie, cf. *infra* n. 53.

Note 53.

Le début du présent chapitre correspond dans l'*Histoire nouvelle* à un hiatus très remarquable : toute la première moitié du livre 5 concerne, presque sans exceptions (cf. *supra* n. 26 et Eun. *Hist.* frg. 74), des événements qui se déroulent en Orient jusqu'au début de l'automne 404 (cf. *supra* n. 52) ; la seconde moitié, en revanche, qui commence ici, ne rapporte que des événements qui se produisent en Occident (à l'exception de 5, 34, 7 évoquant en trois mots la mort d'Arcadius), surtout à partir de 408 (cf. 5, 28, 1) ; seuls les chapitres 26 et 27 concernent des épisodes antérieurs à cette année. Ainsi donc, les années 405-407 sont pratiquement escamotées, ce qui contraste fortement avec le traitement détaillé de ce qui s'est passé auparavant, et surtout après (les chap. 28-42 sont entièrement consacrés à l'an 408). Ce déséquilibre chronologique est encore accusé par le déséquilibre géographique : non seulement l'*Histoire nouvelle* s'arrête pour l'Orient en 404, mais encore, pour l'Occident, elle présente une lacune considérable, les événements de 395-397 étant partiellement, ceux de 398 à la fin 404 totalement passés sous silence. Entre la première et la seconde moitié du livre 5, il y a par ailleurs des différences de forme et de contenu notables ; cf. vol. I p. LVII-LX. Comme la source que Zosime suit jusqu'en 5, 25, Eunape, s'arrête en 404 (cf. *supra* n. 46), ces changements et ces particularités au milieu du livre 5 résultent évidemment du fait que Zosime suit dès 5, 26 une autre source. La grande similitude entre Zosime à partir de 5, 26 et les fragments d'Olympiodore, ainsi que le fait que dès 5, 27, 1, Zosime cite Olympiodore, pour le réfuter certes, mais tout en le pillant, a très tôt eu pour conséquence qu'on a identifié la nouvelle source de Zosime avec Olympiodore. Ainsi déjà Lenain de Tillemont [8] p. 656, et Reitemeier (p. 611 de son édition). Au siècle dernier, J. Rosenstein (*Kritische Untersuchungen über das Verhältniss zwischen Olympiodor, Zosimus und Sozomenus*, Forschungen zur Deutschen Geschichte 1, 1862, p. 165-204) a montré en détail qu'Olympiodore avait été exploité systématiquement par Zosime, et occasionnellement par Sozomène, qui va donc constituer désormais par endroits une importante source parallèle. L. Jeep (*Quellenuntersuchungen zu den griechischen Kirchenhistorikern*, Jahrbücher für classische Philologie, Suppl. 14,

1885, p. 53-178) p. 73-81 a par ailleurs suggéré qu'Olympiodore avait aussi été utilisé par Philostorge ; bien que Mendelssohn ait été d'un avis différent (cf. son éd. de Zosime *ad* p. 248, 3), on considère généralement aujourd'hui à juste titre que l'historien arien a effectivement exploité, occasionnellement et parmi d'autres sources, Olympiodore ; cf. Blockley [38] p. 108 et 162 n. 6.

Sur Olympiodore, cf., outre l'orientation générale fournie par Moravcsik [42] p. 468-470, les études de W. Haedicke (RE XVIII 1, 201-207 [1939]), E. A. Thompson (*Olympiodorus of Thebes*, CQ 38, 1944, p. 43-52), J. F. Matthews (*Olympiodorus of Thebes and the History of the West* [*A.D. 407-425*], JRS 60, 1970, p. 79-97), B. Baldwin (*Olympiodorus of Thebes*, AC 49, 1980, p. 212-231) et Blockley [38] p. 27-47. Les fragments sont cités d'après la numérotation de Müller (FHG IV p. 57-68) ; le lecteur francophone trouvera ces fragments avec une traduction française dans l'édition de la *Bibliothèque* de Photios par R. Henry (vol. I p. 166-187, Paris, 1959, malheureusement sans la numérotation de Müller ; ceux des fragments qui ont leur équivalent dans Zosime 5-6 sont repris en appendice au présent ouvrage) ; édition avec trad. italienne et notes par R. Maisano, Napoli, 1979 ; édition avec trad. anglaise et notes dans Blockley [19] p. 151-220. Une précision importante doit être fournie d'emblée à propos de ces fragments sur un point qui conditionne leur utilisation comme parallèles de Zosime : la formulation originale d'Olympiodore n'est jamais conservée, Photios, notre seule source, ne fournit qu'une indication de contenu fort résumée et où la succession des faits n'est pas forcément toujours exactement identique à celle de l'original. Une question importante dans le contexte du présent commentaire est celle du début de l'ouvrage historique d'Olympiodore. Selon Photios, *Bibl. cod.* 80, p. 56 b 8-9 (p. 166 Henry), il commence avec le septième consulat d'Honorius et le deuxième de Théodose II, soit en 407. Cependant Zosime 5, 26 et Olymp. frg. 2 enregistrent des faits incontestablement antérieurs à 407 ; c'est pourquoi aussi bien Matthews (*op. cit. supra*) p. 87-88 que Blockley [38] p. 30 admettent, tout en divergeant sur certains points, que l'*Histoire* d'Olympiodore commençait par une introduction résumant une série d'événements antérieurs à 407. L'hypothèse d'une partie introductive me paraît s'imposer, mais les spécificités du récit de l'*Histoire nouvelle* m'amènent à me faire une idée un peu différente de la date où commence le récit détaillé d'Olympiodore. 1) Contrairement à Blockley, je pense que nous n'avons aucune raison de supposer que le récit détaillé de Zosime diffère, dans l'ordre de succession des

faits, de celui d'Olympiodore ; c'est bien plutôt dans le résumé
très concis de Photios que les événements sont regroupés autrement que chez Olympiodore ; si donc il y a divergence entre
Zosime et le résumé de Photios, c'est le premier bien plutôt
que le second qui reproduit fidèlement Olympiodore. 2) La
première date consulaire qui apparaît chez Zosime est celle du
début de l'an 408, en 5, 28, 1. 3) Chez Zosime, seul le chap. 5,
27 concerne l'an 407. 4) Si Olympiodore avait contenu un récit
détaillé de l'an 407 commençant par la date consulaire de cette
année, on ne voit pas pourquoi Zosime, qui ne trouvait l'équivalent nulle part ailleurs, et en tout cas pas chez Eunape,
aurait omis tout cela pour suivre fidèlement sa nouvelle source
à partir du 1er janvier 408. Je pense donc que le récit détaillé
d'Olympiodore commençait avec le début de 408, comme il
appert de Zosime. Si Photios cite la date consulaire de 407,
c'est qu'il avait constaté que, dans le livre d'Olympiodore, un
certain nombre de pages précédaient la date consulaire de 408 ;
il en a donc tiré la conclusion hâtive que le livre commençait
avec l'année 407. Un début au 1er janvier 408 s'explique bien
dans une histoire où prédomine une structure annalistique, et
qui veut mettre en évidence les conséquences politiques catas-
trophiques de la disparition de Stilicon : 408 est en effet l'année
de la mort de Stilicon. Ce point initial formel était précédé,
comme par exemple dans les *Annales* de Tacite, d'un résumé
de ce qui précédait, apparemment centré sur la personne de
Stilicon, à en juger d'après Zosime 5, 26-27 et Olymp. frg. 2
(sur ce point, je suis en accord avec Blockley). Mon hypothèse
me semble la seule qui permette d'expliquer de manière satisfaisante les caractéristiques de Zosime 5, 26-28, miroir, sinon
très fidèle, du moins le plus fidèle du début de l'œuvre d'Olympiodore ; cf. mon article *Le début de l'ouvrage historique d'Olympiodore*, Arctos Suppl. II (Studia in honorem Iiro Kajanto),
Helsinki, 1985, p. 185-196.

Zosime lie la partie olympiodorienne à la partie eunapienne
de son livre 5 grâce à un saut périlleux d'autant plus parfait
qu'il l'accomplit sans s'en rendre compte. Abandonnant l'Orient
et les Isauriens, il recommence à parler d'Alaric, dont il n'a
plus été question depuis 5, 7, 1-3 ; c'est du reste précisément
ce passage auquel Zosime lui-même renvoie, et il y est effectivement question des Barbares qui se retirent du Péloponnèse en Épire ; cet épisode appartient à l'année 397 ; cf. *supra*
n. 12. Si donc l'on suivait Zosime à la lettre, on pourrait croire
qu'Alaric et ses Goths sont tranquillement restés en Épire de
397 à 405. Tel n'est évidemment pas le cas, mais l'ingénuité
de Zosime est totale, car il ne se rend évidemment pas compte

que de longues années se sont écoulées entre les événements
qu'il narre en 5, 7, 1-3 et ceux qu'il aborde ici ; cf. à ce sujet la
remarque ironique de Mendelssohn (*ad* p. 248, 5) « ni mirum
egregius historicus, ne sibi recurrendum sit ad res ante a. 404
ab Alaricho gestas, hunc fingit inde ab a. 396 Epiro moran-
tem », qui cependant accuse, je crois, à tort Zosime de négligence ; c'est plutôt d'inconscience dont il fait preuve ici. Le
saut chronologique de Zosime a été relevé notamment par
Várady [5] p. 520-521 et étudié plus en détail par Chrysos
[5] p. 45-47. Qu'ont fait Alaric et ses Goths durant ce laps
de temps ? Pour les années 397-401, nous ne possédons que
très peu de renseignements ; Alaric avait reçu du gouvernement de Constantinople le titre de *magister militum per Illyricum* ; sur la base de Claud. 26 (*Bell. Goth.*), 497, qui parle
d'*Emathia tellus*, on a supposé qu'il avait séjourné notamment
en Macédoine. En tout cas Alaric et ses Goths quittèrent les
parages de l'Illyricum à la fin de 401, passèrent en Italie et
allèrent assiéger Milan ; le 6 avril 402 eut lieu à Pollentia une
grande bataille entre les troupes de Stilicon et celles d'Alaric ;
les Romains s'emparèrent du camp barbare ; Alaric parvint
cependant à se retirer en bon ordre, mais fut à nouveau battu
près de Vérone durant l'été de la même année. La suite des faits
et gestes d'Alaric est très mal connue et constitue l'objet de
controverses complexes entre historiens modernes qu'il n'y a
pas lieu d'aborder ici. Bornons-nous à souligner que Zosime
ignore tout de la campagne en Italie de 401-402, et que le lieu
où se tinrent les Goths après 402 n'est pas positivement connu.
On ne peut se fonder sur la localisation en Épire fournie par
Zosime en 5, 26, 1 puisque, nous l'avons vu, notre historien
escamote ce qui s'est passé depuis le moment où Alaric était
effectivement en Épire en 397 ; tout ce qu'on peut dire, c'est
qu'après leur échec en Italie, Alaric et ses hommes séjournèrent
à nouveau en Illyricum. Sur l'accord entre Stilicon et Alaric
et les déplacements de ce dernier, cf. *infra* n. 54. Sur l'activité
d'Alaric entre 397 et 405, cf. Stein-Palanque [6] p. 231 et 247-
249, E. Demougeot [1] p. 267-295, Cameron [2] p. 176-187,
Chrysos [5] p. 47-49 et Ridley [8] p. 214 n. 83.

Zosime 5, 26, 1 fournit de nombreuses précisions géographiques qui concernent la retraite d'Alaric en 397. Après avoir
quitté le Péloponnèse, il traversa l'Acarnanie (soit la région
qu'arrose l'Achéloüs) et s'installa dans « les (*sc.* provinces
d')Épire(s) », comme Zosime dit correctement, car le secteur
avait été divisé en deux provinces romaines, *Epirus uetus*,
capitale Nicopolis, et *Epirus noua*, capitale Dyrrachium ; cette
réorganisation du territoire date sans doute de l'époque de

Dioclétien, mais n'est positivement attestée qu'au début des années 330 ; cf. Chrysos [5] p. 12-21 ; il est notable, comme le relève ce même auteur p. 47, que Zosime, tant qu'il suit Eunape, nomme l'Épire au singulier, en 4, 34, 3 ; 5, 7, 2 ; 5, 23, 1, bien que ces passages concernent l'époque où les deux provinces existaient déjà ; le pluriel n'apparaît que dans le passage « technique » 2, 33, 2 ; quand il suit Olympiodore en revanche, Zosime utilise toujours le pluriel : 5, 26, 1 ; 5, 29, 1. 5. 7 ; 5, 48, 2 ; c'est là une nouvelle preuve encore du changement de source qui intervient après 5, 25. La position de l'Épire est précisée par l'indication de divers peuples qui habitent ces parages : les Molosses (cf. RE XVI 15-25 [Lenk, 1933] et KP III 1401-1402 [E. Meyer]), les Thesprotes (cf. RE VI A 64-69 [Lenk, 1936] et KP V 755-756 [E. Meyer]) et les Taulantiens (cf. RE IV A 2526-2529 [Fluss, 1932] et KP V 539 [Fitz]) ; les deux premiers étaient installés en pleine Épire, les Taulantiens étaient des Illyriens qui vivaient un peu plus au nord (cf. la carte 1 en fin de vol., et la carte 2 du vol. I). Ces précisions sont extrêmement archaïsantes et n'ont aucune signification au début du ve s., car ces peuples cessent d'avoir une existence indépendante avant l'avènement d'Auguste, donc plus de quatre siècles auparavant ; la même observation est aussi valable pour l'emploi du vieux nom Épidamne pour désigner Dyrrachium (cf. KP II 187-188 [E. Meyer]). E. Chrysos, que je remercie pour cette indication, me signale (lettre du 30.8.1980) qu'Eunape, *Vitae soph.* p. 474 Didot, 7, 1, 10, p. 42, 10-11 Giangrande, utilise l'expression « Maxime, le Thesprote ou Molosse » ; je ne crois cependant pas qu'on puisse établir une relation de source directe entre le passage des *Vitae soph.* d'Eunape et le présent passage de Zosime ; tout d'abord Eunape ne mentionne ni les Taulantiens, ni Epidamne ; deuxièmement, nous sommes ici dans des phrases de transition, par lesquelles Zosime soude la partie olympiodorienne à la partie eunapienne, et dont la provenance est hautement incertaine : peut-être Zosime reprend-il des termes qu'il trouve dans la partie de l'ouvrage historique d'Eunape qu'il a résumée en 5, 7, 1-3, tout en les combinant avec des éléments qu'il puise chez Olympiodore (notamment Épire au pluriel ; cf. à ce sujet *infra* n. 54), mais je me garderais d'être trop affirmatif, car les moyens nous manquent ici totalement pour définir l'origine de l'érudition géographique de Zosime ; on ne peut même pas exclure qu'il s'agisse d'un ajout personnel. Il est cependant incontestable que la tonalité archaïque de ces indications rappelle plus Eunape qu'Olympiodore.

Problèmes relatifs à la constitution du texte : Le *Vat. Graec.*

156 varie dans l'orthographe du nom Alaric, en mettant
parfois un seul, le plus souvent deux λ ; dans le texte de la
présente édition, j'ai systématiquement adopté l'orthographe
avec un seul λ, sans signaler les variations dans l'apparat,
contrairement à Mendelssohn, qui suit fidèlement le manuscrit.
Le texte de V doit être corrigé pour l'article précédant le nom
« Épires », car celui-ci est toujours féminin en grec. On pourrait
aussi hésiter à adopter la corr. de Sylburg ἃς pour ἥν ; mais,
comme le dit cet éditeur (cf. éd. Reitemeier p. 456), le texte
traditionnel peut être maintenu si l'on suppose que l'antécé-
dent de ἥν est le substantif χώραν sous-entendu à côté du pronom
relatif.

Note 54.

Ce bref paragraphe soulève divers problèmes difficiles. Zosime
aborde ici la question de l'*Illyricum*, qui s'était posée dès la
mort de Théodose 1er, et dont il ne dit mot auparavant ; cf.
supra n. 5. L'Illyricum est constitué par les diocèses de Pannonie, de Dacie et de Macédoine, rattachés tantôt à l'Orient,
tantôt à l'Occident et, à partir de 395, objet de divers conflits
entre les deux *partes imperii*. Les sources étant souvent peu
claires, et parfois contradictoires, l'histoire du rattachement
administratif de ces diocèses n'est pas très facile à établir.
L'étude la plus claire et la plus complète sur ce sujet est celle
de V. Grumel (*L'Illyricum de la mort de Valentinien 1er* [*375*]
à la mort de Stilicon [*408*], REByz 9, 1951, p. 5-46), avec renvoi à la bibliographie plus ancienne p. 5 et résumé des principales conclusions, p. 45-46 ; celles-ci sont reprises et développées par Cameron [2] p. 59-62 et Döpp [5] p. 71-73 ; l'étude
récente d'E. Demougeot (*Le partage des provinces de l'Illyricum entre la* pars Occidentis *et la* pars Orientis *de la tétrarchie
au règne de Théodoric*, Colloque de Strasbourg, 1979 [*La géographie administrative et politique d'Alexandre à Mahomet*],
Leiden, 1981, p. 229-253) n'apporte guère du neuf pour la
période qui nous intéresse ici. Dans les derniers mois de la vie
de Théodose 1er, entre le Frigidus et janvier 395, la situation
fut quelque peu fluctuante ; cf. vol. II 2 et n. 194, 212 et 214,
ainsi que l'article de Cameron cité n. 212. D'après Zosime suivant Eunape (4, 59, 4), Théodose, immédiatement avant sa
mort, rattacha tout l'Illyricum à l'Orient (ce que Jean d'Antioche, frg. 190, *Excerpta de insidiis* p. 120, 19-21 de Boor
confirme pour le diocèse de Macédoine). Vers 396, l'Illyricum
occidental, c'est-à-dire le diocèse de Pannonie, est cédé par

l'Orient à l'Occident, comme le prouve l'existence de préfets du prétoire d'Illyricum aussi bien en Orient qu'en Occident dans ces années ; les diverses allusions de Claudien confirment pleinement cette situation. Le seul obstacle à cette vision de la situation est Olymp. frg. 3, où il est dit que Stilicon revendiqua l'Illyricum pour Honorius du fait que cette partie de l'Empire aurait été confiée à cet empereur par Théodose. Avec Cameron [2] p. 59 et Döpp [5] p. 71-72, j'estime que ce témoignage n'a aucun poids : Photios reproduit Olympiodore sous une forme extrêmement résumée et très vraisemblablement peu correcte ; en tout état de cause, le passage d'Olympiodore concerne les années 405 et suivantes, et non le partage de 395 ; je me demande si le résumé de Photios ne travestit pas le fait qu'Olympiodore présentait la cession de l'Illyricum à Honorius de la part de Théodose non comme une vérité établie, mais comme une affirmation tendancieuse de Stilicon à partir de 405.

Le présent paragr. de Zosime atteste qu'à un certain moment, Stilicon éleva des prétentions sur l'Illyricum oriental, c'est-à-dire les diocèses de Dacie et de Macédoine, et qu'il s'allia avec Alaric pour réaliser son plan de mainmise sur ces régions. Deux passages de Sozomène, qui forment un doublet (8, 5, 2-4 et 9, 4, 2-4), confirment Zosime et fournissent des détails supplémentaires : Stilicon fit nommer Alaric *magister militum per Illyricum* par Honorius et Jovius préfet des territoires revendiqués ; Alaric se déplaça des parages de la Dalmatie et de la Pannonie, où il séjournait, vers l'Épire, où il resta longtemps (évidemment dans l'attente du signal de Stilicon pour la mise en œuvre de leur plan). Le début d'Olymp. frg. 3 résume les données développées par Zosime et surtout Sozomène. Le parallèle de Sozomène éclaire du moins la géographie de Zosime, puisque nous apprenons ainsi qu'Alaric et ses Goths, au moment de l'accord avec Stilicon, se déplacèrent des régions proches de la Pannonie et de la Dalmatie, c'est-à-dire d'un secteur appartenant au diocèse de Pannonie (= Illyricum occidental dépendant de l'Occident), vers l'Épire, c'est-à-dire vers une région appartenant au diocèse de Macédoine (= Illyricum oriental dépendant de Constantinople). Ainsi est d'une part confirmé le fait qu'Alaric séjourna dans les parages de l'Illyricum occidental après son échec en Italie en 401-402, d'autre part expliquée très précisément la manière dont Zosime a soudé Eunape à Olympiodore : trouvant Alaric en Épire dans le passage d'Eunape qu'il résume en 5, 7, 1-3 aussi bien que dans celui d'Olympiodore qu'il commence à résumer en 5, 26, 2, et dont Sozomène nous donne un reflet plus détaillé,

et par ailleurs inconscient du temps écoulé depuis 397, Zosime
trouve là un excellent raccord entre ses deux sources successives ; notre « egregius historicus », comme dit Mendelssohn, ne
se soucie évidemment pas du fait que chez Eunape, en 397,
Alaric arrive en Épire du sud, plus tard, chez Olympiodore,
du nord, et qu'il n'est pas encore en réalité en Épire au moment
de la conclusion de l'accord. Je pense que nous pouvons même
définir avec une précision extrême la manière de travailler de
Zosime : abandonné par Eunape à la fin de 5, 25, il compose
lui-même, en se reportant au passage d'Eunape qu'il a résumé
en 5, 7, 1-3, une phrase de transition qui commence avec 5,
26, 1 et occupe ce paragraphe jusqu'à χωρία ; dès τὸ, il commence à résumer Olympiodore. Le long séjour d'Alaric en
Épire après son accord avec Stilicon et la présence de Jovius
dans cette région sont confirmés par Zosime 5, 29, 1. 5. 7 ; 5,
48, 2 ; cf. Chrysos [5] p. 46 et 49-50. Sur les déplacements
d'Alaric après son second séjour en Épire, cf. *infra* n. 62.

Je suis intentionnellement resté jusqu'ici dans le vague sur
la date de l'accord entre Stilicon et Alaric, dont dépend la
chronologie des chapitres 5, 26-27 de Zosime, l'étendue exacte
de la lacune chronologique après 5, 25, et enfin l'idée qu'on
peut se faire de la nature de l'introduction d'Olympiodore que
Zosime, à mon avis, résume ici (cf. *supra* n. 53). Cette date
n'est pas positivement attestée et, depuis longtemps, elle est
controversée. Zosime lui-même fournit un repère chronologique
au moins relatif : en 5, 26, 3, il précise que les plans de Stilicon
furent contrariés par l'invasion de Radagaise ; donc l'accord
entre Stilicon et Alaric devrait être antérieur à cette invasion.
La date de cette invasion a aussi été discutée : N. H. Baynes
(*Byzantine Studies and Other Essays*, London, 1955, p. 339-
340 ; reprise d'une note parue d'abord dans JRS 12, 1922,
p. 218-219) avait daté cette invasion de 404-405 par suite
d'une hypothèse aussi peu claire que convaincante ; il n'a guère
été suivi, et l'on est revenu depuis à la datation traditionnelle
de 405-406 ; cf. E. Demougeot [1] p. 354 n. 7 ; Stein-Palanque
[6] p. 249-250 et 551 ; Matthews [53] p. 83 et n. 39.

Si donc l'on s'en tient à la date qu'on peut déduire de Zosime,
l'accord entre Stilicon et Alaric peut être situé en 405. Mais
l'unanimité ne s'est pas faite sur ce point ; cf. E. Demougeot
[1] p. 364-369 et Ridley [8] p. 215 n. 84. Th Mommsen (*Gesam-
melte Schriften* IV, Berlin, 1906, p. 526 et n. 2) pensait que cet
accord datait de 402, immédiatement après que Stilicon eut
défait Alaric en Italie ; mais Zosime contredit cette interprétation, puisqu'il indique clairement que l'accord précède immédiatement l'invasion de Radagaise. E. Demougeot pour sa part

voudrait retarder cet accord jusqu'au début de 407, mais les
raisons qu'elle allègue ne sont pas convaincantes : Zosime
serait peu digne de foi, Olympiodore et Sozomène ne mentionnent pas le fait que l'accord précède l'invasion de Radagaise,
la diplomatie de Stilicon excluerait la possibilité d'un tel accord
avant la fin de 406. En réalité, Zosime n'est absolument pas
suspect dès qu'il commence à suivre Olympiodore, à partir
des derniers mots de 5, 26, 1 (cf. *supra*) ; le silence d'Olympiodore sur le fait que l'accord précède l'invasion de Radagaise
n'a rien d'étonnant puisque nous ne disposons que du très
bref résumé de Photios ; quant à Sozomène, il a tout simplement omis ce qui concerne Radagaise, mais Olympiodore parlait évidemment de cette invasion, comme le prouvent les lignes
que Zosime consacre à cet épisode en 5, 26, 3-5. Quant au fait
que Stilicon a tenté, en 405, de ne pas rompre avec l'Orient,
il n'infirme nullement la version donnée par l'*Histoire nouvelle* ;
nous voyons en effet que, selon cette source, Alaric attend la
mise en œuvre d'un plan, prévu, mais différé jusqu'à nouvel
avis. L'installation d'Alaric, Barbare et ancien allié de Constantinople, en Épire, ne constituait pas en elle-même une
preuve de rupture avec l'Orient de la part de Stilicon, mais la
préparation d'une solution de remplacement au cas où les
manœuvres diplomatiques dont parle E. Demougeot p. 368
échoueraient ; elle pense que Stilicon, en 405 « préférait ...
temporiser et attendre » ; c'est précisément ce que nous révèle
Zosime. Telle était la situation quand l'invasion de Radagaise
rendit provisoirement toutes ces combinaisons caduques. Ainsi
donc, bien que la datation proposée par E. Demougeot ait
trouvé un certain crédit (cf. par ex. Várady [5] p. 520, et
apparemment PLRE II p. 623 et 46, qui date la préfecture
de Jovien en Illyricum et la désignation d'Alaric comme *magister
militum per Illyricum* de 407 ; mais ces nominations, qui pouvaient très bien être présentées comme ne concernant que l'Illyricum occidental, ne constituaient pas non plus un indice de
rupture avec l'Orient), je crois préférable d'en rester à la date
de 405, qui se déduit de Zosime et que les autres sources n'in-
firment pas ; même point de vue notamment chez Seeck [5]
p. 375, Stein-Palanque [6] p. 249 et 551, et plus récemment
chez Demandt (RE Suppl. XII 731,67-732,9 [1970]) et Matthews [53] p. 87-88.

Cela établi, nous pouvons aborder un dernier point qui doit
être éclairé : qui sont « ceux qui exercent le pouvoir impérial
d'Arcadius » et sont mal disposés envers Stilicon ? Selon Ridley
[8] p. 215 n. 85, il s'agirait d'Anthémius, préfet du prétoire
d'Orient dès 405 ; à mon sentiment, l'expression englobe aussi

d'autres personnages éminents hostiles aux Germains, comme
Aurélien, consul en 400, Jean, comte des largesses sacrées en
404, et d'autres encore sans doute. Pour le sens de l'expression ὅσον οὐδέπω, cf. *supra* n. 3.

Note 55.

Zosime 5, 26, 3-5 concerne l'invasion de Radagaise en Italie,
qui commença à la fin de 405 et trouva sa conclusion en été 406
(pour cette date, cf. *supra* n. 54). Sur Radagaise, cf. RE I A
30-31 (Seeck, 1914) et PLRE II p. 934. Olympiodore frg. 9
et à sa suite Zosime utilisent la forme Ῥοδογάϊσος, les sources
latines la forme *Radagaisus*, plus courante, et que j'adopte ici.
Les principales sources parallèles sont Aug. *Serm.* 105, 10, 13 ;
Ciu. 5, 23 ; Oros. *Hist.* 7, 37, 4-16 ; *Consul. Ital.* Chron. min. I
p. 299 ; Marcell. Chron. min. II p. 68-69, 406, 2-3 ; Iord.
Rom. 321 ; Paul. Med. *Vita Ambr.* 50 ; cf. les synthèses de
L. Schmidt (*Die Ostgermanen*, München, 1941) p. 265-267 ;
E. Demougeot [1] p. 354-362 ; Stein-Palanque [6] p. 249-250 ;
E. Demougeot (*La formation de l'Europe et les invasions bar-
bares* II, Paris, 1979) p. 421-426 ; Wolfram [44] p. 202-204.
Sur la prétendue invasion de Radagaise de 401, qu'on suppose
parfois sur la base d'un passage fautif de Prosp. Chron. min. I
p. 464, 1218, cf. Baynes [54] p. 338.

Selon Zosime, Radagaise aurait eu avec lui quatre cent mille
hommes ; ce chiffre est assurément excessif ; Oros. *Hist.* 7,
39, 4. 13, Marcell. et Ior. (*locc. citt. supra*) mentionnent le chiffre
de deux cent mille (ou un peu plus selon Orose) ; Aug. *Ciu.*
beaucoup plus que cent mille ; même ce nombre plus limité
devait englober les femmes et les enfants (cf. la traduction de
Seybold-Heyler II p. 154 n. 79 et E. Demougeot (*La formation...*) p. 422 et n. 4). Zosime parle ensuite de peuples celtiques
et germaniques d'au-delà du Danube et du Rhin, ce qui soulève
certains problèmes. Radagaise, étant certainement un Ostro-
goth, avait assurément avec lui avant tout des contingents
de ce peuple, d'au-delà du Danube ; Schmidt [cité *supra*]
p. 265 pense donc que Zosime se trompe quand il parle de Celtes
d'au-delà du Rhin ; même scepticisme chez E. Demougeot [*La
formation...*] p. 422 et n. 5 ; en revanche Várady [5] p. 193
et 473 n. 488 estime que Radagaise peut aussi avoir eu avec
lui « alle jene barbarischen Kräfte, die entlang dem von Rätien
bis Valeria reichenden Grenzabschnitt auf Reichsgebiet gelangen
wollten bzw. dies versucht hatten » ; il aurait eu dans son armée
non seulement des Goths, mais encore des Vandales et des

Silingi, ce que révélerait la précision donnée par Zosime. Radagaise pénétra dans l'Empire vers la fin de 405 et déboucha en
Italie vers la fin de l'hiver 406 ; cf. Seeck [5] p. 587.

Note 56.

Sur la panique déclenchée en Italie, dans toutes les villes,
et jusqu'à Rome, par l'arrivée de l'armée de Radagaise, cf.
Aug. (*locc. citt. supra* n. 55) ; Radagaise étant païen, les Romains
païens pensèrent qu'il avait les dieux avec lui ; l'événement
ne leur ayant pas donné raison, Augustin polémique *a posteriori*
contre eux ; pour les répercussions de l'invasion de Radagaise sur
la polémique entre païens et chrétiens en Italie, cf. *infra* n. 57.
Ticinum, auj. Pavie, sur la rive gauche du Pô, se trouvait
effectivement dans la province de Ligurie dans l'Antiquité tardive ; cf. KP V 822 (Radke) et la carte 2 en fin de vol. Le
terme ἀριθμός (déjà utilisé en 4, 31, 1), traduction du latin
numerus, est un mot passe-partout qui, techniquement, désigne,
dès Tac. *Agr.* 18, 2, n'importe quelle unité militaire ; aux iie et
iiie siècles, il se trouve fréquemment employé ; cf. KP IV 195-
196 (Neumann). Dans l'antiquité tardive, le terme apparaît
dans la *Notitia dignitatum* (cf. l'édition de Seeck, index p. 331),
mais comme il est générique, il ne donne aucune indication
concernant les effectifs (cf. Schmidt [55] p. 266) ; E. Demougeot [1] p. 357 parle de vingt mille hommes à peine, sans préciser sur quoi elle se fonde pour formuler ce chiffre ; Hoffmann
[5] I p. 95 dit plus prudemment « beträchtliche Truppen-
massen ». Comme cependant les unités de l'antiquité tardive
ne dépassent en principe pas un effectif de mille hommes (cf.
A. H. M. Jones [*The Later Roman Empire 284-602*, Oxford,
1964] vol. II p. 679-686 et *infra* n. 102), l'armée romaine
réunie par Stilicon ne comptait sans doute en tout cas pas plus
de trente mille hommes. Si les Barbares de Radagaise étaient
plus de deux cent mille, dont un quart de guerriers (cf. E. Demougeot [55] p. 422), on peut supposer que Stilicon allait affronter un ennemi en gros deux fois plus nombreux, si l'on tient
aussi compte des alliés barbares des Romains. Zosime est seul
à mentionner ici parmi eux des Alains, tandis que la présence
de Huns est confirmée par Oros. *Hist.* 7, 37, 12, Marcell.
Chron. min. II p. 69, 406, 3 et Iord. *Rom.* 321 (il s'agit des
Huns d'Uldin ; cf. *supra* 5, 22, 1 et n. 44) ; ces trois sources
signalent en outre parmi les alliés de Stilicon les Goths de
Sarus ; les alliés barbares de Stilicon constituaient une part
appréciable de sa cavalerie ; cf. Hoffmann [5] I, p. 194 et
n. 663 et Várady [5] p. 205-207.

Zosime se trompe certainement quand il affirme que Stilicon franchit le Danube, et cette erreur ne pouvait en aucun cas se trouver dans Olympiodore, puisqu'il est question peu auparavant de Radagaise qui se met en route pour l'Italie, puis de la concentration des troupes de Stilicon à Ticinum ; cf. déjà Lenain de Tillemont [8] p. 807 (qui pense à une bévue de Zosime), Reitemeier p. 612 (qui songe, après Leunclauius, à corriger le texte, certainement à tort ; cf. app. crit.) et Rosenstein [53] p. 181-182 (qui suppose, à tort aussi, que Zosime ne suit pas ici Olympiodore). La meilleure explication me semble avoir été fournie par Mendelssohn (*ad* p. 249, 18), qui admet que Zosime confond le site de la bataille avec le lieu d'origine du peuple de Radagaise, et cite une erreur identique de Zosime en 1, 23, 1 (cf. vol. I p. 49). Stilicon avait pris position à Pavie en supposant que Radagaise, comme Alaric en 402, allait se diriger vers la Gaule ; mais celui-ci prit le chemin de Rome sans que Stilicon soit en mesure de l'arrêter et c'est finalement près de Florence que les armées se trouvèrent face à face (cf. E. Demougeot [1] p. 357-359). Stilicon eut donc à franchir le Pô (Éridan), mais longtemps avant d'être en contact avec l'ennemi, puis rejoignit celui-ci sans devoir franchir l'Arno, ce qui montre que les corrections proposées n'améliorent en rien le texte de Zosime, et que c'est l'ensemble de la notion d'un franchissement de fleuve avant la bataille qui est erroné ; cf. Várady [5] p. 528.

Pour l'accord au masculin du participe ἀπεγνωκότων avec le substantif féminin πόλεων, cf. vol. II 1 p. 396 n. 157 *in fine*. Plus loin, Zosime dit εἰς ἔσχατον οὔσης pour ἐν ἐσχάτῳ οὔ. afin d'éviter un hiatus ; même cas par exemple en 5, 31, 1.

Note 57.

Contrairement à ce que suggère Zosime, il n'y eut pas de véritable bataille ; Stilicon parvint à bloquer Radagaise avec son armée sur une colline de Fiesole et l'affama ; les Barbares bientôt capitulèrent, et Radagaise, qui avait tenté de fuir, fut fait prisonnier et exécuté ; Aug. *Serm.* 105, 10, 13 ; *Ciu.* 5, 23 et Oros. *Hist.* 7, 37, 13-15 attribuent ce triomphe aisé surtout à l'intervention de la divine providence, tandis que Paul. Med. *Vita Ambr.* 50 n'allègue qu'une intervention miraculeuse d'Ambroise *post mortem* (cf. déjà *supra* n. 25) ; cf. sur cela E. Demougeot [1] p. 359-360. Contrairement aussi à ce que dit Zosime, il y eut peu de morts et des prisonniers en très grand nombre après la capitulation des Barbares, si bien que

le prix des esclaves chuta énormément, jusqu'à une pièce d'or
par homme (Oros. *Hist.* 7, 37, 16) ; le texte peu clair (par la
faute de Photios certainement) d'Olymp. *frg.* 9 est généralement interprété en ce sens qu'après sa victoire sur Radagaise,
Stilicon enrôla dans l'armée romaine douze mille « optimates »
(nobles) barbares (le « tout petit nombre » de Zosime !) ; cf.
E. Demougeot [1] p. 360, Schmidt [55] p. 266-267, Hoffmann
[5] I p. 143 et Maisano [53] p. 35. Le sens du terme *optimates*
utilisé en translittération grecque par Olympiodore est étudié
en détail par Várady [5] p. 194-196, qui observe à juste titre
que Zosime parle à tort de la destruction de tous les ennemis,
puisque, selon *Chron. Gall.* Chron. min. I p. 652, 52, les Barbares vaincus à Fiesole ne constituaient qu'un des trois groupes
formés par les hommes de Radagaise ; les deux autres groupes
n'allèrent apparemment pas plus loin que l'Italie du Nord,
puis repassèrent les Alpes (cf. E. Demougeot [1] p. 359, et
surtout *infra* n. 115). La tradition d'Olympiodore-Zosime exalte
le succès de Stilicon contre Radagaise ; parmi les autres sources,
seuls les *Consul. Ital.* et la *Chron. Gall.* Chron. min. I p. 299,
405 et 652, 52 créditent aussi Stilicon de cette victoire ; ailleurs,
Stilicon n'est pas nommé, et, chez Oros. *Hist.* 7, 37, 12 ainsi
que dans les textes qui dérivent de lui (Marcell. Chron. min. II
p. 69, 406, 3 et Iord. *Rom.* 321), la défaite de Radagaise est
attribuée au Hun Uldin et au Goth Sarus. Immédiatement
après l'événement cependant, les mérites de Stilicon furent
reconnus : une statue en bronze et en argent du régent fut
dressée à Rome, au Forum, près des Rostres, et son nom
figura au fronton d'un arc de triomphe avec celui des empereurs, ainsi que dans une autre inscription honorant l'armée ;
après la chute de Stilicon, son nom fut martelé ; cf. CIL VI
1196, 1731 et 31987 (ILS 798, 1278 et 799), ainsi que E. Demougeot [1] p. 360-361. Certaines sources reflètent donc le ressentiment d'une partie de l'opinion à l'égard du défunt régent.
Sur les jugements divergents portés sur Stilicon, cf. *supra*
n. 1 et *infra* n. 76.
    Le caractère spécifique et tendancieux de la version donnée
par Zosime pour l'invasion de Radagaise a été étudié dans le
contexte du conflit entre chrétiens et païens durant ces années
par F. Heinzberger (*Heidnische und christliche Reaktion auf die
Krisen des Weströmischen Reiches in den Jahren 395-410 n.
Chr.*, Diss. Bonn, 1976) p. 92-121 ; il met correctement en
lumière les indices de la coloration favorable à Stilicon du
récit de Zosime (exagération du nombre des Barbares, présentation inexacte de la manière dont la victoire a été acquise),
mais commet l'erreur de ne pas tenir compte du fait que Zosime

reflète simplement le récit d'Olympiodore (hypothèse écartée sans discussion p. 290 n. 41) et tire des conclusions inexactes de la bévue de Zosime mentionnant le Danube, dont le mécanisme lui échappe (cf. *supra* n. 56). L'invasion de Radagaise fut assurément exploitée de part et d'autre dans le conflit entre païens et chrétiens ; cependant le récit de Zosime ne reflète nullement ce conflit, mais simplement la tendance fortement prostiliconienne d'Olympiodore, qui implique l'élimination du caractère miraculeux de la victoire et la mise en évidence du rôle joué par le régent. Il ne faut pas se laisser induire en erreur par le fait que, dans le cas précis, païens et partisans du régent ont intérêt à présenter les faits sous le même angle, et imaginer que les deux groupes se confondent : nous savons en effet par Rut. Nam. 2, 41-60 qu'il y avait aussi des païens parmi les ennemis de Stilicon.

Note 58.

La ville de Ravenne était sans doute en 407 (cf. *infra* n. 84) la capitale de la province de Flaminie, une création de l'Antiquité tardive, appartenant à l'Italie annonaire ; cf. RE VI 2492-2493 (Weiss, 1909). Depuis qu'Alaric avait envahi l'Italie en 402 et assiégé Milan, Ravenne était aussi devenue résidence impériale ; protégée par les marais, la ville était en effet mieux à l'abri d'une attaque par voie de terre que Milan ; cf. 5, 30, 2 et Stein-Palanque [6] p. 249. La dernière loi du *Code Théodosien* datée de Milan est du 10 septembre 402, la première datée de Ravenne est du 6 décembre de la même année ; cf. Seeck [26] p. 304. Sur le nom de Ravenne et son origine, cf. RE I A 300-301 (Rosenberg, 1914) et KP V 1342 (Radke). Il s'agit en réalité d'une fondation ombrienne (cf. Strab. 5, 1, 7. 11 ; 5, 2, 10), ou éventuellement vénète (cf. le passage ambigu de Iord. *Get.* 148). Zosime parle évidemment ici de l'origine mythique de la ville ; Strab. 5, 1, 7 mentionne aussi le détail de la fondation thessalienne, et tente même de l'harmoniser avec l'information contradictoire concernant l'origine ombrienne. Le nom de Ravenne semble être de provenance étrusque. Quant aux deux étymologies fournies par Zosime, l'une met le nom de la ville en relation avec sa situation au milieu des marais ('Ρήνη serait en relation avec le verbe ῥεῖν, couler), l'autre, fondée sur le nom de Rémus, frère de Romulus, a comme fonction apparemment de justifier d'antiques liens entre Rome et Ravenne. Rosenberg songe pour sa part au personnage homérique de Rhènè, mère de

Médon (*Il.* 2, 728), lequel, selon Homère, résidait à Phylakè, en Thessalie (*Il.* 13, 695-696 et 15, 334-335). Ridley [8] p. 215 n. 88 pense que le débat sur l'origine du nom de Ravenne et le lien créé entre cette ville et Rémus résultent du déplacement de la cour à Ravenne et du désir de faire de la nouvelle capitale une digne rivale de Rome ; pour ma part, il me paraîtrait hautement étonnant que le débat ne soit pas beaucoup plus ancien que 402 ; mais il peut être redevenu actuel en 402 ; cf. Matthews [53] p. 89.

Zosime déclare que l'étymologie qu'il rejette a été proposée par Olympiodore et que celle qu'il adopte appartient à Asinius Quadratus. Rosenstein [53] p. 201 pensait que Zosime avait lui-même consulté Asinius Quadratus ; plus récemment, ce point de vue a été à juste titre abandonné. Déjà Mendelssohn (*ad* p. 250, 7) relevait l'habitude des historiens anciens d'orner sans le dire leurs ouvrages de citations et de débats simplement recopiés de leur source. On est aujourd'hui unanimement de l'avis que Zosime cite Asinius Quadratus d'après Olympiodore et borne son originalité à prendre parti contre sa source principale, qu'il profite de citer à cette occasion ; cf. Thompson [53] p. 45 n. 3, Várady [5] p. 560, Matthews [53] p. 88 et récemment B. Baldwin (*Zosimus and Asinius Quadratus*, CPh 74, 1979, p. 57-58), qui rapproche judicieusement le présent passage de 5, 29, 3, où Zosime déploie à nouveau une érudition d'emprunt (cf. *infra* n. 63).

Sur Asinius Quadratus, cf. RE II 1603-1604 (Schwartz, 1896) ; PIR I² p. 255 ; F. Jacoby (*Die Fragmente der Griechischen Historiker*, vol. II A, n° 97, p. 447-451 [*testimonia* et *fragments*] et vol. II C p. 300-303 [commentaire]). Cet historien a écrit au milieu du IIIe s. après J.-C. une histoire résumée en quinze livres, rédigée en dialecte ionien, sur les mille premières années de l'Empire romain ; Zosime cite ici la partie de cet ouvrage consacrée à Marc-Aurèle ; Asinius Quadratus a aussi écrit des *Parthica*, en au moins 9 livres. Il semble s'être intéressé notamment aux données géographiques, car il est fréquemment cité à ce sujet ; c'est cependant dans un autre contexte que son nom apparaît à deux reprises dans l'*Histoire Auguste*, *Ver.* 8, 4 et *Avid.* 1, 2-3.

Note 59.

Au moment où Zosime reprend le fil de son récit après la victoire de Stilicon sur Radagaise, le régent se trouve dans la capitale, à Ravenne. La conjoncture décrite est celle de l'hiver

406-407, comme on peut le déduire de la chronologie de l'usurpation de Constantin (cf. Zosime 6, 2, 1-2 et Olymp. frg. 12) ;
cette révolte est la conséquence d'une invasion qui se situe
en 406, et elle commence encore avant le début de 407 ; mais
Constantin n'est proclamé empereur que quatre mois après le
début des troubles ; il passe alors tout de suite de Bretagne
en Gaule. Par ailleurs, nous savons que l'empereur reçoit la
nouvelle de l'arrivée de Constantin en Gaule alors qu'il réside
à Rome (cf. paragr. 2). Les déplacements de l'empereur peuvent
être datés d'après les lois du *Code Théodosien* ; Honorius est
à Ravenne le 7 décembre 406, à Rome le 22 février et le 22 mars
407, le 7 avril de nouveau à Ravenne ; les deux lois du 22 mars
(*Cod. Theod.* 7, 13, 18 et 7, 20, 13) concernent le recrutement
et une question de promotion militaire, et sont peut-être une
conséquence du début de l'usurpation ; cf. Seeck [26] p. 312.
On peut donc supposer que l'empereur apprit l'arrivée de
Constantin en Gaule vers la fin de l'hiver 407, et qu'il avertit
aussitôt Stilicon.

Stilicon recommença ses préparatifs pour s'emparer de l'Illyricum oriental dès les derniers mois de 406 ; cf. E. Demougeot
[1] p. 362-364 ; pour l'accord qu'il avait conclu avec Alaric
et sa date, cf. *supra* n. 54. On a supposé que la fausse nouvelle de la mort d'Alaric avait été répandue intentionnellement, soit par des agents du gouvernement de Constantinople,
soit par des ennemis de Stilicon en Occident opposés à la campagne orientale. Comme Zosime est ici notre seule source et
qu'il se borne à enregistrer le faux bruit sans rien dire de son origine, rien ne confirme ou n'infirme ces hypothèses ; cf. E. Demougeot [1] p. 374 ; il est cependant vraisemblable que la fausse
nouvelle ait été lancée dans un but intéressé. On peut observer
qu'à la seule lecture de Zosime, il n'est pas facile de savoir
si le bruit est vrai ou faux, l'information apportée par les
messagers n'étant pas précisée ; ce n'est qu'en 5, 29, 1 qu'il
apparaît clairement qu'Alaric est bien vivant.

Zosime fait ici une première allusion à l'usurpation de Constantin ; il en fera une seconde en 5, 31, 4, puis d'autres encore
en 5, 32, 3 et 5, 43, 1-2 ; ce n'est cependant qu'en 6, 1-5 qu'il
en vient au récit détaillé de cette usurpation ; c'est dans le
contexte de Zosime 6, 1-5 que les problèmes relatifs à cet épisode seront examinés en détail. Il n'est pas douteux que le
récit de Zosime reproduise l'ordre et la structure de celui
d'Olympiodore. Blockley [38] p. 30-32 pense que les premiers
livres de l'ouvrage d'Olympiodore étaient répétitifs et confus,
et que leur structure était plutôt thématique qu'annalistique.
Matthews [53] p. 87 admettait au contraire que leur struc-

ture était en principe annalistique, avec raison à mon avis. Il est cependant évident qu'Olympiodore, pour le récit de l'usurpation de Constantin, s'est dégagé du schéma annalistique afin d'en narrer une bonne partie en un seul développement, tout en prenant néanmoins soin de signaler dans leur contexte chronologique exact les principales répercussions en Italie des événements dont il avait provisoirement différé le récit. Les dates consulaires qui apparaissent à plusieurs reprises chez Zosime, et notamment au début de 408 (5, 28, 1) et de 409 (5, 42, 3), montrent clairement que la structure de base de l'histoire d'Olympiodore est annalistique ; Blockley se laisse égarer par les transpositions que Photios introduit dans son très bref résumé. Je traite de cette question plus en détail dans mon article cité *supra* n. 53. Sozomène, qui suit aussi Olympiodore, mais de manière plus indépendante que Zosime, raconte également toute l'histoire de Constantin sous forme d'une digression (9, 11-15), qu'il insère cependant autrement que Zosime, après la prise de Rome par Alaric (narrée en 9, 9-10) ; Olymp. frg. 12 et 16 concernent aussi l'usurpation de Constantin ; cf. Matthews [53] p. 82.

Il est de nouveau question de la lettre qu'Honorius envoie à Stilicon au début de 407 en 5, 29, 8 ; cf. *infra* n. 66. Grâce à ce passage, nous apprenons que dans cette lettre, Honorius non seulement avertissait Stilicon de ce qui se passait en Gaule, mais encore lui demandait de surseoir à son expédition vers l'Illyricum. Várady [5] p. 559-560 précise à juste titre que cette lettre fut envoyée à Stilicon, et non à Alaric, comme le croient S. Mazzarino (*Stilicone*, Roma, 1942) p. 282-283 et 306-307 ainsi que E. Demougeot [1] p. 374-375 et 392, qui sont fourvoyés par un passage ambigu de Soz. 9, 4, 4 où le nom de Stilicon est tombé, comme le prouve le doublet de ce texte en 8, 25, 4, et comme du reste l'avait déjà bien vu Valois (cf. PG LXVII 1605 D). Zosime, parfaitement clair sur ce point, confirme que la lettre fut bien envoyée à Stilicon. Quant à la date du voyage de Stilicon à Rome, on peut la fixer en se basant sur le fait qu'Honorius retourna de Rome à Ravenne très peu après le 22 mars 407 (cf. *supra*) ; c'est donc dans la première moitié de mars que Stilicon se rendit à Rome.

Note 60.

Koch [7] p. 577 se fonde sur le présent passage pour affirmer qu'à l'époque où nous nous situons, les consuls n'étaient désignés qu'à la fin de l'année pour l'année suivante. A prendre Zosime au pied de la lettre, tel est bien le sens de sa phrase,

puisqu'il emploie le verbe ἀναδείκνυμι. Je me demande pourtant s'il ne faut pas plutôt penser qu'il s'exprime de manière
incorrecte, et qu'il entend en fait l'entrée en charge des consuls,
ou l'annonce officielle de celle-ci, puisque l'épisode intervient
après l'automne et le début de l'hiver, ce qui peut très bien
s'appliquer au 1er janvier. Par ailleurs, Zosime, à la suite
d'Olympiodore, groupe maintenant les événements en principe année par année (cf. 5, 42, 3). Il me paraît donc préférable
de penser qu'il indique ici en employant un verbe inadéquat
le début de l'année 408. Cf. en 5, 21, 6 la manière dont il
s'exprime quand il s'agit spécifiquement de la désignation, et
non de l'entrée en charge, d'un consul. Les deux consuls de
408 ne sont pas des personnages bien connus ; sur Anicius
Auchenius Bassus, cf. RE I 2200 n° 31 (Seeck, 1894) et PLRE II
p. 219-220 ; on ne sait rien de sa carrière ; il avait composé
un poème gravé sur la tombe de Monique, mère d'Augustin
(*Anth. Latina*, vol. I 2 n° 670 Riese) ; sur Flauius Philippus,
cf. RE XIX 2373 n° 10 (Ensslin, 1938) et PLRE II p. 876-
877 ; il est peut-être identifiable avec le préfet de Rome du
même nom en 391 ; cf. PLRE I p. 697 et A. Chastagnol (*Les
fastes de la préfecture de Rome au Bas-Empire*, Paris, 1962)
p. 238-239. Il convient de relever que Zosime glisse très vite
sur l'année 407, à laquelle il ne consacre que le chapitre 27 ;
il passe directement de mars 407 (cf. *supra* n. 59) au début
de 408. Je vois là l'indice que le récit détaillé d'Olympiodore
ne commençait qu'au 1er janvier 408 ; cf. *supra* n. 53.

Note 61.

Sur le mariage de Marie avec Honorius, cf. *supra* 5, 4, 1
et n. 4. Le sarcophage de Marie ayant été retrouvé au Vatican
(cf. RE XIV 1712-1713 [Ensslin, 1930]), elle doit être morte
à Rome. Comme le nouveau mariage d'Honorius se situe au
début de 408, c'est sans doute durant le séjour du couple
impérial de février-mars 407 (cf. *supra* n. 59) que ce décès
survint ; Lenain de Tillemont [8] p. 557 songe plutôt au séjour
à Rome d'Honorius en 404 (cf. Seeck [26] p. 306), mais il
n'est pas vraisemblable qu'un jeune prince sans enfants, et
de plus soumis à l'influence de Séréna, ait tant attendu pour
se remarier. Nous avons vu *supra* n. 4 que Marie n'avait certainement pas plus de quatorze ans au moment de son mariage,
en 398 ; il est cependant possible qu'elle ait été passablement
plus jeune, puisque Zosime 5, 28, 2 affirme qu'elle n'était alors
pas nubile ; il est néanmoins difficile de croire qu'elle n'ait
toujours pas été nubile en 407, car dans ce cas, elle aurait été

mariée comme toute petite fille. On peut donc s'interroger sur les motifs de la stérilité de l'union d'Honorius et de Marie. L'histoire que nous raconte Zosime contient en elle-même une contradiction car, si Séréna a pu légitimement souhaiter que sa fille ne soit pas déflorée avant d'être nubile, elle n'a certainement pas poursuivi les pratiques mystérieuses qu'évoque l'*Histoire nouvelle* quand sa fille eut grandi, puisque, comme Zosime le précise lui-même, elle désirait une « descendance impériale ». Son récit semble donc refléter un témoignage qui ne tient pas compte des quelque neuf années qui se sont écoulées entre le mariage et la mort de Marie. Philostorge 12, 2, p. 141, 6-10 Bidez-Winkelmann donne une version plus explicite et plus cohérente, mais tout aussi suspecte : Stilicon, désireux de faire accéder son fils Eucher à l'Empire, aurait drogué Honorius pour le rendre impuissant. Par ailleurs, Oros. *Hist.* 7, 37, 11 fait l'éloge de la continence d'Honorius, Marcell. Chron. min. II p. 69, 408, 1 et Iord. *Get.* 154. *Rom.* 322 prétendent que Marie et Thermantia moururent toutes les deux vierges. Claudien fait deux allusions à une grossesse, ou même à un accouchement de Marie (22 [*Cons. Stil.* 2], 239-240 et 341-349) ; Cameron [2] p. 153 parle à ce propos de « wishful thinking », sans exclure que les vers de Claudien fassent écho à une grossesse réelle de Marie. Comme toujours quand une naissance se fait attendre, surtout dans un couple impérial, des bruits contradictoires et invérifiables se mettent à courir. L'hypothèse la plus vraisemblable est qu'Honorius ait été stérile ou impuissant, puisqu'il n'a eu d'enfant d'aucune de ses deux épouses et qu'il s'abstint ensuite de se remarier. Cela n'empêche du reste pas de croire qu'au début du mariage de Marie, Séréna ait pris certaines précautions pour ménager sa fille non nubile. Mendelssohn (*ad* p. 251, 4) a naturellement raison d'écarter l'opinion de Jeep [53] p. 75, qui prétend que le témoignage de Philostorge est ici identique à celui de Zosime, et que ce dernier, quand il parle, à propos de Séréna, de « descendance impériale », veut dire, non pas qu'elle désirait avoir des petits-enfants dont Honorius fût le père, mais bien avoir Honorius comme beau-fils.

Sur Séréna, et l'accentuation de ce nom en grec, cf. *supra* n. 4, vol. II 2 n. 208 et RE II A 1672-1673 (Seeck, 1923). Il est notable que Zosime relève ici un différend entre Stilicon et Séréna ; Seeck (*loc. cit.* 1673, 23-33) adopte curieusement plus ou moins la version de Philostorge en suggérant que, si Stilicon était réticent envers un remariage d'Honorius, c'est qu'il voulait assurer les chances de son fils Eucher d'accéder à l'Empire en cas de décès prématuré de l'empereur, qui n'avait

pas de descendance. Il me paraît bien plutôt qu'Olympiodore
prend ici soin de camper un Stilicon prudent et modéré, attentif
à ne pas susciter d'hostilité envers lui-même par une politique
matrimoniale intéressée, et une Séréna plus audacieuse et
entreprenante, faisant pression sur Honorius, avide de saisir
toutes les occasions qui se prêtaient d'affermir sa situation,
et agissant avec l'assurance que lui donnait sa qualité de nièce
et fille adoptive de Théodose 1er. La suite du récit de Zosime
révèle en plusieurs passages la tendance d'Olympiodore de
faire l'apologie de Stilicon tout en se montrant beaucoup plus
réticent à l'égard de Séréna : cf. *infra* 5, 29, 8 ; 5, 30, 2 et 5,
38, 2-4, ainsi que les n. corresp.

Sur Thermantia, cf. RE V A 2390-2391 (Ensslin, 1934),
PLRE II p. 1111-1112 et Olymp. frg. 2. Après la chute et
la mise à mort de son père Stilicon, Honorius la répudia et la
renvoya à sa mère ; cf. *infra* 5, 35, 3 et 5, 37, 5-6 ; comme
Stilicon mourut le 22 ou 23 août 408 (cf. *infra* 5, 34, 7), l'union
de Thermantia avec l'empereur ne dura qu'environ six mois.
Il n'est cependant pas exact que Thermantia soit morte peu
après son mariage (cette mort est peut-être intentionnellement
anticipée dans la tradition d'Olympiodore-Zosime ; cf. *infra*
n. 88) : elle vécut en réalité jusqu'en 415 ; cette année-là, la
nouvelle de sa mort arriva le 30 juillet à Constantinople ; cf.
Chron. Pasch. Chron. min. II p. 71-72.

Note 62.

La date à laquelle Stilicon apprend l'initiative d'Alaric (cf.
infra n. 65) se situe entre le début de 408 (signalé en 5, 28, 1)
et le mois de mai, date à laquelle la mort d'Arcadius (mentionnée en 5, 31, 1) fut connue en Italie (cf. Seeck [26] p. 314-
315). On en déduit donc qu'Alaric s'est mis en route à la fin
de 407 ou au début de 408 ; le mariage d'Honorius ne donne
aucun repère utilisable, car d'une part sa date exacte n'est
pas connue, d'autre part Zosime ne dit pas positivement qu'il
précède le moment où Stilicon reçoit la nouvelle concernant
Alaric ; la transition en 5, 29, 1 suggère plutôt que les deux
épisodes sont à peu près contemporains. Il faut tenir compte
en outre d'une certaine marge pour les événements qui se produisent entre le moment où Stilicon apprend l'initiative d'Alaric et celui où la mort d'Arcadius est connue en Italie. Cf. sur
cela E. Demougeot [1] p. 402 n. 253 et Ridley [8] p. 216
n. 96.

La géographie de Zosime peut à première vue paraître inso-

lite. Il faut savoir qu'Emona (auj. Ljubljana) fait encore partie
de la province de Vénétie-Istrie et donc de l'Italie pour comprendre qu'Alaric, qui est remonté de l'Épire vers la Pannonie
Supérieure, et qui a franchi la passe d'Atrans (cf. 2, 45, 3,
vol. I p. 264 et carte 1), laquelle forme la frontière entre les
diocèses de Pannonie et d'Italie annonaire, a effectivement
traversé un défilé et pénétré en Vénétie avant de parvenir
à Emona. Hérodien, 8, 1, 4 et l'*Histoire Auguste* (*Maximin.*
20,8-21,1) situent clairement Emona en Italie. Cf. sur cela
Y. M. Duval (*Aquilée sur la route des invasions* [*350-452*],
Aquileia e l'arco alpino orientale, Antichità Altoadriatiche 9,
1976, p. 237-298) p. 245 n. 33 et 280-281. Zosime s'exprime
donc ici de manière correcte, et le défilé dont il parle n'est pas
le Col du Poirier, comme on pourrait le croire à première vue.
Conca, p. 290 n. 29, 1 se trompe quand il pense que ce déplacement d'Alaric est en relation avec le projet de Stilicon de
s'emparer de l'Illyricum oriental ; la géographie (Alaric remonte
vers le nord) et la suite du récit de Zosime prouvent qu'il a
tort. Zosime localise bizarrement Emona, qui se trouve dans
une langue de territoire italien s'avançant vers l'est, au sud
du Norique certes, mais au sud-ouest, et non au nord de la
Pannonie Supérieure. Déjà Valois (commentaire à Ammien, 28,
1, 45 ; cf. l'édition de Wagner-Erfurdt III p. 227) avait relevé
cette inexactitude, qui me paraît bien réelle, malgré ce qu'en
dit D. Detlefsen (*Das Pomerium Roms and die Grenzen Italiens*,
Hermes 21, 1886, p. 497-562) p. 554-555. Mommsen (CIL III
1 p. 489) donne quelques détails intéressants sur la localisation d'Emona et rapproche de Zosime Ptolémée 2, 14, 7, qui
situe cette ville « entre l'Italie et la Pannonie, au-dessous du
Norique ». Sur Emona, cf. RE V 2504-2506 (Patsch, 1905) ;
la ville est mentionnée ici pour la dernière fois dans l'antiquité.
L'orthographe correcte de ce nom est en latin Emona (non
He-), et en grec au nom. Ἡμών, à l'acc. Ἡμῶνα; cf. *infra* 5,
37, 2 et n. 84, ainsi que Wannowski [4] p. 45 ; j'ai corrigé
tacitement l'accentuation donnée par V ici et en 5, 29, 4 (Ἡμωνα,
Ἡμωνος). On peut relever que Zosime parle ici du Norique au
singulier, comme en 1, 71, 4 ; 2, 48, 3 ; 4, 35, 6 ; 5, 29, 4 (*bis*) ;
5, 36, 1 ; ailleurs, il utilise le pluriel : cf. 2, 46, 1 ; 2, 48, 2 ;
3, 10, 2 ; 5, 48, 3 ; 5, 50, 3 (en 1, 52, 3, il utilise l'ethnique au
pluriel). A la suite des réformes de Dioclétien, la province du
Norique fut partagée en deux, *Noricum Ripense* et *Noricum
Mediterraneum* ; cette division est attestée dès le début du
IVᵉ siècle ; cf. RE XVII 994, 36-56 (Polaschek, 1936). Pour
l'emploi du nom Épire au pluriel, cf. *supra* n. 53.

Note 63.

Comme en 5, 27, 1, à propos de Ravenne (cf. *supra* n. 58) Zosime fait ici étalage d'érudition à propos d'Emona. Contrairement à ce qu'affirme Ridley [8] p. 216 n. 97 sans argumentation ni preuves, Zosime copie Olympiodore sans rien ajouter de son cru, comme le prouve le texte parallèle de Sozomène 1, 6, 5, qui donne exactement les mêmes détails que Zosime, si ce n'est qu'il ne cite pas, contrairement à ce dernier, la source alléguée par Olympiodore, le poète Pisandre. Sozomène fut à son tour copié par Nicéphore Calliste, *Hist. eccl.* 7, 50, PG CXLV 1329 D. L'entière dépendance de Zosime et de Sozomène par rapport à Olympiodore pour les détails concernant Emona est admise par Reitemeier p. 613 et Mendelssohn (*ad* p. 252, 2). Le présent passage, ainsi que 5, 27, 2, nous révèlent qu'Olympiodore était curieux des origines mythiques des villes qu'il mentionnait, qu'il faisait des recherches à ce sujet et qu'il en insérait le résultat dans son ouvrage historique.

C'était anciennement la ville de Nauportus, à dix-huit km au sud-ouest d'Emona, auj. Vrhnika, qui était liée à la légende des Argonautes ; sur Nauportus, cf. RE XVI 2008-2013 (Saria, 1935) ; après l'époque d'Auguste, le nom de Nauportus est remplacé dans ce contexte par celui d'Emona ; cf. Mommsen, CIL III 1 p. 483. Sur les Argonautes à Nauportus, cf. Plin. *Nat.* 3, 128 : *Argo nauis flumine in mare Hadriaticum descendit non procul Tergeste, nec iam constat quo flumine. umeris trauectam Alpis diligentiores tradunt, subisse autem Histro, dein Sauo, dein Nauporto, cui nomen ex ea causa est inter Emonam Alpisque exorienti.* Nauportus se trouve effectivement sur un petit affluent de la Save. On sait que, selon la légende, les Argonautes, poursuivis soit par Apsyrtos, fils d'Aeétès et frère de Médée (c'est la version que suit Apollonios de Rhodes), soit par Aeétès en personne (selon la variante qu'attestent notamment Zosime et Sozomène ; cf. F. Vian, éd. d'Apollonios de Rhodes, vol. IV, Paris, 1981, p. 7-9), gagnent l'extrémité occidentale de la Mer Noire (Pont Euxin) et pénètrent dans le Danube. La précision donnée par Zosime concernant « l'endroit où le Danube se jette dans le Pont » n'est pas superflue car, selon certaines traditions (et notamment celle que suit Apollonios de Rhodes), le Danube se divisait en deux et avait deux estuaires, l'un dans la Mer Noire, l'autre dans l'Adriatique (cf. Vian, *loc. cit.* p. 16-20). Les Argonautes remontent le Danube εἰρεσίᾳ καὶ πνεύματος ἐπιτηδείου φορᾷ ; ici affleurent les tournures poétiques utilisées par la source d'Olympiodore, Pisandre ;

cf. Hom. *Od.* 11, 639-640. Sur ces spécificités des lignes de
Zosime concernant le voyage des Argonautes, cf. A. Grilli (*Il
mito del fiume* "ΑΚΥΛΙΣ, RIL 113, 1979, p. 21-26) p. 23-24.
Pour expliquer le passage du bassin du Danube sur le versant
de l'Adriatique, Pisandre-Olympiodore-Zosime-Sozomène adoptent une version géographiquement plus réaliste que celle du
Danube bifide, qu'on trouve déjà attestée dans le texte de
Pline cité ci-dessus : les navigateurs remontent le plus haut
qu'ils peuvent le Danube et ses affluents jusqu'à Nauportus ou
Emona, en un point qui soit le plus proche possible de la mer,
dit Zosime, sans nommer cette mer, ce qui contribue évidemment à rendre son récit obscur ; il s'agit bien sûr de l'Adriatique. De Nauportus ou d'Emona, les Argonautes transportent
leur navire par voie de terre par-dessus les Alpes Juliennes afin
de parvenir dans l'Adriatique. Zosime précise que la distance sur
laquelle le portage est nécessaire est de quatre cents stades,
soit d'un peu moins de soixante-douze km ; la donnée est relativement correcte, car telle est bien à peu près la distance en
ligne droite entre Nauportus et Trieste. Il peut être intéressant
de relever que Strabon 4, 6, 10 et 7, 5, 2 indique comme distances entre Nauportus et Aquilée un peu plus de quatre cents
stades, ou bien trois cent cinquante ou cinq cents. La distance
entre Aquilée et Vrhnika par la route est aujourd'hui d'environ
cent km. Zosime fait ensuite aborder les Argonautes aux
rivages de Thessalie, ce qui est doublement absurde ; tout
d'abord, comme ils arrivent de l'intérieur des terres, il convient
de dire qu'ils « parviennent », et non qu'ils « abordent » au
rivage ; ensuite ce rivage n'est en tout cas pas celui de la Thessalie, mais celui de l'Italie, comme le précise du reste correctement le texte parallèle plus clair de Sozomène 1, 6, 5. Jeep
n'a pas hésité à corriger le texte de Zosime d'après Sozomène
(cf. app. crit.) ; il n'est certes pas douteux que la source commune de ces deux auteurs, Olympiodore, nommait ici l'Italie,
et non la Thessalie ; mais, si l'on tient compte de l'incroyable
négligence de Zosime dans le domaine de la géographie, il
n'est pas possible d'affirmer que l'erreur est due à un copiste,
et non à Zosime lui-même ; c'est pourquoi j'en suis resté au
texte de V.

Sur le poète Pisandre, cf. RE XIX 145-146 (Keydell, 1937) ;
KP IV 588 (Keydell) ; ses fragments ont été recueillis par
E. Heitsch (*Die griechischen Dichterfragmente der römischen
Kaiserzeit* II, Göttingen, 1964), p. 44-47. Les principaux ren-
seignements sur ce poète sont fournis par *Suda* Π 1466,
IV p. 122, 19-22 Adler : il était originaire de Laranda en Lycao-
nie (au nord de la Cilicie) ; il vécut à l'époque de l'empereur

Alexandre Sévère ; son poème épique comptait soixante livres.
Des renseignements non concordants sont donnés par Macrobe
(*Sat.* 5, 2, 4-5) : Virgile aurait utilisé pour le second livre de
l'*Énéide* le poète Pisandre, *qui inter Graecos poetas eminet opere
quod a nuptiis Iouis et Iunonis incipiens uniuersas historias,
quae mediis omnibus saeculis usque ad aetatem ipsius Pisandri
contigerunt, in unam seriem coactas redegerit.* Comme Macrobe
mentionne clairement les *Théogamies héroïques,* on a pensé que
l'auteur de ce poème devait être antérieur à Virgile, que la
Suda se trompait, et qu'il fallait l'identifier non pas avec
Pisandre de Laranda, mais avec Pisandre de Camiros (à Rhodes),
qui écrivit apparemment au vɪᵉ s. av. J.-C. (cf. KP IV 588
[Keydell]) ; cf. Heyne (éd. Reitemeier p. 644). Ce point de vue
a encore été défendu par L. Jeep (*loc. cit.* dans l'app. crit.
p. 388, et [53] p. 153) ; Mendelssohn (*ad* p. 252, 2) observe
judicieusement que si Olympiodore avait puisé sa science dans
un poète ancien, il y aurait trouvé le nom de Nauportus, et
non celui d'Emona ; la mention d'Emona dans Pisandre, source
d'Olympiodore, prouve qu'il s'agit d'un poète de l'époque impériale, donc de Pisandre de Laranda ; c'est celui-ci qui doit
avoir remplacé le nom obsolète de Nauportus (cf. *supra* l'observation de Mommsen) qu'il a trouvé dans sa propre source par
le nom pour lui actuel d'Emona ; c'est Macrobe qui se trompe
en faisant de Pisandre de Laranda une source de Virgile. L'interprétation de Mendelssohn a été unanimement acceptée par
les auteurs plus récents. Le titre du poème de Pisandre de
Laranda fait aussi problème, car la *Suda* s'écarte de Zosime
en nommant soixante livres de Ἡραϊκῶν Θεογαμιῶν (cf. app.
crit.) ; cette variante a trouvé crédit du fait que Macrobe
(texte cité *supra*) dit que l'ouvrage commence par le récit de
l'union de Jupiter avec Junon (Héra) ; cf. Reitemeier p. 461-
462 ; cependant déjà dans son édition de 1700, Kuster avait
corrigé la *Suda* d'après Zosime, et il a généralement été suivi
(par ex. par Flach dans son édition de l'*Onomatologos* d'Hésychios Illoustrios, Teubner, Leipzig, 1882, p. 166). L'interminable
poème de Pisandre de Laranda enregistrait toutes les unions
entre dieux et demi-déesses, ainsi qu'entre déesses et demi-dieux ;
l'histoire englobée dans cette œuvre était évidemment l'histoire mythique (d'où la correction proposée par Mendelssohn,
cf. app. crit. ; mais le texte de Zosime se comprend aussi sans
cette addition) ; cf. dans le texte de Macrobe cité *supra* les
mots *uniuersas historias,* et Reitemeier p. 462 sur notre passage de Zosime : « intellego hic totam historiam temporis mytho-
logici ». Pisandre de Laranda est notre seul témoin, à travers
Olympiodore, Zosime et Sozomène, pour une fondation d'Emona

par les Argonautes. On peut cependant citer ici, outre le texte
de Pline mentionné plus haut sur les Argonautes à Nauportus,
Justin 32, 3, 13-15, selon qui les Istriens seraient des descen-
dants des Colchidiens arrivés dans ces parages à la poursuite
des Argonautes, et qui s'y seraient installés ; leur nouveau nom
dériverait de Istros (nom grec du Danube).

Note 64.

L'identification du fleuve Aculis, qui n'est nommé que par
Zosime et Sozomène, n'est pas aisée. Selon Zosime, Alaric
franchit ce cours d'eau en se rendant d'Emona vers le Norique
après avoir franchi l'Apennin (sic !). Selon Sozomène 1, 6, 5,
les Argonautes, après avoir transporté leur navire par voie de
terre, l'auraient remis à l'eau dans l'Aculis, qui se jetterait
dans l'Éridan (nom grec du Pô). Les identifications proposées
par les modernes sont diverses : D. Detlefsen (*Jahresbericht
für die Geographie der nördlichen Provinzen des römischen
Reiches*, JAW 23, 1880, p. 88-118) p. 97 n. 2 songe au Frigidus (Vipacco) qui coule sur le versant occidental du Col du
Poirier ; Mommsen (CIL V 1 p. 75) pense au Timave, qui
coule à travers Aquilée ; Schmidt [55] p. 441 n. 5 suggère
la Drave ; E. Demougeot [1] p. 404 n. 260 estime que Zosime
a confondu l'Ausa ou l'Alsa, cours d'eau proche d'Aquilée,
avec Aquae, petite ville pannonienne. Aucune de ces solutions
n'est la bonne : pour expliquer le texte de Zosime, il faut avant
tout tenir compte des relations de sources, Olympiodore copiant
Pisandre et étant exploité indépendamment par Sozomène et
Zosime (cf. *supra* n. 63) ; c'est ce qu'a fait Grilli [63] développant l'hypothèse assurément correcte de Mendelssohn (*ad*
p. 252, 14), qui avait vu que l'Aculis portait un nom mythique
cité par Pisandre ; Zosime reprend ensuite ce nom en commettant une bévue. Des deux auteurs exploitant ici Olympiodore,
c'est certainement Sozomène qui le cite d'une manière plus
correcte, car l'Aculis est nécessairement en relation avec Aquilée. Grilli suppose ingénieusement que, comme Ἀκυληΐα (ι bref
entre deux longues) n'entre pas dans un hexamètre, Pisandre
a utilisé une expression du type Ἀκύλεως ποταμοῖο ῥοαί, ce
qui lui permettait du même coup de faire dériver le nom
d'Aquilée de celui d'un fleuve célèbre pour avoir été parcouru
par les Argonautes. Je crois donc que Pisandre a inventé un
cours d'eau Aculis, proche d'Aquilée, et que, par une géographie
fantastique et pour se rattacher aux traditions faisant passer
les Argonautes par l'Éridan (Pô), il le fait se jeter précisément

dans ce fleuve ; Olympiodore reproduit correctement Pisandre, puis Sozomène reproduit correctement Olympiodore. Zosime en revanche, selon son habitude, résume sa source vite et mal, il conserve le nom du fleuve Aculis, mais le transpose dans un contexte différent où il n'a rien à faire, celui des déplacements d'Alaric après son départ d'Emona.

Le roi goth, en se dirigeant vers le nord, en direction du Norique, a donc forcément franchi le Lioblpass (Ljubelj), dans la chaîne des Karawanken, puis il est parvenu dans la région de Klagenfurt, à Virunum, chef-lieu de la province du Norique Méditerranéen (cf. E. Demougeot [55] p. 451) ; avant d'arriver dans cette ville, il a dû franchir la Drave. Si donc l'on voulait mettre de l'ordre dans le chaos de Zosime, il faudrait dire que pour lui l'Aculis est la Drave ; mais bien sûr il n'y a aucun lien entre ces deux fleuves, hormis celui qui résulte de la négligence de Zosime. Il est par ailleurs clair que les montagnes que Zosime nomme ici Apennins sont en fait les Karawanken ; en 4, 45, 4 et 4, 46, 2, ce sont les Alpes Juliennes qu'il désigne du nom d'Apennin ; cf. vol. II 2 p. 442 (où cependant je dis par erreur que dans les trois passages où Zosime utilise le nom d'Apennin, il désigne en fait les Alpes Juliennes ; cette affirmation vaut pour 4, 45, 4 et 4, 46, 2, mais non pour 5, 29, 4, où il est en réalité question des Karawanken). Il est curieux que Zosime fasse des confusions géographiques en relation avec le nom des Apennins aussi bien dans la section qui provient d'Eunape que dans celle qui dérive d'Olympiodore. On peut relever à ce sujet que Strabon, 4, 6, 9 utilise la désignation Mont Apennin pour le secteur des Alpes autour du Brenner ; Hopfner (RE Suppl. III 129 [1918]) estime que Strabon ne commet pas forcément une erreur, mais enregistre peut-être un toponyme authentique. Ainsi s'expliquerait peut-être l'emploi du nom Apennin chez Eunape et Olympiodore, par un glissement erroné certes, mais néanmoins circonscrit dans le secteur des Alpes orientales. Je crois que dans ces conditions, on peut admettre que déjà Olympiodore parlait dans le présent contexte d'Apennins, et qu'il s'agissait chez lui non d'une énormité, mais d'une bévue dont la genèse ne nous échappe pas totalement.

Quoi qu'il en soit de cela, il est évident que Zosime, qui parle de la chaîne montagneuse qui barre la route d'Emona vers le Norique, entend en fait les Karawanken ; malgré ce qu'il suggère, ce col ne devait pas être gardé, puisqu'il se trouvait sur une rocade, et non sur l'une des grandes voies d'accès à l'Italie. Certes, de Virunum, Alaric pouvait gagner l'Italie par le Tarvisio, mais d'Emona, il pouvait tout aussi facilement s'y rendre par le Col du Poirier. S'il y avait des garnisons dans ce secteur, c'était assurément à ces deux cols (cf. E. Demougeot [1] p. 404, qui cependant n'explique pas correctement le présent passage de Zosime et la géographie des déplacements d'Alaric). L'allusion peu claire de Zosime au fait qu'Alaric franchit sans peine un col aisé à garder peut être éventuellement rapprochée des accusations qu'Orose (*Hist.* 7, 38, 2) et Philostorge (12, 2, p. 141, 2-4 Bidez-Winkelmann) formulent contre Stilicon d'avoir ouvert à Alaric l'accès à l'Italie, il est vrai dans un contexte chronologique et géographique extrêmement vague.

Note 65.

C'était en 405 qu'Alaric, à la demande de Stilicon, s'était installé en position d'attente en Épire pour participer à la conquête de l'Illyricum oriental (cf. *supra* n. 54). Plus de deux ans s'étaient écoulés sans que ce projet soit mis à exécution ; en 406, Stilicon fut occupé par l'invasion de Radagaise, en 407, l'empereur, effrayé par la révolte de Constantin en Bretagne, ordonna à Stilicon de remettre encore une fois ses projets illyriens (cf. *supra* n. 59). Les mesures prises dans la seconde moitié de 407 pour abattre l'usurpateur Constantin n'avaient pas été couronnées de succès (cf. *infra* 6, 2, 3-6 et n. correspondantes). C'est alors que, lassé d'attendre, Alaric se rapprocha de l'Italie (cf. 5, 29, 1 et 4) ; il pensait à juste titre qu'Honorius, menacé de toutes parts et en position de faiblesse, serait prêt à un accord avantageux pour lui. Alaric exige une compensation financière pour les deux ans qu'il a perdus en Épire (sur l'emploi du pluriel pour le nom de cette province, cf. *supra* n. 53). Il est plus singulier que le Goth réclame de l'argent « à cause de son entrée en Italie (c'est-à-dire son séjour à Emona ; cf. *supra* n. 62) et dans le Norique », puisque ces déplacements ne résultent pas d'ordres donnés par Stilicon, mais bien au contraire d'initiatives prises par Alaric pour faire pression sur Stilicon. Il est clair à mon avis qu'on est ici en présence d'une erreur de Zosime, qui résume maladroitement sa source.

Effrayé par la somme qu'exige Alaric (cf. *infra* 5, 29, 9), Stilicon, comme un an plus tôt (cf. *supra* n. 59), se rend à Rome pour conférer avec Honorius. Celui-ci se trouvait à Rome en tout cas depuis le 15 novembre 407 (cf. Seeck [26] p. 312), et il y resta pour le moins jusqu'au début de mai 408 (cf. *ibid.* p. 314 et *infra* 5, 31, 1). Le rôle joué par le Sénat dans les

délibérations qui suivirent ont attiré l'attention des historiens ;
Seeck [5] p. 382 pense que le Sénat avait repris conscience de
son importance depuis son intervention lorsque Gildon avait
été proclamé ennemi public (cf. *supra* n. 22) et que son rôle
en 408 s'explique par le fait que la somme réclamée par Alaric
n'allait pouvoir être payée qu'en exigeant une contribution de
ses membres. Ridley [8] p. 217 n. 102 cite des textes (*Cod.
Theod.* 7, 13, 14 ; Claud. 21 [*Cons. Stil.* 1], 325-332 ; 22 [*Cons.
Stil.* 2], 297 ; 24 [*Cons. Stil.* 3], 85-86 ; 28 [*VI cons. Hon.*],
548-551 et 587-591) attestant le respect accru dont bénéficiait
le Sénat à l'époque de Stilicon. Il me paraît qu'il s'agit avant
tout d'un thème de propagande, surtout développé par Claudien. Le récit de Zosime concernant la délibération de 408
laisse entrevoir la vérité : le Sénat ne se réunit pas à la Curie,
il est convoqué au palais impérial ; certes, dans un premier
temps, sa décision est contraire aux desseins de Stilicon, mais
alors déjà, certains sénateurs prennent le parti du régent par
crainte, non pas d'Alaric, mais de Stilicon, comme le prouve
5, 29, 8. Quant à ceux qui osent manifester leur opposition,
ils puisent leur courage non dans leur simple qualité de sénateurs, mais dans leur conviction qu'ils ont des alliés dans le
proche entourage d'Honorius et parmi les hauts fonctionnaires
qu'on va du reste voir apparaître au premier plan après la
chute de Stilicon. Mais au moment où nous sommes, le régent
est encore plus puissant que ses ennemis, et son intervention
force le Sénat, non par conviction, mais par crainte, à se rallier
à son point de vue, et le dernier opposant qui manifeste son
opinion croit nécessaire de se réfugier dans une église pour
garantir sa sécurité. Il me paraît donc dans ces conditions
pour le moins excessif de parler d'un renouveau de l'autorité
du Sénat se manifestant dans l'épisode de 408. L'intervention
du Sénat s'explique simplement par le fait que, comme les
tractations entre Stilicon et Honorius ont lieu à Rome, il est
utilisé comme chambre d'enregistrement, dont une velléité
d'indépendance apparemment imprévue est bientôt matée. Ce
que nous révèle l'incident, ce n'est pas un pouvoir accru du
Sénat, mais l'influence grandissante des ennemis de Stilicon
sur Honorius. Cf. E. Demougeot [1] p. 405-407. La réaction
des sénateurs, dont les biens allaient être mis à contribution,
se comprend aisément, mais il ne semble pas que leur détermination à faire la guerre puisse être qualifiée de réaliste : l'évolution de la situation après la disparition de Stilicon montre
que la politique de ce dernier, si peu glorieuse qu'elle fût,
était apparemment, sinon la meilleure, du moins la moins mauvaise.

Problèmes de détail : Paragr. 6. Mendelssohn propose de
remplacer ἐφέρετο par ἔφερε (cf. app. crit.) d'après Thuc. 1,
79, 2 τῶν μὲν πλειόνων ἐπὶ τὸ αὐτὸ αἱ γνῶμαι ἔφερον ; cependant
Leidig [18] p. 39-40 fait observer que sur plusieurs points, la
tournure de Zosime est différente de celle de Thucydide, et
qu'en 5, 47, 2, Zosime utilise aussi le passif du même verbe
dans un contexte tout semblable ; il n'y a donc pas lieu de
modifier le texte de V. Dans le même paragr., l'expression τὴν
ἐναντίαν (sc. γνώμην) ἐχώρουν est remarquable ; c'est une
allusion à la manière dont vote le Sénat, par « division », ce
qui s'exprime en latin par *pedibus in sententiam ire* ; il est vrai
qu'on attendrait en grec une construction avec εἰς, plutôt que
l'accusatif seul ; faut-il corriger le texte ?

Note 66.

Dans la réponse de Stilicon à la question des sénateurs favorables à la guerre, il est notable que la situation militaire
générale en Occident ne soit pas évoquée, et que seule la loyauté
d'Alaric soit alléguée. Il convient par ailleurs de relever que
l'objet de l'accord entre l'Empire d'Occident et Alaric n'est
plus seulement une entreprise de conquête de l'Illyricum oriental dirigée contre les ministres d'Arcadius, comme en 5, 26, 2,
mais une guerre « contre celui qui règne en Orient ». Ainsi
s'explique mieux le rôle de Séréna qui, comme nièce et fille
adoptive de Théodose 1er, avait des raisons aisément compréhensibles de vouloir sauvegarder la bonne entente entre ses deux
cousins germains et frères par adoption Arcadius et Honorius.
Ici de nouveau, Olympiodore-Zosime montrent comment les
projets de Stilicon sont traversés par les manœuvres de son
épouse, qui cependant, dans le cas précis, défend une position
plus modérée ; cf. *supra* n. 61. Pour l'emploi du nom Épire
au pluriel, cf. *supra* n. 53 ; pour la durée du séjour d'Alaric
dans cette région, cf. *supra* n. 65. On notera dans la réponse
de Stilicon, au paragr. 7, un bref passage en discours direct,
signalé par ἔφη, le passage au discours indirect étant ensuite
marquée par οἵ ; auparavant, la question des sénateurs est aussi
formulée en discours indirect, comme l'est, au paragr. 8, la
fin de la réponse de Stilicon. Sur les passages en discours direct
dans l'*Histoire nouvelle*, brefs et peu nombreux, cf. vol. II 1
p. 61-62 et 176. La lettre que Stilicon montre aux sénateurs
est celle qu'Honorius lui a adressée au début de 407, et dont
il a déjà été question en 5, 27, 2 ; sur les confusions que font
Mazzarino, E. Demougeot et d'autres à propos de cette lettre,

220 LIVRE V

cf. *supra* n. 59. Nous apprenons ici que cette missive non seulement mettait Stilicon au courant de l'usurpation de Constantin, mais encore lui enjoignait de renoncer à son opération contre l'Illyricum oriental, et enfin qu'elle avait été inspirée par Séréna, qui apparemment séjournait à Rome avec son cousin et frère par adoption Honorius au printemps 407.

Note 67.

Le chiffre de quatre mille livres d'or (la tradition indirecte des *Excerpta de legationibus* donne le chiffre divergent de quatre cents ; cf. app. crit.) est confirmé par Olymp. frg. 5, qui parle de quarante *centenaria* (il emploie le terme latin en translittération grecque) ; or un *centenarium*, comme le précise Isid. *Orig.* 16, 25, 23, équivaut à cent livres. Sur l'emploi de ce terme par Olympiodore cité par Photios, cf. J.-P. Callu (*Le « centenarium » et l'enrichissement monétaire au Bas-Empire*, Ktèma 3, 1978, p. 301-316) ; cet auteur pense que l'unité nommée *centenarium* est apparue vers 540 et que, dans les textes antérieurs où ce mot est attesté, sa présence est le résultat d'un aménagement ; ainsi le texte original d'Olympiodore aurait comporté la même formulation que celle que nous lisons chez Zosime (quatre mille livres), et ce serait Photios qui aurait transformé celle-ci pour dire quarante *centenaria*. En tout cas, comme le *solidus* pèse un soixante-douzième de livre romaine, la somme indiquée par Zosime équivaut à deux cent quatre-vingt-huit mille sous d'or. On peut se faire une idée de l'importance de cette somme d'après Olymp. frg. 44, qui affirme que le revenu annuel que certaines familles romaines tiraient de leurs biens fonciers était précisément de quatre mille livres d'or, sans compter la valeur des biens fournis en nature, qui valaient le tiers de cette somme ; cf. aussi *infra* n. 104. L'ensemble des sénateurs dut donc parvenir à rassembler la somme exigée sans se saigner aux quatre veines (cf. Várady [5] p. 125). Olympiodore est curieux des questions économiques et aime à citer des chiffres précis ; cf. Matthews [53] p. 85-87 et Blockley [38] p. 38.

Sur la crainte qu'éprouvent les sénateurs (malgré les « propos honnêtes » de Stilicon) et sa signification, cf. *supra* n. 65. L'identité du Lampadius qui répond impertinemment à Stilicon est controversée ; Seeck (RE XII 577-578 [1924]) le distinguait du préfet de Rome de 398 et l'identifiait avec le préfet du prétoire d'Attale dont parle Zosime en 6, 7, 2 ; Chastagnol [60] p. 249-250 en revanche identifie le Lampadius de 408

avec le préfet de la ville de 398 ; PLRE II p. 654-655 admet
l'identité avec le préfet de 398, mais pense que le préfet d'Attale,
sans doute un ami d'Alaric, est un autre personnage, ce qui
paraît vraisemblable. Le préfet de Rome de 398 était le frère
de Mallius Theodorus, consul en 399, dont Claudien avait fait
l'éloge dans un panégyrique. Les deux frères devaient donc
être des partisans de Stilicon en 399, mais ils changèrent ensuite
de parti ; cf. E. Demougeot [1] p. 406 et n. 273.

La sortie de Lampadius est la première citation latine qu'on
rencontre dans l'*Histoire nouvelle* ; il y en a trois autres en 5,
38, 5 ; 5, 41, 7 et 6, 11, 2 ; elles sont donc concentrées dans la
partie de l'œuvre qui dérive d'Olympiodore et constituent une
particularité du style peu soigné de ce dernier ; cf. vol. I p. LIX
et Matthews [53] p. 86-87. La phrase de Lampadius est une
citation de Cicéron (*Phil.* 12, 14) qui dit, à propos de la paix
avec Antoine et ses partisans : *cum eis facta pax non erit pax,
sed pactio seruitutis.* Cette phrase constitue un exemple de la
figure de rhétorique nommée *distinctio*, consistant à préciser
une nuance de sens ; cf. H. Lausberg (*Elemente der literarischen
Rhetorik*, 2ᵉ éd., München, 1963) paragr. 291. L'idée est bien
sûr un lieu commun, qu'on trouve par exemple aussi dans
Appien (*Samnit.* frg. 10, 5 ; il s'agit d'une réponse d'Appius
Claudius Caecus à Cinéas à propos de la paix proposée par
Pyrrhus : ταῦτά τινες εἰρήνην ἀντὶ δουλείας τολμῶσιν ὀνομάζειν).

Le fait que Lampadius, effrayé de sa propre audace, se réfugie
aussitôt dans une église révèle quel était alors encore le véritable rapport des forces ; cf. *supra* n. 65. Sur le refuge dans
les églises, cf. *supra* n. 35 ; on retrouvera en 5, 34, 3 ; 5, 35, 4
et 5, 45, 4 des personnages voulant sauver leur vie en se réfu-
giant dans une église. La démarche était alors courante, et
n'impliquait, ni de celui qui l'accomplissait, ni de celui qui la
rapportait (ici les païens Olympiodore et Zosime), une adhé-
sion militante au christianisme. En revanche la faute signalée
dans l'app. crit. (παρούσιαν pour παρρησίαν comme variante de
la tradition indirecte) révèle l'intervention d'un moine copiste
plus préoccupé du Jugement dernier que du texte qu'il reproduit.

Cette séance du Sénat marque l'un des derniers succès de
Stilicon ; si les accusations de trahison mentionnées *supra*
n. 64 sont vagues, les mots de Hier. *Epist.* 123, 16, 2 concernent très précisément l'accord financier extorqué par Stilicon
aux sénateurs de Rome : *quod... scelere semibarbari accidit
proditoris, qui nostris contra nos opibus armauit inimicos.*

Note 68.

On ne sait pas quels sont les projets de Stilicon dont parle Zosime ; il ne paraît pas que, dans la conjoncture difficile du moment, il ait encore songé à son expédition en Illyricum, d'autant que nous n'avons aucun indice qu'Honorius ait cessé d'être opposé à cette entreprise ; cf. 5, 31, 3-4. Bien au contraire, il marqua sa défiance envers Stilicon et envers l'accord conclu avec Alaric en jugeant plus prudent d'aller se mettre à l'abri derrière les murs de Ravenne, malgré l'opposition de son général en chef. Sans doute les ennemis de Stilicon lui avaient suggéré de s'assurer de la fidélité de l'armée de Ravenne ; cf. E. Demougeot [1] p. 407. Il est notable qu'ici de nouveau, Séréna ait pris parti contre son mari et se soit alliée avec ses ennemis ; cf. *supra* n. 61 ; devinait-elle que Stilicon était perdu et cherchait-elle à garantir son propre salut ? C'est ce que suggère peut-être Zosime, qui cependant parle de dangers menaçant Honorius et Séréna de la part d'Alaric, et non de la part des ennemis de Stilicon. Honorius allègue comme motif de son départ de Rome l'entrée d'Alaric « en Italie » ; Alaric était en « Italie » au moment où il s'était installé à Emona (cf. *supra* n. 62), mais il en était de nouveau sorti en gagnant le Norique, d'où il avait réclamé l'argent que le Sénat venait de lui accorder (cf. 5, 29, 4). Rien n'indique qu'il ait ensuite quitté depuis cette position d'attente ; cf. 5, 31, 5-6.

Zosime ne donne ici même aucun motif de l'opposition de Stilicon au départ d'Honorius pour Ravenne, mais la suite du récit fournit l'explication de cette attitude (cf. 5, 30, 4 et 5, 32, 1-3). L'empereur, apparemment conseillé par les ennemis de Stilicon, avait l'intention d'aller non seulement à Ravenne, mais encore à Ticinum (cf. *infra* n. 69), où l'on concentrait des troupes censées aller combattre l'usurpateur Constantin en Gaule (cf. 5, 32, 3 et Hoffmann [5] p. 95) ; Honorius avait avec lui le pire ennemi de Stilicon, Olympius, qui allait fomenter la révolte à Ticinum, et ainsi déclencher le processus qui devait aboutir à la chute de Stilicon. Il était par ailleurs apparemment notoire que les troupes de Ticinum étaient mal disposées envers leur général en chef : elles pensaient sans doute que l'or donné à Alaric aurait été mieux utilisé si elles-mêmes en avaient bénéficié (cf. E. Demougeot [1] p. 409 et Ridley [8] p. 217 n. 107). Il serait excessif de supposer que Stilicon ait deviné tout ce qui allait se passer, mais il était assez au courant de la situation pour comprendre que, si Honorius et Olympius étaient mis en contact avec les troupes

de Ticinum, le pire était à craindre pour lui. Cela explique qu'il
ait tout fait pour empêcher l'empereur de quitter Rome, puis
que, ayant échoué sur ce point, il se soit montré étrangement
résigné et passif (cf. *infra* n. 74). En tout cas l'on voit Justinien, le confident de Stilicon (ce personnage n'est connu que
par le présent passage de Zosime ; il devait être *assessor* de
Stilicon ; cf. PLRE II p. 645 n° 2) considérer le départ d'Honorius de Rome comme un tournant fatal pour l'avenir de son
supérieur, envers lequel il juge dès lors prudent de prendre
ses distances. Inversement, l'insistance de l'empereur ne s'explique que par les pressions qu'il subissait de la part des ennemis
de Stilicon, qui voyaient dans ce voyage le meilleur moyen
pour mettre leurs plans à exécution.

Ici apparaît pour la première fois dans l'*Histoire nouvelle*
le Barbare Sarus ; cf. RE II A 54 (Seeck, 1921) et PLRE II
p. 978-979. Ce Goth, frère du futur roi des Goths (successeur
d'Ataulf) Ségéric, est mentionné tout d'abord comme allié des
Romains durant la campagne contre Radagaise (cf. *supra*
n. 56 et 57) ; en 407, il combat pour le compte d'Honorius
l'usurpateur Constantin (cf. *infra* 6, 2, 3-6) ; il va jouer un
rôle ambigu dans la chute de Stilicon (cf. *infra* n. 75). Son
grade et ses fonctions dans l'armée romaine sont l'objet de
controverses ; W. Ensslin (*Zum Heermeisteramt des spätrömi-
schen Reiches*, Klio 24, 1932, p. 467-502) p. 471-472, malgré
les données plus ou moins claires des sources, pensait qu'il
n'avait jamais atteint le grade de *magister militum* ; Várady
[5] p. 207-210 et Demandt [27] 637-639 donnent une image
plus nuancée de la position de Sarus dans l'armée romaine.
Le chef goth est parfois présenté comme entouré d'un petit
groupe de trois cents fidèles (Olymp. frg. 3 ; Zosime, 6, 13, 2) ;
il s'agit là de sa garde personnelle, les *buccellarii* (sur ce terme,
cf. Stein-Palanque [6] p. 239 ; KP I 960 [Neumann] ; H.-J. Diesner [*Das Buccellariertum von Stilicho bis auf Aetius (454/455)*,
Klio 54, 1972, p. 321-350] ; J. Gascou [*L'institution des buccellaires*, BIAO 76, 1976, p. 143-156] ; il apparaît dans Olymp.
frg. 7). Mais les sources indiquent clairement qu'il exerça aussi
occasionnellement des commandements beaucoup plus importants ; en 6, 2, 3, lors de sa campagne de 407 contre l'usurpateur Constantin, Zosime qualifie Sarus de στρατηγός ; Demandt
pense à juste titre que Sarus eut alors, non pas la fonction de
magister militum, mais une mission limitée dans le temps avec
rang de *comes rei militaris*. En 408, à Ravenne, Sarus commande apparemment les fédérés barbares au service de Stilicon
(ainsi Várady, qui se fonde sur Zosime 5, 36, 2). Après la chute
de Stilicon, Honorius, selon Zosime 5, 36, 2, commet la faute

de ne pas désigner Sarus comme *magister militum*, ce qui
prouve qu'il n'atteignit ce grade ni avant, ni immédiatement
après l'été 408. Mais, durant l'été 410, Sarus entre à nouveau
au service de l'Empire et, sur la base de Philostorge, 12, 3,
p. 142, 11-13 et 16-19 Bidez-Winkelmann (qui parle de στρα-
τηγικὴ ἀρχή), on peut penser qu'il reçut alors le grade de *magister militum*. Sarus avait la réputation d'un excellent soldat et
meneur d'hommes : Olymp. frg. 3 ; Zosime, 5, 34, 1 ; 5, 36, 2.
Au printemps 408, à Ravenne, il agit en fidèle partisan de
Stilicon ; Zosime dit qu'il commande alors un corps de Barbares : il doit s'agir, non pas seulement de ses *buccellarii*,
mais encore d'une partie au moins des fédérés goths de Stilicon. E. Demougeot [1] p. 409 et [55] p. 451 soutient de manière
arbitraire que l'initiative de Sarus fut alors spontanée et hostile à Stilicon ; en réalité, l'hostilité de Sarus envers Stilicon
ne se manifeste que face à la passivité de Stilicon ; cf. *infra*
5, 34, 1 et n. 75.

Le sens du paragr. 5 n'a généralement pas été compris correctement. Leunclauius avait traduit : « quamobrem hortari non
desiit, ut ab hoc instituto principem reuocaret » ; cette traduction a été reprise par Buchanan-Davis, Conca et Ridley ; or
elle est absurde et fausse. Absurde, parce que Stilicon sait
assez par lui-même qu'il faudrait que l'empereur reste à Rome,
il n'a pas besoin pour cela des conseils de Justinien ; fausse,
parce que ἐκστῆναι est un infinitif aoriste intransitif réfléchi,
dont τὸν βασιλέα est, non le complément, mais le sujet ; cf.
des constructions identiques du verbe παραινέω par exemple
dans Hérodote, 1, 80 et 3, 4. Leidig [18] p. 40, en proposant
de remplacer ἐκστῆναι par ἐκστῆσαι, apporte au grec la correction qui lui donne le sens que traduisent Leunclauius et ceux
qui le suivent. Mendelssohn pour sa part (*ad* p. 255, 15) bouleverse sans nécessité toute la phrase, dans l'idée préconçue,
et que rien ne justifie, que le contexte requiert que Justinien
conseille à Stilicon de céder au désir de l'empereur et que, se
voyant incapable de convaincre Stilicon, il abandonne son
parti ; cf. app. crit. ; mais il est évidemment impossible que
Justinien, ami de Stilicon, et qui prévoyait ce qui allait arriver,
ait précisément conseillé à Stilicon de favoriser un voyage qui
devait en fin de compte causer sa perte. Seuls Seybold-Heyler
traduisent correctement ce passage ; Justinien se fait l'allié de
Stilicon pour conseiller que l'empereur s'abstienne de ce voyage.

Note 69.

Arcadius mourut à Constantinople le 1er mai 408 ; cf. Seeck
[26] p. 315 ; on peut donc situer le voyage d'Honorius de Rome
à Ravenne vers la mi-mai. E. von Wietersheim-F. Dahn
(*Geschichte der Völkerwanderung* II, 2e éd., Leipzig, 1881) p. 375,
Mendelssohn (*ad* p. 255, 11 sq.) et Ridley [8] p. 217 n. 107
relèvent non sans raison une certaine incohérence au sujet de
ce voyage dans le récit de Zosime ; en 5, 30, 1-3, il est question
d'un départ pour Ravenne, en 5, 30, 4 de la présence d'Honorius à Ticinum ; en 5, 31, 1, l'empereur, parti pour Ravenne,
se rend en fait à Bologne, puis de là à Ticinum (5, 31, 6 et
5, 32, 2). Plutôt que de confusions (Ridley), nous sommes en
présence chez Zosime d'un résumé maladroit d'Olympiodore
(Mendelssohn). Apparemment, le voyage prévu devait se poursuivre de Ravenne à Ticinum dès le projet initial conçu par
Olympius ; cf. *supra* n. 68 ; au dernier moment, l'étape de
Ravenne est remplacée par une étape à Bologne, sur la route
directe d'Ariminum à Ticinum, évitant le détour par Ravenne.
Le motif de ce changement de programme n'est pas fourni
par Zosime : peut-être Honorius et ses conseillers furent-ils
en fin de compte malgré tout effrayés par les désordres provoqués par Sarus devant Ravenne (cf. 5, 30, 3).

La mort d'Arcadius modifiait complètement la situation
dans l'Empire ; Zosime parle en 5, 31, 3-6 des nouveaux plans
qui furent établis en Occident pour faire face à la conjoncture ;
cf. *infra* n. 70. Les causes de la mutinerie qui éclate dans les
troupes qui accompagnent l'empereur — il devait s'agir de
Barbares puisqu'on appelle Stilicon pour les mater — ne sont
pas claires, comme le dit justement Mazzarino [59] p. 294. Seeck
[5] p. 385-386 suppose non sans vraisemblance que ce désordre
fut provoqué en sous-main par Stilicon pour tenter une fois
de plus de ramener Honorius complètement sous son autorité,
mais affirme, tout à fait gratuitement, que l'ordre de décimer
les mutins était une invention de Stilicon : rien chez Zosime
ne fonde cette hypothèse (cf. le début du paragr. 3). E. Demougeot [1] p. 411-412 soutient, à tort évidemment, que, selon
Zosime, ce serait Stilicon qui aurait provoqué la révolte ; elle
préfère pour sa part envisager la possibilité que la mutinerie
aurait résulté des intrigues d'Olympius et des ennemis de
Stilicon, qu'elle aurait dégénéré et que les responsables en
auraient perdu le contrôle ; cette hypothèse est possible aussi,
encore que je préfère celle de Seeck (Ridley [8] p. 217 n. 110
suit E. Demougeot).

Il ne me paraît guère douteux qu'Honorius ne passa pas par Ravenne, contrairement à ce qu'admettent certains interprètes de Zosime. Certes, celui-ci est ambigu, car μετὰ τὴν... εἰς τὴν Ῥάβενναν ἄφιξιν peut signifier aussi bien « après l'arrivée à Ravenne » (Seybold-Heyler, Conca), que « après le départ pour Ravenne » (Leunclauius, Mendelssohn [ad p. 255, 21], qui cependant accuse à tort Lenain de Tillemont [8] p. 559 d'être de l'avis contraire, Buchanan-Davis, Ridley) ; comme Zosime affirme immédiatement après que Stilicon est à Ravenne et l'empereur à Bologne, il me paraît que la seconde interprétation est celle qui s'impose ; Stilicon se rend à Ravenne pour donner réponse aux envoyés d'Alaric qui l'attendaient là (cf. 5, 29, 5), tandis qu'Honorius marche directement sur Bologne (cf. le début de la présente n.). L'interprétation contraire présentée sans grande clarté par Mazzarino [59] p. 308-309 semble se fonder sur le fait qu'Honorius serait parti de Rome parce qu'il avait reçu la nouvelle de la mort de son frère et dans l'intention de s'embarquer à Ravenne pour l'Orient. Le récit de Zosime montre cependant clairement que le projet de voyage vers le nord est bien antérieur à la nouvelle de la mort d'Arcadius, et sans lien de cause à effet avec elle ; c'est par hasard qu'une première nouvelle arrive à Rome immédiatement avant le départ d'Honorius. La confirmation de cette nouvelle dut atteindre l'empereur quand il s'était déjà séparé de Stilicon, et c'est aussi précisément à ce moment qu'intervient la révolte des soldats. En conséquence de quoi, Stilicon se rend de Ravenne à Bologne, d'abord pour mater la révolte, ensuite pour conférer avec Honorius sur la situation nouvelle créée par le décès d'Arcadius.

Problèmes de détail : Paragr. 1. Pour l'expression εἰς τὴν Ῥάβενναν ἦν, cf. supra n. 56 ; Zosime emploie l'accusatif de direction au lieu du datif de lieu pour éviter un hiatus. La localisation de Bologne dans la province d'Émilie est correcte ; en revanche l'indication de la distance entre Ravenne et Bologne est inexacte ; il y a entre ces deux villes à peine soixante-dix km, et non pas soixante-dix milles, qui font plus de cent km. Il convient de relever que Zosime, assurément à la suite d'Olympiodore, emploie la mesure de distance romaine, tout en indiquant qu'il s'agit d'un mot étranger (même emploi en 5, 48, 2 sans trace de scrupule) ; en 5, 29, 3, Zosime, toujours à la suite d'Olympiodore, mais dans un contexte où ce dernier suit le poète grec Pisandre, emploie l'unité grecque du stade. Paragr. 2. La correction proposée par Herwerden s'impose si l'on veut rétablir une phrase moins incorrecte, car le texte donné par V contient une anacoluthe : στρατηγόν ne peut pas être en même

temps le complément de ἐπισπάσασθαι et le sujet de ὑποσχέσθαι ;
cependant, même après correction, la phrase reste déséquilibrée ;
on ne peut donc pas exclure que V donne une formulation
authentiquement maladroite de Zosime.

Note 70.

Le nouvel empereur d'Orient était Théodose II, fils d'Arcadius ; il était né le 10 avril 401 ; il venait donc de fêter son
septième anniversaire quand il succéda à son père le 1er mai
408 (cf. Seeck [26] p. 303 et 315). Ce tout jeune garçon allait
être, encore bien plus que son faible père, un jouet entre les
mains de ses ministres et conseillers. Pour Honorius, la situation changeait du tout au tout, car il n'avait plus comme collègue en Orient un frère aîné, mais un tout jeune neveu ; une
intervention de sa part en Orient devenait donc beaucoup plus
aisée. De nouveau il y eut un différend entre l'empereur et
Stilicon : les ennemis de Stilicon en Occident et à Constantinople voyaient un grand avantage à ce qu'Honorius parte lui-
même pour l'Orient ; ils auraient les mains plus libres pour
manœuvrer contre Stilicon en Italie, et le faible Honorius
n'était pas de taille à tenir tête aux ministres de Constantinople. Stilicon au contraire ne voulait pas laisser échapper
l'occasion longtemps attendue de prendre lui-même en mains
les affaires d'Orient. Les raisons qu'il allégua pour faire triompher son point de vue étaient si sérieuses qu'il l'emporta sans
peine, malgré la mauvaise volonté de l'empereur et les pressions de ses ennemis. Sozomène 9, 4, 5-6 confirme entièrement
le récit de Zosime ; plus concis, il fournit cependant un détail
supplémentaire : Stilicon se prépara à partir pour l'Orient en
emmenant quatre *numeri.* Iord. *Get.* 153 présente peut-être
un reflet déformé de la mission qu'Alaric reçut d'aller en Gaule.
Cf. sur tout cela E. Demougeot [1] p. 409-414, qui cependant,
n. 301, ajoute des détails fantaisistes qui ne se trouvent pas
dans Zosime.

Zosime fait ici une seconde allusion à l'usurpation de Constantin ; cf. déjà 5, 27, 2-3 et *supra* n. 59, avec examen du
problème de structure que soulève le rejet en 6, 1-5 du récit
détaillé de cette usurpation. A ce danger occidental s'ajoutait
un danger oriental : Alaric se trouvait dans le Norique, sur
une des voies d'accès de l'Italie (cf. *supra* n. 64) ; une forte
somme d'or venait de lui être offerte (cf. 5, 29, 9), mais l'avenir
restait incertain ; évidemment, Stilicon avait intérêt à le peindre
en noir pour effrayer Honorius. Quoi qu'il en soit, c'était une

idée ingénieuse que de faire s'affronter l'usurpateur Constantin et Alaric ; il y avait cependant un obstacle à ce projet, celui qui ne manquerait pas de résulter des difficultés qu'il y aurait d'amalgamer les forces d'Alaric et les unités romaines de Ticinum — qui ne s'aimaient guère (cf. *supra* n. 68) —, afin d'obtenir un corps d'armée efficace contre l'usurpateur. La fin du paragr. 5 reflète les préoccupations que Stilicon eut certainement à ce sujet : Alaric ne prendrait avec lui qu'une partie de ses Goths, le commandement serait apparemment exercé en commun par Alaric et des officiers romains.

La conférence de Bologne — laborieuse et lente, puisqu'elle semble avoir duré de fin mai au début d'août, quand des décisions furent enfin prises (cf. *infra*) — paraissait aboutir à un triomphe de Stilicon sur toute la ligne (cf. E. Demougeot [1] p. 414 ; Ridley [8] p. 218 n. 112). Mais Stilicon semble tout à coup plongé dans une torpeur inexplicable : il ne se met pas en route pour l'Orient, il ne prend pas contact avec Alaric ; pourquoi ? Zosime et Sozomène, ici nos seules sources, sont muets sur ce point (cf. Duval [62] p. 283 et Ridley [8] p. 218 n. 113). Zosime s'étonne que Stilicon n'ait pas déplacé l'armée de Ticinum vers Ravenne ou ailleurs, pour éviter tout contact entre elle et l'empereur, sans apparemment se rendre compte que ces mesures étaient irréalisables : il était absurde d'éloigner vers le sud-est une armée destinée à partir en campagne vers le nord-ouest, et impossible d'empêcher Honorius de rejoindre ces troupes, puisque c'était précisément ce qu'on venait de décider à Bologne. E. Demougeot [1] p. 414-417 cherche longuement à démontrer que Stilicon fit alors preuve d'une assurance excessive. En fait, les événements qui suivent se laissent très aisément expliquer si l'on tient compte de leur chronologie, telle qu'elle a été établie sur les données des sources par Seeck [26] p. 314. De Bologne à Ticinum, il y a cent-cinquante km, et la route est facile ; si Honorius, en 407, se déplace de Rome à Ravenne au maximum en seize jours (cf. Seeck [26] p. 312), il n'en met en tout cas pas plus de six pour se rendre de Bologne à Ticinum ; dans cette ville, la sédition éclate quatre jours après l'arrivée de l'empereur (Zosime, 5, 32, 3), le 13 août (*Cons. Ital.* Chron. min. I p. 300, 538) ; Stilicon est mis à mort le 22 ou 23 août (cf. *infra* n. 77). Il est donc tout à fait clair que les événements se sont précipités et que Stilicon a été pris de vitesse : seuls dix jours s'écoulent entre le moment où Honorius et Stilicon se séparent à Bologne et celui où éclate la sédition à Ticinum. Stilicon, qui pour sa part était resté à Bologne (cf. 5, 33, 1), n'y était certainement pas demeuré sans rien faire, mais s'était mis à préparer son départ pour l'Orient. Il n'est pas étonnant qu'il ne se soit pas encore mis en route vers le 15 août, quand les premières nouvelles des événements de Ticinum durent lui parvenir, et on ne peut pas dire qu'il fit preuve alors ou de passivité, ou d'une assurance excessive. Les modernes qui le pensent se laissent fourvoyer par l'*Histoire nouvelle*, dont le récit suggère qu'un laps de temps non négligeable s'est écoulé entre les décisions de Bologne et le début des désordres à Ticinum.

Problèmes de détail : Paragr. 5. ἐπιστρατεύειν signifie ici non pas « partir en campagne », mais « faire partir en campagne », comme en 2, 11 et en 6, 4, 3 ; cf. F. Krebs (*Zur Rection der Casus in der späteren historischen Gräcität*, Progr. Regensburg, 1885) p. 8. Paragr. 6. Pour l'emploi de ἑτέρωθί που, pour marquer le mouvement vers, cf. *supra* n. 28.

Note 71.

Ici est enfin nommé celui qui, depuis assez longtemps sans doute, avait pris la tête du groupe des ennemis de Stilicon, et qui va jouer un rôle de premier plan dans la suite des événements : Olympius. Les données concernant ce personnage sont rassemblées dans RE XVIII 1, 246-247 (Ensslin, 1939) et PLRE II p. 801-802. Ce que nous savons de lui provient essentiellement de Zosime, accessoirement d'Olympiodore (frg. 2 et 8 ; grâce au frg. 2, nous apprenons que c'est Stilicon lui-même qui introduisit Olympius dans la familiarité de l'empereur) et de Philostorge 12, 1, p. 140, 2-13 Bidez-Winkelmann. Ce dernier rapporte deux versions différentes concernant Olympius ; selon la première, il aurait été parmi les *magistri*, et aurait sauvé la vie à Honorius en risquant la sienne durant les désordres de Ticinum, après quoi il se serait fait le complice de l'empereur pour provoquer la chute de Stilicon ; selon la seconde, il se serait appelé non pas Olympius, mais Olympiodore, il n'aurait pas été un complice dans la cabale montée contre Stilicon, mais l'instigateur de ces manœuvres contre son bienfaiteur innocent, enfin il n'aurait pas été *magister* avant la disparition de Stilicon, mais le serait devenu ultérieurement, en récompense pour son rôle dans le complot. La première version est celle de la tradition hostile à Stilicon, la seconde celle d'Olympiodore, favorable à Stilicon ; mais dans ce contexte, la confusion entre les noms d'Olympius et d'Olympiodore est insolite. Mendelssohn (dans son édition de Zosime, p. XLVII n. 1 et *ad* p. 257, 7) pensait que Philostorge n'avait pas utilisé Olympiodore, mais que c'était Photios lui-même qui avait complété son résumé de Philostorge par des renseignements puisés direc-

tement dans Olympiodore, et que c'était lui qui était responsable de la confusion de noms entre Olympius et Olympiodore.
Cette hypothèse ne laisse pas d'être séduisante et on ne saurait l'écarter absolument, même s'il est probable qu'en d'autres
passages, contrairement à ce que pensait Mendelssohn, Philostorge ait puisé personnellement dans Olympiodore ; cf. *supra*
n. 53, Jeep [53] p. 73, Bidez (édition de Philostorge, p. cxxxix
et 140), Baldwin [53] p. 228-231 et Blockley [19] p. 211 n. 8.
Quoi qu'il en soit, l'hésitation sur le nom de l'ennemi de Stilicon résulte assurément d'une confusion, et il s'appelait certainement Olympius ; par *magister*, Philostorge entend la fonction de *magister officiorum*, qu'Olympius reçut après la mort
de Stilicon (cf. Zosime, 5, 35, 1 ; il est attesté dans cette fonction par *Cod. Theod.* 16, 5, 42, du 14 novembre 408 ; il succéda
à Némorius ; cf. *infra* 5, 32, 6 et n. 72). On ignore donc quelle
charge occupait Olympius avant la chute de Stilicon ; ce n'était
en aucun cas une fonction militaire, comme le pense Conca
(dans la traduction italienne, p. 295 et n. 1), qui apparemment
ignore que les mots στρατεία, στρατεύειν, *militia*, *militare*
désignent, à l'époque où nous sommes, aussi bien des fonctions
civiles que militaires (ce sens est signalé dans le *Thesaurus
linguae Graecae*) ; on ne peut pas non plus comme Ensslin (RE)
et la PLRE se fonder sur Philostorge pour suggérer qu'il était
magister scrinii, puisque, nous venons de le voir, cet historien
désigne par *magister* la future charge de *magister officiorum*
d'Olympius. L'origine orientale du personnage est révélée par
Zosime seul ; Hoffmann [5] I p. 112 pense qu'il s'agit d'un
des Orientaux qui accompagnèrent Théodose 1er en Occident
en 394, en se fondant sur des indices assez minces.

La tradition païenne d'Olympiodore-Zosime fait rapidement
allusion au fait qu'Olympius était chrétien : sa piété lui ser-
vait prétendument à cacher sa méchanceté. L'engagement
chrétien d'Olympius est confirmé par deux lettres d'Augustin
(96 et 97) ; l'évêque d'Hippone, ayant appris une promotion
d'Olympius (96, 1 ; il s'agit certainement de la promotion au
rang de *magister officiorum*), s'adressa de nouveau à lui pour
obtenir la confirmation de la législation antidonatiste et antipaïenne (97). Ces indices confirment que les milieux hostiles à
Stilicon étaient non seulement nationalistes et antibarbares,
mais encore chrétiens. Pour neutraliser leur opposition sur un
front au moins, Stilicon, lorsque ses ennemis se firent plus pres-
sants, se départit de sa politique religieuse antérieure relativement neutre envers les païens et les hérétiques. C'est alors
sans doute qu'il fit détruire les Livres Sibyllins (cf. Rut. Nam.
2, 51-60, avec le commentaire de Doblhofer, Heidelberg, 1977,

p. 273 et 279). Sur ce tournant de la politique religieuse de Stilicon, cf. E. Demougeot [1] p. 400-402, L. Cracco Ruggini (« *De morte persecutorum* » *e polemica antibarbarica nella storiografia pagana e cristiana*, RSLR 4, 1968, p. 433-447) et Heinzberger [57] p. 122-132. La manœuvre de Stilicon ne désarma pas les chrétiens, mais lui aliéna les païens ; Eunape (cf. *supra* n. 1) et Rutilius Namatianus (2, 41-60) maudissent sa mémoire, et même la tradition prostiliconienne d'Olympiodore-Zosime censure son impiété envers la religion traditionnelle (cf. *infra* 5, 38, 5 et n. 89).

Olympiodore et Zosime à sa suite prennent ici fermement position pour défendre l'intégrité et l'innocence de Stilicon. Matthews [53] p. 91 s'étonne de cela, du fait que l'empereur que Stilicon, selon les accusations qui furent alors portées contre lui, aurait voulu mettre à l'écart, Théodose II, est précisément le dédicataire de l'œuvre d'Olympiodore. Il n'y a rien d'étonnant à cela à mon avis ; Olympiodore, convaincu de l'innocence de Stilicon, pouvait très bien le défendre même en s'adressant à Théodose, puisque dès lors il n'était coupable en rien envers cet empereur. Le crime de Stilicon serait, selon Olympius, non pas d'avoir eu partie liée avec Alaric (cf. *supra* n. 64 et 67),mais d'avoir brigué le trône impérial pour son fils Eucher ; cette accusation se trouve aussi chez Oros. *Hist.* 7, 38, 1 (qui ne nomme pas Olympius), Iord. *Rom.* 322, Sozom. 9, 4, 7 (qui résume fortement le même passage d'Olympiodore que Zosime exploite ici ; il ne cite pas Olympius et ne prend pas position sur le bien-fondé de l'accusation) et Philostorge 11, 3 et 12, 2, p. 134, 16-17 et 141, 7-11 Bidez-Winkelmann (mais pas chez Eun. *Hist.* frg. 62, contrairement à ce que prétend E. Demougeot [1] p. 140 n. 125) ; cf. *supra* n. 5 et 61. Une certaine incohérence se manifeste dans les sources quant à l'empereur que Stilicon entendait remplacer par son fils : seul Zosime dit clairement qu'il s'agit de Théodose II, Orose, Sozomène et Philostorge p. 134 ne précisent pas, seuls Philostorge p. 141 et Jordanès disent clairement qu'il s'agit d'Honorius. Cette incertitude déjà suggère l'inanité de l'accusation ; la loi *Cod. Theod.* 9, 42, 22, du 22 novembre 408, fait état de la prétendue collusion de Stilicon avec Alaric, mais non d'un projet d'usurpation du pouvoir impérial par Eucher ; cf. aussi *infra* 5, 35, 3 et n. 78. La discussion sur le bien-fondé des accusations portées contre Stilicon est ancienne (cf. déjà Reitemeier p. 613-614). Le récit circonstancié que Zosime donne des événements qui vont suivre accrédite la thèse de la loyauté de Stilicon, admise en général par les historiens récents.

Sur Eucher, fils de Stilicon, cf. RE VI 882-883 (Seeck,

1907) et PLRE II p. 404-405. Frère des épouses successives
d'Honorius, Marie et Thermantia, il était sans doute né à
Rome en 389 (Claud. 24 [*Cons. Stil.* 3], 174-178) et possédait
le rang de *tribunus et notarius* (cf. *infra* 5, 34, 7) ; son père
rêvait apparemment de le marier à la demi-sœur d'Honorius,
Galla Placidia (cf. Cameron [2] p. 47-48). Orose (*Hist.* 7, 38,
6) l'accuse d'avoir favorisé les païens. Nous allons le retrouver
à plus d'une reprise dans l'*Histoire nouvelle*, qui est pour la
fin de sa vie la source principale.

A propos de l'emploi du mot εὐλάβεια (paragr. 1), Mendelssohn (*ad* p. 257, 9) rapproche de Zosime Iulian. *Epist.*
84 (Bidez), 431 b, mais on ne peut rien tirer de cette observation,
le seul point commun des deux passages étant l'emploi d'un
terme relativement courant. Dans le même paragr., Zosime
cite Hom., *Il.* 6, 169 (cet hexamètre se termine par θυμοφθόρα
πολλά). Honorius arriva à Ticinum le 9 août 408 ; le 13 août
eut lieu la revue au cours de laquelle l'émeute éclata (cf. *supra*
n. 70). Sur la révolte de Constantin, et les diverses allusions
que Zosime y fait avant d'en narrer le détail, cf. *supra* n. 59
et *infra* 6, 1-5. Sur les troupes rassemblées à Ticinum pour
aller combattre Constantin, cf. *supra* n. 68 ; l'état d'esprit qui
régnait dans cette armée la rendait réceptive aux suggestions
d'Olympius ; le récit de Zosime suggère pourtant qu'Olympius
dut insister pour qu'elle violât la discipline.

Note 72.

Zosime enchaîne en donnant une liste détaillée des victimes
de l'émeute de Ticinum ; il s'agit évidemment de partisans (de
complices, dit Oros. *Hist.* 7, 38, 6) de Stilicon, qui avait naturellement pris soin d'installer des hommes à lui dans tous les
postes importants de l'Empire d'Occident. Soz. 9, 4, 7 enregistre aussi ce massacre, mais ne donne aucun nom et n'indique
que quelques fonctions. Zosime commence par deux hauts
personnages de la préfecture gauloise qui, ayant réussi à échapper à l'usurpateur Constantin, tombèrent de Charybde en
Scylla en arrivant de Gaule à Ticinum. Sur Liménius, préfet
du prétoire des Gaules, cf. RE XIII 571 n° 2 (Seeck, 1926)
et PLRE II p. 684 ; Zosime mis à part, il n'est connu que
comme destinataire de deux lettres de Symmaque (5, 74-75),
ainsi que de *Cod. Theod.* 1, 10, 7 et *Cod. Iust.* 1, 40, 10, comme
comes sacrarum largitionum en 400-401. Chariobaude, *magister
equitum per Gallias*, n'est connu que par le présent passage de
Zosime ; il faut peut-être cependant l'identifier avec le Cario-
baude qui est *dux Mesopotamiae* vers 383/392 ; cf. Hoffmann

[5] I p. 113 et PLRE I p. 181. Vincent, *magister equitum praesentalis*, n'est aussi connu que par Zosime ; sur la forme de son nom en grec (normalement Βικέντιος, mais aussi Βινκ-), cf. Mendelssohn *ad* p. 258, 6. On voit donc qu'il y a à ce moment en Occident trois généraux, Stilicon, *mag. ped. praes.*, Vincent, *mag. equ. praes.* et Chariobaude, *mag. equ. p. Gall.* ; cf. à ce sujet Demandt [27] 612-652. Sur la succession des généraux mis à mort, cf. *infra* 5, 36, 3. Salvius, *comes domesticorum*, n'est mentionné que par Zosime dans le présent contexte ; dans RE IA 2023 n⁰ 8 (Seeck, 1920) et PLRE I p. 800, il est identifié avec le *scutarius* Salvius dont parle Amm. 27, 10, 12 dans le contexte de l'année 368, ce qui paraît difficile à admettre pour des raisons chronologiques ; Ridley [8] p. 218 n. 119 confond le présent Salvius avec celui qui est nommé au paragr. 6. Hoffmann [5] II p. 39 n. 475 propose d'intervertir les noms et les fonctions des deux derniers personnages étudiés, Vincent étant alors *comes dom.*, et Salvius — dont il faudrait corriger le nom en Saul (le général païen qui commande l'armée romaine à Pollentia, Oros. *Hist.* 7, 37, 2 ; il y aurait confusion avec le Salvius nommé au paragr. 6) — *mag. equ.* ; aux deux noms propres succéderaient les membres de phrase introduits par μέν et δέ en ordre chiastique ; Hoffmann allègue deux parallèles dans Zosime, 5, 14, 1 (où il y a effectivement chiasme, mais éclairci par la répétition d'un des noms propres) et 5, 36, 1 ; cf. pourtant en 5, 16, 4 une construction de même type, mais sans chiasme. La correction proposée par Hoffmann me paraît, sinon exclue, du moins peu vraisemblable.

Note 73.

Pour tous les détails supplémentaires que donne ici Zosime sur le déroulement de l'émeute du 13 août à Ticinum, il est source unique. Némorius n'est connu que par le présent passage de Zosime ; il était *magister officiorum* ; sur les diverses manières dont cette fonction est exprimée en grec par Zosime, cf., vol. III 2, l'index des fonctions. Sur Patroinus, cf. PLRE II p. 843-844, qui donne notamment des précisions sur les diverses graphies de ce nom (cf. déjà Mendelssohn *ad* p. 258, 19) ; ce personnage semble avoir été omis par la RE. Il est avec son frère Pétronius le destinataire d'une série de lettres de Symmaque (7, 102-128) ; dans ses fonctions de *comes sacrarum largitionum*, il est attesté dès 401 par *Cod. Theod.* 6, 2, 22, et il semble avoir conservé ce poste sans interruption jusqu'à sa mort en août 408 : cf. Seeck (édition de Symmaque, Berlin,

1883) p. CLXXXIX-CXC et [26] p. 102-103. Ensuite apparaissent dans Zosime les termes par lesquels il désigne le *comes rei priuatae*, qui ne sont pas précédés d'un nom propre ; Mendelssohn a très certainement raison de supposer ici une lacune dans le texte de V (cf. app. crit.) ; il suggérait de combler cette lacune par le nom d'Ursicinus, *comes rei priuatae* en avril 405 (cf. PLRE II p. 1191) ; en réalité, nous connaissons au moins encore un *comes rei priuatae* occidental attesté postérieurement à Ursicinus, mais avant 408, Siluanus, qui occupe cette charge en octobre-novembre 405 (cf. PLRE II p. 1011 n° 3) ; il est donc possible, mais non certain, que l'Anonyme de 408 soit ce Siluanus ; cf. les fastes des *comites rei priuatae* occidentaux dans PLRE II p. 1261-1262.

Sur Salvius, *quaestor sacri palatii*, cf. RE IA 2023 n° 9 (Seeck, 1920) et PLRE II p. 974 n° 2, qui identifient ce personnage avec le correspondant à qui Symmaque adresse sa *Lettre* 8, 29 ; dans le contexte des événements de 408, il n'est mentionné que par Zosime. Sur les *quaestores sacri palatii*, cf. le livre récent de G. de Bonfils (*Il comes et quaestor nell'età della dinastia costantiniana*, Napoli, 1981), notamment p. 57-59. On notera qu'ici, Zosime non seulement définit les fonctions de ce dignitaire par une périphrase, mais encore, certainement à la suite d'Olympiodore (cf. frg. 13), cite en translittération grecque le terme technique latin qui désigne ce poste ; on trouve en grec les orthographes κοιαίστωρ, κουαίστωρ ou κυαίστωρ ; cf. Iul. *Epist.* 98 Bidez (adresse) ; Ioh. Lyd. *Mag.* 1, 26, p. 29, 14 Wuensch ; 1, 28, p. 30, 8.10.11 Wuensch ; Proc. *Bell.* 1, 11, 11 et 5, 14, 5, ainsi que D. Magie (*De Romanorum iuris publici sacrique uocabulis sollemnibus in Graecum sermonem conuersis*, Leipzig, 1905) p. 95-96, H. J. Mason (*Greek Terms for Roman Institutions*, Toronto, 1974) p. 63 et Matthews [53] p. 86. L'emploi du terme latin simplement translittéré en grec est propre à l'époque tardive, les auteurs plus anciens utilisant le mot grec ταμίας pour désigner le questeur. L'affirmation de Zosime que le *quaestor sacri palatii* est une création de l'époque constantinienne est en général acceptée ; le choix du terme de *quaestor* est sans doute en relation avec le fait que, sous le Haut-Empire, les *quaestores Augusti* (ou *candidati principis*) avaient comme tâche de lire au Sénat les propositions de l'empereur ; au cours du IVe siècle, la fonction de questeur du palais sacré gagne en importance pour devenir celle d'un véritable ministre de la justice ; cf. sur tout cela G. Wesener, s.u. *quaestor*, RE XXIV 818 et 820 (1963).

Sur Longinianus, cf. RE XIII 1400-1401 (Seeck, 1927), Chastagnol [60] p. 255-257 et PLRE II p. 686-687. Le nom

complet de ce personnage est Fl. Macrobius Longinianus ;
correspondant d'Augustin (*Epist.* 233-235) et de Symmaque
(*Epist.* 7, 93-101), *comes sacrarum largitionum* en 399, il
devint préfet de Rome en 401-402 ; il restaura alors la muraille
aurélienne sous la menace de l'invasion d'Alaric en Italie en
401-402, comme l'attestent trois inscriptions (CIL VI 1188-
1190, ILS 797 ; sur deux d'entre elles, CIL VI 1188 et 1190,
son nom fut martelé après la chute de Stilicon) ; son nom apparaît aussi sur un baptistère qu'il construisit durant sa préfecture (Diehl, ILCV 92). Si l'on admet (comme Chastagnol) qu'il
fut préfet du prétoire d'Italie de 406 à 408, on est amené à
supposer une préfecture collégiale avec Curtius, attesté dans
cette fonction en 407-408 (cf. PLRE II p. 331). Il est donc
sans doute préférable d'admettre que Longinianus géra deux
préfectures, celle d'Italie ou de Gaule en 406, celle d'Italie
en 408 (cf. A. H. M. Jones [36] p. 87-89 et PLRE II p. 687).
Symm. *Epist.* 7, 93 atteste expressément Longinianus comme
un partisan de Stilicon en 399.

Pour l'expression ἔργον γίγνεσθαί τινος, être la victime de
quelqu'un ou de quelque chose, cf. par exemple Plut. *Eum.*
17, 9 ; Lucian. *Dem. enc.* 29 ; Achill. Tat. 4, 15, 3 et 7, 11, 2 ;
Iul. *Or.* 1, 13, 17 c ; Syn. *Epist.* 119 ; *Suda* A 4372, I p. 406,
4 Adler ; cette tournure appartient à la langue postclassique.

Note 74.

Quand Stilicon apprend l'émeute antibarbare de l'armée
régulière romaine de Ticinum, il délibère sur la conduite à
suivre avec les commandants des fédérés barbares qu'il a avec
lui à Bologne (sur la localisation de cette ville en Émilie, cf.
supra 5, 31, 1, et n. 69). Un certain flou règne à propos des
effectifs de ces fédérés. D'après la fin du présent chapitre, il
semble que l'armée de Ticinum est supérieure en nombre aux
fédérés barbares. En 5, 35, 6, nous apprenons que plus de
trente mille Barbares rejoignent Alaric après les massacres dont
il est question en 5, 35, 5. Ce chiffre, que rien ne permet de
contrôler, est admis comme conforme à la réalité par les uns
(par exemple Seeck [5] p. 392 et Várady [5] p. 242), tandis
que d'autres l'estiment exagéré (par exemple Schmidt [55]
p. 442 et E. Demougeot [1] p. 431). Si l'on examine attentivement le contexte de 5, 35, 6 et les termes qu'utilise Zosime,
on s'aperçoit cependant que le chiffre fourni comprend une
proportion notable de femmes et de petits enfants. Cette observation permet de concilier la donnée chiffrée de 5, 35, 5 avec
l'affirmation de 5, 33, 2 que les fédérés sont moins nombreux

que l'armée romaine de Ticinum, sans qu'il soit pour autant
possible d'évaluer les effectifs d'hommes en armes dans l'armée
romaine et chez les fédérés.

Dans un premier temps, avant d'être fixés sur le sort d'Honorius, Stilicon et les chefs des Barbares fédérés décident d'aller
remettre au pas l'armée de Ticinum en proportionnant le châtiment aux excès commis. Mais Olympius et ses complices
avaient soigneusement préparé leur machination, qui ne pouvait réussir que si l'empereur était sain et sauf et ralliait leur
parti, et ils parvinrent à manipuler les troupes révoltées de
manière à ce que leurs plans se réalisent exactement comme ils
le voulaient. Quand on sut qu'Honorius n'avait pas été inquiété,
la situation changea du tout au tout, sinon pour les fédérés
barbares, du moins pour Stilicon : il ne pouvait désormais
s'en prendre à l'armée de Ticinum sans du même coup entrer
en rébellion contre l'empereur, qui apparemment couvrait de
son autorité ce qui s'était passé. Sa conduite alors prouva sa
loyauté et du même coup scella son sort : il ne voulut pas
d'un affrontement entre les fédérés barbares et l'armée de
Ticinum groupée autour d'Honorius, d'abord parce qu'une
telle entreprise eût signifié qu'il trahissait Rome après plus de
vingt ans de fidélité, ensuite parce que les forces en présence
rendaient l'issue de la lutte incertaine. On s'est interrogé sur
les motifs qui ont alors dicté la conduite de Stilicon (cf. E. Demougeot [1] p. 422-423). Le récit de Zosime ne laisse pas le
moindre doute quant au fait qu'il se sentait prisonnier d'un
dilemme qui ne lui laissait le choix qu'entre la révolte ouverte
et la mort ; il n'est pas étonnant que dans ces conditions cet
homme scrupuleux, peu enclin aux décisions hardies et aux
gestes tranchés, ait répugné à prendre un parti qui aurait
démenti toute sa politique précédente : il persista dans la voie
qu'il s'était tracée, qu'il considérait apparemment comme un
moindre mal, et se sut dès lors condamné ; sa conduite durant
les derniers jours de sa vie le prouve, et s'explique fort bien
de cette manière. Pour son déplacement à Ravenne, cf. *infra*
n. 75.

A la fin du paragr. 1, les fédérés barbares (τοὺς συμμαχοῦντας
Ῥωμαίοις βαρβάρους) sont clairement opposés aux soldats de
l'armée régulière romaine (τοῖς σρτατιώταις...καὶ τοὺς ἄλλους
ἅπαντας) ; cependant Mendelssohn a été justement sensible au
fait que les mots « les soldats... et tous les autres », sont ambigus ;
il suppose donc que les mots « stationnés à Ticinum » sont
tombés ; cf. app. crit. ; par cet ajout, on obtient un membre
de phrase équilibré et logique évoquant deux catégories de
soldats romains, ceux de Ticinum, et ceux qui sont stationnés

ailleurs. De l'expression qui conclut ce même paragr., ὑπαχθῆναι τῇ δίκη, Mendelssohn (ad p. 259, 20) rapproche 1, 38, 1 ὑπήχθησαν δίκη, et 1, 56, 3 κολάσεσιν ὑπαχθέντων. Paragr. 2. Reitemeier p. 473 propose de remplacer τὴν βασιλείαν par τὸν βασιλέα, en alléguant le parallèle de 5, 49, 2 τῆς βασιλείας... κεφαλῆς, ce qui est en fait le texte de Σ, V ayant là τῆς βασιλέως... κ.; en 5, 33, 2, le texte de V donne un sens parfaitement satisfaisant.

Note 75.

Comme Stilicon pouvait le prévoir, sa décision de ne pas intervenir à Ticinum lui aliéna instantanément le soutien de tous les fédérés barbares. Après de vaines tentatives auprès de Stilicon pour qu'il accepte d'en revenir à leur plan antérieur, les fédérés, dans leur majorité, se contentèrent d'attendre et d'observer l'évolution de la situation. Seul Sarus, le plus hardi d'entre eux, prend apparemment une initiative. La manière dont Zosime décrit l'action de Sarus a été à juste titre depuis longtemps considérée comme obscure. Déjà Reitemeier (p. 474 et 611) relevait qu'on ne comprend pas pourquoi Sarus cherche à s'ouvrir la voie pour parvenir auprès de Stilicon, et suggérait que Zosime avait mal résumé Olympiodore. Heyne (p. 644-645 de l'édition Reitemeier) pensait pour sa part que Sarus voulait tuer Stilicon, mais que celui-ci parvint à s'enfuir après le massacre de sa garde ; cependant le texte de Zosime ne dit rien de tel. Comme c'est surtout l'enchaînement entre les paragr. 1 et 2 qui est obscur, Sintenis et Wäschke ont supposé qu'il y avait là une lacune, tandis que Mendelssohn estimait que c'était plutôt dans le début du paragr. 2 que s'était produit un accident de la tradition (cf. app. crit.). Les récits modernes détaillés de ces événements masquent diversement les difficultés qui naissent de l'obscurité de Zosime ; cf. par exemple Seeck [5] p. 388-389 ; Mazzarino [59] p. 298 n. 1 ; E. Demougeot [1] p. 424 et n. 351 ; Stein-Palanque [6] p. 253 ; Wolfram [44] p. 184 pense que Sarus briguait peut-être la succession de Stilicon ; cf. déjà Demandt [27] 683, 15-16. A ma connaissance, ce passage de l'*Histoire nouvelle* n'a pas encore été expliqué de manière satisfaisante. Il est évident que, vers la fin du paragr. 1, pour une raison impossible à déterminer (résumé maladroit, accident dans la tradition), il manque plusieurs éléments dans le récit : que se passe-t-il entre Sarus et Stilicon après le massacre ? quelles étaient les intentions de Sarus ? quelles sont les réactions immédiates de

11

Stilicon après le massacre de sa garde ? que fait Sarus après le
massacre ? Sur aucun de ces points, Zosime ne fournit de
réponse.

Certaines données du contexte général dans lequel se déroule
cette scène permettent cependant de l'expliquer au moins
partiellement. Várady [5] p. 210-213 attire l'attention sur les
rivalités et les querelles qui surgissaient à l'occasion entre
divers corps de fédérés et de buccellaires (pour ce terme, cf.
supra n. 68), et auxquelles Oros. Hist. 7, 37, 3 fait une rapide
allusion. Il est en tout cas clair que les buccellaires huns de
Stilicon ont été massacrés par les buccellaires goths de Sarus ;
Várady suppose que les Huns voulaient intervenir par la force
contre l'armée de Ticinum, tandis que les hommes de Sarus
défendaient l'ordre romain. Tout prouve que c'est le contraire
qui est vrai : les Huns, fidèles à leur patron, sont opposés à
l'intervention contre l'armée de Ticinum, tandis que les hommes
de Sarus, d'accord avec le reste des fédérés, y sont favorables.
Dans l'état actuel du texte de Zosime, le rôle de Sarus lui-
même (sur ce personnage, cf. supra n. 68) est ambigu. On
peut supposer qu'il ait voulu tuer Stilicon (cf. supra), mais
en agissant de la sorte, il aurait rendu un plus grand service
au parti antibarbare qu'à ses amis les fédérés. Je me demande
si le massacre des Huns n'est pas une initiative des buccellaires
de Sarus mal contrôlés par leur chef ; les hommes de Sarus
pourraient avoir profité des tensions et des incertitudes du
moment pour se venger d'une bande rivale. Le texte de Zosime,
selon lequel Sarus dirige l'opération, s'oppose certes à cette
hypothèse ; celle-ci permettrait cependant de mieux comprendre
ce qui se passe ensuite : après le massacre, ni Sarus ni Stilicon
n'agissent autrement que s'il n'avait pas eu lieu ; le massacre
semble n'être qu'un épisode accessoire, qui n'influence en rien
la chaîne événementielle principale.

Il est en tout cas certain que Sarus ne joue plus aucun rôle
dans les épisodes qui suivent immédiatement ; chez Zosime,
il est mentionné en 5, 36 comme un général valeureux à qui
Honorius aurait dû faire confiance après la disparition de Stilicon, mais on ne nous dit pas où il se trouve et quel rôle il joue
à ce moment-là ; il réapparaît en 6, 2, dans le contexte des
opérations contre l'usurpateur Constantin, qui se situent antérieurement, en 407, et enfin en 6, 13, 2 ; il se trouve alors,
vers l'été 410, dans le Picenum, avec la petite troupe de ses
buccellaires, n'ayant pris parti ni pour Honorius, ni pour
Alaric. L'hypothèse la plus simple consiste à supposer qu'après
l'épisode du massacre des Huns à Bologne en août 408 et la
dispersion des fédérés barbares, Sarus s'est rendu indépendant

et qu'il a séjourné, entouré seulement des trois cents hommes
de sa garde personnelle, dans diverses régions de l'Italie, sans
se lancer dans de grandes entreprises ; cf. Diesner [68] p. 330-
331.

Il est clair aussi que la décision de Stilicon de garder en otage
les familles des Barbares installées dans les villes italiennes
n'est pas la conséquence du massacre de sa garde de Huns,
mais résulte de la situation générale du moment (Seeck [5]
p. 389 et Ridley [8] p. 218 n. 123 admettent un lien de cause
à effet entre le massacre et la prise d'otages ; le point de vue
opposé est justement soutenu par Mazzarino [59] p. 298 n. 1).
Si Stilicon prend cette mesure, c'est que, constatant la défection des fédérés barbares à la suite de sa décision de ne pas
marcher sur Ticinum, il cherche à mettre un atout entre les
mains de la population romaine sans grande défense contre
les nombreux Barbares présents en Italie du nord : en isolant
et en bloquant dans les villes les familles des Barbares, on
conservait sur eux un moyen de pression. Par un enchaînement
fatal et qui n'était pas forcément prévisible, cette précaution
rendit possible un massacre supplémentaire qui aggrava la
haine entre les Barbares et les Romains ; cf. *infra* 5, 35, 5-6.
En tout cas, pour autant qu'on puisse faire confiance au témoignage ambigu de l'*Histoire nouvelle*, Stilicon ne semble pas
considérer le massacre de ses Huns comme une entreprise
directement dirigée contre sa personne, et il continue à agir
selon la ligne qu'il s'était fixée, sa mesure concernant les familles
des Barbares constituant une nouvelle preuve de son indéfectible loyauté envers Rome. Quant à son déplacement de Bologne
à Ravenne (que désapprouvent les fédérés barbares, car il
éloignait Stilicon de Ticinum), il est difficile à expliquer avec
les éléments que nous avons en main. Comme tous ces événements se succèdent très rapidement (cf. *supra* n. 70), il apparaît que l'ordre de placer Stilicon en résidence surveillée parvint à Ravenne immédiatement après l'arrivée de Stilicon lui-
même.

Problème d'expression : Paragr. 2. Pour la juxtaposition du
présent παρεγγυᾷ (que Bekker voudrait remplacer par un imparfait ; cf. app. crit.) et de l'imparfait ἔστελλε, cf. vol. II 1
p. 78, et Kaelker [40] p. 266-267.

Note 76.

La dernière ressource de Stilicon fut de se réfugier dans
une église, démarche parfois efficace, parfois inutile ; cf. *supra*

n. 35 et 67. La comédie infâme à laquelle se livrent les soldats
pour s'assurer de la personne de Stilicon montre combien ses
ennemis le redoutaient encore ; l'absence de résistance de la
part de Stilicon, qui était pourtant dans la logique de sa conduite
précédente, constitua évidemment pour eux une surprise totale.
Sur les causes de cette attitude de Stilicon, cf. *supra* n. 74.
L'évêque de Ravenne dont il est question doit être Jean, ou
Ursus, et la scène doit se dérouler dans la cathédrale, l'Anas-
tasias ou Basilica Ursiana, dont il ne reste rien aujourd'hui, et
qui se dressait à la place de l'actuel dôme (E. Stein [*Beiträge
zur Geschichte von Ravenna in spätrömischer und byzantinischer
Zeit*, Klio 16, 1920, p. 40-71] p. 52 ; Dict. d'archéol. chrét. et
de lit. XIV 2080-2081 et 2099 [H. Leclercq, 1948]). Sur Eucher,
cf. *supra* n. 71. Philost. 12, 3, p. 141, 13-14 Bidez-Winkelmann confirme qu'il se dirigea vers Rome (où se trouvait sa
mère Séréna ; cf. *infra* 5, 38), escorté par des fédérés barbares ;
Várady [5] p. 243 suppose que c'est Sarus qui accompagna
Eucher, sans alléguer d'arguments très convaincants. Fidèle à
la ligne qu'il s'était tracée, Stilicon refusa l'aide sans doute
efficace qu'auraient pu lui prêter ses derniers fidèles barbares,
apparemment assez nombreux ; seul Zosime précise que Stilicon
s'offrit spontanément au bourreau ; cf. Olymp. frg. 2 ; Soz.
9, 4, 8 ; Philost. 11, 3 et 12, 1, p. 135, 13-15 et 140, 2-13 Bidez-
Winkelmann ; Oros. *Hist.* 7, 38, 5 ; *Chron. Gall.* Chron.
min. I p. 652, 14, 57. Le meurtrier de Stilicon s'appelait Héraclien ; cf. *infra* 5, 37, 6 et n. 86.
Zosime fait suivre le récit de la mort de Stilicon d'un éloge
du défunt qui est digne d'attention à divers titres. Il est en
effet en contradiction avec le jugement sévère porté sur le
même personnage en 5, 1, 1-3 ; cf. aussi 5, 7, 1-3 ; 5, 11, 4-5 ;
5, 12, ainsi qu'Eun. *Hist.* frg. 88 ; on peut notamment con-
fronter les accusations formulées en 5, 1 et 5, 12 contre Stilicon d'être d'une avidité insatiable avec l'affirmation qu'on lit
ici qu'il fut parfaitement désintéressé. Cette contradiction
s'explique par le fait que jusqu'en 5, 25, Zosime suit Eunape,
et dès 5, 26 Olympiodore, et illustre la passivité avec laquelle
notre historien reflète les points de vue divergents de ses
sources ; cf. *supra* n. 1. La thèse de la passivité de Zosime
est aujourd'hui largement acceptée : cf. Mendelssohn *ad* p. 248,
3, Buchanan-Davis (p. 231 n. 1 de leur traduction), Matthews
[53] p. 90-91, Conca (introd. à sa trad., p. 22). Il convient
de rappeler ici que Photios lui-même, qui estimait apparemment
que l'ensemble de l'*Histoire nouvelle* dérivait d'Eunape, observait que Zosime divergeait néanmoins d'Eunape par son attitude envers Stilicon (*Bibl. cod.* 98, p. 84 b 29-30, II p. 66

Henry). L. Berardo (*Struttura, lacune e struttura delle lacune nell'Historia nea di Zosimo*, Athenaeum 54, 1976, p. 472-481) p. 476 n. 20 affirme que la partie olympiodorienne de Zosime contient aussi des jugements négatifs sur Stilicon ; en fait, parmi les passages qu'il cite, le seul qui soit pertinent est 5, 38, 5, qui s'explique fort bien dans la logique de l'opinion d'Olympiodore sur Stilicon ; cf. *infra* n. 89.

Problèmes d'expression : Paragr. 5. Pour la construction verbale ἀφελέσθαι τινά τινός, dans le sens d' « arracher quelqu'un à quelque chose », cf. un parallèle chez Syn. *Prou.* 1, 4, 93 B. Pour l'emploi du comparatif μετριώτερος dans un contexte où il correspond à un superlatif en français, cf. Kühner-Gerth II 1 p. 22.

Note 77.

Sur le mariage de Stilicon avec Séréna, nièce et fille adoptive de Théodose 1er, cf. *supra* 4, 57, 2 et vol. II 2 p. 463-464. Sur le difficile problème de la prétendue tutelle commune de Stilicon sur les deux fils de Théodose 1er, Honorius et Arcadius, cf. *supra* 5, 4, 3 et n. 5. On peut relever qu'ici, lorsqu'il suit Olympiodore, Zosime présente cette tutelle commune comme un fait objectif (il en va de même dans Olymp. frg. 2), tandis qu'en 5, 4, 3, dérivant d'Eunape, la tutelle commune est alléguée comme une affirmation de Stilicon lui-même, sur le bien-fondé de laquelle l'historien ne se prononce pas.

Zosime affirme ensuite que Stilicon avait assumé des fonctions de général (ἐστρατηγηκώς) pendant vingt-trois ans ; faut-il en déduire qu'il a eu le grade de *magister militum* (dans lequel il est attesté pour la première fois le 29 juillet 393 par *Cod. Theod.* 7, 4, 18) dès 385 ? ce serait assurément tirer une conclusion excessive de la terminologie imprécise de Zosime ; cf. Ensslin [68] p. 140-142 ; J. Doise (*Le commandement de l'armée romaine sous Théodose et au début des règnes d'Arcadius et d'Honorius*, MEFR 61, 1949, p. 183-195) p. 185-188 ; Demandt [27] 715, 24-716, 12 ; PLRE I p. 854. Avant d'être *magister militum*, Stilicon avait été *comes domesticorum* (CIL VI 1730 ; ILS 1277) ; on ignore la date à laquelle il parvint à ce grade ; une hypothèse vraisemblable consiste à penser qu'il l'obtint en 385, et qu'ici Olympiodore-Zosime incluent la période durant laquelle il occupa ce grade dans les vingt-trois années de sa στρατηγία. Sur le désintéressement de Stilicon, cf. *supra* n. 76.

Stilicon et Séréna eurent trois enfants, deux filles (cf. *supra* n. 4 et 61), et un fils, Eucher (cf. *supra* n. 71 et 76) ; au moment

de la mort de son père, celui-ci n'avait que dix-neuf ans. Olympiodore et Zosime s'efforcent de laver Stilicon du soupçon
d'avoir voulu installer Eucher sur le trône impérial ; cf. *supra*
5, 32, 1. Sur les notaires, dont beaucoup recevaient le rang de
tribun, cf. RE VI A 2453-2454 (Lengle, 1937) et Stein-Palanque
[6] p. 112 ; vu l'âge d'Eucher, il est évident qu'il ne reçut
cette fonction qu'à titre honorifique (sans doute en 396 ; cf.
Cameron [2] p. 48 et PLRE II p. 404). Ici de nouveau, comme
en 5, 31, 1 et avec la même formule d'introduction, Zosime, à
la suite d'Olympiodore, emploie les termes techniques latins
en translittération grecque ; cf. des formulations un peu différentes en 5, 40, 2 et 5, 44, 2. Le *Cod. Theod.* 6, 10, 2-3 (de 381)
précise le rang hiérarchique assez élevé des tribuns et notaires
(égal à celui de vicaire). Les notaires étaient constitués en une
schola, à la tête de laquelle se trouvait le *primicerius notariorum* ;
cf. en 5, 35, 2 la mention du primicier des notaires Pierre.

D'après *Consul. Ital.* Chron. min. I p. 300, 539, 3, Stilicon
serait mort le 22 août 408, soit un jour plus tôt que ne le dit
Zosime. Quoi qu'il en soit de cette infime différence, il convient
surtout de relever que nous sommes ici en présence de la seule
date précise fournie dans l'ensemble de l'*Histoire nouvelle*. Dans
la partie qui dérive d'Eunape, il n'est pas étonnant que l'on
n'en trouve point, puisque celui-ci avait proclamé dans sa préface qu'il écarterait intentionnellement toute précision chronologique de cette nature : cf. *Hist.* frg. 1, *Excerpta de sententiis*
p. 74, 11-12, Boissevain, et vol. I p. lix. Sur la date consulaire
et celle de la mort d'Arcadius, cf. *supra* n. 60 et 69. On notera
que la date est fournie selon le calendrier romain.

Note 78.

La disparition de Stilicon en Occident marque le triomphe
provisoire du parti antibarbare. Comme Zosime va l'indiquer,
on procéda à une épuration du personnel impérial et on pour-
chassa tous les partisans ou prétendus partisans de Stilicon ;
leurs biens, comme ceux de Stilicon lui-même, furent confisqués par l'État. Le *Code Théodosien* conserve de nombreuses
traces des mesures qui furent alors prises : 5, 16, 31 ; 9, 40,
20 ; 9, 42, 20-22 ; cf. *infra* 5, 35, 4 et n. 79. La mort de Stilicon eut par ailleurs comme conséquence d'améliorer momentanément les relations entre les deux *partes imperii* : *Cod.
Theod.* 7, 16, 1, du 10 décembre 408, met un terme à un blocus
maritime qui avait été auparavant décrété par Stilicon et qui
avait interrompu toutes les relations avec l'Orient ; Stilicon

craignait évidemment que ses ennemis de Constantinople n'envoient des renforts à ses ennemis d'Italie. Cf. Stein [6] p. 253-254.

Sur Olympius, cf. *supra* n. 71 ; sa promotion est sans doute postérieure à la mort de Stilicon ; cf. Philost. 12, 1, p. 140, 10-12 Bidez-Winkelmann (qui n'est pas contredit par Zosime 5, 34, 2, contrairement à ce que prétend E. Demougeot [1] p. 427 n. 367). Dans V, Olympius est qualifié de *magister* tout court (comme dans Philost. *loc. cit.* ; cf. aussi *ibid.* p. 140, 4 et *supra* n. 71). Il est hors de doute qu'Olympius a été nommé *magister officiorum* : Olymp. frg. 8 le précise expressément, et *Cod. Theod.* 16, 5, 42, du 14 novembre 408, lui est adressé à ce titre. La désignation de cette fonction par le seul terme de *magister* est assurément possible, comme le prouvent Zosime, 3, 29, 3 et les deux passages de Philostorge mentionnés ci-dessus, mais Zosime utilise aussi parfois le titre complet, soit en translittération grecque (2, 43, 4), soit en recourant à une périphrase pour préciser de quel type de *magister* il parle (4, 51, 1 ; 5, 32, 6) ; on ne peut donc pas affirmer comme Thompson [53] p. 48 n. 3 que chez Zosime *magister* tout court signifie *magister officiorum*, et en conclure que la correction proposée par Mendelssohn est abusive. Comme le passage correspondant d'Olympiodore (frg. 8) comporte le titre complet et que l'ajout de Mendelssohn permet d'éviter un hiatus, il m'a paru judicieux d'introduire cette correction dans le texte ; Mendelssohn (*ad* p. 261, 20) signale qu'en 5, 44, 2, Zosime, pour éviter un hiatus, recourt à l'artifice du pluriel : τῆς τῶν ὑπάρχων ἀρχῆς.

Parmi les victimes du nouveau régime, il y eut évidemment tous les partisans avérés de Stilicon qui avaient échappé au massacre de Ticinum du 13 août. Deutérius, *praepositus sacri cubiculi*, et donc eunuque, n'est connu que par le présent texte de Zosime ; il en va de même pour Pierre, *primicerius notariorum*, au sujet duquel on a suggéré d'aventureuses identifications (cf. Mazzarino [59] p. 369 et n. 6), à juste titre repoussées pour d'évidentes raisons chronologiques par PLRE II p. 865 nº 2 ; on notera qu'ici Zosime choisit une équivalence grecque pour désigner la fonction de Pierre, alors qu'Olympiodore frg. 13 translittère sans scrupules le titre latin en grec.

Sur les prétendues visées de Stilicon d'accéder au trône impérial, ou plutôt d'y faire accéder son fils, et sur l'impossibilité dans laquelle on se trouva de le prouver, cf. *supra* n. 71. Sur Thermantia, qui fut envoyée à Rome et rendue à sa mère Séréna, cf. *supra* 5, 28 et n. 61 et *infra* 5, 37, 5-6. Sur Eucher, cf. *supra* 5, 32, 1 et n. 71, 5, 34, 5 et n. 76 ; il est de nouveau question du sort d'Eucher en 5, 37, 4-6, qui offre

une version qui contredit celle qu'on lit ici. Selon 5, 35, 3-4,
Eucher parvient à se réfugier dans une église à Rome et sauve
ainsi sa vie (l'identité de ceux qui le poursuivent n'est pas précisée ; s'agit-il des eunuques dont il est question en 5, 37, 4-6 ?) ;
selon 5, 37, 4-6, Eucher se trouve prisonnier de ses bourreaux
hors de Rome, entre dans Rome avec eux et y est exécuté ; sur
cette difficulté, cf. *infra* n. 85. Sur l'asile dans les églises, cf.
supra n. 35 et 67.

Note 79.

Héliocrate n'est connu que par Zosime, qui le présente dans
ses fonctions de *comes rei priuatae* ici et en 5, 45, 3-4, dans le
contexte des événements appartenant à l'année 409 ; cf. *infra*
n. 103. Héliocrate n'est pas le successeur du *comes rei priuatae*
anonyme dont il est question en 5, 32, 6 (cf. *supra* n. 73),
car un dénommé Volusien est attesté en Occident dans cette
fonction le 29 novembre 408, et Héliocrate occupe son poste
en 409. Une partie au moins des lois qu'Héliocrate était chargé
d'appliquer à Rome est conservée par *Cod. Theod.* 9, 42, 20-
22 (du 24 septembre, 25 octobre et 22 novembre 408), lois
adressées au préfet du prétoire Théodore (qui apparaît en 5,
44, 2). Comme le montre 5, 45, 3-4,Héliocrate ne déploya pas
un grand zèle à accomplir une tâche pratiquement impossible
à réaliser ; cf. Stein-Palanque [6] p. 254. Le grec de la fin du
paragr. 4 n'est pas compréhensible : on ne voit pas quel sens
peut avoir l'accusatif ἔργον avec la forme moyenne ἐπετίθετο,
et on ne sait pas à quoi raccrocher le génitif χρημάτων ; Heyne
p. 645 proposait d'entendre le moyen au sens d'un actif, et
pensait que ἔργον χρημάτων signifiait « magna pecuniae uis »,
ce qui n'est pas plus convaincant que la traduction de Leunclauius « congerendis in fiscum pecuniis occupatus erat » ;
on arriverait à peu près au sens que propose Heyne en remplaçant avec Herwerden ἔργον par ὄγκον (« une masse de richesses ») ; je crois plutôt qu'il s'est produit un accident dans la
tradition du texte ; cf. app. crit. Les mots que je place dans la
traduction rendent en gros le sens que le passage semble avoir,
mais ne constituent nullement une version du grec tel qu'il est
conservé.

Note 80.

A propos des considérations de Zosime sur les causes trans-
cendantes des malheurs de Rome, Mendelssohn (*ad* p. 262, 19)

et Ridley [8] p. 219 n. 128 parlent de doctrine néo-platoni-
cienne ; le second ajoute cependant opportunément, p. 135
n. 5, qu'il y a quelque abus à qualifier de néo-platoniciennes
les quelques idées très élémentaires que Zosime développe ici
et là sur les causes profondes du devenir historique ; elles appartiennent plus simplement à l'héritage commun des païens de
l'antiquité tardive, enclins à adhérer à des conceptions dualistes.
Cf. 1, 1, 2 et vol. I p. 129-131, ainsi que *supra* n. 20 et 30.
Le présent passage de Zosime, certainement défiguré par un
accident de la tradition, s'ajoutant à la faute de Σ corrigée
par V, n'a en général pas été bien compris ; Leunclauius tra-
duisait « malum genium, qui tunc et nefariorum catenis con-
stringebat » ; à sa suite Seybold-Heyler rendent ce passage
ainsi : « den Dämon..., der damals alles durch die Ketten der
Bösewichte fesselte » ; Buchanan-Davis : « the evil genius which,
heavyladen with bonds of guilt and godforsaken » ; Ridley :
« the oppressive spirit, enslaved by wickedness and bereft of
religion ». Comme l'a bien vu Mendelssohn (*ad* p. 262, 18-19),
le participe συνέχοντα doit absolument avoir un régime (cf.
5, 41, 5 ὁ τὰ ἀνθρώπινα λαχὼν ἀλιτήριος δαίμων) ; j'ai donc
adopté la conjecture qu'il propose (cf. app. crit.) et, pour le
reste, je me suis inspiré de la traduction à mon avis correcte
de Conca en considérant τῆς ... σειρᾶς comme un génitif par-
titif. Zosime parle dès lors de deux forces opposées, celle du
mal (le démon) et celle du bien (la divinité) ; les hommes,
abandonnés par la divinité, sont la proie du démon ; la même
conception apparaît en 5, 41, 5 (le démon, force mauvaise,
pousse les hommes au comble de la malfaisance) et en 5, 51, 2
(les hommes sont abandonnés par la force du bien, nommée
ici la providence de Dieu). Parfois cependant, quoique le mal
domine, il est provisoirement arrêté, retardé ou accéléré par
la *fortuna*, τύχη : cf. 5, 14, 4 ; 5, 21, 4 ; 6, 13, 1 ; en 5, 5, 8, c'est
la providence divine qui joue le rôle de la *fortuna* ; de plus,
Adrastée ou la Justice finissent toujours par punir les méchants :
cf. 5, 10, 3 et 5, 38, 4-5. A juger des endroits où apparaît chez
Zosime cette doctrine de l'humanité abandonnée par Dieu et en
proie au mal, il semble qu'elle appartienne à Olympiodore, tandis
que la notion de *fortuna* est commune à Eunape et à Olympiodore. Selon 1, 1, 2, où Zosime suit une source impossible à déterminer — à moins qu'il ne soit là indépendant de toute source —,
la providence produit, ou ne produit pas, des esprits fertiles,
et cause ainsi ou le bonheur ou le malheur de l'humanité. Cette
doctrine-là ne s'accorde pas bien avec celle de l'ensemble du
récit de l'*Histoire nouvelle*, qui montre que les malheurs de
Rome sont la conséquence de l'abandon des cultes traditionnels,

quand bien même l'époque n'est pas dépourvue d'esprits fertiles (les derniers païens) ; cf. mon étude citée *supra* n. 20.
Selon l'optique du présent passage de Zosime, on peut en
revanche dire sans incohérence que l'interruption des cultes
païens a pour conséquence que la divinité délaisse les hommes
(litt. « dans un désert privé de Dieu »), et que ceux-ci deviennent
la proie du démon maléfique.

Note 81.

La précaution prise par Stilicon pour mettre entre les mains
de la population romaine des villes un atout contre les risques
que faisait peser sur elle la présence de nombreux fédérés
barbares en Italie du nord (cf. *supra* 5, 34, 2 et n. 75) manqua
entièrement son but. Stilicon disparu, les soldats romains, dis-
séminés dans les villes, furent contaminés par la fureur antibarbare de l'armée de Ticinum et massacrèrent les familles
des fédérés barbares qui s'y trouvaient enfermées sans défense ;
Olympius porte la responsabilité indirecte de ce carnage, qui
allait accélérer la venue en Italie d'Alaric et causer les malheurs
de Rome dont Zosime va maintenant parler. Peut-être même
les mots de Zosime « comme sur un signal convenu » suggèrent-
ils que l'initiative des soldats romains fut encouragée directement par Olympius ; cf. E. Demougeot [1] p. 431. Quoi qu'il
en soit, il n'est pas étonnant dans ces conditions que les fédérés
barbares dont les familles avaient été passées au fil de l'épée
aient tous songé à rallier Alaric avec ce qu'il restait de leurs
femmes et de leurs enfants. Sur leur nombre, cf. *supra* n. 74 ;
on peut rapprocher la présente donnée de celle qui est fournie
en 5, 42, 3 ; les Barbares d'Alaric devant Rome sont au nombre
d'environ quarante mille (sans compter les esclaves qui les
rejoignent alors, contrairement à ce que prétend Ridley [8]
p. 219 n. 129). Ces chiffres sont difficiles à concilier si l'on
n'admet pas qu'ils englobent des proportions assez diverses
de femmes et d'enfants. Sur le passage des fédérés barbares
du côté d'Alaric, cf. Várady [5] p. 199, 209-210 et 241-243,
qui suppose notamment qu'il y avait parmi eux les « optimates »
de Radagaise embauchés dans l'armée romaine (cf. *supra*
n. 57), ainsi que les fédérés commandés par Sarus, puisque,
après cet épisode, ce dernier n'a plus avec lui que ses trois cents
buccellaires (cf. *supra* n. 68 et 75) ; cette dernière affirmation
est sujette à caution ; cf. *infra* n. 83. Les fédérés se réunirent
en quelque endroit de l'Italie du nord, mais ne rejoignirent
certainement pas Alaric, qui devait alors encore se trouver

dans le Norique, à Virunum (cf. *supra* n. 64 et *infra* 5, 37, 1-2).

De l'expression θεοῦ πίστεως, Mendelssohn (*ad* p. 262, 28) rapproche Thuc. 5, 30, 3 θεῶν... πίστεις ὀμόσαντες. Le sujet de ἐδόκει doit être Alaric, quand bien même Conca traduit « si accinsero a mettere in atto ciò che avevano stabilito ».

Note 82.

Malgré le tour pris par les événements en Italie du nord et le ralliement des fédérés évidemment désireux d'en découdre avec les Romains, Alaric, fidèle à sa politique, s'efforça tout d'abord de conclure un accord avec Honorius ; cf. Várady [5] p. 253. Si, selon Zosime, il se fondait toujours encore sur les termes de l'arrangement conclu avec Stilicon, c'est qu'il espérait obtenir un haut rang dans l'armée romaine, et un territoire où installer et nourrir le peuple qui l'accompagnait (cf. 5, 48, 3). Il demanda une somme d'argent dont Zosime ne précise pas le montant, proposa un échange d'otages et se déclara prêt à quitter Virunum, dans le Norique Méditerranéen — d'où, par le Tarvisio, il menaçait directement l'Italie du nord — et à se retirer plus loin à l'est en Pannonie (cf. *supra* n. 64). Olymp. frg. 3 dit qu'Alaric, à cause de l'assassinat de Stilicon, et parce qu'il ne reçut pas ce qu'il demandait, alla assiéger et piller Rome. Blockley [19] p. 212 n. 9 prétend qu'ici Olympiodore diffère de Zosime, sans s'apercevoir que Photios résume à l'extrême Olympiodore, puisque, en trois lignes, il évoque la fin de Stilicon, la rupture des négociations de 408 (ou de 409) et la prise de Rome de 410. Sozomène (9, 6, 1-2), qui résume aussi Olympiodore, parle des désordres en Occident, et précise qu'après la mort de Stilicon Alaric fit en vain des ouvertures de paix à Honorius, puis alla assiéger Rome.

Les noms des otages et de leurs pères sont donnés en ordre chiastique ; cf. *supra* n. 72 ; il est en effet clairement attesté que le père d'Aétius était Gaudence : cf. Iord. *Get.* 176 ; *Chron. Gall.* Chron. min. I p. 658, 100 ; Greg. Tur. *Franc.* 2, 8. Sur Aétius, le futur célèbre général romain, cf. RE I 701-703 (Seeck, 1893) et PLRE II p. 21-29 ; de nombreux détails sur son origine et sa vie sont donnés par Grégoire de Tours (*loc. cit.*) citant Rénatus Profuturus Frigéridus. Il fut trois ans otage d'Alaric comme tout jeune homme (Merob. *Carm.* 4, 42-43), sans doute en 405-408 (cf. F. M. Clover, commentaire à Mérobaude, Philadelphia, 1971, p. 56-58) ; en 408, il devait avoir

environ dix-huit ans ; Zosime ne reparle plus de ce personnage, dont la carrière brillante se développe bien après le point
terminal de l'*Histoire nouvelle*. Jason n'est connu que par le
présent passage de Zosime. Jovius, père de Jason, est certainement le même Jovius que celui dont traitent RE IX 2015-
2016 (Seeck, 1916) et PLRE II p. 623-624. En 405, il fut
envoyé auprès d'Alaric comme préfet de l'Illyricum, dont la
partie orientale devait être reprise à la *pars Orientis* (cf. *supra*
n. 54), et il se lia alors d'amitié avec Alaric (cf. *infra* 5, 48, 2) ;
il va jouer un rôle important dans la suite des événements,
et réapparaître à plus d'une reprise dans l'*Histoire nouvelle* (cf.
infra n. 108). L'identité du préfet d'Illyricum avec le père de
Jason est en général admise, bien qu'aucune source ne l'atteste
expressément ; elle est rendue très vraisemblable par le fait
qu'Alaric demande comme otage des jeunes gens qu'il connaît,
et notamment le fils d'un ami ; on peut aussi identifier le présent Jovius avec le correspondant de Symmaque qui occupe
une fonction officielle en Afrique en 399. Sur Gaudence, père
d'Aétius, cf. RE VII 859 nº 6 (Seeck, 1910), Hoffmann [5]
p. 113, Demandt [27] 641 et PLRE II p. 493-494 ; sa carrière
est résumée par le passage de Grégoire de Tours mentionné
supra à propos de son fils. Il servit dans l'armée, d'abord comme
comes Africae en 399, puis comme *magister equitum*, peut-être
en Gaule, à une date qui est difficile à déterminer ; comme
comes Africae, il a un successeur en la personne de Bathanaire
dès 401 (cf. *infra* n. 86), ce qui suggérerait que sa promotion
au grade supérieur date déjà de cette époque ; par ailleurs,
comme Alaric exige son fils comme otage en 408, il semble
logique de supposer qu'il occupait quelque place importante à
cette date, mais il paraît exclu de lui attribuer un poste de
magister militum à ce moment-là (cf. *infra* n. 83) ; la solution
de cette difficulté semble impossible dans l'état actuel de notre
information. Dans Zosime, Gaudence n'est mentionné que dans
le présent passage.

Note 83.

L'entourage farouchement nationaliste d'Honorius s'opposa
aussi bien à un accord avec Alaric qu'au parti énergique de
confier la défense de l'Empire à un général capable, mais barbare (pour l'expression δυοῖν... θάτερον... ἤ... ἤ..., cf. Polyb.
3, 90, 11 ; 22, 8, 7). Sur Sarus, cf. *supra* n. 68 et 75 ; sa valeur
militaire est aussi soulignée par Zosime 5, 34, 1 et Olympiodore frg. 3 (il était vaillant et invincible au combat). Zosime

précise ici qu'outre sa valeur personnelle, il pouvait être utile
du fait qu'il avait beaucoup de Barbares — des fédérés évidemment — avec lui ; nous avons vu en 5, 35, 6 une masse
de fédérés rallier le parti d'Alaric ; le présent passage nous
prouve cependant qu'il y en avait encore un bon nombre avec
Sarus qui n'étaient pas hostiles à l'idée de poursuivre leur
collaboration avec l'Empire ; il est donc évident que Várady
([5] p. 209-210) se trompe quand il soutient que les fédérés
commandés par Sarus ont été du nombre de ceux qui ont rejoint
Alaric ; cf. *supra* n. 81.

A la suite de Leunclauius, tous les traducteurs, exceptés
Seybold-Heyler, traduisent à mon avis εὐχῶν (paragr. 3) d'une
manière erronée : il n'est pas ici question, comme en 5, 35, 1,
du fait qu'Olympius imposa ses choix à Honorius, mais de ses
prières de chrétien dévot ; déjà en 5, 32, 1-2, la tradition
d'Olympiodore-Zosime formule des remarques acides sur la
piété chrétienne (prétendument feinte) d'Olympius ; ici, elle
applique au même personnage le topos du général qui, au lieu
de se battre, ne sait que prier ; cf. 3, 3, 2 et vol. II 1 p. 67,
ainsi que 4, 23, 2 et vol. II 2 p. 381. Le lien logique avec ce
qui suit est qu'Honorius, faisant pleinement confiance à l'efficacité de l'intercession d'Olympius, place sans inquiétude à la
tête de l'armée des généraux incapables ; qu'ils fussent amis
d'Olympius et chrétiens va de soi, mais n'implique pas auto-
matiquement qu'ils fussent du même coup nuls. L'autre traduction (Honorius fit dépendre tous les espoirs des vœux, ou
préférences d'Olympius) n'est pas impossible, mais répète inutilement 5, 35, 1 et élimine la pique contre la piété d'Olympius,
qui s'harmonise bien avec 5, 32, 1-2.

Dans la phrase où sont énumérées les nouvelles nominations,
Sintenis, Wäschke et Mendelssohn ont sans doute raison de
vouloir athétiser ἐπιστήσας, qui répète inutilement ἐπέστησε. Les
trois personnages mentionnés ici sont essentiellement connus
par le présent passage et Zosime 5, 47, 2 - 48, 1. Le problème
de l'occupation des divers postes de *magistri militum* et de la
succession des divers titulaires à ces postes fait problème en
raison du caractère lacunaire des indications données par
Zosime ; je suis ici la reconstruction de Demandt [27] ; cf.
son tableau des postes 787-788, résumant des hypothèses co-
hérentes. Sur Turpillion, cf. RE VII A 1428 (Ensslin, 1948),
PLRE II p. 1133 et Demandt [27] 636-637 ; nommé *magister
equitum praesentalis*, il succède à Vincent (5, 32, 4) et sera
remplacé par Valens (5, 48, 1). Demandt [27] 636,6-637,2
suggère que Turpillion était peut-être, à juger de son nom, un
Germain ; cela n'est cependant pas prouvé, et me paraît peu

vraisemblable : le coup de Ticinum de 408 porte clairement
au pouvoir des nationalistes antibarbares, et l'on voit mal
Olympius favoriser un Germain. Sur Varanès, cf. RE VIII A
2087 n° 7 (Ensslin, 1948), PLRE II p. 1149-1150 et Demandt
[27] 628-629. Ce personnage d'origine perse, comme son nom
l'indique (Varanès est une hellénisation de Wahram, nom porté
par plusieurs souverains sassanides) est le seul des trois qui
sont nommés ici à être connu autrement que par Zosime.
Correspondant de Libanios, il semble occuper un poste à la
cour de Constantinople en 393 ; il a peut-être accompagné
Théodose en Occident en 394. Comme il devient en 408 *magister
peditum*, il est le successeur de Stilicon ; Demandt suppose
qu'Honorius lui confia rapidement la mission qui aurait dû
être celle de Stilicon, à savoir d'aller affermir le pouvoir de
Théodose II en Orient (cf. *supra* 5, 31, 3-6 et n. 70) ; toujours
est-il que l'on retrouve Varanès à Constantinople, en 409
(*Chron. Pasch.* Chron. min. II p. 71), et comme consul oriental
en 410. Le poste de Stilicon étant devenu vacant par le départ
de Varanès, on put envisager de le donner à Alaric (cf. 5, 48,
3) ; son successeur fut en fait en Occident Flavius Constantius,
Auguste en 421, qui n'apparaît pas chez Zosime. Sur Vigilance,
cf. RE VIII A 2131 n° 1 (Ensslin, 1958), PLRE II p. 1165
et Demandt [27] 642, 17-30 ; en 408, il devient *comes domesticorum equitum* (Zosime emploie le terme ἴλη ; son successeur
Allobic est qualifié de commandant des « cavaliers domestiques »
en 5, 47, 1), mais en 409, il a été promu *magister equitum (per
Gallias)*, et c'est encore son successeur Allobic qui lui succède
dans ce poste (5, 48, 1). Les fastes de PLRE II p. 1288-1289
présentent une reconstitution différente, Turpillion devenant
magister peditum comme successeur de Varanès, Vigilance puis
Allobic étant ses successeurs au poste de *magister equitum
praesentalis* ; c'est l'ancienne combinaison déjà suggérée par
Mendelssohn (*ad* p. 278, 15-16), moins satisfaisante pour des
raisons chronologiques, du fait qu'elle oblige d'insérer dans le
poste de *magister peditum* entre Varanès et Constance encore
deux titulaires, Turpillion et Valens, sans laisser de vacance
favorable aux ambitions d'Alaric.

Note 84.

La chronologie de la descente d'Alaric sur Rome n'a été
établie de manière entièrement satisfaisante ni par Seeck ([5]
p. 392 et 593-594), qui ne tient pas assez compte du temps que
le Goth mit pour accomplir son long déplacement, ni par

E. Demougeot ([1] p. 433 et n. 417), qui suppose, sans le
moindre appui dans le texte de Zosime, que dans un premier
temps, Alaric pénétra en Italie et, quatre semaines plus tard,
marcha sur Rome ; cette erreur est corrigée dans E. Demougeot [55] p. 452-455, qui ne présente cependant pas non plus
le problème avec toute la clarté nécessaire. Stilicon fut assassiné le 22 ou le 23 août (cf. *supra* n. 77) ; à partir de cette
date, il faut tenir compte du temps nécessaire pour que l'événement parvienne à la connaissance d'Alaric, pour que celui-ci
fasse de nouvelles propositions à Honorius, et pour qu'il apprenne
le refus de l'empereur. Par ailleurs, nous savons qu'après l'épisode de Ticinum, Honorius résida à Milan, où il se trouve le
13 et le 24 septembre, puis, lorsqu'il apprit l'entrée d'Alaric
en Italie, qu'il alla se mettre en sûreté à Ravenne, où il se
trouve en tout cas le 14 novembre (cf. Seeck [26] p. 314). Il
apparaît donc qu'Alaric quitta Virunum, dans le Norique Méditerranéen (cf. *supra* n. 64), à la fin de septembre ou au début
d'octobre 408. Le récit de Zosime montre qu'il se hâta, mais le
déplacement d'une armée sur une distance de quelque neuf
cents km prend du temps. Nous savons enfin que quand Alaric
bloqua tous les accès de Rome, le blé d'Afrique n'avait pas
encore été transporté d'Ostie à Rome (cf. *infra* 5, 39, 1 ; 5,
42, 2-3 et n. 90), ce qui invite à ne pas trop retarder l'arrivée
d'Alaric devant Rome ; ce n'est sans doute pas plus tard que
les premiers jours de novembre que les Goths investirent l'ancienne capitale, où la présence d'Alaric parut incroyable ; cf.
5, 40, 2 et n. 93.

Les motifs de l'initiative d'Alaric sont clairs ; le refus adressé
à ses propositions lui fit sans peine comprendre qu'avec le
nouvel entourage d'Honorius, ses rapports seraient radicale-
ment différents de ce qu'ils avaient été du temps de Stilicon ;
il lui fallait donc passer à l'action pour faire pression sur le
gouvernement impérial et frapper un grand coup ; l'idée d'une
attaque contre l'ancienne capitale, aux murailles restaurées,
mais par ailleurs mal défendue (cf. E. Demougeot [1] p. 435
et [55] p. 455), s'imposa à lui. Il ne comptait pas s'emparer
de la ville, mais savait — l'événement le confirma — qu'une
période de siège briserait la résistance des Romains. Par ailleurs, il n'y avait en Italie du nord, outre la garnison de
Ravenne, qu'une seule armée sérieuse, celle qui était réunie à
Ticinum pour aller combattre l'usurpateur Constantin ; de la
Vénétie, la voie vers Rome était ouverte, et Alaric ne rencontra en effet aucune résistance (cf. Hoffmann [5] I p. 95).

Sur Ataulf, cf. RE II 1939-1941 (Seeck, 1896) et PLRE II
p. 176-178. Son nom varie selon les sources ; Zosime écrit Ἀτάουλ-

φος, *Chron. Pasch.* Chron. min. II p. 72 Ἀταούλφος. Olympiodore frg. 10 et Soz. 9, 8, 2 Ἀδαούλφος, Oros. *Hist.* 7, 40,
2, Marcell. Chron. min. II p. 70, 410 et Prosp. Chron. min. I
p. 466, 1246 Athaulfus, *Chron. Gall.* Chron. min. I p. 654,
69 et Iord. *Rom.* 323 et *al.* Atauulphus (ou -fus), etc. Sa qualité de frère de la femme d'Alaric n'est précisée que par la
tradition d'Olympiodore-Sozomène (*locc. citt.*) - Zosime ; Oros.
et Marcell. (*locc. citt.*) disent simplement *propinquus.* Chez Philostorge, 12, 4, p. 143, 1 Bidez-Winkelmann, le nom d'Ataulf
a disparu dans une lacune, qui est précédée des mots « le frère
de sa (*sc.* Alaric) femme » ; donc Philostorge se rattache ici à
Olympiodore (cf. Jeep [53] p. 77). Sur les troupes qui accompagnent Ataulf, et notamment son contingent de Goths, cf.
Várady [5] p. 180, 215 et 245-247 ; il suppose qu'il s'agit en
partie de fédérés barbares qui ont reflué d'Italie (cf. *supra,* 5,
35, 6), en partie de Huns déjà installés en Pannonie ; cf. *infra*
5, 45, 5-6 et n. 105. Duval [62] p. 284-285 pense qu'Alaric
fait appel à Ataulf surtout pour couvrir ses arrières et fixer
sur place les garnisons des villes italiennes qui auraient pu se
lancer à sa poursuite ; l'hypothèse paraît à première vue séduisante, mais il semble qu'il faut cependant l'exclure car, pour
autant que nous le sachions, Ataulf n'a pas quitté la Pannonie
avant 409 (cf. 5, 45, 5-6 et Várady [5] p. 247). Ces opérations
de 408-409 sont les premières où apparaisse Ataulf, et le rôle
qu'il y joue ne nous est connu que par Zosime.

L'itinéraire emprunté par Alaric, de Virunum par le Tarvisio vers Aquilée, Concordia et Altinum (villes situées au-delà
du Pô pour un observateur placé en Italie centrale) est logique,
et il n'y a pas lieu de s'étonner outre mesure qu'Olympiodore-
Zosime utilisent ici le vieux nom d' Ἠριδανός, riche en saveurs
mythologiques et littéraires, plutôt que le nom platement
romain de Πάδος. Alaric passe par la route construite à l'origine, en 175 av. J.-C. par M. Aemilius Lepidus, et qui allait
de Bologne à Aquilée, par Patauium et les villes nommées ci-
dessus ; cf. G. Radke s.u., *Viae publicae Romanae* (RE Suppl.
XIII [1973] 1587-1588 et 1596-1599). De toute évidence, le
verbe παρατρέχειν signifie ici « passer devant » — c'est-à-dire
sans s'attarder à prendre d'assaut — les villes dont il est question ; il ne faut pas se laisser égarer, comme Duval [62] p. 285,
par ce que Zosime dit plus loin en 5, 37, 4, qui ne concerne que
les forts et les villes qui se trouvent entre le Picénum et Rome ;
comme il n'y avait là que des localités sans importance, non
défendues et peut-être même abandonnées (sauf Narni ; cf.
infra), il n'est pas étonnant qu'Alaric ait pu les ravager en
passant sans perdre de temps. Il est aussi parfaitement gra-

tuit de supposer, avec E. Demougeot [1] p. 434, qu'Alaric ait
eu l'intention d'attaquer Milan (ainsi déjà Seeck [5] p. 291),
ou Ravenne, car Zosime ne dit rien de tel. Il y a certes l'embarrassante donnée de Zosime selon laquelle Alaric aurait aussi
passé devant Vérone ; il faudrait dans ce cas admettre qu'il
aurait dévié vers l'ouest de la route qu'il suivait, à Ateste, et
que de là, par Hostilia et Mantoue, il aurait rejoint à Bedriac
la Via Postumia, qui l'aurait mené à Crémone ; il aurait ensuite
pu rejoindre Plaisance et repartir en direction du sud-est vers
Bologne par la Via Aemilia. Ce détour vers l'ouest de quelque
deux cents km n'est pas pensable dans le contexte d'un déplacement Virunum-Rome dont nous avons vu qu'il fut très
rapide. Ce qui confirme l'hypothèse qu'il y a ici un accident
incompréhensible et inexplicable chez Zosime, qu'une correction de Crémone en Vérone (cf. app. crit.) n'améliore en rien,
c'est qu'Alaric arrive ensuite à un endroit nommé Oicoubaria.
Pour la localisation de ce site, il ne faut pas se fonder sur la
notice erronée de Philipp (RE XVII 1997 [1937]), mais se
reporter à H. Nissen (*Italische Namenskunde* II, Berlin, 1902)
p. 260-261, où le nom cité par Zosime est ingénieusement rapproché de Vicus Varianus, auj. le gros bourg de Vigarano, à
dix km à l'est de Ferrare ; or ce Vicus Varianus se trouve précisément, pour qui arrive du nord, après le passage du Pô, sur
la route construite par Aemilius Lepidus, qu'Alaric avait auparavant empruntée, et qui conduit directement à Bologne. Si
Alaric s'était rendu à Crémone, il ne serait certainement pas
passé ensuite par Vicus Varianus, car cela aurait constitué un
nouveau détour. Je pense donc que c'est le nom de Vicus Varianus qui se cache sous Oicoubaria, et que le nom de Crémone
doit être totalement éliminé de l'itinéraire suivi par Alaric.
Mendelssohn (*ad* p. 264, 17) pense que ce nom s'est peut-être
glissé là à partir d'un développement de contenu inconnu chez
Olympiodore, que Zosime aurait éliminé ; de la part de Zosime,
qui n'a pas la moindre idée de la géographie de l'Italie du nord,
cette bévue n'aurait rien d'étonnant. A la suite de Wannowski
[4] p. 45 et de Mendelssohn (*loc. cit.*), j'ai corrigé κρέμονα de V
en Κρεμῶνα sur la base d'un nominatif Κρεμών, qui est la
forme grecque normale pour les toponymes latins en *-ona*. Au
sens strict, ὁρμητήριον (paragr. 2) est un lieu d'où l'on lance
des opérations, donc par extension tout lieu fortifié.

Après Bologne, située en Émilie (cf. 5, 31, 1), Alaric continue
à suivre la Via Aemilia en direction du sud-est ; il n'est pas
tout à fait exact de dire qu'il laissa Ravenne derrière lui, car
la Via Aemilia passe à plus de vingt km au sud-ouest de la
nouvelle capitale, dont Alaric resta donc à l'écart. Il passa

aussi sans s'arrêter devant Rimini, qui se trouve (comme
Ravenne ; cf. *supra* 5, 27, 1 et n. 58) dans la province de Flaminie ; quelques mois plus tard, Sozomène (9, 7, 2) évoque
les murs apparemment intacts de cette ville (cf. *infra* 5, 48, 2
et n. 110). Sur l'emploi des synonymes ἐπαρχία et ἔθνος, ici
peut-être par souci de variation stylistique, cf. *supra* n. 2.

La localisation du Picénum est évidemment hautement fan-
taisiste ; ce sont Tarente et la Lucanie, et non le Picénum, qui
se situent au fond du golfe d'Ionie ; faut-il attribuer cette
erreur à Zosime, ou bien à Olympiodore ? il me paraît ici
impossible de trancher. Je me demande cependant si un texte
de Procope (*Bell.* 3, 2, 9) situant Ravenne à l'extrémité du
golfe d'Ionie ne permet pas de supposer que les historiens grecs
tardifs ont confondu le golfe d'Ionie et la Mer Adriatique ; cela
expliquerait les localisations fournies par (Olympiodore ?-)Zo-
sime et Procope. Si l'on s'en tient du reste à la définition traditionnelle du Picénum, on peut s'étonner de voir Alaric, qui
se rend de Bologne à Rome, pénétrer dans cette province, la
route normale et directe étant, après Rimini, la Via Flaminia,
qui quitte la côte adriatique pour franchir les Apennins à
Fanum Fortunae (Fano), au nord du Picénum traditionnel, qui
commence à l'Aesis (Esino), un cours d'eau situé au nord
d'Ancone. Il convient cependant de tenir compte de la géographie administrative de ce secteur dans l'antiquité tardive ; cf.
à ce sujet A. Chastagnol (*Notes chronologiques sur l'Histoire
Auguste et le laterculus de Polémius Silvius*, Historia 4, 1955,
p. 173-188) p. 176-180. Durant le ive siècle, Flaminie et Picénum forment une seule province ; vers 398, celle-ci est séparée
en deux, et son ancien territoire constitue dès lors les provinces
que la *Notitia dignitatum* (Oc. 1, 56 et 58) nomme d'une part
Picenum suburbicarium, d'autre part *Flaminia et Picenum
annonarium*, l'Esino marquant à nouveau la frontière des deux
provinces sur la côte adriatique. Comme la géographie administrative de 408 lie le nom du Picénum à celui de Flaminie,
je pense que l'apparition du nom du Picénum dans la tradition
d'Olympiodore-Zosime en relation avec le déplacement d'Alaric à l'automne de 408 ne nous oblige pas à admettre que le
Goth soit allé plus au sud que la province de Flaminie-Picénum
annonaire, ni donc qu'il ait emprunté une autre route que l'itinéraire traditionnel de la Via Flaminia (cf. Radke, cité *supra*,
1543-1544). Quant à la prise d'Urbs Salvia par les Goths, elle
doit se situer après le siège de Rome ; ce n'est qu'à ce moment-
là que des bandes de Barbares pénétrèrent dans le territoire du
Picénum suburbicaire ; cf. *infra* n. 98. Il convient d'ajouter
un mot sur le sort de Ravenne au cours de ces transformations

administratives ; cette ville avait été la capitale de la grande
province de Flaminie et Picénum mais, peu avant la division
de celle-ci, Ravenne avait été rattachée à l'Émilie (cf. CIL VI
1715 ; ILS 1274). Cependant le libellé de cette inscription
montre qu'il s'agit d'un rattachement provisoire ; au moment
de la formation de la nouvelle province de Flaminia et Picénum annonaire sans doute, Ravenne en devint la capitale,
comme on peut le déduire de Zosime 5, 27, 1, reflet d'Olympiodore, fort bien informé sur ce genre de détails.

A la suite de Bury [9] vol. I p. 175 n. 1, Ridley [8] p. 220
n. 136, en se fondant sur Zosime 5, 41, 1, pense que Narni,
ville située sur la Via Flaminia, offrit à Alaric une résistance
si efficace qu'il fut obligé de se diriger vers Interamna et Réate
et de gagner Rome en empruntant la Via Salaria ; cette interprétation me paraît faire dire à Zosime 5, 41, 1 plus qu'il ne
dit en réalité. Narni constitua sans doute une exception (tue
ici par Zosime) du fait qu'elle ne fut pas détruite, comme les
autres villes du secteur que traversa Alaric, mais il est impossible de dire, et difficile de croire, que les habitants de cette
petite ville aient pu contraindre Alaric à faire un grand détour ;
il ne faut du reste pas oublier qu'il existait entre Narni et
Nuceria un ancien itinéraire de la Via Flaminia qui permettait
d'éviter le célèbre pont construit par Auguste, facile à bloquer ;
cf. Radke (cité *supra*) 1551-1558 et 1561-1566, ainsi qu'*infra*
n. 95. En tout état de cause, Zosime nous en dit trop peu ici
et en 5, 41, 1 pour que nous puissions savoir exactement ce
qui se passa.

Note 85.

Les eunuques Arsace et Térence ne sont connus que par ce
que nous en dit Zosime en 5, 37, 4-6 et en 5, 47, 2-3 ; selon
Hoffmann [5] I p. 112, ils seraient des Orientaux, ce qui est
vraisemblable pour Arsace, vu son nom, mais moins pour
Térence (il est cependant envoyé en Orient en 5, 47, 3). Sur
Eucher, cf. *supra* n. 71, 76, 77, et surtout 5, 34, 5 ; 5, 35, 3-4
et n. 78. Dans ce dernier passage, il est dit qu'Eucher put se
réfugier dans une église à Rome et échappa ainsi à la mort,
ce qui est en contradiction avec le présent récit. Cette difficulté a depuis longtemps retenu l'attention des commentateurs.
Reitemeier (p. 482 et 615) suggérait de remplacer au paragr. 4
εἰσήγαγον par ἀνήγαγον ; un ordre de l'empereur serait parvenu
à Rome, prescrivant de ramener Eucher à la cour ; les deux
eunuques chargés de cette mission, trouvant la route vers

Ravenne bloquée par les Barbares, auraient reconduit (ἀνήγαγον)
Eucher à Rome pour l'y faire mourir. Selon Heyne (p. 645 de
l'éd. Reitemeier), Eucher aurait été gardé à vue en quelque
lieu hors de Rome ; à l'approche d'Alaric, on l'aurait fait entrer
dans la ville pour l'y faire mourir. Quant à Mendelssohn (*ad*
p. 265, 2), il propose une correction du texte (cf. app. crit.)
qui donne le sens suivant : « ... s'ils n'avaient pas fait sortir
Eucher, ⟨ qui se trouvait encore dans l'asile ⟩ ... ». Ce qui paraît
en tout cas certain, c'est que Zosime, en résumant hâtivement
Olympiodore, a omis un élément du récit, si bien qu'Eucher
qui, en 5, 35, 3-4, se trouve en sécurité à l'intérieur d'une église
à Rome, réapparaît en 5, 37, 4 hors de Rome, prisonnier des
deux eunuques. Il est donc vraisemblable que ceux-ci avaient
reçu l'ordre de ramener Eucher à Ravenne et, en cas de difficultés, de le faire mourir immédiatement. Il me paraît peu
judicieux de modifier le texte de V qui, tout contradictoire
qu'il soit, peut très bien correspondre au libellé original de
Zosime et refléter une maladresse commise par lui. Les sources
parallèles, Philostorge mis à part, ne sont pas d'un grand secours ;
selon Olymp. frg. 6, Eucher fut mis à mort après Stilicon, mais
avant Séréna (ce qui concorde avec ce que dit Zosime) ; Soz.
9, 4, 8 rapporte la mise à mort d'Eucher sans donner aucun
détail. Philostorge, 12, 3, p. 141, 13-19 Bidez-Winkelmann
raconte qu'Eucher, après le meurtre de son père, s'enfuit vers
Rome, accompagné de Barbares qui se trouvaient auparavant
avec Stilicon (cf. *supra* n. 76) ; une fois arrivés dans les environs
de Rome, ceux-ci laissèrent Eucher se réfugier dans une église
et pillèrent la région pour venger Stilicon, et aussi parce qu'ils
souffraient de la faim ; ensuite vint une lettre d'Honorius « plus
forte que l'asile », qui provoqua la mort d'Eucher ; les Barbares
qui étaient avant avec Eucher firent alors cause commune
avec Alaric. Ces lignes de Philostorge, qui ne sont pas d'une
limpidité parfaite, semblent plus complémentaires que contradictoires avec le récit de Zosime, encore qu'il est certainement
faux d'identifier les Barbares dont parle Philostorge avec ceux
que mentionne Zosime en 5, 35, 6, car les premiers partent en
direction de Rome au moment de la mise à mort de Stilicon,
alors que ceux de Zosime 5, 35, 6 rallient le parti d'Alaric après
le massacre de leurs familles dans les villes d'Italie du nord, à
un moment où Alaric n'est pas encore dans les parages de
Rome ; cf. Jeep [53] p. 76-77 et Blockley [19] p. 212 n. 14,
qui identifient l'un et l'autre abusivement les deux groupes de
Barbares. Malgré Mendelssohn (*ad* p. 265, 2), il ne me semble
pas invraisemblable que Philostorge, ultérieurement déformé
par Photios, reflète ici Olympiodore. Le détail sur la lettre

impériale qui arrache Eucher de son asile est, semble-t-il, précisément l'un des éléments que Zosime omet dans son résumé maladroit et contradictoire d'Olympiodore (comme le suggérait déjà Reitemeier p. 615). Oros. *Hist.* 7, 38, 6, Marcell. Chron. min. II p. 69, 408, 1 et Iord. *Rom.* 322 rapportent la mort d'Eucher sans fournir aucun détail. Au sujet de la correction de Sylburg (paragr. 4) ⟨ὁ⟩ βασιλεύς, cf. *supra* 5, 17, 5 et n. 34.

Note 86.

Sur Thermantia, cf. *supra* 5, 28 et n. 61, ainsi que 5, 35, 3. Après avoir fait mourir Eucher et remis Thermantia à Séréna, les deux eunuques cherchèrent à rejoindre la cour d'Honorius, qui dès octobre s'était réinstallée à Ravenne (cf. *supra* n. 84). Comme les itinéraires terrestres étaient coupés par l'avance d'Alaric, ils allèrent s'embarquer à Porto avant que les Goths n'investissent Rome. De Porto, ils empruntèrent l'itinéraire maritime qui allait être décrit quelques années plus tard par Rutilius Namatianus, et qui est celui qui mène en Gaule, comme le dit correctement Zosime. S'ils remontent la côte aussi loin que Gênes, c'est sans doute que, vu l'insécurité des routes, leur plan était de gagner dans un premier temps Ticinum, où ils étaient sûrs de rencontrer des troupes amies ; c'est apparemment après avoir fait ce détour que leur conseillait la prudence qu'ils regagnèrent Ravenne. Pour le sens de la locution ὡς ἐπί (paragr. 5), cf. Kühner-Gerth II 1 p. 472 n. 1 ; elle signifie littéralement « comme vers », et indique très précisément que les eunuques n'ont pas l'intention d'aller en Gaule, mais qu'ils partent dans une direction qui est celle qu'on prend si l'on va en Gaule ; cette nuance subtile n'est pas facile à rendre de manière en même temps élégante et précise en français.

Comme récompense pour leurs exploits, les eunuques reçurent les plus hauts postes qui leur étaient accessibles. Térence devint *praepositus sacri cubiculi*, ou grand chambellan (sur cette charge, cf. *supra* n. 3), et succéda donc à Deutérius (sur ce personnage, cf. *supra* 5, 35, 2). Quant à Arsace, il obtint le rang immédiatement inférieur, c'est-à-dire celui de *primicerius sacri cubiculi*. Nous sommes mal renseignés sur ce poste, car les parties qui le concernent dans la *Notitia dignitatum* ne sont pas conservées ; son rang était élevé, car sa fonction s'insérait entre celle des *comites domesticorum* et celle du *primicerius notariorum* ; il était le plus haut en grade des *uiri spectabiles*. La plus ancienne attestation de ce poste apparaît dans *Cod. Theod.* 11, 18, 1, du 15 février 412. Sur cette fonction, cf. Dunlap [3] p. 203-

258   LIVRE V

207 ; RE Suppl. VIII 619-623 (Ensslin, 1958) ; Hopkins [48]
p. 175. Sur le sort ultérieur de Térence et d'Arsace, cf. 5, 47,
2-3.

Sur Bathanaire, cf. RE III 123 (Seeck, 1897) et PLRE II
p. 221 ; sa fonction militaire, que Zosime définit par une périphrase que la tradition de V a mutilée (cf. app. crit.) et qui
n'est du reste pas limpide, est celle de *comes Africae*, dans
laquelle il est attesté par *Cod. Theod.* 9, 42, 18, du 13 juillet
401 ; elle est confirmée par une rapide allusion d'Augustin
(*Ciu.* 21, 4, II p. 494 DK) à *Bathanarius quondam comes
Africae*. Ces deux textes mis à part, Bathanaire n'est connu
que par le présent passage de Zosime, qui est donc seul à nous
renseigner sur sa qualité de beau-frère de Stilicon. Sur le successeur de Bathanaire, Héraclien, l'assassin de Stilicon, cf. RE
VIII 405-406 (Seeck, 1912) et PLRE II p. 539-540. Son rôle
dans la mort de Stilicon et sa désignation comme *comes Africae*
en 408 sont les détails les plus anciens qu'on connaît de sa
biographie et ne sont transmis que par Zosime ; en 410, il
occupe toujours cette fonction, comme l'attestent diverses
sources, et notamment le livre 6 de l'*Histoire nouvelle*, où il
va réapparaître à plus d'une reprise. Selon Jérôme (*Epist.* 130,
7), c'était un personnage peu intéressant, cruel, avide et ivrogne.

Note 87.

Pour tout ce qui concerne la mort et l'impiété de Séréna,
Zosime est source unique, mise à part la très brève donnée
d'Olymp. frg. 6 : après la mort de Stilicon, Séréna fut mise
à mort par étouffement (cf. Zosime, 5, 38, 4), parce qu'on la
considérait comme responsable de l'expédition d'Alaric contre
Rome. Le récit de Zosime soulève de nombreux problèmes
généraux, qu'il convient cependant de n'aborder qu'après avoir
éclairci les données immédiates du texte. Il faut tout d'abord
observer que le procès de Séréna ne commence qu'au moment
où Alaric a déjà bloqué Rome, donc pas avant les premiers
jours de novembre 408 (cf. *supra* n. 84). Les ennemis de Séréna
sont d'une part le Sénat, d'autre part Galla Placidia ; pour
Galla Placidia, cf., outre les renvois prosopographiques traditionnels (RE XX 1910-1931 [Ensslin, 1950] et PLRE II
p. 888-889), quatre biographies récentes : V. A. Sirago (*Galla
Placidia e la Trasformazione Politica dell'Occidente*, Louvain,
1961), S. I. Oost (*Galla Placidia Augusta. A Biographical Essay*,
Chicago, 1968), L. Storoni Mazzolani (*Galla Placidia*, Milano,
1975) et Ph. Caffin (*Galla Placidia, la dernière impératrice de*

Rome, Paris, 1977). La date de naissance de Galla Placidia n'est pas connue ; cf. vol II 2 p. 441, 456 et 465 ; mais elle est en tout cas née entre 388 et 394 ; cf. vol. II 2 p. 437 et 465. Dans une étude toute récente, St. Rebenich (*Gratian, a Son of Theodosius, and the Birth of Galla Placidia*, Historia 34, 1985, p. 372-385) affirme que Galla Placidia est née vers 392-393, mais il interprète Zosime 4, 57, 3 (cf. vol. II 2 p. 465) et Claudien 8 (*IV. cos. Hon.*), 207-208 d'une manière qui n'est pas forcément exacte, si bien que sa conclusion n'est pas aussi contraignante qu'il le croit. En tout état de cause, Galla Placidia avait donc au grand maximum vingt ans au moment du procès de Séréna ; son rôle dans cette affaire est d'ailleurs le premier épisode connu de sa vie. Le ms. V, systématiquement corrigé par les éditeurs à la suite d'un des *apographa*, fait de Galla Placidia la sœur utérine d'Honorius, ce qui est de toute évidence faux : Honorius et Galla avaient tous deux comme père Théodose 1er, mais la mère d'Honorius était la première femme de Théodose 1er, Flaccilla, tandis que la mère de Galla Placidia était sa seconde femme, Galla, fille de Valentinien 1er, sœur de Valentinien II. J'ai corrigé le texte de V comme mes prédécesseurs, encore que, comme dans tous les cas de ce genre, il soit en fait impossible de dire si l'erreur appartient à un copiste, ou à Zosime lui-même. L'affirmation de Zosime que Séréna fut condamnée « unanimement par le Sénat tout entier, ainsi que par Placidia » (cf. une expression de même type en 5, 20, 1) a été souvent prise à la lettre, et on a pensé sur la base de ce texte que Galla Placidia avait siégé avec le Sénat lors du procès de Séréna. Seeck [5] p. 594 suppose même que le texte de l'*Histoire Auguste Elag.* 18, 3 (cf. 4, 1-3) est une invention qui dérive de l'épisode de 408 où Galla Placidia aurait siégé au Sénat. En fait, il faut se garder de tirer des conséquences excessives de la manière dont Zosime s'exprime. Plus prudemment, Ensslin (RE XX 1912,65-1913, 28) a suggéré que le Sénat a utilisé le témoignage de Galla Placidia lors du procès ; on peut même penser qu'elle ne parut pas devant l'assemblée, mais fut interrogée par commission rogatoire (ainsi Oost, cité *supra*, p. 85 n. 159).

Le procès de Séréna et le rôle qu'y jouent le Sénat et Galla Placidia soulèvent de nombreuses questions qui ont été examinées en détail par A. Demandt - G. Brummer (*Der Prozess gegen Serena im Jahre 408 n. Chr.*, Historia 26, 1977, p. 479-502). Honorius épargna Thermantia ; il ne semble donc pas que ce soit lui qui ait dans les coulisses collaboré à la mort de Séréna, qui du reste, vers la fin de la vie de son mari, avait plus d'une fois pris ses distances envers la politique qu'il menait

en adoptant une position proche de celle des nationalistes antibarbares ; cf. *supra* n. 61. Il est aussi difficile de croire que
l'initiative du procès soit venue de Galla Placidia : s'il est
possible qu'elle ait éprouvé de la haine ou du ressentiment envers
une tante adoptive qui assuma ensuite le rôle de mère (Galla
étant morte en 394 quand Galla Placidia était toute petite),
on ne peut guère admettre que cette très jeune femme ait été
en mesure d'entraîner derrière elle tout le Sénat pour satisfaire
son appétit de vengeance. Il est beaucoup plus vraisemblable
que ce soit au contraire le Sénat qui ait voulu se couvrir dans
une entreprise contre un membre de la famille impériale en
sollicitant l'approbation d'un autre membre de cette famille.
Séréna fut accusée de trahison avec l'ennemi, mais Zosime
réfute avec vigueur cette thèse, et rien de ce que nous savons
de la conduite de Séréna et du déroulement des événements
ne vient la confirmer. Demandt-Brummer suggèrent donc qu'il
y avait à l'origine du procès contre Séréna un autre motif,
dont Zosime ne dit rien. A la suite de D. Gorce (édition, traduction et commentaire de la *Vita Melaniae*, Sources chrétiennes 90, Paris, 1962) p. 165, ils mettent en rapport notre
texte de Zosime avec la *Vita Melaniae* 11-12. Mélanie et son
mari Pinianus, ayant perdu leurs enfants, décidèrent de se
vouer à la chasteté et à la vie ascétique. Ne conservant avec
elle qu'une suite (vraiment ascétique) de trente eunuques et
de soixante vierges (Pallad. *Hist. Laus.* 61, 6), Mélanie, avec
la collaboration de son mari, décida de vendre ses biens et
d'en offrir le produit à l'Église et aux pauvres. Comme il arrive
parfois, l'application littérale d'un précepte évangélique provoqua plus d'une difficulté. La réalisation d'une fortune
immense, comptant des milliers d'esclaves (cf. Demandt-
Brummer p. 483-485) se heurta à de nombreux obstacles.
Les héritiers présomptifs firent opposition, et tout le Sénat
embrassa leur cause : le prestige de l'ordre entier était compromis par la liquidation d'un patrimoine ainsi abandonné, alors
que les autres sénateurs fondaient là-dessus leurs privilèges
sociaux ; par ailleurs, les sénateurs étaient opposés à ce qu'un
des leurs se soustraie aux obligations financières qui pesaient
sur l'ordre ; enfin ils ne voulaient pas que le marché immo-
bilier fût désorganisé par la soudaine mise en vente de biens
immenses, et ressentaient cette initiative comme une sorte de
trahison de la patrie, du fait qu'elle intervenait au moment
même où les Barbares menaçaient l'Italie (Demandt-Brummer, p. 486-488). Mélanie et Pinianus sollicitèrent alors l'appui
de la pieuse Séréna, qui obtint d'Honorius qu'il lève les obstacles
qui empêchaient la réalisation de la fortune de Mélanie et de

son mari. Quand tous leurs biens eurent été vendus, les deux
ascètes partirent pour l'Afrique, et immédiatement après, Alaric se trouva dans les domaines qui avaient été vendus (*Vita
Melaniae* 19) ; on peut donc dater ces épisodes de l'automne
de 408.

La *Vita Melaniae* poursuit son récit ainsi (chap. 19, trad.
Gorce citée *supra*, p. 167) : « Quand ils (Pinianus et Mélanie)
eurent quitté Rome, le préfet de la ville, imbu à fond de paganisme, décida d'accord avec le Sénat tout entier que leurs
biens reviendraient au trésor public. Il s'empressait d'exécuter
cela, de bon matin, quand, par la providence de Dieu, le peuple
se souleva contre lui en raison du manque de pain ; et ainsi,
couvert de plaies, il fut massacré en pleine ville, et tous les
autres, apeurés, se tinrent tranquilles » (Καὶ ὅτε ἐξῆλθον τῆς
Ῥώμης, ὁ ἔπαρχος τῆς πόλεως, ἑλληνικώτατος σφόδρα τυγχάνων,
ἐβουλεύσατο συμπάσῃ τῇ συγκλήτῳ τὰ πράγματα αὐτῶν κυρῶσαι
τῷ δημοσίῳ. Τοῦτο δὲ αὐτοῦ ἕωθεν ἐπιπλεῖν σπουδάζοντος, ἐγένετο κατὰ θεοῦ πρόνοιαν ἐπαναστῆναι αὐτῷ τὸν δῆμον δι'ἔν-
δειαν ἄρτων · καὶ οὕτως ἑλκόμενος ἐφονεύθη ἐμμέσῳ τῆς πόλεως,
καὶ οἱ λοιποὶ πάντες φοβηθέντες ἡσύχασαν). La famine dont
il est question permet de situer cet épisode durant le
premier siège de Rome par Alaric, qui se termine encore avant
la fin de 408 (cf. Zosime, 5, 39-40 et 5, 42, 2-3). Le préfet de
la Ville païen lynché par la foule est le célèbre Pompéianus,
dont Zosime va parler en 5, 41, 1-3 (cf. *infra* n. 95). Chastagnol [60] p. 243 et 265-266 pense que Nicomaque Flavien le
Jeune a été préfet de la Ville à la date du 29 novembre 408,
et qu'il fut remplacé par Pompéianus, en charge de décembre
408 à février 409. Les témoignages combinés de Zosime et de
la *Vita Melaniae* excluent cette chronologie, comme l'ont montré Demandt-Brummer p. 494-496. La préfecture de Nicomaque Flavien en 408 n'est fondée que sur un seul texte, *Cod.
Iust.* 2, 15, 1, adressé, le 29 novembre 408 selon les manuscrits,
à un Flavien préfet du prétoire ; cette adresse doit être en tout
cas corrigée d'une manière ou d'une autre ; plutôt que de
corriger préfet du prétoire en préfet de la Ville, on peut corriger
l'année consulaire de 408 (*Basso et Philippo coss.*) en l'année
consulaire de 431 (*Basso et Antiocho coss.*). Il est de plus impossible d'admettre qu'il y ait eu un changement de préfet urbain
pendant la période où Rome était entièrement bloquée par les
Goths. Il faut donc conclure que Pompéianus était déjà en
charge au début du siège, dans les premiers jours de novembre
408, et qu'il fut lynché avant la fin du siège, en décembre 408.
Comme Nicomaque Flavien le Jeune a été préfet de la Ville
trois fois, on est en outre amené à supposer qu'il a géré une

troisième préfecture à une date inconnue, pour laquelle les
lacunes des fastes laissent un ample espace.

Dans ces conditions, on peut mieux comprendre le contexte
dans lequel se déroule le procès contre Séréna. Le motif politique allégué pour la condamner (trahison avec Alaric) n'est
qu'un prétexte auquel la situation du moment et les liens du
mari et du fils de Séréna — Stilicon et Eucher — avec Alaric
donnaient une certaine apparence de réalité ; le motif profond
est de nature économique, les sénateurs se vengeant de l'appui
accordé par Séréna à Mélanie et à Pinianus. Sur tout cela
venait se greffer un élément religieux. La *Vita Melaniae*, dans
le passage cité ci-dessus, nous apprend que le préfet païen voulut
confisquer les biens de Mélanie et de Pinianus ; on peut tenir
pour pratiquement assuré que cette mesure est une conséquence
de la très haute rançon exigée par Alaric pour lever le siège
de Rome (cf. *infra* 5, 41, 4). Une telle décision se comprend
fort bien de la part d'un préfet païen ; on pouvait commencer
à satisfaire le Barbare en lui offrant les biens abandonnés par
un couple chrétien qui avait récemment quitté Rome ; cf.
Demandt-Brummer p. 492. Auparavant déjà, au début du
siège, lors du procès de Séréna, le païen Pompéianus règle ses
comptes avec ses ennemis chrétiens en faisant mourir la très
chrétienne Séréna, alliée et protectrice de Mélanie et de Pinianus.
Le rôle que jouent les rivalités religieuses dans les conflits qui
se développent à l'intérieur de Rome durant le siège de 408
est doublement mis en évidence par l'*Histoire nouvelle*, d'abord
par le récit concernant les impiétés commises par Séréna et
Stilicon (5, 38, 2-5), ensuite par celui qui rapporte l'épisode
des Étrusques qui avaient sauvé Narni (5, 41, 1-3). On est
donc en droit de conclure que le motif de la trahison ne fut
pour Pompéianus qu'un prétexte qu'il exploita contre Séréna
avec assez d'adresse pour persuader tout le Sénat et même
obtenir l'appui de Galla Placidia, qui peut-être ne se fit pas
beaucoup prier. En réalité, il se vengeait d'une femme qui
avait gravement compromis les intérêts politiques, financiers
et sociaux du Sénat, et qui de plus s'était rendue coupable
d'une insulte impardonnable envers la religion traditionnelle.

Probl. d'expression : Paragr. 1. Dans la tournure μηδενὸς
ὄντος ἔτι τοῦ προδώσειν τὴν πόλιν ἐλπιζομένου, l'article τοῦ
marche comme le pronom μηδενός avec le participe ἐλπιζομένου,
dont le régime est l'accusatif seul προδώσειν ; Leidig [18] p. 14-
15 cite plusieurs cas parallèles de participes accompagnés aussi
bien de l'article que de οὐδείς : 4, 34, 3 ; 5, 11, 1 ; 5, 15, 3. La
forme passive ἐλπιζομένου signifie littéralement « dont on peut
espérer, penser, craindre, attendre » ; cf. 1, 1, 3 κληθησόμενον.

Note 88.

L'histoire du sacrilège de Séréna soulève diverses questions. La première concerne la source de ce récit, Zosime évoquant clairement l'épisode de 394, qu'il a narré en 4, 59, 1-3. Mendelssohn (*ad* p. 266, 6) estimait que Zosime avait ici abandonné Olympiodore et s'était reporté à Eunape, étant donné que cet épisode de 394 appartient à la période narrée non par Olympiodore, mais par Eunape, et que Zosime parle à nouveau ici du voyage de Théodose à Rome en 394, dont le seul témoin est Eunape, source de Zosime 4, 59, 1-3. Mendelssohn ne se posait visiblement pas la question de savoir dans quel contexte ce récit se serait situé chez Eunape et pour quelle raison Zosime l'aurait transposé ici. A. Cameron (*Theodosius the Great and the Regency of Stilico*, HSPh 73, 1969, p. 247-280) p. 259 fit observer qu'il n'entrait pas dans les habitudes de Zosime d'abandonner sa source unique, et qu'il était plus naturel d'admettre que le récit du sacrilège de Séréna dérive aussi d'Olympiodore. Cette conclusion est raisonnable, mais laisse ouvert le problème de l'extrême proximité de Zosime 5, 38, 2 avec Zosime 4, 59, 1-3, où il est identiquement question, en 4, 59, 1-3 dans un contexte de provenance eunapienne, en 5, 38, 2 dans un contexte de provenance olympiodorienne, d'un voyage de Théodose à Rome en 394 et de mesures qu'il aurait alors prises contre le paganisme ; or il s'agit là, j'espère l'avoir montré, d'inventions de l'apologie historique païenne ; cf. mes *Cinq études...* [1] p. 120-124 et vol. II 2 p. 470-471. J'ai donc pour ma part proposé *(Cinq études...* p. 139-183) la solution suivante : Eunape et Olympiodore puiseraient tous deux leur information concernant ces épisodes d'histoire du paganisme dans une source latine inconnue expliquant en termes providentialistes quelle suite d'impiétés aboutit à la prise de Rome en 410. Tout récemment, Baldini [26] p. 142 (cf. p. 121 n. 5) a suggéré que ce serait ici Olympiodore qui aurait servi de source à Eunape, ce qui me paraît très difficile à admettre pour des raisons chronologiques. A tout prendre, le rapport inverse, Eunape étant la source d'Olympiodore, me paraîtrait plus vraisemblable ; mais dans ce cas, on se heurterait à nouveau à l'obstacle évoqué à propos de la solution indiquée par Mendelssohn : il faudrait supposer que, dans quelque contexte laissé de côté par Zosime, peut-être celui du prétendu voyage de Théodose à Rome en 394, Eunape aurait évoqué le sacrilège de Séréna et par anticipation mentionné sa mort tragique. Dans toutes ces incertitudes, il y a cependant deux affirmations qu'on peut formuler : 1) il n'y a aucune raison d'admettre que Zosime 5, 38, 2-5 ne dérive pas d'Olympiodore ; 2) la proximité de Zosime 4, 59, 1-3 et 5, 38, 2 suppose de toute manière un rapport étroit sur ce point entre les sources de Zosime dans ces deux passages, Eunape et Olympiodore. Des trois possibilités qui s'offrent dès lors — 1) source commune, 2) Eunape source d'Olympiodore, 3) Olympiodore source d'Eunape —, je continue à préférer celle d'une source commune qui, sans forcément ressembler en tout point à l'Anonyme dont je suppose l'existence dans mes *Cinq études*..., aurait fourni aussi bien à Eunape qu'à Olympiodore des données sur la fin du paganisme occidental dans un contexte providentialiste d'apologie historique (pour l'évolution de mes points de vue sur l'Anonyme proposé dans *Cinq études*..., cf. la préface du vol. III 2). En tout état de cause, il n'y a pas lieu de s'étonner (contrairement à Thompson [53] p. 51 n. 2) qu'Olympiodore s'exprime en termes négatifs sur Séréna, car nous avons vu (*supra* n. 61) qu'à plus d'une reprise il la peint sous un jour qui n'est pas entièrement favorable. Pour les réserves faites sur l'attitude religieuse de Stilicon, aussi imputables à Olympiodore, cf. *infra* n. 89.

La seconde question qui se pose à propos du sacrilège de Séréna est celui de sa date. D'après Zosime, il se situerait en 394 ; mais étant donné que ce voyage de Théodose à Rome en 394 est une invention (cf. *supra*), le sacrilège ne peut pas avoir été commis cette année-là. Comme il n'y a cependant aucune raison de douter de la vérité du récit de Zosime et de son contexte, l'épisode doit s'être produit lors d'un séjour réel de Séréna à Rome. Vu que le prétendu voyage de 394 est un doublet du voyage réel de 389, enrichi d'éléments empruntés au contexte des mesures prises par Gratien en 382 contre les cultes païens (cf. *Cinq études*... p. 133-139), le plus naturel est de penser que le sacrilège date de 389, puisque nous savons que Séréna accompagna cette année-là l'empereur et son mari à Rome (cf. *ibid.* p. 141).D'après 5, 38, 4, Séréna avait, au moment où elle commit le sacrilège, au moins deux enfants déjà, ce qui n'exclut pas 389, puisque son mariage avec Stilicon se situe vers 383 (cf. vol. II 2 p. 464) et qu'Eucher venait sans doute de naître à Rome même en 389 (cf. *supra* n. 71). Demandt-Brummer [87] p. 497-499, qui ne prennent du reste pas clairement position sur la question des sources, opèrent avec la date intenable de 394, sans pour autant exclure une date postérieure (Séréna doit non seulement avoir séjourné à Rome durant les voyages qu'y fit l'empereur dans les années 404-408, cf. Seeck [26] p. 306-314, mais même y être demeurée durablement ; elle ne semble en tout cas pas avoir quitté Rome depuis le début de 408 ; cf. Zosime, 5, 37, 5). Il est incontestable que les termes qu'utilise Zosime en 5, 38, 4 suggèrent que le châtiment suivit assez rapidement le crime, ce qui est du reste conforme au schéma providentialiste ; mais l'exacte chronologie n'y est pas nécessairement respectée (cf. *Cinq études...* p. 97). En conclusion, je pense que le sacrilège de Séréna peut être daté de 389 avec une certaine vraisemblance, mais qu'on ne saurait exclure qu'il se soit produit beaucoup plus tard, vers 407 par exemple. Cf. *infra* la difficulté de déduire un critère chronologique de la manière dont est présentée la Vestale qui maudit Séréna.

Il y avait à Rome plusieurs sanctuaires de la Grande Déesse ; cf. J. B. Platner-Ashby (*A Topographical Dictionary of Ancient Rome*, Oxford, 1929) p. 323-326 ; comme le disent cependant à juste titre Demandt-Brummer [87] p. 498, il n'y a aucune raison de douter que la scène se déroule dans le vieux sanctuaire du Palatin, où avait été installée la pierre noire de Pessinonte, amenée en grande pompe à Rome en 204 av. J.-C. sur l'ordre des Livres Sibyllins. C'était l'idole la plus vénérable de la déesse, et elle comptait même au nombre des sept *pignora imperii* (Serv. *Aen.* 7, 188). Comme la pierre avait été munie d'une tête qui lui donnait une certaine apparence humaine (cf. Arnob. *Nat.* 7, 49 ; Prud. *Perist.* 10, 156-157), elle peut très bien avoir porté un collier. Cf. sur tout cela K. Latte (*Römische Religionsgeschichte*, München, 1960) p. 258-262.

Sur la fin des Vestales et de leur activité cultuelle, cf. RE VIII A 1760 *s.u. Vesta* (Koch, 1958) ; Demandt-Brummer [87] p. 498-499. Les subsides officiels accordés aux Vestales furent supprimés en 382 (Symm. *Rel.* 3, 11) ; en 384, il existe encore un collège de sept Vestales (Ambr. *Epist.* 18, 11) ; sur l'évolution de leur nombre, cf. RE VIII A 1732, 38-58. D'après Aug. *Ciu.* 3, 18, II p. 127 DK (vers 413), il semble que le feu des Vestales ne brûle plus. On ne risque guère de se tromper en supposant qu'après la suppression de son budget officiel, le collège s'est peu à peu désagrégé à partir de 382. Lors de l'épisode du sacrilège de Séréna, la Vestale qui intervient est l'une des rares survivantes, elle est âgée et apparaît de manière inattendue non pas dans le temple de Vesta, mais dans celui de la *Magna Mater*. Tout cela suggère un paganisme moribond ; la situation peut-elle s'être dégradée aussi rapidement dans les années qui séparent 382 de 389 ? Par ailleurs, il serait étonnant que l'idole du Palatin soit restée en place avec ses ornements jusque vers 407-408. De ces divers éléments, il est difficile de tirer un critère univoque pour la datation du sacrilège de Séréna. Le mot grec normal pour désigner une Vestale est ἡ Ἑστιάς, -άδος ; la forme ἡ Ἑστιακή ne semble pas attestée

ailleurs que dans le présent passage de Zosime, ce qui explique
qu'on ait proposé de corriger le texte (cf. app. crit.).

Demandt-Brummer [87] p. 499-500 insistent justement sur
le fait que le geste de Séréna n'est pas une simple appropriation
d'un objet de culte délaissé, mais une démonstration de zèle
chrétien destinée à offenser le sentiment religieux des derniers
fidèles païens. La manière dont le récit est présenté chez Zosime
confirme cette interprétation. Les sacrilèges conjoints de Séréna
et de Stilicon expliquent la mort tragique du couple et appor-
tent la preuve de la providence païenne, qui veut que les sacrilèges soient punis, et punis de manière éloquente, puisque
Séréna est étranglée (cf. Olymp. frg. 6), et meurt donc d'une
atteinte précisément à la partie de son corps qu'elle avait ornée
du bijou pris à la déesse : l'imprécation de la Vestale est efficace, puisqu'en plus de Stilicon et de Séréna, deux des trois
enfants du couple meurent en 407-408, Marie de mort naturelle
(cf. *supra* 5, 28, 1 et n. 61), Eucher de mort violente (cf. *supra*
5, 37, 4 et n. 85) ; on peut même se demander si la mort de la
seconde fille, Thermantia, n'est pas intentionnellement anticipée
en 5, 28, 3 (cf. *supra* n. 61) pour faire apparaître encore plus
efficace la malédiction de la prêtresse païenne. Sur la Justice
personnifiée (aux paragr. 4 et 5), cf. *supra* 5, 10, 3 et n. 20.
Pour d'éventuels échos dans l'*Histoire Auguste* du type de sacrilège que commet Séréna, cf. *Elag.* 6, 8 et *Quatt. tyr.* 3, 4-5,
ainsi que mon étude *Raisonnements providentialistes dans l'Histoire Auguste*, Historia-Augusta-Colloquium 1977-1978, Bonn,
1980, p. 169.

Note 89.

Dans mes *Cinq études...* [1] p. 141, j'ai estimé que l'épisode
du sacrilège de Stilicon était suspect. Je crois aujourd'hui qu'il
n'y a aucune raison de le mettre en doute, et qu'il s'insère
très naturellement aussi bien dans le contexte historique des
années 407-408 que dans l'économie du récit d'Olympiodore-
Zosime. Nous avons vu (*supra* n. 71) que, lorsque Stilicon
sentit que ses ennemis durcissaient leurs positions, il tenta de
les désarmer en se départissant, dès 407, de son attitude relativement neutre dans le domaine religieux ; afin de se rallier
les milieux orthodoxes, il prit des mesures contre les hérétiques
et les païens. Le dépouillement du Capitole peut très bien être
allé de pair avec la destruction des Livres Sibyllins ; cf. Demandt-
Brummer [87] p. 496-497 et Ridley [8] p. 221 n. 144. Il n'est
même pas interdit de supposer que l'opération eut lieu au
printemps 408, quand Stilicon vint à Rome pour conférer avec

l'empereur et le Sénat au sujet de la somme d'or exigée par Alaric (cf. *supra* 5, 29, 5-9 et n. 65-67) ; il peut avoir paru judicieux à ce moment-là de dépouiller les portes du Capitole de leur or afin d'aider à réunir la somme exigée par Alaric (on aurait ainsi un épisode parallèle à celui de 5, 41, 6-7). La mesure aura dans ce cas contribué à monter contre Stilicon les sénateurs païens et joué son rôle dans la genèse du procès contre Séréna en novembre 408 (cf. *supra* n. 87). Il n'y a par ailleurs pas lieu de s'étonner que la tradition olympiodorienne, toute favorable qu'elle soit envers Stilicon, s'arrête sur cette péripétie. D'après la théodicée païenne, Stilicon, homme vertueux et désintéressé, eût mérité une destinée heureuse ; s'il meurt tragiquement, c'est qu'il recueille la juste peine que la providence lui a réservée en raison du sacrilège dont il s'est rendu coupable. Ainsi donc le motif du sacrilège, bien loin d'introduire un élément incohérent, vient donner sur le plan religieux tout son sens à la mort de Stilicon ; bien qu'honnête homme, il périt misérablement, victime de son impiété. Olympiodore nous fournit donc de Stilicon un portrait finement nuancé, qui combine son éloge comme politique et sa condamnation comme traître envers la religion traditionnelle ; cf. *supra* n. 76. Stilicon fut du reste aussi l'objet de condamnations providentialistes chrétiennes, cf. L. Cracco Ruggini (« *De morte persecutorum* » *e polemica antibarbarica nella storiografia pagana e cristiana*, RSLR 4, 1968, p. 433-447).

Le présent passage de Zosime est l'un des très rares témoignages que nous ayons sur le temple de Jupiter Capitolin dans l'antiquité tardive ; un seul texte contemporain peut être allégué, Claud. 28 (*VI. cos. Hon.*), 46, évoquant les *caelatae fores*, les portes ciselées du Capitole ; cf. Cameron [2] p. 220. Toute la longue phrase concernant Stilicon est une suite d'infinitifs introduite par λέγεται ; il convient donc de corriger Στελίχωνα en Στελίχων (cf. plus loin οὗτος), afin d'obtenir un sujet du verbe principal et une construction cohérente (cf. app. crit.). Le verbe ἕλκω a ici le sens de « faire incliner la balance », « peser », « avoir un poids de » (cf. Liddell-Scott, *s.u.* n° 9), et a comme complément direct πολὺν ... σταθμόν, χρυσίῳ... ἕλκοντι dépendant à son tour de ἠμφιεσμένας. Ce qui reste suspect dans l'histoire du sacrilège de Stilicon, c'est l'inscription qui serait apparue sur les portes du Capitole dépouillées de l'or qui les recouvrait. Elle s'applique du reste assez mal à Stilicon, qui n'est à aucun titre un *rex* ; la traduction grecque masque mal la difficulté, Stilicon n'étant pas non plus, du moins aux yeux d'Olympiodore, un τύραννος, un usurpateur. On pourrait certes mettre en doute que le mot grec ait ce sens

ici, mais c'est celui qui paraît le plus naturel dans le présent
contexte ; les autres sens s'appliquent d'ailleurs tout aussi mal
à Stilicon. C'est ici le second des quatre passages cités en
latin dans la partie olympiodorienne de l'*Histoire nouvelle* ; cf.
supra n. 67.

Note 90.

Sozomène 9, 6, 2 et Philostorge 12, 3, p. 141, 20-25 Bidez-
Winkelmann fournissent ici une tradition parallèle à Zosime,
plus brève, mais comportant néanmoins des détails omis dans
l'*Histoire nouvelle*. Il ne paraît pas douteux qu'ici Philostorge,
comme Sozomène et Zosime, résume Olympiodore. Les deux
historiens ecclésiastiques précisent que le port bloqué par Alaric
est Porto (*Portus Augusti*), ce qui n'est pas étonnant ; l'ensablement du port d'Ostie provoque en effet son abandon pro-
gressif au profit de Porto durant le ive siècle ; quelques années
plus tard, ce sera à Porto, et non à Ostie, que Rutilius Namatianus s'embarquera pour rentrer en Gaule ; cf. RE XVIII
1663 *s.u. Ostia* (Calza, 1942).

Alaric affame Rome en bloquant les arrivées de blé de Porto,
ce qui permet de dater approximativement le début du siège
(cf. *supra* n. 84). Nous savons en effet par *Cod. Theod.* 13, 9,
3, 3 que la navigation pour les bâtiments transportant l'annone
d'Afrique à Porto était en principe interrompue du 15 octobre
au 13 avril ; cf. A. Chastagnol (*La préfecture urbaine à Rome
sous le Bas-Empire*, Paris, 1960) p. 302-303. Ces dates n'étaient
assurément pas observées avec une précision absolue, mais elles
fournissent un point de repère approximatif, puisque, dans la
période d'hiver, la navigation sur mer était excessivement
périlleuse. Au moment où Alaric bloque Rome et empêche le
halage sur le Tibre, l'essentiel de la réserve hivernale de blé
se trouvait encore à Porto, puisque Rome est assez rapidement
affamée. Les détails du transport du blé d'Ostie/Porto à Rome
nous sont assez bien connus, mais nous ignorons dans quelle
proportion le blé était stocké, notamment pour l'hiver, dans
les ports et dans la ville elle-même ; le grand nombre de gre-
niers attestés à Rome suggère cependant que c'était surtout là
que le blé était entreposé (cf. Chastagnol, *loc. cit.* p. 306-308).
On peut donc admettre que dans les semaines qui s'écoulaient
après la fin des arrivages aux ports vers la mi-octobre, la quantité de blé disponible à Rome augmentait assez rapidement.
On est ainsi amené à penser qu'en 408, Alaric a interrompu les
transports entre les ports et Rome peu après la mi-octobre.

Il faut par ailleurs lui laisser le temps de se déplacer de Virunum, qu'il quitte au plus tôt vers la fin septembre (cf. *supra* n. 84), jusqu'à Rome. C'est pourquoi l'on peut situer le début du siège de Rome de 408 au commencement de novembre.

Dans un premier temps, les Romains (on pourrait préciser : les sénateurs) ne s'effrayèrent pas de la situation, persuadés qu'ils étaient qu'Honorius allait les secourir instantanément. En fait, retranchés à Ravenne, Honorius et Olympius laissèrent Alaric assiéger l'ancienne capitale sans prendre la moindre mesure ; leurs moyens étaient assurément limités, mais leur passivité totale suppose aussi de leur part une grande indifférence, qui sera confirmée par leur refus d'entériner l'accord ultérieurement conclu entre les Romains et Alaric ; cf. *infra* 5, 44, 1.

Problème d'expression. J'ai intentionnellement traduit littéralement les mots de Zosime τὸν Θύβριν ποταμόν (cf. Soz. 9, 6, 2). Peut-être influencé par la source qu'il suit, Zosime n'utilise pas systématiquement le terme générique ποταμός chaque fois qu'il mentionne un nom de fleuve ; il le fait quand il parle de cours d'eau peu connus (par ex. en 5, 16, 4), mais l'évite quand il parle par exemple du Danube (cf. notamment 4, 19, 1 et 5, 29, 2) ou du Rhin (cf. notamment 4, 12, 1 et 6, 3, 3). La présence du générique mérite donc d'être traduite ici, puisqu'elle met en évidence le fait qu'Olympiodore-Zosime n'attendent pas de leurs lecteurs qu'ils sachent que le Tibre est un cours d'eau ; tel n'est pas le cas là où Zosime suit apparemment Eunape (2, 1, 3 ; 2, 2, 2 ; 2, 5, 2 ; 2, 6, 5 ; 2, 15, 3).

Note 91.

Sozomène 9, 6, 3 enregistre comme Zosime que Rome souffrit alors de la faim et de la peste, puis mentionne dans un contexte chronologique assurément erroné le passage de nombreux esclaves surtout barbares dans le camp d'Alaric ; ce phénomène ne put se produire qu'après la fin du siège, comme le confirme du reste Zosime 5, 42, 3. Comme Sozomène poursuit après cela son récit avec l'épisode des Étrusques qui sauvèrent Narni (cf. Zosime 5, 41, 1-3), nous avons ici la preuve que cet auteur, en résumant Olympiodore, intervertit — ici absurdement — certains éléments du récit. Quant à Philostorge 12, 3, p. 141,23-142,1 Bidez-Winkelmann, il passe directement du blocus de Porto à la désignation d'Attale comme empereur (à la fin de 409 ; cf. Zosime 6, 7, 1) en ne consacrant qu'une seule ligne à une prise de Rome (*sic*) antérieure à l'épisode d'Attale. La paronomasie λιμός (faim) et λοιμός (peste) qu'on trouve chez Zosime 5, 39, 2 et Sozomène 9, 6, 3, et qui dérive donc certainement d'Olympiodore, est attestée dès Hésiode (*Erga* 243) ; on la retrouve notamment chez Hérodote (7, 171) et Eschine (3, 135), tandis que Thucydide (2, 54, 2-3) fait un commentaire sceptique sur un oracle où les deux mots, de même valeur métrique, étaient interchangeables.

L'habitude d'ensevelir les morts hors des villes n'est pas très ancienne à Rome, mais elle s'introduisit en tout cas avant le moment où fut formulée la Loi des Douze Tables (ve s. av. J.-C.). Quand le culte des reliques se répandit et que le christianisme triompha, l'usage commença à souffrir des exceptions ; ainsi, en 357, des reliques apostoliques furent apportées à Constantinople (*Cons. Const.* Chron. min. I p. 239, 357, 1) ; pieux empereurs et saints évêques furent ensevelis dans les églises pour bénéficier *post mortem* de leur bienfaisant voisinage. *Quod licebat Ioui non licebat boui* : en 381, Théodose interdit par *Cod. Theod.* 9, 17, 6 toute sépulture à l'intérieur des villes, confirmant ainsi l'antique usage, qui évidemment pour lui-même ne fut pas observé ; cf. Zosime 4, 59, 4. Sur tout cela, cf. Daremberg-Saglio II 1392-1393 *s.u. funus* (E. Cuq). En cas de siège, comme à Rome à la fin de 408, la loi ne pouvait évidemment être respectée ; l'événement prouva alors que le vieil interdit religieux comportait aussi des aspects hygiéniques.

Laeta, veuve de Gratien, et Tisaménè, sa mère, ne sont connues que par le présent passage de Zosime. Gratien avait tout d'abord été marié à Constantia, fille de Constance II (cf. PLRE I p. 401) ; quand Gratien fut assassiné le 25 août 383, son veuvage et son remariage étaient tout récents ; cf. Soz. 7, 13, 9. Comme Laeta était certainement fort jeune en 383, elle pouvait très bien encore vivre, et avoir sa mère avec elle, vingt-cinq ans plus tard. Le détail fourni par Zosime permet d'admettre que la table de ces deux personnes appartenant à la famille impériale était alimentée d'une manière qui ne dépendait pas de l'approvisionnement officiel de Rome, qu'elles ne furent touchées en rien par la disette, et que leurs provisions personnelles étaient très abondantes. Le renseignement provient évidemment d'Olympiodore ; le scepticisme de Heinzberger [57] p. 310 n. 15 à ce sujet est ici hors de propos, comme est exclue son interprétation du passage de Zosime : il y voit une intention apologétique (païenne ?), la veuve de Gratien nourrissant les affamés avec les moyens que Gratien a jadis retirés aux cultes païens. J'avoue mal comprendre comment on peut déduire une telle observation des présentes lignes de Zosime.

Note 92.

Selon des témoignages apparemment parallèles à Zosime, dont l'un émane de sa source Olympiodore plus ou moins fidèlement résumée par Photios, les Romains en vinrent réellement à s'entre-dévorer. Olymp. frg. 4 ἐν τῇ πολιορκίᾳ τῆς Ῥώμης ἀλληλοφαγία τῶν ἐνοικούντων ἐγίνετο, « au cours du siège de Rome, les habitants s'entre-dévorèrent ». Hier. *Epist.* 127, 12 *ad nefandos cibos erupit esurientium rabies, et sua inuicem membra laniarunt, dum mater non parcit lactanti infantiae et recipit utero quem paulo ante effuderat.* Ni Olympiodore ni Jérôme ne disent clairement de quel siège il s'agit ; un troisième témoignage, émanant de Procope (*Bell.* 3, 2, 27) parle aussi de cas réels d'anthropophagie, mais les situe incontestablement lors du siège de Rome de 410, qui fut très bref, mais surprit Rome alors qu'elle était déjà affamée du fait qu'Héraclien, comte d'Afrique, avait interrompu les envois de blé (cf. Zosime 6, 11 et *infra* n. 134). Enfin Sozomène (9, 8, 8) dit qu'au printemps 410, quand Héraclien bloqua les envois de blé à Rome afin de faire pression sur Attale (cf. *infra* 6, 11), certaines personnes furent soupçonnées de se livrer au cannibalisme. On est donc amené à conclure qu'Olympiodore et Jérôme parlent d'épisodes appartenant à l'année 410, et ne contredisent pas le présent passage de Zosime, indiquant qu'en 408 on faillit en arriver à l'anthropophagie (littéralement « ils coururent le danger d'en venir à … »). Quant au témoignage de Philostorge (12, 3, p. 142, 5 Bidez-Winkelmann) concernant les Romains qui ont survécu à la faim et à l'anthropophagie, il est inutilisable, car il appartient à un contexte qui mêle de manière inextricable les événements de 408 (cf. p. 141, 20-23), ceux de 409 (cf. p. 141, 25-142, 3) et ceux de 410 (cf. p. 141, 24-25 et 142, 6-25) ; cf. *supra* n. 91. Contrairement à ce qu'affirme E. Demougeot [1] p. 467 n. 140, égarée par une note ambiguë de Seeck [5] p. 600 sur p. 413, 30, il n'est pas question d'anthropophagie dans Aug. *Ciu.* 1, 10.

Il est remarquable que les Romains, affamés et réduits à traiter avec Alaric, témoignent néanmoins d'une grande assurance au moment d'engager les pourparlers. Affirmer que le peuple était en armes était une pure fanfaronnade, destinée à intimider un ennemi qu'on ne prenait pas au sérieux ; sur le motif des illusions que se faisaient les Romains, cf. *infra* 5, 40, 2 et n. 93. Il y a désaccord entre V et la tradition indirecte concernant le temps du participe ἀπαγγελοῦσαν (*sic* V ; les *Excerpta* donnent une forme de présent ; cf. app. crit.) ; cf.

vol. II 1 p. 153 ; l'usage semblant flottant, rien n'empêche
de garder ici le texte de V.

Note 93.

Sur Basile, cf. RE III 48 nº 3 (Seeck, 1897) ; Chastagnol
[60] p. 246-247 ; PLRE I p. 149 nº 3. L'imprécision de
Zosime et un accident de la tradition ont jadis rendu incertaine l'identification de ce personnage. Comme Mendelssohn le
dit (*ad* p. 268, 16), il faut ici suivre la tradition indirecte, qui
donne ὑπάρχου, et non V, où apparaît le mot ἐπάρχου, que Zosime
n'utilise jamais ; par ailleurs, les termes de Zosime pourraient
à la rigueur laisser croire que Basile était en fonctions comme
préfet (de la Ville) au moment de l'ambassade ; or cette charge
était occupée à la fin de 408 par Pompéianus (cf. *supra* n. 87).
Basile fut en réalité préfet de la Ville en 395 (cf. *Cod. Theod.*
7, 24, 1) ; c'est pourquoi Mendelssohn suggère en plus d'ajouter
aux mots « qui avait été honoré de la dignité de préfet » la
précision « par Théodose » (cf. app. crit.). Le détail se trouvait
peut-être chez Olympiodore, mais rien ne prouve que l'omission ne soit pas due à Zosime lui-même ; en outre, la nomination de Basile appartient plus vraisemblablement à Honorius
qu'à Théodose ; cf. mes *Cinq études...* [1] p. 121-123 ; il convient
donc en tout cas de ne pas compléter V sur ce point-là. Basile,
dont l'origine espagnole n'est connue que par Zosime, avait
auparavant été comte des largesses sacrées en 382-383 ; le rôle
qu'il joue en 408 est le seul élément de sa biographie connu
postérieurement à 395, et Zosime est ici notre seul témoin.

Sur Jean, cf. RE IX 1744 nº 4 (Seeck, 1916) ; PLRE I
p. 459 nº 2. En 394, comme tribun et notaire, il fut chargé
de s'occuper des partisans d'Eugène qui, après le Frigidus,
s'étaient réfugiés dans des églises (cf. Paul. Med. *Vita Ambr.*
31) ; en 409, il sera maître des offices d'Attale puis, en 412-
413, préfet du prétoire d'Italie. Il est généralement admis qu'il
exerçait sa charge de primicier des notaires au moment de
l'ambassade de 408 ; cette conclusion ne peut être déduite des
termes qu'utilise Zosime, ici notre seul témoin ; Mendelssohn
(index p. 300) et Mazzarino [59] p. 369-370 estiment que
Jean fut primicier antérieurement à 408, et qu'il n'était donc
pas le successeur du malheureux Pierre (cf. *supra* 5, 35, 2 et
n. 78), Mazzarino pense en outre que son rôle en 394 et en 409
prouve qu'il était modéré, « paganeggiante », ce qui me paraît
une conclusion assez forcée. Ce qui à mon avis confirme — outre
la tournure qu'emploie Zosime — que sa fonction de primicier

est antérieure à 408, c'est qu'en 408, Jean se trouve à Rome ;
s'il était en fonctions, il devrait se trouver à Ravenne, avec
la cour ; de même, s'il devient en 409 maître des offices d'Attale,
c'est qu'il se trouve à Rome sans charge précise, comme fonctionnaire « à disposition ». Sur les tribuns et notaires et leur
primicier, cf. *supra* n. 77. Sylburg proposait de lire non pas
οὓς τριβούνους, rattaché à ὑπογραφέων, mais ὃν τριβοῦνον rattaché à ἄρχων γεγενημένος (cf. app. crit.) ; cette correction doit
être rejetée, car le rang de tribun appartenait aux simples
notaires, et non à leur primicier. Ce Jean n'apparaît pas ailleurs
dans l'*Histoire nouvelle*.

La suite du texte présente diverses difficultés et contradictions, qui ne se laissent pas facilement toutes éliminer ; Jean
est envoyé comme ambassadeur parce qu'il est connu d'Alaric ;
cependant les Romains pensent qu'Alaric n'est plus devant
Rome (tel est le texte de V), et que c'était un partisan de
Stilicon qui l' (ce pronom désignant Alaric) avait amené contre
la ville (toujours selon V) ; ainsi Jean doit aller voir Alaric
qu'il connaît, mais qui n'est plus là, tout en y ayant été amené !
Reitemeier (p. 489) pensait que Zosime voulait dire que c'était
un partisan de Stilicon qui avait amené Alaric devant Rome ;
Heyne (p. 617) croyait que Zosime précisait qu'Alaric était
venu devant Rome, mais qu'il était reparti en confiant le
commandement de son armée à un partisan de Stilicon. Ces
solutions sont peu satisfaisantes. Nous avons vu (*supra* n. 92)
les Romains ne pas prendre au sérieux l'armée qui les assiège ;
cette attitude s'explique s'ils pensaient que ce n'était pas
Alaric en personne qui les assiégeait. Comme le déplacement
d'Alaric de Virunum à Rome avait été extrêmement rapide
(cf. *supra* n. 84), on peut effectivement admettre que les
Romains aient jugé impossible que le Goth fût présent en
personne devant leurs murs. La phrase par ailleurs contradictoire de Zosime indique du moins clairement l'idée que les
Romains se faisaient de leurs assiégeants : non pas Alaric avec
ses Goths, mais un partisan de Stilicon accompagné de fédérés
barbares. Ce dernier détail n'est pas explicitement fourni par
Zosime, assurément, mais s'impose comme une inévitable déduc-
tion : si Alaric ne pouvait pas se trouver devant Rome, ses
Goths ne pouvaient pas non plus y être ; les Barbares qui
accompagnaient le supposé partisan de Stilicon étaient donc
forcément des fédérés. Si l'on admet que les Romains estimaient qu'Alaric ne pouvait pas se trouver si rapidement
devant Rome, il faut avec Mendelssohn (*ad* p. 268, 22) biffer
le ἔτι donné par V, dès lors absurde. En remplaçant de plus
avec Mendelssohn (*ibid.*) les mots peu compréhensibles de V

αὐτὸν ἐπαγαγών par ὁ τὸν στρατὸν ἐπαγαγών, on obtient une
phrase considérablement améliorée ; c'est le texte proposé par
Mendelssohn que j'ai adopté et traduit. Il ne faut cependant
pas se dissimuler qu'il subsiste un problème : si les Romains
ne pensent pas qu'Alaric en personne est présent devant Rome,
on voit mal pourquoi ils choisissent un ambassadeur qui connaît
Alaric. La suite du récit de Zosime confirme cependant sans
le moindre doute possible que les Romains ne croyaient pas
qu'Alaric fût présent. Les corrections de Mendelssohn améliorent donc valablement le texte de Zosime autant qu'il est
possible ; sans doute Zosime aura-t-il en résumant Olympiodore omis quelques précisions qui obscurcissent pour nous son
récit.

Note 94.

Les lignes concernant l'ambassade des Romains auprès d'Alaric sont d'une tonalité qui diffère de celle des passages qui
précèdent et suivent ce développement, et qui tiennent plus du
roman que de l'histoire. Elles contiennent trois répliques en
style direct, ce qui n'est pas fréquent dans l'*Histoire nouvelle*,
et ces répliques forment un petit dialogue, ce qui est sans
parallèle dans cette œuvre ; cf. *supra* n. 66, ainsi que vol. II
1 p. 61-62 et 176. La tradition d'Olympiodore-Zosime campe
ici un Alaric très individualisé, incarnant le Barbare typique
tel que les habitants de l'Empire se le représentaient : vantard,
bruyant, avide de richesse, insensible à la pitié, mais aussi
habile orateur, capable de donner une réponse cynique en
recourant à une image de saveur proverbiale, puis de conclure
l'entretien par un trait concis et une prompte repartie. Nous
sommes donc ici en présence d'une saynète soigneusement éla-
borée sur le plan littéraire ; il va sans dire qu'il serait aventu-
reux de supposer que l'Alaric réel ressemblait exactement à
l'Alaric protagoniste du présent épisode, qui a comme fonction de faire comprendre au lecteur dans quelles circonstances
dramatiques les Romains en vinrent à se souvenir des cérémonies païennes qui leur avaient été jadis si profitables ; le
récit de l'ambassade prépare et introduit l'épisode des Étrusques
qui ont sauvé Narni. Il n'est pas fréquent qu'on puisse déceler
dans l'*Histoire nouvelle* des enchaînements aussi habilement
ménagés sur le plan dramatique. Si, comme tout le suggère,
Zosime reflète ici fidèlement Olympiodore, comme ailleurs après
5, 26, on est amené à conclure que, même si Olympiodore prétend modestement n'avoir pas rédigé une histoire (συγγραφή),

mais rassemblé des matériaux pour une histoire (ὕλη συγγραφῆς)
— et bien que Photios reprenne et confirme ce jugement
(*Bibl. cod.* 80, 56 b 15-25, I p. 166-167 Henry) — il n'était
néanmoins pas entièrement dépourvu de préoccupations d'ordre
littéraire. Il est vrai que l'affirmation d'Olympiodore reprise
par Photios concerne spécifiquement le style, l'*elocutio*, et non
la *dispositio*, dont l'adresse est ici mise en évidence par l'*Histoire nouvelle*.

Sur le plan des faits, ce passage nous confirme que seule
l'ambassade réussit à convaincre les Romains qu'un danger
très sérieux les menaçait, et que si hâblerie il y avait, elle était
surtout du côté des Romains : Alaric, parfaitement informé de
la situation réelle, sait que le risque émanant du peuple romain
en armes peut être négligé. Quant à ses exigences, elles sont
présentées ici d'une manière hyperbolique : quand Zosime en
vient à donner des précisions chiffrées, en 5, 41, 4, les demandes
d'Alaric, sans que la situation ait en rien changé, sont beaucoup plus limitées. C'est une preuve supplémentaire que si
l'épisode de l'ambassade est en lui-même historique, la manière
dont Zosime nous le décrit tient en partie de la fiction.

Note 95.

Sur Gabinius Barbarus Pompeianus, cf. RE XXI 1997 n° 9
(Ensslin, 1952) ; Chastagnol [60] p. 265-266 ; von Haehling
[36] p. 402-403 ; PLRE II p. 897-898 ; A. Marcone (*Commento
storico al libro VI dell'epistolario di Q. Aurelio Simmaco*, Pisa,
1983) p. 65-66. Correspondant de Symmaque, il est d'abord
attesté, par quatorze lois du *Code Théodosien*, comme proconsul d'Afrique en 400-401. Contrairement à ce qui a été généralement admis auparavant, Demandt-Brummer [87] p. 494-496
ont montré, à mon avis de manière entièrement convaincante, que Pompéianus est déjà en fonctions comme préfet
urbain au début de novembre 408, quand Alaric met le siège
devant Rome, et qu'il meurt lynché par la foule (*Vita Melaniae*, chap. 19 de la version grecque) avant la fin du siège,
donc avant le 1er janvier 409 ; cf. *supra* n. 87. Pompéianus a
été considéré comme le païen attaqué dans l'anonyme *Carmen
contra paganos* par G. Manganaro (*La reazione pagana a Roma
nel 408-409 d. C. e il poemetto anonimo « contra paganos »*, GIF,
13, 1960, p. 210-224) ; bien que cette thèse ait reçu l'appui de
Heinzberger [57] p. 162-196, elle s'est heurtée à un scepticisme justifié ; cf. J. Matthews (*The Historical Setting of the
« Carmen contra paganos »* [*Cod. Par. Lat. 8084*]), Historia 19,

1970, p. 464-479), et en dernier L. Cracco Ruggini (*Il paganesimo romano tra religione e politica [384-394 d. C.]* : *per una reinterpretazione del « Carmen contra paganos »*, Roma, 1979). Heyne (p. 646 de l'éd. Reitemeier) pensait, sur la base des mots de Zosime ἐπεὶ δὴ τὴν κρατοῦσαν κατὰ νοῦν ἐλάμβανε δόξαν, que Pompéianus était chrétien ; cette opinion est partagée par Buchanan-Davis, qui traduisent faussement « since his religion was that which currently prevailed » ; PLRE II p. 897 suit cette interprétation ; L. Cracco Ruggini (*op. cit. supra*) p. 120-123 croit que les mots de Zosime cités peuvent avoir plusieurs sens et conclut que Pompéianus témoigne d'une « indecisa fisionomia religiosa ». Contrairement à ce qu'elle pense, ce n'est pas là « un dato acquisito », car le grec de Zosime est parfaitement clair et univoque, comme le montrent les traductions de Leunclauius, Seybold-Heyler et Ridley (Conca partage l'erreur de Buchanan-Davis) ; cf. aussi Heinzberger [57] p. 152 : Pompéianus prend en considération la δόξα, c'est-à-dire la religion dominante, et cherche à se garantir au moins la neutralité du pape avant de couvrir de son autorité une entreprise très risquée : car autre chose est de s'opposer à un couple de sénateurs voués à l'ascèse, compromettant ainsi le statut social et économique du Sénat entier, autre chose de faire mourir une princesse qu'on a réussi à faire passer pour traître à la patrie, autre chose de patronner une cérémonie païenne publique strictement interdite par la législation en vigueur et heurtant les convictions de la majorité de la population. Les mots de Zosime, et le rôle de Pompéianus durant le siège de Rome tel qu'il a été mis en lumière par Demandt-Brummer [87] prouvent sans le moindre doute que Pompéianus était un païen, avisé et précautionneux certes, mais néanmoins convaincu et engagé.

L'entrée en scène des Étrusques pose d'emblée le problème de la vraisemblance du récit qui va suivre, du moins dans ses détails : puisque Rome est investie de toutes parts par Alaric, on est forcé d'admettre, contrairement à ce que semble suggérer Zosime, que ces personnages se trouvaient dans la ville dès le début du siège ; et pourtant ils avaient pratiqué leur art à Narni immédiatement auparavant. On reconnaît aussitôt dans ces spécialistes du tonnerre et des éclairs (βρονταί et πρηστῆρες ; même groupe verbal chez Hérodote 7, 42) des haruspices, s'inspirant des livres de la *disciplina Etrusca* (ἐκ τῶν ἱερατικῶν, mots que Buchanan-Davis traduisent faussement par « the pontifical books »). L'haruspicine, très antiquement liée à l'Étrurie, se fondait essentiellement sur deux techniques, l'examen des entrailles et l'observation de certains phénomènes météorologiques, qu'elle prétendait même provoquer ; sur les Étrusques comme faiseurs de prodiges, cf. notamment R. Bloch, appendice à l'édition du livre 1 de Tite-Live par J. Bayet et G. Baillet, 10e tirage, Paris, 1971, p. 139-140. Le présent passage de Zosime est l'un des témoins, et non le plus tardif, de la survivance des pratiques de l'haruspicine au Bas-Empire ; cf. C. O. Thulin *s.u.* *haruspices* RE VII 2431-2468 (1912), notamment 2436-2437 (histoire de l'haruspicine dans l'antiquité tardive) et 2441-2449 (technique d'interprétation des éclairs). La loi *Cod. Theod.* 9, 16, 12, du 1er février 409, contre les *mathematici*, a été mise en relation par Godefroy (dans son commentaire à cette loi), suivi par Heinzberger [57] p. 198-200, avec l'épisode ici narré par Zosime : elle résulterait d'une intervention du pape Innocent 1er, lors de son ambassade auprès d'Honorius (cf. Zosime 5, 45, 5), et viserait à éviter toute velléité de renaissance païenne du genre de celle qui se manifesta durant le siège de Rome. Cette hypothèse se heurte au fait que le mot *mathematicus* signifie astrologue, alors que diverses lois du même titre 9, 16 (*de maleficis et mathematicis et ceteris similibus*) recourent aux termes exacts *haruspex* et *haruspicina* quand elles concernent précisément cette catégorie de pratiques religieuses ; cf. 9, 16, 1.2.4.6.9. *Cod. Theod.* 16, 10, 1, du 17 décembre 320, loi adressée au préfet de la Ville Maxime (cf. PLRE I p. 590 no 48) montre que c'est ce haut fonctionnaire qui est chargé de surveiller l'activité des haruspices à Rome ; cf. Chastagnol [90] p. 137-150.

Le nom de la ville libérée auparavant du malheur par les haruspices n'est transmis correctement ni par V, ni par la tradition indirecte, ni par la tradition parallèle constituée par Sozomène 9, 6, 4 ; les *apographa* de V le déforment encore plus gravement ; cf. app. crit. ; la combinaison de V et de Sozomène permet cependant de corriger le texte avec certitude : il s'agit de la ville de *Narnia*, auj. Narni. Malgré Zosime 5, 37, 4 (cf. *supra* n. 84), il n'y a pas lieu de douter que Narni resta à l'abri des déprédations d'Alaric, sans doute plus grâce à sa situation très forte que par l'effet de l'intervention des haruspices ; cf. une description des défenses naturelles de Narni dans Procope (*Bell.* 5, 17, 8-11) ; autres détails dans RE XVI 1734-1736 (Philipp, 1935). Blockley [19] p. 212 n. 12 relève que Narni est en Ombrie, et non en Étrurie ; en fait, la ville se trouve dans la province de Tuscie-Ombrie, ce qui peut expliquer une localisation peu exacte de Narni ; du reste il convient d'ajouter que Zosime déclare que les Étrusques ont libéré cette ville, mais nullement qu'ils en sont originaires (mais cf. ci-dessous l'erreur commise par Sozomène).

Le sens et la portée du récit de Zosime sur les Étrusques
ayant libéré Narni sont éclairés par le texte parallèle de Sozomène (9, 6, 3-6) : devant les dureté du siège, les païens jugèrent
nécessaire de célébrer des sacrifices au Capitole et dans les
autres temples ; des Étrusques appelés par le préfet de la Ville
(non nommé)promirent de libérer Rome, de même qu'ils avaient
réussi à protéger contre Alaric Narni en Étrurie (jusqu'ici,
Sozomène suit de toute évidence la même source que Zosime,
Olympiodore). L'événement cependant montra que ces personnages ne furent en rien utiles à la ville ; les gens aux jugements
droits (c'est-à-dire les chrétiens) comprirent que les malheurs de
Rome étaient une punition envoyée par Dieu pour châtier les
habitants de leurs vices ; en effet, à un moine qui lui conseillait d'épargner Rome, Alaric aurait répondu qu'il n'agissait
pas de son propre chef, mais sous la contrainte de quelqu'un
qui le forçait à ravager Rome (Sozomène ne suit plus ici Olympiodore, mais une source chrétienne qui interprète au profit
de la nouvelle religion le récit de tendance païenne fourni par
Olympiodore ; le motif de l'intervention du moine et de la
réponse d'Alaric se trouve déjà chez Socrate 7, 10, PG LXVII
757 A, qui ne mentionne cependant pas les Étrusques ni leur
rôle dans cette affaire).

Sur ces textes de Zosime et de Sozomène, qui ont souvent
attiré l'attention des historiens, cf. notamment S. Mazzarino
(*Antico, tardoantico ed èra costantiniana* I, 1974) p. 378-388 et
surtout Heinzberger [57] p. 144-157. Celui-ci relève les différences entre Sozomène et Zosime : 1) Selon Sozomène, seuls les
païens jugent nécessaire l'intervention des Étrusques, selon
Zosime 5, 40, 4, on pourrait penser que l'ensemble des Romains
croit indispensable le recours aux anciennes pratiques religieuses. 2) Selon Sozomène, le préfet fait venir les Étrusques,
selon Zosime, le préfet tombe sur eux quand ils sont déjà à
Rome. 3) Sozomène ne dit rien du rôle du pape Innocent.
4) Sozomène ne précise pas si, oui ou non, des cérémonies
païennes ont été célébrées en 408 ; selon Zosime, les cérémonies
n'ont pas été célébrées. Mettant, il faut l'espérer, définitivement fin à une querelle née artificiellement d'une erreur de la
vieille traduction française de Buchon-Cousin à laquelle l'ouvrage de A. Piganiol-G. Walter (*Le sac de Rome*, série *Le mémo-
rial des siècles*, Paris, 1964) p. 254 a donné une malheureuse
diffusion (cf. par ex. Conca p. 305, corrigé par Baldini [26]
p. 141 et n. 39), Heinzberger p. 153-157 montre clairement
que, selon Zosime, le conseil des Étrusques ne fut pas suivi :
le génitif absolu du paragr. 3 τῆς γερουσίας — πραττούσης
précise le sens de δημοσίᾳ : les cérémonies doivent être célé-

brées aux frais de l'État, le Sénat officiant publiquement au
Capitole. C'était le contraire de ce qu'aurait demandé le pape
Innocent, qui aurait voulu que l'opération fût secrète (au
paragr. 2, λάθρᾳ, malgré l'ordre des mots, doit porter sur ποιεῖν,
et non sur ἐφῆκεν [comme traduisent Leunclauius et, à sa
suite, Seybold-Heyler et Buchanan-Davis] ; dans ce cas, l'adverbe donnerait une précision peu utile, et sans lien avec la
suite). Sur l'importance de la célébration des cérémonies religieuses aux frais de l'État, cf. vol. II 2 p. 471-472 ; Zosime
insiste à plusieurs reprises sur ce point, fondamental aux yeux
des païens.

Zosime et Sozomène fournissent ainsi des commentaires providentialistes de sens opposé s'appliquant au même épisode. Selon
l'historien païen, l'occasion se présente d'attirer de nouveau la
protection des dieux sur Rome, mais les sénateurs, par couardise,
reculent devant une condition essentielle posée par les Étrusques,
ou plus généralement par les païens ; on se résigne donc à payer
la rançon exigée par Alaric. Selon l'historien chrétien, ce qui
devait se passer ensuite (c'est-à-dire la prise de Rome en 410)
et l'histoire du moine s'adressant à Alaric prouvent que les
malheurs de la Ville éternelle sont le résultat des péchés de ses
habitants, qui ont appelé sur eux le châtiment de Dieu, dont
le Goth est l'instrument. Sozomène commence par suivre Olympiodore, mais ensuite le réfute en recourant apparemment à
Socrate. Heinzberger [57] p. 157-160 pense que Zosime oppose
intentionnellement Rome, prise parce qu'abandonnée par les
dieux, à Athènes, sauvée parce que fidèle aux anciens cultes (cf.
supra 5, 6, 1-3, ainsi que n. 10) ; cette interprétation à première
vue séduisante perd toute vraisemblance si l'on tient compte
du fait que Zosime suit, en 5, 6 Eunape, et ici Olympiodore ;
cf. *infra* n. 97.

Tous les indices convergeant pour suggérer qu'Olympiodore
est une source bien informée et sérieuse, il n'y a aucune raison
de mettre en doute l'épisode des Étrusques, du moins dans ses
grandes lignes ; il illustre bien l'ambiance d'effervescence et la
situation de conflit religieux qui caractérisent la Rome assiégée
de fin 408. Un détail surtout a paru suspect : l'approbation
du pape Innocent 1er obtenue par Pompéianus, à condition
que les cérémonies soient célébrées en secret. Sur le pape Innocent, qui occupa le trône pontifical de 402 à 417, cf. *Lexicon
für Theologie und Kirche* V 685-686 (G. Schwaiger, 1960) ; *New
Catholic Encyclopaedia* VII 519-520 (P. T. Camelot, 1967). Pour
la discussion sur son rôle en 408, cf. Heinzberger [57] p. 152
et 313 n. 27. La logique de la doctrine chrétienne eût certes
voulu que le pontife repousse avec horreur ce recours aux

démons, d'autant plus qu'il était absolument contraire à la
législation antipaïenne de Théodose 1er (cf. *Cod. Theod.* 16, 10,
12). Peut-on cependant exclure absolument que, dans le contexte très particulier de la Rome assiégée de fin 408, Innocent
ait témoigné d'une certaine souplesse ? On pourrait trouver
le silence de Sozomène sur ce point significatif et révélateur
de son embarras ; mais peut-être omet-il simplement un détail
pour lui scandaleux parce qu'il n'est pas en mesure de le réfuter.
On pourrait aussi supposer que le pape, bien au fait des rituels
païens, imagine la clause de la célébration secrète pour n'avoir
pas à dire non ouvertement, sans pour autant rendre les cérémonies possibles. La réalité de son accord donné au préfet
urbain est parfois admise, par exemple par E. Demougeot
(*A propos des interventions du pape Innocent 1er dans la politique séculière*, RH 212, 1954, p. 23-38) p. 30-32. L'affirmation
de Zosime étant invérifiable, chacun tranchera au gré de ce
qu'il pense qu'un pape peut, ou ne peut pas faire. Ce qu'il y
a de sûr, c'est que dans l'économie du récit de Zosime, l'autorisation donnée par Innocent focalise l'attention sur le problème du caractère officiel que doivent avoir les rites pour être
efficaces.

Problèmes d'établissement de texte et d'expression : Paragr. 1.
περὶ δὲ ταῦτα οὖσιν αὐτοῖς ; ce participe au datif a la valeur
d'un complément circonstanciel de temps ; cf. Kühner-Gerth
II 1 p. 424-425. ἔπεισιν : cf. app. crit. ; ἔπεισεν, de πείθω,
fourni par V, ne donne pas de sens satisfaisant ; les conjectures
ἐποίησε et ἔπραξε doivent être écartées, puisque la suite montre
que les rites ne furent en fin de compte pas célébrés ; ἐπείσθη,
suivi d'un accusatif de relation, donne un sens possible, mais
la correction n'est pas économique ; ἐπήισεν, de ἐπαίω, « remarquer » (Mendelssohn allègue comme parallèle Hérodote 9, 93
ὃ δὲ ὡς ἐπήισε) est trop faible, Pompéianus ne se borne pas
à faire une observation, mais agit en conséquence ; Leidig [18]
p. 43 propose la correction très économique ἔπεισιν, « se tourne
vers » ; ce verbe est construit avec l'accusatif par Zosime 1,
27, 2 ; 1, 36, 1 ; 1, 69, 1 ; 3, 29, 1 ; 4, 21, 3 ; 5, 13, 3 ; 6, 5, 2 ;
la juxtaposition d'un verbe au présent historique et d'un imparfait est fréquente chez Zosime : cf. *supra* n. 75, ainsi que 1,
22, 2 ; 3, 9, 2 ; 3, 23, 3, etc. Paragr. 3. Noter que Zosime utilise ici le terme ἀγορά, sans doute comme équivalent du latin
forum ; Olymp. frg. 43 montre que cet auteur ne reculait pas
pour sa part devant la translittération φόρος.

Note 96.

Après l'interlude inutile de l'affaire des Étrusques, les Romains envoyèrent derechef à Alaric une ambassade, qui parvint non sans peine à un accord. La tradition d'Olympiodore-Zosime, abandonnant les hyperboles de 5, 40, 3 (cf. *supra* n. 94), fournit ici de précieuses indications chiffrées qu'on ne trouve nulle part ailleurs. Sur l'intérêt d'Olympiodore pour les chiffres et les questions économiques, cf. *supra* n. 67. Sozomène (9, 6, 7) parle simplement de πλεῖστα δῶρα reçus par Alaric pour lever le siège, et Jérôme (*Epist.* 123, 16, 1) dit *Romam... ne pugnare quidem, sed auro et cuncta superlectili uitam redimere.* Au printemps de 408, Alaric avait reçu des Romains quatre mille livres d'or (Zosime 5, 29, 9). Sur l'ampleur de cette somme, qui, relativement au revenu de certaines familles sénatoriales romaines, n'est pas astronomique, cf. *supra* n. 67 et *infra* n. 104. Pour lever le siège de Rome, Alaric exige non seulement une somme d'or supérieure d'un quart, mais d'autres richesses encore. Cinq mille livres d'or équivalent à trois cent soixante mille *solidi*. Il serait intéressant de pouvoir calculer la valeur du reste de ce qu'exige Alaric par rapport à la somme d'or qu'il réclame. La valeur relative de l'or et de l'argent a sans cesse varié au cours de l'antiquité tardive ; dans l'*Édit du Maximum*, à la fin du IIIe siècle, le rapport est de un à douze (cf. M. Giacchero, *Edictum Diocletiani* I, Genova, 1974, p. 115 et 206, 28, 1a. 2.9) ; d'après *Cod. Theod.* 13, 2, 1, du 19 février 397, la livre d'argent vaut cinq *solidi*, et le rapport est donc environ de un à quatorze ; d'après *Cod. Theod.* 8, 4, 27, du 19 juin 422, la livre d'argent vaut quatre *solidi*, et le rapport est donc de un à dix-huit. La valeur de l'argent par rapport à l'or à la fin de 408 doit par conséquent se situer dans la fourchette un à quatorze — un à dix-huit, si bien que trente mille livres d'argent valent autour de cent quarante mille *solidi*. Pour les autres biens, on ne dispose que des données de l'*Édit du Maximum*, antérieures de plus d'un siècle par rapport à l'époque où nous nous situons ; elles peuvent néanmoins fournir un ordre de grandeur. On trouve dans l'*Édit* une dalmatique entièrement en soie (19, 15, p. 174), valant cinquante mille deniers, alors que la livre d'or en vaut soixante-douze mille ; quatre mille vêtements de soie devaient donc valoir environ deux mille huit cents livres d'or, ou deux cent un mille six cents *solidi* ; il s'agit ainsi là d'une marchandise d'un prix très élevé. La valeur des peaux varie considérablement selon l'animal dont elles proviennent (8, 1-43, p. 154-157) ; une *pellis Foenicea*

(8, 4, p. 154) d'un animal non précisé, qui pourrait correspondre au type de produit exigé par Alaric, vaut cent deniers ; trois mille de ces peaux valaient donc sans doute environ un peu plus de quatre livres d'or, ou trois cents *solidi*. Pour l'histoire du poivre dans l'antiquité, cf. Daremberg-Saglio IV 485-486 (M. Besnier) et RE XIX 1421-1425 (A. Steier, 1938) ; d'abord utilisé comme médicament, le poivre devint un condiment à l'époque impériale ; le commerce du poivre était actif et permettait de réaliser de bons bénéfices (Pers. 5, 55. 136 ; 6, 21 ; Iuu. 14, 293) ; il y avait à Rome, près du Forum, des *horrea piperatoria* (Platner-Ashby [88] p. 262-263) ; selon l'*Édit* (34, 68, p. 216), la livre de poivre valait huit cents deniers ; trois mille livres de poivre correspondaient donc à peu près à deux mille quatre cents *solidi*. Si l'on additionne tous ces chiffres, on aboutit à la conclusion que la valeur de ce qu'Alaric demandait en argent, vêtements de soie, peaux et poivre équivalait à une somme d'environ trois cent quarante-quatre mille trois cents *solidi*, à peu près égale à ce qu'il demandait en or.

L'affirmation de Zosime que la ville de Rome ne possédait pas de fonds publics n'est pas exacte : le préfet urbain disposait évidemment d'un budget alimenté par divers impôts. Il est cependant vrai que ces sommes étaient réservées avant tout au ravitaillement et aux travaux publics ; elles ne suffisaient donc pas pour couvrir des dépenses exceptionnelles et imprévues, comme la rançon exigée en 408 par Alaric. Dans ce cas, c'était le peuple, et surtout le Sénat qui étaient appelés à verser une contribution exceptionnelle ; cf. sur tout cela Chastagnol [90] p. 335-339. Il semble qu'à la fin de 408, Pompéianus tenta de couvrir en partie les exigences d'Alaric en confisquant les biens de Mélanie ; cf. *supra* n. 87, et notamment le chap. 19 de la version grecque de la *Vita Melaniae* qui y est cité. Le préfet fut néanmoins contraint d'organiser la levée d'un impôt exceptionnel parmi les sénateurs, proportionné à leur fortune.

Pour l'emploi du terme grec λίτρα, cf. *supra* 5, 29, 9. Pour l'expression πέπερι σταθμὸν ἕλκον, cf. *supra* n. 89.

Note 97.

Aucune source ancienne ne permet d'identifier avec certitude le Palladius chargé à la fin de 408 d'établir des critères de répartition pour l'impôt spécial levé chez les sénateurs afin de satisfaire les exigences d'Alaric. L'unanimité règne cependant pour voir en lui Fl. Iunius Quartus Palladius, peut-être tribun et notaire vers 396-404, *comes sacrarum largitionum* à une date inconnue, consul en 416, préfet du prétoire d'Italie de 416 à 421 ; cf. RE XVIII 3, 220-221 (Ensslin, 1949) ; Mazzarino [95] p. 386 n. 29 ; PLRE II p. 822-824. Contrairement à ce qu'affirment les auteurs du dernier ouvrage, il est parfaitement invraisemblable que Palladius ait exercé sa charge de comte des largesses sacrées à la fin de 408, car dans ce cas, il eût été à Ravenne ; il était bien plutôt à ce moment-là fonctionnaire « à disposition ». Pompéianus lui confia donc la tâche peu agréable de répartir l'impôt exceptionnel, et il n'y a pas grand chose à ajouter aux mots de Zosime expliquant pourquoi Palladius échoua. Cependant l'expression « l'avidité de ceux qui sont au pouvoir » ne laisse pas d'être obscure ; faut-il y voir une allusion au pouvoir impérial qui facilita la vente des biens de Mélanie contrairement aux vœux du Sénat (cf. *supra* n. 87) ? ou plus globalement l'expression d'un mécontentement général des milieux sénatoriaux romains face aux obligations financières qui leur incombaient ? Dans ce cas, une raison de tendance pro-sénatoriale s'ajouterait selon Olympiodore-Zosime à la première, qui impute à ces mêmes sénateurs l'accusation d'être des fraudeurs. Pour le motif du démon malfaisant, cf. *supra* n. 80 ; c'est lui qui impose aux collecteurs de l'impôt, c'est-à-dire à Palladius et à ses sous-ordres, une conduite sacrilège qui amène Zosime à un nouveau développement providentialiste. Cet élément est évidemment celui qui intéresse le plus notre historien dans le présent contexte, puisqu'il apporte un argument de plus à sa démonstration d'apologie historique du paganisme.

Il y a un lien évident entre le pillage décrit par Zosime 5, 41, 6-7 et le récit du sacrilège de Séréna (*supra* 5, 38, 2-4). Kaegi [50] p. 140-142, suivi par Dagron [38] p. 139-140, mettent le présent passage en relation avec le sauvetage d'Athènes dû à des statues d'Athéna et d'Achille (Zosime 5, 6, 1-2) et la conservation miraculeuse de deux statues à Constantinople après l'incendie de 404 (Zosime 5, 14, 7-8). Il est incontestable que tous ces développements reflètent une doctrine païenne identique conférant une signification magique aux statues des dieux et à leur conservation ; on pourrait ajouter que, toujours selon la même conception, la destruction des statues des Muses exprime que l'époque qui connaît ce malheur est vouée à l'inculture (Zosime 5, 24, 6). Il est en revanche plus difficile de suivre Kaegi et Dagron quand ils affirment que par l'addition de ces passages, Zosime met intentionnellement en relation et en opposition le salut d'Athènes et de Constantinople d'une part et la destruction de Rome de l'autre. Je ne puis ici que répéter une fois de plus (cf. *supra* n. 10 et 95) que la démarche qui consiste à prêter à Zosime la mise en contraste intentionnelle de passages antérieurs et postérieurs à la césure de 5, 25 implique qu'on néglige le fait fondamental qu'avant 5, 25, Zosime suit Eunape, et après 5, 25, Olympiodore, et cela toujours avec servilité, comme le prouvent les jugements contradictoires sur Stilicon (cf. *supra* n. 1 et 76). Assurément, ces passages méritent d'être rapprochés, car ils révèlent qu'Eunape et Olympiodore partagent les mêmes convictions sur la théodicée, la providence et le pouvoir des statues ; mais ils n'attestent pas que Zosime a organisé intentionnellement ces contrastes ; ils résultent d'une simple juxtaposition, ici heureuse, de sources, pratiquée par l'auteur de l'*Histoire nouvelle*. Les fragments 15 et 27 d'Olympiodore rapportent des épisodes qui mettent aussi en évidence le pouvoir des statues ; cela confirmerait, s'il en était besoin, la provenance olympiodorienne de Zosime 5, 41, 6-7. Il convient de relever qu'ici Olympiodore-Zosime inscrivent le pillage des statues dans le contexte beaucoup plus large du naufrage général des cultes païens, dont il est le résultat : les malheurs de Rome sont l'effet, en général de la fin des cultes traditionnels, en particulier du manque de respect témoigné aux statues.

Sur la déesse *Virtus*, cf. Roscher VI 336-347 (Wissowa) et RE Suppl. XIV 896-910 (Eisenhut, 1974). Cette abstraction personnifiée devenue déesse est attestée dès Plaute (*Amph.* 41), puis apparaît souvent dans la littérature latine ; elle possédait à Rome plusieurs temples, conjointement avec *Honos* ; de nombreuses inscriptions conservent son nom, et elle est aussi souvent représentée sur les monnaies. Quant aux statues de *Virtus*, elles sont très difficiles à identifier, les traits spécifiques manquant pour distinguer cette déesse d'autres abstractions personnifiées. Rien ne permet de préciser de quelle statue Zosime parle ici, et on peut même se demander légitimement si cette belle histoire n'est pas inventée *ad hoc* par la tradition païenne pour couronner sa démonstration providentialiste. La mention du nom latin de *Virtus* constitue la troisième citation latine dans l'*Histoire nouvelle* ; cf. sur ce point *supra* n. 67.

A l'époque de sa puissance, Stilicon avait mené envers les païens une politique de relative tolérance ; de ces années date *Cod. Theod.* 16, 10, 5, du 29 août 399 (cf. Seeck [26] p. 103-104) : *sicut sacrificia prohibemus, ita uolumus publicorum operum ornamenta seruari*. Mais en 407, menacé par la puissance accrue de ses ennemis, Stilicon durcit son attitude envers les non-catholiques ; cf. *supra* n. 71. Cette nouvelle ligne se manifeste dans *Cod. Theod.* 16, 10, 19, du 15 novembre 407, qui confirme des décisions antérieures, mais apparemment récentes, et se montre en tout cas beaucoup plus catégorique en ce qui concerne les statues que la loi de 399, puisqu'elle prescrit l'éloignement des statues qui sont ou ont été l'objet d'un culte : *simulacra, si qua etiam nunc in templis fanisque consistunt et quae alicubi ritum uel acceperunt uel accipiunt paganorum, suis sedibus euellantur, cum hoc repetita sciamus saepius sanctione decretum.* On voit donc que Palladius et ses aides avaient la loi pour eux dans l'entreprise qui provoque l'indignation de Zosime. Le culte des statues ne fut pourtant pas extirpé par la décision de 407, car plusieurs lois postérieures en répétèrent les dispositions ; cf. Heinzberger [57] p. 300 n. 20.

Note 98.

Il est remarquable qu'après des semaines de siège devant Rome et l'obtention d'une rançon, Alaric songe toujours à une alliance avec Rome ; le message porté par l'ambassade romaine à l'empereur ne laisse pas le moindre doute à ce sujet. Le développement de la situation, tel qu'il est peint dans la suite de l'*Histoire nouvelle* (cf. notamment 5, 48-51, et déjà 5, 36, 1), montre clairement qu'Alaric avait un seul objectif, et qu'aucune péripétie ne l'en faisait dévier : obtenir des terres pour y établir et y nourrir son peuple, et recevoir le grade de *magister militum* (cf. surtout 5, 48, 3-49, 1). Comme plus tard Ataulf — si du moins l'on peut se fier à la belle histoire racontée par Orose (*Hist.* 7, 43, 5-7) — Alaric ne rêvait nullement de détruire l'Empire, mais bien plutôt d'en devenir à des conditions avantageuses pour lui le défenseur attitré, et sa détermination était d'autant plus forte qu'elle était fondée non sur un vague idéal, mais sur une appréciation réaliste de la situation. Cf. sur tout cela les judicieuses observations de Várady [5] p. 243-244. 253. 552-561 (surtout 555-556), ainsi que *supra* n. 82. La suite (5, 44, 1) montre que les otages devaient être fournis non par les Romains, mais par la cour de Ravenne, et que celle-ci ne mit aucun empressement à remplir les clauses de l'accord qui dépendaient d'elle.

Dans l'immédiat pourtant, l'empereur semble avoir donné son accord et, dès le retour de l'ambassade, les communications entre Rome et Porto furent rétablies, et la famine cessa. Une certaine obscurité règne dans le texte de Zosime du fait qu'il parle d'abord d'une autorisation donnée aux Romains de s'approvisionner durant trois jours, puis du départ des Goths ; la levée du blocus ne fut donc pas seulement limitée à trois jours puisqu'Alaric remonta vers le nord au moins sur une

petite distance (à cinquante kilomètres au nord de Rome, il
se trouvait déjà en Étrurie). Des bandes de Goths durent
cependant rester autour de Rome (cf. paragr. 3) et même lancer
des razzias dans des régions assez éloignées ; Procope (*Bell.*
6, 16, 24) mentionne la prise par les Goths d'Urbs Salvia, dans
le Picénum, épisode qui semble se situer après la levée du blocus
de Rome ; cf. Duval [62] p. 286 n. 248. Sur l'insécurité qui
régna dans les mois qui suivirent sur les routes d'Italie, cf. aussi
infra 5, 45, 5.

Note 99.

D'après Zosime 5, 40, 3, Alaric aurait dans un premier temps
exigé qu'on lui remette tous les esclaves barbares qui se trouvaient à Rome ; il n'est plus question de cette clause dans
l'accord tel qu'il est défini en 5, 41, 4. Néanmoins, pendant
les jours qui suivirent immédiatement la levée du blocus, alors
que les Barbares étaient encore là, de nombreux esclaves rejoignirent le camp d'Alaric ; Zosime ne précise pas qu'il s'agit
essentiellement de Barbares, mais le contexte permet de l'admettre sans grand risque d'erreur, et Sozomène (9, 6, 3) le
confirme. Sur le phénomène de la fuite des esclaves, cf. R. Klein
(*Die Sklavenfrage bei Theodoret von Kyrrhos : « Die 7. Rede
des Bischofs über die Vorsehung »*, Romanitas-Christianitas,
Johannes Straub zum 70. Geburtstag, Berlin, 1982, p. 586-
633, surtout p. 631). La phrase de Zosime au début du paragr. 3
(καὶ οἱ μὲν οἰκέται — συνειλεγμένοις) est mal construite et
à divers titres ambiguë : les esclaves ne pouvaient pas en même
temps sortir « pour ainsi dire chaque jour » et rejoindre les
Barbares, car les mots de Zosime suggèrent qu'ils retournaient
à Rome le soir ; ce que Zosime veut sans doute dire, c'est que,
jour après jour, des esclaves sortirent de la ville pour rejoindre
les Barbares. De plus, l'indication chiffrée qui suit est amenée
si maladroitement que Leunclauius et Bekker ont jugé nécessaire de corriger le texte (cf. app. crit.) ; pour eux, le chiffre
de quarante mille s'applique aux esclaves fugitifs ; Mendelssohn
(*ad* p. 272, 14) fait justement observer que Zosime parle de
« presque tous les esclaves » qui se trouvent dans Rome, dont
le nombre dépassait largement quarante mille ; il n'y a donc
rien à changer au texte de V, et l'indication chiffrée concerne
bel et bien les forces d'Alaric. Il est cependant impossible
d'admettre que l'affirmation de Zosime concerne presque tous
les esclaves de Rome, dont le nombre était assurément extrêmement élevé : cf. les données de Hopkins [48] p. 96-98 et

102, qui évidemment ne s'appliquent pas à la Rome de 408, et celles de Jones [56] II p. 698 ; même en admettant par hypothèse des chiffres bas, soit une population totale d'un demi-million (cf. E. Demougeot [1] p. 471 et n. 158), dont un quart d'esclaves, on obtient un nombre d'esclaves nettement supérieur à cent mille. Il est donc absolument exclu, ne serait-ce que pour des raisons de ravitaillement, qu'Alaric ait admis dans son camp des masses d'esclaves aussi nombreuses, dépassant l'effectif de son armée. L'inévitable conclusion des réflexions qui précèdent, c'est que Zosime doit ici défigurer gravement Olympiodore. Klein (cité *supra* p. 631 n. 101) admet à juste titre que les esclaves fugitifs qui rejoignirent Alaric furent au nombre de quelques milliers. Schmidt [55] p. 443 déforme doublement le témoignage de Zosime en prétendant que ces fugitifs furent au nombre de quarante mille, et que ce sont ensuite eux qui attaquèrent les Romains qui allaient s'approvisionner à Porto ; même erreur chez E. Demougeot [1] p. 437 et [55] p. 456 ; ces deux auteurs ne font sans doute que recopier Seeck [5] p. 394, à moins qu'ils ne s'en tiennent à la traduction latine de Leunclauius. Une autre erreur est commise par Bury [9] vol. I p. 105, qui soutient que le chiffre de quarante mille inclut les esclaves fugitifs, ce qui n'est pas non plus ce que dit Zosime ; cette bévue est reprise par Stein-Palanque [6] p. 256. Sur l'insécurité régnant autour de Rome et plus généralement en Italie après la levée du blocus de Rome, cf. *supra* n. 98 ; le fait qu'Alaric s'efforce de mettre fin aux désordres (cf. aussi *infra* 5, 45, 5) confirme que son désir était de parvenir à un accord avec le gouvernement impérial ; cf. 5, 42, 1.

Le chapitre se conclut par l'indication de l'entrée en charge des consuls de 409, qui furent cette année-là les deux empereurs d'Occident et d'Orient. Fidèle ici à la pratique d'Olympiodore, Zosime groupe les événements selon le schéma annalistique et indique avec le nom des nouveaux consuls le passage d'une année à l'autre ; cf. *supra* n. 53, 60 et 77. La précision chronologique donnée ici par Zosime est très précieuse, mais elle a été malheureusement largement négligée, ce qui a pour conséquence que les datations fournies dans beaucoup d'ouvrages récents pour la période en question sont fausses. Le témoignage de Zosime est parfaitement clair, et il n'y a aucune raison de mettre en doute son authenticité ou de penser que la notice est mal insérée. On en doit déduire que tout ce qui précède dans l'*Histoire nouvelle* appartient encore à l'année 408 : tractations des Romains avec Alaric, conclusion d'un accord, envoi d'une ambassade à Ravenne pour soumettre l'accord à

Honorius, et retour de cette ambassade, levée du blocus de Rome,
fin de la famine, installation des Goths en Étrurie, insécurité
autour de Rome.

Note 100.

C'est ici la quatrième et dernière allusion que Zosime fait
à l'usurpateur Constantin avant d'en venir au récit détaillé
de sa révolte au début du livre 6 ; cf. *supra* n. 59 la liste de
ces allusions et les observations qu'appelle le parti adopté par
Zosime pour narrer l'histoire de Constantin. La présente allusion est évidemment motivée par l'arrivée en Italie — au début
de 409 apparemment, vu l'endroit où cette notice est insérée —
d'une ambassade de l'usurpateur. Constantin enverra une
seconde ambassade à Honorius, quelques mois plus tard ; cf.
infra 6, 1, 1-2 et n. 114 ; c'est la mention de celle-ci qui introduit le récit regroupé de l'usurpation en 6, 2-5. Le présent
passage 5, 43 a son pendant exact dans Olympiodore frg. 12
(p. 57 b 4-9, I, p. 169 Henry). Le récit détaillé des événements
de Bretagne confirme que Constantin fut, à cause de son nom
impérial, la victime d'un complot dont l'initiative ne lui reve-
nait nullement, et que le sort de ses prédécesseurs lui révéla
qu'il était le prisonnier de ceux qui l'avaient mis sur le trône ;
cf. 6, 2, 1-2. Les raisons qu'allègue Zosime pour expliquer
qu'Honorius accéda aux demandes de Constantin sont parfaitement plausibles ; du reste Théodose 1er, dans une situation
moins difficile, avait aussi longuement atermoyé d'abord avec
Maxime, ensuite avec Eugène. Plus tard en 409, Honorius en
restera encore à cette attitude conciliante envers l'usurpateur ;
cf. 6, 1, 2. Sur Vérénianus, cf. RE VIII A 1549 no 2 (Ensslin,
1958) ; PLRE II p. 1155 ; il est nommé Vérinianus par Orose
(*Hist.* 7, 40, 5), mais Sozomène (9, 11, 4) le nomme aussi Vérénianus (avec la seule variante orthographique d'un second
epsilon à la place de l'êta). Sur Didyme, cf. RE V 444 no 4
(Seeck, 1903) et PLRE II p. 358 no 1 ; Mendelssohn (*ad* p. 273,
1 ; cf. app. crit.) corrige le nom donné par V (Didymios) en
Didymos d'après Sozomène (9, 11, 4) et Orose (*Hist.* 7, 40, 5).
Vérénianus et Didyme étaient frères, et ils avaient encore deux
autres frères, Théodosiolus et Lagodius (Zosime 6, 4, 4, Sozomène 9, 12, 1, Oros. *loc. cit.*) ; ils étaient tous des cousins
d'Honorius (Olymp. frg. 16, p. 58 b 7, I, p. 172 Henry) et
vivaient auparavant en Espagne. Zosime reviendra en 6, 4, 3-
5, 2 sur l'activité et le sort des quatre frères. Outre Olympiodore source de Sozomène et de Zosime, seul Orose mentionne

Vérénianus et Didyme (et du reste Olympiodore résumé par Photios ne cite même pas leurs noms). La précision donnée ici par Zosime que ces deux personnages étaient déjà morts au moment de la première ambassade de Constantin auprès d'Honorius fournit un utile repère chronologique, qui permet de situer leur exécution (rappelée, mais non datée en 6, 1, 1 et 6, 5, 2) encore en 408.

Note 101.

De multiples nouveaux personnages apparaissent dans ce chapitre. Sur Cécilien, cf. RE III 1173 n⁰ 8 (Seeck, 1897) et PLRE II p. 244-246. Le début de sa carrière est connu grâce à diverses allusions de Symmaque dans sa correspondance : il fut gouverneur d'une province, préfet de l'annone en 396-397, puis *legatus senatus* en 400. En 404-405, il est vicaire, puis proconsul d'Afrique (*Cod. Iust.* 1, 51, 4 ; Aug. *Epist.* 86). Il ne garda pas longtemps la charge de préfet du prétoire d'Italie qu'il obtint à la suite de son ambassade auprès d'Honorius au début de 409 puisque, peu après (cf. *infra* 5, 46, 1 ; 5, 47, 1 et n. 106), il est remplacé par Jovius. Son entrée en fonctions se laisse dater assez précisément, puisque Théodore reçoit une dernière loi le 15 janvier, et qu'une loi du 21 janvier est déjà adressée à Cécilien ; la dernière loi reçue par Cécilien date du 1ᵉʳ février, et une loi du 1ᵉʳ avril est déjà adressée à Jovius, cf. Seeck [26] p. 316. On retrouve enfin Cécilien en mission spéciale en Afrique en 414 (*Cod. Theod.* 7, 4, 33). Il n'apparaît qu'ici chez Zosime.

Son prédécesseur Mallius Théodorus n'apparaît aussi qu'ici dans l'*Histoire nouvelle* ; sur ce personnage, cf. RE V A 1897-1902 (Ensslin-Wessner, 1934) et PLRE I p. 900-902 et II p. 1086-1087. Son identification exacte fait problème. Il peut apparemment s'agir soit de Mallius Théodorus le père, préfet du prétoire d'Italie en 397-399, consul en 399, célébré par un panégyrique de Claudien, soit du fils de celui-ci, dédicataire du traité *de metris* rédigé par son père. Ensslin pensait que le préfet de 408-409 était le père, les auteurs de PLRE estiment au contraire qu'il s'agit du fils. Cette question obscure ne peut être discutée en détail et tranchée ici ; il me paraît cependant plus facile d'admettre que c'est le père qui est préfet en 408-409. Le principal argument contre cette solution est que cinq des nombreuses lois que reçoit le préfet de 408-409 indiquent qu'il s'agit de sa seconde préfecture ; or le père avait été déjà deux fois préfet auparavant. Mais si, pour cette raison, l'on se

décide pour le fils, il faut supposer une préfecture du fils en
Gaule en 397 sur la base très fragile de Symm. *Epist.* 9, 25
(S. Ronda, *Commento storico al libro IX dell'epistolario di
Q. Aurelio Simmaco*, Pisa, 1981, p. 143-144 admet que cette
lettre fait allusion au père, et non au fils). Il est plus facile de
corriger les indications PPO II portées par une partie des lois
adressées au préfet de 408-409 en PPO III. Cette charge de
408-409 est le dernier élément biographique connu de Théodore,
qu'il s'agisse du père ou du fils. Les lois adressées à Théodore
s'étendent sur la période du 13 septembre 408 au 15 janvier
409 (cf. Seeck [26] p. 314 et 316) ; Théodore est donc le successeur de Longinianus, victime le 13 août 408 de la révolte militaire de Ticinum (cf. *supra* 5, 32, 7) ; cela prouve que Théodore, auparavant partisan de Stilicon, avait en 408 passé dans
le parti de ses adversaires et était devenu un ami d'Olympius
(cf. *supra* n. 67). Pour la raison d'être du pluriel dans l'expression τῆς τῶν ὑπάρχων ἀρχῆς, cf. *supra* n. 78.

Sur Attale, cf. RE II 2177-2179 (Seeck, 1896), Chastagnol
[60] p. 266-268 et PLRE II p. 180-181. Il apparaît tout
d'abord dans la correspondance de Symmaque, occupant une
fonction non précisable, puis comme ambassadeur. Sa participation à l'ambassade de 409 est le prochain élément connu de
sa biographie. Quand Cécilien devint préfet entre le 15 et le
21 janvier 409, Attale obtint la charge de *comes sacrarum largitionum* (pour les diverses manières dont cette fonction est
exprimée dans le grec de Zosime, cf. l'index des fonctions dans
le vol. III 2). On ignore qui exerça la fonction de comte des
largesses sacrées entre la mort de Patroinus (assassiné le
13 août 408 à Ticinum, cf. Zosime 5, 32, 6) et l'accession d'Attale
à cette charge (en tout cas pas Palladius ; cf. *supra* n. 97).
Attale ne fut *comes sacrarum largitionum* que peu de temps ;
quelques semaines plus tard, il est en effet nommé préfet de
Rome (cf. *infra* 5, 46, 1 et n. 106) ; il réapparaît cependant
dès 5, 45, 2-3 dans ses fonctions de comte des largesses.

Maximien n'est pas facile à identifier. Dans RE XIV 2533
nº 7 (Ensslin, 1930) et PLRE II p. 739 nº 2, il est considéré
comme le fils de Marcien (cf. *infra* 6, 7, 2), mentionné comme
père d'un Maximien par Symmaque (*Epist.* 8, 23-24). Chastagnol [84] p. 178-179 l'a identifié non seulement avec le fils
de Marcien, mais encore avec le Maximilien fils de Marinianus dont il va être question en 5, 45, 4, et avec Tarrutenius
Maximilianus, connu par CIL VI 1767 (ILS 1282), consulaire
du Picénum, vicaire de Rome, deux fois ambassadeur du
Sénat ; Chastagnol fut suivi par M. T. W. Arnheim (*The Sena-
torial Aristocracy of the Later Roman Empire*, London, 1972),

p. 187-188 et par Conca (dans sa traduction, p. 308, chap. 44,
n. 1), tandis que PLRE II p. 741 distingue d'une part Maximien fils de Marcien, d'autre part Maximilien fils de Marinianus
identifié avec Tarrutenius Maximilianus. Quant à Ridley [8]
p. 223 n. 159 et 163, il rejette l'identification du Maximien
de Zosime 5, 44, 1 avec le Maximien fils de Marcien de Symmaque (*Epist.* 8, 23-24), et aussi celle avec le Maximilien de
Zosime 5, 45, 4, mais admet que le Maximien de Zosime 5,
44, 1 est Tarrutenius Maximilianus. Il n'est pas facile de s'y
reconnaître dans ce maquis. Les noms de Maximien et Maximilien d'une part, de Marcien et de Marinianus d'autre part,
sont assez proches pour que des confusions se soient produites
à un moment ou un autre de la tradition représentée par Olympiodore et Zosime ; par ailleurs, la qualité de Tarrutenius
Maximilianus, deux fois ambassadeur du Sénat, est un indice,
sinon contraignant, du moins favorable à l'identification de
ce personnage avec le Maximien de Zosime 5, 44, 1. Mais par
ailleurs l'ambassadeur de Zosime 5, 44, 1 doit être un homme
d'âge mûr, ce que Tarrutenius Maximilianus ne semble pas
avoir été en 409 ; le Maximilien de Zosime 5, 45, 4 est apparemment aussi un homme relativement jeune, puisqu'il est
racheté à l'ennemi par son père ; il me paraît donc à ce point
de vue peu vraisemblable que le Maximien de Zosime 5, 44, 1
et le Maximilien de 5, 45, 4 soient une seule et même personne.
Je serais pour ces raisons assez enclin à suivre la PLRE, qui
distingue ces deux personnages, et reconnaît dans le second,
le Maximilien de 5, 45, 4, Tarrutenius Maximilianus. Cette
solution comporte aussi l'avantage qu'on peut conserver le
texte de V nommant différemment les personnages mentionnés
en 5, 44, 1 et 5, 45, 4. Mais rien de ce qu'on peut dire à propos
de tous ces personnages à identifier ou à distinguer ne dépasse
un certain degré de vraisemblance. Cf. aussi *infra* n. 104.

Sur Olympius, cf. *supra* n. 71 et 78. Les notaires Marcellin
et Salonius ne soulèvent aucun problème d'identification, car
ils ne sont connus que par le présent passage de Zosime.

L'ambassade de janvier 409 est aussi rapportée par Sozomène (9, 7, 1), mais très brièvement et sans aucun détail.
D'après Zosime, elle comportait trois membres, nombre assez
élevé ; sur le nombre des ambassadeurs, cf. le commentaire de
Godefroy à *Cod. Theod.* 12, 12, 4. Le but de l'ambassade était
évidemment que la cour de Ravenne remplisse au plus vite
les clauses de l'accord conclu avec Alaric qui dépendaient
d'elle (cf. *supra* 5, 42, 1-2), ce qu'apparemment elle tardait
à faire. Olympius néanmoins obtint qu'Honorius n'accède pas
à ces demandes. Cette ambassade marqua pourtant le début

du déclin de l'astre d'Olympius : d'une part, deux des trois
ambassadeurs reçoivent des postes où ils remplacent des favoris
d'Olympius ; d'autre part, Honorius va prendre des mesures
militaires pour protéger Rome (cf. *infra* 5, 45, 1) ; enfin nous
voyons qu'Olympius, toujours enragé à pourchasser de prétendus complices de Stilicon, ne rencontrait pas beaucoup de
succès dans cette entreprise, puisque cinq mois après son arrivée
au pouvoir, il n'avait pas encore terminé son épuration, et qu'il
en était réduit à s'en prendre au menu fretin que constituaient
des notaires. Cf. Seeck [5] p. 396, E. Demougeot [1] p. 437
et surtout Várady [5] p. 247-250 (« Milderung des antibarba-
rischen Kurses »).

Au paragr. 2, Bekker propose de corriger la tournure incontestablement illogique αἰκισμοῦ παντὸς εἴδει par αἰκισμοῦ παντὶ
εἴδει, introduisant ainsi le hiatus que Zosime avait précisément
voulu éviter en s'exprimant comme il le fait (cf. Mendelssohn
ad p. 273, 22) ; la suggestion de Herwerden παντοειδεῖ est
peu vraisemblable, ce mot n'étant, d'après le *Thesaurus linguae
Graecae*, attesté qu'une seule fois dans un texte chrétien du
vɪᵉ siècle.

Note 102.

Le présent passage, mentionnant cinq corps de troupe tota-
lisant six mille hommes, et ayant donc chacun un effectif de
mille deux cents hommes, est, avec 6, 8, 2, l'un des deux seuls
passages de Zosime, et en général l'un des très rares textes de
l'antiquité tardive qui nous fournissent de telles précisions sur
les effectifs des unités de cette époque. Le chiffre qu'on peut
déduire du présent passage est plus élevé que ceux qui résultent
d'autres textes de même type, qui suggèrent des effectifs variant
entre cinq cents et mille hommes ; cf. Jones [56] p. 679-686,
et surtout p. 682.

La provenance de ces six unités a été étudiée par L. Várady
(*New Evidences on some Problems of the Late Roman Military
Organization*, AAntHung 9, 1961, p. 333-396) p. 370-371 ; Id.
(*Additional Notes on the Problem of the Late Roman Dalmatian
Cunei*, AAntHung 11, 1963, p. 391-406). Várady, en se fondant
sur *Not. Dign.* Or. 41, 15. 17-18 ; 42, 13-14. 16-18 ; Oc. 32, 23 ;
33, 25 ; 34, 14, constate que ce document enregistre huit *cunei*
dalmates dans l'armée d'Orient et seulement trois dans l'armée
d'Occident ; partant de l'idée arbitraire que le nombre de ces
cunei devait à l'origine être égal dans les deux armées et que
les cinq unités dont parle Zosime ici ont été rayées des effectifs

après l'épisode de janvier-février 409 — en réalité, ces unités, faites prisonnières par Alaric, ont dû continuer à exister, d'abord dans l'armée d'Attale (cf. Hoffmann [5] I p. 431) — Várady arrive à la conclusion que les cinq unités dont il est ici question dans Zosime sont les cinq *cunei* dalmates prétendument manquants dans la *Notitia dignitatum*. Dans son second article, Várady apporte certaines précisions qui donnent plus de consistance à son hypothèse : les cinq unités dont parle Zosime devaient être montées pour lutter efficacement contre la cavalerie d'Alaric, et Valens leur commandant était un officier de cavalerie (Zosime 6, 10, 1). Par ailleurs, et c'est là celui des arguments de Várady qui a le plus de poids, on s'étonne de constater que ces unités, dont Zosime précise qu'elles forment l'élite de l'armée romaine, soient en garnison en Dalmatie dans le contexte politique et militaire de la fin de 408 et du début de 409. On est ainsi tenté de suivre Várady quand il voit dans l'expression πέντε τῶν ἀπὸ Δαλματίας στρατιωτικὰ τάγματα non pas l'indication que ces unités ont été déplacées de Dalmatie en Italie (comme le pensent Schmidt [55] p. 444 ; Stein-Palanque [6] p. 256 ; Hoffmann [5] vol. I p. 432), mais simplement une précision sur la région où ces unités étaient à l'origine et en principe recrutées. Il ne faut cependant pas oublier que lorsque le commandant de ces cinq unités, Valens, réapparaît en 6, 7, 2, son nom est accompagné de la précision suivante : οὗτος δὲ ἦν ὁ πρότερον τῶν κατὰ Δαλματίαν ταγμάτων ἡγούμενος, mots qui indiquent clairement que, pour Zosime, ces unités avaient effectivement été stationnées en Dalmatie, et qui ne peuvent que difficilement être considérés à la suite de Várady comme un ajout personnel de Zosime qui aurait complété le développement de 6, 7, 2 en se fondant sur son propre texte de 5, 45, 1, mais en se trompant sur le sens des mots ἀπὸ Δαλματίας ! Pour sortir de cette contradiction, on pourrait faire l'hypothèse suivante : les cinq unités commandées par Valens, où sans doute la cavalerie dominait, étaient antérieurement stationnées en Dalmatie ; ultérieurement, elles ont été déplacées à Ticinum pour participer à l'expédition projetée contre l'usurpateur Constantin ; un accord ayant été conclu entre l'usurpateur et Honorius (cf. *supra* 5, 43), il était devenu possible de les détacher de l'armée de Ticinum pour aller secourir Rome. Le second des deux articles de Várady contient en outre des théories hautement fantaisistes concernant Zosime : 1) Zosime refléterait une source donnant un point de vue oriental hostile à l'Occident ; la preuve en serait que la nomination d'Alaric comme *magister militum per Illyricum* et celle de Jovius comme préfet du prétoire dans cette

même région, attestée par Sozomène (9, 4, 2), sont tues par
Zosime (p. 395) ; Várady ignore qu'ici Sozomène suit Olympiodore comme Zosime, et que tout simplement il transmet une
précision omise par Zosime ; cf. *supra* n. 54. 2) Quand Zosime
écrit Delmatie, il entend la province, quand il écrit Dalmatie,
il entend l'Illyricum occidental (p. 400) ; Várady ignore que
les deux formes constituent de simples variantes orthogra-
phiques, largement attestées dans les textes aussi bien épi-
graphiques que littéraires ; cf. Mommsen, CIL III p. 280 ;
RE IV 2448, 8-14 (Patsch, 1901) ; j'ai moi-même dans le
texte de Zosime tacitement unifié en adoptant la forme Dalmatie, plus fréquente. 3) Sur la base de l'emploi de ἀπό et des
formes Dalmatie-Delmatie, Várady élabore une théorie des
sources de Zosime (p. 403) : source unitaire pour les livres 2-4,
compilation d'œuvres diverses pour le reste. Je crois inutile
de m'attarder plus longuement sur ces affirmations méthodo-
logiquement insoutenables.

Zosime fait état de la situation qui ne s'améliore pas à Rome,
ce qui contredit ce qu'il affirme *supra* en 5, 42, 3 ; *infra*, en 5,
45, 4, nous apprenons que les Romains ne pouvaient plus sortir
librement de leur ville, et en 5, 45, 5, nous voyons Alaric
donner une escorte à la seconde ambassade des Romains
auprès d'Honorius. Il faut en conclure que non seulement des
bandes de Barbares continuaient à errer un peu partout et
rendaient les routes dangereuses (cf. *supra* 5, 42, 3 et n. 99),
mais de plus qu'Alaric s'était à nouveau rapproché de Rome
à partir de ses cantonnements d'Étrurie (cf. 5, 42, 2) et que
pratiquement il investissait à nouveau la ville. Il voulait évidemment qu'Honorius respecte les clauses de l'accord (cf. 5,
42, 1-2) ; la réaction inattendue de l'empereur fut l'envoi des
cinq unités de Valens. Nous voyons ainsi qu'en janvier-février
409, Honorius est encore suffisamment sous l'influence d'Olympius pour faire obstacle à un accord avec Alaric, mais qu'il a
déjà commencé à s'émanciper de sa tutelle, puisque, contrairement à sa ligne de conduite de novembre-décembre 408, il
envoie désormais des secours à l'ancienne capitale assiégée. Il
est vrai que, nous venons de le voir, l'accord conclu tout au
début de 409 avec l'usurpateur Constantin donnait à Honorius une marge de manœuvre qu'il n'avait pas auparavant.
Zosime ne nous dit absolument rien de l'itinéraire emprunté
par Valens et du site de son combat contre Alaric (les considérations de Várady, *loc. cit. supra*, 11, 1963, p. 393, sont de la
pure fantaisie) ; les observations qui précèdent nous invitent
cependant à placer le combat très près de Rome. Sur Valens,
cf. RE VII A 2140 n° 13 (Ensslin, 1948) et PLRE II p. 1137

nᵒ 2 ; ce personnage n'est connu que par Zosime, qui parle
de ses destinées ultérieures en 6, 7, 2 et 6, 10, 1. Au début
de 409, il est *dux* (Mendelssohn p. 306, Ensslin) ou *comes rei
militaris* (PLRE). Il ne faut pas confondre ce Valens avec
son homonyme mentionné en 5, 48, 1. Sur Attale, cf. *supra*
n. 101 ; à peine nommé comte des largesses, il fut renvoyé à
Rome avec l'armée de Valens ; sur le rôle qu'il devait remplir
dans l'ancienne capitale, cf. *infra* n. 103.

Problèmes d'expression. Paragr. 1. Le mot καθέδρα a de
toute évidence ici le sens de cantonnement, campement fixe,
qui est rare ; cf. pourtant Thuc. 2, 18, 5, que les dictionnaires
ne traduisent pas de manière très heureuse. La traduction
proposée par Duval [62] p. 286 « chassés de leur région d'origine » est évidemment fausse ; on y reconnaît Leunclauius « de
suis excitos sedibus » mal compris.

Note 103.

Attale, nouvellement promu maître des largesses sacrées, fut
aussitôt renvoyé à Rome avec l'armée de Valens (cf. *supra*
5, 45, 2 et n. 102) afin de réaliser la tâche qui avait été précédemment confiée à Héliocrate, *comes rei priuatae*, c'est-à-dire
pour appliquer les lois prévoyant la confiscation des biens de
toutes les personnes qui avaient été d'une manière ou d'une
autre liées à Stilicon ; sur tout cela, cf. *supra* 5, 35, 4 et n. 79.
Sur Olympius, cf. *supra* n. 71 et 78. La mission confiée à Attale
et les ennuis faits à Héliocrate montrent qu'en janvier-février
409, malgré les premiers revers subis par Olympius (cf. *supra*
n. 101 et 102), on ne laisse pas en paix les anciens partisans
de Stilicon ; on continua d'ailleurs à les pourchasser même
après la chute d'Olympius, car la mission d'Attale passa alors
à Démétrius (cf. *infra* n. 106). C'est sans doute en compagnie
de la seconde ambassade sénatoriale auprès de l'empereur (cf.
infra 5, 45, 5) qu'Héliocrate fut transféré de Rome à Ravenne,
puisqu'alors Alaric contrôlait étroitement les issues de l'ancienne capitale (cf. *supra* n. 102 et *infra* n. 104). Sur le détail
et la chronologie de ces événements, cf. *infra* 5, 46, 1 et n. 106.
Sur le refuge dans les églises, cf. *supra* n. 35 et 67.

Note 104.

Sur Maximilien (la graphie de V avec deux lambdas est une
variante sans importance), cf. *supra* n. 101. J'y ai dit pour-

quoi l'identification de Maximien fils de Marcien avec Maximilien fils de Marinianus, proposée par Chastagnol et approu-
vée par Arnheim, me semble difficile à admettre. Chastagnol
ayant repris son identification dans ses *Fastes*... [60] p. 269,
et affirmé, *ibid.* n. 133, sans donner de raisons, que le texte
de Zosime 5, 45, 4 devait être corrigé (lire Marcien à la place
de Marinianus) — il aurait dû ajouter que son identification
impliquait une seconde correction du texte de Zosime en 5,
44, 1 (lire Maximilien à la place de Maximien) — son opinion
est devenue canonique. Ainsi K. F. Stroheker (*Germanentum
und Spätantike*, Zürich-Stuttgart, 1965) p. 67 et n. 2, de même
que J. Matthews (*Western Aristocraties and Imperial Court
A.D. 364-425*, Oxford, 1975) p. 292 adoptent les corrections
de Chastagnol sans plus les justifier que lui. Je ne pense pas
qu'on puisse faire ainsi doublement violence à un auteur transmis
par un manuscrit généralement d'excellente qualité, et confirmé
en 5, 44, 1 par la tradition indirecte. L'interprétation soigneuse
du contexte, telle qu'elle est proposée par Mendelssohn (*ad*
p. 275, 1) — qu'ignorent Chastagnol, Stroheker et Matthews —
suggère au contraire, en plus des raisons alléguées *supra* n. 101,
qu'il n'y a rien à changer au texte de V. Zosime ne dit nullement que, contrairement à Valens et à Attale, Maximilien
aurait été fait prisonnier à la suite de la bataille mentionnée
en 5, 45, 2, mais qu'il tomba par hasard sur un groupe de Barbares (la traduction de Conca, p. 309 « che si era scontrato »
est ambiguë), dans un contexte évidemment tout différent de
celui de la bataille entre Alaric et Valens. De plus, comme le
fait judicieusement observer Mendelssohn, la suite de la phrase
explique comment l'aventure de Maximilien put se produire :
Honorius n'ayant pas satisfait aux exigences d'Alaric (ὡς γάρ),
celui-ci mit de nouveau le blocus devant Rome (cf. *supra*
n. 102), si bien que les Romains ne pouvaient plus sortir librement de leur ville ; c'est donc en voulant sortir de Rome, et
non en y retournant de Ravenne, que Maximilien tomba aux
mains des Barbares. Cette conclusion confirme qu'il n'y a rien
à changer au texte de V, et qu'il convient de bien distinguer
Maximien, peut-être fils de Marcien, d'avec Maximilien, fils
de Marinianus. Ce Maximilien a été identifié par Seeck (édition
de Symmaque, p. cxxvii et cxcix), RE Suppl. V 662 nᵒ 3
(Ensslin, 1931) et Ridley [8] p. 223 n. 163 avec le Maximilien
correspondant de Symmaque qui avait revêtu une charge officielle
en 396 (PLRE II p. 740 nᵒ 2). Avec PLRE II p. 741 nᵒ 3,
je préfère identifier le Maximilien de Zosime avec un personnage plus jeune, Tarrutenius Maximilianus (cf. *supra* n. 101).
Sur Marinianus, cf. RE XIV 1758 nᵒ 3 (Ensslin, 1930) et

PLRE I p. 559-560 ; il avait été vicaire d'Espagne en 383 et y avait apparemment, comme païen, favorisé les hérétiques priscillianistes ; je ne vois pas ce qui empêche d'admettre que ce personnage ait encore été vivant vingt-six ans plus tard, coulant une paisible retraite à Rome. En tout cas les malheurs successifs du Sénat (cf. *supra* 5, 29, 9 et n. 67, ainsi que 5, 41, 4 et n. 96) n'avaient pas entamé sa fortune au point qu'il ne pût débourser pour racheter son fils trente mille *solidi*, soit quatre cent seize livres et deux tiers d'or ; cette somme représente à elle seule plus du dixième de ce qu'Alaric avait exigé des Romains au printemps 408, et environ un vingt-quatrième de la rançon offerte à Alaric pour lever le siège de Rome à fin 408 (cf. *supra* n. 67 et 96). Sur l'intérêt d'Olympiodore pour les données chiffrées et les questions économiques, cf. *supra* n. 67.

Alaric ayant à nouveau bloqué Rome, le Sénat fut amené à envoyer une seconde ambassade auprès d'Honorius pour obtenir de lui qu'il satisfasse enfin aux clauses de l'accord conclu avec Alaric à la fin de 408 ; cette seconde ambassade peut, vu la chronologie de ce qui précède et de ce qui suit, être située en février 409. Le texte de V au paragr. 4 est de toute évidence lacunaire ; comme l'allusion à l'accord entre les assiégés et Alaric est claire et que les mots εὖ γεγονότων concernent nécessairement les otages enfants de bonne famille dont il est déjà question dans les mêmes termes en 5, 42, 1 (cf. 5, 44, 1), j'ai introduit dans mon texte le supplément proposé par Mendelssohn (cf. app. crit.), qui restitue correctement les éléments qui manquent dans V et propose une formulation, sinon parfaitement identique à celle dont la corruption de V a empêché la tradition, du moins fort proche d'elle. Le fait qu'Alaric ait fourni une escorte à cette seconde ambassade prouve que son but était toujours d'arriver à un accord et à une alliance avec Honorius, et que le blocus de Rome était pour lui un simple moyen pour obtenir ce qu'il désirait ; cf. *supra* n. 98. La seconde ambassade est rapportée très brièvement par Sozomène (9, 7, 1), entre les quelques mots qu'il dit sur l'échec de la première ambassade (cf. *supra* n. 101) et la phrase qu'il consacre aux négociations ultérieures dont il va être question dans Zosime 5, 48.

Le pape Innocent 1er en personne (cf. *supra* n. 95) participa à cette ambassade pour lui donner plus de poids. Sur le lien, à mon avis douteux, entre la présence d'Innocent à la cour de Ravenne et la promulgation, le 1er février 409, de *Cod. Theod.* 9, 16, 12, cf. *supra* n. 95. Innocent fut si heureux d'avoir échappé à une ville sans cesse menacée par les Goths

qu'il resta embusqué derrière les murs et les marais de Ravenne
jusqu'après le siège de 410 ; cf. PL XX 519 B, Ph. Jaffé
(*Regesta Pontificum Romanorum* I, Leipzig, 1885) p. 46 et
E. Demougeot [95] p. 32. Quelques mauvais esprits susurrèrent
que l'évêque aurait été mieux à sa place au milieu de son trou-
peau en détresse ; Orose (*Hist.* 7, 39, 2) qui, en bon catholique,
sait qu'un pape a toujours raison, ferme la bouche à ces cri-
tiques impies en expliquant avec beaucoup de charité chrétienne que la divine providence prit soin de soustraire Innocent, tel Loth le juste, au spectacle de la destruction du peuple
pécheur de Sodome.

Note 105.

   Le passage antérieur de son œuvre auquel Zosime renvoie
ici se trouve en 5, 37, 1-2 ; cf. *supra* n. 84. A l'automne de 408,
Ataulf était d'abord resté en Pannonie Supérieure. Ce n'est qu'au
début de 409 que, avec un retard dont le motif nous échappe,
il déboucha en Vénétie par un itinéraire non précisé, le Col
du Poirier ou le Tarvisio. Il dut aussitôt poursuivre sa route
vers le sud-ouest et franchir les Apennins, puisqu'il est ensuite
question d'un combat près de Pise. Cette traversée de l'Italie
par Ataulf, dont Zosime dit qu'elle est contemporaine de la
seconde ambassade du Sénat à Ravenne, se situe par conséquent en février 409. En 5, 37, 1, Ataulf a avec lui une foule
de Huns et de Goths ; en 5, 45, 6 en revanche, les effectifs qui
l'accompagnent ont fondu, il n'a pas avec lui des forces considérables, et des Huns se retrouvent du côté romain. Várady
[5] p. 246-250 a supposé que la cour de Ravenne avait mis à
profit l'hiver pour regagner une partie des fédérés barbares
qui avaient abandonné la cause des Romains après la mort
de Stilicon (cf. *supra* 5, 35, 5-6 et n. 81) ; ainsi s'expliquerait
la différence entre 5, 37, 1 et 5, 45, 6. Cette explication est
possible, voire ingénieuse, mais néanmoins très hypothétique.
Plus prudemment, Hoffmann [51] I p. 194 parle de la présence
diversement attestée de cavaliers huns comme alliés des Romains
au cours de ces années ; cf. aussi *supra* n. 56. Il est insolite
de voir Olympius (cf. *supra* n. 71 et 78), maître des offices,
c'est-à-dire fonctionnaire civil, diriger un coup de main à la
tête d'un petit détachement de cavalerie fédérée. Peut-être
chercha-t-il ainsi à redorer un blason fortement terni par les
nombreux échecs de sa politique, et notamment l'anéantisse-
ment des six unités de Valens (cf. *supra* 5, 45, 1-2). Il apparaît
en tout cas que, parmi tous les corps de troupe mis à cette

occasion sur pied par Honorius, seule sa petite troupe obtint
un résultat tangible. Ce coup d'éclat ne porta pourtant guère
de fruits. Ayant réussi à tuer mille cent ennemis en perdant
dix-sept des siens, Olympius fut quand même finalement obligé
de battre en retraite, incapable qu'il était de tenir tête à la
foule des survivants : il apparaît d'après 5, 48, 1 que, malgré
le revers de Pise, Ataulf put rejoindre Alaric.

Problèmes d'établissement de texte et d'expression. Paragr. 5.
Les mots τὰς "Αλπεις τὰς ἀπὸ Παιονίας ἐπὶ τὴν Οὐενετίαν φερούσας
signifient littéralement « les Alpes qui conduisent de Pannonie
en Vénétie », c'est-à-dire qu'on franchit quand on passe de
Pannonie en Vénétie ; un rendu fidèle du grec en français
n'étant pas possible, ma traduction s'écarte ici de l'original.
Paragr. 6. Contrairement à ce qu'il a fait en 5, 32, 6 et en 5,
35, 1, Zosime recourt ici à une périphrase évitant tout mot
latin pour désigner la fonction de *magister officiorum* ; cf. l'index
des fonctions dans le vol. III 2. Il y a évidemment une lacune
de plusieurs mots entre ἐληλυθότας et Πείσας ; j'ai introduit
l'intégration proposée par Mendelssohn (*ad* p. 275, 19) pour
obtenir un texte traduisible ; s'il y a peu de chances que ces
mots correspondent exactement au libellé original de Zosime,
ils restituent cependant le sens d'une manière satisfaisante ; il
ne faut évidemment pas oublier que la mention des Goths
seuls et d'un camp situé près de Pise appartient à Mendelssohn,
et non à Zosime, comme semble le croire Várady [5] p. 247 !
La juxtaposition des nominatifs ἐπιθέμενοι καὶ συμπεσόντες,
puis πεσόντες, comme sujets de ἀναιροῦσι, est exclue par le
sens et la grammaire ; le contexte impose comme dernier participe un verbe ayant le sens de « perdre » ; cf. app. crit. ; j'ai
admis la correction de Mendelssohn (*ad* p. 275, 21) dans le
texte par commodité ; celle que propose Reitemeier donne aussi
un sens satisfaisant.

Note 106.

Les lignes de Zosime qui rapportent la chute d'Olympius
soulèvent diverses questions : 1) Les causes. Zosime met clairement en relation la chute d'Olympius avec l'échec de sa
politique farouchement antigermanique, que le récent succès
partiel contre Ataulf près de Pise (cf. *supra* 5, 45, 6) ne compen-
sait guère. Il est intéressant de relever qu'ici les eunuques
sont allégués comme interprètes auprès de l'empereur d'un
sentiment général ; ce détail vient confirmer la thèse de Hopkins présentant les eunuques du *sacrum cubiculum* comme

seuls interlocuteurs possibles d'un souverain isolé dans sa
divine majesté ; cf. *supra* n. 48 ; au-delà des poncifs indignés
et moralisants, la précision donnée par Zosime montre que
les eunuques pouvaient aussi à l'occasion avoir un rôle positif.
2) La date. Zosime ne fournit à ce sujet aucune précision.
Dans les lignes qui suivent cependant, il est question d'un
important « remaniement ministériel » (5, 46, 2), qui ne nous
étonne du reste nullement : la disgrâce du favori (cf. *supra*
5, 35, 1) entraînait logiquement celle de ses protégés. Nous
avons vu (*supra* n. 101) que le préfet du prétoire entré en
fonctions vers le 20 janvier 409, Cécilien, ne resta pas longtemps titulaire de sa charge, et qu'il fut bientôt remplacé par
Jovius. Il n'est guère douteux que ce nouveau changement de
titulaire dans la préfecture du prétoire d'Italie soit l'une des
mutations dont Zosime parle en 5, 46, 2, et que par conséquent
il faille le situer peu après la chute d'Olympius. Or Jovius est
entré en fonctions après le 1er février et avant le 1er avril 409 (cf.
Seeck [26] p. 316). Comme il faut tenir compte d'un certain laps
de temps pour insérer la seconde ambassade du Sénat à Ravenne
et la campagne d'Olympius contre Ataulf, c'est plutôt vers la
fin de cette période, soit dans le courant de mars 409, qu'il
sied de placer la chute d'Olympius ; il ne sera resté que quelque
sept mois au pouvoir. 3) Destinées ultérieures d'Olympius.
L'*Histoire nouvelle* ne reparle plus de ce personnage. Olympiodore (frg. 8) nous apprend qu'après sa chute, il revint au
pouvoir (apparemment dans les mêmes fonctions), connut une
nouvelle disgrâce, et fut finalement essorillé et battu à mort
par Constance, le mari de Placidia ; Philostorge (12, 1, p. 140,
12-13 Bidez-Winkelmann) dit simplement qu'il fut battu à
mort peu après avoir reçu sa charge de maître des offices ;
cf. Blockley [19] p. 211 n. 8 et 213 n. 17. L'affirmation concernant une seconde période où Olympius aurait été au pouvoir
est suspecte, et pourrait bien résulter d'un résumé maladroit
d'Olympiodore par Photios. Celui-ci ne prétend du reste pas
que le mariage de Constance (cf. PLRE II p. 321-325 ; patrice,
Auguste en 421) avec Placidia (qui eut lieu en 417) est antérieur à la mise à mort d'Olympius ; l'indication qu'il s'agit
de l'époux (futur ?) de Placidia a comme unique fonction de
bien identifier le Constance en question. Comme Philostorge
conserve la précision que la mort d'Olympius suivit de peu
son élévation, on peut penser qu'il fut puni assez rapidement
après sa fuite en Dalmatie, et vraisemblablement sans être
revenu au pouvoir.

   La promotion d'Attale à la préfecture de Rome est certainement contemporaine du « remaniement ministériel » dont il a

été question plus haut, et en fait partie (Ridley [8] p. 223 n. 165 situe sans aucun motif cette promotion à la fin de 409, et attribue à tort cette opinion à Seeck, qui écrit en réalité, RE II 2177, 47 « bald darauf »). On peut s'étonner du fait que Zosime répète ici qu'Attale est envoyé à Rome, alors qu'en 5, 45, 2 déjà, Attale entre dans Rome ; Matthews [104] p. 292 et n. 4 suppose non sans vraisemblance qu'il était retourné à Ravenne avec la seconde ambassade (cf. *supra* 5, 45, 5), un détail que Zosime peut fort bien avoir omis en résumant Olympiodore. Il convient de rappeler ici que le témoignage de la *Vita Melaniae* (version grecque, chap. 19) prouve que le préfet urbain Pompéianus est mort en 408 (cf. *supra* n. 87). On est donc amené à admettre qu'il y a eu soit une vacance de trois mois (décembre 408-mars 409) à la préfecture urbaine entre Pompéianus et Attale, soit entre ces deux titulaires un préfet inconnu. Il ne faut pas perdre de vue que, pendant toute cette période, les communications ont été fort difficiles entre Rome et Ravenne, Alaric n'ayant levé le siège de Rome que pour une durée très limitée (cf. *supra* n. 102) ; les deux ambassades sénatoriales ont peut-être été les seuls contacts entre la cour et l'ancienne capitale au cours de ces semaines. Cela pourrait expliquer des retards, voire une vacance, supposée même par Matthews [104] p. 293 et n. 2, qui par ailleurs s'en tient à l'ancienne chronologie selon laquelle Pompéianus serait resté en fonction jusqu'en février 409. On peut cependant aussi supposer qu'un préfet urbain inconnu a été désigné avec le retour de la première ambassade à Rome, et qu'il a été remplacé peu après, toujours dans le contexte du remaniement qui fait suite à la chute d'Olympius, après la seconde ambassade. Une autre possibilité encore consisterait à admettre qu'un acte de nomination confié à Valens a disparu avec les bagages de la petite armée presque entièrement tombée aux mains d'Alaric (cf. *supra* 5, 45, 2).

Démétrius, le successeur d'Attale à la *comitiua sacrarum largitionum*, n'est connu que par le présent passage de Zosime ; il ne resta pas très longtemps en fonctions, car *Cod. Iust.* 4, 61, 12, adressé à Gaiso, comte des largesses sacrées, doit dater du 23 septembre 409 (cf. Seeck [26] p. 125 et 318, ainsi que PLRE II p. 490, où il faut corriger « Sept. 28 » en « Sept. 23 »). Sa mission montre que, même après la chute d'Olympius, la cour de Ravenne continua à poursuivre les anciens partisans de Stilicon ; cf. *supra* 5, 35, 4 et 5, 45, 3.

Zosime enchaîne en faisant état d'une série de mutations dans les hautes charges qui suivent la chute d'Olympius. Nous venons de voir qu'elles concernent en tout cas les postes de *magister officiorum* (dans lequel le successeur immédiat d'Olympius n'est pas connu ; cf. PLRE II p. 1257), *praefectus Vrbi* et *comes sacrarum largitionum,* et de plus celui de préfet du prétoire d'Italie. Le retour au pouvoir de Jovius, un ami d'Alaric (cf. *infra* 5, 47, 1 et n. 108), révèle l'importance du virage politique de mars 409 : Honorius renonce provisoirement à la lutte à outrance contre les Germains, ce que confirment d'autres promotions faites au même moment et qui favorisent des officiers germains, Généridus, dont il va être immédiatement question (paragr. 2-5) et Allobic (cf. *infra* n. 108). Jovius et Allobic vont mettre en scène une mutinerie militaire qui aura pour conséquence d'écarter du pouvoir les généraux et les eunuques favoris d'Olympius (cf. *infra* 5, 47). Mars 409 marque le retour en grâce non seulement des partisans des Barbares, mais également des païens : aussi bien Généridus (cf. *infra* n. 107) qu'Attale (Philost. 12, 3, p. 142, 2 Bidez-Winkelmann) honoraient les anciens dieux. Cf. sur tout cela Seeck [5] p. 399-400, E. Demougeot [1] p. 441-442, Várady [5] p. 250-251 et Matthews [104] p. 293.

Note 107.

Généridus n'est connu que par le long développement que Zosime lui consacre pour faire l'éloge de ses vertus et notamment de son paganisme militant de confesseur. Plusieurs détails qu'il donne à son sujet soulèvent des difficultés d'interprétation. Il exerça tout d'abord un commandement militaire à Rome ; à ce moment-là, ajoute Zosime, fut introduite une loi excluant les non-chrétiens du service de l'État. Or le *Cod. Theod.* 16, 5, 42, nous conserve une telle loi en date du 14 novembre 408 : *eos, qui catholicae sectae sunt inimici, intra palatium militare prohibemus* ; on est ainsi amené à conclure que c'est vers la fin de 408 que Généridus exerçait son commandement à Rome. Comme le fait cependant judicieusement observer la PLRE II p. 500, il n'y avait pas normalement à cette époque un officier de haut rang stationné à Rome ; « Generidus will therefore have been temporarily posted there, and may have been the *comes Italiae* » (les postes de *magistri militum* sont alors occupés par d'autres titulaires ; cf. *supra* n. 83). L'auteur de la notice citée n'aperçoit néanmoins pas certaines difficultés supplémentaires du texte de Zosime : après la promulgation de la loi, Généridus s'abstient de paraître à la cour ; il semble donc résider au même endroit que l'empereur ; mais en novembre 408, l'empereur n'était pas à Rome, et l'ancienne capitale était assiégée par Alaric, si bien que, même si Généridus s'y fût trouvé, il n'aurait pas pu avoir connaissance de la loi en question. Si la scène narrée par Zosime est réelle, elle ne peut s'être déroulée qu'à Ravenne, où Honorius réside sans discontinuer à fin 408 et en 409. Le texte de Zosime est donc ici contradictoire et ne reflète très certainement pas avec fidélité le récit d'Olympiodore. On peut dès lors aussi émettre des doutes sur le commandement militaire de Généridus « à Rome ».

Un second épisode intervient à Ravenne en mars 409, après la chute d'Olympius : pour donner des gages aux anciens partisans de la politique de Stilicon, Honorius veut confier un commandement à Généridus, qui est barbare et païen, et il est obligé, pour arriver à ses fins, d'abroger sa loi de novembre 408. C'est certainement à ce moment-là que Généridus reçoit et finit par accepter le commandement défini au paragr. 2. Quel titre reçut alors Généridus ? Les uns pensent à celui de *magister militum per Illyricum* : E. Böcking dans son commentaire à la *Notitia Dignitatum* (II p. 717), RE VII 1131 (Seeck, 1910), Várady [102] p. 397 et [5] p. 250, Ridley [8] p. 123 et Demandt [27] 646, 33-647, 54 ; les autres à celui de *comes Illyrici* : Mendelssohn (*ad* p. 276, 14), Hoffmann [5] II p. 213, Conca (dans sa traduction, p. 310, chap. 46, n. 2) et PLRE II p. 500 (avec hésitation). Le problème n'est véritablement discuté que par Demandt, qui attire à juste titre l'attention sur la manière dont Zosime définit le territoire confié à Généridus : la Dalmatie est mentionnée isolément en premier, et la phrase semble vouloir dire que les troupes de ce territoire furent subordonnées ultérieurement à Généridus, alors qu'il exerçait déjà son commandement dans le secteur défini ensuite. Tout ce passage, corrompu et peu clair, ne se prête guère à des déductions trop serrées (cf. *infra*). Nous venons cependant de voir que la fonction prétendument exercée antérieurement à Rome par Généridus est très suspecte. On pourrait donc imaginer qu'il ait avant mars 409 commandé les troupes de Pannonie Supérieure, Norique et Rhétie, qu'il se soit trouvé à la cour au moment de la chute d'Olympius, et qu'il ait été alors promu du grade de *comes Illyrici* à celui de *magister militum per Illyricum* en recevant en plus les troupes de Dalmatie, auparavant subordonnées à Valens (cf. Zosime 5, 45, 1-2 et 6, 7, 2 ; Valens et les unités qu'il commande soulèvent cependant quelques problèmes ; cf. *supra* n. 102). Demandt fait du reste observer qu'au début du paragr. 2, Zosime ne mentionne pas seulement des changements dans les hautes charges, mais encore dans d'autres domaines, par quoi on pourrait notam-

ment entendre la création d'un poste de *magister militum* en
Illyricum occidental (tel qu'il avait existé auparavant pour
Alaric ; cf. *supra* n. 54). Bien que, dans la phrase de Zosime,
le terme στρατηγός désigne les fonctions de Généridus avant
que son commandement soit étendu aux troupes de Dalmatie,
il peut néanmoins constituer un indice confirmant l'accession
de cet officier à un grade supérieur. Il est en effet indéniable
que στρατηγός, lié à un territoire où le personnage ainsi désigné
exerce son commandement, équivaut chez Zosime à *magister
militum*. Globalement donc, l'argumentation de Demandt est
assez convaincante ; il convient de laisser néanmoins une petite
marge au doute, car la langue imprécise de Zosime, qui résume
souvent Olympiodore sans grand soin, ne se prête pas forcément à une argumentation aussi serrée. Sur les spéculations
fantaisistes de Várady [102] p. 394-400 concernant les divers
sens de « Dalmatie », cf. *supra* n. 102. On observera pour
conclure sur ce point que le territoire défini comme étant
celui où s'exerce le commandement de Généridus correspond
à une bonne partie de l'Illyricum occidental (seules manquent
les provinces de Pannonie Inférieure, Valérie et Savie ; toutes
les spéculations sur le fait que Zosime ne mentionne pas ces
provinces me semblent solliciter excessivement un silence peut-
être dû à la simple négligence ; cf. Várady [5] p. 252 et 486-
487), augmenté des deux Rhéties, normalement rattachées à
l'Italie annonaire, et dont Demandt estime qu'elles ont été
confiées en plus à Généridus pour compenser l'Illyricum oriental, qui appartenait à l'Empire d'Orient.

Seeck (*Geschichte...*, vol. III p. 364-365) pensait que l'abrogation de *Cod. Theod.* 16, 5, 42 avait été rapportée par *Cod.
Theod.* 16, 5, 51, en date du 25 août 410 ; en fait, cette loi ne
mentionne que les hérétiques, et non les païens, si bien que
l'affirmation de Seeck ne peut être acceptée qu'avec réserves.
On ne saurait cependant douter du fait que la décision tolé-
rante d'Honorius en mars 409 fut à son tour abrogée assez
rapidement ; dans tous les cas, *Cod. Theod.* 16, 10, 21, une loi
orientale que Seeck ([26] p. 88 et 331) date du 7 décembre
415, écarte à nouveau les païens du service public.

Au risque d'intriguer le lecteur, j'ai traduit littéralement
l'expression ζώνην ἔχειν ; le ceinturon, en latin *cingulum*, était,
notamment dans l'antiquité tardive, l'insigne qui attestait que
son porteur occupait un poste dans la fonction publique (*militia*) et qui en même temps spécifiait la nature et le rang hiérarchique de celui-ci ; cf. Daremberg-Saglio I p. 1181-1182
(E. Saglio) ; l'expression *soluere cingulo* ou *cingulum* signifie
« dégrader », *cingulum* désignant par métonymie la fonction

dont il est l'insigne (cf. *supra* 3, 19, 2 et vol. II 1 p. 138).

Le long développement consacré à Généridus est évidemment un beau morceau d'apologie païenne, comme on en trouve fréquemment dans l'*Histoire nouvelle* ; cf. vol. I p. LXIII-LXVI ; sa fonction est ici de mettre en évidence les capacités exceptionnelles d'un des derniers païens et le caractère suicidaire d'une législation qui écarte de tels hommes du service public. Il va sans dire que l'importance accordée par Olympiodore-Zosime à Généridus est sans proportions avec son rôle réel et avec l'échelle du récit dans ce qui précède et ce qui suit. D'entrée de jeu, Généridus est présenté comme un parangon de toutes les vertus, bien qu'il soit barbare (cf. les termes très voisins utilisés en 5, 20, 1 au sujet de Fravitta) ; sa qualité de païen n'est indiquée qu'en second lieu, on pourrait d'abord croire à titre accessoire ; en fait, c'est là l'élément essentiel, qui détermine toute la suite. Dans un premier temps, Généridus, respectueux de la loi, accepte stoïquement sa dégradation ; puis, quand l'empereur veut pour lui faire une exception, il refuse noblement, et ne consent en fin de compte à reprendre du service que lorsqu'il a obtenu la réintégration de tous les païens. Ce récit édifiant se conclut par un panégyrique des mérites de Généridus comme général, sévère mais juste, attentif à l'entraînement de ses hommes, scrupuleusement honnête et poussant même la générosité jusqu'à récompenser les meilleurs à ses propres frais tout en terrorisant l'ennemi et en faisant régner la paix dans son secteur.

Le texte et la langue de ce passage appellent plusieurs observations. Paragr. 2. τῶν ἄλλων ὅσαι Παιονίας τε τὰς ἄνω, donné par V, ne fournit pas un sens satisfaisant. On peut tout d'abord corriger ἄλλων ὅσοι, ou ἰλῶν ὅσαι ; j'ai choisi la première solution car, malgré ce qu'affirme Mendelssohn (*ad* p. 276, 15), il n'est pas prouvable que Zosime utilise ἴλη pour des unités qui ne sont pas montées ; or il est difficile d'admettre que l'ensemble des troupes que Généridus commandait en Pannonie, Norique et Rhétie n'ait été constitué que de cavaliers. Il est par ailleurs impossible que Zosime ait utilisé l'expression « Pannonie Supérieure » au pluriel ; Bury a proposé Παιονάς τε τοὺς (cf. app. crit.), ce qui est exclu, car Zosime n'emploie jamais l'adverbe ἄνω après l'ethnique ; en revanche, il lui arrive de juxtaposer un ethnique à un nom de région ; cf. 2, 14, 1 ; j'ai donc conservé le texte tel qu'il a été arrangé par les *apographa*, non par conviction profonde, mais parce qu'il constitue un moindre mal ; en effet, la suggestion de Mendelssohn (*ibid.*) Παιονίας τε τὰ, économique et ingénieuse, est aussi sans parallèle. J'ai traduit littéralement les mots qui suivent peu

après ὅσα αὐτῶν μέχρι τῶν Ἄλπεων « et toute la partie de ces
territoires qui s'étend jusqu'aux Alpes » ; ces mots sont cependant obscurs, apparemment tautologiques, et suggèrent que
tout ce passage de Zosime concernant la définition du territoire confié à Généridus est un résumé fort maladroit d'Olympiodore. Paragr. 4. ὡς ἐπί ; cette locution formée d'une préposition précédée d'un adverbe, ici construite avec le datif, se
trouve, suivie de l'accusatif, déjà en 1, 45, 1 ; 1, 67, 1 et 5,
37, 5 (cf. 2, 26, 2 ὡς ἐς) ; selon F. Krebs (*Die Präpositionen
bei Polybius*, Würzburg, 1882) p. 18, suivi par de Foucault
[10] p. 116-118, l'adverbe (fréquent chez Polybe) aurait une
simple fonction de renforcement, et n'ajouterait aucune nuance
de sens ; cf. pourtant *supra* n. 86, et Kühner-Gerth II 1
p. 472, n. 1 ; en 5, 37, 5 et ici même, il me semble déceler de
légères nuances de sens ; dans le présent passage, ὡς paraît
signifier « dans son intention ». Immédiatement après, οὐκέτι
n'a pas son sens habituel, mais la valeur d'un simple οὐκ
renforcé ; Mendelssohn (*ad* p. 277, 6) avait d'abord songé à
remplacer οὐκέτι τοσαῦτα par οὔ, τοσαυτάκις, mais conserve
finalement le texte de V, confirmé par le parallèle de 3, 18, 6.
Pour le sens de στρατεία, cf. *supra* n. 71.

Note 108.

Sur Jovius, cf. RE IX 2015-2016 [Seeck, 1916] et PLRE II
p. 623-624. Un des manuscrits d'Olympiodore (résumé par Photios) frg. 13 le nomme par erreur Ἰοβιανός, tout en confirmant
sa qualité de patrice. Il est peut-être identique avec le correspondant de Symmaque de même nom (cf. PLRE II p. 622-623).
En 405, quand Stilicon avait élevé des prétentions sur l'Illyricum oriental, il avait été nommé préfet du prétoire d'Illyricum
au moment où Alaric avait reçu le titre de *magister militum per
Illyricum* (cf. *supra* n. 54) et s'était alors lié avec Alaric (cf.
infra 5, 48, 2). Il fut ensuite l'un des amis de Stilicon qui
parvint à traverser sans encombres la période où Olympius
fut au pouvoir, et contribua certainement à sa chute. Sur la
date de son accession à la préfecture d'Italie, cf. *supra* n. 101
et 106 ; il est attesté dans ce poste du 1er avril au 26 juin 409
(Seeck [26] p. 318) ; il a comme successeur apparemment Libé-
rius dès le 26 novembre 409 (PLRE II p. 676 no 1) et en
tout cas Faustinus dès le 6 janvier 410 (PLRE II p. 450 no 1).
Jovius va jouer un rôle de premier plan dans la partie finale
de l'*Histoire nouvelle*. Il est déjà rapidement apparu chez Zosime
comme père de l'otage Jason (cf. *supra* 5, 36, 1 et n. 82).

Sur Allobic, cf. RE I 1587 (Seeck, 1894) et PLRE II p. 61. La manuscrit V nomme ici ce personnage 'Ελλέβιχος, mais en 5, 48, 1, il réapparaît sous le nom d''Αλλόβιχος, qu'on trouve aussi chez Olympiodore (frg. 13 et 14, p. 58 a 4, 14 et 17, I, p. 170-171 Henry), tandis que Sozomène (9, 12, 5) le nomme 'Αλάβιχος ; la correction du nom Ellebic s'impose donc dans le présent passage, et exclut l'identification de l'officier dont il est question ici avec Ellebic, *magister militum* en 383-388 (cf. PLRE I p. 277-278). Il apparaît ici dans les fonctions de *comes domesticorum equitum* ; en 5, 36, 3 cependant, nous avons vu Vigilance accéder au poste de commandant de l'unité montée des domestiques peu après la chute de Stilicon, tandis qu'ici même, en 5, 47, 2 et 5, 48, 1, nous retrouvons ce même Vigilance *magister equitum* (cf. *supra* n. 83). Vigilance a donc été promu au grade de *magister equitum* entre la fin août 408 et mars 409, et remplacé par Allobic dans son poste précédent de *comes domesticorum equitum* ; on peut supposer que ce changement est intervenu au même moment que les mutations indiquées en 5, 44 2, soit vers le 20 janvier 409 (cf. *supra* n. 101). Après la chute de Vigilance, Allobic va connaître la même promotion que lui (cf. *infra* 5, 48, 1). La promotion de *comes domesticorum* à *magister militum* est fréquemment attestée : cf. par exemple Barbatio (PLRE I p. 146-147), Dagalaïf (PLRE I p. 239), Richomer (PLRE I p. 765-766), Valens (PLRE II p. 1136-1137), Castinus (PLRE II p. 269-270) ; cf. aussi C. Jullian (*De protectoribus domesticis Augustorum*, Paris, 1883) p. 74-75. Sur les problèmes difficiles que soulève l'étude du corps des *protectores domestici* et de ses commandants, cf. RE Suppl. XI 1113-1123 (H.-J. Diesner, 1968). Dans la *Notitia Dignitatum*, on trouve, aussi bien en Orient (1, 14-16) qu'en Occident (1, 13-14), un *comes domesticorum equitum* et un *comes domesticorum peditum*, en queue de liste des *uiri illustres*, insérés hiérarchiquement après les deux ministres des finances. Le texte de V δομέστικον doit évidemment être corrigé en δομεστίκων, comme suffisent à le prouver les parallèles de 5, 36, 3 et de Sozomène 9, 8, 2.

Une fois installé au pouvoir, Jovius n'eut évidemment rien de plus pressé que de se débarrasser des créatures du maître des offices déchu, et tout d'abord des *magistri militum* qu'il avait mis en place. Le récit de Zosime fournit un aperçu révélateur de la manière dont le pouvoir pouvait s'exercer à la cour du faible Honorius, non pas directement et par des voies régulières, mais par l'artifice d'une révolte militaire. Le coup de force de Jovius et d'Allobic dut suivre de très peu la chute d'Olympius, si bien qu'on peut le situer en mars, ou au plus

tard au début d'avril 409. Cet épisode répète celui de Ticinum
en août 408, tout en étant beaucoup moins sanglant (cf. *supra*
5, 32, 3-7). Sur Turpillion et Vigilance, cf. *supra* 5, 36, 3 et
n. 83 ; sur Térence et Arsace, cf. *supra* 5, 37, 4-6 et n. 85-86.
Jovius, qui ne se faisait aucune illusion sur l'instabilité de sa
situation, prit cyniquement sur lui de transformer la sentence
d'exil portée par l'empereur en sentence de mort : vivants,
les deux généraux du parti adverse constituaient pour lui une
trop grande menace ; les eunuques, moins dangereux dès qu'ils
cessaient de pouvoir influencer l'empereur, furent laissés en
vie. Au paragr. 2, on peut hésiter sur le sujet du verbe ἤκουεν ;
d'après ce qui précède, on pourrait penser que c'est Jovius ;
la suite montre qu'il s'agit très certainement de l'empereur ;
il y a cependant dans le grec une incontestable ambiguïté, que
je n'ai pas cherché à masquer dans ma traduction.

Note 109.

Sur Eusèbe, successeur de Térence comme *praepositus sacri
cubiculi*, cf. RE VI 1370 n⁰ 20 (Seeck, 1907) et PLRE II p.
429 n⁰ 9. Par Olympiodore (frg. 13), nous apprenons que lorsque Jovius eut rallié le parti d'Attale (cf. *infra* 6, 8, 1), Eusèbe
devint tout-puissant à Ravenne, puis fut tué à coups de bâton
sous les yeux de l'empereur par Allobic. Eusèbe entre en charge
vers la fin de mars ou au début d'avril 409 (cf. *supra* n. 108) ;
rien ne permet de dater précisément sa mort (certainement
en 410 ; cf. *infra* n. 131 et 135) ; son successeur est inconnu.
Sur Valens, cf. RE VII A 2140 n⁰ 12 (Ensslin, 1948) et PLRE II
p. 1136-1137 ; il faut bien distinguer ce personnage de celui
qui commandait les cinq unités dalmates dont il est question
supra en 5, 45, 1-2. Le Valens mentionné ici est attesté comme
comes domesticorum en date du 14 novembre 408 par *Cod.
Theod.* 16, 5, 42 ; comme à cette date, Vigilance est *comes
domesticorum equitum*, Valens était son collègue, puis devint
celui d'Allobic, comme *comes domesticorum peditum* ; cf. *supra*
n. 108. Après la sédition militaire racontée en 5, 47, il est promu
au poste de *magister equitum praesentalis* comme successeur de
Turpillion (cf. *supra* n. 83) ; le seul autre détail connu concernant ce Valens est fourni par Olympiodore (frg. 13) ; il participe, sans doute vers la fin de 409 (cf. *infra* 6, 8, 1 et n. 128),
à une ambassade d'Honorius auprès d'Attale ; il est dans ce
contexte désigné comme στρατηγὸς ἑκατέρας δυνάμεως, soit
magister utriusque militiae ; cf. cependant *infra* n. 132. Les
récentes recherches de Demandt ([27] notamment 637, 10-62)

ayant montré qu'il n'y a pas lieu de donner une signification
technique trop étroite à cette désignation, le témoignage
d'Olympiodore n'empêche pas de penser qu'il était toujours
magister militum praesentalis au moment de l'ambassade auprès
d'Attale. Son successeur dans ce poste semble avoir été Sarus
(cf. Demandt [27] 639, 6-14), en été 410 (cf. *supra* n. 68).
Sur Allobic, cf. *supra* n. 108. Il succède à Vigilance sans doute
dans le poste de *magister equitum per Gallias* (cf. *supra* n. 83).
Les deux derniers détails connus sur son compte sont son rôle
dans la mise à mort de l'eunuque Eusèbe (cf. *supra*), et peu
après sa propre exécution, en châtiment de ses menées contre
Eusèbe (Olympiodore frg. 14), et surtout parce qu'il était
soupçonné d'avoir partie liée avec l'usurpateur Constantin
(Sozomène 9, 12, 5). Ce dernier épisode, postérieur au point
terminal de l'*Histoire nouvelle*, doit en conséquence se situer
sans doute après l'été 410 ; son successeur semble avoir été
le Goth Ulfila (PLRE II p. 1181) ; sur tout cela, cf. Demandt
[27] 642,31-643,10. Mendelssohn (*ad* p. 278, 15-16) avait
proposé un schéma de succession des titulaires dans les divers
postes de *magistri militum* qui resta canonique (cf. en dernier
Ridley [8] p. 224 n. 172) jusqu'au réexamen systématique de
cette question par Demandt [27] ; ce sont les résultats de ce
dernier qui sont adoptés ici, et déjà *supra* n. 83.

Note 110.

Le récit de l'ambassade de Jovius auprès d'Alaric et de ses
suites immédiates se trouve aussi dans la source parallèle,
dérivant également d'Olympiodore, que constitue Sozomène. Le
segment équivalent au présent chap. 48 se situe en 9, 7, 1-3.
Sozomène, plus bref et moins détaillé que Zosime, apporte
pourtant une précision supplémentaire : l'entretien entre
Jovius et Alaric n'eut pas lieu à l'intérieur de la ville, mais
devant ses murs, apparemment intacts (cf. *supra* 5, 37, 3 et
n. 84) ; par ailleurs, Sozomène indique en stades la distance
entre Ravenne et Rimini que Zosime, certainement à la suite
d'Olympiodore, fournit en milles (cf. *supra* 5, 31, 1 et n. 69).
La distance entre les deux villes est de cinquante kilomètres,
soit un peu plus que les trente milles de Zosime ; quant au
chiffre de deux cent dix stades de Sozomène, il est nettement
trop bas (Mendelssohn *ad* p. 279, 8 propose de corriger en deux
cent quarante).

Rien ne permet de dater précisément la rencontre de Rimini.
Elle n'est certainement pas antérieure au début d'avril 409

(cf. *supra* n. 101 et 106), car il aura fallu à Jovius un certain
temps pour pouvoir l'organiser, mais peut fort bien ne s'être
produite que plusieurs mois plus tard. On constate que, dans
un premier temps, Jovius, qui s'était intimement lié avec
Alaric à l'époque où ils avaient séjourné ensemble en Épire
à la demande de Stilicon (cf. *supra* n. 54), s'efforça d'arriver
à un accord avec lui et prit même l'initiative d'une rencontre.
On ignore si Alaric remonta vers le nord avec toute son armée
et, dans le cas contraire, dans quel secteur il laissa le gros de
ses troupes ; on ne sait notamment pas s'il leva partiellement,
ou complètement, le blocus de Rome dont il est question en
5, 45, 4. Il apparaît cependant qu'on se repentit bientôt à
Ravenne d'avoir invité Alaric dans la résidence impériale ; au
dernier moment, on jugea préférable de tenir le Goth à distance, et Jovius se précipita à sa rencontre à Rimini, où finalement les négociations eurent lieu. La mention d'Ataulf
accompagnant Alaric montre que, malgré l'échec de Pise, les
deux armées barbares avaient pu faire leur jonction (cf. *supra*
5, 45, 6 et n. 105). Jovius était évidemment parfaitement au
courant des désirs et des ambitions d'Alaric, non seulement
en ce qui concernait les fournitures en or et en vivres qu'il
exigeait et les territoires qu'il revendiquait pour y installer
son peuple — le Goth avait depuis longtemps formulé ces
demandes (cf. *supra* 5, 36, 1) — mais aussi sur un point plus
délicat, que le fier Barbare ne mentionna pas lui-même tout en
le considérant comme fondamental : il voulait entrer formellement au service de Rome et obtenir le haut grade de *magister
utriusque militiae* (Zosime, 5, 48, 3 et Sozomène 9, 7, 2 disent
« général des deux armes », στρατηγὸς δυνάμεως ἑκατέρας),
qu'il avait déjà auparavant reçu d'Eutrope (cf. *supra* n. 12),
puis de Stilicon (cf. *supra* n. 54). C'est ce que Jovius tenta
d'expliquer dans sa lettre personnelle à Honorius, tout en le
rendant attentif au fait que les demandes d'Alaric constituaient
un maximum formulé comme base de négociations, et qu'il
était prêt à diminuer ses exigences si le gouvernement de
Ravenne entrait dans ses vues. La réaction de l'empereur
montre que Jovius ne mesura pas exactement le degré d'indépendance qu'Honorius était capable de s'arroger ni l'influence
que les conceptions nationalistes d'Olympius conservaient sur
lui même après la chute du maître des offices : piqué au vif,
il pria son préfet du prétoire de ne pas se mêler de ce qui ne
le regardait pas (ce qu'affirme Zosime en 5, 48, 1 sur l'emprise
exercée par Jovius sur Honorius doit donc être nuancé) : il
lui rappelle en effet ses compétences de fonction en ce qui
concerne l'annone et les impôts (c. RE XXII 2460-2469 *s.u.*

praefectus praetorio [Ensslin, 1954]) et lui fait comprendre sans ménagements qu'il ne lui appartient pas de proposer la nomination d'un *magister militum* (Jovius avait agi plus habilement pour écarter Turpillion et Vigilance ; cf. *supra* 5, 47 et n. 108). Sans doute la certitude qu'Honorius avait de bénéficier de la neutralité, voire de l'appui de l'usurpateur Constantin (cf. *supra* 5, 43 et *infra* 6, 1), et de pouvoir enrôler dix mille (?) Huns (cf. *infra* 5, 50, 1) l'encouragea-t-elle à prendre cette décision malheureuse (cf. Ridley [8] p. 224 n. 173). Sur la politique et les ambitions d'Alaric, cf. *supra* n. 82 et 98 et les p. citées de Várady [5] n. 98. La place de *magister militum* disponible pour Alaric était celle qu'avaient occupée Stilicon, puis Varanès ; cf. *supra* n. 83.

Dans ses exigences formulées à Rimini, Alaric mentionne des provinces qui se trouvent de part et d'autre des Alpes Juliennes et qui lui permettent de faire pression sur le gouvernement de Ravenne en ayant un pied en Italie ; un peu plus tard, Alaric ne demandera plus que des provinces transalpines (cf. *infra* 5, 50, 3). Le pluriel du nom propre Vénétie dans le manuscrit V avait intrigué Sylburg et Wesseling (cf. app. crit.) ; Heyne (p. 646 de l'éd. Reitemeier) et Mendelssohn (*ad* p. 279, 13), alléguant le commentaire de Böcking à la *Notitia Dignitatum* (II p. 354), défendent V contre les corrections de Sylburg et de Wesseling ; la *Notitia Dignitatum* mentionne en effet à deux reprises la *Venetia Inferior* (Oc. 11, 49 et 42, 3), autour d'Aquilée ; on peut en déduire l'existence d'une *Venetia Superior*, et donc de deux Vénéties. Il ne paraît cependant pas par ailleurs que la province de Vénétie - Istrie ait jamais été divisée formellement ; la *Notitia Dignitatum* pourrait ainsi conserver la mémoire d'une subdivision non officielle, mais géographique et pratique de la Vénétie - Istrie, dont Zosime viendrait confirmer l'existence. Le pluriel Νωρικοί soulève une autre question : cette forme peut signifier aussi bien « les habitants du Norique » que « les Noriques » (Ripuaire et Méditerranéen) ; le contexte montre clairement qu'ici, c'est le second sens qui s'impose, comme *infra* en 5, 50, 3 et apparemment *supra* en 2, 48, 2 et 3, 10, 2 (dans ces deux passages, il convient de corriger ma traduction en mettant un s à Norique) ; en 1, 52, 3 ; 2, 46, 1 et 5, 46, 2 en revanche, on est incontestablement en présence de l'ethnique.

Note 111.

La tradition d'Olympiodore continue ici à être reproduite non seulement par Zosime, mais aussi par Sozomène ; le segment équivalent au présent chapitre 49 se trouve chez Sozomène 9, 7, 3-4 ; celui-ci ajoute que Jovius craignit que l'empereur ne le soupçonne de prendre le parti d'Alaric, mais omet de dire que Jovius commença par faire jurer à Honorius lui-même de ne jamais faire la paix avec Alaric. Il y a encore d'autres différences entre les deux sources parallèles, mais minimes : selon Sozomène, Jovius fait lire la lettre d'Honorius dans la tente d'Alaric, et Alaric fait sonner la trompette pour donner le signal du départ vers Rome.

Le récit très détaillé de cet épisode peint de manière fort vivante l'incroyable maladresse de Jovius et l'accès de colère assez compréhensible d'Alaric ; il n'est pas fréquent que l'*Histoire nouvelle* se transforme ainsi en reportage tout en restant vraisemblable. Matthews [104] p. 294 fait l'hypothèse à mon avis peu vraisemblable que Jovius a agi intentionnellement, pour témoigner de sa bonne foi à Alaric : en réalité, Jovius n'avait pas prévu la rebuffade d'Honorius ; s'il l'avait pressentie, il eût certainement évité à tout prix de blesser la susceptibilité d'Alaric, qu'il ne pouvait pas ignorer. Jovius retourna à Ravenne avec la claire conscience d'être le seul responsable de l'échec des négociations ; c'en était fait de lui si Honorius apprenait la vérité ; la seule voie de salut était pour lui, au mépris de la sage politique qu'il venait d'engager, de conseiller la lutte à outrance contre les Barbares et de se montrer plus nationaliste que l'empereur lui-même. Il pouvait ainsi espérer rejeter la responsabilité de la rupture sur Alaric et dissimuler sa maladresse. C'est apparemment pour mettre en évidence son zèle nouveau contre les Goths que Jovius prit l'initiative à première vue incongrue et insolite de faire jurer à Honorius de suivre une ligne de conduite que l'empereur lui-même venait de lui imposer ; le préfet avait sans doute de bonnes raisons de se méfier de la versatilité et de la faiblesse du monarque (la traduction que Conca donne de 5, 49, 2 est fausse).

L'insistance de la tradition Olympiodore-Sozomène-Zosime sur le motif du serment s'explique par la suite du récit (5, 50-51) : Alaric, ayant formulé de nouvelles demandes, fort modérées, fut malgré tout débouté : on ne pouvait revenir sur les serments qui avaient été faits ! Cette présentation des faits pourrait paraître suspecte et invraisemblable ; en réalité il n'y a aucune raison de la mettre en doute ; cet enchaînement d'événements met tout simplement en lumière l'opportunisme de Jovius et de ses amis, et la légèreté stupéfiante des hommes au pouvoir à Ravenne : la remarque de Zosime sur leur fatal aveuglement (5, 51, 2) est pleinement justifiée ; cf. E. Demougeot [1] p. 445. Depuis le triomphe du christianisme, on ne

jurait plus par les dieux, ou par le génie de l'empereur, mais
par Dieu ou les Évangiles, ou encore par le salut de l'empereur ;
cf. *Cod. Theod.* 2, 9, 3 (avec le commentaire de Godefroy) et
Cod. Iust. 3, 1, 14, 4 ; Sozomène mentionne expressément le
serment par le salut de l'empereur (9, 7, 4), alors que Zosime
transpose légèrement en parlant d'un serment sur la tête de
l'empereur. Il est facile de réfuter le raisonnement sophistique
de Jovien et de ses amis présenté en 5, 51 : d'une part, la loi
du *Code Théodosien* citée ci-dessus présente correctement le
serment *inuocato dei omnipotentis nomine* comme plus solennel
que le serment par le salut des empereurs ; d'autre part, l'empereur avait la compétence de relever quelqu'un de son serment ; cf. Suet. *Tib.* 35, 1 ; Papir. *Dig.* 50, 1, 38 pr.

Note 112.

L'adaptation du passage d'Olympiodore que Zosime résume
en 5, 50 se trouve chez Sozomène en 9,7,5 - 8,1, nettement
plus bref que Zosime, mais fournissant néanmoins un détail
supplémentaire : il y eut deux ambassades successives des
évêques. Zosime ne dit pas d'où proviennent les dix mille Huns
dont Honorius s'assure l'alliance. E. Demougeot [55] p.
457 et 514 précise « extérieurs aux frontières pannoniennes »
sans dire sur quoi elle fonde cette affirmation ; cf. aussi
Ridley [8] p. 224 n. 175. Várady [5] p. 72-73 et p.
254-259 pense au contraire qu'il s'agit d'un contingent de
fédérés qui se trouvait déjà antérieurement à l'intérieur des
frontières de l'Empire, car ni Zosime, ni aucune autre source
ne laissent soupçonner à cette date un accord nouveau avec
des Huns extérieurs à l'Empire. Il convient d'ajouter que Zosime
est ici le seul à parler de ces Huns et surtout de leurs effectifs ;
on est donc en droit de s'interroger sur l'authenticité du chiffre
fourni, qui paraît extrêmement élevé, et d'autant plus suspect
que ces Huns disparaissent aussi inopinément qu'ils ont apparu :
on ne les voit jamais entrer en action ni jouer le moindre rôle
dans la suite des événements. Si donc le silence des sources
ne permet pas de trancher avec certitude entre l'opinion traditionnelle présentée par E. Demougeot et celle de Várady, le
fait que ce contingent s'évanouisse aussitôt après avoir été
mentionné suggère du moins qu'à quelque stade de la tradition,
il y a eu une erreur sur le nombre de ces Huns fantômes ; cf.
aussi Hoffmann [5] I p. 194. Même si Honorius s'est borné à
réengager des Huns déjà présents dans l'Empire, et moins nombreux qu'on le lit chez Zosime, il peut avoir été contraint de

prendre des mesures spéciales pour nourrir ses nouveaux alliés.
Le témoignage de Zosime permet ici de conclure qu'en 409,
la Dalmatie, contrairement à l'Italie du Nord, était demeurée
encore riche et qu'elle était donc restée à l'abri du pillage des
Barbares ; cf. Várady [5] p. 440 n. 260, p. 453-454 n. 339 et
p. 488 n. 649.

On pourrait penser que la volte-face d'Alaric fut provoquée
par l'ampleur des préparatifs militaires d'Honorius, qui en
outre allait bénéficier apparemment de l'appui de l'usurpateur Constantin (cf. *infra* 6, 1, 2), et attendait d'importants
renforts fournis par l'Orient (cf. *infra* 6, 8, 2). En fait, il semble
plutôt qu'Alaric, dès qu'il se fut ressaisi de son mouvement
de colère décrit en 5, 49, 1, en revint à la politique qui visait
à conclure à tout prix un accord avec le gouvernement de
Ravenne, et que nous avons vu inspirer systématiquement sa
conduite durant les mois précédents : cf. Zosime 5, 42, 1 et
5, 48, 2, ainsi que *supra* n. 82 et 98, et Várady [5] p. 556.
Zosime parle du reste d'un repentir d'Alaric, et non du fait
qu'il aurait réagi aux préparatifs d'Honorius. Il est intéressant de constater que le roi goth, qui s'était par sa propre
faute privé du moyen de négocier directement avec le gouvernement de Ravenne, recourt à la médiation des évêques, dont
il était sûr que l'autorité morale serait reconnue par les Romains.
Le paragr. 2 après παραινοῦντας τῷ βασιλεῖ et le paragr. 3
entier forment un discours indirect résumant les propos tenus
par les évêques au nom d'Alaric. Le contenu de ce message
est surtout remarquable par le fait qu'Alaric y rende hom-
mage à la majesté de la Ville éternelle et de l'Empire romain.
Comme les témoignages de ce genre nous sont évidemment
transmis par des auteurs gréco-romains, ils sont toujours sus-
pects, et l'on ne peut de prime abord exclure que les auteurs
en question projettent leurs propres convictions sur les Barbares qu'ils mettent en scène. Dans mon étude *Le mythe de
Rome à la fin de l'Empire et dans les royaumes romano-bar-
bares*, Atti dei Convegni Lincei 45, *Passaggio dal mondo antico
al Medio Evo da Teodosio a San Gregorio Magno*, Roma,
1980, p. 123-138, j'ai tenté de montrer que les passages de ce
type, même s'ils comportent certains éléments fantaisistes au
niveau de leur mise en forme littéraire, reflètent néanmoins
un sentiment d'admiration authentique des Barbares envers
Rome. Várady [5] p. 552-561 exprime le même point de vue
et, rapprochant Zosime 5, 50, 2 d'Orose *Hist.* 7, 43, 3-6,
voit à juste titre en Alaric le précurseur d'Ataulf, et dans sa
politique un « *Romania*-Programm » (p. 556) ; cf. notamment
Oros. *Hist.* 7, 43, 3 *is (sc. Athaulfus)... satis studiose sectator*

pacis militare fideliter Honorio imperatori ac pro defendenda Romana respublica inpendere uires Gothorum praeoptauit ; et plus loin, *ibid. 6 Athaulfus… elegisse saltim, ut gloriam sibi de restituendo in integrum augendoque Romano nomine Gothorum uiribus quaereret habereturque apud posteros Romanae restitutionis auctor.* Il n'y a même pas lieu de douter qu'Alaric ait apparemment pu se qualifier lui-même de Barbare (début du paragr. 3), après avoir employé ce même mot pour parler de ses troupes (paragr. 2), car ce terme peut à l'occasion s'employer comme désignation ethnique objective, dépourvue de connotations péjoratives ; cf. par ex. Grégoire de Nazianze *Epist.* 136.

Les nouvelles conditions posées par Alaric témoignaient d'une extrême modération par rapport à celles qu'il avait formulées à Rimini (cf. *supra* 5, 48, 3). Non seulement il renonçait à son souhait le plus cher, obtenir le grade et la dignité de général dans l'armée romaine (au paragr. 3, l'expression ἀρχῆς ἢ ἀξίας est très proche de celle qu'on lit en 5, 48, 4 ; cf. 5, 49, 1), mais encore n'exigeait plus d'or et se contentait de blé, et surtout en rabattait considérablement sur le plan des exigences territoriales : il ne rêvait plus d'obtenir la Vénétie et d'avoir ainsi toujours un pied en Italie (cf. *supra* n. 110) ni même une région relativement protégée et riche comme la Dalmatie (cf. le début de la présente n.), mais se satisfaisait des deux Noriques ; même s'il exagérait intentionnellement le caractère marginal de ces provinces, leur insécurité et leur pauvreté pour accuser encore davantage la modestie de ce qu'il demandait, la description qu'il en faisait correspondait néanmoins partiellement à la vérité. Pour finir, Alaric proposait derechef son alliance, comme il avait fait peu après avoir levé le siège de Rome (cf. *supra* 5, 42, 1).

Problèmes d'expression et d'établissement de texte : Paragr. 2. Le participe présent παραινοῦντας suivant le participe futur à nuance finale πρεσβευσομένους après ἐξέπεμπε, Herwerden a peut-être raison de corriger παραινέσοντας ; mais on ne peut exclure qu'il s'agisse d'une bévue de Zosime lui-même. J'ai adopté à la suite de Mendelssohn (*ad* p. 281, 3) la correction ἐκδιδομένην, parce que Zosime emploie normalement le participe présent après περιιδεῖν ; cf. 2, 44, 3 et 3, 33, 3 ; en 5, 16, 3, j'ai aussi suivi Mendelssohn et corrigé le futur en présent ; ici, la correction s'impose d'autant plus qu'il y a encore un autre participe présent ensuite (διαφθειρόμενα). Paragr. 3. Pour l'emploi du terme ἐπαρχία, cf. *supra* n. 2 et 84 ; ici, on ne voit pas la raison pour laquelle Zosime n'emploie pas le terme chez lui habituel (aussi bien quand il suit Eunape que quand il suit Olympiodore), qui est ἔθνος.

Note 113.

Sozomène passant directement à partir de 9, 8, 1 au second siège de Rome par Alaric et à l'élévation d'Attale à l'Empire, le présent chapitre de Zosime est dépourvu de parallèle. Le fait qu'à Ravenne et ailleurs on ait ressenti les nouvelles propositions d'Alaric comme témoignant d'une grande modération confirme qu'on ne les considéra pas comme résultant de la crainte que les préparatifs militaires d'Honorius auraient inspirée aux Goths ; cf. *supra* n. 112, et Várady [5] p. 255. Pour le motif du serment sur la tête de l'empereur et le raisonnement sophistique qu'il suggérait à Jovius et à ses amis, cf. *supra* 5, 49, 2 et n. 111. Pour les conceptions de Zosime sur le rôle de la providence, force bonne s'opposant au démon malfaisant, force mauvaise, cf. *supra* n. 80.

Problèmes d'expression : Paragr. 1. Sur la forme de plus-que-parfait avec redoublement, mais sans augment τετυχήκει, cf. E. Schwyzer (*Griechische Grammatik* I, München, 1939) p. 652 et de Foucault [10] p. 76 ; ce phénomène, propre à la langue postclassique, se rencontre surtout dans les verbes composés. Paragr. 2. La forme ὠμωμόκεσαν présente le redoublement attique et l'augment ; cf. Kühner-Blass I 2 p. 27.

La fin du livre 5 de l'*Histoire nouvelle* diffère des autres fins de livre dans ce même ouvrage. Le livre 1 se termine très vraisemblablement avec l'abdication de Dioclétien et de Maximien (cf. vol. I p. xxviii-xxix), le livre 2 se conclut à la veille de l'élévation de Julien à la dignité de César, le livre 3 avec l'avènement de Valentinien 1er, le livre 4 avec la mort de Théodose ; le livre 6, inachevé, ne peut être pris ici en considération (cf. vol. I p. xxxiv). Ainsi le livre 5 est le seul qui ne se termine pas à l'abdication, à la mort ou à l'avènement d'un empereur. Il n'y a pas lieu de s'en étonner, car un tel événement ne se présentait pas dans le contexte historique traité ici par Zosime ; en Orient certes, Théodose II avait succédé à Arcadius le 1er mai 408 (cf. *supra* n. 69), mais ce changement d'empereur n'était pas utilisable dans un récit exclusivement consacré à l'Occident ; or, dans cette *pars imperii*, le règne d'Honorius devait se prolonger jusqu'au 15 août 423 (cf. Seeck [26] p. 348).

Comme Zosime suit ici Olympiodore, dont le récit est structuré selon le schéma annalistique (cf. *supra* n. 53 et 59), il semble à première vue qu'une fin d'année aurait pu constituer une conclusion commode pour un livre. Tel n'est évidemment pas le cas, quand bien même Zosime ne fournit pas pour 409

un repère commé pour 408, où tout s'ordonne autour de la
date précise de la mort de Stilicon donnée en 5, 34, 7. Nous
avons vu (*supra* n. 110) que les négociations entre Jovius et
Alaric n'ont en tout cas pas commencé avant avril 409 ; les
événements racontés dans les chapitres 48-51 ayant certainement occupé plusieurs semaines, nous sommes sans doute
arrivés, au moment où se conclut le livre 5, au milieu de 409,
peut-être même un peu plus tard, mais en aucun cas à la fin
de l'année, car l'élévation d'Attale, narrée *infra* en 6, 7, 1, se
situe encore en 409 (cf. Prosp. Chron. min. I p. 466, 1238).
Du reste Zosime ne signale pas le début de l'année 410 comme
il l'a fait pour le début de 408 (5, 28, 1) et de 409 (5, 42, 3) ;
cette omission à première vue insolite s'explique en fait
facilement. En raison de l'usurpation d'Attale et de l'occupation de Rome par Alaric, il n'y eut pas de consul occidental
légitime cette année-là, car l'élévation au consulat de Tertullus
par Attale (cf. Zosime, 6, 7, 4) ne fut reconnue ni par Honorius, ni par Théodose II ; par ailleurs, le consul oriental Varanès
ne fut connu que tardivement et localement en Occident, où
les documents de 410 sont en principe datés par l'indication
du « post-consulat » des consuls de 409 (cf. Seeck [26] p. 73,
11-18 et 318). Il n'est donc pas étonnant que Zosime, certainement à la suite d'Olympiodore et de la source de ce dernier,
se soit abstenu d'indiquer le début de 410. On ne pouvait
fournir cette date sans éviter des problèmes stylistiques et,
dans les années qui ont suivi, l'incertitude peut avoir régné,
surtout en Occident, sur la manière de désigner cette année ;
or l'information d'Olympiodore dérive précisément d'une source
occidentale rédigée très peu après 410.

Zosime ne pouvait donc terminer son livre 5 ni sur une
succession impériale, ni sur une fin d'année. Par ailleurs, ce
livre, avec ses soixante-cinq pages dans l'édition Mendelssohn,
ne pouvait plus guère être prolongé ; il est aujourd'hui le plus
long des livres entièrement conservés, car le livre 3 a quarante-
huit pages et le livre 4 cinquante-neuf ; quant aux livres 1 et 2,
ils ont cinquante-quatre et cinquante-six pages, mais il convient
d'ajouter ce qui a disparu dans la lacune entre les deux livres,
qui doit équivaloir à une vingtaine de pages (cf. vol. I
p. LXXVIII), appartenant sans doute essentiellement au livre 1
(cf. vol. I p. XXVIII-XXIX), si bien que celui-ci, dans son état
d'origine, devait même être plus long que le livre 5. Il n'en
reste pas moins que ce livre 5 atteint l'ampleur à peu près
maximale que la tradition continuait à accorder à un livre,
même après l'apparition du *codex* qui, deux siècles avant Zosime,
avait aboli les limites techniques qui s'imposaient au *uolumen*.

On relèvera par exemple que les livres d'Ammien sont nettement plus courts que ceux de Zosime.

Zosime était donc contraint de conclure son livre 5 à peu près là où il l'a fait sans disposer d'un événement ou d'une date constituant une coupure commode. La structure du récit souligne néanmoins le changement de livre : en effet, le livre 6 commence, après la rapide mention d'une nouvelle ambassade de l'usurpateur Constantin, par la digression consacrée au récit des débuts de cette usurpation. Or l'insertion d'une digression en début de livre est un procédé de composition attesté non seulement chez Zosime (livre 2), mais ailleurs aussi, par exemple chez Tacite, *Histoires*, livre 2. Il n'est pas impossible qu'en plaçant une fin de livre en ce point de son récit et en commençant le livre suivant par une digression, Zosime se soit inspiré d'Olympiodore, dont un livre peut s'être conclu au même point que le livre 5 de Zosime ; mais il ne s'agit là évidemment que d'une hypothèse, impossible à vérifier.

APPENDICE
DE TEXTES PARALLÈLES

Fragments de l'histoire d'Eunape

Frg. 62 Müller (cf. Zosime 5,1 et n. 1).

Les fils de Théodose occupèrent le trône de leur père. Mais s'il convient de donner au récit des événements une interprétation plus exacte — ce qui est le but de l'histoire —, le pouvoir appartenait nominalement aux empereurs, mais en réalité Rufin en Orient et Stilicon en Occident l'exerçaient selon leur bon plaisir ; ce qu'il y a de sûr, c'est qu'ainsi les empereurs recevaient des ordres de leurs tuteurs pour gouverner, et que les tuteurs se faisaient sans cesse la guerre comme s'ils étaient empereurs, sans en venir l'un contre l'autre ouvertement aux mains ni recourir aux armes, mais en secret ils ne laissaient de mettre en œuvre aucune tromperie ni aucune ruse ; en effet, à cause de leur mollesse et de leur faiblesse de caractère, les procédés rampants et les fourberies des machinations leur tenaient lieu de courage...

Frg. 63 Müller (cf. Zosime 5, 1 et n. 1).

Rufin : ce personnage vécut sous Théodose, c'était un homme aux pensées profondes et dissimulateur. Lui et Stilicon étaient les tuteurs des fils de Théodose. Tous deux ils se livraient à un pillage général, car ils fondaient leur puissance sur leur richesse, et personne ne possédait quoi que ce soit en propre sans leur accord. Tous les procès se déroulaient devant eux, et grande était la foule des gens qui circulaient partout pour voir si quelqu'un possédait

Frg. 62 Müller, *Excerpta de sententiis* p. 91,25-92,5
Boissevain.

Ὅτι οἱ παῖδες Θεοδοσίου ἐπὶ τῆς βασιλείας αὐτοῦ ἔστη-
σαν. Εἰ δὲ τὸ ἀληθέστερον, ὅπερ ἐστὶ σκοπὸς ἱστορίας,
προστιθέναι δεῖ τοῖς γεγενημένοις, τὸ μὲν ὄνομα ἦν τῶν
βασιλέων, τὸ δὲ ἔργον τῶν μὲν κατὰ τὴν ἑῴαν ῾Ρουφίνου,
5 τὰ δὲ ἑσπέρια Στελίχωνος εἰς ἅπασαν ἐξουσίαν· οὕτω
γοῦν οἱ μὲν βασιλεῖς ἐπετάττοντο παρὰ τῶν ἐπιτροπευόν-
των τὰς ἀρχάς, οἱ δὲ ἐπιτροπεύοντες ἀεὶ πρὸς ἀλλήλους
ἐπολέμουν ὥσπερ βασιλεύοντες, φανερῶς μὲν οὐκ ἐναν-
τίας χεῖρας καὶ ὅπλα ἀράμενοι, κρύφα δὲ ἀπάτης καὶ
10 δόλου μηδὲν ὑπολείποντες· διὰ γὰρ μαλακίαν καὶ ἀσθένειαν ψυχῆς τὸ διέρπον καὶ ὕπουλον τῶν μηχανημάτων
αὐτοῖς ὡς ἀνδρεῖον...

12 post ἀνδρεῖον duae paginae desiderantur in cod.

Frg. 63 Müller, *Suda* P 240, vol. IV p. 300,29-301,15
Adler.

῾Ρουφῖνος· οὗτος ἐπὶ Θεοδοσίου ἦν, βαθυγνώμων ἄνθρωπος καὶ κρυψίνους. Ἦσαν δὲ οὗτός τε καὶ Στελίχων ἐπί-
τροποι τῶν Θεοδοσίου παίδων. Ἄμφω τὰ πάντα συνήρ-
παζον, ἐν τῷ πλούτῳ τὸ κράτος τιθέμενοι, καὶ οὐδεὶς
5 εἶχεν ἴδιον οὐδέν, εἰ μὴ τούτοις ἔδοξε. Δίκαι τε ἅπασαι
πρὸς τούτοις ἐδικάζοντο, καὶ πολὺς ἦν ὄχλος τῶν περι-

un domaine aux productions variées et fertile ; le propriétaire était aussitôt arrêté après qu'on l'eut pris au piège
d'une accusation non dépourvue de vraisemblance inventée
par des individus pris à gage. La victime de l'injustice
subissait les conséquences de l'injustice, car c'était l'auteur de l'injustice qui jugeait. Quant à Rufin, il en était
arrivé à un tel point de méchanceté démesurée et d'avidité qu'il vendait même des esclaves publics et que, en
ce qui concerne les tribunaux publics, tous les juges
prenaient des décisions pour complaire à Rufin. La foule
des flatteurs autour de lui était considérable. Les flatteurs
qui, hier et avant-hier, s'étaient enfuis d'un cabaret, échap-
pant à la tâche d'y nettoyer les sièges et d'y balayer le
sol, du jour au lendemain endossaient des chlamydes aux
beaux lisérés, s'attifaient de broches d'or et se passaient
aux doigts des bagues à cacheter serties d'or. On peut
trouver la plupart des jugements négatifs sur Rufin dans
la *Chronographie* d'Eunape de Sardes.

Frg. 64 Müller (cf. Zosime 5, 1 et n. 1).

Eunape : ils étaient en vérité les deux tellement inhu-
mains, et l'affaire se développait de manière plus visible.

Frg. 65 Müller (cf. Zosime 5, 5, 4-6 et n. 8).

1. Dès que survint l'homme venu de Thespies, le Père
du rite de Mithra — et des maux innombrables et indescriptibles ayant bientôt déferlé (j'en ai exposé une partie
dans la narration développée de mon *Histoire*, le reste,
si la Divinité le permet, je le raconterai) — Alaric, accompagné des Barbares, arriva par les Thermopyles, comme
courant à travers un stade et une plaine qui retentit du

θεόντων, εἴ πού τινι χωρίον ὑπάρχοι παντομιγές τε καὶ
εὔκαρπον· καὶ ὁ δεσπότης εὐθὺς συνήρπαστο, κατηγο
ρίας πεπλασμένης εὐλόγου διά τινων ὑφειμένων ἐνηδρευ
μένος. Καὶ ὁ ἀδικούμενος ἠδικεῖτο, τοῦ ἀδικοῦντος κρί
5 νοντος. Ἐς τοῦτο δὲ ὁ Ῥουφῖνος ἐχώρησεν ἀμετροκάκου
πλεονεξίας, ὥστε καὶ ἀνδράποδα δημόσια ἀπημπόλει, καὶ
ὅσα δημόσια δικαστήρια Ῥουφίνῳ πάντες ἐδίκαζον. Καὶ
ὁ τῶν κολάκων περὶ αὐτὸν ὄχλος ἦν πολύς. Οἱ δὲ κόλακες
χθὲς μὲν καὶ πρώην δεδρακότες τοῦ καπηλείου καὶ τοῦ
10 τὰ βάθρα καλλύνειν καὶ τοὔδαφος κορεῖν, ἄρτι δὲ χλα
μύδας τάς τε εὐπαρύφους ἐνδεδυκότες καὶ περόναις χρυ
σαῖς διαπεπερονημένοι καὶ σφραγῖσι χρυσοδέτοις διεσφιγ
μένοι. Τὰ δὲ πολλὰ κατὰ Ῥουφίνου εὕροις ἐν τῇ τοῦ
Σαρδιανοῦ Εὐναπίου Χρονογραφίᾳ.

3-4 ἐνηδρευμένος edd. : -ευμένης codd.

Frg. 64 Müller, *Suda* A 1569, vol. I p. 139,26-27
Adler.

Εὐνάπιος· οὕτως ἀμείλικτοι ἦσαν ἄμφω κατὰ τὴν ἀλή
θειαν, καὶ τὸ ἔργον ἐχώρει περιφανέστερον.

Frg. 65 Müller.

1. Eunapii *Vitae sophistarum* 7, 3, 4-5, p. 476 Didot,
p. 45,23-46,9 Giangrande.

Ἅμα τε γὰρ ὁ ἐκ Θεσπιῶν ἐγίνετο, πατὴρ ὢν τῆς Μιθρια
κῆς τελετῆς, καὶ οὐκ εἰς μακρὰν πολλῶν καὶ ἀδιηγήτων
ἐπικλυσθέντων κακῶν, ὧν τὰ μὲν ἐν τοῖς διεξοδικοῖς τῆς
Ἱστορίας εἴρηται, τὰ δέ, ἐὰν ἐπιτρέπῃ τὸ Θεῖον, λελέξεται,
5 ὁ [τε] Ἀλάριχος ἔχων τοὺς βαρβάρους διὰ τῶν Πυλῶν
παρῆλθεν, ὥσπερ διὰ σταδίου καὶ ἱπποκρότου πεδίου

1 ἐκ Θεσπιῶν Valckenaer : ἐκ θεσπιῶν cod. ‖ 5 ὁ Giangrande :
ὅτε uel ὅ τε cod.

sabot des chevaux ; ces portes de la Grèce, ce fut l'impiété
des gens portant des manteaux sombres et qui s'introdui-
sirent en outre sans rencontrer d'obstacle qui les lui montra, ainsi que le fait que la loi et le contrat concernant les
règles relatives aux hiérophantes avaient été bafoués.

2. Mais bien qu'il fût ainsi, Priscos, même après le
règne de Julien, resta irréprochable et, ayant introduit
beaucoup d'innovations parmi les adolescents qui étaient
emportés vers la sagesse par un délire de corybante,
conservant en toutes circonstances son allure grave et se
moquant de la faiblesse humaine, il atteignit l'âge avancé
de plus de quatre-vingt-dix ans et disparut en même
temps que les sanctuaires de la Grèce ; il y eut aussi
beaucoup d'autres gens qui, à cette époque, à cause de
leur affliction renoncèrent à vivre, ou aussi furent massacrés par les Barbares ; parmi eux, il y avait un certain
Protérios, de l'île de Céphallénie, et son excellence morale
était bien attestée. L'auteur de ces lignes aussi a connu
Hilaire, un personnage originaire de Bithynie, mais qui
passa sa vieillesse à Athènes, et qui, outre sa culture générale sans faille, pratiquait si bien l'art de peindre que,
dans ses mains, Euphranor était ressuscité. Et l'auteur
de ces lignes, à cause de cette beauté de ses portraits,
l'admira et l'aima extrêmement. Mais malgré cela, Hilaire
fut aussi de ceux qui goûtèrent au malheur commun :
ayant été trouvé hors d'Athènes (il séjournait en effet en
un endroit assez proche de Corinthe), il fut massacré par
les Barbares avec ses serviteurs. Or cela, s'il plaît à la
divinité, je l'écrirai dans mon récit détaillé, et j'y expo-
serai avec plus de clarté, non ce qui concerne les destinées
individuelles, mais celles de la communauté ; pour l'instant,
j'ai suffisamment parlé de ce qui concerne les destinées
individuelles.

τρέχων· τοιαύτας αὐτῷ τὰς πύλας ἀπέδειξε τῆς Ἑλλάδος
ἥ τε τῶν τὰ φαιὰ ἱμάτια ἐχόντων ἀκωλύτως προσπαρεισ-
ελθόντων ἀσέβεια, καὶ ὁ τῶν ἱεροφαντικῶν θεσμῶν παραρ-
ραγεὶς νόμος καὶ σύνδεσμος.

2. Id., *ibid.* 8,1,10 - 8,2,4, p. 482 Didot, p. 58,8 - 59,4
Giangrande.

Ἀλλ᾽ ὅμως τοιοῦτος ὤν, καὶ μετὰ τὴν Ἰουλιανοῦ βασιλείαν ἀμώμητος ἔμεινε (sc. Πρίσκος), καὶ πολλούς τε
νεωτερισμοὺς ἐνεγκὼν κορυβαντιώντων ἐπὶ σοφίᾳ μειρα-
κίων, καὶ ἐπὶ πᾶσι τὸ βαθὺ διαφυλάττων ἦθος, καὶ γελῶν
5 τὴν ἀνθρωπίνην ἀσθένειαν, τοῖς τῆς Ἑλλάδος ἱεροῖς, εἰς
μακρόν τι γῆρας ἀνύσας, ὅς γε ἦν ὑπὲρ τὰ ἐνενήκοντα,
συναπώλετο· πολλῶν καὶ ἄλλων ἐν τῷδε τῷ χρόνῳ τῶν
μὲν διὰ λύπην προϊεμένων τὸν βίον, οἱ δὲ καὶ ὑπὸ τῶν
βαρβάρων κατεκόπτοντο· ἐν οἷς Προτέριός τε ἦν τις ἐκ
10 Κεφαλληνίας τῆς νήσου, καὶ ἐμαρτυρεῖτο καλὸς καὶ ἀγα-
θὸς εἶναι. Ἱλάριον δὲ καὶ ὁ ταῦτα γράφων ἠπίστατο,
ἄνδρα Βιθυνὸν μὲν τὸ γένος, Ἀθήνησι δὲ καταγηράσαντα,
πρὸς δὲ τῷ καθαρῷ τῆς ἄλλης παιδείας, κατὰ γραφικὴν
οὕτω φιλοσοφήσαντα, ὥστε οὐκ ἐτεθνήκει ἐν ταῖς ἐκείνου
15 χερσὶν ὁ Εὐφράνωρ. Καὶ ὁ ταῦτα γράφων διὰ τοῦτο αὐτὸν
⟨τὸ ἐν⟩ εἴδεσι καλὸν ἐθαύμαζεν καὶ ὑπερηγάπα. Ἀλλ᾽
ὅμως καὶ Ἱλάριος τῶν ἀπολαυσάντων ἦν τῆς κοινῆς συμφορᾶς, ἔξω μὲν εὑρεθεὶς τῶν Ἀθηνῶν (πλησίον γάρ που
Κορίνθου διέτριβεν) κατακοπεὶς δὲ παρὰ τῶν βαρβάρων
20 ἅμα τοῖς οἰκέταις. Καὶ ταῦτα μὲν ἐν τοῖς διεξοδικοῖς, ἐὰν
τῷ δαίμονι δόξῃ, γραφήσεται, οὐ τὰ καθ᾽ ἕκαστον ἔχοντα,
ἀλλὰ τὸ κοινὸν ἐκεῖ σαφέστερον λελέξεται· νυνὶ δὲ ὅσον
ἐπέβαλεν τὸ καθ᾽ ἕκαστον ἱκανῶς ἐς ἀφήγησιν εἴρηται.

16 τὸ ἐν add. Wyttenbach ‖ 21 τὰ ego : τὸ cod. (?) edd.

Frg. 66 Müller (cf. Zosime 5, 8, 1-2 et n. 14).

Eutrope, l'eunuque, tuteur de l'empereur Théodose. Et
Eunape dit : Rufin en effet, étant un homme ou parais-
sant l'être, ayant occupé de hautes positions et connu des
fortunes diverses, semblait, ni contre toute logique ni de
manière inconvenante, se cabrer contre la destinée qui
bouleverse tout. Mais le chambellan eunuque, qui s'était
emparé de son pouvoir, renversa et foudroya tout si bien
que non seulement Rufin lui-même, mais le personnage
mythique de Salmonée n'étaient en comparaison de lui
que des objets insignifiants ; c'est qu'Eutrope, étant
eunuque, déployait toutes ses forces pour être un homme.
Or la mythologie raconte que la Gorgone, par le simple
fait de paraître, pétrifiait instantanément ceux qui la
voyaient ; or la vie d'aujourd'hui a montré que cette fable
est un bavardage inutile et une niaiserie. L'histoire répand
beaucoup de railleries méchantes sur cet eunuque, dignes
de sa manière de vivre.

Frg. 67 Müller (cf. Zosime 5, 8, 1-2 et n. 14).

Avidement : mais Eutrope profitait de l'occasion et de
la chance sans mesure et avidement, il s'empiffrait et se
mêlait indiscrètement de tout, si bien qu'un père ne détes-
tait pas son fils à son insu, ou un mari sa femme, ou une
mère son enfant ; au contraire, il les aiguillonnait tous
conformément aux intentions de celui-ci.

Frg. 68 Müller (cf. Zosime 5, 8, 1-2 et n. 14).

1. Qui s'enroule une infinité de fois. Eunape : ce serpent insupportable et qui s'enroule une infinité de fois
(celui qui s'enroule plusieurs fois), comme si son esprit
était envoûté par les doux murmures de Médée et en

APPENDICE 322

Frg. 66 Müller, *Suda* E 3776, vol. II p. 475,26 - 476,6
Adler.

Εὐτρόπιος, ὁ εὐνοῦχος, ἐπίτροπος Θεοδοσίου τοῦ βασιλέως. Καί φησιν Εὐνάπιος· ὁ μὲν γὰρ Ῥουφῖνος ἀνήρ τε
ὢν ἢ δοκῶν καὶ ἐν ἀξιώμασι γεγονὼς καὶ ποικίλαις ὁμιλήσας τύχαις, οὐ παρὰ λόγον οὐδὲ τοῦ πρέποντος ἐκτὸς
5 ἐδόκει κατεξανίστασθαι τῆς νεωτεριζούσης ἅπαντα τύχης·
Ὁ δὲ θαλαμηπόλος εὐνοῦχος παραλαβὼν τὸ ἐκείνου κράτος ἐς τοσόνδε κατέσεισεν ἅπαντα καὶ κατεβρόντησεν,
ὥστε οὐ μόνον Ῥουφῖνος ἦν αὐτός, ἀλλ᾽ ὁ τοῦ μύθου
Σαλμωνεὺς μικρόν τι χρῆμα πρὸς αὐτὸν ἦν, ὅσγε ὢν
10 εὐνοῦχος ἀνὴρ εἶναι κατεβιάζετο. Καὶ οἱ μὲν μῦθοί φασι
τὴν Γοργόνα φανεῖσαν ἅμα τε φαίνεσθαι καὶ τοὺς ἰδόντας
μεταβάλλειν εἰς λίθον· ὁ δὲ καθ᾽ ἡμᾶς βίος ληρόν τινα
περιττὸν καὶ φλήναφον τὸν μῦθον ἀπέδειξε. Καὶ πολὺν
καταχέει διασυρμὸν ὁ ἱστορικὸς τουτουῒ τοῦ εὐνούχου,
15 τοῦ βίου αὐτοῦ ἐπάξιον.

Frg. 67 Müller, *Suda* X 80, vol. IV p. 785,26 - 786,3
Adler.

Χανδόν : ὁ δὲ Εὐτρόπιος καιροῦ καὶ τύχης ἀμέτρως τε
καὶ χανδὸν ἀρυόμενος καὶ κατεμφορούμενος καὶ πολυπραγμονῶν, ὥστε οὐκ ἔλαθε πατὴρ παῖδα μισῶν ἢ ἀνὴρ
γυναῖκα ἢ μήτηρ τέκνον· ἀλλ᾽ ἐξηκοντίζετο ἅπαντας πρὸς
5 τὴν ἐκείνου γνώμην.

Frg. 68 Müller.

1. *Suda* M 1436, vol. III p. 427,3-6 Adler.

Μυριέλικτος : Εὐνάπιος· ὁ βαρὺς ἐκεῖνος καὶ μυριέλικτος
ὄφις (ὁ πολυέλικτος), καθάπερ ὑπὸ τῆς Μηδείας ὑπο-

était accablé, s'abandonna, plongé dans l'engourdisse-
ment.

2. Engourdi : ayant le cœur déjà engourdi par les honneurs, il s'abandonna en chemin.

Frg. 69 Müller (cf. Zosime 5, 8, 1-2 et n. 14).

Enserré dans ses anneaux : l'eunuque exerçait son pouvoir sur le palais et, ayant enserré la cour dans ses anneaux,
il étreignait tout, comme un serpent de bonne race, l'em-
portant, serré dans ses anneaux, vers son repaire. C'est
d'Eutrope qu'il parle.

Frg. 70 Müller (cf. Zosime 5, 8, 3 et n. 16).

Timasius : ce personnage vécut sous le règne de l'empereur Théodose ; Eutrope, désireux de le mettre à la tête
des affaires, le mande d'Asie à la cour ; cet homme était
fier et avide de gloire et, ayant fait de nombreuses campagnes militaires, il estimait que le bien suprême pour les
hommes, c'étaient les honneurs, la gloire, des richesses
surabondantes, la possibilité de disposer pour lui de ce
qu'il voulait en toute sécurité, d'ignorer dans l'ivresse
s'il faisait nuit ou jour et de n'avoir égard ni au lever ni
au coucher du soleil ; il considéra ce rappel comme l'éle-
vant au ciel, s'arracha à sa manière de vivre insouciante
et amollie menant à l'oubli du devoir, tendit ses pensées
vers la recherche de la gloire, se leva plein de dignité et
revint de Pamphylie en Lydie, comme s'il était un souverain ou s'il allait, à volonté, disposer de l'empereur et
de l'eunuque sans y porter attention et en se jouant.

ψιθυριζόμενος καὶ βαρυνόμενος τὴν ψυχήν, κεκαρωμένος παρέδωκεν ἑαυτόν.

2. *ibid.* Κ 408, vol. III p. 35,27-28 Adler.

Κεκαρωμένος· ὁ δὲ τὴν καρδίαν ταῖς τιμαῖς ἤδη κεκαρωμένος παρέδωκεν ἑαυτὸν εἰς τὴν ὁδόν.

Frg. 69 Müller, *Suda* Π 1293, vol. IV p. 108,29 - 32 Adler.

Περισπειραθείς : ὁ δὲ εὐνοῦχος κατεκράτει τῶν βασιλείων καὶ περισπειρασάμενος τὰς αὐλὰς συνέσφιγγεν ἅπαντα, καθάπερ τις γενναῖος ὄφις καθελίττων εἰς τὴν ἑαυτοῦ χειάν. Περὶ Εὐτροπίου λέγει.

4 χειάν Toup : χρείαν codd.

Frg. 70 Müller, *Suda* Τ 597, vol. IV p. 551,1-12 Adler.

Τιμάσιος· οὗτος ἐπὶ Θεοδοσίου τοῦ βασιλέως ἦν· ὃν ὁ Εὐτρόπιος ἐπιστῆσαι τοῖς πράγμασι βουλόμενος ἐκ τῆς Ἀσίας μετακαλεῖ πρὸς τὰ βασίλεια· ὁ δὲ γαῦρός τε ἀνὴρ ὢν καὶ ἀγέρωχος καὶ στρατείαις ὡμιληκὼς καὶ τοῦτο
5 πρῶτον ἀγαθὸν ἡγούμενος τῶν ἐν ἀνθρώποις, τιμὴν καὶ δόξαν καὶ πλοῦτον ἐπικλύζοντα καὶ τὸ ἔχειν ἑαυτῷ ὅ τι βούλοιτο κεχρῆσθαι καὶ ἀδεῶς, διά τε μέθην νύκτα καὶ ἡμέραν οὐκ εἰδέναι οὔτε ἀνατέλλοντα καὶ δυόμενον καθορᾶν ἥλιον, ἴσα καὶ οὐρανοῦ εἶναι νομίσας τὴν μετάκλησιν, ἐκ τῶν ἀλύ-
10 πων καὶ διακεχυμένων πρὸς ὀλιγωρίαν διατριβῶν ἀπορρήξας ἑαυτὸν καὶ κατατείνας τὴν ψυχὴν εἰς φιλοδοξίαν, βαρὺς ἀναστὰς ἐκ Παμφυλίας ἐπὶ Λυδίαν ἀνέστρεφεν, ὡς ἂν δή τις βασιλεύων, ἢ τόν γε βασιλέα καὶ τὸν εὐνοῦχον κατὰ πάρεργόν τι παιδιὰν θησόμενος, εἰ βούλοιτο.

Frg. 71 Müller (cf. Zosime 5, 10, 1-2 et n. 20).

... comme porté du haut du ciel sur terre et tombé
dans le monde des hommes. Or donc, quand son commandement lui eut été confié par l'eunuque, Bargos partit
en campagne, au comble du bonheur et se réjouissant fort
de son commandement, dans l'espoir de se créer quelques
nouvelles occasions, et, avec des soldats nombreux et
corrompus, dans l'intention de faire la guerre à ses bien-
faiteurs ; étant en effet déjà parvenu, grâce à sa hardiesse
extrême et à l'importance de ses entreprises, à échapper
à beaucoup de dangers, il déployait pleinement son audace
dans l'idée d'être désormais à l'abri de tout danger et de
réussir brillamment. Mais comme ⟨Eutrope⟩ était plus
prudent, il marchait sur ses talons pour lui tendre un
piège. Et en vérité une femme vivait avec Bargos ; cette
femme éprouvait depuis longtemps des sentiments hostiles envers ce personnage selon ce que disaient des individus abjects ; à la suite d'une intrigue secrètement combinée, telle une vipère paresseuse et engourdie par le froid,
ils l'excitent et la dressent contre cet homme en lui faisant miroiter des promesses. Finalement il s'enfuit, fut
rattrapé et subit le châtiment des ingrats. Ayant montré
qu'il était lui-même fort insensé et que l'eunuque était
fort intelligent, il révéla, une fois abattu, combien grave
est, aux yeux de la divinité, le crime d'ingratitude.

Frg. 72 Müller (cf. Zosime 5, 10, 4-5, ainsi que les n. 19
et 21).

L'eunuque, après avoir contraint ce personnage si
considérable et d'un âge si respectable à changer de vie
en s'attaquant comme eunuque à un homme véritable,
comme esclave à un consul, comme larbin à un commandant d'armées, s'enorgueillit grandement et plus qu'il ne

Frg. 71 Müller, *Excerpta de sententiis* p. 92,6-23 Boissevain.

... μασε καθάπερ ἐξ οὐρανοῦ πρὸς τὴν γῆν διενεχθὲν καὶ καταπέσον ἐς τὰ ἀνθρώπινα. Ὁ μὲν οὖν Βάργος τὴν ἀρχὴν πιστευθεὶς παρὰ τοῦ εὐνούχου ἐξῄει μάλα φαιδρὸς καὶ γεγηθὼς ἐπὶ τὴν ἀρχήν, ὡς ἂν ἀρχὰς ὑποθησό-
5 μενος ἑαυτῷ τινας πάλιν, καὶ μετὰ πολλῶν καὶ διεφθαρ-μένων στρατιωτῶν, πρὸς τὸ πολεμεῖν τοῖς εὐεργέταις· τῷ γὰρ περιόντι τῆς τόλμης καὶ τῷ μεγέθει τῶν ἐγχειρουμένων πολλοὺς ἤδη περιπεφευγὼς κινδύνους, ἐς τὸ ἀκίνδυνον ἤδη πρὸς ἅπαντας καὶ λίαν εὐτυχὲς τὴν τόλμαν ἐξεβιάζετο.
10 Συνετώτερος δ' ὢν κατὰ πόδας ᾔει πρὸς τὴν ἐπιβουλήν. Καὶ δῆτα γυνὴ συνῴκει τῷ Βάργῳ· ταύτην διὰ καθειμέ-νων ἀνθρώπων πάλαι πρὸς τὸν ἄνδρα λεγομένην ἀλλο-τρίως ἔχουσαν διά τινος ἠρτυμένης καὶ συνεσκιασμένης ἐπι-βουλῆς, ἐπὶ τὸν ἄνδρα ὥσπερ ἔχιδναν νωθρὰν καὶ ὑπὸ κρύους
15 κατεψυγμένην ταῖς ὑποκειμέναις ἐπαγγελίαις ἀνέστησαν καὶ ὤρθωσαν. Καὶ τέλος φυγὼν καὶ συλληφθεὶς τὴν τῶν ἀχαρίστων ὑπέσχε δίκην. Καὶ ὁ μὲν ἑαυτὸν μανικώτατον καὶ τὸν εὐνοῦχον φρονιμώτατον ⟨ἀποδείξας⟩ ἔκειτο μαρ-τυρῶν ἡλίκον ἐστὶ τὸ τῆς ἀχαριστίας παρὰ θεῷ ἔγκλημα.

7 περιόντι Niebuhr : προϊόντι cod. ‖ 12 λεγομένην scripsi suadente Bouvier : τὸν λεγόμενον cod. ‖ 13 ἠρτυμένης Niebuhr : ἠρτημ- cod. ‖ συνεσκιασμένης Niebuhr : συσκιασ- cod. ‖ 18 ἀποδείξας add. Niebuhr.

Frg. 72 Müller, *Excerpta de sententiis* p. 92,24-28 Boissevain.

Ὅτι ὁ εὐνοῦχος τοῦτον τοσοῦτον ὄντα καὶ τηλικοῦτον ἐκβαλὼν τοῦ βίου, εὐνοῦχος ἄνδρα καὶ [ὁ] δοῦλος ὕπατον καὶ θαλαμηπόλος τὸν ἐπὶ τοῖς στρατοπέδοις γεγενημένον,

2 ὁ del. Mai

convient à de véritables hommes ; et pour que personne
ne... le triste sort d'Abundantius, qui lui aussi comptait
au nombre des consuls...

Frg. 73 Müller (cf. n. 26).

Ce récit est en effet incroyable ; mais si quelqu'un
d'autre est en mesure d'écrire cela, j'admire pour ma
part son courage, et ce courage, je suis prêt à le reconnaître, eu égard à son impassibilité. Mais il est probable que
ceux qui ont narré avec une exactitude accrue les événements en les groupant selon les périodes et selon les individus tout en prétendant s'exprimer sans courir de dangers
orientent leur histoire au gré de la faveur et de l'animosité ;
celui qui écrit ces lignes ne s'est pas avancé sur la route qui
mène dans cette direction, au contraire il vise à s'élancer
de toutes ses forces vers la vérité et à prendre solidement
appui sur elle. J'ai en effet appris et entendu dire qu'ac-
tuellement aussi un tel et un tel écrivent des ouvrages
historiques ; je parle d'eux sans indignation, mais je sais
parfaitement que ce sont des personnages arrogants et
capricieux, et qui sont éloignés de la vérité tout autant
qu'installés dans le dérèglement. Du reste ce n'est pas à
eux que j'adresse des reproches, c'est au caractère excessivement faible et chancelant du jugement des hommes
que j'adresse de sévères reproches : séduits et ensorcelés
à chaque fois que quelqu'un évoque un nom important
et bien connu et que, ayant déterré un détail plus précis
concernant la cour impériale, ils le font connaître à tous,
ils recueillent de bruyants applaudissements, comme s'ils
disaient la vérité et savaient tout, et une grande foule
accourt autour d'eux, témoignant volontiers qu'il en est
bien ainsi, faisant violence aux vertus de l'histoire et
l'écartelant au point de l'harmoniser avec ce fait nouveau, comme s'il était transcendant et sublime ; constatant cela et s'en félicitant sottement du fait de leur vie
débauchée et de leur simplicité, ils recueillent cette matière
et l'élaborent en lui faisant violence afin de produire un

μέγα δή τι καὶ ὑπὲρ ἄνδρας ἐφρόνει· καὶ μή τίς γε τὸ
'Αβουνδαντίου πάθος, κἀκείνου τελέσαντος ἐς ὑπάτους...

2 'Αβουνδαντίου Mai : -δατίου cod. ‖ post ὑπάτους lacunam
indicant edd.

Frg. 73 Müller, *Excerpta de sententiis* p. 93, 1-32 Boissevain.

'Απίθανον μὲν γὰρ τὸ γραφόμενον· πλὴν εἴ τις ἕτερος
αὐτὰ γράφειν ἱκανός ἐστι, θαυμάζω αὐτὸν ἔγωγε τῆς
ἀνδρείας, καὶ ἀνδρεῖος ἀποφαινέσθω μοι τῆς ἀνεξικακίας
χάριν. 'Αλλ' εἰκὸς μὲν τοὺς τὰ ἀκριβέστερα γράψαντας
5 κατὰ χρόνους καὶ κατ' ἄνδρας καὶ προσποιουμένους ἀσφα-
λῶς τι λέγειν, ἔς τε χάριν καὶ ἀπέχθειαν ἀναφέρειν τὴν
συγγραφήν· τῷ δὲ ταῦτα γράφοντι οὐ πρὸς ταῦτα ἔφερεν
ἡ ὁδός, ἀλλ' ὡς ὅτι μάλιστα ἀνατρέχοι καὶ στηρίζοιτο
πρὸς ἀλήθειαν. 'Επεὶ καὶ κατὰ τούσδε τοὺς χρόνους
10 ἤκουον καὶ συνεπυνθανόμην ὡς ὁ δεῖνα καὶ ὁ δεῖνα γρά-
φουσιν ἱστορίαν· οὓς ἐγὼ οὔτι νεμεσητὸν λέγω, ἀλλὰ
ἐπίσταμαί γε σαφῶς ἄνδρας ἀγερώχους τε καὶ σκιρτῶντας
καὶ ἀληθείας τοσοῦτον ἀφεστηκότας ὅσον ἐντὸς εἶναι
ἀναγωγίας. Καὶ οὐκ ἐκείνοις μέμφομαι, τῆς δὲ ἀνθρωπίνης
15 κρίσεως τὸ λίαν ἀκρατὲς καὶ ὀλισθηρὸν καταμέμφομαι,
ὅτι θελγόμενοι καὶ καταγοητευόμενοι τὸ καθ' ἕκαστον, ἂν
ὀνόματος μνησθῇ τις περιττοῦ καὶ τοῖς πολλοῖς γνωρί-
μου, καί τι τῶν περὶ τὴν αὐλὴν τὴν βασιλικὴν ἀκριβέστε-
ρον ὑπορύξαντες ἐξενέγκωσιν εἰς τοὺς πολλούς, τόν τε
20 κροτοθόρυβον ἔχουσιν, ὡς ἀληθῆ λέγοντες καὶ πάντα
εἰδότες, καὶ πολὺς περὶ αὐτοὺς ὁ συνθέων ὅμιλος, μαρτυ-
ροῦντες ῥᾳδίως ὅτι ταῦτα οὕτως ἔχει, καὶ τὴν ἀρετὴν τὴν
τῆς συγγραφῆς εἰς τόδε συμβιασάμενοι καὶ κατατείναντες,
ὡς ἄρα τοῦτό ἐστιν αἰθέριον καὶ οὐρανόμηκες, ὅπερ αὐτοὶ

5 κατ' ἄνδρας ego : κατὰ ἄ. cod.

14

récit plausible et qui plaise au public. Mais si malgré tout
ils rapportent un épisode plus ou moins invraisemblable,
ils en allèguent en grand nombre qui sont plus mons-
trueux et fantaisistes que celui-là, et tous plus irréfu-
tables que le mouvement du soleil : le soleil est pour eux
le garant de leurs propos. Et ils évoqueront peut-être
d'autres récits, plus ahurissants et plus sujets à caution
que ceux-là. Néanmoins l'histoire les publie sans dépasser
la juste mesure, et cela au nom de la maxime « ami de
Dieu et ami de la vérité ». Mais je ne sais trop à quoi je
m'engage en écrivant cela : c'est en effet une lourde tâche
que de se préoccuper de la vérité ; toujours est-il que celui
qui s'attachera à mes écrits et leur prêtera crédit se pros-
ternera devant la précision et la vérité.

Frg. 74 Müller (cf. n. 26).

A l'époque de l'eunuque Eutrope, il n'était pas possible d'introduire dans un récit historique quoi que ce
soit de précis concernant l'Occident. La distance et la
durée de la navigation avaient en effet pour conséquence
que les nouvelles étaient longues à arriver et périmées
du fait du temps écoulé, comme atteintes d'une vieille
maladie qui n'en finit pas ; et s'il y avait quelques voyageurs et employés de l'État qui étaient du nombre de ceux
qui étaient en mesure de connaître la situation générale,
chacun d'eux faisait son rapport au gré de la faveur et de
l'animosité, selon son bon plaisir et comme il le voulait ;
ce qu'il y a de sûr, c'est que si quelqu'un réunissait trois
ou quatre personnes se contredisant les unes les autres
comme témoins, il en résultait un grand pugilat verbal et
la guerre était imminente, naissant de petites phrases
ardentes et enflammées, du genre que voici : « Toi, d'où
sais-tu cela ? » « Où Stilicon t'a-t-il vu ? » « Toi, aurais-tu
vu l'eunuque ? » ; si bien que c'était un exploit que de

διὰ βίου τινὰ χλιδὴν ἰδόντες καὶ δι' ἁπλότητα χαυνότερον
ἐπαινοῦντες ἐς τὸ πιστευόμενον καὶ δημῶδες συνάγουσι καὶ
καταβιάζονται. Ἀλλ' ὅμως εἰ καὶ ἀπίθανόν πως εἴρηται,
πολλά τε αὐτοῦ τερατωδέστερα καὶ μυθωδέστερα προτέ-
5 θειται καὶ ἅπαντα ἦν τῆς ἡλιακῆς κινήσεως ἀληθέστερα·
μαρτυρεῖ δὲ αὐτοῖς ὁ ἥλιος τοῖς εἰρημένοις. Καὶ ῥηθήσε-
ταί γε ἴσως ἕτερα τούτων πολυπλανέστερα καὶ βαθυπλο-
κώτερα πρὸς ἀπιστίαν· ἀλλὰ ἐξαγγέλλει γε αὐτὰ ἡ συγγραφὴ μετριώτερον, καὶ ταῦτα ὑπὲρ τῶν λεγομένων καὶ
10 ὅτι γε φίλος θεὸς καὶ φίλη ἀλήθεια. Ἀλλ' οὐκ οἶδα ὅστις
γίνομαι ταῦτα γράφων· πολὺ γὰρ τὸ φροντίζειν ἀληθείας·
ἀλλ' ὅ γε τοῖς γεγραμμένοις ἀκολουθῶν καὶ πειθόμενος
ἀκρίβειάν τε προσκυνήσει καὶ ἀλήθειαν.

1 ἰδόντες καὶ δι' Kuiper : ἴδωσι καὶ cod.

Frg. 74 Müller, *Excerpta de sententiis* p. 94, 1-16 Boissevain.

Ὅτι κατὰ τοὺς χρόνους Εὐτροπίου τοῦ εὐνούχου τῶν μὲν
περὶ τὴν ἑσπέραν οὐδὲν ἀκριβῶς γράφειν ⟨ἦν⟩ εἰς ἐξήγησιν.
Τό τε γὰρ διάστημα τοῦ πλοῦ καὶ μῆκος μακρὰς ἐποίει τὰς
ἀγγελίας καὶ διεφθαρμένας ὑπὸ χρόνου, καθάπερ ἐς χρόνιον
5 καὶ παρέλκουσάν τινα νόσον καταβεβλημένας· οἵ τε πλανώ-
μενοι καὶ στρατευόμενοι εἰ μέν τινες ἦσαν τῶν περὶ τὰ κοινὰ
καὶ δυναμένων εἰδέναι, πρὸς χάριν καὶ ἀπέχθειαν καὶ τὰ καθ'
ἡδονὴν ἕκαστος κατὰ βούλησιν ἀπέφηνεν· εἰ γοῦν τις
αὐτῶν συνήγαγε τρεῖς ἢ τέσσαρας τἀναντία λέγοντας
10 ὥσπερ μάρτυρας, πολὺ τὸ παγκράτιον ἦν τῶν λόγων καὶ ὁ
πόλεμος ἐν χερσίν, ἀρχὰς λαβὼν ἀπὸ ῥηματίων καὶ ὑποθέρ-
μων καὶ συγκεκαυμένων. Ταῦτα δὲ ἦν· ' Σὺ πόθεν ταῦτα
οἶδας; ' ' ποῦ δέ σε ὁ Στελίχων εἶδε; ' ' σὺ δὲ τὸν εὐνοῦχον εἶδες ἄν; ' ὥστε ἔργον ἦν διαλύειν τὰς συμπλοκάς.

2 ἦν add. Boissevain ‖ 8 ἀπέφηνεν Boissevain : απεων... εν cod.

mettre un terme à ces disputes. Quant aux marchands, il ne faut en tenir aucun compte, eux qui mentent au-delà de ce qui est nécessaire pour assurer leur bénéfice. Écrivant pour ma part, grâce à ma découverte, ce qui est conforme à une interprétation plus correcte aux yeux du Temps, le plus sage des témoins selon Pindare (*Olymp.* 10, 55-56)... [*La fin de ce texte est mutilée et très obscure ; dans le palimpseste, elle semble enchaîner sans solution de continuité avec le début du fragment suivant.*]

Frg. 75 Müller (cf. Zosime 5, 13 1. 3. 4 ; 5, 14, 1 ; 5, 18, 4. 9, ainsi que les n. 26-29 et 36-37).

1. ... j'orienterai mon récit vers les malheurs de l'Asie ; de longs âges n'ont en effet rien provoqué de pareil, aucun mouvement et ébranlement de cette sorte ne se produisit jamais dans la vie des hommes. Mais néanmoins il en fut ainsi, et la vérité ne doit pas être tue, car ce serait une démarche coupable que de ne pas écrire la vérité parce qu'elle est incroyable. Il me semble qu'agir ainsi ne diffère en rien du fait d'avaler un breuvage amer et âcre afin de guérir ; mais de même que ces mélanges écœurants pour l'organisme ont pour but de nous rendre la santé et la vie, de même les récits incroyables et invraisemblables ne constituent pas dans une histoire un écœurant faux pas, mais sont bien au contraire, du fait qu'ils sont vrais, un breuvage suave pour ceux qui exigent des enquêtes précises.

2. Or ce personnage en réchappa fort bien, quoiqu'il fût détestable ; cependant il recouvra sa santé (il souffrait en effet de la rate) grâce au fait qu'il montait sans cesse à cheval, il rendit moins douloureux et amollit ses calculs. Puis il partit, en luttant ou avec l'intention de lutter contre son propre corps, et plus exactement en déclarant la guerre aux gens de la cour.

Τῶν δὲ ἐμπόρων οὐδεὶς λόγος πλείονα ψευδομένων ἢ ὅσα
κερδαίνειν βούλονται. Ἀλλ' ὅσα τῷ σοφωτάτῳ μάρτυρι
κατὰ Πίνδαρον χρόνῳ τὴν ἀκριβεστέραν κατάληψιν ⟨ἐφευ-
ρήσει γράφων⟩...

1 οὐδεὶς λόγος Boissevain : οὐδ... cod. ‖ 2 μάρτυρι Spengel :
μαρτυρει (sic) cod. ‖ 3-4 ἐφευρήσει Kuiper : οφευ..., ε supra ο
addito cod. ‖ 4 γράφων add. Boissevain.

Frg. 75 Müller, *Excerpta de sententiis*.

1, p. 94,16 - 95,3 Boissevain.

... ἐπὶ τὰς Ἀσιανὰς συμφορὰς στρέψω τὴν συγγραφήν·
τοιοῦτο γὰρ ὁ μακρὸς αἰὼν οὐδὲν ἤνεγκεν, οὐδέ τις περὶ
τὸν βίον τὸν ἀνθρώπινον ἐνεοχμώθη τοιαύτη φορὰ καὶ
κίνησις. Ἀλλ' ὅμως οὕτως εἶχε, καὶ τὸ ἀληθὲς ἀσιώπητον,
5 ὡς ἀδικοίη γε ἄν τις, εἰ διὰ τὸ ἀπίθανον τἀληθῆ μὴ γρά-
φοιτο. Καὶ τοῦτό γε οὐδὲν διαφέρειν ἐδόκει μοι τοῦ πιεῖν
τι τῶν δριμέων καὶ πικρῶν ἐπὶ σωτηρίᾳ· ἀλλ' ὥσπερ
ἐκεῖνα κατακερασθέντα τοῖς σώμασιν ἀηδῶς τέλος ἔχει τὴν
ὑγείαν καὶ σωτηρίαν, οὕτω καὶ τὰ τερατευθέντα πρὸς τὸ
10 παράλογον οὐ τῆς γραφῆς ἐστιν ἀηδὲς ἁμάρτημα, ἀλλὰ
γλυκύ τι καὶ πότιμον διὰ τὴν ἀλήθειαν τοῖς ἀκριβῶς
ἐξετάζειν βουλομένοις γίνεται.

2, p. 95,4-8 Boissevain.

Καὶ οὗτος μὲν ἐσῴζετο καλῶς πονηρὸς ὤν· ὅμως δέ
(τὸν σπλῆνα γὰρ ἐνόσει) διετέθη καλῶς ὑπὸ τῆς συνεχοῦς
ἱππασίας, κατεπράϋνέ τε καὶ τὸ λιθῶδες ὑπεμάλαξε. Καὶ
ὁ μὲν ἀπῄει τῷ τε σφετέρῳ σώματι πολεμῶν ἢ πολεμήσων
5 καὶ τοῖς περὶ τὴν αὐλὴν ἐπαγγέλλων ἀληθέστερον πόλεμον.

5 ἐπαγγέλλων Dindorf : ἀπ- cod.

14*

3. La Lydie, étant le pays le plus proche, allait remporter la deuxième place au palmarès du malheur.

4. Excepté qu'ils avaient l'espoir d'être sauvés ; en effet l'espoir est, dans les situations indescriptibles, une consolation pour ceux qui sont encore vivants. [*Les mots qui suivent sont incompréhensibles* : concernant les épées dans les entreprises, et les Barbares], non pas conformément à l'exigence légale (celle-là aussi dépassa le double), mais conformément à son avidité sans limite de Barbare, il était à l'abri d'un péril provenant d'un autre...

5. Ce n'est pas tellement parce qu'ils étaient hors d'euxmêmes et que leur intelligence était troublée, mais à cause de l'excès des malheurs que certains évoquèrent, à propos de l'eunuque Eutrope, la conjoncture à l'époque de Julien. De même qu'on peut entendre les médecins dire que, pour ceux qui aiment la vie, il vaut mieux avoir la rate malade que de souffrir du foie et de cette partie du corps fixée au-dessus du foie au travers du poumon et se terminant vers le cœur, ainsi il se produisait alors aussi que, comme lorsqu'on doit choisir entre les pires maux, l'eunuque fou fut en haute estime, du fait qu'on le comparait aux malheurs qui survenaient.

6. Cependant Gaïnas, bien qu'il eût abattu son ennemi (car il avait fait la guerre à l'eunuque en y engageant toutes ses forces ; il était tellement courageux !), fut vaincu par cela même qui semblait lui avoir réussi. Devenu en effet plus accommodant et complaisant à la suite de son succès, comme s'il s'était déjà emparé de l'Empire romain et le foulait aux pieds, il se laissait complaisamment manœuvrer ; or il envoya à Argibild (Tribigild) une délégation lui annonçant que le but qu'ils s'étaient fixé était atteint.

3, p. 95, 9-10 Boissevain.

Ἡ δὲ Λυδία πλησιόχωρος οὖσα τὰ δεύτερα ἔμελλε τοῦ
ὀλέθρου φέρεσθαι.

4, p. 95, 11-16 Boissevain.

Πλὴν ὅσα γε τούτοις ἐν ἐλπίσιν ἦν τὸ σῴζεσθαι· ἐλπὶς
γὰρ ἐν ἀπορρήτοις ἔτι ζῶσι παραμύθιον. †Ἐπὶ τά γε ἐν
τοῖς ἔργοις ξίφη καὶ βάρβαροι†, οὐ κατὰ τὴν ἔννομον
ἀπαίτησιν (καὶ γὰρ ἐκείνη τὸ διπλάσιον ὑπερέβαλεν), ἀλλὰ
15 κατὰ τὴν βαρβαρικὴν καὶ ἄμετρον πλεονεξίαν, ἀκινδύνως
εἶχε πρὸς ἕτερον...

5, p. 95, 17-23 Boissevain, additis in uncis quae fluunt
e *Suda* Π 363, vol. IV p. 35, 13-14 Adler.

Ὅτι (οὐχ οὕτω παρακεκινηκότες καὶ διεφθαρμένοι τὴν
γνώμην, ἀλλὰ) δι' ὑπεροχὴν κακῶν εἰς Ἰουλιανοῦ καιροὺς
καὶ χρόνους τὸν εὐνοῦχον ἀνέθεσάν τινες Εὐτρόπιον.
Ὥσπερ οὖν τῶν ἰατρῶν ἔστιν ἀκούειν ὅτι τοῖς φιλοζώοις
5 βέλτιόν ἐστι σπλῆνα νοσεῖν ἢ κάμνειν ἧπαρ, καὶ ὅσον
ὑπὲρ ἥπατος διὰ πνεύμονος ἐπὶ καρδίαν συμπερατοῦται
καὶ διέσφικται, οὕτω καὶ τότε συνέβαινεν, ὡς ἐν αἱρέσει
τῶν αἰσχίστων, εὐδοκιμεῖν εὐνοῦχον μανέντα πρὸς παρά-
θεσιν τῶν ἐπιλαβουσῶν συμφορῶν.

6, p. 95,24 - 96,5 Boissevain.

Ὅμως ὁ Γαϊνᾶς διαφθείρας τὸν πολέμιον (ἐπολέμει γὰρ
εὐνούχῳ μάλα ἐντεταμένως· οὕτω σφόδρα γενναῖός τις
ἦν) ἐξ ὧν ἐδόκει κατορθωκέναι, διὰ τούτων ἥττητο. Ὑγρό-
τερος γὰρ ὑπὸ τοῦ κατορθώματος καὶ μαλακώτερος γενό-
5 μενος, ὡς ἂν ἤδη τὴν Ῥωμαϊκὴν ἀρχὴν συνῃρηκὼς καὶ
τοῖς ποσὶν ἐπεμβαίνων αὐτῆς, μαλακώτερος ἦν ἀμφαφά-
ασθαι· καὶ πρὸς τὸν Ἀργίβιλδον ἐπρεσβεύετο, ὡς τὸ σπουδαζόμενον αὐτοῖς ἔχει τέλος.

6-7 μαλακώτερος... ἀμφαφάασθαι Hom. Il. 22, 373.

7. *(Fragment en grande partie trop mutilé pour pouvoir être traduit.)* Gaïnas et Targibild (Trigibild), ..., l'un marchant en tête, l'autre le suivant... ... ils écartent le malheur sinistre ; en effet, la suppression ..., du fait que... ... et il ne porta pas lui-même le deuil d'un autre ; mis à mort, il resta étendu sans avoir personne pour lui rendre les honneurs funèbres et l'enterrer.

Frg. 76 Müller (cf. Zosime 5, 14, 1-2 et 5, 17, 2, ainsi que les n. 29 et 33).

1. Léon : ce général fut envoyé par l'eunuque Eutrope contre les Barbares, il était d'un caractère accommodant et facile à tromper à cause de son penchant pour la boisson. Sa force virile en effet se limitait à ceci : avoir plus de concubines que de soldats et boire davantage que ne boivent tous les hommes.

2. Il prenait ses distances : il était éloigné, il s'écartait. Eunape : il ne prenait en effet pas ses distances par rapport à son nom de Léon (Lion) : car telle est aussi l'habitude de cet animal.

7, p. 96, 6-19 Boissevain.

Ὅτι Γαινᾶς καὶ Ταργίβιλδος ἀπό.................
ὁ μὲν ἡγούμενος ὁ δὲ ἐφεπόμενος...................
..... αρρω...ετον ἐὰν καὶ .... εν.............
γη.......θει ἡ πάροδος......εἶναι................δή
5 τις ἐν.......ογε...ουδε...την............ -ρευόμενον
οὐδὲν .... αιον .... ον ἀργύριον...............
.... ἄλλων λαφύρ- ... καταληφε...
...... -τέραν τινὰ τῷ μὴ .... -δένα ἀριστερὰν ἀφί-
σταντο τὴν συμφοράν· ἡ μὲν γὰρ τῶν ..ων ἀφαίρεσις διὰ
10 τον ... ον ἐνῆν .... σρια πάντων δὲ αρ .. εια
καὶ γυναικῶν .... νων τῷ παρα ... ρα ... ενο ... ψεσι ...
φθεῖραι ..... ἦσαν ὥστε εἴ τι .. μη εν ... ρεσ ...... ε ...
σ ..... γινόμενα οὐδὲ αὐτὸς ἕτερον ἐπένθει· σφαγεὶς δὲ
ἔκειτο μηδὲ τὸν θάψοντα ἔχων καὶ κατορύξοντα.

1 Ταργίβιλδος Mercati : γαργι- cod.

Frg. 76 Müller, *Suda*.

1, Λ 268, vol. III p. 249, 1-5 Adler.

Λέων· οὗτος στρατηγὸς ἐπέμφθη παρὰ Εὐτροπίου τοῦ
εὐνούχου κατὰ τῶν βαρβάρων, εὔκολος ὢν καὶ διὰ μελέτην
μέθης εὐπαράγωγος. Ἦν γὰρ αὐτῷ τὸ ἀνδρεῖον ἐπὶ τούτῳ συνηναγκασμένον πλείους ἔχειν παλλακίδας τῶν στρα-
5 τιωτῶν καὶ πλείονα πίνειν ἢ ὅσα πάντες ἄνθρωποι πίνουσι.

2, Α 3066, vol. I p. 275, 6-8 Adler.

Ἀπεστάτει : ἀπεῖχεν, ἀπεχωρίζετο. Εὐνάπιος· καὶ γὰρ
οὐκ ἀπεστάτει τῆς τοῦ Λέοντος ἐπωνυμίας. Οὕτω γὰρ καὶ
τὸ ζῷον ποιεῖν εἴωθεν.

3. Il relevait la tête : il se tenait la tête droite. Eunape :
se préparant à régler le reste des problèmes, il se redres-
sait et relevait la tête face au dénommé Léon, afin de le
tuer.

Frg. 77 Müller (cf. n. 33).

Subarmachios : ce personnage était le chef des gardes
du corps, et un partisan très fidèle de l'eunuque Eutrope,
si jamais il en fut. Il buvait plus de vin qu'il n'en pouvait contenir, et pourtant son estomac, du fait qu'il en
avait une telle habitude et, dans sa force juvénile, un tel
entraînement, supportait tout et procédait à l'élimination naturelle des humeurs. Ce qu'il y a de sûr, c'est qu'il
était, qu'il eût bu ou qu'il n'eût pas bu, toujours ivre.
Il cachait son ivresse en adoptant la démarche de qui a
une faiblesse aux pieds en guerroyant contre les chutes
grâce à son âge et en faisant front du fait de sa jeunesse.
Il était issu d'une famille royale, un authentique Colque
des régions au-delà du Phase et du Thermodon ; il eût été
un excellent archer si les excès de sa débauche ne l'avaient
abattu à coups de flèches.

Frg. 78 Müller (cf. n. 30 et 63).

Persès, qui était préfet à Rome, interprétait faussement les succès de Rome en les tournant en dérision et
en s'en moquant ; ayant rassemblé un grand nombre de
planchettes sur une longueur d'un demi-stade et désireux
d'y faire dessiner la reproduction de certains événements,
il n'y plaça que des faits présentés de manière ridicule et
tourna en dérision de manière innommable les événements
reproduits par la manière de les peindre. Les reproductions
n'évoquaient ou ne suggéraient en effet nullement le courage de l'empereur, ou la force des soldats, ou une guerre

3, Δ 1026, vol. II p. 91, 15-17 Adler.

Διηυχενίζετο : τὸν αὐχένα ὄρθιον εἶχεν. Εὐνάπιος· ὁ δὲ
ἐπὶ τὰ λειπόμενα τῶν πραγμάτων διεξανιστάμενος ἀνωρ-
θοῦτο καὶ διηυχενίζετο πρὸς τὸν λεγόμενον Λέοντα,
ὅπως αὐτὸν φονεύσειεν.

Frg. 77 Müller, *Suda* Σ 793, vol. IV p. 398,22 - 399,3
Adler.

Σουβαρμάχιος· οὗτος τῶν δορυφόρων ἦν ἡγεμών, πιστό-
τατος τῷ εὐνούχῳ Εὐτροπίῳ, εἴπερ τις ἄλλος. Ἔπινε δὲ
πλείονα οἶνον ἢ ὅσον ἡδύνατο χωρεῖν· ἀλλ᾽ ὅμως τὰ περὶ
γαστέρα διὰ συνήθειαν οὕτω καὶ γυμνασίαν ἰσχυρὰν καὶ
5 νεανικὴν πάντα ἔφερεν ἐπὶ τὴν φυσικὴν τῶν ὑγρῶν ἔκκρισιν.
Ἀεὶ γοῦν ἦν, πεπωκώς τε καὶ οὐ πεπωκώς, μεθύων. Τὴν δὲ
μέθην παρεκάλυπτε σφαλερὸν διαβαίνων τοῖς ποσί, καὶ
πρὸς τὴν πτῶσιν πολεμῶν ὑφ᾽ ἡλικίας καὶ διὰ νεότητα
συνιστάμενος. Ἦν δὲ βασιλικοῦ μὲν γένους, Κόλχος ἀκρι-
10 βὴς τῶν ὑπὲρ Φᾶσιν καὶ Θερμώδοντα, τοξότης ἄριστος,
εἴγε μὴ κατετόξευεν αὐτὸν τὸ περιττὸν τῆς τρυφῆς.

5 ἔφερεν Bernhardy : φέρειν codd. ‖ 8 καὶ διὰ νεότητα Bernhardy : δ. ν. κ. codd.

Frg. 78 Müller, *Excerpta de sententiis* p. 96,20 - 97,2
Boissevain.

Ὅτι Πέρσης ἦν ἐν Ῥώμῃ ἔπαρχος πρὸς χλευασίαν καὶ
γέλωτα τὴν Ῥωμαϊκὴν παραφέρων εὐτυχίαν· σανίδας δὴ
πολλὰς μικρὰς πρὸς ἥμισυ σταδίου συγκομισάμενος, καὶ
εἰκόνα τινὰ τῶν ἔργων ὑπογράψαι βουλόμενος, πάντα
5 ἐνετίθει γελοῖα ταῖς γραφαῖς, καὶ ἀπορρήτως τὰ γραφό-
μενα κατεχλεύαζε διὰ τῆς εἰκόνος. Ἀνδρείαν μὲν γὰρ βασιλέως ἢ ῥώμην στρατιωτῶν ἢ πόλεμον ἐμφανῆ καὶ νόμιμον

régulière qui se déroule au grand jour ; il n'y avait que la main d'un personnage, comme tendue hors des nuages, et sur la main cette inscription : « la main de Dieu chassant les Barbares » ; il est avilissant de raconter cela, mais néanmoins nécessaire. Et encore ailleurs : « Les Barbares fuyant Dieu », et d'autres inscriptions de cette sorte encore plus grossières et vulgaires, bref, des inepties de dessinateurs pris de vin.

Frg. 79 Müller (cf. Zosime 5, 18, 10 et 5, 19, 1, ainsi que n. 63).

1. Hellanodices : les juges présidant aux Jeux. Eunape : c'est ainsi qu'alors l'hellanodice suprême Gaïnas institua les Jeux de la ruine de l'Empire romain.

2. Lieu de sépulture commune : monument commémoratif, tombeau. Gaïnas sortit de la ville, l'abandonnant comme un lieu de sépulture commune et un somptueux tombeau, alors que les habitants n'étaient pas encore enterrés.

Frg. 80 Müller (cf. Zosime 5, 20, 1 et n. 40).

Fravithos : c'était un général de l'Orient. (Notre ouvrage a déjà évoqué plus haut la plénitude de sa vertu). Son corps était malade, tandis que son esprit jouissait d'une santé bien meilleure. Or son corps se dissolvait déjà et se défaisait en un total relâchement, mais il le chevilla et le munit d'une trame de manière qu'il se soude solidement, afin d'être en mesure de servir le bien. Il se rendit aisément maître des brigands, si bien qu'il s'en fallut de peu que même le mot de brigandage soit effacé de la mémoire des hommes. Il était Grec par ses convictions religieuses.

οὐδαμοῦ τὰ γραφέντα παρεδήλου καὶ συνηνίττετο· χειρὸς
δέ τινος ὡς ἂν ἐκ νεφῶν προτεινομένης ἐπίγραμμα ἦν τῇ
χειρί· ' θεοῦ χεὶρ ἐλαύνουσα τοὺς βαρβάρους '· αἰσχρὸν
τοῦτο καταγράφειν, ἀλλ' ἀναγκαῖον. Καὶ πάλιν ἐτέρωθι·
5 ' βάρβαροι τὸν θεὸν φεύγοντες ', καὶ τούτων ἕτερα παχύ-
τερα καὶ δημωδέστερα, κωθωνιζομένων γραφέων φλήνα-
φος.

6 δημωδέστερα Jordan : ... δέστερα cod.

Frg. 79 Müller, Suda.

1, E 740, vol. II p. 238,25-27 Adler.

Ἑλλανοδίκαι : οἱ κριταὶ οἱ καθήμενοι εἰς τοὺς ἀγῶνας.
Εὐνάπιος· οὕτω καὶ τότε ὁ μέγιστος Ἑλλανοδίκης Γαΐνᾶς
τὸν Ῥωμαϊκὸν ὄλεθρον ἠθλοθέτει.

2, Π 1939, vol. IV p. 162,10-13 Adler.

Πολυάνδριον : μνῆμα, τάφον. Ὁ δὲ Γαΐνᾶς ἐξεχώρει τῆς
πόλεως, καταλιπὼν αὐτὴν πολυάνδριον καὶ πολυτελῆ
τάφον, οὔπω τεθαμμένων τῶν ἐνῳκηκότων.

Frg. 80 Müller, Suda Φ 681, vol. IV p. 758,28 - 759,6
Adler, additis in uncis quae fluunt ex Excerptis de sententiis,
p. 97, 3-4 Boissevain.

Φράβιθος· οὗτος στρατηγὸς ἦν τῆς ἀνατολῆς. (Οὗ καὶ
πρότερον ἡ συγγραφὴ μέμνηται τῆς ἀκμαζούσης ἀρετῆς·)
ἐνόσει τὸ σῶμα, τῆς ψυχῆς ὑγιαινούσης πλέον. Καὶ τό
γε σῶμα διαλυόμενον ἤδη καὶ ἀποκολλώμενον εἰς τὴν
5 λύσιν συνεγόμφου καὶ διέπλεκεν εἰς πῆξίν τινα καὶ ἀρμο-
νίαν, ὅπως ἂν ἀρκέσειε τῷ καλῷ. Ὃς τοὺς λῃστὰς ῥᾳδίως
συνεῖλεν, ὥστε μικροῦ καὶ τὸ ὄνομα τῆς λῃστείας ἐκ τῆς
μνείας τῶν ἀνθρώπων ἐκπεσεῖν. Ἦν δὲ Ἕλλην τὴν θρησκείαν.

Frg. 81 Müller (cf. Zosime 5, 20, 3 et n. 41).

Liburne : type de navire. Navires légers. Ayant construit d'agiles navires à trente rameurs du type des Liburnes.

Frg. 82 Müller (cf. Zosime 5, 21, 4-5 et n. 43 ; entre
parenthèses, les mots ajoutés par Boissevain pour compléter ce fragment très mutilé).

Fravithos, le général des Romains, ayant vaincu Gaïnas
qui était installé près de la Chersonèse et ne l'ayant pas
poursuivi — il était en effet assuré de recueillir le bénéfice
de sa victoire, et était comme un Laconien dans sa manière
d'être conscient de la versatilité de la chance et de ne pas
continuer la poursuite de façon inconsidérée — ... [*cette
phrase de l'extrait est dépourvue de verbe principal*] Or, par
sa stratégie fort prudente, il montra aux autres comme il
est difficile d'être un bon général ; la majorité des gens,
ainsi que tous les imbéciles et ceux qui sont plus épais
que la boue, prétendaient faire les généraux et, expliquant ce qui s'était passé, déraisonnaient en parlant à
tort et à travers ; ils fronçaient les sourcils et, dévorés
par le feu de la jalousie face à ce dénouement incroyable
et digne d'une fable, d'une seule voix et s'inspirant d'un
même sentiment, devenus unanimes dans leur opinion par
lâcheté et stupéfaits de cette issue inattendue, ils décla-
raient que Fravithos savait vaincre, mais ne savait pas
exploiter sa victoire. (Si) en effet (Fravithos avait passé
par mer) en Chersonèse, s'était emparé (de Gaïnas qui
battait en retraite et l'avait fait) prisonnier (alors qu'il
entreprenait de s'échapper) par les arrières, (on aurait été
gratifié, comme il convenait,) d'un spectacle digne de
cette victoire. Or les censeurs (prirent de toute évidence
courage) et répandirent des bruits dans le palais en suggérant par des propos variés qu'un Barbare avait accordé
à un Barbare et un initié à un initié le moyen de s'échapper
sain et sauf ; cependant Fravithos, tout radieux et (écla-
tant s'en revint) à Constantinople (en traitant avec un)

Frg. 81 Müller, *Suda* Λ 490, vol. III p. 267, 29-30 Adler.

Λίβερνα : εἶδος πλοίου. Καράβια. Πηξάμενος δρομάδας τριακοντήρεις Λιβερνίδων τύπῳ.

Frg. 82 Müller, *Excerpta de sententiis* p. 97,8 - 99,16 Boissevain, additis in uncis uerbis quibus Boissevain codicem ualde mutilum integrauit.

Ὅτι Φράβιθος ὁ στρατηγὸς Ῥωμαίων νικήσας Γαινᾶν περὶ τὴν Χερρόνησον διαμένοντα καὶ τοῦτον μὴ διώξας — ἀσφαλὴς γὰρ ἦν ἐπὶ τῇ νίκῃ κερδαίνων τὸ ἔργον καὶ Λακωνικός τις ἦν ἐς τὸ τύχην εἰδέναι καὶ μὴ πέραν τοῦ
5 μετρίου ποιεῖσθαι τὴν δίωξιν. Καὶ οὗτος μὲν ἀσφαλέστερον βουλευόμενος ἡλίκον ἐστὶ τοῖς ἄλλοις τὸ καλῶς στρατηγεῖν ἔδειξεν· οἱ δὲ πολλοὶ καὶ ὅσον ἠλίθιον καὶ πηλοῦ παχύτερον, στρατηγικοί τινες εἶναι βουλόμενοι καὶ τὸ γεγονὸς ὑποσημαίνοντες διελήρουν καὶ παρεφλυά-
10 ρουν, τὰς ὀφρῦς ἀνασπῶντες καὶ διαφλεγόμενοι τῷ φθόνῳ πρὸς ἀπίθανόν τινα καὶ μυθώδη καταστροφήν, ἀπὸ μιᾶς γλώσσης καὶ πάθους ἑνός, ὁμόφωνοι κατὰ δόξαν ὑπὸ δειλίας γεγονότες καὶ τῷ παραλόγῳ πληγέντες, τὸν Φράβιθον ἐπεφήμιζον νικᾶν μὲν εἰδέναι, νίκῃ δὲ οὐκ εἰδέναι
15 χρῆσθαι. Ὁ γὰρ (Φράβιθος εἰ διαπλέων) ἐπὶ τὴν Χερρόνησον ἐγκατέλαβεν (τὸν Γαινᾶν ὑποχωροῦντα καὶ ἐποίησεν) αἰχμάλωτον ὀπίσω σῴ(ζεσθαι ἐπιχειροῦντα προσηκόντως τυχεῖν ἂν) θεάμα(τος) τῆς νίκης ἀξίου. Καὶ οὗτοι μὲν (προδήλως ἐθρασύνοντο) καὶ ὑπέσπειρον εἰς τὰ βασίλεια
20 τῷ λόγῳ ποικίλλοντές τε καὶ περιγράφοντες ὡς βάρβαρος βαρβάρῳ καὶ μύστης μύστῃ παρέχων διαφυγὴν καὶ σωτηρίαν· ὁ δὲ Φράβιθος μάλα φαιδρῶς καὶ (λαμπρῶς ἐπανῄει) ἐπὶ τὴν Κωνσταντίνου πόλιν οὕτω τῆς φήμης (κατ᾽ αὐτοῦ

11 καταστροφήν Müller : κατα... cod. ‖ 14 ἐπεφήμιζον Dind. : ἐπεψή-cod.

tel (mépris les mensonges inconstants) et les insinuations
obscures de la rumeur (qu'on répandait contre lui
qu)'il se rendit au palais radieux et plein de joie ; (tous
étaient stupéfaits) d'une chance aussi inattendue et pensaient voir un dieu plutôt qu'un homme — tellement ils
ignoraient ce que c'est que vaincre et agir résolument ;
s'adressant à l'empereur avec franchise et en enflant (fortement sa voix), il cria ... [*la suite est trop mutilée pour
être restituée et traduite*] ... comme il hochait en effet vivement de la tête du fait de sa grande simplicité et était en
accord avec ce qu'on disait... ... il dit par l'intermédiaire
des eunuques qu'il était convenable de hocher la tête...
... l'empereur lui ayant dit qu'il fallait absolument qu'il
demande un cadeau, Fravithos demanda qu'on l'autorisât
à honorer Dieu selon la coutume de ses ancêtres. L'empereur, pour sa part, par l'effet de la supériorité de sa vertu
impériale, lui confia même le consulat ; et lui l'accepta.

Phaméas, nommé aussi Milcon (Himilcon), avait infligé
aux Romains une infinité de maux, puis, quand Scipion
fut devenu général, il n'en fut plus capable ; quand on lui
en demanda le motif, il répondit que les moutons étaient
les mêmes, mais que le berger était plus efficace et pourvu
d'yeux en plus grand nombre qu'Argus.

Frg. 83 Müller (cf. n. 46).

C'était Hiérax — tel est le nom propre de ce personnage ;
l'auteur de ces lignes l'a rencontré, il s'est entretenu avec
lui et il a eu un aperçu de son caractère d'après ses propos ; pour le dire en un mot, c'était un Alexandrin sem-

ψεῦδος ἀφανὲς) καὶ σκοτεινὸν ὑφέρπον προσ(φερομένης
καταφρονήσας ὥστε) παρελθὼν εἰς τὰ βασίλεια φαιδρὸς καὶ
γεγηθὼς (ἁπάντων ἐκπεπληγ)μένων πρὸς τὸ παράλογον τῆς
τύχης καὶ θεὸν ὁρᾶν ὑπολαμβανόντων μᾶλλον ἢ ἄνθρωπον —
5 οὕτω τί ἐστι τὸ νικᾶν καὶ χεῖρας ἔχειν οὐκ ᾔδεσαν —, πρὸς
τὸν βασιλέα μετὰ ἐλευθερίας (καὶ σφόδρα τὴν φωνὴν) δια-
τεινάμενος ἐξεβόησεν..... των καταφρυαττομένων φθόνων
καὶ νηστείαις καθάρματα .. δεῖται τὸ .... πόσον
ὁ θεὸς δύναται .. μέν οτε .... σ γε ὅταν . ω δυνα ......
10 .... τηλικοῦτον ον ....
.... ειασ ἔρ-.
γον οἶσθα βασι............................. τοῦτο
δὲ τὸ ἔργον .... σ ...... ρη .... Ῥω-
μαϊκῆς ἀρχῆς· τοῦ δὲ μάλα ἐπινεύοντος τὸ πρόσωπον διὰ
15 γὰρ ἁπλότητα πολλὴν συμπαθήσας πρὸς τὰ λεγόμενα..
.... ὑπὸ τῶν εὐνούχων εἶπεν ὅτι προσῆκόν ἐστιν ἐπι-
νεύειν .... τοῦ δὲ βασιλέως τοῦτο εἰπόντος ὡς
αἰτεῖν ἀνάγκη δωρεάν, ὁ Φράβιθος ᾔτησεν ἐπιτραπῆναι
κατὰ τὸν πάτριον νόμον θεραπεύειν θεόν. Ὁ δὲ βασιλεὺς
20 δι᾽ ὑπεροχὴν βασιλικῆς ἀρετῆς καὶ τὴν ὑπατείαν ἐπέτρεψεν·
ὁ δ᾽ ἐδέξατο.

Ὅτι Φαμέας ὁ Μίλκων ἐπικαλούμενος μυρία παρέχων
κακὰ Ῥωμαίοις, εἶτα Σκιπίωνος στρατηγοῦντος οὐ δυνάμενος, τὴν δὲ αἰτίαν ἐρωτώμενος ἐξεῖπεν, τὰ μὲν πρόβατα
25 εἶναι ταῦτά, τὸν δὲ ποιμένα σφοδρότερον καὶ τοῦ Ἄργου
μᾶλλον πολυωπέστερον.

24 ἐξεῖπεν Niebuhr : ἐξειπεῖν cod.

Frg. 83 Müller, *Excerpta de sententiis* p. 99,17 - 100,2
Boissevain.

Ἱέραξ ἦν, ὄνομα δὲ τοῦτο ἀνθρώπου κύριον, ὃν εἶδεν ὁ
συγγραφεὺς καὶ διελέχθη πρὸς αὐτόν, καὶ τὴν ψυχήν τε
ἀνεμάξατο διὰ τῶν λόγων καὶ συνελόντι γε εἰπεῖν Ἀλε-

blable à un corbeau du fait de sa voracité insatiable ; de plus c'était un viveur ; en ce qui concerne les plaisirs, il était comme un coq, et comme pourrait l'être un Alexandrin des plus débauchés, ou qui serait encore plus débauché qu'un Alexandrin. Cependant l'auteur de ces lignes, l'ayant persuadé d'avoir honte d'une telle impudence et d'une telle effronterie, se retira sur ces mots et partit, tandis que toutes les personnes présentes étaient stupéfaites qu'un homme d'Alexandrie mît un frein à sa langue, arrêtât son bavardage et laissât la rougeur envahir son visage.

Frg. 84 Müller (cf. Zosime 5, 25, 2-3 et n. 52).

Arbazacios, un Isaurien, à l'époque de l'empereur Arcadius, qu'on appelait Harpazacios (Pillard) à cause de sa cupidité. Ce personnage était en effet originaire d'Arménie, et il était prisonnier de trois vices à la fois, comme ligoté par des liens fabriqués par Héphaistos qu'il était impossible de briser ou de défaire, et il demeurait dans ces entraves. Ces trois vices étaient la folie érotique, l'ivrognerie et la cupidité. Il pratiquait ce qui lui semblait être des vertus en les poussant si bien à leur extrême limite que personne, sans en avoir fait l'expérience, n'eût cru qu'il avait porté ces trois « vertus » à un tel degré de perfection. Il vivait en effet avec des artistes si nombreuses que ni lui-même, ni personne d'autre parmi ses serviteurs n'était capable de les compter. Assurément les comptables qui lui étaient attribués dans le cadre de ses responsabilités militaires connaissaient le nombre de ses soldats ; mais la foule de ses concubines échappait même au décompte qu'ils en faisaient sur leurs mains. Donc de même que, dit-on, le Perse Oronte observait que le petit doigt symbolise en même temps dix mille et l'unité, ainsi ces comptables eux aussi calculaient le nombre des concubines par unités et dizaines de mille.

ξανδρεὺς ἦν κορακώδης μὲν κατὰ τὸ ἄπληστον ἐς τροφήν·
προσῆν δὲ αὐτῷ καὶ τρυφή· πρὸς δὲ ἡδονὰς ἀλεκτρυονώδης, καὶ οἷός τις ἂν Ἀλεξανδρεὺς ἀσελγέστατος γένοιτο
καὶ εἴ γέ τι Ἀλεξανδρέως ἀσελγέστερον. Ἀλλ' ὅμως ὁ
5 συγγραφεὺς αἰδεσθῆναι τὴν τοσαύτην ἀναίδειαν καὶ ἰτα-
μότητα συμπείσας ἐφ' οἷς ἦν λόγοις ᾤχετο ἀπιών, τεθη-
πότων τῶν παρόντων ὅτι ἄνθρωπος ἐξ Ἀλεξανδρείας
γλῶσσάν τε ἐπέσχε καὶ φλυαρίαν ἐπέστησε καὶ τὸ πρόσωπον κατέβαψεν ἐρυθήματι.

2-3 ἀλεκτρυονώδης Meineke : ἀλεκτρυώδης cod. ‖ 3 ἀσελγέστατος
Niebuhr : -τερος cod. ‖ 6 λόγοις Bekker : -γος cod.

Frg. 84 Müller, *Suda* A 3752, vol. I p. 339,2-15 Adler.

Ἀρβαζάκιος, Ἴσαυρος, ἐπὶ Ἀρκαδίου τοῦ βασιλέως, ὃν
Ἁρπαζάκιον ἐκάλουν διὰ τὸ πλεονεκτικόν. Ἦν μὲν γὰρ ἐξ
Ἀρμενίας, τοῖς τρισὶν | ἅμα συγκατειλημμένος πάθεσιν, ὥσπερ
Ἡφαιστείοις δεσμοῖς ἀρρήκτοις ἀλύτοις, καὶ ἔμενέ γε ἐν
5 αὐτοῖς ἔμπεδον. Ταῦτα δὲ ἦν ἐρωτομανία καὶ μέθη καὶ πλεονεξία. Οὕτω δὲ εἰς ἔσχατον ὅρον τὰς ἑαυτῷ δοκούσας ἀρετὰς
ἐπετήδευεν, ὥστε οὐκ ἄν τις ἐπίστευσε ⟨μὴ⟩ πειραθείς, ὅτι
τὰς τρεῖς ἐκείνας οὕτως εἰς ἄκρον ἐξήσκησε. Μουσουργοῖς
μὲν γὰρ συνέζη τοσαύταις, ὅσας οὔτε ἐκεῖνος ἀριθμεῖν εἶχεν
10 οὔτε ἕτερός τις τῶν διακονουμένων. Καὶ οἵγε προσήκοντες
αὐτῷ λογισταὶ τῶν στρατιωτικῶν ἔργων τὸν μὲν ἀριθμὸν
τῶν στρατιωτῶν ᾔδεσαν· τὸ δὲ πλῆθος τῶν ἑταιρῶν καὶ
τὸν ἐκ τῶν χειρῶν ἀριθμὸν αὐτοῦ διέφυγεν. Ὥσπερ οὖν
Ὀρόντην τὸν Πέρσην φασὶν εἰπεῖν, ὅτι τῶν δακτύλων ὁ
15 μικρότατος καὶ μύρια σημαίνει καὶ ἕνα ἀριθμόν, οὕτω
κἀκεῖνοι τὰς ἑταίρας κατὰ μονάδας καὶ μυριάδας ἠρίθμουν.

7 μὴ add. Portus.

Frg. 85 Müller (cf. n. 46).

Celui-ci, adressant la parole à Jean, lui dit : « Mais toi,
tu es responsable de tous les maux en amenant les empereurs à se départir de leur attachement mutuel, en minant
et en ébranlant par tes intrigues cette institution tout à
fait digne des dieux et sublime, si bien qu'elle se désa-
grège et périt. Or c'est une conjoncture des plus heureuses,
un rempart indestructible et dur comme l'acier, quand les
empereurs, en deux personnes, détiennent visiblement un
seul pouvoir impérial ». Ceux qui étaient présents lorsque
furent prononcés ces mots hochaient la tête en silence,
pleins de crainte ; ces propos leur semblaient en effet
excellents ; mais comme ils tremblaient de peur devant
Jean et qu'ils étaient paralysés d'inquiétude pour leurs
profits (la discorde procurait en effet, comme il a été dit,
des honneurs même aux méchants), ils ne se soucièrent
pas du salut commun, mirent à leur tête ce Jean, un habile
fauconnier (hiéracotrophe), et provoquèrent la mort de
Fravithos.

Frg. 86 Müller (cf. n. 46 et 52).

Ce qu'il y a de sûr, c'est que la Pamphylie, ravagée
par les guerres isauriennes, considéra ces malheurs isauriens comme un âge d'or ; et de même que parmi les
signes célestes, la foudre est plus redoutable que l'éclair
(celui-ci n'est en effet qu'effrayant tandis que celle-là est
destructrice), ainsi les Isauriens eux aussi, dont le nom
et la vue inspiraient la plus profonde horreur, l'excellent
Hiérax d'Alexandrie les fit paraître comme une fleur et
un printemps délicat et tendrement verdoyant, tant il
fouilla et pilla systématiquement tout, outre l'assassinat
de Fravithos... Puis, ayant raflé en secret (*le produit de
ses rapines* ?), il tenta d'échapper à l'élan de l'aigle qui
fondit sur lui. Mais le vicaire Lucius Hérennianus ne pou-

Frg. 85 Müller, *Excerpta de sententiis* p. 100, 3-15 Boissevain.

Ὁ δὲ πρὸς τὸν Ἰωάννην ἐπιστρέψας τὸν λόγον, ' ἀλλὰ σύγε ' εἶπε ' πάντων εἶ τῶν κακῶν αἴτιος, τούς τε βασιλέας διατέμνων ἐκ τῆς σφῶν αὐτῶν κολλήσεως καὶ τὸ θεοπρεπέστατον ἔργον καὶ οὐρανόμηκες ὑπορύττων καὶ
5 κατασείων ταῖς σαῖς μηχαναῖς ἐς διάλυσιν καὶ φθοράν. Ἔστι δὲ πανόλβιόν τι χρῆμα καὶ τεῖχος ἄρρηκτον καὶ ἀδαμάντινον τοὺς βασιλέας ἐν δύω σώμασι μίαν βασιλείαν ἔχοντας φαίνεσθαι '. Καὶ οἱ παρόντες τούτων λεγομένων τὰς μὲν κεφαλὰς ἐπέσειον ἡσυχῇ καὶ δεδοικότες·
10 ἐδόκει γὰρ αὐτοῖς ἄριστα λέγεσθαι· τὸν δὲ Ἰωάννην τρέμοντες καὶ πρὸς τὰ σφέτερα κέρδη κεχηνότες (ἡ γὰρ διχοστασία καὶ τοῖς πονηροῖς, ᾗπερ εἴρηται, τιμὴν ἐχαρίζετο) τῆς κοινῆς σωτηρίας ἀμελήσαντες, καὶ προστησάμενοι σφῶν αὐτῶν τὸν Ἰωάννην, τεχνικὸν δή τινα
15 ἱερακοτρόφον, τὸν Φράβιθον ἀφείλοντο τῆς ψυχῆς.

5 φθοράν Bekker : φοράν cod. || 9 ἐπέσειον Dindorf : ἀπέ- cod.

Frg. 86 Müller, *Excerpta de sententiis* p. 100, 16-26 Boissevain.

Παμφυλία γοῦν ὑπὸ τῶν Ἰσαυρικῶν πολέμων πορθουμένη χρυσὸν ἐνόμισε τὰς Ἰσαυρικὰς συμφοράς· καὶ καθάπερ ἐν ταῖς διοσημείαις ἀστραπῆς κεραυνὸς φοβερώτερος (ἡ μὲν γὰρ ἐφόβησε μόνον, ὁ δὲ διέφθειρεν), οὕτω καὶ
5 τοὺς Ἰσαύρους φρικωδεστάτους ὄντας ἀκοῦσαί τε καὶ ἰδεῖν ἄνθος ἀπέδειξε καὶ τρυφερώτατόν τι καὶ χλοερὸν ἔαρ ὁ βέλτιστος ἐξ Ἀλεξανδρείας Ἱέραξ, οὕτω πάντα διερευνησάμενος καὶ συναρπάσας ἀθρόως ἐπὶ τῷ Φραβίθου φόνῳ... Καὶ παραλαβὼν ὑπὸ μάλης ἐπειρᾶτο διαφεύγειν
10 ἀετοῦ ῥύμην καὶ φοράν. Ἀλλ' οὐκ εἶχεν ἄλλο σκοπεῖν ὁ

9 post φόνῳ quaedam omisisse uidetur excerptor.

vait rien observer d'autre ; devenu un aigle, il s'empara
de la personne de Hiérax-Faucon et ne le relâcha qu'à la
condition que celui-ci lui payât quatre mille pièces d'or.

Frg. 87 Müller (cf. n. 46 et 52).

A l'époque de l'impératrice Pulchérie, les provinces
étaient offertes publiquement en vente à ceux qui voulaient acheter les postes de gouverneur ; grandes et petites,
elles étaient vendues ouvertement à tout un chacun dans
les banques officielles, comme n'importe quel objet qu'on
peut acheter au marché. Et celui qui voulait faire du
tort à l'Hellespont possédait l'Hellespont après l'avoir
acheté, et un autre la Macédoine ou la Thrace, selon que
chacun désirait maladivement pratiquer l'injustice ou
qu'il avait des ennemis. On pouvait au gré de sa scélé-
ratesse aussi bien acheter chaque province séparément
afin de nuire à ses sujets que s'emparer globalement de
nombreuses provinces ; cela relevait en effet de la compétence du vicaire et de la fonction de proconsul. Et l'on
n'avait aucune crainte des malheureuses règles mortes
avec les lois qui les contenaient et qui stipulent que le
juge vénal doit être puni ; mais, comme le dit le Scythe
Anacharsis (Plut. *Solon* 5, 2), les lois étaient non seulement moins résistantes et plus ténues que des toiles d'arai-
gnée, mais se laissaient plus facilement emporter et mieux
disperser au souffle du vent que le moindre grain de
poussière. Celui qui prenait livraison d'une ou de plusieurs provinces emmenait avec lui deux ou trois hommes
de main entrés par la porte de côté et, ne voulant pas
savoir qu'ils agissaient ainsi, mais leur montrant clairement que... avec l'aide de ces messagers muets — s'il
peut y avoir un message muet — il faisait savoir à tout
le monde à la ronde, comme dit Homère (*Il.* 9, 11-12) :
« appeler nominativement chaque homme à l'agora sans
crier ; et lui-même s'activait parmi les premiers » ; le gouverneur donc, avec l'aide de ces messagers sans voix,
faisait savoir à chacun dans le creux de l'oreille qu'il

Λύκιος Έρεννιανὸς βικάριος ὤν· ἀετὸς δὲ γενόμενος
αὐτὸν συνήρπασε τὸν Ἱέρακα, καὶ μόλις ἀφῆκεν, εἰ μὴ
τετρακισχιλίους ἐκεῖνος αὐτῷ χρυσοῦς ἀπέτισεν.

Frg. 87 Müller, *Excerpta de sententiis* p. 100,27 - 102,22
Boissevain.

Ὅτι ἐπὶ Πουλχερίας τῆς βασιλίσσης ἐξέκειτο δημοσίᾳ
πιπρασκόμενα τὰ ἔθνη τοῖς βουλομένοις ὠνεῖσθαι τὰς
ἀρχάς· πᾶσι δὲ ἐπιπράσκοντο μεγάλα τε καὶ μικρὰ φανερῶς ἐπὶ τῶν δημοσίων τραπεζῶν, ὥσπερ ἄλλο τι τῶν ἐπ᾽
5 ἀγορᾶς ὠνίων. Καὶ ὁ βουλόμενος Ἑλλήσποντον ἀδικεῖν
εἶχεν Ἑλλήσποντον πριάμενος, καὶ ἄλλος Μακεδονίαν ἢ
Θρᾴκην, καὶ ὅπως ἕκαστος ἐνόσει πρὸς τὸ ἄδικον ἢ
ἐχθροὺς ἔχων. Ἐξῆν δὲ καὶ καθ᾽ ἕκαστον ἔθνος τὴν μοχθη-
ρίαν ὠνεῖσθαι τὴν ἑαυτοῦ πρὸς τὸ βλάπτειν τοὺς ὑπηκόους
10 καὶ πολλὰ συλλαμβάνειν ἔθνη· τοῦτο γὰρ ὁ βικάριος
ἐδύνατο καὶ ἡ ἀνθύπατος ἀρχή. Καὶ δέος ἦν οὐδὲν τῶν
ἀθλίων γραμμάτων τοῖς νόμοις ἐντεθηκότων ὡς δεῖ τὸν
ἐπὶ χρήμασι δικάζοντα κολάζεσθαι· ἀλλ᾽ οἱ μὲν νόμοι
κατὰ τὸν Σκύθην Ἀνάχαρσιν οὐκ ἀραχνίων ἦσαν ἀσθε-
15 νέστεροι καὶ λεπτότεροι μόνον, ἀλλὰ καὶ κονιορτοῦ παντὸς πρὸς τὸ ῥεῖν εὐκόλως καὶ διανεμοῦσθαι παραφορώτεροι. Ὁ δὲ τὸ ἔθνος ἢ τὰ ἔθνη παραλαβών, δύω τινὰς ἢ
τρεῖς θεράποντας συνεφελκόμενος κατὰ τὴν πλαγίαν
εἰσιόντας θύραν, μὴ βουλόμενος μανθάνειν ὅτι τοῦτο πράτ-
20 τουσιν, ἀλλ᾽ ἐπιδεικνύμενος ὅτι..., διὰ τούτων τῶν σιω-
πώντων κηρύκων, εἰ δὴ κήρυγμα σιωπώμενον γίνεται,
πρὸς πάντας περιήγγελλεν, ὥς φησιν Ὅμηρος· ᾽ κλήδην
εἰς ἀγορὴν κικλήσκειν ἄνδρα ἕκαστον μηδὲ βοᾶν, αὐτὸς
δὲ μετὰ πρώτοισι πονεῖτο ᾽· καὶ ὁ ἄρχων διὰ τῶν
25 ἀφθόγγων τούτων κηρύκων πρὸς τὸ οὖς ἑκάστῳ περιήγ-

16-17 παραφορώτεροι Herwerden : -φοραμενοι (sic) cod. ‖ 22
πάντας περιήγγελλεν Niebuhr : πάντα περιήγγελλον cod.

avait taxé ses administrés à tel et tel prix d'or, et qu'ils
devaient absolument payer la somme, sinon qu'ils auraient
des ennuis et s'exposeraient à la mort et à la confiscation.
Ceux donc qui avaient de quoi payer, grâce à la fortune
qu'ils possédaient, versaient l'argent en gémissant ; mais
ceux qui n'avaient rien étaient publiquement roués de
coups de fouet ; quant au motif allégué, il était différent.
Il se trouva en effet un type d'hommes qui, du fait de
leur dénuement et de leur désespoir qui les rendaient
prêts à mourir et à risquer n'importe quel danger, ne
supportaient pas ces violences et se précipitaient auprès
du préfet du prétoire afin de déposer une plainte pour
brigandage. Or celui-ci, qui était préparé depuis longtemps
pour cette affaire et qui avait lui-même à s'occuper d'autres
cas de ce genre, faisait arrêter l'accusé et félicitait les
accusateurs de leur franchise, afin ... qu'il se produise
donc ceci ; lorsque le procès allait avoir lieu, il leur ferait
sans doute dire par le plus fidèle de ses eunuques : « Allez-
vous-en, mes braves, et soyez très surpris de vous en aller
avec vos têtes ; il est en effet interdit aux administrés de
porter des accusations. » Ceux-ci donc s'en allaient en se
tâtant la tête — après ce qu'on leur avait dit — et tout
heureux de l'avoir bien attachée ; quant à celui qui avait
remporté une victoire cadméenne, il était beaucoup plus
malheureux, car il avait d'une part acheté sa fonction en
engageant toute sa fortune et d'autre part avait en outre,
du fait de ces embûches et guet-apens en si grand nombre,
dépensé en pots-de-vin les bénéfices de cette fonction. Le
fait est que toutes les maisons pour ainsi dire furent
vidées par ce procédé ; et il était très facile de voir les
anciens dignitaires dépouillés de leurs biens, selon ce que
dit aussi quelque part le poète comique : « les biens d'un
homme qui a été au pouvoir appartiennent à l'État ».
Celui qui ne connaît pas ce comique n'est pas non plus
digne de lire le présent ouvrage. C'est assurément ainsi
qu'à cette époque Hérennianus lui aussi attrapa Hiérax
grâce au fait que celui-ci avait beaucoup volé et encore
plus payé, et fit en sorte qu'on le vît subir un juste châtiment pour le meurtre de Fravithos. Le dénommé Hiérax-Faucon, saisi comme par un aigle par quelqu'un qui

γελλεν ὡς πριάμενος εἴη τοὺς ὑπηκόους τόσου καὶ τόσου
χρυσίου, καὶ πᾶσά γε ἀνάγκη τοῦτο καταβάλλειν ἢ πράγματα ἔχοντας ἐπιτρέπεσθαι θανάτοις καὶ δημεύσεσιν.
Οἱ μὲν οὖν ἔχοντες καὶ συντελεῖν ἐκ προϋπαρχούσης
5 οὐσίας κατετίθεσαν οἰμώζοντες τὸ ἀργύριον· οἱ δὲ ἀπο-
ροῦντες δημοσίᾳ κατεδαπανῶντο ταῖς μάστιξι τὰ σώματα·
πρόφασις δὲ ἦν ἑτέρα τις. Εὑρέθη γὰρ γένος ἀνθρώπων
δι᾽ ἀπορίαν καὶ ἀπόνοιαν ὀξυθάνατον καὶ φιλοκίνδυνον,
οἳ τὰς ὕβρεις οὐκ ἐνεγκόντες ἐπὶ κατηγορίᾳ τῆς λῃστείας
10 ὥρμησαν ἐπὶ τὸν τῆς αὐλῆς ἔπαρχον. Κἀκεῖνος ἂν ἐπὶ
τὸ πρᾶγμα διεσχηματισμένος πάλαι καὶ αὐτὸς ἕτερα
τοιαῦτα πάσχων τόν τε κατηγορηθέντα συνήρπασε καὶ
τοὺς κατηγορήσαντας ὡς παρρησίαν ἔχοντας ἐπῄνεσεν
ὅπωσ…οὖν τοιαῦτα γένοιτο· καὶ πρὸς τὸν ἀγῶνα τῆς
15 κρίσεως ἐλθούσης, ἔφρασεν ἂν διὰ τοῦ πιστοτάτου τῶν
εὐνούχων· ʿ ἄπιτε, ὦ βέλτιστοι, πάνυ θαυμάζοντες ὅτι
μετὰ τῶν κεφαλῶν ἄπιτε· κατηγορεῖν γὰρ ἀρχομένοις οὐκ
ἔξεστιν ʾ. Καὶ οἱ μὲν ἀπῄεσαν ψηλαφῶντες τὰς κεφαλὰς
ἐπὶ τοῖς λόγοις καὶ ἀγαπῶντες, ὅτι ἔχουσι συνηρμοσμέ-
20 νας· ὁ δὲ νικήσας τὴν Καδμείαν μακρῷ πλέον ἦν ἀθλιώτε-
ρος καὶ τὴν ἀρχὴν πριάμενος ὅλης τῆς ὑπαρχούσης
οὐσίας καὶ τὸ κέρδος τῆς ἀρχῆς προσκαταβαλὼν ταῖς
τοσαύταις ἐνέδραις καὶ λόχοις. Πᾶσαι γοῦν οἰκίαι πρὸς
τοῦτον ἐκενώθησαν ἂν τὸν δόλον· καὶ ῥᾷστα ἦν ὁρᾶν τοὺς
25 ἄρξαντας δεδημευμένους, ὥσπερ που καὶ ὁ κωμικός φησιν·
ʿ ἄρξαντος ἀνδρὸς δημόσια τὰ χρήματα ʾ. Ὁ δὲ ἀγνοῶν
τίς ⟨ὁ⟩ κωμικός, οὐδὲ ἀναγινώσκειν ἄξιος τὴν συγγραφήν.
Οὕτω γοῦν καὶ ὁ Ἑρεννιανὸς τότε τὸν Ἱέρακα τῷ πολλὰ
μὲν ὑφελέσθαι, πλείονα δὲ καταβαλεῖν συλλαβὼν ἀπέδειξε
30 δικαίας ἀποτίνοντα τιμωρίας τοῦ κατὰ Φράβιθον φόνου.
Ὁ δὲ Ἱέραξ καλούμενος ὑπὸ τοῦ πλείονα καταθέντος

11 πάλαι Niebuhr : πάλιν (?) cod. ‖ 15 ἔφρασεν Herwerden :
ἔφρα … cod. ‖ 17 ἀρχομένοις Herwerden : -μένο… cod. ‖ 27 ὁ
κωμικός ego : κ. cod.

15

avait payé plus que lui, devint le rossignol d'Hésiode, qui
ne peut se mesurer avec plus fort que lui. Et l'aigle lui-
même ne fut en rien différent du rossignol, si ce n'est
qu'il partagea le sort du choucas de la fable, c'est-à-dire
fut privé de ses propres ailes comme si elles ne lui appartenaient pas.

Sous le règne de la même impératrice, il n'y avait personne à Constantinople qui n'entendît cela : « comment
donc toi, le plus admirable de tous les hommes, n'es-tu
pas à la tête des villes et des provinces ? » et ce propos
était plus violent que le venin des dipsades de la fable.

Frg. 88 Müller (cf. n. 46).

Stilicon ne mit personne à mort, mais contraignait les
gens à mener une vie dégradante en leur enlevant tout,
et en les réduisant à devenir la proie du monstre le plus
redoutable — comme dit Ménandre — la pauvreté, et
en...

Cependant, à cause de leur amour du pouvoir, tous
ceux qui avaient de l'argent le choisissaient comme consul...
vivre plutôt que de... qu'il fallait tout détruire par le feu
et par le meurtre et par le fer... par le fait de montrer que
seul Stilicon... au-dessus des hommes...

Frg. 103 Müller (cf. Zosime 5, 20, 2 et n. 40).

Eunape : celui-ci enflammait le courage et l'ardeur des
soldats et les incitait par l'exercice à redresser la tête avec
fierté et à affronter le danger.

ὥσπερ ἀετοῦ συνειλημμένος ἀηδὼν ἦν Ἡσιόδειος οὐ δυνα-
μένη πρὸς κρείττονα ἀντιφερίζειν. Καὶ αὐτὸς δὲ ὁ ἀετὸς
οὐδὲν διέφερεν ἀηδόνος, πλὴν ὅσα καὶ εἰς τὸν τοῦ μύθου
κολοιὸν ἐτέλει, τῶν ἰδίων πτερῶν ὥσπερ ἀλλοτρίων ἐστε-
5 ρημένος.

Ὅτι ἐπὶ τῆς αὐτῆς βασιλίδος οὐκ ἦν τινα παρὰ τὴν
Κωνσταντίνου πόλιν μὴ τοῦτο ἀκοῦσαι· ʿ τί δὲ σύ, πάντων
ἀνδρῶν θαυμασιώτατε, πόλεων οὐκ ἄρχεις καὶ ἐθνῶν· ;
καὶ ὁ λόγος ἦν τοῦ κατὰ ⟨τὸν⟩ μῦθον ἰοῦ τῶν διψάδων
10 δυνατώτερος.

8 θαυμασιώτατε Herwerden : -τερε cod. ut uidetur ‖ 9 τὸν
add. Dindorf.

Frg. 88 Müller, *Excerpta de sententiis* p. 102,23 - 103,5
Boissevain.

Ὁ δὲ Στελίχων οὐκ ἐφόνευσε τοὺς ἀνθρώπους, ἀλλὰ
ζῆν αἰσχρῶς ἠνάγκαζε, πάντα ἀφαιρούμενος, καὶ πρὸς τὸ
βαρύτατον, ὥς φησι Μένανδρος, τὴν πενίαν θηρίον καὶ
.... ων καὶ συστέλλων.
5 Ὅτι ὕπατον ὅμως διὰ φιλαρχίαν ᾑροῦντο αὐτὸν συνά-
παντες οἱ χρήματα ἔχοντες ζῆν μᾶλλον ἢ τοὺς ....
..... δεῖν πυρὶ καὶ φόνῳ καὶ σιδήρῳ πάντα δαπανή-
σασθαι .... τησ ..... χης ἐν τῷ διαφαίνεσθαι
ὅτι μόνος Στελίχων ὑπὲρ ἀνθρωπίνην εν .....

5 ὕπατον ὅμως Herwerden : ὑπα.ον .ως cod.

Frg. 103 Müller, *Suda* A 2428, vol. I p. 217, 3-4 Adler
et *Suda* Δ 809, vol. II p. 76, 9-11 Adler.

Εὐνάπιος· ὁ δὲ τὰ φρονήματα καὶ τοὺς θυμοὺς τῶν
στρατιωτῶν ἀνηρέθιζε καὶ διαυχενίζεσθαι πρὸς τὸ ἀγέρω-
χον ταῖς μελέταις ἐξεκάλει καὶ φιλοκίνδυνον.

Frg. 104 Müller (cf. Zosime 5, 20, 2-3 et n. 40).

Eunape dit : celui-ci rassembla les forces armées, hâtant
déjà l'opération de franchissement, se faisant violence, et
possédant une âme d'élite mais plus de corps.

FRAGMENTS DES MATÉRIAUX D'HISTOIRE D'OLYMPIODORE

Frg. 2 Müller (cf. Zosime 5, 26-28 et 5, 34, 5-6, ainsi
que les n. 53, 61 et 76-77).

Il raconte donc l'histoire de Stilicon ; devenu maître
d'une puissance considérable, il fut institué tuteur des
jeunes Arcadius et Honorius par leur propre père, Théodose le Grand ; il épousa Séréna, qui lui fut donnée en
mariage par Théodose encore. Ensuite, Stilicon, par le
mariage de sa propre fille, Thermantia, fit de l'empereur
Honorius son gendre, et il fut élevé à un degré de puissance plus grand encore. Il mena à bien beaucoup de
guerres pour les Romains contre de nombreuses peu-
plades barbares et, par l'intervention cruelle et inhu-
maine d'Olympius, qu'il avait lui-même fait entrer dans
l'entourage de l'empereur, Stilicon périt par l'épée.

Frg. 3 Müller (cf. Zosime 5, 26, 2 et 5, 36, 1-3, ainsi que
les n. 54, 68 et 82-83).

Alaric, chef des Goths, que Stilicon avait fait appeler
pour garder l'Illyricum à Honorius (car cette région avait
été rattachée à sa part d'Empire par son père, Théodose),
Alaric, donc, à cause de l'assassinat de Stilicon, et parce
qu'on ne lui donnait pas ce qui avait été convenu, assiégea
Rome et la mit à sac. Il en emporta des richesses innombrables et captura la sœur d'Honorius, Placidia, qui

Frg. 104 Müller, *Suda* X 473, vol. IV p. 821,10-12 Adler.

Εὐνάπιός φησιν· ὁ δὲ τὰς δυνάμεις ἤθροισε, τὸ χρῆμα τῆς διαβάσεως ἐπισπέρχων ἤδη καὶ συμβιαζόμενος καὶ πλὴν ἀγαθῆς ψυχῆς σῶμα οὐκ ἔχων.

OLYMPIODORI SILVAE HISTORIAE FRAGMENTA

Frg. 2 Müller, p. 56 b 30-41, I p. 167 Henry.

Διαλαμβάνει τοίνυν περὶ Στελίχωνος, ὅσην τε περιεβέβλητο δύναμιν, καταστὰς ἐπίτροπος τῶν παίδων Ἀρκαδίου καὶ Ὁνωρίου ὑπ' αὐτοῦ τοῦ πατρὸς αὐτῶν Θεοδοσίου τοῦ μεγάλου, καὶ ὡς Σερῆναν νόμῳ γάμου ἠγά-
5 γετο, Θεοδοσίου καὶ ταύτην αὐτῷ κατεγγυήσαντος. Ὅτι τε μετὰ ταῦτα Στελίχων εἰς τὴν ἑαυτοῦ θυγατέρα Θερμαντίαν τὸν βασιλέα Ὁνώριον γαμβρὸν ἐποιήσατο, καὶ ὡς ἐπὶ πλεῖστον ἔτι μᾶλλον ἤρθη δυνάμεως, καὶ πολλοὺς πολέμους ὑπὲρ Ῥωμαίων πρὸς πολλὰ τῶν ἐθνῶν κατώρ-
10 θωσε· καὶ ὅτι μιαιφόνῳ καὶ ἀπανθρώπῳ σπουδῇ Ὀλυμπίου, ὃν αὐτὸς τῷ βασιλεῖ προσῳκείωσε, τὸν διὰ ξίφους ὑπέμεινε θάνατον.

Frg. 3 Müller, p. 56 b 42-57 a 16, I p. 167-168 Henry.

Ὅτι Ἀλάριχος ὁ τῶν Γότθων φύλαρχος, ὃν Στελίχων μετεκαλέσατο ἐπὶ τῷ φυλάξαι Ὁνωρίῳ τὸ Ἰλλυρικὸν (τῇ γὰρ αὐτοῦ ἦν παρὰ Θεοδοσίου τοῦ πατρὸς ἐκνενεμημένον βασιλείᾳ), οὗτος ὁ Ἀλάριχος διά τε τὸν φόνον Στελί-
5 χωνος, καὶ ὅτι ἃ συνέκειτο αὐτῷ οὐκ ἐλάμβανε, πολιορκεῖ καὶ ἐκπορθεῖ τὴν Ῥώμην· ἐξ ἧς χρήματά τε ἄπειρα ἐξεκόμισε, καὶ τὴν ἀδελφὴν Ὁνωρίου Πλακιδίαν ἐν Ῥώμῃ διά-

séjournait dans la ville. Avant la prise de Rome, il pro-
clama empereur un Romain en vue, nommé Attale, qui
exerçait à ce moment la préfecture. Ces actes furent
accomplis pour les raisons qu'on vient de dire et aussi
à cause de Sarus ; c'était un Goth, lui aussi ; il commandait à un clan d'hommes peu important (il comptait, en
effet, deux ou trois cents hommes environ) ; par ailleurs,
il était vaillant et invincible au combat. Ce chef, les
Romains en avaient sollicité l'alliance à cause de son inimitié pour Alaric et ils s'étaient fait de ce dernier un
ennemi irréductible.

Frg. 4 Müller (cf. Zosime 5, 40, 1 et n. 92).

Au cours du siège de Rome, les habitants se livrèrent
au cannibalisme.

Frg. 5 Müller (cf. Zosime 5, 29, 9 et n. 67).

Alaric, du vivant encore de Stilicon, reçut un tribut
de quatre mille livres pour retirer ses troupes.

Frg. 6 Müller (cf. Zosime 5, 37, 4 et 5, 38, ainsi que les
n. 85 et 87-88).

Après la mort de Stilicon, on fait aussi périr en l'étouf-
fant Séréna, sa veuve, qu'on estimait responsable de l'expédition d'Alaric contre Rome ; par ailleurs, on fait périr,
auparavant, après l'assassinat de Stilicon, leur fils à tous
deux, Eucher.

Frg. 7 Müller (cf. Zosime 5, 30, 3 et n. 68).

Le nom de « Bucellaire », au temps d'Honorius, n'était
pas seulement porté par des soldats romains, mais aussi
par certains Goths ; de même aussi le nom de « fédérés »
était porté par une foule mêlée de gens de toute sorte.

γουσαν ἠχμαλώτισε, καὶ πρὸ τῆς ἁλώσεως δὲ ἕνα τινὰ
τῶν κατὰ τὴν Ῥώμην ἐπιδόξων ("Ατταλος ἦν ὄνομα αὐτῷ)
τὴν ἐπαρχότητα τότε διέποντα εἰς βασιλέα ἀνηγόρευσεν.
Ἐπράχθη δὲ αὐτῷ ταῦτα διά τε τὰς προειρημένας αἰτίας,
5 καὶ ὅτι Σάρον, καὶ αὐτὸν Γότθον ὄντα, καὶ πλήθους μὲν
ὀλίγου ἐπάρχοντα (ἄχρι γὰρ σ' ἢ καὶ τ' αὐτῷ ὁ λαὸς
ἐξετείνετο) ἄλλως δὲ ἡρωϊκόν τινα καὶ ἐν μάχαις ἀκατα-
γώνιστον, τοῦτον ὅτι Ῥωμαῖοι ἡταιρίσαντο δι' ἔχθρας
Ἀλαρίχῳ ὄντα, ἄσπονδον ἐχθρὸν Ἀλάριχον ἐποιήσαντο.

Frg. 4 Müller, p. 57 a 17-18, I p. 168 Henry.

Ὅτι ἐν τῇ πολιορκίᾳ τῆς Ῥώμης ἀλληλοφαγία τῶν
ἐνοικούντων ἐγίνετο.

Frg. 5 Müller, p. 57 a 19-20, I p. 168 Henry.

Ὅτι Ἀλάριχος, ἔτι ζῶντος Στελίχωνος, μ' κεντηνάρια
μισθὸν ἔλαβε τῆς ἐκστρατείας.

Frg. 6 Müller, p. 57 a 21-25, I p. 168 Henry.

Ὅτι μετὰ θάνατον Στελίχωνος ἀναιρεῖται ἐναποπνι-
γεῖσα καὶ Σερῆνα ἡ τούτου γυνή, αἰτία νομισθεῖσα τῆς
ἐπὶ Ῥώμην ἐφόδου Ἀλαρίχου· ἀναιρεῖται δὲ πρότερον
μετὰ τὴν ἀναίρεσιν Στελίχωνος ὁ ταύτης κἀκείνου παῖς
5 Εὐχέριος.

Frg. 7 Müller, p. 57 a 26-29, I p. 168 Henry.

Ὅτι τὸ Βουκελλάριος ὄνομα ἐν ταῖς ἡμέραις Ὁνωρίου
ἐφέρετο κατὰ στρατιωτῶν οὐ μόνον Ῥωμαίων ἀλλὰ καὶ
Γότθων τινῶν· ὡς δ' αὕτως καὶ τὸ φοιδεράτων κατὰ δια-
φόρου καὶ συμμιγοῦς ἐφέρετο πλήθους.

Frg. 8 Müller (cf. Zosime 5, 32, 1-3 ; 5, 35, 1 et 5, 46, 1, ainsi que les n. 71, 78 et 106).

Olympius, qui avait comploté contre Stilicon, devint maître des offices, puis fut démis de ses fonctions ; il les reprit ensuite pour les perdre à nouveau puis, après qu'il les eut perdues, Constance, qui avait épousé Placidia, le fait mourir sous la bastonnade après l'avoir fait essoriller, et la justice ne laissa pas jusqu'au bout le scélérat impuni.

Frg. 9 Müller (cf. Zosime 5, 26, 3-5, ainsi que les n. 55 et 57).

Les chefs goths qui entouraient Radagaise étaient appelés « optimates » ; leur nombre atteignait douze mille ; Stilicon les battit et s'assura l'alliance de Radagaise.

Frg. 10 Müller (cf. Zosime 5, 37, 1 et n. 84).

Alaric mourut de maladie et Ataulf, son beau-frère, lui succéda.

Frg. 12 Müller (cf. Zosime 5, 43 et n. 100).

Constantin, après avoir été élevé au pouvoir, envoie une ambassade à Honorius, alléguant pour sa défense que c'était malgré lui et sous la pression des troupes qu'il avait pris le pouvoir, demandant l'indulgence et proposant le partage du pouvoir impérial ; l'empereur, devant les difficultés qui surgissaient, accepte alors le partage du pouvoir.

EXTRAITS DE L'HISTOIRE ECCLÉSIASTIQUE DE SOZOMÈNE

1, 6, 4-5 (cf. Zosime 5, 29, 2-4 et les n. 63-64).

... et l'Aculis ; on dit que l'Argo a été traîné jusque-là et s'est échappé en toute sécurité vers la Mer Tyrrhé-

Frg. 8 Müller, p. 57 a 30-35, I p. 168 Henry.

Ὅτι Ὀλύμπιος, ὁ ἐπιβουλεύσας Στελίχωνα, μάγιστρος
τῶν ὀφφικίων γέγονεν, εἶτα ἐξέπεσε τῆς ἀρχῆς, εἶτα
πάλιν ἐπέβη ταύτης, ἔπειτα ἐξέπεσεν, εἶτα ἐκπεσὼν ῥοπάλοις ὕστερον ὑπὸ Κωνσταντίου, ὃς ἠγάγετο Πλακιδίαν,
5 παιόμενος ἀναιρεῖται, τὰς ἀκοὰς πρότερον ἐκκοπείς· καὶ
ἡ δίκη τὸν ἀνοσιουργὸν εἰς τέλος οὐκ ἀφῆκεν ἀτιμώρητον.

Frg. 9 Müller, p. 57 a 36-39, I p. 168 Henry.

Ὅτι τῶν μετὰ Ῥοδογάϊσον Γότθων οἱ κεφαλαιῶται
ὀπτίματοι ἐκαλοῦντο, εἰς δώδεκα συντείνοντες χιλιάδας,
οὓς καταπολεμήσας Στελίχων Ῥοδογάϊσον προσηται-
ρίσατο.

Frg. 10 Müller, p. 57 a 40-41, I p. 168-169 Henry.

Ὅτι Ἀλαρίχου νόσῳ τελευτήσαντος, διάδοχος αὐτοῦ
Ἀδαοῦλφος καθίσταται, ὁ τῆς γυναικὸς ἀδελφός.

Frg. 12 Müller, p. 57 b 4-9, I p. 169 Henry.

Ὅτι Κωνσταντῖνος εἰς τυραννίδα ἀρθεὶς πρεσβεύεται
πρὸς Ὀνώριον, ἄκων μὲν καὶ ὑπὸ τῶν στρατιωτῶν βια-
σθεὶς ἀπολογούμενος ἄρξαι, συγγνώμην δὲ αἰτῶν καὶ τὴν
τῆς βασιλείας ἀξιῶν κοινωνίαν· καὶ βασιλεὺς διὰ τὰ ἐνεστη-
5 κότα δυσχερῆ τέως καταδέχεται τὴν τῆς βασιλείας κοι-
νωνίαν.

Excerpta e Sozomeni ecclesiastica historia

1, 6, 4-5, p. 15, 6-13 Bidez-Hansen.

... καὶ τὸν Ἄκυλιν· εἰς ὃν λόγος καθελκυσθῆναι τὴν
Ἀργὼ καὶ πρὸς τὸ Τυρρηνῶν διασωθῆναι πέλαγος.

nienne. **5** En effet les Argonautes, fuyant Aeétès, n'empruntèrent pas le même itinéraire maritime au retour. Ayant
franchi la mer qui s'étend au-delà du pays des Scythes,
ils parvinrent au travers des fleuves de ces parages aux
confins de l'Italie puis, tandis qu'ils passaient là l'hiver,
ils fondèrent la ville nommée Emona. L'été étant arrivé,
ils traînèrent l'Argo avec l'aide des indigènes sur une distance d'environ quatre cents stades grâce à un appareil
de transport et le menèrent au travers de la terre ferme
jusqu'au fleuve Aculis, qui se jette dans l'Éridan.

8, 25, 2-4, répété presque textuellement 9, 4, 2-4 (d'où
proviennent les mots entre parenthèses ; cf. Zosime 5, 26,
2 et 5, 27, 2-3, ainsi que les n. 54, 59, 68 et 102).

2 Stilicon, le général d'Honorius, un homme qui s'était
élevé plus que quiconque auparavant au faîte de la puissance, et qui avait la jeunesse romaine et barbare sous
ses ordres, avait (du vivant encore d'Arcadius) suscité la
haine de (ses) dignitaires et médité de provoquer la guerre
entre les deux Empires. **8, 25, 3** Ayant obtenu de la part
d'Honorius la dignité de général des Romains pour Alaric,
le chef des Goths, il le lança contre l'Illyricum ; **9, 4, 3** de
plus il envoya en avant Jovius, nommé préfet de cette
région, et convint avec lui qu'il le rejoindrait avec les soldats romains afin de soumettre désormais aussi les sujets
de ces parages au pouvoir d'Honorius. **4** Or Alaric emmena
ceux qu'il avait sous ses ordres et passa des territoires
barbares proches de la Dalmatie et de la Pannonie, où il
séjournait, dans les provinces d'Épire ; après y être resté
durant une période prolongée, il retourna (sans avoir rien
fait) en Italie. En effet Stilicon, quand il fut sur le point
de se mettre en route comme il s'y était engagé, fut retenu
par une lettre d'Honorius.

9, 4, 5-8 (cf. Zosime 5,31,3-5,32,4 ; 5,34,5 et 5,37,4,
ainsi que les n. 70-72, 76 et 85).

5 Après la mort d'Arcadius, Honorius se disposa à
partir pour Constantinople par égard envers son neveu

5 Οἱ γὰρ Ἀργοναῦται τὸν Αἰήτην φεύγοντες οὐ τὸν αὐτὸν πλοῦν ἐν τῇ ἐπανόδῳ ἐποιήσαντο. Περαιωθέντες δὲ τὴν ὑπὲρ Σκύθας θάλασσαν διὰ τῶν τῇδε ποταμῶν ἀφίκοντο εἰς Ἰταλῶν ὅρια, καὶ χειμάσαντες ἐνταῦθα πόλιν
5 ἔκτισαν Ἥμωνα προσαγορευομένην. Τοῦ δὲ θέρους ἐπικαταλαβόντος, συμπραξάντων αὐτοῖς τῶν ἐπιχωρίων, ἀμφὶ τοὺς τετρακοσίους σταδίους ὑπὸ μηχανῆς ἕλκοντες τὴν Ἀργὼ διὰ γῆς ἐπὶ τὸν Ἄκυλιν ποταμὸν ἤγαγον, ὃς τῷ Ἠριδανῷ συμβάλλει.

8, 25, 2-4, p. 383,18 - 384,8 Bidez-Hansen, quae paene ad uerbum 9, 4, 2-4, p. 395, 15-26 Bidez-Hansen iterantur (uncis inclusa e 9, 4, 2-4 fluunt).

2 Στελίχων δὲ ὁ Ὀνωρίου στρατηγός, ἀνὴρ εἴπερ τις πώποτε ἐν πολλῇ δυνάμει γεγενημένος, Ῥωμαίων τε καὶ βαρβάρων τοὺς νέους πειθομένους ἔχων, (ἔτι περιόντος Ἀρκαδίου) εἰς ἔχθραν καταστὰς τοῖς (αὐτοῦ) ἄρχουσιν
5 ἐβεβούλευτο πρὸς ἑαυτὰ συγκροῦσαι τὰ βασίλεια. 8, 25, 3 Καὶ στρατηγοῦ Ῥωμαίων ἀξίωμα παρὰ Ὀνωρίου προξενήσας Ἀλαρίχῳ τῷ ἡγουμένῳ τῶν Γότθων Ἰλλυριοῖς ἐπανέστησεν· 9, 4, 3 ὕπαρχόν τε αὐτῶν καταστάντα Ἰόβιον προπέμψας συνέθετο συνδραμεῖσθαι μετὰ τῶν Ῥωμαίων
10 στρατιωτῶν, ὥστε καὶ τοὺς τῇδε ὑπηκόους δῆθεν ὑπὸ τὴν Ὀνωρίου ἡγεμονίαν ποιῆσαι. **4** Παραλαβὼν δὲ Ἀλάριχος τοὺς ὑπ᾽ αὐτὸν ἐκ τῆς πρὸς τῇ Δαλματίᾳ καὶ Παννονίᾳ βαρβάρου γῆς, οὗ διῆγεν, ἧκεν εἰς τὰς Ἠπείρους· καὶ συχνὸν ἐνταῦθα προσμείνας χρόνον (ἄπρακτος) ἐπανῆλθεν εἰς
15 Ἰταλίαν. Μέλλων γὰρ ἐκδημεῖν ὡς ὡμολόγησε Στελίχων Ὀνωρίου γράμμασιν ἐπεσχέθη.

9, 4, 5-8, p. 395,26 - 396,17 Bidez-Hansen.

5 Ἐπεὶ δὲ ἐτελεύτησεν Ἀρκάδιος, ὥρμησε μὲν Ὀνώριος φειδοῖ τῇ περὶ τὸν ἀδελφιδοῦν ἐλθεῖν εἰς Κωνσταντι-

et à installer des dignitaires fidèles capables de garantir
sa sécurité et son pouvoir. Il le considérait en effet comme
son fils et craignait qu'il ne fût victime de quelque mauvais
coup à cause de son jeune âge qui l'exposait aux complots.
6 Alors qu'il est déjà sur le point de se mettre en route,
Stilicon persuade Honorius de rester en Italie en lui
disant que sa présence y est indispensable du fait qu'un
certain Constantin avait tout récemment usurpé le pouvoir en Arles. Il prit l'un des deux insignes que les Romains
nomment *labarum* ainsi qu'une lettre de l'empereur qui
lui prescrivait de partir pour l'Orient et se disposa à se
mettre en route en emmenant avec lui quatre unités de
soldats. **7** Le bruit s'étant répandu sur ces entrefaites
qu'il complote contre l'empereur et qu'il prend ses dispositions pour que son fils usurpe le pouvoir avec la complicité des dignitaires, les soldats se révoltent et massacrent
les préfets d'Italie et de Gaule, ainsi que les généraux et
les autres fonctionnaires qui exercent de hautes charges
au palais. **8** Stilicon lui aussi est assassiné par les soldats stationnés à Ravenne ; c'était un homme qui s'était
élevé plus haut que quiconque auparavant au faîte de la
puissance et qui avait sous ses ordres pour ainsi dire tous
les Barbares et les Romains. Or donc Stilicon, soupçonné
d'être mal disposé envers le palais, périt ainsi ; quant à
son fils Eucher, il est aussi mis à mort.

9, 6, 1-7 (cf. Zosime 5, 36, 1 ; 5, 37, 3 ; 5, 39, 1-3 ; 5, 41,
1-4 et 5, 42, 3, ainsi que les n. 82, 84, 90-91, 95-96 et 99).

1 Quant à l'Occident, le désordre y régnait du fait
de nombreux usurpateurs qui s'y étaient dressés. **2** C'est
alors que, après l'assassinat de Stilicon, Alaric, le chef des
Goths, ayant envoyé une ambassade à Honorius pour conclure la paix, essuya un refus ; ensuite il investit Rome et
y mit le siège en installant de nombreux Barbares sur le
fleuve Tibre, si bien qu'il était impossible d'amener de
Porto (c'est ainsi en effet que se nomme le port des Romains)
aux habitants de la Ville les vivres nécessaires. **3** Le
siège s'étant prolongé, la faim et la peste accablèrent la
Ville et beaucoup d'esclaves, surtout d'origine barbare,

νούπολιν καὶ πιστοὺς ἄρχοντας καὶ φύλακας καταστῆσαι
τῆς αὐτοῦ σωτηρίας καὶ βασιλείας. Ἐν τάξει γὰρ υἱέος
αὐτὸν ἔχων ἐδεδίει μή τι πάθοι διὰ τὸ νέον ἕτοιμος ὢν πρὸς
ἐπιβουλήν. 6 Ἤδη δὲ μέλλοντα ἔχεσθαι τῆς ὁδοῦ πείθει
5 Στελίχων ἐν τῇ Ἰταλίᾳ μένειν τὸν Ὀνώριον, ἀναγκαῖον
εἶναι τοῦτο εἰπών, καθότι Κωνσταντῖνός τις ἐτύγχανεν
ἔναγχος ἐν Ἀρηλάτῳ τυραννήσας. Θάτερον δὲ τῶν σκήπ-
τρων, ὃ λάβωρον Ῥωμαῖοι καλοῦσι, καὶ γράμματα βασιλέως λαβὼν ἐπιτρέποντα αὐτῷ τὴν εἰς τὴν ἀνατολὴν ἄφι-
10 ξιν, ἔμελλεν ἐκδημεῖν τέσσαρας ἀριθμοὺς στρατιωτῶν
παραλαβών. 7 Ἐν τούτῳ δὲ φήμης διαδραμούσης, ὡς
ἐπιβουλεύει τῷ βασιλεῖ καὶ ἐπὶ τυραννίδα τοῦ υἱέος πα-
ρασκευάζεται συμπράττοντας ἔχων τοὺς ἐν δυνάμει, στα-
σιάσαντες οἱ στρατιῶται κτείνουσι τὸν Ἰταλίας ὕπαρχον
15 καὶ τὸν τῶν Γαλατῶν καὶ τοὺς στρατηγοὺς καὶ τοὺς ἄλλους
τοὺς διέποντας τὰς ἐν τοῖς βασιλείοις ἀρχάς. 8 Ἀναιρεῖται δὲ καὶ αὐτὸς παρὰ τῶν ἐν Ῥαβέννῃ στρατιωτῶν, ἀνὴρ
εἴπερ τις ἄλλος πώποτε ἐν πολλῇ δυνάμει γεγενημένος καὶ
πάντας ὡς εἰπεῖν βαρβάρους τε καὶ Ῥωμαίους πειθομένους
20 ἔχων. Στελίχων μὲν οὖν ὑπονοηθεὶς κακόνους εἶναι τοῖς βασιλείοις ὧδε ἀπώλετο· κτίννυται δὲ καὶ Εὐχέριος ὁ αὐτοῦ παῖς.

9, 6, 1-7, p. 397,20 - 398,16 Bidez-Hansen.

1 Τὰ δὲ πρὸς δύσιν ἐν ἀταξίαις ἦν πολλῶν ἐπανιστα-
μένων τυράννων. 2 Ἡνίκα δὴ μετὰ τὴν Στελίχωνος ἀναίρεσιν Ἀλάριχος ὁ τῶν Γότθων ἡγούμενος πρεσβευσάμενος
περὶ εἰρήνης πρὸς Ὀνώριον ἀπέτυχε· καὶ καταλαβὼν τὴν
5 Ῥώμην ἐπολιόρκει πολλοὺς βαρβάρους ἐπιστήσας Θύ-
βριδι τῷ ποταμῷ, ὥστε μὴ εἰσκομίζεσθαι τὰ ἐπιτήδεια τοῖς
ἐν τῇ πόλει ἀπὸ τοῦ Πόρτου (ὧδε γὰρ ὀνομάζουσι τὸ
Ῥωμαίων ἐπίνειον). 3 Χρονίας δὲ γενομένης τῆς πολιορ-
κίας λιμοῦ τε καὶ λοιμοῦ τὴν πόλιν πιέζοντος δούλων
10 τε πολλῶν καὶ μάλιστα βαρβάρων τῷ γένει πρὸς τὸν

passèrent du côté d'Alaric ; les païens du Sénat jugèrent
alors indispensable de célébrer des sacrifices au Capitole
et dans les autres temples. **4** En effet, quelques Étrusques mandés à cet effet par le préfet de la Ville promirent
de chasser les Barbares grâce à des éclairs et des coups de
tonnerre ; ils se vantaient d'avoir fait de même également pour la ville étrusque de Narni, dont Alaric, lors de
son passage quand il se dirigeait vers Rome, ne s'empara
pas. **5** Mais l'événement révéla qu'aucun de ces rites
n'allait être utile à la Ville. Pour ceux en effet qui avaient
un jugement droit, il était évident que ce qui arrivait
aux Romains résultait de la colère de Dieu en châtiment
des actes iniques et impies qu'auparavant, en raison de
leurs nombreux vices et désordres, ils avaient commis aux
dépens des habitants de la Ville et des étrangers. **6** Ce
qu'il y a de sûr, c'est qu'on dit qu'un bon moine parmi
ceux d'Italie conseilla à Alaric qui se hâtait vers Rome
d'épargner la Ville et de ne pas se rendre responsable de
si grands malheurs, mais qu'Alaric prétendit qu'il ne se
lançait pas dans cette entreprise de son propre gré, mais
que quelqu'un le troublait sans cesse, exerçait sur lui
une contrainte et lui ordonnait de ravager Rome ; ce qu'il
finit par faire. **7** Durant le siège, il reçut de très nombreux cadeaux et, pour un certain temps, il leva le siège,
les Romains s'étant engagés à convaincre l'empereur de
conclure la paix avec lui.

9,7,1 - 9,8,1 (cf. Zosime 5, 44, 5 ; 45, 4-5 et 5, 48-50,
ainsi que les n. 101, 104 et 110-112).

7, 1 Une ambassade ayant été envoyée à ce sujet, ceux
qui s'opposaient à Alaric au palais firent obstacle à la
paix. Après cela, Innocent, l'évêque des Romains, étant
allé en ambassade, Alaric, mandé par une lettre de l'empereur, vint à Rimini, une ville qui se trouve à deux cent
dix stades de Ravenne. **2** Alors qu'il est installé là
dans son camp devant les murailles, Jovien, le préfet
d'Italie, vient pour les pourparlers puis informe l'empereur des exigences d'Alaric, ainsi que du fait qu'il convient
de l'honorer en lui envoyant un diplôme de général des

Ἀλάριχον αὐτομολούντων, ἀναγκαῖον ἐδόκει τοῖς ἑλληνί
ζουσι τῆς συγκλήτου θύειν ἐν τῷ Καπιτωλίῳ καὶ τοῖς ἄλ
λοις ναοῖς. 4 Θοῦσκοι γάρ τινες ἐπὶ τοῦτο μετακληθέντες
παρὰ τοῦ ὑπάρχου τῆς πόλεως ὑπισχνοῦντο σκηπτοῖς καὶ
5 βρονταῖς ἀπελάσειν τοὺς βαρβάρους· ηὔχουν δὲ τοιοῦτον
αὐτοῖς εἰργάσθαι καὶ περὶ Ναρνίαν πόλιν τῆς Θουσκίας,
ἣν παριὼν Ἀλάριχος ἐπὶ τὴν Ῥώμην οὐχ εἷλεν. 5 Ἀλλὰ
τούτων μὲν οὐδὲν ὄφελος ἔσεσθαι τῇ πόλει ἡ ἀπόβασις
ἔδειξεν. Τοῖς γὰρ εὖ φρονοῦσιν ὑπὸ θεομηνίας κατεφαίνετο
10 ταῦτα συμβαίνειν Ῥωμαίοις κατὰ ποινὴν ὧν πρὸ τοῦ ὑπὸ
πολλῆς ῥᾳστώνης καὶ ἀκολασίας εἰς ἀστοὺς καὶ ξένους ἀδί
κως καὶ ἀσεβῶς ἥμαρτον. 6 Λέγεται γοῦν ἀγαθός τις τῶν
ἐν Ἰταλίᾳ μοναχῶν σπεύδοντι ἐπὶ Ῥώμην Ἀλαρίχῳ παραι
νέσαι φείσασθαι τῆς πόλεως μηδὲ τηλικούτων αἴτιον
15 γενέσθαι κακῶν· τὸν δὲ φάναι ὡς οὐχ ἑκὼν τάδε ἐπιχειρεῖ,
ἀλλά τις συνεχῶς ἐνοχλῶν αὐτὸν βιάζεται καὶ ἐπιτάττει
τὴν Ῥώμην πορθεῖν· ὃ δὴ τελευτῶν ἐποίησεν. 7 Ἐν ᾧ
δὲ ἐπολιόρκει, πλεῖστα δῶρα λαβὼν ἐπὶ χρόνον τινὰ τὴν
πολιορκίαν ἔλυσε, συνθεμένων Ῥωμαίων τὸν βασιλέα πεί
20 σειν εἰς εἰρήνην αὐτὸν δέχεσθαι.

6 Ναρνίαν Valesius : Λαρ- codd.

9,7,1 - 9,8,1, p. 398,17 - 399,10 Bidez-Hansen.

7, 1 Γενομένης δὲ περὶ τούτου πρεσβείας οἱ τὰ ἐναντία
πράττοντες Ἀλαρίχῳ ἐν τοῖς βασιλείοις ἐνεπόδιζον τῇ
εἰρήνῃ. Μετὰ δὲ ταῦτα πρεσβευσαμένου Ἰννοκεντίου τοῦ
Ῥωμαίων ἐπισκόπου μετακληθεὶς Ἀλάριχος γράμμασι τοῦ
5 βασιλέως ἧκεν εἰς Ἀρίμηνον πόλιν δέκα καὶ διακοσίοις
σταδίοις τῆς Ῥαβέννης ἀφεστῶσαν. 2 Ἐνταῦθα δὲ τὰς
σκηνὰς ἔχοντι πρὸ τῶν τειχῶν εἰς λόγους ἐλθὼν ὁ Ἰόβιος τῆς
Ἰταλίας ὕπαρχος ὢν δηλοῖ τῷ βασιλεῖ τὴν Ἀλαρίχου αἴτη
σιν καὶ ὡς δέοι δέλτοις αὐτὸν τιμῆσαι στρατηγοῦ δυνάμεως

deux armes. **3** L'empereur, en ce qui concernait les
sommes d'argent et les approvisionnements qu'Alaric
réclamait, donna carte blanche à Jovien, puisqu'il était
préfet, mais répondit que jamais il ne lui accorderait de
grade militaire. Jovien, qui attendait dans la tente d'Alaric l'envoyé du palais, lui ordonna inconsidérément de
lire en présence des Barbares les décisions de l'empereur.
4 Irrité du refus concernant le grade militaire, Alaric,
comme si on lui avait fait un affront, fit donner sur l'heure
un signal par la trompette et partit pour Rome. Cependant Jovien, qui craignait d'être soupçonné par l'empereur de prendre parti pour Alaric, commit un faux pas
plus grave encore que le précédent : au nom du salut de
l'empereur, il jura lui-même et ordonna aux autres dignitaires de jurer que jamais la paix ne serait conclue avec
Alaric. **5** Peu après, le Barbare vint à résipiscence et
fit savoir qu'il n'avait nul besoin d'un grade militaire et
qu'il se conduirait en allié à condition qu'on lui offre une
quantité raisonnable de vivres et la possibilité de s'installer dans des régions auxquelles les Romains ne s'inté-
ressaient guère. **8, 1** Après qu'il eut essuyé deux échecs
successifs en envoyant à ce sujet en ambassade quelques
évêques, il se rendit à Rome et assiégea la Ville.

EXTRAITS DE L'HISTOIRE ECCLÉSIASTIQUE DE PHILOSTORGE

12, 1 (cf. Zosime 5, 32, 1-3 ; 5, 34, 5 et 5, 46, 1, ainsi
que les n. 71, 76 et 106).

Philostorge, qui s'en prend aussi à beaucoup d'autres
égards à Stilicon, écrit également qu'il fut accusé de viser
au pouvoir suprême ; et qu'Olympius, l'un des *magistri*,
l'arrêtant de sa main alors qu'il levait l'épée contre l'empereur dans le palais, se blessa lui-même, sauva l'empereur et lui prêta son aide pour mettre à mort Stilicon, alors
qu'il se trouvait à Ravenne. Cependant d'autres ne parlent
pas d'Olympius, mais d'Olympiodore ; il n'aurait pas pris
la défense de l'empereur, mais comploté contre son bien-

ἑκατέρας. 3 Ὁ δὲ βασιλεὺς χρημάτων μὲν καὶ σιτηρεσίων
ὧν ᾔτει ὡς ὑπάρχῳ Ἰοβίῳ τὴν ἐξουσίαν δέδωκεν, ἀξίας δὲ οὔ-
ποτε μεταδώσειν αὐτῷ ἀντεδήλωσεν. Ἀβούλως δὲ Ἰόβιος ἐν
τῇ Ἀλαρίχου σκηνῇ περιμείνας τὸν ἐκ τῶν βασιλείων ἀπε-
5 σταλμένον ἀναγινώσκειν ἐκέλευσε παρόντων τῶν βαρβάρων
τὰ δόξαντα τῷ βασιλεῖ. 4 Ἐπὶ δὲ τῇ ἀρνήσει τοῦ ἀξιώματος ὀργισθεὶς Ἀλάριχος ὡς ὑβρισμένος αὐθωρὸν τῇ
σάλπιγγι σημήνας ἐπὶ τὴν Ῥώμην ἤλαυνε. Δείσας δὲ
Ἰόβιος, μὴ ὑπονοηθῇ παρὰ τῷ βασιλεῖ Ἀλαρίχῳ σπου-
10 δάζειν, ἀβουλοτέρῳ ἢ πρότερον περιπεσών, πρὸς τῆς σωτηρίας τοῦ βασιλέως αὐτός τε ὤμοσε καὶ τοὺς ἄλλους ἄρχοντας παρεσκεύασε μήποτε εἰρήνην θέσθαι πρὸς Ἀλάριχον.
5 Οὐκ εἰς μακρὰν δὲ μεταμεληθεὶς ὁ βάρβαρος ἐδήλωσε
μηδὲν ἀξιωμάτων δεῖσθαι, σύμμαχον δὲ παρέξειν ἑαυτὸν
15 ἐπὶ μετρίᾳ σίτου δόσει καὶ οἰκήσει τόπων οὐ πάνυ Ῥωμαίοις
ἐσπουδασμένων. 8, 1 Ἐπεὶ δὲ δὶς ἀπέτυχε περὶ τούτου
πρεσβευσάμενος διά τινων ἐπισκόπων, ἐλθὼν εἰς Ῥώμην
ἐπολιόρκει τὴν πόλιν.

EXCERPTA E PHILOSTORGII ECCLESIASTICA HISTORIA

12, 1, p. 140, 2-13 Bidez-Winkelmann.

Ὅτι Φιλοστόργιος, καὶ ἐν ἄλλοις πολλοῖς Στελίχωνος
κατατρέχων, καὶ τυραννίδος ἔνοχον γράφει· καὶ ὡς Ὀλύμ-
πιός τις τῶν μαγίστρων, φερόμενον κατὰ τοῦ βασιλέως ἐν τῷ
παλατίῳ τὸ ξίφος ἀντιλαβὼν τῇ χειρί, ἑαυτὸν μὲν ἐλυμήνα-
5 το, τὸν βασιλέα δὲ διέσωσεν, καὶ συνεργὸς αὐτῷ κατέστη
πρὸς τὴν ἀναίρεσιν Στελίχωνος κατὰ τὴν Ῥάβενναν διατρίβοντος. Ἄλλοι δὲ οὐκ Ὀλύμπιον, ἀλλ' Ὀλυμπιόδωρόν
φασιν· οὐδ' ἐπαμῦναι τῷ βασιλεῖ, ἀλλ' ἐπιβουλεῦσαι τῷ

faiteur Stilicon, et l'aurait accusé faussement de viser au pouvoir suprême ; il n'aurait pas été alors *magister*, mais plus tard, après l'assassinat inique de Stilicon, il aurait reçu cette dignité comme récompense ; mais peu après, mis lui aussi à mort à coups de bâton, il aurait subi le châtiment du meurtre de Stilicon dont il s'était souillé.

12, 2 (cf. Zosime 5, 28 ; 5, 29, 4 et 5, 32, 1-3, ainsi que les n. 61, 64 et 71).

A l'époque en question, Alaric, un Goth d'origine, rassembla ses forces dans les parages de la Thrace Supérieure, envahit la Grèce, s'empara d'Athènes et pilla la Macédoine ainsi que la Dalmatie qui lui est contiguë. Il envahit aussi l'Illyrie et, franchissant les Alpes, pénétra en Italie. A ce que dit Philostorge, c'est Stilicon, qui était encore vivant, qui l'appela et qui lui ouvrit aussi les passages des Alpes. En effet, Stilicon aurait tramé toutes sortes d'intrigues contre l'empereur, et n'aurait été gêné en rien par le fait que, comme l'empereur avait épousé sa fille, il l'avait pour gendre, mais qu'il lui aurait même donné une drogue pour qu'il n'eût pas d'enfants. Dans son zèle de proclamer illégalement empereur son fils Eucher, il lui avait échappé qu'il supprimait d'avance et condamnait un descendant et successeur légal à l'Empire. Il dit que Stilicon révélait si ouvertement et avec une telle assurance son intention d'usurper le pouvoir qu'il fit même frapper une monnaie où ne subsistait que sa seule effigie.

12, 3 (cf. Zosime 5, 34, 5 ; 5, 37, 4 et 5, 39, 1-3, ainsi que les n. 76, 85 et 90-91).

Après le meurtre de Stilicon, les Barbares qui étaient avec lui emmenèrent son fils et s'éloignèrent par le plus court chemin. Quand ils approchèrent de Rome, ils le laissèrent se réfugier dans un sanctuaire parmi ceux qui constituaient un asile et ravagèrent eux-mêmes les alentours de la Ville, d'une part pour venger Stilicon, d'autre part parce qu'ils souffraient de la faim. Losqu'une lettre d'Honorius qui avait plus de poids que le droit d'asile

εὐεργέτῃ Στελίχωνι καὶ εἰς τυραννίδα συκοφαντῆσαι
αὐτόν· καὶ οὐδὲ μάγιστρον τηνικαῦτα εἶναι, ἀλλ' ὕστερον,
μετὰ τὸν ἄδικον τοῦ Στελίχωνος φόνον, ἔπαθλον τὴν ἀξίαν
λαβεῖν· ἀλλ' οὐκ εἰς μακρὰν καὶ αὐτὸν ῥοπάλοις ἀναιρε-
5 θέντα τῆς μιαιφονίας τὴν δίκην ἀποτῖσαι τῷ Στελίχωνι.

12, 2, p. 140,14 - 141,12 Bidez-Winkelmann.

Ὅτι κατὰ τοὺς προειρημένους χρόνους Ἀλάριχος Γότθος
τὸ γένος, περὶ τὰ τῆς Θρᾴκης ἄνω μέρη δύναμιν ἀθροίσας,
ἐπῆλθεν τῇ Ἑλλάδι καὶ τὰς Ἀθήνας εἷλεν καὶ Μακεδόνας
καὶ τοὺς προσεχεῖς Δαλμάτας ἐλῄσατο. Ἐπῆλθε δὲ καὶ
5 τὴν Ἰλλυρίδα, καὶ τὰς Ἄλπεις διαβὰς ταῖς Ἰταλίαις
ἐνέβαλεν. Στελίχωνι δ', ὡς οὗτος λέγει, ζῶντι μετάπεμπτος
ἦν, ὃς αὐτῷ καὶ τὰς τῶν Ἄλπεων πύλας διήνοιξεν. Καὶ
γὰρ ἐπιβουλὰς πάσας τὸν Στελίχωνα κατὰ βασιλέως πα-
λαμᾶσθαι, καὶ μηδ' ὅτι γαμβρὸν αὐτὸν εἶχεν ἐπὶ θυγατρὶ
10 δυσωπεῖσθαι, ἀλλὰ καὶ φάρμακον αὐτῷ ἀγονίας ἐγκερά-
σασθαι. Ἐλελήθει δὲ ἄρα ἑαυτόν, ἐν τῷ σπουδάζειν τὸν
υἱὸν Εὐχέριον ἀνακηρύξειν παρανόμως βασιλέα, τὸν ἀπό-
γονον τῆς κατὰ διαδοχὴν καὶ θεσμὸν βασιλείας προεκθε-
ρίζων καὶ ζημιούμενος. Οὕτω δὲ κατάφωρον καὶ ἀδεᾶ τὴν
15 τυραννίδα προενεγκεῖν τὸν Στελίχωνα λέγει, ὡς καὶ νό-
μισμα, μορφῆς λειπούσης μόνης, κόψασθαι.

12, 3, p. 141,13-25 Bidez-Winkelmann.

Ὅτι, Στελίχωνος ἀνῃρημένου, οἱ συνόντες βάρβαροι τὸν
ἐκείνου παῖδα λαβόντες τὴν ταχίστην ᾤχοντο. Καὶ τῇ
Ῥώμῃ πλησιάσαντες, τὸν μὲν ἐφεῖσαν εἴς τι τῶν ἀσύλων
ἱερὸν καταφυγεῖν, οἱ δὲ τὰ τῆς πόλεως πέριξ ἐπόρθουν, τὸ
5 μὲν τῷ Στελίχωνι τιμωροῦντες, τὸ δὲ λιμῷ πιεζόμενοι. Ἐπεὶ
δὲ παρὰ Ὀνωρίου γράμμα κρεῖττον τῆς ἀσυλίας γενό-

eut provoqué la mort d'Eucher, les Barbares, en conséquence de cela, s'unissent à Alaric et l'incitent à faire la
guerre aux Romains. Celui-ci s'empare sans délai de Porto.
C'était le plus grand chantier maritime de Rome, formé
de trois ports et atteignant la taille d'une petite ville ;
c'est là aussi que, selon une antique coutume, tout le blé
destiné à la distribution publique était entreposé. S'étant
rendu maître sans aucune peine de Porto, Alaric assiège
Rome en la réduisant par la disette aussi bien que par
d'autres procédés et s'en empare de vive force.

μενον ἀναιρεῖ τὸν Εὐχέριον, διὰ ταῦτα συμμίξαντες οἱ
βάρβαροι Ἀλαρίχῳ εἰς τὸν πρὸς Ῥωμαίους αὐτὸν ἐξορ-
μῶσι πόλεμον. Ὁ δὲ θᾶττον καταλαμβάνει τὸν Πόρτον.
Μέγιστον δὴ οὗτος νεώριον Ῥώμης, λιμέσι τρισὶ περιγρα-
5 φόμενον καὶ εἰς πόλεως μικρᾶς παρατεινόμενον μέγεθος·
ἐν τούτῳ δὲ καὶ ὁ δημόσιος ἅπας σῖτος κατὰ παλαιὸν
ἔθος ἐταμιεύετο. Ἑλὼν δὲ ῥᾷον τὸν Πόρτον, καὶ τῇ σιτο-
δείᾳ ἢ ταῖς ἄλλαις μηχαναῖς πολιορκήσας τὴν Ῥώμην
κατὰ κράτος αἱρεῖ.

348 APPENDICE

Fragments de Jean d'Antioche

Trois fragments de Jean d'Antioche concernent les événements dont il est question dans la partie du livre 5 de l'*Histoire nouvelle* qui dérive d'Eunape, c'est-à-dire les chapitres 1-25 : ce sont les fragments 188-190 Müller.

Frg. 188 Müller, *Excerpta de uirtutibus et uitiis* p. 202, 19-203, 2 Büttner-Wobst-Roos.

L'essentiel de ce fragment (p. 202, 19-203, 1) est repris presque mot à mot du fragment 63 Müller d'Eunape, *Suda* vol. IV p. 300, 29-301, 5 Adler. Les derniers mots en revanche (p. 203, 1-2), qui fournissent du reste une information fausse (cf. n. 1), sont d'origine inconnue : Ἑκάτερός τε αὐτῶν τὴν βασιλείαν περιεσκόπει, « l'un et l'autre de ces deux personnages (Stilicon et Rufin) guettaient le pouvoir impérial ».

Frg. 189 Müller, *Excerpta de uirtutibus et uitiis* p. 203, 3-17 Büttner-Wobst-Roos.

Ce fragment se retrouve mot pour mot dans la *Suda* E 3777, vol. II p. 476, 7-20 Adler, et ne provient certainement pas d'Eunape, puisque, dans la *Suda*, l'extrait précédent, qui concerne aussi Eutrope, est expressément attribué à Eunape (il s'agit du fragment 66 Müller). Les deux derniers tiers de ce texte, concernant l'attitude d'Eutrope au sujet de l'asile dans les églises et la mort de l'eunuque (p. 203, 8-17), sont très proches de Socrate 6, 5, PG LXVII 673 AB.

Frg. 190 Müller, *Excerpta de insidiis* p. 120,8 - 123,7
de Boor.

Toute la seconde partie de ce long fragment, p.
120, 35-123, 7, est fort proche de Socrate 6, 6 ; si certains passages sont sautés, d'autres sont repris presque mot à mot,
et la succession des événements enregistrés est exactement identique ; les quelques différences entre Socrate et
Jean sont si minimes qu'il serait hardi de soutenir que
Jean a aussi utilisé une autre source. Le début du fragment en revanche montre de grandes similitudes avec
Zosime, et dérive d'Eunape (cf. n. 6) ; nous disposons
ainsi d'une importante tradition parallèle conservant certains détails que Zosime a omis (cf. n. 8). Blockley a introduit le texte et la traduction de ce passage dans son édition des fragments d'Eunape (citée n. 19) p. 92-95. Il
m'a paru indispensable de faire de même pour compléter
Zosime.

Rufin, le tuteur d'Arcadius, à la suite d'une machination du chambellan Eutrope, ne réussit pas à devenir le
beau-père d'Arcadius ; mais, du fait de son avidité et de
la brutalité de sa conduite, il était méprisant envers tout
le monde, il terrorisait l'empereur par sa familiarité avec
les Barbares et la soumettait à de vives pressions pour
qu'il partageât la pourpre avec lui ; il introduisit aussi
un jour une foule de Barbares, commandés par Alaric,
et ravagea à la fois toute la Grèce et les parages de l'Illyrie,
si bien qu'il devint évident pour tout le monde qu'il intri-
guait pour usurper le pouvoir suprême.

Il se réjouissait en effet en secret et considérait le malheur public comme une marche lui permettant d'accéder
à l'Empire ; quant à l'empereur, il demeurait frappé de
stupeur. Stilicon pour sa part n'adopta assurément pas
alors une attitude identique, mais il passa en personne
par voie maritime en Grèce, bien que cette région ne fît
pas partie du domaine occidental, car il fut pris de pitié
pour les malheurs des habitants ; puis, après avoir détruit
les Barbares par la disette, il mit un terme à son attaque
contre les gens du pays *. Ayant mandé Gaïnas, qui exerçait alors un commandement dans les légions occidentales,
il prépare sa machination contre Rufin ; c'est alors aussi
que l'armée d'Arcadius, après avoir abattu Eugène et
pourchassé les Barbares qui se trouvaient en Illyrie,
retourna à Constantinople. L'empereur, selon l'antique
coutume, s'avança en effet hors de la ville à la rencontre
des légions, et Gaïnas montait la garde auprès de lui ;
or il était absolument nécessaire que le préfet du prétoire
sortît avec lui ; c'était Rufin ; et cependant que l'empereur
est acclamé du nom d'Auguste par les légions, Rufin est
mis à mort ; telle fut la fin qu'il connut. Ses enfants et
son épouse se réfugièrent à l'église, tandis que tous les
biens qu'il avait accumulés pendant qu'il était au pouvoir
furent pillés sans que personne ne s'y oppose.

---

* Cette fin de phrase, rendue obscure par un résumé maladroit,
s'éclaire si on la compare avec Zosime 5, 7, 2-3.

Ὅτι Ῥουφῖνος ὁ ἐπίτροπος Ἀρκαδίου ἐξ ἐπιβουλῆς
Εὐτροπίου τοῦ προκοίτου τῆς Ἀρκαδίου διήμαρτε κηδείας·
ἀλλ᾽ ὅμως τῇ πλεονεξίᾳ καὶ τῇ χαλεπότητι τῶν τρόπων
πᾶσιν ὑπέροπτος ἦν, τόν τε βασιλέα οἰκειότητι τῶν βαρ-
5 βάρων καταπλήττων καὶ βαρεῖαν ἐπιτιθεὶς ἀνάγκην πρὸς
τὸ κοινωνῆσαι τῆς ἁλουργίδος αὐτῷ· ποτὲ δὲ καὶ πλῆθος
βαρβάρων εἰσαγαγών, ὧν Ἀλάριχος ἡγεῖτο, πᾶσαν ὁμοῦ
τὴν Ἑλλάδα καὶ τὰ περὶ τὴν Ἰλλυρίδα διεπόρθει, ὡς καὶ
δῆλος ἅπασι γενέσθαι τῇ τῆς τυραννίδος ἐπιβουλῇ.
10 Ὁ μὲν γὰρ ὑπέχαιρε καὶ τὸν κοινὸν ὄλεθρον ἰδίαν κρη-
πῖδα τῆς βασιλείας ὑπελάμβανεν· ὁ δὲ βασιλεὺς ἐν ἀφα-
σίᾳ διετέλει. Οὐ μὴν καὶ ὁ Στελίχων ἐνταῦθα ὅμοιος ἦν,
ἀλλὰ διέπλευσε μὲν αὐτὸς ἐς τὴν Ἑλλάδα, καίτοι μηδὲν
προσήκουσαν τοῖς τῆς ἑσπερίας τέρμασι, τὰς τῶν ἐνοικούν-
15 των οἰκτείρας συμφοράς· καὶ τοὺς βαρβάρους σπάνει τῶν
ἀναγκαίων διαφθείρας ἔπαυσε τῆς τῶν ἐπιχωρίων ὁρμῆς.
Συγκαλεσάμενος δὲ Γαινάν, ὃς τότε τῶν ἑσπερίων στρατοπέδων ἔξαρχος ἦν, ἀρτύει τὴν κατὰ Ῥουφίνου σκευήν·
ὅτε δὴ καὶ ὁ τοῦ Ἀρκαδίου στρατὸς ἔκ τε τῆς Εὐγενίου
20 καθαιρέσεως καὶ τῆς τῶν βαρβάρων τῶν κατὰ τὴν Ἰλλυρίδα διώξεως ἐπὶ τὴν Κωνσταντίνου πόλιν ἐχώρει. Ὁ μὲν
γὰρ βασιλεὺς κατὰ τοὺς παλαιοὺς νόμους εἰς ὑπάντησιν τῶν
στρατοπέδων ἐκ τῆς πόλεως προῆλθεν, καὶ ὁ Γαινὰς αὐτὸν
ἐφρούρει, πᾶσα δὲ ἦν ἀνάγκη καὶ τὸν τῆς αὐλῆς ἔπαρχον
25 συνεξιέναι· Ῥουφῖνός τε ἦν καὶ ἅμα τε ὁ βασιλεὺς ὑπὸ
τῶν στρατοπέδων Αὔγουστος ὀνομάζεται, καὶ Ῥουφῖνος
κατετέμνετο, ταύτης τε ἔτυχε τῆς τελευτῆς. Παῖδες δὲ
αὐτοῦ καὶ γαμετὴ πρὸς τὴν ἐκκλησίαν κατέφυγον, διηρπά-
ζοντο δὲ ἀκωλύτως ἅπαντα ὅσα κατὰ τὴν δυναστείαν
30 ἐκτήσατο.

CORRIGENDA
CONCERNANT LES VOLUMES II 1 ET II 2
DE ZOSIME

P. 15 français, avant-dernière ligne, presque *lire* plus que jamais.

P. 23 français, X 2, l. 2, du Norique *lire* des Noriques.

P. 28 français, XIII 3, l. 8, cirt *lire* cir- ; l. 9 cen- *lire* cent.

P. 29 français, dernière ligne, uit *lire* nuit ; len *lire* le.

P. 30 français, l. 1, ail *lire* au ; l. 3, commu *lire* comme ; l. 4, qu'e *lire* qu'il.

P. 38 français, *Note* 51, 143 *lire* 142.

P. 40 grec, l. 12, ῥᾳονα *lire* ῥᾷονα.

P. 49 français, l. 5 à partir du bas, impériable *lire* impériale.

P. 51 français, avant-dernière ligne, eus *lire* eux, dernière ligne, propositionx *lire* propositions.

P. 55 français, l. 11, ennemli *lire* ennemi ; l. 12, es. *lire* les.

P. 63 l. 25, à ce qui *lire* à qui.

P. 76, l. 4, frg. 7 *lire* frg. 7 a.

P. 85, l. 7 à partir du bas, frg. 7 *lire* frg. 7 a.

P. 91, l. 8, Jluien *lire* Julien ; l. 10, s'li *lire* s'il.

P. 102, avant-dernière ligne, de *lire* de.

P. 105, l. 3, Dilleman *lire* Dillemann.

P. 106, l. 10, truove *lire* trouve.

P. 113, l. 4 à partir du bas ‖31‖ *lire* [31].

P. 156, avant-dernière ligne, *pingu*) *lire pingui* ; dernière ligne, corrompu*i lire* corrompu.

P. 171, l. 9 à partir du bas, Naziance *lire* Nazianze.

P. 175, l. 30, mauvaisee *lire* mauvaise.

P. 202, l. 9, Naziance *lire* Nazianze.

P. 240, l. 2 du sous-titre, début, ouvrir une parenthèse.

P. 262 grec, l. 1, [περὶ] τῆς *lire* τῆς [περὶ].

P. 273 français, l. 1, auparavent *lire* auparavant.

P. 277 français, l. 17, supérieure *lire* Supérieure.

P. 297 grec, apparat des Testimonia, l. 1, 13 — p. 298,20 Γρατιανὸς *lire* 13 Γρατιανὸς — p. 298,20.

P. 308 français, XLI 1 l. 5, comme on *lire* comme.

P. 316 français, XLVIII 2 l. 5, quand le jour pointait *lire* au point du jour.

P. 326 français, l. 12, Gainas *lire* Gaïnas.

P. 348, l. 15, 4 avril 466 *lire* 4 avril 366.

P. 368, l. 19, à voulu *lire* a voulu.

P. 373, l. 22, R. D. Barnes *lire* T. D. Barnes.

P. 378, l. 28, paragr. 4 *lire* paragr. 3.

P. 393, dernière ligne de la note 155, 'Histoire *lire* l'Histoire.

P. 411, l. 23, Zeus *lire* Zeuss.

P. 417, l. 9-10, pour la première fois dans Eunape-Zosime *lire* d'abord vers la même époque dans Eunape-Zosime et dans Serv. *Aen.* 2,166, vol. I p. 248, 23-29 Thilo-Hagen.

P. 418, l. 32, Szembler *lire* Szemler.

P. 420, l. 17, tenu- *lire* tenue ; l. 18, Bouchée *lire* Bouché-.

P. 431, l. 14, Bitschoksky *lire* Bitschowsky.

P. 442, l. 2, il *lire* ils.

P. 483, l. 12, mécontencment *lire* mécontentement.

TABLE DES MATIÈRES